4·3
그 진실을 찾아서

4·3 그 진실을 찾아서

초판 1쇄 발행 2015년 3월 5일
초판 4쇄 발행 2021년 1월 15일

저 자 | 양조훈
발행인 | 윤관백
발행처 | 도서출판선인

영 업 | 김현주

등 록 | 제5-77호(1998.11.4)
주 소 | 서울시 마포구 마포동 324-1 곳마루 B/D 1층
전 화 | 02)718-6252/6257
팩 스 | 02)718-6253
E-mail | sunin72@chol.com

정가 20,000원
ISBN 978-89-5933-870-2 03900

4·3
그 진실을 찾아서

양조훈

 도서출판 선인

제주4·3은 이제 두 가지의 역사를 갖는다. 그 하나는 4·3이라는 숫자로 표상되는 저항과 수난의 사건 자체의 역사이고, 다른 하나는 국가권력에 의해 반세기 넘게 가려졌던 사건의 진실을 파헤쳐 오늘날 평화와 인권과 화해와 상생의 이정표로 거듭나게 한 4·3 진실규명의 운동사 그것이다.

　은폐되고 왜곡된 역사를 바로잡고자 시작된 진실규명 운동은 4·3특별법 제정, 정부의 진상조사와 진상조사보고서 발간, 대통령의 사과, 4·3 국가기념일 지정 등 실로 기적 같은 성과들을 이뤄냈다.

　금기를 깨는 것은 위험하다. 그래서 두렵다. 그런 위험과 두려움을 무릅쓰고 금기의 벽을 허물어 제주4·3을 비로소 햇빛 속으로 불러내고, 누명을 벗기고, 마침내 오늘의 위상을 얻기까지 20여 년—이 책은 그 험난했던 여정을 온몸으로 겪어낸 산증인의 기록이다.

　4·3 진실규명 운동의 우여곡절을 현장에서 중계하듯 생생하게 보여주는 이 책은 저자가 『제민일보』에 연재했던 「4·3진실 찾기—그 길을 다시 밟다」(2011년 1월~2013년 2월, 188회)를 다듬고 보태어 다시 엮은 것이다.

| 차례 |

1부

억압 속의 진실규명

4·3취재반 출범

| 엉겁결에 맡은 4·3취재반장

1988년 3월 5일 제주신문 4·3취재반이 결성됐다. 취재반장은 사회부장인 내가 맡게 됐다. 마음에 준비도 없이 덜컥 그런 중책을 맡게 됐다. 마음속으로는 '피해야 한다.'고 생각하면서도 피할 도리가 없었다. 그 해 8월 정경부장으로 옮겼으나 취재반장직은 계속됐다.

당시 6월 항쟁으로 촉발된 민주화 바람은 매우 거셌다. 엄청난 격변의 시기였다. 30년 군사정권이 세운 허상들이 하나씩 무너지고 있었다. 그 가운데 하나가 바로 4·3 금기의 벽이었다.

철옹성처럼 단단하게 보이던 군사정권은 1987년 1월 14일 일어난 서울대 학생 박종철 고문치사사건 때부터 금이 가기 시작했다. '호헌 철폐'와 '독재 타도'의 물결은 6월 항쟁으로 이어지면서 전국이 뜨거웠다. 노태우의 6·29 개헌선언이 있었지만, 그 절정은 그 해 7월 1백만 인파가 서울시청 앞 광장 일대를 온통 뒤덮은 연세대 학생 이한열 장례행렬이었다. 이한열은 전두환 독재정권 반대 시위에 참여했다가 전경이 쏜 최루탄을 맞고 사망했다.

이런 전국적 열기가 제주까지 이어졌다. 그 해 6월 제주거리에도 최루가스가 쏟아졌고, 민주화를 열망하는 시위는 점점 수위가 높아갔다. 이 시위는 제주대학교 학생 등 대학생들이 주도했다. 시민들도 가세했다. 제주시내 남문로터리, 중앙로터리에서 연일 시위가 벌어졌다. 대학생들이 똘똘 뭉쳐 시위를 벌이는 이면에는 4·3이 한몫했다.

1987년 6월 제주시 남문로터리에서 경찰과 대치중인 시위대.

그 해 4월 3일 제주대 구내에 4·3 진상규명을 촉구하는 대자보가 나붙었다. 그런데 경찰이 이를 문제 삼아 4월 15일 대학생 2명을 연행했다. 그 일이 변곡점이 될 줄은 경찰도 예상치 못했을 것이다. 대학 사회가 분노했다. 그동안 학내 집회는 이른바 운동권 학생들이 주로 참석하는 수준이었으나, 이 사건을 계기로 일반 학생들의 참여가 크게 늘었다.

학생들은 중간시험을 거부하며 연행 학생을 석방하라고 요구했다. 연행 학생은 사흘 만에 석방됐다. 그 다음 날인 4월 18일 비상학생총회가 열렸다. 경찰에서 풀려나온 여학생회 회장 송영란은 4·3 대자보를 붙였던 이유를 설명한 뒤, 눈물을 흘리며 '타는 목마름으로'를 불렀다. 그 자리에 함께 했던 3천명의 학생들이 그 노래를 따라 불렀다. 4·3이 수면 위로 떠오르는 순간이었다.

제주신문은 당시 제주도내의 유일한 일간지였다. 5공 정권이 만들어낸 각 도에 신문사 1개씩이란 '1도 1사' 언론 정책의 결과였다. 그런데 그 신문사 편집국에서 1988년 벽두부터 4·3 문제가 불거져 나왔다. 젊은 기자들을 중심으로 4·3사건 40주년을 맞는 기획 특집이 있어야 할 것이 아니냐는 의견이 개진됐다. 신문이 4·3문제를 다루기에는 시기상조라는 우려도 있었지만 그 목소리는 작았다.

어느 사이엔가 "단발성 기획물로 할 것이 아니다. 특별취재반을 구성해서 본격적인 진상규명에 나서자."는 목소리가 힘을 얻었다. 민주화 열기와 4·3 발발 40주년이란 시기적 의미가 겹치면서 상승작용을 일으킨 것이다.

본격적인 논의가 시작된 뒤 며칠 지나지 않아 4·3취재반이 '전격적으로' 결성됐다. 그리고 4·3취재반장이란 직책을 떡하니 나에게 맡기는 것이 아닌가. 아마도 두 가지 이유가 작용한 것 같다. 우선 '사회부장'이란 직책이 그

「4·3」특별취재반
△吳吉昌 기자 지방부차장 △白承勳 기자 사회부차장 △趙孟洙 기자 정경부차장 △秦性範 기자 정경부차장 △高弘柱 기자 정경부차장 △夫榮哲 기자 사진부장 △徐在哲 기자 정경부장 △梁祚勳
△左承勳 기자 △李賢模 기자 △金鍾旻 기자 △金範勳 기자 △高大卿 기자 △尹正雄 기자 △高斗成 기자

제주신문 4·3특별취재반

렇고, 다른 하나는 평소에 내가 체육사, 개발사다 하며 기획 연재를 많이 해온 때문이 아닌가 생각한다.

엉겁결에 취재반장을 맡은 내가 처음 한 일은 취재반 구성이다. 4·3취재반은 16명의 기자들로 구성됐다. 외근 기자 20여 명 중 경제계나 문화계 등 일부 출입처의 기자를 제외하곤 대부분 포함시켰다. 백지 상태에서 4·3의 진실을 규명하자니 많은 인력도 필요했지만, 외부의 압력에 대응할 수 있도록 방벽을 쌓자는 의도도 있었다. 그만큼 겁이 났기 때문이다.

| 한국 언론사에 진기록 남겨

4·3취재반은 한국 언론사에 몇 가지 진기록을 남겼다. 특별취재반의 16명이란 숫자도 전무후무할 것이다. 그리고 나중에 탄생한 제민일보의 연재까지 포함하면 신문 연재기간이 무려 11년이란 장기간의 대하기획물이 된 점이다.

제주신문 4·3취재반이 결성된 1988년 3월은 봄이었지만 4·3은 여전히 딱딱하고 차가운 얼음처럼 동결된 상태였다. 6월 항쟁으로 달궈진 민주화 열기도 1987년 12월 대통령 선거를 치르면서 한풀 꺾였다. 야권 3김의 분열로 36.5%의 낮은 득표를

하고도 노태우가 대통령에 당선된 것이다. 노태우 정권은 직선 대통령으로 뽑혔지만 군사정권의 연장처럼 느껴졌다.

기자라 해서 예외일 수 없는 공안정국 하에서 4·3취재반장을 맡았으니 머릿속이 복잡했다. 나는 취재반 기자들에게 4·3과 관련 있는 자료들을 닥치는 대로 모을 것을 주문했다. 나도 취재반 결성 그날부터 4·3자료와 씨름하기 시작했다. 그 무렵 가장 큰 고민은 바로 연재 시점이었다. 취재반을 결성할 무렵 얘기된 기획 시점은 한 달 후인 4월 3일이었다. 그러나 4·3이란 무게감 있는 대하기획 연재를 한 달 만에 시작한다고 생각하니 초조하지 않을 수밖에 없었다.

나이 마흔인 나는 사라봉 앞쪽 작은 아파트에 살고 있었다. 닥치는 대로 모아지는 4·3자료들을 집에 들고 가 끙끙거렸다. 며칠 지나지 않아 집안 공기가 싸늘해졌다. 내가 너무 예민하게 구는 바람에 온 식구가 내 눈치를 보고 있었던 것이다. 이래선 안 되겠다는 생각에 아이들과 방을 바꾸기로 했다. 초등학교 저학년 남매에게 아내와 함께 안방을 쓰게 하고, 나는 아이 공부방을 혼자 쓰기로 했다. 집중력을 높이기 위해 퇴근 후 일찍 잠자리에 들고, 대신 새벽에 일어나 자료들과 씨름했다.

"'빨간 줄' 한 줄이면 인생 망친다."는 주변의 만류도 있었다. 어떻게 전개될지 모르는 불안함 속에서 자료들을 뒤적였지만 심적 갈등은 계속됐다. 어느 날 밤이었다. 잠을 자는데, 누군가 내 목을 누르기 시작했다. 심리적으로 불안해서 그런가보다 하면서도 결심이 서지 않았다. 가위눌리는 밤이 계속됐다. 그러던 어느 날 밤은 침대까지 흔들어댔다. 안 떨어지려고 발버둥 쳤지만 결국 침대에서 떨어졌다. 꿈이었다. 난생 처음 침대에서 떨어진 것은 실제 상황이었다.

침대에서 떨어지는 순간 "하겠다!"고 소리친 것 같다. 시계를 보니 새벽 2시를 넘기고 있었다. 그 길로 내가 다니던 교회(중앙감리교회)에 가서 바닥에 엎드렸다. 나는 하나님을 향해 옆도 안 보고, 뒤도 안 보고 앞만 보고 달려갈 테니 도와 달라는 절실한 기도를 했다. 내가 결심을 하자 가위눌림은 사라졌다. 4·3영령과의 만남은 그렇게 시작된 것 같다. 이후 4·3영령과의 만남은 여러 차례 있었다. 그 일화는 앞으로 차차 밝히겠다.

마음을 다잡은 나는 4·3취재반 회의를 소집했다. 1988년 3월 20일 전후로 기억된다. 이 회의에서 두 가지 점을 강조했다.

첫째는 연재 시점이다. "우리가 4·3을 다루면서 100m 단거리 선수처럼 질주할 수는 없다. 그러다간 금방 지쳐 쓰러질 것이다. 그보다 더 큰일은 섣부른 판단으로 진실을 그르치는 것이다. 이 연재를 제대로 하려면 우리에겐 42.195km를 달리는 마라토너 같은 인내와 끈기가 필요할 것이다." 그러면서 당장 4월 3일 연재를 시작하는 것은 무리이고, 연재 시점을 내년(1989년) 4월 3일로 해야 한다는 의견을 개진했다.

둘째는 4·3을 바라보는 시각이다. 정부 입장을 대변하는 관변자료는 대체로 '반란' 또는 '공산폭동'으로 표현하고 있었다. 그러나 대학가나 재야의 시각은 '민중항쟁'이 대세를 이루고 있었다. 흑과 백처럼 첨예한 대립 구도였다. 취재반에게 이런 이야기를 했다. "우리는 선입견을 갖지 말자. 도대체 무슨 일이 벌어졌으며 왜 그런 일이 일어났는지 그 진실을 찾아 나서자. 그러다보면 4·3의 본 모습은 저절로 드러날 것이 아닌가?"

나의 이런 주장에 약간의 논란이 있었다. 그러나 대체로 수긍하는 분위기였다. 가장 큰 고민이던 연재 시점이 해결되니 한숨 돌릴 수 있었다.

| '4·3 전문기자' 탄생

현대사 관련 서적을 부지런히 수집하기 시작했다. '4·3'이란 글자가 들어간 자료라면 눈을 밝혀 모았다. 4·3이 방대하고 복잡 미묘한 사건인데도, 이를 정면으로 다룬 자료는 그리 흔치 않았다. 관변자료는 4·3에 관한 몇 쪽 되지 않은 짧은 내용을 기술하면서도 붉은 색의 이념문제로만 도배하고 있었다.

그런 가운데도 눈길을 끈 자료는 1963년 일본에서 펴낸 김봉현·김민주의 『제주도인민들의 4·3무장투쟁사』와 1975년 미국 하버드대학교에서 석사학위 논문으로 발표된 존 메릴의 「제주도 반란(The Cheju-do Rebellion)」이었다. 이런 글들이 포함된 4·3자료집 『제주민중항쟁』, 『잠들지 않는 남도』가 발간됐으나, 정부에 의해 '금서(禁書)'가 됐다. 그러나 대학가에서는 알음알음 날개 달린 듯 더 잘 팔렸다.

『4·3무장투쟁사』는 4·3의 전체 흐름을 다룬 첫 역사 저술이라는데 의미가 있었지만, 좌익적 시각에 편향되어 있었고, 과장된 면도 많았다. 이에 반해 존 메릴 논문은 최초의 4·3 논문일 뿐 아니라, 미군 자료를 많이 인용함으로써 자극을 준 것은 사실이지만, 그 역시 미국적 관점에서 접근했다는 한계가 있었다. 그 후, 이들 저자들을 모두 만나 저술의 허실에 대한 심층 취재를 한 바 있다.

1988년에는 양한권의 「제주도 4·3폭동의 배경에 관한 연구」(서울대)와 박명림의 「제주도 4·3민중항쟁에 관한 연구」(고려대) 등 두 편의 석사 학위 논문이 동시에 발표돼 미로 같던 4·3의 윤곽이 서서히 드러나기 시작했다.

이때 취재반에게 활기를 불어준 자료가 또 있었다. 미군 자료다. 1980년대 후반에 미군정 연구가 본격화되면서 비밀 해제된 미군정 정보보고서가 쏟아져 나왔다. 취재반은 이를 입수해서 4·3 관련 자료 발췌와 한글 번역작업을 동시에 진행했다. 해방 공간에서 발행되던 전국의 신문들도 모두 검색하기 시작했다.

이렇게 얻어진 문헌자료와 체험자들의 증언자료가 쌓여가다 보니 카드 관리로는 한계가 있었다. 그래서 4·3취재반 전용 컴퓨터를 도입했다. 당시 양병윤 편집국장은 이런 지원에도 앞장섰고, 외풍도 잘 막아주었다.

당시만 해도 경찰 정보과 형사들이 편집국에 드나들던 시절이었다. 4·3을 연재한다 하니 대공분실 형사들도 얼굴을 비추기 시작했다. 양 국장은 곧잘 이들과 말다툼을 벌이면서 든든한 방파제 역할을 했다. 지금은 흔한 컴퓨터이지만, 그때 구입한 4·3취재반 전용 컴퓨터가 편집국 제1호이다. 이를 이용해 다양한 내용을 검색할 수 있는 데이터베이스 프로그램도 만들었다.

이런 일에 두각을 나타낸 기자가 고려대 사학과 출신인 김종민이다. 그는 신문사에 들어온 지 2년밖에 안 된 신참 기자였지만 치열하고 분석력이 뛰어났다. 거기다 역사를 보는 눈이 예사롭지 않고, 열정적이었다. '4·3 전문기자'는 그렇게 탄생하고 있었다.

| '광주 청문회' 닫힌 입 열어

4·3처럼 오랫동안 은폐된 사건의 진실에 접근하기 위해서는 문헌자료 못지않게 중요한 것이 체험자들의 구술 증언이다. 4·3취재반은 이 점을 매우 중시했다. 문헌자료가 줄 수 없는 정보를 제공받을 수 있을 뿐만 아니라, 그 당시 제주사람들의 생각과 감

정을 엿볼 수 있기 때문이다.

낮에는 본연의 취재활동(각자 출입처가 있었음)을 하고, 밤에는 마을을 누비며 체험자들의 증언을 채록했다. 주요 사건이 발생한 마을이 시골인데다, 제주에선 웬만하면 80대 노인도 밭일을 나가기 때문에 밤 시간을 활용할 수밖에 없었다.

취재반은 조천읍 선흘리를 시작으로 마을 취재에 나섰다. 그러나 취재반에게 곧이어 두 가지 어려움이 봉착했다. 그 하나는 증언자들이 피해의식 때문에 증언 자체를 회피하는 경우였다. 할아버지가 겨우 맘을 잡고 입을 떼려고 하면 "이 하르방, 또 잡혀가려고!"하며 할머니가 가로 막았다. 다른 하나는 어렵게 채록한 증언 내용을 검토하다보면, 같은 사건을 놓고도 구술자마다 다르게 증언하는 사례가 많았다는 사실이다. 이 점은 기억이 희미하거나 사건을 잘못 파악해서 빚어진 일도 있었지만, 일부러 자기를 합리화하면서 왜곡시키는 사례도 적지 않았다.

즉 앞의 사례는 잘못된 정보를 '입력'시킨 컴퓨터가 수십 년 동안 수정과정이 없었기 때문에 당연히 잘못된 내용을 '출력'하는 것과 같았다. 하지만, 후자의 경우는 달랐다. 오랫동안 반복 학습된 반공교육 탓인지 스스로 선악을 구분하고 자기 쪽에 유리한 내용으로 채색한 후 증언을 한다는 점이다.

요즘은 '증언사' 또는 '구술사'라는 학문 연구가 활발해지고 있다. 이런 현상을 '집합기억'이라 한다. 즉 "개인의 회상들이 존재하지만, 개인들은 사회적 집단의 한 성원으로 기억한다."는 것이다. 따라서 구술사는 과거가 현재에 어떻게 작동하고, 현재가 과거의 재현에 어떻게 영향을 주는지 그 역학적 관계까지 분석 규명해야 유용한 자료가 될 수 있다는 것이다.

취재반은 이런 문제를 극복하기 위해 다단계 취재방식을 택했다. 마을 취재는 팀워크를 바탕으로 ①사전 준비 ②취재반 토론 ③1차 취재 ④취재내용 분석 및 상이점 검토 ⑤2차 취재 ⑥종합분석 ⑦연재 인용 시 재확인이란 7단계를 거치며 검증에 검증을 계속했다.

처음 취재 과정은 구술자가 입을 열도록 설득하는 것이었다. 참 많은 인내가 필요했다. "나이가 몇 살인가. 자네들은 당시를 몰라."로 시작된 구술은 일제시대를 돌고 돌아 해방공간에 이른다. 결국 몇 시간을 들어도 4·3에 관해서는 알맹이가 없는 경우가

1989년 12월 31일 국회 광주청문회에 출석한 전두환 전 대통령을 한 국회의원이 질책하고 있다.

많았다. 어느 정도 노하우가 쌓이자 1차 취재 때는 주로 듣고, 2차 취재 때는 준비한 의문사항을 질문하고 답변을 듣는 방식으로 진행했다.

이런 고전 속에 뜻밖에 체험자들의 의식을 변화시키는 사건이 있었다. 그것은 다름 아닌 1988년 11월부터 시작된 국회의 '광주 청문회'였다. 1980년 신군부에 의해 자행된 광주 학살사건의 진상조사가 국회 차원에서 진행된 것이다. 전국에 생중계된 청문회는 1989년 12월 31일 전두환 전 대통령을 증언대에 서게 하면서 절정에 이른다.

광주 청문회 이후 4·3 체험자들의 태도가 많이 달라졌다는 것을 피부로 느낄 수 있었다. 심지어 "청문회에서 총에 대검을 꽂았느냐 안 꽂았느냐가 쟁점이 되던데, 제주 사태 땐 그건 문제도 아니었다."고 분을 삼키며 4·3의 참혹상을 이야기했다. 덩달아 그동안 만류하던 할머니들도 커피 잔을 들고 와 취재반 옆에 조용히 앉더니 곧 입을 열기 시작했다. 피해를 입은 마을 주민들의 제사 날짜를 일일이 구술하는 등 할머니들의 기억력은 뛰어났다.

그때 '4·3같은 과거사는 혼자 따로 가는 것이 아니구나.' 하는 느낌이 왔다. '연동(連動)'의 중요성을 체험한 것이다.

진상규명하다 구속된 사람들

| 4·19 직후의 진상규명운동

4·3의 첫 진상규명운동은 1960년 4·19혁명 직후에 일어났다. 수많은 도민이 살해되거나 형무소에 갇히는 희생을 치르고 소강상태에 접어들었던 4·3은 연이어 터진 한국전쟁으로 10년 이상 어둠에 갇혀버렸다. 한국전쟁을 치르면서 더욱 반공체제를 공고히 한 이승만 정권은 제주4·3을 '빨갱이사건'으로 치부하고, 철저히 금기시하는 조치를 취했다.

그런데 장기집권을 도모하며 부정선거를 자행하던 자유당 이승만 정권이 학생들이 중심이 되어 일으킨 시민혁명에 의해 무너지면서 지하에 갇혔던 4·3의 진실이 움트기 시작한 것이다. 1954년 한라산 금족령 해제로 사건이 종결된 지 6년 만의 일이었다.

4·3에 대한 공개적인 논의는 민간에서부터 시작되었다. 1960년 5월 제주대학생 7인(고순화·고시홍·박경구·양기혁·이문교·채만화·황대정)은 '4·3사건진상규명동지회'를 결성해 진상조사활동에 나섰다. 이들은 『제주신보』 1960년 5월 26일자 광고란에 호소문을 게재해 "4·3사건의 진상을 하루빨리 규명하여 사건 당시 양민을 학살한 주동자들을 엄정하게 처벌할 것"을 촉구했다. 동지회는 제주도를 일주하면서 체험자들의 증언 채록을 시도했다. 그러나 피해의식에 젖은 체험자들이 말문을 쉽게 열지 않아 애를 먹었다.

5월 27일에는 남제주군 모슬포에서 유가족 등 주민 60여 명이 1949년의 '특공대 참살사건'과 1950년 '예비검속사건' 등의 진상규명을 촉구하는 궐기대회를 열었다.

한편 국회는 1960년 5월 23일, 한국전쟁 당시 거창·함양 등지의 양민학살사건에 관한 조사단 구성을 결의했다. 이 소식을 접한 제주도민 사이에서는 "제주4·3사건도 진상규명해야 할 것 아니냐"는 여론이 들끓었다. 잠자던 의식을 자극한 것이다. 제주

출신 국회의원 김두진이 제주4·3사건의 진상도 조사해야 한다고 발의했고. 국회는 마지못해 경상남도 조사반의 조사지역을 확대해서 6월 6일 하루 동안 제주지역도 조사하도록 조치했다.

이러한 결정이 내려지자 제주지역은 갑자기 바빠졌다. 『제주신보』는 촉박한 일정을 맞추기 위해서 부랴부랴 희생 상황을 접수 받기 시작했다. 즉 6월 2일자 사고(社告)를 내어 '4·3사건 및 6·25당시 양민학살 진상규명 신고서'를 게재하고, 국회 조사단에 제출할 터니 신고해달라는 뜻을 밝혔다. 이 일에 신두방 전무가 앞장섰다. 제주신보사에 접수된 피해 건수는 총 1,259건, 인명피해는 1,457명에 달했다. 전체 피해 상황에 비해서는 미미한 수준이었지만, 이 신고가 3일 만에 갑자기 이뤄진 것임을 감안한다면 그 열기를 짐작할 수 있다.

6월 6일 제주도의회 의사당에서 열린 국회 조사단의 증언 청취 자리에서 10년 동안 한을 품어온 희생자 유족들은 학살 당시의 불법성을 폭로하고 억울함을 호소했다. 그러나 경남 조사반에 곁다리로 끼여 마지못해 하는 단 몇 시간의 국회 조사는 부실할 수밖에 없었다.

더욱이 조사반장 최천 의원은 4·3 당시 제주경찰감찰청장으로 재직한 바 있는 토벌대의 주역인데다 태도마저 강압적이어서 물의를 빚었다. 특히 최천 조사반장은 학살자에 대한 법적 단죄를 요청하는 증언자에게 "10여 년이 경과됐으니 처벌 시효가 지났다."고 발언해 유족들을 자극시켰다. 이에 참다못한 제주신보사 신두방 전무는 "그러면 뭣하러 왔느냐, 사람 죽인 놈들에게 시효가 문제 되냐"고 따졌다. 분위기가 험악해지자 조사반 조일재·박상길 의원 등이 나서서 "특별법을 만들어서라도 철저히 처리하겠다."고 밝히며 진정시켰다.

그러나 국회 조사단의 활동은 그 뿐이었다. 그 뒤로 진전되는 일이 없었다. 1960년 6월 21일 재경 제주학우회가 국회 앞에서 4·3 진상규명을 촉구하는 시위를 벌였다. 또한 서울과 제주도 대학생들이 '제주도민 학살사건 진상규명대책위'를 조직하겠다고 밝혔으나 이 역시 진전은 없었다.

한편 진상규명운동에 열정적으로 나선 제주신보사 신두방 전무는 신고서를 분석하다가 분통을 터뜨렸다. 외도동에서 일가족 10명을 몰사시킨 가해 경찰이 버젓이 잘 살고 있다는 내용을 접했기 때문이다. 분기충천한 그는 피해자를 대리해 그 가해 경관을 검찰에 고발하기도 했다. 4·3 가해자 고발 1호였다.

이렇게 4·19혁명 이후 비로소 시작된 4·3진상규명운동은 이듬해 5·16쿠데타로 한순간에 된서리를 맞았다. 그동안의 조사활동도 물거품이 되고 말았다. 쿠데타 발생 이튿날인 1961년 5월 17일 『제주신보』 신두방 전무와 제주대 '4·3사건진상규명동지회' 회원 이문교·박경구가 전격 구속됐다. 또 모슬포 지역에서 진상규명에 앞장섰던 몇몇 사람들도 체포돼 곤욕을 치렀다. 경찰은 또한 유족들이 세운 '백조일손 위령비'를 부수어 땅속에 묻어 버렸다. 4·3을 땅속에 묻어버린 것이나 다름없었다.

| 현기영 「순이삼촌」

오랜 침묵을 깨고 1978년 소설가 현기영이 북촌학살사건을 다룬 단편소설 「순이삼촌」을 『창작과비평』에 발표했다. 1949년 1월 17일, 2연대에 의해 북촌리 주민 400여 명이 남녀노소 가리지 않고 학살된 사건을 소재로 하고 있다.

소설 속의 '순이삼촌'은 마을 사람들이 군인들에게 끌려가 집단총살 당하는 상황에서 기절하는 바람에 기적적으로 살아난다. 그러나 두 아이를 잃고 말았다. 순이삼촌은 그 학살터인 '너븐숭이' 옴팡밭에서 사람의 뼈와 탄피 등을 골라내며 30년을 과부로 살았지만 충격과 후유증을 극복하지 못하고 이상행동을 보이다가 끝내는 비극적으로 자살하고 마는 스토리다.

이 소설은 그동안 금기시되던 4·3의 참혹상과 그 후유증을 정면으로 다뤄 충격을 주었다. 더 큰 파장이 일어난 것은 1979년 소설집으로 발간된 직후 작가가 군사정권의 군 정보기관에 끌려가 갖은 고문을 받았고, 소설집이 판매금지 조치되면서부터였다.

이런 핍박을 받게 되자 오히려 대학가에서 더 유명해졌다. 「순이삼촌」 복사본이 불티나게 팔렸고, 금기시됐던 4·3에 대한 관심이 높아지면서 그 물꼬를 트는 계기를 마련했다. 이 소설은 4·3의 상징 소설이 되면서 4·3 연구를 촉발시켰고 문학은 물론 미술·연극계 등 문화계 전반에 큰 영향을 미쳤다.

나는 2002년 정부 진상위원회 진상조사팀장으로 북촌마을을 찾은 적이 있다. 진상을 조사하기 위해 그 학살사건이 일어난 날, 대대장 차를 직접 운전했다는 김병석 씨 (함덕 출신·사건당시 경찰관)와 동행했다. 그는 "집집마다 불을 지른 후 장교들이 차 안에서 대책회의를 했는데, 한 장교가 '여기에 있는 군인들이 적을 사살해본 경험이 거의 없다. 1개 분대마다 몇 명씩 끌고 나가서 총살을 하도록 하자'고 제안해서 그게 채택됐다"고 증언했다. '군인들에게 총살 경험을 주기 위해 민간인들을 학살한다?' 이 말도 안 되는 작전이 북촌에서 실제로 집행된 것이다.

'너븐숭이'는 널찍한 돌밭이라는 뜻이다. 그곳에 2008년 '너븐숭이 4·3기념관'이 세워졌다. 북촌학살사건의 진실을 밝히는 전시관과 억울한 희생자들의 넋을 위무하는 위령비도 마련됐다. 또 한 쪽에 현기영 선생의 '순이삼촌 문학비'가 세워졌는데, 소설 속에 나오는 문장들이 새겨진 수십 개의 장대석이 널브러져 있어서 마치 북촌학살 때 시신들이 쓰러져 있던 모습을 연상케 한다. 「순이삼촌」은 엄혹한 시기에 세상에 나와서 탄압도 받았지만 30년 만에 새롭게 부활한 것이다.

| 이산하 「한라산」

그로부터 9년 후, 4·3을 소재로 한 이산하의 장편서사시 「한라산」이 발표돼 문학계는 물론 사회적으로 큰 파문을 일으켰다. 「한라산」이 1987년 3월 사회과학전문 무크지인 『녹두서평』 창간호에 발표되자 커다란 반향이 일어났다. 내용이 격동적이고 선동적이어서 놀랍기도 하고, 4·3을 잘 모르던 전국 대학가에 충격파를 주기에 충분했다. 당국은 이산하 시인을 국가보안법 위반혐의로 전국에 수배했다. 그는 몇 달 동안의 도피 끝에 그 해 11월 검거되고 1년 가까이 옥살이를 했다. 이 필화사건으로 출판사 대표 등 여러 명이 옥고를 치르기도 했다.

「한라산」은 서시를 포함해 모두 5개의 장과 25개의 절로 이루어졌다. 행수도 1300여 행에 이르는 매우 긴 장편서사시였다. 형식도 파격적이지만 내용이 더 파격적이었다. 둥둥 울림이 있는 시였다. 4·3 진상규명운동을 했던 사람들도 매우 조심스럽게 접근하던 반미 성향과 빨치산의 투쟁성을 여과 없이 표출해냈다. 그래서 「한라산」은 철저하게 '운동적 방식'의 일환으로 씌어졌다는 평도 있다.

경북 출신인 이산하의 본명은 이상백. 내가 필명 '이산화'를 처음 만난 것은 그가 감옥에서 나온 1988년 말이었다. 그는 출옥하자마자 '제대로 된 4·3 시'를 쓰겠다면서 제주에 왔다. 그리고 4·3취재반장인 나를 찾았다.

"사실 제주에 온 것은 이번이 처음입니다. 일본 쪽 4·3자료를 입수해서 밤새워 읽으면서 큰 충격을 받았습니다. 하루빨리 4·3의 진실을 알려야 한다는 절박감에 현장 취재도 못한 상태에서 「한라산」을 쓰게 된 겁니다. 이번에 제주에 온 것은 사건 체험자들을 직접 만나서 증언채록도 해서 본격적인 4·3 시를 쓰기 위함입니다."

그가 말한 일본 자료는 재일동포 김봉현·김민주 공저의 『제주도 인민들의 4·3무장투쟁사』였다. 그러나 나중에 확인되기론 1978년 일본어로 발간된 김봉현의 『제주도 피의 역사』 번역본을 인용한 것 같다. 물론 두 책 모두 좌익적 시각에 편향된 자료들이어서 그걸 활용했다면 좌익적 색채가 강할 수밖에 없다.

나는 그에게 "4·3을 취재하면 할수록 미궁에 빠지는 것 같다. 체험자들을 만나 그들의 이야기를 들어보면 더욱 복잡해진다. 요즘 4·3 길을 찾느라 애를 먹고 있다."고 나의 심경을 전했다. 몇 달 후, 그가 제주를 떠난다면서 연락이 왔다. 그리곤 내가 전에 말했던 것처럼 "4·3을 조사하면 할수록 뭐가 뭔지 모르겠다. 4·3 시 더 이상 못 쓸 것 같다."고 토로했다.

그 이후 이산하의 4·3 시는 더 이상 발표되지 않았다. 다만 원래 발표했던 장편시 「한라산」을 일부 수정한 복원판이 2003년에 "판금된 〈한라산〉 16년 만에 출판"이란 이름을 달고 단행본 시집으로 나왔다. 그는 후기를 통해 "제주 땅을 밟은 나의 발걸음은 들판의 시커먼 돌들처럼 무겁기만 했고, 시간이 지날수록 내 가슴은 자꾸 산처럼 무너져가고 있었다. 죽은 자는 말이 없었고 산자는 죽은 자보다 더 말이 없었다."면서 제주인의 정서를 아는 것이 쉽지 않았음을 고백했다.

| 김명식 「제주민중항쟁」

1990년 7월에는 4·3자료집 『제주민중항쟁』(전 3권)을 발간했던 김명식 시인이 국가보안법 위반혐의(이적표현물 제작)로 전격 구속됐다. 1980년대 후반부터 4·3 진상 규명을 위해 일본에서, 서울에서 종횡무진 활약하던 그는 그때 징역 1년 6개월을 선고 받았다.

문제가 된 『제주민중항쟁』 1·2권은 원래 1988년 3월에 출판된 것이다. 제1권에는 4·3문제를 푸는 좌담 내용과 좌파, 우파가 각각 따로 보는 4·3 시각과 자료들을 담았다. 특히 관심을 끄는 자료는 일본에서 발간된 김봉현·김민주의 『제주도 인민들의 4·3 무장투쟁사』 발췌본과 하버드대학교 석사학위 논문인 존 메릴의 「제주도 반란」 주요 내용이었다. 제2권에는 김봉현·김민주의 책을 그대로 영인본으로 실었다. 김명식은 서문에서 이 자료집을 발간하는 이유를 이렇게 밝혔다.

최근 「녹두서평」에 '한라산'이라는 시가 발표되어 오랫동안 망각을 강요당해 온 제주민중항쟁에 관한 관심을 크게 불러일으켰으나 그와 관련된 많은 사람들이 고통을 감수해야만 했다. 나아가 한국현대사의 분기점인 제주민중항쟁의 실체를 밝히는데 많은 장애물을 뛰어넘어야 한다는 과제를 남겨놓았다.

따라서 지금에 있어서는 이 사실을 확인하고 정리하는 작업이 매우 시급하다. 살아 있는 많은 관련자들의 체험담, 묻혀있는 많은 자료들을 발굴하는 일 또한 매우 시급하다. 이러한 작업의 디딤돌로서, 이 책에서는 그 실상을 파악하고 연구하는데 보탬이 될 수 있는 자료들을 일차적으로 정리했다.

『제주민중항쟁』 3권은 1989년 4월에 나왔다. 「미군정 정보보고서」(일명 G-2보고서)와 일간지, 월간지 등에서 4·3 관련자료들을 발췌해 실었다. 그런데 『제주민중항쟁』 초판이 나온 지 2년도 더 지난 1990년 7월에 갑자기 문제가 불거지면서 김명식 시인이 전격적으로 구속된 것이다. 이런 상황은 인위적인 '3당 합당'으로 정치 지형이 바뀌면서 공안정국이 되살아났기 때문이다. 정치 환경의 변화에 따라 생겨난 탄압 구도는 나중에 다시 언급하겠다.

4·3 진실찾기 나섰다가 고초를 겪은 사람들. 위쪽 왼쪽부터 신두방, 이문교, 박경구. 아래쪽 현기영, 이산하, 김명식.

| 서울과 도쿄, 첫 4·3 학술발표회

4·3취재반이 결성된 1988년은 4·3 40주년이 되는 해였다. 이런 시대적 상징성을 반영하듯 이곳저곳에서 금기의 벽을 뚫어보려는 시도가 전개되었다. 5·16쿠데타 이후 4·3에 관련된 말조차 꺼낼 수 없었고, 시나 소설로 표현해도 범죄가 되던 세상에서 금줄을 걷어내는 작업이 시작된 것이다.

그 해 4월 3일 서울과 일본 도쿄에서 동시에 공개적인 4·3 학술행사가 열렸다. 4·3에 관한 첫 학술발표회였다. 서울 행사는 오후 2시 국회 앞 여의도 여성백인회관(가정법률상담소 소속)에서 열렸다. 서울에 사는 제주 출신 지식인들로 창립된 '제주사회문제협의회'(제사협)가 주최한 행사였다.

제사협은 1987년 9월 발족했다. '6월 민주항쟁'의 열기가 뜨겁던 1987년 6월 어느 날, 제주대 재학생인 김윤삼이란 여학생이 시위도중 경찰이 던진 벽돌에 머리를 맞아 중상을 입고 서울대병원에 입원하는 사건이 있었다. 이 사건을 계기로 서울에 사는 진보 성향의 제주출신 인사들이 모이기 시작했다. 그 와중에 자연스럽게 제주사회의 현안에 대한 이야기가 나왔고, 대안을 모색해보자는 의견으로 발전했다.

그런 취지 아래 40여 명이 모여 제사협을 발족시킨 것이다, 회장에 홍익대 교수 정윤형, 부회장은 소설가 현기영·시인 김명식, 총무는 언론인 고희범이 맡았다. 제사협은 그후 탑동 공유수면 매립사건, 송악산 군사기지 철폐운동, 제주개발특별법 반대운동 등 제주현지에서 벌어지고 있는 굵직굵직한 사건에 참여해서 제주지역의 관련단체와 연대하거나 서울에서 별도의 집회를 가졌다.

그런데 제주 현안을 논의하다보면 항상 부닥치는 문제가 바로 4·3이었다. 수많은 도민들이 학살을 당하고도 40년이 되도록 말조차 꺼낼 수 없는 4·3문제를 외면하면서 무얼 논의하겠다는 것이냐는 자각이 생긴 것이다. 제주신문 4·3취재반의 출범 배경과 똑같은 이치이다.

이런 부담감을 덜기 위해 제사협은 회보 창간호부터 '제주지역 역사자료'란 난을 만들고 4·3문제에 접근하기 시작했다. 창간호에는 잡지 『신천지』1948년 8월호에 실린 홍한표의 글 '동란의 제주도 이모저모'에서 발췌한 내용을 2면에 걸쳐 싣기도 했다. 그리고 1988년 4월 3일 일요일 오후 2시, '거사'하듯 4·3 40주년 기념학술대회를 개최한 것이다.

'제주도 현대사의 재조명 – 4·3의 배경과 경과'란 주제로 양한권(서울대)·박명림(고려대)이 발표했다. 두 사람은 4·3관련 석사 논문을 발표했거나 준비 중이었다. 1백여 평 남짓한 여성백인회관 발표장은 3백여 명의 청중으로 발 디딜 틈 없이 가득 찼다. 주최 측의 예상을 뛰어넘는 성황을 이뤘고 열기도 뜨거웠다. 당초 주최 측은 공안당국의 훼방을 염려했으나 별 문제 없이 행사를 마칠 수 있었다.

당시 제주신문은 바로 직전 4·3취재반까지 결성했음에도 이 행사를 스트레이트 기사 없이 서울 주재 기자의 '기자수첩'만으로 보도했다. 경황이 없었다고밖에 달리 표현할 길이 없다. 주최 측도 매한가지다. 이런 중대한 행사를 결행하면서도 사진 한 장

1988년 4월 3일 일본 도쿄에서 성황리에 열린
4·3 40주년 추도 기념강연회.

남기지 않았기 때문이다. 이 행사 이후에 4·3연구소 설립 논의가 본격적으로 시작된 것은 그나마 위안이 되는 점이다.

일본에서 처음 열린 4·3 강연회는 같은 날 '제주도 4·3사건을 생각하는 모임'(회장 현광수, 사무국장 김민주) 주최로 도쿄 소재 한국YMCA회관에서 열렸다. 도쿄 행사 역시 서울 못지않게 대성황을 이뤘다. 5백 명의 청중이 운집하는 바람에 의자가 부족해 일부는 맨바닥에 앉을 정도였다.

강연 연사로는 '행동하는 지성'으로 유명한 일본인 동양사학자 가지무라 히데키(梶村秀樹)를 비롯해 한신대 교수 정하은, 소설가 김석범, 시인 김명식이 나섰다. 이날 행사는 주최 측도 놀랄 정도로 성황을 이뤘는데, 사무국 요원으로 참여한 문경수 교수, 출판사 신간사 대표 고이삼, 도쿄대 대학원에 유학중인 강창일 등의 활약이 돋보였다고 한다.

혹자는 일본에선 4·3을 이야기하는 게 쉬운 일이라고 생각할지 모른다. 하지만 실상은 그렇지 않았다. 4·3을 거론하면, 대한민국을 대변하는 민단은 '반정부 활동'으로 보고, 친북단체인 조총련은 '반혁명 행위'로 취급하기 일쑤였다. 한반도보다 더 심한 이념 갈등이 재일 동포사회에 흐르고 있었다. 이는 나중에 4·3 취재를 위해 일본에 갔다가 절실하게 느낀 점이다.

서울, 도쿄와는 달리 제주도에서는 공개행사 없이 제주대학교 학생들이 4·3 추모기간을 정해 이날 학내 행사로 위령제와 진상규명 촉구집회를 가졌을 뿐이다.

그러나 그 해 7월 23일 제주YMCA회관에서 열린 '4·3 강연회'부터 분위기가 달라졌다. 재경 제주학우회가 주최한 이 강연회는 제주에서 열린 첫 4·3 공개행사였는데, 7백여 명이 강연장을 꽉 메웠다. 회관 안으로 들어갈 수 없는 청중들은 회관 마당에 자리를 깔고 앉았고, 심지어는 울타리나 나무 위로 올라가서 강연을 듣는 사람도 있었다. 강연은 제주대 교수 고창훈, 소설가 오성찬, 시인 김명식이 맡았다. 이 강연장에 4·3취재반 기자들도 대부분 참석했다.

연사들이 민중항쟁 측면에서 4·3을 언급하자 방청석 한쪽에선 심하게 반발하기도 하였다. 주로 무장유격대로부터 피해를 입은 유족들로 그들의 항의는 매우 거셌다. 이런 진보진영의 분위기에 자극받은 그들은 그 해 10월 '4·3 반공유족회'를 결성하게 된다.

한편 1988년에 앞에서 언급한 4·3자료집 『제주민중항쟁』 이외에도 몇 가지 기록물들이 출간되면서 지하에 갇혔던 4·3을 지상으로 끄집어내는 작업이 본격화되었다. 그 해 2월 노민영이란 이름으로 『제주도 4·3항쟁의 기록 – 잠들지 않는 남도』가 출판됐는데, 『제주민중항쟁』과 유사하게 존 메릴, 김봉현의 글과 이산하의 시를 싣고 있다.

6월에는 실천문학사에서 재일동포 작가 김석범의 대하소설 『화산도』 중 일부를 5권으로 출판해 반향을 일으켰고, 8월에는 임헌영 등이 『4·3민중항쟁 작품집 – 4·3도 유채꽃』을 출판사 전예원에서 펴냈다. 이 책에는 현기영 등의 소설과 이산하의 시를 담았다. 12월에는 소설가 오성찬의 증언 채록집 『4·3 제주대학살의 증언 – 한라의 통곡소리』가 세상에 나왔다.

「4·3의 증언」 연재

┃ '모든 책임진다' 각서 제출

해를 넘기고 1989년에 접어들었다. 신문 연재를 시작해야 한다는 부담감으로 초조해지기 시작했다. 41주년이 되는 4월 3일엔 어떤 형태든 기획기사를 실어야 했기 때문이다. 연재를 4·3의 어느 시기부터 시작할 것인가? 연재의 제목은? 논란을 빚는 용어들을 어떻게 정리할 것인가? 입수된 자료들의 진위는? 체험자들의 증언을 어디까지 믿고 인용할 것인가?

이런 질문들이 계속 머리에 맴돌았다. 많은 사람들이 취재반을 주시하고 있었다. 뿐만 아니라, 공안당국은 "사회 안정을 해치는 일"이라며 여러 경로를 통해 연재를 막으려고 압박해 왔다. 취재반에게는 한 치의 실수도 용납될 수가 없었다. 그것은 개인적인 불이익 수준이 아니라, 자칫하면 신문사의 운명과도 직결될 수 있는 폭발성이 있었기 때문이다.

연재 시점에는 송상일 편집국장이 취임했는데, 송 국장은 회사 측의 요구에 의해 '만일 문제가 발생하면 모든 책임을 진다'는 각서를 제출하기도 했다. 그 각서 제출사실은 최근에야 알았다. 송 국장은 취재반의 활동에 부담이나 제약이 될까봐 이 사실을 비밀에 부쳤던 것이다. 그만큼 신중했고, 음으로 양으로 4·3취재반을 지원했다.

기획 연재의 제목은 「4·3의 증언」으로 정했다. '폭동'이나 '항쟁' 등 사건의 성격을 말해주는 꼬리표 없이 '4·3' 그 자체로 이야기하자는 뜻에서였다. 다음은 용어 정리가 문제였다. 가령 도민들이 주로 부르는 '산사람'에 대해서 관변 자료에서는 '폭도' 혹은 '공비'로, 직접 활동했던 사람들은 '인민유격대'라고 호칭했다. 그래서 '무장대'란 중립적 용어를 사용하기로 했다.

해방 공간의 신문들을 검색하면서 깜짝 놀란 것은, 당시는 '인민'이란 용어가 너무나 자연스럽고 흔하게 사용되었다는 점이다. 심지어 1945년 9월 9일 발표된 극동군 미군 총사령관 맥아더의 포고 제1호는 "조선 인민에게 고(告)함"으로 시작됐다. 이후 6·25전쟁을 거치면서 공고해진 반공 이데올로기는 용어마저 변색시켰다. '인민'은 친 북적 용어가 되어 버린 것이다.

모아놓은 자료들을 검토하면서는 황당할 때가 많았다. 군인이 저지른 북촌 주민 학살사건이 '공비의 소행'으로 기록돼 있는가 하면, 잘못 쓰여진 기록이 재탕된 경우도 비일비재하였다. 남로당 제주도당 간부 조몽구(趙夢九)의 몽(夢)자가 노(魯)로 잘못 인쇄되자 다른 책자에도 계속 조몽구가 조노구(趙魯九)로 기록되는 식이었다. 한번 잘 못 기록된 내용을 출처도 밝히지 않은 채 여기저기서 베껴 쓰다 보니 날짜, 장소 등 기초적인 사실조차 어긋나는 것이 부지기수였다. 1948년 4월 3일 발생한 상황도 제대로 기록된 게 없었다.

이런 오류는 증언자들의 구술 내용에서도 나타났다. 심지어 '4월 3일'이 양력이 아니라 음력이라고 주장하는 이도 있었다. 기억의 한계성도 있었지만 일부는 자의적으로 취사선택해 '편집된 기억'을 사실이라고 주장하는 경우도 생겨났다. 특히 사건 발생 시점에 대한 구술 가운데는 오락가락한 경우가 많아 혼선을 빚기도 했다. 왜곡·부실 투성이 자료 때문에 난감하기도 했지만, 한편으로는 4·3 진상규명의 필요를 절감하고 의지를 다지는 계기가 되었다.

4·3취재반에겐 수집자료 가운데 알곡과 쭉정이를 가려내는 작업이 급선무였다. 그래서 자료와 자료, 문헌자료와 증언 사이를 교차하면서 비교 검증하고 미진한 것은 다시 보충 취재하는 일을 반복했다.

나는 '4·3'이라는 숫자의 상징성을 담고 있는 1948년 4월 3일 상황이라도 철저히 추적하자고 취재반을 독려했다. 그날의 상황부터 연재를 시작해야겠다는 판단이 섰다. 그래서 취재반은 4월 3일 그날 무장대로부터 습격을 받은 화북·신엄·한림·남원·성산 지역 등을 누비며 집중적으로 조사했다. 그 결과 기존 관변자료 기록들의 허구가 낱낱이 드러나기 시작했다.

그런데 막상 원고를 쓰려고 하니 수렁에 빠진 듯한 느낌이 들었다. 4월 3일의 상황은 그 전에 있었던 복합적이고 누적된 전사(前史)의 한 기폭점일 뿐인데, 이를 연재의 기점으로 삼으려한 결정적인 실수를 범한 것이다. 그날 상황이 왜 일어났는지 그 배경과 원인에 대한 설명 없이 집필해야 하는 부담이 앞을 가로막은 것이다. 또다시 깊은 고민에 빠졌다.

| 한국 언론사상 첫 4·3 연재

1989년 4월 3일 첫 연재 기사를 집필하다 보니 사건의 배경과 원인을 다루기엔 준비된 자료가 턱없이 부족하다는 걸 느꼈다. 1948년 4월 3일 상황을 집중 취재하여 그 자료는 상당히 축적되었지만 4·3 전사에 대한 자료는 미흡했던 것이다. 첫 연재를 4월 3일 일어난 일만 장황하게 보도했을 때 '원인 없는 4·3'으로 해석될 수 있어서 이래저래 고민에 빠진 것이다. 이를 극복하기 위해 취재반은 두 가지 일을 추진했다.

하나는 4·3의 전체 모습을 보여주기 위해 4·3 이전 2기, 4·3 이후 8기 등 모두 10기의 '4·3의 시기 구분'을 도표로 만든 것이다. 4·3의 시기 구분은 다음과 같이 정리했다.

〈4·3 이전〉 제1기 인민위원회 주도기(1945. 8. 15.~1947. 2. 28.)
　　　　　　 제2기 미군정 공세기(1947. 3. 1.~1948. 4. 2.)
〈4·3 이후〉 제1기 무장대 공세기(1948. 4. 3.~5. 11.)
　　　　　　 제2기 경비대 주도 토벌기(1948. 5. 12.~10. 19.)
　　　　　　 제3기 사태의 유혈기(1948. 10. 20.~12. 31.)
　　　　　　 제4기 육해공 합동토벌기(1949. 1. 1.~3. 1.)
　　　　　　 제5기 선무 활동기(1949. 3. 2.~5. 15.)
　　　　　　 제6기 소강 상태기(1949. 5. 16.~1950. 6. 24.)
　　　　　　 제7기 대대적 예비검속기(1950. 6. 25.~10. 9.)
　　　　　　 제8기 마지막 토벌기(1950. 10. 10.~1954. 9. 21.)

제주신문 1989년 4월 3일자에 보도된 『4·3의 증언』 제1회

　다른 하나는 4·3의 비극상을 상징적으로 보여줄 개인의 체험담을 싣기로 하였다. 그것이 바로 '열세살 김순애 소녀가 겪은 4·3'이란 특별 기획이었다. 취재반이 만난 김순애는 쉰네 살의 여인으로, 13세 때 4·3을 만나 갖은 고초를 겪었다. 중산간 마을인 안덕면 동광리가 고향인 그녀는 외할아버지를 포함한 마을 유지들과 외숙 내외, 자기보다 한 살 아래인 사촌동생이 군인의 총에 죽는 모습을 직접 목격했다. 자신도 살기 위해 산으로 피신했다가 '폭도 아닌 폭도' 생활을 했다. 나중에 하산한 어머니는 예비검속으로 행방불명이 됐다. 이런 비극사를 담담하게 이야기하던 그녀가 끝내 "어느 세상에 그런 일이 있을 수 있습니까?"라며 울먹이자 취재하던 기자도 눈물을 쏟고 말았다.

　1989년 4월 3일자 『제주신문』 1면 톱기사는 '40년 침묵의 비극사가 입을 연다'는 제목 아래 4·3취재반의 본격 활동상을 알렸다. 한국 언론사상 처음 시도한 4·3연재 대장정의 첫 발을 내디딘 것이다. 당시 4·3 연재물 제목 등은 송상일 편집국장이 직접 달 정도로 열정을 보였다. 그는 4·3취재반의 정신적 버팀목이었다. 3면에 실린 「4·3

의 증언」첫 기사는 '김순애 소녀가 겪은 4·3'과 '4·3의 시기 구분'으로 전면을 채웠다.

공안당국이 즉각 민감한 반응을 나타냈다. 보도내용을 믿을 수 없다면서 취재 경위와 취재원을 조사하기 시작했다. 며칠 만에 신문에 난 희생자 중 한 사람이 "토벌대가 아니라 폭도가 학살한 죽음인데 오보했다."는 소리가 들려왔다. 그 말을 듣는 순간 피가 거꾸로 솟는 듯했다. "돌다리도 두들겨보는 심정으로 신중에 신중을 기한 보도인데 어떻게 그런 일이 생길 수 있다는 말인가?" 즉각 취재반을 투입하여 진위 조사에 나섰다.

| 반복된 '철저한 검증'

4·3취재반이 가장 중점을 둔 부분은 바로 검증이었다. 오류와 왜곡투성이의 자료들을 그대로 인용할 수는 없었다. 마찬가지로 체험자의 증언을 곧이곧대로 믿다가는 헤어나기 힘든 수렁에 빠질 수 있다는 느낌이 들었다. 그래서 어떤 자료, 어떤 증언이라도 일단 의심의 눈으로 봤다. 내가 취재반원들에게 입버릇처럼 외쳤던 것이 '철저한 검증'이었다. 1948년 4월 3일 새벽의 분위기를 전하는 날씨도 추측이나 증언에만 의존하지 않고 기상대에 확인하여 기술했다. 새로운 자료와 증언을 입수할 때마다 속단하지 않고 '돌다리도 두들겨보는 심정'으로 그것이 진실인지 아닌지 검증 과정을 반복했다. 나는 집필과정에서 신문에 인용되는 증언에 대해서는 반드시 당사자와 통화해서 재확인했다.

그럼에도 불구하고 1989년 4월 3일자에 보도된 「4·3의 증언」 첫 연재부터 오보라니 충격이 아닐 수 없었다. 우리가 토벌대에게 희생되었다고 보도한 사망자 중 한 명이 '폭도'에게 당했다는 것이 반론의 취지였다. 그 근거로 해당 희생자는 '국가유공자'로 등록되어 있고, 그 유족들은 정부로부터 일정액의 지원도 받고 있다는 것이다.

4·3 당시 토벌대는 민간인들을 향보단, 민보단, 청년방위대 등에 가입시켜 마을 방위나 토벌 작전에 동원시켰다. 이런 과정에서 민간인들이 무장대의 습격을 받고 희생되기도 했다. 정부는 이런 희생자 수백 명에 대해 소정의 절차를 거쳐 국가유공자로 선정하여 예우했다. 4·3 당시 같은 죽음이라도 무장대에게 피해를 입으면 '국가유공자'로, 토벌대에 의한 희생은 '폭도' 또는 '좌익분자', '빨갱이'로 취급되던 세상이었다.

진위를 확인하기 위해 동광리에 가서 재조사를 했다. 그런데 마을 주민들은 한결같이 그 해당 희생자가 토벌대에게 피해를 입은 것이 사실이라고 주장했다. 그러면 어떻게 '국가유공자'로 지정됐다는 말인가? 그 경위를 추적해 봤더니, 인척 중에 경찰관이 있어서 피해 상황을 거꾸로 뒤집어 놓았다는 것이다.

'오보' 소동의 첫 위기를 벗어난 4·3취재반은 매주 화요일과 금요일에 「4·3의 증언」을 정기적으로 연재하며 가속도를 붙여 나갔다. 1948년 4월 3일에 일어난 지역별 상황을 자세히 기술하는 한편, 이날 상황을 기록한 기존 자료의 왜곡사례도 신랄하게 지적했다. 독자들이 쉽게 이해할 수 있도록 '4월 3일 상황에 관한 자료 비교표'를 만들어 습격 상황, 피해 상황의 다름을 한 눈에 볼 수 있게 했다. 있지도 않았던 '감찰청과 경찰서의 점령' 등을 기록한 관변자료 뿐만 아니라, 피해 상황을 심하게 부풀린 자료의 맹점도 들춰냈다.

연재를 하면서는 충분한 사료가 없어 논리적으로 확증할 수 없을 때는 아무리 심정적 확신이 드는 경우에도 논리 전개를 삼갔다. 대신 쉽사리 단정할 수 없는 내용은 그동안 수합한 자료와 증언을 드러냄으로써 독자들의 판단에 맡겼다.

그 대표적인 예가 '남로당 중앙 지령설' 논쟁이었다. 이전의 관변자료는 남로당 제주도당이 북한, 또는 중앙당의 지령을 받고 '4·3폭동'을 일으킨 것으로 못 박아 놓고 있었다. 하지만 연구자들은 제주도당의 독자적 행동이라고 주장했다. 이 문제는 너무도 예민한 사안이어서 처음에는 조심스럽게 접근했다. 제목도 '지령설'과 '독자적 감행설'이 팽팽하게 엇갈린다는 수준의 중립적 내용으로 뽑았다. 그러나 나중에 중앙당 지령설의 원조 격인 박갑동, 지령설을 기술한 교과서 집필진 등을 취재하면서 그들의 주장이 허구임이 드러났다. 결국 4·3취재반은 얼마 뒤에 '남로당 제주도당의 독자적 행동'이었다고 수정·보도하게 된다.

확산되는 4·3진영

| 첫 추모제와 첫 방송

「4·3의 증언」 연재물이 첫 보도된 1989년 4월 3일 그 무렵, 제주도에서 두 가지 의미 있는 일이 더 있었다. 그 하나는 제주시민회관에서 재야단체 주최로 4·3 추모제가 열린 것이요, 다른 하나는 제주MBC가 4·3 특집기획물을 처음 방영한 것이다.

처음 열린 4·3 추모제는 11개 시민사회단체로 결성된 '제주4·3사월제공동준비위원회'(사월제공준위)가 주최한 것이다. 행사는 4월 1일부터 3일간 추모굿, 슬라이드 상영, 시화전, 강연회, 진상규명 촉구대회, 토론회 등 다양하게 진행됐다. 놀이패 한라산은 마당굿 〈한라산〉을 공연했다.

그런데 공안당국의 훼방은 변함없이 진행됐다. 당초 강연은 현기영 소설가와 김명식 시인이 할 예정이었다. 그러나 현기영 소설가가 여러 날 마포경찰서에 유치되는 바람에 김명식 혼자 하게 되었는데, 그는 그런 분위기 속에서도 "4·3은 민중항쟁이다!"고 열정적으로 외쳤다.

더 심각한 상황은 추모굿 주관자가 행방불명된 사건이었다. 처음 시도된 추모굿은 제주칠머리당굿 기능보유자로 유명한 안사인 심방이 진행하기로 돼 있었다. 그런데 행사를 앞두고 소식이 두절된 것이다. 뒤늦게 알려진 이야기는 당국에 의해 부산 모 호텔에 '연금 아닌 연금' 신세가 됐다는 것이다.

불가피하게 마당굿에서 '심방'역을 맡아온 정공철 제주문화운동협의회 대표가 대역을 맡았다. 그는 눈물을 줄줄 흘리면서 굿을 진행했다. 4·3 유족만이 아니라 참석자들의 눈시울까지 붉히게 했다. 그날 그는 뜻하지 않게 '심방'으로 전격 데뷔한 것이다. 당시만 해도 암울한 시절이어서 놀이패 한라산 단원들은 공연에 앞서 '구속도 감수한다'는 결의문을 채택할 정도로 비장한 각오로 나섰다. 아니나 다를까, 마당극 공연 직후 몇몇 단원들이 경찰에 소환되어 조사를 받았다. 다행히 구속자는 없었다.

1989년 4월 3일 제주시민회관에서 열린 첫 4·3추모제.

제주MBC는 4월 2일 '현대사의 큰 상처'이란 테마로 4·3 특집 기획물을 방영했다. 김건일 기자가 취재구성, 오석훈 기자가 영상취재를 맡은 이 기획물은 4·3을 처음으로 TV 화면에 올린 작품이다. 그 배경에는 대학생 때 4·3 진실규명에 나섰다가 옥고를 치른 이문교 보도국장의 역할이 컸다.

김건일 기자(현 한라일보 사장)는 그 후로 해마다 4·3 다큐멘터리를 연출해냈는데, 그에게는 대학 시절 뼈아픈 기억이 있다. 판금된 4·3소설 「순이삼촌」 카피본을 보고 충격을 받았다. 그래서 1984년 〈제대신문〉 편집장을 맡게 되자 작가인 현기영 선생과의 인터뷰를 시도했다. 서울에 올라가 취재까지 마친 후 대학신문에 기사화했는데, 막판 대학당국의 검열에 걸려 삭제되는 아픔을 겪은 것이다.

김건일 기자는 '현대사의 큰 상처'를 처음 연출하면서 "우선 4·3의 존재를 알리고, 사회에서 논의되고 있는 시각과 4·3의 문제점을 보여주려는 의도에서 심혈을 기울었지만, 처음 만드는 작품이어서 아쉬움도 컸다"고 회고했다.

| 제주4·3연구소 출범

1989년 5월 10일 제주4·3연구소가 출범했다. 연구소 개소식은 제주시 용담동 쌀가게 2층 사무실에서 조촐하게 진행됐다. 4·3연구소는 1987년 서울에서 결성된 제사협 팀과 1988년부터 제주도에서 은밀하게 4·3 체험자들을 대상으로 증언 채록을 벌이던 현지 팀과의 결합으로 태동됐다.

제사협은 출범 직후인 1988년 4월 3일 서울에서 4·3 학술대회를 가진 이래, 이런 일을 지속적으로 하기 위해서는 연구소 설립이 필요하다는 데 의견을 모았다. 그러나 연구소 설립에 필요한 자금도, 연구에 필요한 기본적인 자료도, 연구소를 맡아 일할 사람도 없는 상태에서 연구소 설립은 쉬운 일이 아니었다. 무엇보다 제주에 내려가 연구소의 실무를 맡을 사람이 없는 지금으로서는 시기상조이니 조금 더 준비를 하고난 뒤 설립하자는 쪽으로 기울어지고 있을 때 홍만기 회원이 자기가 제주로 가겠다고 자청하고 나서는 바람에 주위를 놀라게 했다고 한다.

때마침 제주도 현지에서도 증언조사를 하는 팀이 있다는 소식을 듣고 연구소 설립이 급물살을 타게 되었다. 제주 현지팀은 굿 연구를 하는 문무병을 중심으로 김창후·양성자·이석문·강은숙·김기삼·강태권 등으로 구성되었는데, 그들은 애월·조천읍 일대를 돌아다니며 4·3 증언조사를 하고 있었다. 그들은 증언조사를 하면서도 4·3을 전면에 내세울 수 없어서 마을지 조사를 한다면서 서서히 4·3 이야기를 끌어내고 있었다.

이렇게 접목된 두 팀이 축이 되어 4·3연구소가 개소되었다. 초대 이사장에 정윤형(제사협 회장), 소장에 현기영(제사협 부회장), 사무국장에 문무병, 간사에 홍만기 체제로 닻을 올렸다. 개소식과 함께 그동안 제주 현지 팀이 작업한 증언 자료집『이제사 말햄수다』제1권 출판기념 독후감 발표행사도 가졌다. 『이제사 말햄수다』제2권은 그 해 8월에 발간되었다.

개소식에서 문무병 사무국장은 연구소 설립 취지를 "많은 사람들이 무고하게 죽어간 4·3이후 우리는 패배감과 허무주의에 사로잡혀 현실을 외면해 왔다. 진상규명으로 억울한 죽음들의 누명을 벗고 우리 시대의 명제를 해결할 수 있는 실마리를 찾고자 연구소를 설립하게 됐다."고 밝혔다. 나는 이날 4·3연구소 개소식에 4·3취재반장의 자

1989년 5월 10일 4·3연구소 개소식에서 사회를 맡은 홍만기 간사가 인사하고 있다.

격으로 참석하여 취재반의 활동 계획을 설명하고, 4·3연구소의 출범은 자료 축적과 학술적 논의의 토대를 마련했다는 점에 뜻이 있다면서 그 출발을 축하했다.

연구소는 그 후 4·3피해 증언조사, 자료수집, 연구 및 출판활동, 유적지 발굴 및 순례, 학술세미나 주최, 추모행사 참여 등 4·3 진상규명과 명예회복을 위해 꾸준한 활동을 벌였다. 증언채록집 이외에도『4·3장정』, 무크지『제주항쟁』등을 발간하여 사실 증언의 축적과 학술적 논의의 바탕을 마련했다.

1989년 제주신문의 4·3 연재와 4·3연구소의 공식 출범은 금기와 왜곡, 굴곡진 역사의 벽을 뚫고 4·3에 대한 공론의 장을 확보했다는 점에서 중요한 전환점이 되었다. 이는 개인적 기억 속에 밀봉되었거나 억압되었던 4·3의 말문을 트게 하는 든든한 토대가 되었다고 감히 말할 수 있다.

인사하고 있는 양조훈 4·3취재반장, 오른쪽에 현기영·오성찬 선생, 송상일 국장 등이 앉아 있다.

| 김석범의 고향 방문

1988년 11월 14일로 기억된다. 편집국으로 낯선 전화가 걸려왔다. "나 김석범이요, 방금 전에 제주에 도착했어요." 말로만 들었던 『화산도』의 작가 김석범 선생과의 첫 상봉은 이렇게 시작됐다. 짙은 눈썹, 예사롭지 않은 날카로운 눈매가 인상적이었다.

창작의 뿌리를 제주4·3에 두고서도 43년 동안 제주 땅을 밟지 못하던 김 선생의 귀향은 많은 화제를 몰고 왔다. 첫째는 국적 문제이다. 그는 무국적을 고수했다. 외국인 등록 국적 란에 '조선'으로 표기되어 있지만, 그것은 남도 아니고 북도 아닌 "한반도가 남북으로 분단되기 이전의 이름인 동시에 미래에 있을 통일 조국의 이름"이라고 고집했다. 그 때문에 당국은 그의 입국을 불허했다. 그때 방문은 민족문학작가회의 등의 초청으로 어렵게 비자가 발급된 것이다.

두 번째 화제는 배를 타고 온 이유였다. 그는 4·3 희생자의 유골이 묻혀 있을 공항에 비행기로 착륙하고 싶지 않고, 40여 년 동안 고대하던 고향 방문을 '비행기 타고 쌩하게 날아올 수 없다.'면서 배편을 고집했다. 한라산을 멀리서 찬찬히 보면서, 갖가

1988년 11월 제주신문사를 방문한 김석범 선생(가운데)을 맞은 송상일 편집국장(오른쪽)과 필자.

지 상념을 하며 제주 땅을 밟겠다는 것이다. 실제로 그는 서울과 광주를 거쳐 완도에서 여객선을 타고 조용히 제주에 왔다.

이런 일화도 있다. 그는 아사히신문사(朝日新聞)가 우수한 일본어 산문작품에 수여하는 오사라기지로상(大佛次郎賞)을 1984년에 받았다. 그 후 고향 방문을 추진했으나 국적문제가 걸림돌이 됐다. 가고픈 고향을 가지 못한다는 사실을 알게 된 아사히신문사 측에서 특별제안을 했다. 취재용 세스나 경비행기를 제주도 인근 공해 하늘에 띄워 한라산을 보여주겠다는 것이었다. 그래서 비행기를 탔는데, 구름에 싸인 희미한 한라산만 멀리서 보고는 눈물을 흘리며 돌아갔다는 것이다. 이런 이야기는 김석범 선생이 나와의 인터뷰 도중 눈물을 글썽이며 들려준 내용이다.

그는 1957년 일본 문예지에 단편소설 「까마귀의 죽음」을 발표한다. 「까마귀의 죽음」은 국내외로 큰 반향을 불러일으켰다. 그리고 1976년부터 대작 『화산도』를 발표하기 시작했다. 1997년 전7권이 간행될 때까지 20여년이 걸렸다. 이 작품은 200자 원고지 2만 2000장 분량이며, 작품 속에 등장하는 인물만 1백여 명에 이른다. 『화산도』 일부는 1988년 실천문학사에 의해 한글로 번역되어 5권의 책으로 발간됐다.

김석범 선생은 1925년 오사카에서 태어났다. 아버지의 고향은 삼양이다. 제주에는 유년시절과 1945년 청년시절에 잠깐 다녀갔을 뿐이다. 하지만 그에게 고향은 언제나 제주밖에 없었던 듯하다. 그는 아사히신문 이외에도 마이니치신문사(每日新聞)의 예술상을 수상할 정도로 일본 문학계에서 확고하게 자리 잡은 작가다. 국내외에서 그의 작품을 연구하는 여러 편의 논문도 발표됐다.

"왜 4·3에 매달렸는가?"란 질문에 그는 이렇게 대답했다. "4·3 직후 일본으로 밀항해 온 동포들의 이야기를 들으면서 큰 충격을 받았다. 그 충격은 내 평생 지워지지 않았다. 재일인의 입장에 처한 부채감과 애향의 마음이 고향을 이야기하게끔 한 것 같다."

그는 체험자들의 증언을 채록하며 제주도 지도를 일일이 그렸다. 그럼에도 4·3 당시 제주사람들의 생각과 풍경, 풍습, 거리, 생생히 살아 움직이는 감각과 감정까지 몰입하는 데는 어려움이 있었다고 털어놨다. 그의 관심사는 해방 공간의 한반도 모순이 제주에서 터져 나왔다는 것이다. 친일파 문제, 신탁통치 문제 등도 재해석하고 재연구돼야 한다는 게 그의 주장이다. 그는 그때의 고향 방문 소감을 『고국행』이란 책으로 발간했다. 그는 재일동포사회에 제주4·3 진실찾기 혼을 불어 넣었으며, 일본 지식인 사회에도 4·3을 알리는 선구적 역할을 했다.

'4·28 협상'과 '오라리 방화' 추적기

| "이윤락 중위를 찾아라"

1948년 4월 3일 제주도에서 무장봉기가 일어났을 때, 미군정은 이를 '치안상황'으로 간주하여 경찰력과 서북청년회(서청) 단원의 증파를 통해 사태를 수습하고자 했다. 1948년 4월 5일 설치된 '제주비상경비사령부'도 경찰 조직이다.

초기 상황을 놓고 볼 때 특이한 것이 국방경비대의 태도다. 1946년 모슬포에서 창설된 경비대 제9연대 장병들의 이야기를 들어보면, 경비대 측에서는 이 사태를 경찰과 서청의 횡포에 누적된 도민들의 불만이 폭발한 것으로 보는 시각이 우세했다는 것이다. 그 이면에는 9연대가 제주 출신 중심으로 편성된 점도 있지만, 경비대와 경찰 간의 미묘한 반목이 깔려 있었다. 미군정은 경찰을 중시하는 정책을 폈다. 그 무렵 9연대 병사들의 기본 병기는 일본군이 사용하던 낡은 99식 소총이었다. 반면 경찰관에게는 미제 카빈소총이 지급되고 경찰서마다 기관총과 무전기 등 신식 장비가 갖추어져 있었다.

경비대 쪽에서는 일제총독부에서 근무했던 친일 경찰들이 해방 후에도 동포들을 무자비하게 고문한다며 못마땅하게 여기고 있었다. 경찰 쪽에서는 경비대를 사상적으로 문제 있는 청년들을 입대시킨 '불온집단'으로 보려는 시각이 있었다. 또한 두 집단 사이에는 건국 후 창설될 국군의 모체가 누가 될 것인가에 대한 신경전도 있었다.

제9연대는 4·3 발발 초기 제주 경찰로부터 몇 차례 지원요청을 받았으나 이를 묵살했다. 그러나 미군정이 4월 17일 제9연대에게 제주사태에 대한 진압작전에 나서도록 명령함으로써 더 이상 물러설 수 없는 상황에 놓이게 됐다. 국가수반 격인 군정장관 딘 소장은 4월 18일 제주도 군정관 맨스필드 중령에게 구체적인 작전계획을 시달하면서 본격적인 진압작전에 앞서 무장대 지도자와 교섭하라고 명령한다. 물론 항복을 받아낼 것을 전제로 한 명령이었다. 9연대장 김익렬 중령이 내세웠던 전략, 즉 '선 선무 후 토벌'이란 단계적 해결방안도 여기에 근거하고 있다.

4월 22일 김익렬 연대장은 L-5 경비행기를 직접 타고 나가 무장대에게 평화협상을 요청하는 전단을 뿌렸다. 그래서 성사된 것이 바로 '4·28 평화협상'이다. 심층적인 취재와 보도로 지금은 이 평화협상의 전체적인 모습이 상당히 드러나 있지만, 그 무렵에는 안개 속처럼 흐릿했다. 과연 연대장과 무장대 대표와의 협상은 이뤄진 것인가? 협상의 참석자와 진행 상황은? 협상의 결과는? 이 협상을 미군정은 어떻게 본 것인가? 왜 성공했다는 협상이 파기된 것인가? 그리고 연대장은 왜 해임된 것인가? 의문이 꼬리를 물었다.

4·3취재반은 4·28 평화협상 이후 일어난 '5·1 오라리 방화사건'을 주목했다. 방화행위자가 모호하다는 것이 눈길을 끌었다. 9연대 초대 연대장을 지낸 장창국이 쓴『육사졸업생』에는 이 방화사건이 '폭도들의 보복행위'란 시각과 '경찰이 서청을 시켜서 한 행위'라는 상반된 주장이 있다고 언급돼 있다. 4·3취재반은 또한 이 예민한 사건이 존 메릴의 논문에 자세히 언급되어 있을 뿐만 아니라, 미군 촬영반이 방화 현장을 지상과 상공에서 입체적으로 촬영해 기록영화를 만든 점,『동아일보』특파원이 '종군르포'라면서 현장 상황을 생생하게 전하고 있는데, 한결같이 '폭도들의 소행'으로 묘사하고 있는 점을 주목하게 된 것이다.

이들 사건의 실상을 알기 위해서는 평화협상에 참석했다는 9연대 김익렬 연대장과 정보참모 이윤락 중위, 그리고 무장대 대표 김달삼 등을 만나보아야 했다. 그러나 김달삼은 사살됐다는 소문과 함께 행방이 묘연한 상태고, 김익렬은 1988년 12월 사망했다. 그러면 기대를 걸 만한 사람은 이윤락 중위가 유일했다.

그를 어디서 찾는단 말인가? 고민하던 차에『육사졸업생』에 나오는 "이 중위는 이후락 씨의 사촌동생으로, 부산에서 사업을 하고 있다고 한다."는 부분이 눈에 들어왔다. 나는 이를 근거로 부산에서 동아대학교를 나온 고홍철 기자(정경부 차장)에게 "수단과 방법을 가리지 말고 이윤락 중위를 찾아내라."는 특별한 과제를 부여했다.

'4·28 평화협상'의 당사자인 김익렬 연대장(오른쪽)과 김달삼.

| 4시간 담판 끝 합의

"이윤락 중위를 찾아내라"는 과제를 내린 지 며칠 만에 고홍철 기자가 흥분된 어조로 "찾았다"는 보고를 해왔다. "부산에서 새마을금고 이사장도 하고, 목욕탕도 운영하는 것 같다."는 근황을 전했다. 1989년 6월께였다. 나는 즉시 고 기자를 부산으로 급파했다. 이윤락은 중앙정보부장을 지낸 이후락의 사촌 형으로 평통 자문위원을 맡고 있었다. 9연대 정보참모로서 김달삼과의 평화협상을 추진했다가 파면당한 그는 41년 만에 평화협상에 관해 말문을 열었다.

그의 말은 "역사가 이렇게 왜곡될 수 있는 것이냐? 없는 일을 잘도 지어내는 게 역사란 말인가?"는 항변으로 시작했다. 그는 평화협상이 좌익세력의 농간으로 진행됐다는 등의 기존 관변자료에 대한 불만을 토로했다. 그리고 그는 "협상 이후 서울로 호송된 후 육사 3기 동기인 김창룡 특무대장이 '좌익과 내통했다는 사실만 시인하면 신분을 보장하겠다'는 회유책을 쓰기에 '동기까지 잡아먹으려고 하느냐'고 호통을 쳤다."는 일화도 털어놨다.

부산에 파견된 고 기자로부터 이 중위가 당시 상황을 거침없이 증언한다는 이야기를 듣고 그의 제주 초빙계획을 추진했다. 그는 2박3일의 제주 초청 제의를 흔쾌히 수락했다. 도착 첫날은 호텔 방에서 장시간 증언 채록을 했다. 다음 날부터 모슬포 9연대 병영과 오라리 방화 현장 등을 둘러보며 보충적인 증언을 들었다.

대정중 교사 시절의 김달삼(본명 이승진) 이력서.

그는 4·28 평화협상은 김 연대장의 지시를 받고 자기가 직접 추진했다고 말했다. 1948년 4월 28일 정오께 모슬포 부대를 떠난 지프에는 김 연대장과 자신, 그리고 초대 제주도지사를 지낸 박경훈도 같이 탑승했다. 그러나 무장대 진영에 이르러 박경훈의 입장은 거절당했다고 한다. 김 연대장과 이 중위 두 명이 안내된 곳은 다다미방

이었다. 구억국민학교 교장 관사로 추정되는 곳이다. 그 방에는 김달삼과 참모 1명이 기다리고 있었다. 4명은 탁자를 가운데 두고 양쪽에 앉았다. 주로 김익렬 연대장과 김달삼 사이에 이야기가 오갔다.

회의는 장장 4시간 동안 진행됐다. 그 속에서 고성이 오가고, 회담이 결렬 직전까지 가기도 했지만, 우여곡절 끝에 3가지 사항에 대한 합의를 도출해 냈다. 협상 내용은 ① 72시간 내에 전투를 완전히 중지하되 산발적으로 충돌이 있으면 연락 미달로 간주하고, 5일 이후의 전투는 배신행위로 본다 ② 무장해제는 점진적으로 하되 약속을 위반하면 즉각 전투를 재개한다 ③ 무장해제와 하산이 원만히 이뤄지면 주모자들의 신병을 보장한다는 것이었다.

협상의 주인공 김익렬 연대장은 경남 하동 출신으로 당시 나이 27세였다. 무장대 총책 김달삼은 대정면 영락리 출신으로 당시 23세의 새파란 청년이었다. 그의 본명은 이승진(李承晉). 일본 도쿄중앙대학 전문부 법학과를 나와 대정중학교 교사로 있으면서 남로당 대정면당 조직부장을 맡고 있다가 1947년 3·1사건 이후 도당 조직부장을 거쳐 군사부 총책으로 급부상한 인물이다.

협상이 끝난 후 총성이 멈추었다. 그러나 곧이어 유언비어가 나돌기 시작했다. "시간을 벌기 위한 폭도들의 술책에 연대장이 기만당했다." "연대장이 폭도 두목과 내통

했다." "연대장이 기만전술로 귀순자들을 한데 모아 몰살하려는 계획을 세웠다." 그런 어수선한 분위기 속에 5월 1일 제주읍 오라리에서 방화사건이 발생한 것이다. 모슬포 연대 본부에서 보고를 받은 김익렬 연대장은 대경실색했다. 무장대가 불을 질렀다면 그것은 평화협상을 파기하는 것이나 다름없었기 때문이다. 김 연대장은 직접 사건 현장으로 달려갔다. 지프에 동승했던 이윤락 중위는 이렇게 건의했다고 한다.

"연대장님! 사실조사 결과 그놈들이 의도적으로 저지른 것으로 판명되면 우리도 본격적으로 토벌에 나섭시다."

| 미CIC '초토화' 명령

1948년 5월 1일 불타는 오라리 마을에 김익렬 연대장과 이윤락 중위 일행이 도착한 시간은 오후 4시 30분께였다. 연대장 등이 탄 지프와 완전 무장한 경비병들을 태운 쓰리쿼터가 동시에 마을에 들어선 것이다. 그때 마을 안에 있던 경찰 트럭이 황급히 마을을 떠났다.

"그 당시 주변의 여러 상황을 볼 때 사태를 평화적으로 해결하는 것이 그리 쉬운 일은 아니었습니다. 그만큼 위험 부담을 안으면서도 연대장과 저는 어쨌든 더 이상의 유혈을 막아야 한다는 일념에서 평화협상을 추진했던 것입니다. 그런데 휴전기간에 저들이 습격했다는 소식을 듣고 흥분하지 않을 수 없었습니다. 그것도 대낮에, 제주 읍내와 가까운 마을을 습격한 것은 우리를 궁지에 몰아넣기 위한 중대한 배신행위라고 생각했습니다."

9연대 정보참모 이윤락의 말이다. 9연대 정보요원들은 집집마다 돌아다니면서 피습경위를 조사했다. 그런데 마을 주민 10여 명으로부터 진술을 받고서야 '폭도들이 한 행위가 아니'라는 확신을 갖게 됐다. 방화는 경찰의 지원을 받은 우익단체원들이 저질렀다는 것이다. 김익렬 연대장과 이윤락 중위는 조사 자료를 챙겨 바로 제주도 군정관 맨스필드 중령을 찾아갔다. 맨스필드 중령은 미군정 시절 제주도의 최고 지휘관이었다. 평화협상 결과에 만족해했던 맨스필드는 지난번 태도와는 달리 난처한 표정을 지었다. 그리고 "서울에서 CIC(방첩대) 요원들이 내려와 있으니 그들을 만나 협의하라."고 발을 뺐다.

김 연대장 등은 이상한 공기를 느꼈다. 그 길로 미군 장교들이 묵고 있다는 제주시 내 서문통 소재 동화여관으로 향했다. 그 여관에는 G-2(정보참모부) 중령과 CIC 소령이 묵고 있었다. 김 연대장이 주민들의 진술서를 꺼내 들고 오라리 방화사건의 경위를 설명했다. 그런데 CIC 소령은 "경찰 보고와 다르다. 그것은 폭도들이 한 것이다." 면서 연대장의 주장을 일축했다. 그래서 연대장은 정 못 믿겠으면 합동조사를 하자고 건의했으나 이마저도 묵살 당했다.

미군 장교는 한술 더 떠서 해안선에서 5㎞ 이상 떨어진 중산간 지대를 '적성지역'으로 간주하여 토벌을 강화하라는 명령까지 내렸다. 이것은 매우 중요한 대목이다. 그 해 늦가을 제주도에서 감행된 초토화 작전의 개념이 바로 '해안선 5㎞ 이상…'에 기반하고 있기 때문이다.

"평화 해결을 시도하던 사람들에게 토벌을 강조하니 기가 막혔습니다. 그래서 비오는 어느 날 우리가 중산간 지대에 갔을 때 보니까 어린아이가 닭을 안고 숨어 있더라, 그런 아이들도 빨갱이냐고 물었더니 '아이들까지도 빨갱이사상으로 물들어 있다'고 하더군요."

나는 이윤락 중위의 증언을 들으면서 숨이 막히는 듯한 충격을 받았다. 이 중위의 주장이 사실이라면 평화협상의 구도를 미군과 경찰이 깨뜨렸을 뿐만 아니라 제주도의 유혈을 불러일으킨 초토화의 근간도 미군의 발상에서 시작됐다는 결론에 이르게 되기 때문이다. 4·3의 진로에 매우 중대한 시사점이 아닐 수 없었다.

그런데 4·3취재반이 입수한 미군 및 경찰 자료, 영상기록, 기자의 현지 르포기사들은 한결같이 오라리 방화를 '폭도들의 소행'으로 기록하고 있었다. 주한미육군사령부 정보참모부 보고서(1948년 5월 3일자)는 「제주도 폭동 / 오라리 방화」란 제목아래 "오라리가 5월 1일 낮 12시 30분부터 3시간동안 폭도 50명으로부터 공격을 받았다. 경찰이 도착하여 폭도들을 마을에서 축출하였다."고 기록하고 있다. 그 출처는 '경찰 보고'라고 밝히고 있다.

이 중대한 사건의 진위는 무엇인가? 이 상반된 주장의 진위를 가려내기 위해서는 '물증'이 필요했다. 나는 그 물증을 오라리 현장에서 찾기로 결심했다. 그래서 4·3취

불타는 오라리. 미군 촬영반이 제작한 4·3 무성기록영화 '제주도 메이데이'에 나오는 한 장면이다.

재반 기자들을 대거 투입하여 오라리 마을을 샅샅이 누비기 시작했다.

| 방화 행위자는 누구인가?

4·3취재반이 오라리 방화사건에 일찍부터 관심을 가졌던 것은 무성기록영화 '제주도 메이데이(May Day in Korea : Cheju-do)' 때문이었다. 미 국립문서기록관리청에 보관된 이 영화는 미군이 촬영한 유일한 4·3 기록영화인데, 이 영화의 주 무대가 바로 불타는 오라리였다.

이 영화의 존재가 처음 알려진 것은 존 메릴의 논문에서다. 불타는 마을에서 피어오르는 포연의 모습과 함께 비행기 한 대가 섬의 상공을 선회하는 장면에서 영화가 시작된다고 기술한 존 메릴 논문은 당혹스런 표정의 여인이 경찰에게 자기 마을이 어떻게 게릴라들로부터 습격 받았는지를 설명하는 장면이 나온다고 덧붙였다. 이어 남녀 시신들이 비춰지고 다시 불타는 마을이 나오는데, 그게 오라리 마을이란 것이다.

그 영화 필름을 나중에 입수해서 자세히 살펴봤더니, 미군 촬영반은 사전에 상당히

'준비된 장면'을 촬영했다는 인상을 지울 수 없었다. 불타는 오라리를 공중에서 촬영했을 뿐만 아니라, 토벌대의 진격 광경을 지상에서 동시에 촬영했기 때문이다. 곳곳에 의도적인 연출을 했다는 장면도 엿보였다. 미군 촬영반이 '우발적인 사건'을 그냥 촬영했다고 볼 수는 없었다.

여기에 더하여 『동아일보』 특파원이 쓴 〈제주도폭동 현지답사〉라는 르포 기사에서도 오라리 사건을 자세히 다루고 있었다. 1948년 5월 9일자 『동아일보』에 보도된 르포기사는 '5월 1일 메이데이에도 농민 참살의 비극' '불바다로 화한 오라리부락'이란 소제목 아래 오라리에서 3시간의 교전이 있었고, 방화나 학살은 '폭도들이 한 행위'로 묘사되고 있었다.

1982년 발간된 『제주도지』에도 '오라리 전투'란 표제 아래 "5월 1일 제주읍 오라리에서 경찰 토벌대와 폭도 주력부대가 싸움이 붙어 사건 후 처음으로 경찰이 이들의 주력부대를 격퇴했다…마을은 순식간에 격전장으로 변해서 3시간에의 격전이 계속되었다. 이날의 격전에서 마을 민가 상당 채가 불타고 10여 명의 주민이 희생되었다."고 기록되어 있다.

그러나 이윤락 중위의 증언은 이런 기존의 기록들을 뒤집는 것이었다. 4·3취재반은 오라리 방화사건의 진실을 찾기 위해 오라리 마을을 누비며 그 현장에 있었던 목격자들을 찾아 나섰다. 주민 30여 명을 만나 증언을 채록하다보니 기존의 기록들과는 다른 사건의 윤곽이 서서히 드러났다. 그 중에도 오라리 주민 고시성·고난향·고매향·고덕진·이규술·허두구·박내수·진창순·임갑생·김창주·박기찬 등이 의미 있는 증언을 해주었다. 취재 결과를 요약하면 다음과 같다.

첫째, 오라리에서는 4·3 발발 이후 무장대와 토벌대에 의해 여러 차례 인명 피해가 있었다. 4월 30일 대동청년단 단원 부인 2명이 무장대에 의해 '민오름'으로 납치됐는데, 그 중 한 명은 탈출하고 다른 한 명(강공부 여인)이 피살됐다.

둘째, 그 다음 날인 5월 1일 강공부 여인 장례식이 있었는데, 그 직후에 경찰의 지원을 받은 서청·대청 등 우익청년단체원들이 일부 주민에게 좌익활동을 했다고 지목하면서 그들의 가옥에 불을 지른 것이다.

셋째, 마을이 불에 타자 20명 가량의 무장대가 우익청년들을 추격했고, 그 과정에서 경찰관 가족 1명(김규찬 순경의 어머니)이 희생됐다.

넷째, 그 이후 경찰기동대가 출동해서 마을 입구에서 총기를 난사하는 바람에 주민 1명(고무생 여인)이 피살됐으나, 쌍방 간의 전투는 없었다.

그러면서 마을 주민들은 당시 방화를 한 대청 단원이 제주시내에 살고 있다고 증언했다. 4·3취재반은 사건의 실체를 정확히 알기 위해서는 마을 주민들이 방화범으로 지목한 대청 단원의 진술이 필요하다고 판단하여, 그와의 접촉을 시도했다.

| 방화범이 경찰관으로 변신

오라리 마을 주민들이 방화범으로 지목한 대동청년단 단원 박 아무개는 제주시 이도 2동에 살고 있었다. 칠십대 초반의 건장한 체구를 갖고 있었다. 그는 본래 오라리 출신이었다. 그는 4·3취재반과의 첫 만남에서 1948년 5월 1일 강공부 여인의 시신을 경찰 트럭에 싣고 오라리 인근 장지에 갔던 일, 그 트럭에는 경찰관과 서청·대청 단원 등 30여 명이 동승한 사실, 장례가 끝난 후 경찰트럭에 경찰관만 타고 철수하고 서청·대청 단원들이 현지에 남게 된 일 등은 시인했다. 그러나 방화 사실만은 부인했다.

그러나 두 번째 만남에서 취재반이 반증자료를 제시하고 목격자들이 대질 증언이라도 하겠다는 말을 전하자 그때야 비로소 "마을 사람들이 그렇게 말했다고 하면 그렇게 했다고 합시다."는 표현으로 방화 사실을 시인했다. 방화 이후의 그의 행적이 놀라웠다. 그는 방화사건 다음 날인 5월 2일 제주읍내에서 9연대 조사반에 의해 연행되어 모슬포 연대본부 영창에 감금되었다. 오라리 현장을 직접 조사한 김익렬 연대장의 특별지시로 검거된 것이다. 그의 죄목은 '방화' 혐의였다.

그런데 그는 딘 장군에 의해 김익렬 중령이 5월 6일 전격 해임된 후 김 중령의 후임으로 9연대장에 부임한 박진경 중령의 손에 의해 풀려났다. 군 영창에서 22일간 구금생활을 하던 어느 날 밤 박진경 중령이 직접 찾아와 몇 마디 질문을 한 뒤 자신을 석방시켰다는 것이 그가 취재반에게 들려준 이야기다. 구금기간 동안 대청 본부 등에서 구명운동을 벌였다는 사실도 그의 입을 통해 확인할 수 있었다.

더욱 어이없는 일은 그가 경찰관으로 변신한 것이다. 그는 1948년 9월 15일 경찰학교

제9기생으로 입교한 뒤 경찰제복을 입게 된다. 오라리 방화사건 방화범이 4·3의 소용돌이 한복판에 경찰관의 신분으로 토벌작전에 참여해서 맹렬한 활동을 했다는 것이다.

오라리 사건 취재는 경찰뿐만 아니라 미군정을 새롭게 인식하게 되는 계기가 되었다. 기록영화

4·3 진압작전의 주역인 군정장관 딘 소장(왼쪽)과 제주도 군정관 맨스필드 중령.

'제주도 메이데이'도 사전에 준비된 각본에 의해 촬영된 것이고, 마치 무장대가 오라리를 방화한 것처럼 조작 편집함으로써 평화협상 파기와 강경진압작전을 위한 선전용으로 활용한 것이라고 분석할 수밖에 없었다.

솔직히 나는 4·3취재반장을 맡을 초기만 해도 4·3과 미군은 상당히 거리가 있다고 생각했다. 체험자들을 상대로 증언 채록을 할 때 빼놓지 않고 던진 질문은 "미군을 본 적이 있느냐?"는 것이었다. 그때마다 촌로들은 "미군과 4·3사태가 무슨 관계가 있느냐?"고 오히려 퉁명스럽게 반문하는 경우가 많았다.

그러나 4·3의 취재범위가 넓고 깊어지면서 미군의 실체가 하나 둘 보이기 시작했다. 마침내 중요한 고비마다 그들이 개입하지 않은 사건이 없을 정도로 깊숙이 관계돼 있음을 인식하게 됐다. 그것은 마치 고구마 덩굴 같은 것이었다. 파헤치면 파헤칠수록 그 속에는 미군이 도사려 있었다.

1999년 4월 3일 제주4·3연구소가 주최한 세미나에서 나는 "'제주도 메이데이'를 통해 본 미군정의 4·3토벌정책"이란 주제로 발표했다. 4·3이 미군정 시기에 일어난 점, 미군이 한국군의 작전통제권을 갖고 있던 시점에서 초토화 작전이 전개됐다는 점에서 제주 민간인 학살에 상당한 책임이 있는 미국은 비밀문서 공개 등 책임 있는 조치를 취해야 한다고 주장했다.

나는 4·28 평화협상과 오라리 방화사건을 추적하는 과정에서 1988년 작고한 제9연대장 출신 김익렬 장군이 4·3 유고록을 남겼다는 정보를 듣게 됐다. 즉각 유족들과 연락을 취했다. 그리고 1989년 8월 초순께 김익렬 장군의 가족들을 만나러 상경했다.

김익렬, 유고로 말하다

| 6시간 설득 끝에 입수

　김 장군의 집은 서울 중구 필동 골목길에 자리한 허름한 2층 집이었다. 서울 주재기자 부영주(정경부 차장)와 함께 김 장군의 집을 방문했을 때 장군의 부인(최재선)과 아들과 딸, 그리고 사위가 기다리고 있었다. 김 장군의 부인은 첫 아들을 모슬포에서 낳았다면서 제주에서의 생활상을 떠올렸다.

　"아이가 설사 나고, 산모인 내가 힘들어하자 사병들이 쌀을 조금 가져 왔어요. 영감이 그걸 알고 당장 돌려보내라고 호통을 치더군요."

　파란만장한 생애를 보낸 김익렬 장군은 1969년 국방대학원장(중장)을 끝으로 군복을 벗었다. 1970년대에 이르러 4·3 기록들이 왜곡되고 미군정과 경찰의 실책과 죄상이 은폐되는데 공분을 느껴 회고록을 쓰기 시작했다고 한다. 제9연대장으로 재직할 당시의 역사의 진실을 밝히는 증인을 자처한 것이다.

　김 장군은 이 회고록 때문에 아픔과 시련을 겪었다. 첫 번째는 1970년대 중반 중량감있는 제주출신 국회의원에게 회고록의 존재를 알려 발표하려 했으나 일언지하에 거절당했다. 두 번째는 제주지역 주간지인 『제남신문』에 연재하려 했으나 이마저 수포로 돌아갔다. 당시 강천종 기자가 직접 김 장군의 유고록을 입수, 발표하려 했지만 공안당국의 제동으로 무산된 것이다.

　이어 1980년대 초 장창국 장군(합참의장·육군 대장 예편)이 중앙일보에 「남기고 싶은 이야기」(1984년 『육사졸업생』으로 출간됨)를 연재할 때, 김 장군의 회고록 일부가 건네졌는데, 신문에 발표된 4·3 관련 내용은 김 장군의 회고록과 기존에 나왔던 왜곡 투성이의 자료를 짜깁기한 것이었다.

　김 장군은 "김 중령이나 김달삼도 일본 복지산 육군예비사관학교를 나온 일본군 소위였다."는 대목에 분노가 폭발했다. 사실도 아닌 내용을 갖고, 김익렬과 김달삼을 얽으려는 의도가 엿보였기 때문이다. 1948년 김달삼과 벌인 '4·28 평화협상' 때 "연대장이 폭도 두목과 내통했다."는 등의 루머에 시달렸던 기억이 되살아나 김 장군은 가족들에게 단호하게 말했다고 한다.

"이 원고가 가필되지 않은 그대로 세상에 알릴 수 있을 때 역사 앞에 밝히되 그 전에는 발표하지 말라."

김 장군은 1988년 12월 영면했으니, 그 말이 유언이 되고 말았다는 것이다. 나는 그 이야기를 듣고 장군의 원고를 가필하지 않고 원문 그대로 신문에 발표할 테니 믿고 맡겨달라고 간청했다. 그러나 장군의 부인은 "아직은 시기상조다. 노태우 장군이 대통령을 맡고 있는데, 이 세상을 어떻게 믿겠느냐?"며 오히려 반문했다. 유족들의 생각은 확고했다. 몇 차례 간곡한 청을 해도 요지부동이었다. 그래서 떼를 쓰기 시작했다. 그때 내가 말했던 요지는 다음과 같다.

장군께 욕이 되어도 할 수 없다. 아시다시피 기존의 자료들은 김익렬 연대장의 평화협상에도 의심을 품고 있다. 명예스럽지 못한 자료들이 난무하고 있다. 김 장군의 유고록을 이 시점에서 발표하지 않으면 우리는 기존 자료를 갖고 신문 연재물을 쓸 수밖에 없다. 저 세상에 계신 장군께서 진정 원하는 것이 무엇인가를 생각해 달라.

이 말을 들은 장군의 부인 얼굴에서 동요한 빛이 엿보였다. 장군의 집에 간 시간이 오후 3시께였는데, 벌써 오후 6시를 넘기고 있었다. 시간을 벌어야 한다는 생각이 언뜻 스쳤다. 염치 불구하고 저녁이라도 하면서 진지하게 이야기를 하자고 운을 뗐더니 장군의 부인이 국수라도 삶겠다면서 자리를 털고 일어났다. 그 사이에 아들과 사위를 설득했다. 사위가 호의적인 반응을 보였다. 원군을 얻은 것 같았다.

식사를 마친 후 다시 지리한 협상을 계속했다. 조금도 물러서지 않는 우리에게 질렸는지 장군 부인의 입에서 "그럼 양 부장을 믿고 원고를 건넬 테니 모든 책임을 져라!"고 다짐받는 게 아닌가? 날아갈 듯이 기뻤다. 장장 6시간의 설득 끝에 입수된 김익렬 장군의 유고는 200자 원고지 346장이었다. 장군이 만년필로 한 자 한 자 직접 쓴 원고를 건네받자 나도 모르게 "하늘이 돕는구나."는 독백이 흘러나왔다.

4·3평화기념관 '의로운 사람' 코너에 김익렬 연대장의 유고록 원본 등이 전시되어 있다.

| 미군정 토벌 실체 처음 밝혀

김익렬 장군의 유고록을 들고 신문사에 돌아오자 편집국이 갑자기 들뜬 분위기가 됐다. 원고를 전면 검토한 송상일 편집국장은 4·3 초기 미군정의 토벌정책과 군·경의 대응전략을 파악하는데 결정적인 자료라고 그 가치를 높이 평가했다.

편집회의에서 취재반의 본 연재를 잠시 중단한 채 김익렬 유고를 매주 5회씩 연재하기로 결정했다. 1989년 8월 15일『제주신문』에 「유언-4·3의 진실」이란 이름으로 첫 회가 발표된 데 이어 그 해 9월 23일까지 모두 26회가 연재됐다. 유족들과의 약속대로 친필 원문의 내용을 그대로 실었다. 다만 유족의 요구에 따라 조 아무개와 박 아무개 등 특정인을 심하게 힐난하는 두 문장을 뺐고, 한자를 한글 표기로, 맞춤법에 맞게 고치는 등 기초 교정만 했다.

노인의 육필이라서 문장 하나가 200자 원고지 서너 장을 훌쩍 넘긴 후에야 비로소 마침표가 찍힐 정도로 장문이 많았다. 송 편집국장은 그 긴 문장을 일일이 잘라 단문으로 만드는 등 손수 수정할 정도로 적극성을 보였다.

예상했던 대로 유고 연재에 대한 독자들의 반향은 뜨거웠다. 그동안 접할 수 없었던 미군정의 4·3 토벌정책에 대한 고급 정보가 쏟아져 나왔기 때문이다. 몇 가지 구체적인 사례를 예로 들면 이렇다.

김익렬 연대장은 4·3 발발 원인을 미군정의 감독 부족과 실정으로 빚어진 경찰과 서청 등의 압정에 견디다 못한 민(民)이 들고 일어난 것으로 보았다. 여기에 일부 공산주의자들이 가세한 것으로 판단했다. 미군정으로부터 출동명령을 받았을 때, 제9연대가 '선 선무 후 토벌' 원칙을 세운 것도 여기에 근거한다.

그는 곧 미군정이 '난처한 입장'에 놓인 것을 알게 됐다. 소련 측이 UN 무대에서 "소련 점령지역 주민들은 평화롭기만 한데 미군 점령지역에서는 미군정의 폭정에 항거하는 주민들이 들고 일어나고 있는데, 그 대표적인 예가 제주도다."라고 비난하고 나섰기 때문이다. 이에 미국정부가 군정장관 딘 장군을 문책하고, 제주도 사태를 조속히 진압하라는 명령을 내렸다고 한다.

또한 소련의 선전을 봉쇄하기 위해서 제주도 사태를 '공산주의자들의 선동에 의한 반란'으로 규정짓기로 했다는 것이다. 이같은 사실은 제주도 군정관 맨스필드 중령이 연대장인 자신에게 전한 말이라고 김익렬 장군은 유고록을 통해 증언했다. 이에 놀란 김익렬 연대장은 "그것은 정치적인 차원에서 결정할 문제"라고 표명하고, 자신은 평화적인 해결에 관심을 보인 맨스필드 군정관의 지원 아래 L-5 비행기를 직접 타고 전단을 뿌리는 등 무장대 측과의 평화협상을 우선 추진했다는 것이다.

김익렬은 이 무렵 '또 다른 고통스러운 시련'을 당하고 있었다고 유고록에 적고 있다. 미군 CIC 사무실에서 딘 장군의 정치 고문이란 자를 만났는데, 제주 사태를 조속히 진압하지 않으면 미국의 입장이 난처해진다면서 "신속하게 해결하는 방법은 초토작전"이라고 강조했다는 것이다.

김 연대장이 이를 거부하자, 그 정치 고문은 10만 달러를 주겠다, 미국으로 이민을 알선해주겠다는 등의 회유책을 쓰기도 했다고 밝혔다. 이런 회유를 물리치고 자신의 소신대로 평화협상을 진행하자 이번에는 경찰의 방해 공작을 맞게 됐다는 것이다. 구체적으로 나타난 것이 이른바 '5·1 오라리 방화사건'과 '5·3 기습작전'이라고 주장했다.

김익렬 유고는 1948년 5월 5일 딘 군정장관이 직접 제주도에 와서 주재한 '9인 최

1948년 5월 5일 제주공항에 도착한 딘 장군 일행. 미국에서 찾은 이 사진에는 유고록에 기록된 대로 정확히 최고수뇌회의 참석자 9명이 한 컷에 모두 들어있다. 왼쪽부터 딘, 통역관, 유해진, 맨스필드, 안재홍, 송호성, 조병옥, 김익렬, 최천.

고 수뇌회의'에서 절정에 이른다. 이날 회의에 딘 장군, 안재홍 민정장관, 송호성 경비대 총사령관, 조병옥 경무부장, 제주도 군정관 맨스필드 중령, 유해진 제주도지사, 9연대장 김익렬 중령, 최천 제주경찰감찰청장. 통역관 등이 참석했다. 갈림길에 선 제주도 사태에 대해 화평이냐, 유혈이냐의 정책 결정을 하는 주요한 최고회의였다.

비공개로 진행된 이날 회의에서 김익렬 연대장은 '선 선무 후 토벌'의 원칙을 제시하며 평화적 해결방안을 제안했다. 이에 대해 조병옥 경무부장은 이번 사태가 '국제공산주의의 개입'에 의한 것이라고 주장하고 김 연대장까지 공산주의자로 몰아붙였다. 이에 발끈한 김 연대장이 조병옥에게 달려들면서 예상치 못했던 육탄전이 벌어졌다. 그리고 다음 날 딘 장군은 김익렬 연대장을 전격 해임했다. 그것은 제주도 사태의 강경진압을 결정한 것이나 다름없었다.

| "만약 김익렬 유고가 없었다면"

김익렬 연대장의 유고록이 발표된 이후 반응은 여러 갈래로 나타났다. 4·3 연구자나 일반 독자들은 미군정과 경찰의 실책이 적나라하게 폭로된데 대해 놀라움을 표시했다. 더욱이 제주도 상황을 유혈사태로 몰고 간 초토화작전 발상이 미군 고위층에서 나왔고, '공산 반란'이란 규정도 소련의 선전을 봉쇄하기 위한 국제 정치의 전략에 따른 것이었다는 내용은 충격을 주기에 충분했다.

한 예비역 대장은 "김익렬 장군은 명예욕보다는 정의감이 강했고 물욕이 없었으며, 아첨배들을 멸시하는 직언파여서 손해도 많이 봤으나 후배들의 두터운 존경을 받았다."고 회고했다. 한 장성 출신은 "대한민국 군인의 표상으로 삼기 위해 육사 교정에 김익렬 장군의 동상을 세워야 한다."는 의견을 공개적으로 발표했다.

이에 대한 반발도 있었다. 보수 진영의 필진은 "김익렬 연대장이 제주 사태를 보는 인식과 판단에 문제가 있었고, 특히 남로당의 전략에 휘말렸거나 간과한 점이 있다."고 주장했다. 또 일부 군 장성 출신 가운데는 김 장군을 '허풍이 심한 사람'으로 매도하기도 했다.

그런데 이해할 수 없는 것은 4·3 연구자 가운데 김익렬의 유고를 의도적으로 비틀려고 했다는 점이다. 심지어 4·3 봉기가 5·10 단독선거를 반대하는 슬로건 아래 출발했는데, 그 근원적인 문제가 해결되지 않은 상태에서 평화협정을 맺은 것은 납득할 수 없다며 '4·28 평화협상' 자체를 의심하기도 했다.

어떤 연구자는 "유고록에는 평화협상 장소로 추정되는 구억국민학교에서 모슬포 부대가 내려다보인다고 기술되어 있지만, 그 곳에서는 한 오름에 가려서 모슬포가 보이지 않는다."며 문제를 제기했다. 나는 숲을 보지 않고 나무만 보면 그럴 수도 있겠다며 애써 자위했다.

어떤 회고록이라 할지라도 완벽할 수는 없다. 또 개인의 글이기 때문에 자신을 미화할 수도 있고, 자기 판단에 매몰될 수도 있다. 김익렬 장군도 이 점을 인식했다. 글 말미에 "그런데도 잘못된 것이 있다면 나의 무식의 소산이거나 교양 부족에서 생긴 편견일 것이다."라고 단서를 달았다.

2008년 4월 4·3평화기념관을 방문한 김익렬 장군의 부인과 아들·딸들이 필자의 설명을 듣고 있다.

한번 상상해 보라. 김익렬 유고가 없었다면 미군정 고위층의 토벌정책을 이렇게 적나라하게 알 수 있었을까? '4·28 평화협상'을 비롯하여 '5·1 오라리 방화사건', '5·3 기습사건'의 실체는? 그리고 회의내용을 극비에 붙인 '5·5 최고 수뇌회의'의 참 모습을 어디서 찾을 수 있을 것인가?

이런 염려는 당시 실제로 일어났다. 제주에서 수뇌회의를 주재한 딘 군정장관은 귀경한 다음 날인 5월 6일 서울에서 기자회견을 가졌는데, 현지 실정과는 판이한 '거짓 내용'을 진술했기 때문이다. 만약에 김익렬 유고록이 없었다면 딘 장군의 다음과 같은 발언이 진실처럼 보였을 것이 아닌가?

첫째는 군과 경찰의 관계이다. 바로 전날 경찰 총수와 현지 연대장이 육탄전을 벌였는데도 "현재의 제주도 분위기는 평온하게 유지되고 있다. 경찰과 국방경비대가 협력하고 있으므로 불원 완전히 평정되어…"라고 표현했다.

둘째는 '공산 반란'으로 몰아가는 전략이다. "제주도 외에서 들어온 공산주의자들의 선동과 모략과 위협에 잘못 인도된 청년들이…살해하고 방화하고 있다."고 발표했다.

　김익렬 연대장의 유고는 그 후 제주4·3을 소재로 한 TV 드라마나 소설에도 많이 인용됐다. 1992년 화제를 불러일으킨 MBC 드라마 「여명의 눈동자」를 비롯하여 한림화의 장편소설 『한라산의 노을』(1991년), 오성찬의 소설 『죽은 장군의 증언』(2000년), 김시태의 장편소설 『연북정』(2006년)의 소재가 되었다. 얼마 전에는 황석영의 소설 『강남몽』(2010년)에 삽화처럼 언급되기도 했다.

　김익렬 유고 원본은 현재 제주4·3평화기념관 '의로운 사람' 코너에 전시되어 있다. '집단학살 속의 의로운 바람'이라는 그 코너에는 이런 글이 적혀 있다.

　　제2차 세계대전 때 유대인 학살을 막기 위해 힘썼던 독일인 '쉰들러'가 있었다면, 제
　　주4·3사건 때에는 '김익렬 연대장'과 '문형순 경찰서장'이 있었다.

「4·3은 말한다」로 다시 출발

| 월간지 『사회와 사상』에도 연재

『제주신문』에 매주 2회씩 「4·3의 증언」이 연재되고, 덩달아 김익렬 장군의 유고록까지 발표되자 4·3에 대한 관심이 증폭되면서 제주 사회가 술렁이기 시작했다. 발표 내용도 기존 자료의 왜곡사례를 지적하는 수준을 뛰어넘어 미군정과 경찰의 조작사실까지 들추어내자 놀라움과 함께 앞으로 어떻게 전개될지 예의 주시하는 분위기였다.

공안당국도 깊은 고민에 빠졌다고 한다. 그럴듯한 이유를 붙여 제동을 걸고 싶었지만 연재되는 내용들마다 신뢰성 높은 근거가 제시되는 등 빈틈을 주지 않았기 때문에 어쩌지 못하고 고심하고 있다는 이야기도 들려왔다.

그 무렵 도서출판 '한길사' 김언호 대표로부터 만나자는 연락이 왔다. 한길사는 오랫동안 금기시돼 왔던 해방 직후의 한국현대사 관련 서적을 잇달아 출간함으로써 출판계에 새바람을 불어넣고 있었다. 김 대표는 동아일보 해직기자 출신으로 대학가와 지식인 사회에서 잘 읽히는 도서를 만드는 출판사 사장으로 유명했다. 1980년대 대학생들의 필독서 『해방전후사의 인식』(전 6권)도 그의 기획 작품이었다.

김 대표는 나에게 「4·3의 증언」 연재내용을 의미 있게 보고 있다면서 자신이 펴내고 있는 월간 『사회와 사상』에 그대로 전재하겠다는 제안을 해왔다. 그는 "이런 연재물이 제주사회에만 알려지는 것이 안타깝고, 민족사의 정당한 복원을 위해서 전국적으로 읽혀져야 한다. 편집위원들과도 상의를 마쳤다."고 말했다. 뜻밖이었다. 중앙의 유명 출판사 대표가 4·3에 보여준 관심과 제안은 이제 막 속도를 내기 시작한 취재반에게 큰 격려가 되었다.

월간 『사회와 사상』은 '사상의 대중화'를 내걸고 1988년 9월 창간됐다. 민주화 바람을 타고 진보적 지식인들의 총결집체라는 모토로 창간된 『사회와 사상』의 편집위원으로 강만길(고려대 교수) 고은(시인) 김진균 (서울대 교수) 리영희(한양대 교수) 박현채(조선대 교수) 등 한국에서 내로라하는 진보학자들이 참여하고 있었다. 김언호 대표는 발행인 겸 편집인을 맡고 있었다.

그래서 한국 언론에서는 매우 드물게 신문 연재물 내용 그대로 월간지에 발표하게 되었다. 첫 연재는 1989년 10월호에 발표됐다. '한국현대사의 진실을 밝히는 대하기획 집중연재'란 제목이 더 붙여졌고, '편집자의 말'을 통해 연재 동기를 다음과 같이 밝혔다.

"한국 현대사에 있어서 최대의 비극이지만 아직도 그 진실의 전모가 밝혀지지 않고 있는 4·3. 제주신문의 4·3특별취재반이 「4·3의 증

『사회와 사상』 1989년 10월호에 첫 선을 보인 「4·3의 증언」.

언」을 특별연재하면서 폭발적인 반응을 불러일으키고 있다. 오류투성이의 자료들이 계속 인용되는 오류가 잇따라 저질러지고 있음을 밝혀냈고, 미군과 극우권력이 조작해낸 사건의 시말을 밝혀내기도 했다. 기억해내는 것조차 공포의 대상이 된 4·3에 대해 사람들이 말하기 시작했다.

본지는 제주신문의 이 기획취재를 특별취재반과 협의, 정리·보완하여 연재하기로 했다. 역사와 역사의식의 대중화를 위하여 「4·3의 증언」은 널리 읽혀져야 한다는 것이 우리의 생각이다. 지방신문인 제주신문의 배포망은 한정되어 있다. 한국신문 사상 획기적인 기획으로 평가되는 「4·3의 증언」을, 민족사의 정당한 복원이라는 차원에서 우리는 흔쾌히 본지에 싣기로 했다."

이렇게 「4·3의 증언」은 『사회와 사상』 1989년 10월호(통권 14호)부터 1990년 1월호(통권 17호)까지 모두 4차례 발표됐다. '김순애 소녀가 겪은 4·3'을 시작으로 4·28 평화협상, 5·1 오라리 사건, 5·5 최고수뇌회의의 전모와 초토화를 거부한 김익

렬 연대장의 시련, 제주도 최고사령관 브라운 대령의 파견 등 1948년 4~5월 상황에 대한 신문 연재내용이 그대로 실린 것이다. 『사회와 사상』 게재는 「4·3의 증언」 연재될 때마다 계속 하도록 되어 있었다.

그런데 이 연재는 뜻하지 않게 중단되고 말았다. 정확히 말하면, 제주신문 「4·3의 증언」 연재 자체가 중단되는 사태를 맞게 된 것이다. 그것은 1989년 말부터 시작된 이른바 '제주신문 사태'가 벌어졌기 때문이다.

| 「4·3의 증언」 57회로 중단

'제주신문 사태'는 그 해 11월부터 경영권 확보와 언론 민주화를 둘러싼 충돌로 불거지기 시작했다. 전두환 세력의 지원을 받은 경영주와 언론 민주화를 갈구하던 기자들 사이의 갈등에서 비롯된 것이었다. 70여 일 간의 장기농성으로 이어진 이 사태는 1990년 1월 5일 '제주신문 폐업'이란 회사 측의 극한 처방으로 막을 내렸다. 그리고 참언론을 부르짖던 110명의 사원이 집단 해고됐다. 그 당시 전체 사원이 140명이었는데, 경영주 측의 회유를 뿌리치고 편집국 기자들뿐만 아니라 공무국, 업무국 등의 일반 사원들까지 언론 민주화운동에 참여했다가 직장을 잃게 된 것이다.

4·3취재반 기자들도 대부분 해고 대열에 끼었다. 덩달아 『제주신문』에 1989년 4월 3일부터 매주 2회씩 연재되던 「4·3의 증언」은 그 해 12월 5일자에 실린 제57회를 끝으로 더 이상 이어갈 수 없었다. 8개월 동안 연재한 내용은 1948년 4월과 5월 상황에 불과했다.

해직 언론인들은 새 신문 만들기 작업에 착수했다. 해직된 사원들이 너무 많았기 때문에 대안으로 제시된 것이 신문 창간이었다. 신문 창간의 기초 자본은 사원들의 출자금과 도민주 공모로 마련했다. 그렇게 해서 1990년 6월 2일 '제주인의 자존심'이란 캐치프레이즈를 내걸고 창간된 것이 『제민일보』이다. 제민일보사는 제주시 이도2동 소재 제주감귤협동조합 창고를 빌려 신문을 만들었기 때문에 '창고 신문사'란 별칭이 붙기도 했다.

1990년 6월 2일 『제민일보』 제1호가 나오는 순간. 왼쪽부터 김지훈 대표이사, 강정홍 논설위원, 송상일 편집국장과 필자.

| 『제민일보』 탄생과 4·3연재 재개

　그동안 중단됐던 4·3 연재는 『제민일보』 창간호부터 시작됐다. 그때 새로 붙여진 기획물 제목이 바로 「4·3은 말한다」이다. 이 제목에 대해 의아해 하는 독자들도 있었다. 「4·3을 말한다」로 해야지 어떻게 「4·3은 말한다」가 될 수 있냐며 어법이 맞지 않다는 것이다. 그러나 4·3취재반은 '우리가 4·3을 이야기한다'는 생각을 버리고 '4·3이 스스로 이야기하도록 하자'는 뜻에서 그런 제목을 붙였다. 이 제목에는 '선입견을 갖지 말고 무슨 일이, 왜 그런 일이 일어났는지, 그 진실을 충실하게 취재하고 알리면 4·3의 본 모습이 저절로 드러나게 될 것'이라는, 취재반의 의중도 담겨 있었다.

　이때도 사건의 성격을 말해주는 꼬리표 없이 '4·3'으로 표기했다. 성격 논쟁에 휘말리지 않고 4·3 진실을 밝히는 것이 우선이라는 전략이었다. 다만 새 연재를 하면서 획기적으로 방향을 튼 것이 있다. 그것은 바로 4·3 연재 시점에 관한 것이다.

　앞에서도 밝혔지만, 『제주신문』에서 「4·3의 증언」을 연재하면서 첫 연재의 시점

1994년 4월 3일 KBS-1TV의 「4·3은 말한다」 특집프로 때 방영된 4·3취재반. 왼쪽부터 양조훈, 서재철, 고홍철, 고대경, 김종민, 강홍균. 나중에 합류한 김애자 기자.

을 무장대가 공격한 1948년 4월 3일로 잡음에 따라서 왜 이런 일이 일어났는지에 관한 배경이나 원인에 대한 구체적인 설명 없이 상황 전개에만 매달리는 집필을 하게 된 것이다. 그런 부담을 덜기 위해서 4·3 이전 2기와 4·3 이후 8기 등 모두 10기로 시기 구분을 하긴 했지만, 근원적으로 문제를 해결하지는 못했다. 그러다보니 1948년 4월과 5월 상황을 다루면서도 거기에 이르기까지의 전사(前史)라 할 수 있는 1945~1947년 상황을 자주 언급하게 된 것이다.

가령, 주한미군사령부 정보참모부 보고서인 'G-2 보고서'를 설명하다보면 1945년 38선 이남에 대한 미군 점령 상황을 이야기할 수밖에 없었다. 진압명령을 받은 9연대의 출동 상황을 언급하면서 1946년 11월 발족한 9연대의 창설 과정을 서술하게 되었고, 4·3의 원인을 다룰 때는 저절로 1947년 '3·1 발포사건'을 단편적이나마 언급하지 않을 수 없었다.

이 때문에 집필하면서 곤혹스러울 때가 한두 번이 아니었다. 그래서 『제주신문』 「4·3의 증언」에서는 1948년 5월까지의 '4·3 후 제1기'의 상황을 서두에 다룬 뒤 시간을 거슬러 올라가 사건의 배경이 되는 해방정국, 즉 '4·3 전 제1·2기'의 과정을 살필 계획이었다.

그런데 『제민일보』에 「4·3은 말한다」라는 새로운 연재가 시작되면서 이 문제가 저절로 풀리게 되었다. 즉 「4·3은 말한다」 연재부터는 앞에서 밝힌 시기에 따른 부담감을 털어내고 본격적으로 해방정국 상황부터 다루게 되었기 때문이다. '제주신문 사태'가 많은 사람들의 마음에 상처를 주고 시련이 된 것도 사실이지만, 4·3 연재만 놓고 본다면 앓던 이를 낫게 한 전화위복의 한 과정이 됐다.

『제민일보』 4·3취재반도 재구성했다. 1988년 3월 『제주신문』 4·3취재반은 외부 압력에 대응하기 위해 16명이란 매머드급으로 구성했지만, 막상 취재반을 운영해보니 이들을 풀가동하는 데는 어려움이 있었다. 그래서 『제민일보』 4·3취재반은 6명으로 축소 편성했다. 16명에서 6명으로 줄였기 때문에 단출한 것처럼 보일는지 모르지만 특별취재반 6명이란 숫자도 결코 적은 인원은 아니었다. 새로 편성된 4·3취재반원은 양조훈(정경부장), 서재철(사진부장), 고홍철(정경부차장), 고대경·김종민·강홍균(기자)이다. 나중에 재편할 때 김애자 기자가 합류했다.

| 해방후 제주상황 상세히 다뤄

「4·3은 말한다」 기획물은 '해방 전후의 제주상황'부터 연재하기 시작했다. 특히 해방 직전 일본군 요새로 전락한 제주도 상황을 집중적으로 조명했다. 일본 제국주의는 일본 본토가 미군에게 점령당할 위기에 놓이자 1945년 3월 제주도를 본토 방어의 최후 보루로 삼는 '결(決)7호 작전'을 결정한다. 그래서 만주 관동군 예하부대인 제111·제121사단과 서울 주둔 제96사단 등 총 7만 명의 대군을 제주로 집결시키고, 이를 통솔할 제58군사령부를 창설한다. 1945년 8월 일본군이 작성한 제주도의 병력 배치도를 보면, 미군이 상륙했을 때 일본군은 한라산을 중심으로 유격전을 준비했던 사실도 알 수 있다.

일본군의 전략, 주요부대 배치도 및 병력 숫자 등을 상세히 보도할 수 있었던 것은 '조선군 잔무정리부'가 1946년에 작성한 「조선에서의 전쟁 준비」라는 일본군 문건을 입수할 수 있었기 때문이다. 일본어로 된 이 귀중한 자료는 1989년 일본 도쿄에서 발간된 『조선군 개요사』라는 책자에 끼어 있었다. 『조선군 개요사』는 당시 도쿄대 대학원에 유학 중인 강창일 현 국회의원이 알려줘 입수하게 된 것이다.

4·3취재반이 해방 공간 상황에서 더욱 주목한 사실은 '6만 명에 이르는 귀환인구'였다. 일제는 1920년대 오사카를 중심으로 군수 산업을 일으키면서 노동력을 제주사람들로 채워나갔다. 제주~오사카 사이에는 '군대환(君代丸)' 같은 정기여객선을 띄웠다. 1930년대에 일본 노동시장에 유출된 제주인은 5만 명에 이르렀다. 전쟁이 일어나면서 전쟁터와 홋카이도, 사할린 탄광지대 등에 강제로 끌려갔던 청년들도 있었다. 그런 사람들이 해방이 되자 고향으로 돌아온 것이다. 제주사회는 귀환한 청년들로 들썩거릴 수밖에 없었다. 해방 직전 22만 명이던 제주도 인구는 줄이은 귀향 행렬로 28만 명으로 급격히 늘어났다. 이런 인구 변동률은 전국 최고 수준이었다.

귀향자들이 고향에서 먼저 한 일은 건국 준비를 위한 자치활동과 마을마다 학교를 세우는 교육 활동이었다. 자치활동은 초기 인민위원회 활동으로 표출되었다. 미군정 현지 지휘부도 처음에는 이들의 활동을 인정하거나 묵인했다. 당시 뜨거웠던 교육 열기는 1945년 8월부터 1947년 12월 사이에 제주도에 중등학교 10개소, 국민학교

44개소가 설립됐다는 통계에서도 엿볼 수 있다.

4·3을 언급한 기존의 관변자료에는 제주사람들이 뭣도 모르고 사회주의 사상에 휘말렸다는 의미로 "무지몽매(無知蒙昧)해서…"라는 표현을 곧잘 썼다. 섬 주민들을 무식한 사람으로 표현한 것이다. 일부 유족들도 이런 입장에 동조하는 경우도 있었다. 자신들의 부모가 일자무식한 촌부였음을 내세우는 것이다. 그것은 '사상을 가질만한 빨갱이'가 아니었음을 강조하기 위함이다. '레드 콤플렉스'의 피해에서 벗어나기 위한 몸부림이었다.

그러나 해방공간 상황을 취재하면 할수록 "그게 아니었구나" 하는 느낌이 가슴에 깊이 와 닿았다. 1945년 해방정국에서 전국에서 교육 수준이나 열의가 가장 높았던 곳이 바로 제주도였다. 그 뿐만 아니라 비록 일본이란 한정된 무대이지만 국제적인 경험을 많이 쌓았던 사람들도 역시 제주 청년들이었다. 4·3의 근원적 배경을 살피고자 할 때, 1945년 해방 직후 1년 사이에 일본 등지에서 제주도로 돌아온 귀환인구가 6만 명에 이르렀다는 사실은 매우 중요한 연구테마이다.

『제주도세요람』 등에 의하면, 1934년 일본에 체류 중인 제주인은 5만 45명이다. 당시 제주도 인구가 18만 8천여 명으로 집계되고 있는 것과 비교하면, 젊은 사람 절반은 일본으로 건너갔다는 뜻이다. 그들은 일본에서 저임금과 민족차별이란 이중의 고통을 겪었다. 그래서 더욱 "배워야 한다"는 교육의 중요성을 절감하게 된 것이다. 그들은 일본 생활에 어느 정도 적응하자 동생, 자녀들을 일본으로 불러들여 교육을 시켰다. 인구 비례로 볼 때, 제주도가 한반도 전체에서 가장 많은 고학력자를 배출한 배경도 여기에 있었다.

미군정은 1947년 2월에 38선 이남의 각 지역 교육수준을 조사한 바 있다. 15개 군지역의 15세 이상 남자들을 대상으로 소학교 이상의 졸업 비율을 조사했는데, 북제주군(지금의 제주시)이 36%로 압도적 1위를 차지했다. 창원(27%), 강릉(26%), 울산(24%), 공주(23%), 충주(23%), 안동(22%), 보성(19%), 영천(17%), 진안(17%), 횡성(12%) 등과 비교하면 그렇다는 것이다.

전통적인 농촌사회였던 제주도는 이들 귀환자들로 인해 변화의 새바람이 일었다. 그것은 진보적인 바람이었다. 마을마다 야학과 학교 세우는 일에 앞장선 것도 이들이

편집국에서 4·3연재를 집필하고 있는 필자. 그때는 필요한 자료를 다 꺼내놓고 원고지에 직접 펜으로 썼다

었다. 또한 자주 독립국가를 꿈꾸는 건국 운동에도 매진했다. 그것은 건국준비위원회
(건준) 활동과 곧이어 출범한 인민위원회 활동으로 표출됐다.

　제주도 인민위원회는 이 섬에서 하나밖에 없는 정당인 동시에 모든 면에서 정부행세
　를 한 유일한 조직체였다.

　이 글은 1945년 전남군정청 정보국장으로 근무했던 그랜트 미드 대위가 자신의 저
서(American Military Government in Korea)에 기록한 내용이다. 실제로 제
주도는 1945~1946년 시기에 인민위원회의 통제 속에 있었다고 해도 지나침이 없
다. 그것은 미군 자료를 중심으로 4·3연구 석사논문을 처음 쓴 존 메릴 박사도 인정한
사실이다. 그는 한술 더 떠 "미군정 중대도 인민위원회를 이용했으며, '전심전력의 지
원'도 아끼지 않았다."고 서술할 정도였다.

　그러나 이런 학술적인 연구 결과와 대중적인 느낌 사이에는 괴리가 있었다. 그것은
'인민'이란 용어가 주는 부정적인 이미지 때문이다. 6·25전쟁을 거치면서 공고해진 반
공이데올로기는 '인민위원회' 하면 먼저 '인민재판'이란 단어를 연상케 할 정도였다.

이런 주술에 걸려 있던 나도 인민위원회 대목에선 주춤하기도 했다. 그러나 진실을 밝히기 위해서는 정면 돌파해야 한다고 생각했다. 그래서 제주도 인민위원회의 태동에서부터 조직, 활동내용, 특징, 활동했던 인물까지 상세히 보도했다.

이 뿐만 아니라 미군정 실시과정, 신탁논쟁과 좌우 정치 갈등, 제주도제 실시의 정치적 의미, 콜레라와 대흉년, 미곡정책의 실패과정, 모리배 비호사건 등 해방정국에서 일어난 상황을 다루다보니, 예상보다 연재가 길어졌다. 제주 상황뿐만 아니라 때로는 한반도 정세, 국제적인 변화 흐름까지 살펴야 했기 때문이다.

따라서 「4·3은 말한다」는 1948년 4월 3일 이후의 상황은 고사하고, 그 촉발 원인이 되는 1947년 3월 1일 발포사건에도 도달하지 못한 채 그 이전, 즉 1945년 해방공간에서 1947년 2월 말까지의 상황을 연재한 분량만 54회에 이른 것이다. 그러다보니 주변에서 "4·3 연재는 언제 하는 것이냐? 지루하다."는 볼멘소리를 종종 듣게 되었다.

나도 집필하면서 설렁설렁 건너뛸까 하는 유혹에 빠질 때도 있었다. 그럴 때마다 "수면 밑에 가려진 배경 부분을 제대로 규명해야 4·3의 본 모습을 볼 수 있을 것 아니냐?"는 자문과 다짐을 하면서 그 유혹을 떨쳐 나갔다.

공안정국과 '공산폭동론' 추적기

| KBS 4·3프로 불방

4·3의 진실을 추적하면서 절감한 사실은 4·3의 진실규명은 중앙 정치 상황과 밀접한 관계가 있다는 점이다. 중앙의 정치지형이 진보적인 판세냐, 아니면 보수적인 흐름을 타느냐에 따라서 4·3 진실규명의 역사도 명암을 달리했다.

1987년 6월 항쟁의 민주화 바람, 1988년부터 시작된 국회 광주 청문회 등은 4·3 진실찾기를 촉구하는 강력한 촉매가 되었다. 1988년 대선에서 승리한 노태우 정권도 이듬해 4월 총선 결과 '여소 야대' 국회로 바뀌자 동력을 잃고 이런 흐름에 제동을 걸지 못했다.

그런데 이런 판도를 일순간에 바꿔버린 사건이 있었다. 그것은 1990년 1월 전격적으로 단행된 민정·민주·공화 3당의 합당이었다. 새로 탄생된 여당 민주자유당(민자당)은 국회 전체 의석 299석 중 221석을 차지하는 '공룡'으로 변했다. 국민들이 투표로 정해준 정치 구도를 인위적으로 뒤엎은 것이다. 이로 인해 4·3 진실찾기도 시련을 맞게 됐다.

첫 시련은 예상치 못했던 곳에서 터졌다. 4·3 문제로 여의도 KBS가 발칵 뒤집어진 것이다. KBS는 예민한 현대사를 처음 다루는 〈역사 탐험―해방과 분단〉 3부작을 기획했다. 그 1부작이 '제주, 4·3 전후'였다. 한 소설가가 4·3 진실찾기 기행하는 형식의 작품이었다.

1989년 12월 '제주신문 사태'로 농성중인 신문사에 전형태 PD 등 KBS 취재팀이 찾아왔다. 그들의 취지를 듣고 4·3 관련자료를 제공하고 여러 조언을 해줬다. 그렇게 해서 만든 이 프로가 1990년 2월 8일부터 방송한다고 예고까지 해놓고 제동이 걸린 것이다. KBS 교양국 PD들이 들고 일어났다. KBS노조도 본격적으로 문제 삼기 시작했다. 민주화 바람을 타고 1988년 창립된 KBS노조가 첫 농성을 벌인 테마가 바로 제주4·3이 되고만 것이다.

KBS 최훈근 PD는 「기자협회보」 1990년 3월 3일자에 '금기에의 도전과 다가오는 장벽들'이란 제목아래 그 사태의 전말을 소개했다. 이 글에서 그는 역사 탐험 방송 기획의 의도를 다음과 같이 밝혔다.

어두웠던 시절에 금기시되었던 주제들에 대한 고민은 프로듀서들 사이에 잔잔한 한을 축적시켜왔다. 금기에 대한 도전이 조심스럽게 모색되었고 그때마다 장벽은 어김없이 확인되었다.

그러나 세계와 민족 앞에 다가온 변화의 속도는 너무 빠르고 이제 팔짱끼고 앉아 있는 행위는 그 자체로 용서될 수 없는 지경이 된 것 같다. 우리의 과거와 우리의 문제를 스스로 알고 해결해 나가는 작업은 속히 그리고 진지하게 시작되어야만 한다. 역사 탐험 「해방과 분단」은 그렇게 기획되고 착수되었다.

그러나 이 프로는 끝내 불방되었다. 얼마 지나지 않아 KBS 취재팀이 방영되지 못한 프로를 비디오테이프에 담아 보내왔다. 논란이 될 만한 민감한 내용은 애써 피해갔다는 느낌이 들었다. 그런데도 불방된 것이다. 금기의 벽이 여전히 높다는 것을 절감했다.

공안정국은 계속 이어졌다. 1990년 4월 3일 오후 제주대학교 정문을 사이에 두고 대학생과 경찰이 격돌했다. 제주대 학생 500여 명이 이날 학내에서 '4·3 진상규명 및 민자당 분쇄 학도 결의대회'를 가진 후 가두 진출을 시도하다 이를 막는 경찰을 향해 돌과 화염병을 던졌다. 경찰은 최루탄으로 맞섰다. 1시간 30분 동안 벌어진 격렬한 충돌로 대학생과 경찰 10여 명이 부상을 당하고, 대학생 일부가 연행됐다.

사월제공준위 측은 1989년에 이어 제주시민회관을 임대해 4·3 추모제 행사를 가질 예정이었다. 그러나 대관이 불허됐다. 시민회관은 다음해인 1991년에도 보수공사를 이유로 문을 닫았다. '보이지 않은 손'의 작용인지 해마다 4월만 되면 시민회관 공사가 벌어졌다. 사월제공준위는 1990년 4월 1일 제주교대에서 4·3 추모행사를 추진했다. 제주4·3연구소도 이날 제주가톨릭회관에서 고창훈(제주대 교수) 안종철(전남대 강사) 등이 발제한 첫 4·3 세미나를 개최했다.

한편 서울에서도 경찰의 감시 속에 그 해 4월 1일 제사협 주최의 4·3 추모제가 성균관대학교에서 열렸다. 3일에는 제사협·민족문학작가 공동 주최의 '4·3 민족문학제'가 예술극장 한마당에서 펼쳐졌다.

| 4·3추모제 봉쇄 400명 연행

공안정국은 1991년에 들어서면서 더 강화되는 듯했다. 4·3 추모행사를 둘러싸고 최루탄이 난무하는 속에 시민·대학생 400명 가까이가 연행되는 초유의 사태가 발생했다.

그 해 4월 3일 4·3 의례는 반공유족회 성격을 띠고 있는 4·3유족회가 주최하는 제주시 신산공원 '위령제'와 진보진영의 결성체인 사월제공준위가 여는 관덕정 광장 '추모제'로 양분되었다. 추모행사는 1989년부터 사월제공준위에서 개최해 왔는데, 유족회가 1991년부터 자신들의 주도 아래 위령제를 봉행하겠다고 나선 것이다. 더구나 공안당국은 유족회의 위령제는 허용하고, 사월제공준위의 추모제는 원천 봉쇄한다는 방침을 세웠다.

첫 충돌은 제주대학교 정문에서 발생했다. 대학생 1천여 명이 학내 집회를 마치고 관덕정 광장 추모제 행사에 참석하기 위해 교문 쪽으로 집결했다. 그 전해 4월 3일에도 경찰과 충돌이 있었던 터라 모인 학생 수가 더 많았다. 학생들이 교문을 나서는 순간 경찰이 최루탄을 쏘며 적극적으로 원천 봉쇄했다. 학생들은 이에 맞서 화염병을 던졌다. 경찰은 시위 학생을 무차별적으로 연행하였다.

두 번째 충돌은 추모제 행사장인 관덕정 광장에서 벌어졌다. 경찰이 강제로 집회를 해산하면서 시민들과 부닥친 것이다. 경찰은 항의하는 시민들을 연행했는데 이날 하루 경찰에 연행된 시민과 대학생이 222명이었다.

밤에는 이에 항의하는 시위가 제주시내에서 산발적으로 벌어졌다. 다음 날인 4일 오후에는 제주대 학생 1천여 명이 관덕정 앞에 자리 잡았던 제주경찰서 정문에서 과잉 진압에 항의하는 연좌 농성을 벌였다. 경찰은 연좌 농성하는 학생 위쪽으로 최루탄을 쏘며 시위 학생을 해산시키고 다시 160여 명을 연행했다. 이같은 경찰의 강경 대응으로 연행자 수는 400명에 육박했다.

1991년 4월 3일 최루탄이 난무하는 속에 4·3추모제 참석을 막는 경찰대. 이틀에 거쳐 400명을 연행했다.

한편 유족회가 주최한 위령제는 기관장과 국회의원, 지역 유지 등이 참석한 가운데 3일 오전 11시부터 신산공원에서 열렸다. 유족회는 1988년 10월 반공유족회로 출발했다가 1990년 6월에 '제주도4·3사건 민간인희생자유족회'로 개칭되었다. 이는 토벌대에 희생당한 유족들도 아우르겠다는 뜻이다. 그러나 명칭을 바꿨음에도 조직을 주도한 사람들은 군경 유가족으로, 반공유족회를 대변하는 사람들이었다.

이런 입장은 이날 유족회장의 추도사에서 여실히 드러났다. 경찰관 출신인 유족회장은 "남로당 지령을 받은 붉은 광란배들이 제주도를 공산기지로 만들려고 피비린내 나는 공산폭동을 일으켰다."면서 "엄연한 공산폭동을 민중봉기라 왜곡하고 있는 현실을 보다 못해 분연히 힘을 모았다."고 역설했다.

그러자 행사장에서 작은 소동이 일어났다. 한 유족이 "모든 희생자 영혼을 위로한다기에 왔는데 4·3을 공산폭동으로 왜곡 규정하는데 동의할 수 없다."면서 자신의 할아버지 위패 종이를 뜯어내 불태우려다 주최 측과 실랑이가 벌어진 것이다.

위패를 불사르려던 당사자로 보도된 '오모씨(23·남원)'를 추적해 봤더니 제주도의회 운영위원장으로 활동했던 오영훈 씨였다. 그는 그 소동이 있었던 2년 후인 1993년에 제주대 총학생회장으로 당선되었다. 이어 제주지역 총학생회협의회(제총협) 의장으로 뽑힌 그는 제총협 이름으로 4·3특별법 제정과 특위 구성을 요구하는 청원서를 국회에 제출했다. 이를 확인하기위해 나는 얼마 전에 오영훈 위원장을 만났는데, 그는 "위령제 소동이 4·3을 새롭게 인식하는 계기가 되었다."고 회고했다. 그는 나중에 4·3특별법 제정운동에도 헌신적으로 나선다.

한편 1991년 4월 3일을 전후해 전국 25개 대학교에서 '4·3항쟁 계승 및 4월 구국투쟁 선포 결의대회'가 열려 경찰과 충돌했다. 또한 서울대·연세대·고려대 등 서울 지역 9개 대학에 다니는 제주출신 학생들이 '재경 제주학생 소모임 협의회'를 조직해 고려대에서 4·3 추모제를 개최했다. 대학가에서는 4·3에 대한 미국 책임문제를 부각하며 반미 이슈로 삼았다.

기획물 연재를 책임진 나는, 공안 바람이 거세게 부는 상황에서 우리를 옥죄는 '4·3 공산폭동론'의 실체를 정확히 밝히지 않으면 안 되겠다고 생각했다. 이 문제를 해결하지 않고선 4·3의 진정한 명예회복이 어렵다는 것을 절실히 느꼈기 때문이다.

| 미군 뒤늦게 "북한 지원 증거 없다"

4·3취재반이 4·3체험자들을 대상으로 증언을 채록하면서 자주 듣는 이야기가 있었다. 특히 토벌대에게 피해를 입은 유족들은 '폭도 가족', '빨갱이 가족'이란 누명을 벗겨달라고 호소했다. 어릴 때 '빨갱이'란 소리에 주눅 들었던 유족들은 가족의 희생이란 슬픔 이외에도 사회적 편견과 연좌제의 억압 속에 반세기란 기나긴 세월을 고통 속에 보내왔다.

1999년 황상익 교수(서울대 의과대학)는 이와 관련하여 의미심장한 논문을 발표했다. 「의학사(醫學史)적 측면에서 본 4·3」이란 제목의 논문에서 황 교수는 "4·3은 우리 모두를 억압하고 병들게 해온 한국사회의 병리를 들여다볼 수 있는 통로이다. 그러기에 4·3은 바로 우리 자신의 문제이다."고 결론지었다. 내가 이 논문에서 주목한 것은 '빨갱이'와 '문둥이'의 어의를 비교한 대목이다. 내용을 간추리면 다음과 같다.

'빨갱이'라는 단어를 대할 때마다 나병환자란 뜻인 '문둥이'라는 말을 함께 떠올리게 된다. 그것은 인간을 완전히 소외시키고 그 존재를 아예 부정하는 뜻을 가지고 있다. 문둥이는 '나병'이라는 실체를 가지고 있다.

그런데 '빨갱이'는 실체조차 없는 말이다. 그리고 '빨갱이'는 애당초 실체가 없는 것이기에 문둥이보다도 훨씬 파괴적이다. '빨갱이가 아니라는 사실을 증명하라'는 협박 앞에 무엇을 할 수 있을 것인가?

4·3과 '빨갱이' 논리의 근원은 어디에서 온 것인가? 과거 정권이 4·3은 북한 정권 또는 남로당 중앙당의 지령 아래 발생한 공산폭동이라고 규정했기 때문이었다. 이 규정 하나가 모든 것을 덮어 버렸다. 반세기 가까이 4·3에 대해 침묵하도록 강제한 금기의 벽도 바로 여기에 터 잡고 쌓여졌다.

지독한 '레드 콤플렉스'는 4·3 체험자들의 증언 기피현상으로 나타났다. 물론 이 문제는 제주도민만이 겪은 것은 아니다. 우리나라 학계에서 오랫동안 '현대사 연구 기피증'이 있었던 것도, 언론에서 이 문제를 비겁하게 외면해 온 것도 바로 그 콤플렉스 때문이었다.

4·3취재반은 이렇게 우리를 옥죄는 '4·3 공산폭동론'의 실체를 정확히 규명해보기로 했다. 두려움이 없었던 것은 아니지만, 단단히 마음먹고 조사해 봤더니 4·3 발발 초기 공산폭동론을 처음 주창한 사람은 토벌대의 총수 격인 군정장관 딘 소장과 조병옥 경무부장이었다.

딘 장군은 앞에서도 밝혔지만, 1948년 '5·5 최고수뇌 회의' 직후에 "제주도 외에서 들어온 공산주의자들의 선동과 모략과 위협에 잘못 인도된 청년들이 살해하고 방화하고 있다."고 주장했다. 조병옥은 그 해 6월 한술 더 떠 제주사태를 "조선의 소련연방화 내지 위성국화를 기도하는 공산당의 남조선 파괴공작에 가담한 자들의 총선거 방해공작"이라고 규정했다.

두 사람은 이에 대한 구체적인 근거를 대지 못했다. 대신 당시 9연대장이었던 김익렬이 유고록에 남긴 "미군정은 소련의 선전을 봉쇄하기 위해서 제주도 사태를 '공산주의자들의 선동에 의한 반란'으로 규정짓기로 했다."는 증언이 오히려 설득력이 있었다.

초토화작전 감행 직전인 1948년 10월에는 '괴선박 출현설'로 전국이 들썩였다. 10월 8일자 미군 정보보고서는 "제주 근해에 붉은 바탕에 별 하나가 그려진 깃발을 단 잠수함이 나타났다."고 보고했다. 며칠 후 중앙지들은 이를 근거로 북한 선박이 출현한 것처럼 보도했다. 이런 정보는 강경 진압의 빌미가 되었다.

그러나 제주도 사태를 종합적으로 분석한 1949년 4월 1일자의 주한미군사령부 정보보고서는 "일부에서는 게릴라들이 본토로부터 또는 북한으로부터 병참 지원을 받고 있다는 소문도 있으나 이러한 보고를 증명할 아무런 증거도 없다."고 결론을 내렸다. 이런 결론은 앞의 정보들을 근간으로 제주도를 싹쓸이해놓고 아무 일 없었다는 듯이 입을 씻어버린 격이다.

이렇게 심층취재를 통해 '공산폭동론'의 진원지를 하나하나 파헤쳐 들어 가보니 허구 그 자체였다. 이런 내용을 보도하며 '공산폭동론'의 벽을 하나씩 허물어가자 위기를 느낀 보수 논객들은 '박갑동의 기록'을 들이대며 반격의 기회로 삼았다. 박갑동은 그의 저술에서 "남로당 중앙당의 지령에 의해 제주4·3폭동이 일어났다."고 주장했다. 박갑동은 한때 '남로당 지하총책'을 지낸 인물이다. 그런 그의 경력 때문에 이 주장은 매우 신빙성있게 받아들여졌다. 4·3취재반은 곧바로 박갑동 주장의 근거를 찾아 나섰다.

| "중앙지령설, 정보기관에서 고쳐 쓴 것"

박갑동의 "중앙당 폭동지령이 있었다."는 글은 1973년 『중앙일보』의 연재물 「남기고 싶은 이야기」에서 처음 다뤄졌다. 1983년에는 『박헌영』이란 책자로 출간됐다. 박갑동이 쓴 책을 급히 구입해서 검토하다보니 놀라지 않을 수 없었다. 이 책자에는 단 2쪽에 4·3 문제를 다루고 있는데, 그 짧은 글에서 일곱 군데나 왜곡된 부분이 발견됐기 때문이다.

'중앙당의 폭동지령'뿐만 아니라, '4월 3일 감찰청과 제주경찰서의 기습점령', '남로당 군사부 책임자 이중업, 푸락치 책임자 이재복 등의 현지 파견', '조노구(趙魯九) 등장' 등 기존의 잘못된 자료들을 짜깁기한 것이나 다름없었다. 과연 그가 남로당 지하총책을 지낸 것이 맞는지 의심이 갔다.

거처를 수소문했더니 그는 일본 도쿄에 살고 있었다. 주소를 알아낸 4·3취재반은 그에게 장문의 서신을 보냈다. 그의 저술 내용과 우리 취재반의 조사 내용이 다른 비교 분석표를 보내고, 답신을 요구했다. 그러나 답장은 오지 않았다.

4·3취재반은 김종민 기자를 일본에 파견했다. 김 기자가 어렵게 박갑동의 전화번호를 알아내 연락했지만 직접 만나주지는 않았다. 대신 전화 인터뷰를 통해 "중앙지령설은 내 글이 아니고, 1973년 신문 연재할 때 정보기관에서 고쳐 쓴 것"이라는 충격적인 답변을 했다. 그는 "그 당시 남로당의 노선은 전면적인 비합법 무력투쟁 단계가 아니"라면서 제주도당의 돌출성을 상기시키고, "『박헌영』이란 책은 정말 부끄러운 글"이라고 인정했다. "절판시켜 새로 펴낼 예정"이란 말도 덧붙였다.

이 충격적인 인터뷰 내용은 『제민일보』 1990년 6월 28일자에 보도했다. 이에 당황한 것은 그동안 박갑동의 글을 재생산하면서 공산폭동론을 펴오던 보수 계열의 학자들이다. 한 보수 논객은 박갑동에게 직접 전화를 걸어 인터뷰 내용을 재확인한 뒤 "왜 그런 인터뷰에 응했느냐."고 항의하기도 했다. 이 이야기는 나중에 내가 박갑동을 직접 만났을 때 그로부터 직접 들은 것이다.

『육사졸업생』을 쓴 장창국 장군의 회고록이나 박갑동의 사례에서 보듯, 현대사 관련 신문 회고물에서도 왜곡사례가 적지 않았다. 그것은 신문에 연재할 때 대부분 회고 당사자의 구술과 기존의 자료들을 짜깁기해 기자들이 재작성하기 때문이다. 민감한 부분은 정보기관에서 개입하는 사례도 있었다.

이런 와중에 4·3과 밀접한 관계에 있는 백선엽 장군(육군 대장 예편)이 『한국일보』에 「실록 지리산」 연재를 시작했다는 것을 알게 됐다. 그 연재의 핵심은 '여수·순천 10·19사건'이나, 그 배경이 되는 4·3을 다룰 것은 불 보듯 휜했다. 특히, 백선엽 장군은 1948년 4월 3일 국방경비대 제3여단 참모장으로 예하부대인 제9연대를 방문한 뒤 제주읍내에 머물다 사태를 만났다. 곧이어 육군본부 정보국장을 맡아 4·3 사태를 진압한 당사자이기도 하다. 그런 위치에 있었기 때문에 그의 증언은 4·3 성격 규명에 매우 중요했다.

나는 예방 차원에서 1990년 12월 백선엽 장군에게 서신과 함께 우리의 조사 자료를 보냈다. 이런 노력이 주효했던지 『실록 지리산』(1992년에 책자로 발간됨)에 4·3에 관해 37쪽이나 기술하면서도 매우 신중한 표현을 사용했다.

1947년 3·1절 발포사건을 언급하면서 "군정 당국이나 경찰이 사후 처리를 제대로 하지 않아 민심이 이반한 것은 분명한 사실"이라거나, 4·3 초기 경비대가 미온적 대응을 한 것은 "이 사건을 경찰·서청에 대한 주민들의 감정 폭발 정도로 치부하고 싶었던 속마음이 반영된 결과였는지 모른다."고 표현한 것 등이 그 예다.

특히 그는 민감한 사항의 하나인 중앙 지령설을 부인하고, "여순반란사건은 결코 남로당 중앙의 지령에 의한 것이 아니다. 4·3과 마찬가지로 당 말단에서 빚어진 자의적인 행동이었다."고 정리했다. 백 장군은 말미에 다음과 같은 의견도 피력했다.

"나는 최근 제주도내에서 일고 있는 '4·3 조명'과 '4·3 치유'의 노력을 우려와 기대 속에서 보고 있다. 우려는 어느 쪽이고 상대방의 과오만을 과장하는 노력들이 가져올 결과적인 또 한 번의 대립에 대한 것이다.

반면 기대는 활발한 증거 수집과 폭넓은 상황 조명을 통해 당시의 사태 전개에 대한 객관적인 이해가 정립되고 이를 바탕으로 상처를 서로 싸매고 화합할 수 있는 분위기 성숙에 대한 것이다."

| 교과서 집필자 "4·3연구 못했다"

'공산폭동론'의 허상이 하나씩 드러나자 더욱 궁금해진 것이 교과서 기술내용의 진위 여부였다. 1989년까지도 고등학교 『국사』 교과서에는 제주4·3을 다음과 같이 기술하고 있었다.

제주도 폭동사건은 북한공산당의 사주 아래 제주도에서 공산무장폭도가 봉기하여, 국정을 위협하고 질서를 무너뜨렸던 남한 교란작전 중의 하나였다.

이 교과서는 1990년 일부 수정되었다. 그러나 공산폭동론에는 변함이 없었다.

제주도 4·3사건은 공산주의자들이 남한의 5·10총선거를 교란시키기 위해 일으킨 무장 폭동이었다. 그들은 한라산을 근거로 관공서 습격, 살인, 방화, 약탈 등의 만행을 저질렀다. 그러나 군경의 진압작전과 주민들의 협조로 평온과 질서를 되찾았다.

대한민국 기성세대 상당수는 이런 교과서로 교육을 받았다. '4·3' 하면 '공산폭동'으로 각인되었고, 무고한 죽음에도 아랑곳 하지 않고 진압작전은 정당한 것처럼 인식하게 만들었다. 나는 2000년부터 4·3중앙위원회 소속 진상조사팀장으로 재직하면서 이런 교육을 받은 중앙부처 관료들을 만나 설명하고 설득하는 것이 얼마나 어려운 일인가를 절감했다.

국사편찬위원회(국편)는 과연 무슨 근거로 이런 글을 썼을까? 김종민 기자에게 교과서 필진들을 상대로 그 경위를 취재하도록 했다. 그런데 그 결과는 너무 어처구니없고 한심한 것이었다.

'북한공산당 사주' 관련 글을 썼던 서울 모 대학 이현희 교수는 "내가 글을 쓸 때에는 새로운 자료가 없어서 예전 자료를 인용하는 수밖에 없었다."면서 "의식이 잘못된 원인이 뭐냐면, 그때는 모두들 이데올로기 문제 때문에…"라고 말끝을 흐렸다.

수정 교과서를 집필한 국편 신재홍 편사부장은 "내 전공은 일제시대사이고, 어쩌다 보니 현대사 부분까지 담당하게 된 것인데 그쪽에 대해선 공부를 많이 못해서 다른 분들의 글을 참조하는 정도였다."고 털어놨다. 학자들이 현대사 관련 글쓰기를 기피하는 바람에 집필자를 구하지 못해 국편 관계자가 글을 쓰게 됐다는 것은 나중에 들은 이야기다.

취재 결과를 듣고 어이가 없었다. 어떻게 이런 예민한 사항을 그렇게 허술하게 접근할 수 있단 말인가? 더욱이 중차대한 2세 교육을 담당하는 문교 당국의 안이한 역사인식이 개탄스러웠다.

『제민일보』는 1991년 4월 3일자 1면 톱기사로 이 문제를 대서특필했다. 제목 자체도 "국사 교과서 속의 4·3 왜곡 편파 오류투성이 / '북한공산당의 교란작전' 곡필 / 필자들 본지의 해명요청에 '4·3연구 못해봤다' 실토"했다고 직격탄을 날렸다. 3면에는 교과서 집필자와의 인터뷰 내용을 실었다. 다음 날에는 사설을 통해 국사편찬위원회의 각성을 촉구했다.

보도가 나간 후 얼마 지나지 않아 국편 위원장 박영석 박사 일행이 제주에 내려왔

『제민일보』의 1991년 4월 3일자 1면 톱기사 '국사 교과서의 4·3곡필' 사례가 보도된 신문 자료.

다. 4·3취재반과의 토론은 박 위원장 숙소인 호텔 객실에서 장장 4시간 동안 벌어졌다. 토론이라기보다는 '격론'이라는 표현이 더 적합할 것 같다.

나는 "국편이란 책임있는 기관에서 발행한 교과서 내용에 오류 왜곡이 말이 되느냐? '북한공산당의 사주'란 표현을 썼으면 최소한 그에 합당한 근거가 있어야 할 것이 아닌가? 그 증거를 대라."고 몰아붙였다. 국편 관계자들은 이런 저런 이야기로 변명했지만 합당한 근거를 제시하지 못했다. 오히려 우리가 들이대는 조사 자료에 반박하지 못한 채 쩔쩔매는 형국이 되었다.

일제사 전공인 박영석 위원장은 "나도 항일운동사를 조사하기 위해 만주 등을 누벼 다녔지만, 4·3취재반이 이렇게 '필드'(현장조사라는 뜻)에 강한 줄 몰랐다."면서 고개를 숙였다.

교과서 개정작업은 그 후에 여러 우여곡절을 겪었다. 1994년에는 서중석 교수(성균관대)가 '제주4·3항쟁'이란 용어의 교과서 개편 시안을 내놓았다가 보수언론으로부터 집중 공격을 받는 일도 있었다.

겉과 속이 다른 미군 정보보고서

| 존 메릴과의 만남

"제2차 대전 이후 점령군에 대하여 제주도에서와 같은 대중적 저항이 분출된 곳은 지구상 어디에서도 찾아볼 수 없었다."

이 의미심장한 글은 1975년 미 하버드대학교에서 석사학위를 받은 존 메릴의 논문 「제주도 반란」(The Cheju-do Rebellion)」에 쓰여 있다. 존 메릴은 1968년부터 1년여 주한미군으로 근무한 바 있고, 미국으로 되돌아가 국립문서기록관리청 등에서 4·3 관련 미군자료를 찾아내 이 논문을 썼다. 주로 미군 정보보고서를 많이 활용했다.

이 논문이 우리나라 대학가에 유포된 것은 1980년대 후반이었다. 이 글은 금기시 되던 4·3을 연구한 첫 논문이라는 점, 미군정 자료가 상당히 인용되었다는 점에서 주 목을 끌었다. 존 메릴은 그 후에 한국전쟁의 배경 연구로 박사학위를 받았고, 대학 교 수를 하다가 1987년부터 미 국무부 정보조사국 대외문제 분석관으로 근무했다.

나는 존 메릴 박사와 세 차례 인터뷰를 했다. 첫 만남은 1988년 11월 제주대학교 총학생회 주최로 열린 '미국 학자가 보는 4·3'이란 주제의 강연회 직후였다. 인터뷰는 대학교에서 제주공항으로 가는 차 안에서 이뤄졌다(『제주신문』 1988년 11월 18일자 보도).

두 번째는 그가 1990년 6월 제주대 동아시아연구소 주최로 열린 '한국전쟁의 기원' 세미나 참석차 제주에 왔을 때였다. 이때에는 2시간가량 면담하면서 4·3에 관한 질 의·응답과 의견을 교환할 수 있었다(『제민일보』 1990년 6월 15일자 보도).

세 번째는 매우 이례적인 만남이었다. 1992년 5월 말 주한 미문화원에서 존 메릴 박사와 위성중계 토론 대담을 하지 않겠느냐고 제안을 해온 것이다. 나는 제주도에

미 문화원이 설치한 위성중계 장비로 미국 워싱턴에 있는 존 메릴과 인터뷰를 하고 있는 필자와 대담 내용을 정리 중인 김종민 기자. 오른 쪽 사진이 존 메릴 박사.

서, 존 메릴은 워싱턴에서, 통역은 버지니아에 있으면서 1시간 40분 동안 삼각 전화 위성인터뷰를 한 것이다. 이때 통역관은 역대 한미 정상회담뿐만 아니라 김정일–올브라이트 국무장관 회담 통역을 맡았던 한국계 미국인 통 김이었다(『제민일보』 1992년 6월 2일자 보도).

이 세 차례 인터뷰를 통해 존 메릴 박사가 언급한 주요 내용은 다음과 같다.

1) 나의 견해는 학자 입장인 사견이지, 미국 정부 입장과는 연관이 없다.

2) 나의 논문 제목 중 'Rebellion(반란)'의 의미는 사건의 본질과는 상관없고, 규모가 크고 장기간에 걸쳐 일어났다는 뜻이다.

3) 4·3의 원인은 복잡하지만, 제주도민 상당수가 5·10선거에 반대했고 47년 3·1 사건 이후 경찰과 우익청년단에 대한 깊은 반감이 큰 요인이다.

4) 남로당 중앙당의 지령은 없었지만 제주도당의 개입은 있었다. 4·3의 성격을 이해하는 데는 시간대의 분석이 중요하다.

5) 미군정의 실정(失政)이 4·3 발발 원인의 하나인 것은 사실이다. 우익테러의 기회를 허용했던 것도 미군정의 불찰이다.

6) 그러나 유혈사태의 책임은 이승만 정권이 져야 한다. 따라서 미군정만이 아니라 한국정부, 유격대의 역할 등에 관해서도 종합적으로 연구해야 한다.

존 메릴 박사가 일관되게 주장한 것은 미군정이 4·3 발발 원인을 제공한 것은 인정하지만, 대량 학살의 유혈사태는 1948년 8월 이승만 정부가 출범한 이후 일어난 일이기 때문에 미군이 책임질 문제가 아니라고 선을 긋는 논리였다.

그러나 나는 1948년 8월 24일 이승만-하지가 체결한 '한미 군사안전잠정협정'에 의해 대한민국 수립 후에도 주한미군이 한국군의 작전 지휘권을 갖고 있었던 점, 초토화작전의 발상도 미군 고위층에서 나온 점 등을 들어가며 열띤 토론을 벌였다. 그때는 내가 주한미군 군사고문단장 로버츠 준장의 역할을 인지하지 못할 때였다. 지금 같으면 초토작전을 감행한 연대장을 칭찬하고 고무시킨 사람이 누구냐고 따졌을 것이다. 바로 로버츠 장군이기 때문이다.

나중에 안 사실이지만, 1980년대 후반부터 4·3 논의가 봇물 터지듯 나오자 한국정부뿐만 아니라 미국 쪽에서도 당황했다는 것이다. 특히 대학가에서 광주 문제에 이어 제주4·3을 반미 이슈로 삼으려하자 극단적인 방향으로 흘러가지 않도록 고심했다고 한다. 그 무렵 '4·3 전문학자'인 존 메릴 박사의 잦은 한국 방문, 미 문화원의 인터뷰 주선과 미국정부가 가장 신뢰하는 통역관 동원 등도 이와 무관하지 않았던 것 같다.

| 제주상황 매일매일 보고

일반 독자 가운데는 1975년에 미국학자 존 메릴이 제주4·3 연구 석사논문을 미군 자료를 중심으로 썼다는 사실에 의아해 할 수도 있다. 그러나 미국에는 우리의 상상을 뛰어넘을 정도로 4·3 관련 자료가 많다. 4·3 발발이 미군정 통치시절에 일어났기 때문이다.

해방 직후 38선 이남 주한미군사령관은 하지 중장이었다. 그는 전술군인 24군단장이면서 군정 통치를 하는 남한 주둔 미육군군정청 사령관직을 겸하였다. 군정장관 딘 소장은 그 휘하에서 군정업무를 전담했다. 주한미군사령부의 차상급 기관은 일본 도쿄에 있는 미육군극동군사령부(일명 '맥아더사령부')이었다.

미군은 지방에도 전술부대를 배치했는데, 제주도는 전라도와 더불어 6사단의 관할 지역이었다. 그리고 제주도 군정업무를 전담하는 59군정중대를 따로 배치했다. 따라서 당시 지휘명령계통상 제주도에서 발생한 주요 사건의 미군 보고체계는 59군정중대 →6사단→주한미군사령부→극동군사령부→미국 본토로 이루어졌다.

미군은 점령 직후 전국에 촘촘한 정보망을 깔아 놓았다. 그 정보망은 미군뿐만 아니라 경찰, 국방경비대, 서청 등의 우익청년단체 등으로부터 정보를 입수하는 체제로 가동됐다. 여기에 편지검열, 전화도청 등도 가세됐다. 우리나라 군사정부 시절 중앙정보부가 모든 정보를 독점하던 체제와 유사했다.

정보는 매일매일 보고됐다. 이 정보를 수합, 분석해서 보고서를 만드는 곳이 주한미군사령부 정보참모부이다. 그래서 이 보고서는 주한미군사령부 '정보참모부 일일보고서'(G-2 Periodic Report, 일명 'G-2 보고서')란 이름이 붙여졌다. 한 주간의 정보를 정리한 '정보참모부 주간보고서'(G-2 Weekly Report)도 있었다. 6사단에서 작성한 정보보고서는 6사단 'G-2 보고서', 극동군사령부에서 작성된 것은 극동군사령부 'G-2 보고서'로 불렀다. 존 메릴은 자신의 4·3 논문을 쓸 때 극동군사령부 'G-2 보고서'를 활용했다고 밝힌 바 있다.

미군정 정보보고서 가운데 'G-2 보고서'못지않게 중요한 것이 방첩대(CIC) 보고서이다. 'G-2 보고서'는 매일매일 벌어지는 상황을 일지형식으로 정리(물론 주간보고서 등을 통해 정세 분석하는 경우도 있다)하는데 주안점을 두었다. 반면 'CIC 보고서'는 사안에 대한 정치적 분석 등 정보당국의 시각과 관점을 드러내는 보고 자료를 작성하는데 주력했다고 볼 수 있는데, 그 관점은 매우 우익적인 것이었다.

미군 자료는 이밖에도 주한미군사령부 작전일지(G-3 보고서), 군사고문단 보고서, 주한미군사, 각종 공한 등이 있다. 미군정은 이런 거미줄 같은 정보망과 보고서를 통해 3년 동안 남한을 통치했다. 이 같은 미군 정보보고서가 알음알음 우리나라에 알려진 것은 1980년대이다. 미국은 1975년에 제정된 '정보자유법'에 의해 그동안 비밀문서로 관리해 오던 미군 자료 등을 비밀 해제해 풀기 시작했다.

4·3취재반은 1988년 출범 직후 이런 소문을 듣고 미군정 정보보고서 입수작업에 나섰다. 출판사 일월서각에서 1986년에 15권의 『미군 정보보고서』 영인본을 발행한 사실을 알고 그 책들을 사들였다. 이어 1989년 한림대 아시아문화연구소에서 발행한 미군 보고서 영인본도 구입했다.

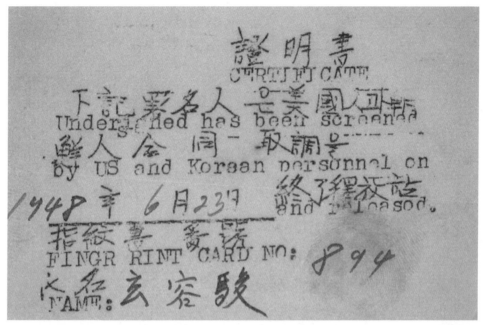

1948년 6월 23일 작성된 석방 증명서. '미국인과 조선인 합동취조'했다는 글이 적혀 있다.

이 책들은 1945년부터 미군 철수가 있었던 1949년 6월까지의 한반도 상황을 기록한 미군 보고서를 복제 인쇄한 것이다. 물론 영문 문서들이었다. 4·3취재반은 이 영인본에서 제주4·3과 관련된 미군 자료를 발췌하고 한글로 번역하는 작업을 동시에 진행했다. 이 일은 김종민·강홍균 기자가 주로 추진했다.

미군 보고서는 4·3취재반을 깜짝 깜짝 놀라게 만들었다. 매일 매일의 제주상황을 아주 상세히 기록하고 있었기 때문이다. 'G-2 보고서' 등은 미군정이 제주사태를 얼마나 속속들이 알고 있었느냐를 단적으로 입증하는 문건이다. 4·3의 결정적 고비마다 그 배후의 정점에 미군이 있었음을 느끼게 하는 자료이기도 했다.

어느 날 나의 대학 은사이신 현용준 교수(민속학)께서 내가 4·3 취재를 하고 있다는 소식을 듣고 연락이 왔다. 찾아뵈었더니 누런 종이를 장롱에서 꺼내 내게 주었다. 1948년 6월 23일에 작성된 '증명서'였다. 거기에는 영문과 함께 이런 글이 적혀 있었다.

하기 서명인은 미국인과 조선인 합동 취조를 종료 석방함

현 교수는 제주읍 노형리 출신으로 당시 오현중학교 2학년 학생으로 재학 중이었는데, 그 해 6월 중순 밭일하다가 난데없이 군인들에 의해 연행됐다. 그리고 십여 일 감금된 상태에서 조사를 받고 혐의가 없자 석방됐다는 것이다. 교수님 석방 증명서의 일련번호가 '894'인 것으로 미루어 많은 사람이 연행됐다가 풀려나온 것으로 보인다.

그 시점은 제주도에서 5·10선거가 무산된 이후, 미 6사단 20연대장 브라운 대령이 제주도최고사령관으로 부임해서 '2주내 평정'을 장담하고 6월 23일 재선거를 실시한다고 공언하던 때이다. 그리고 마구잡이식으로 젊은 사람들을 연행했다. 그것은 미군 보고서에서도 입증되고 있다.

미 24군단 1948년 7월 2일자 「G-2 주간정보보고서」는 "제주도 경비대 9연대가 지난 6주 동안의 작전 결과 약 4,000명의 폭도혐의자를 체포해 조사했다. 이들 중 약 500명은 경찰과 경비대와 미군 조사요원에 의해 조사받은 후 감금됐다."고 기록하고 있다. 그러면 이때 '붙잡힌 포로들'이나 '감금된 500명'이 과연 한라산 무장유격대이었느냐는 점에 대해서는 많은 의구심이 있다. 그렇게 많은 포로들을 잡았는데도 사태의 해결 기미는 전혀 보이지 않았고, 미군 현역 대령이 호언장담하던 재선거도 시행하지 못해 체면을 구겼기 때문이다.

그런데 나중에 안 사실이지만, 트루먼 행정부는 제국주의적 개입이란 비난을 살 것을 우려해서 외국에서의 미군의 출현을 가급적 억제했다는 것이다. 표면적으로는 미군의 불개입 정책을 표명했고, 게릴라전이 발생할 때에는 그 나라 군대에 대한 적극지원을 통해 토벌작전을 전개하는 정책을 고수했다. 그런 미국이 제주에 한해서는 미군 대령을 파견해서 직접 진압작전을 지휘했다는 것은 매우 이례적인 일이었다.

1948년 6월 제주사태 취재차 제주에 온 조선통신 조덕송 특파원은 "상공에는 미군 정찰기가 날고 제일선에는 전투를 지휘하는 미군의 지프가 질주하고 있으며 해양에는 근해를 경계하는 미군함의 검은 연기가 끊일 사이 없다."고 현지 분위기를 전했다. 미군의 '불개입 정책'이 이탈했음을 보여주는 대표적 사례이다. 조덕송 특파원은 더 나아가 브라운 대령과의 인터뷰 기사를 이렇게 실었다.

딘 군정장관의 특명을 받고 이 곳에 와서 있는 최고지휘관 브라운 대령은 "원인에는 흥미가 없다. 나의 사명은 진압뿐이다"라고 언명했다. 그리고 부언하여 "본관이 진압시킨 후 다시 이러한 사태가 발생한다면 그것은 조선인 행정기관의 책임이다"라고 말했다. 조선사람 아닌 브라운 대령으로서는 지극히 당연한 견해이겠으나 무엇인지 섭섭함을 금치 못할 말씀이다.

| 미국 '국익적 관점'에서 기록

미군 정보보고서는 4·3취재반에게 매우 유용한 자료들이었다. 가뜩이나 4·3 관련 국내자료의 빈곤함에 애를 태우던 4·3취재반에게 하루하루 상황을 기록한 미군 정보보고서는 가뭄에 단비처럼 여겨졌다. 취재반은 미군 보고서 내용을 당시 신문 등 기존의 국내자료와 채록된 증언자료 등과 교차 비교하면서 4·3의 실마리를 풀어 나갔다.

그러나 얼마 없어서 미군 자료의 이중성을 깨닫게 되었다. 겉과 속이 다른 것을 발견한 것이다. 즉 미군 보고서가 4·3의 진상을 파악할 수 있는 귀중한 1차 사료임에는 분명한데도, 동시에 보고서 작성자의 의도성과 그 속에 녹아있는 시각, 관점을 함께 짚어보아야 함을 느끼게 된 것이다. '5·1 오라리 방화사건'이나 딘 장군의 발언 기록 등을 취재하면서 미군 자료도 진실을 은폐·조작할 수 있다는 것을 체득했기 때문이다.

주한미군사령관 하지 장군은 남한을 점령한 뒤 점령 목적을 '소련에 대한 보루구축'이라고 천명했다. 이 말은 시사하는 바가 크다. 미국과 소련은 제2차 대전 때만 해도 '동맹국'이었다. 그러나 전후 세계를 재편하는 과정에서 심각한 라이벌이 되고 말았다. 여기에서 국제적 냉전이 싹텄다. 민주적 사고가 발달한 미국은 인권 등 보편적 가치에 대해서는 유연했지만 소련과의 냉전 대립에서는 철저하리만치 냉정했고, 때로는 히스테리 반응을 보였다.

미군정은 해방공간에서 자신을 반대하는 움직임을 좌익과 외부(소련)의 사주와 선동에 의한 것으로 간주했다. 여기에는 민중운동도 예외가 될 수 없었다. 미군정 자료도 이러한 시각과 관점에서 작성된 것이 대부분이다. 즉, 미군 자료는 미군의 정책적 태도와 입장, 이해관계에 따라 '국익적 관점'에서 작성되었다는 뜻이다.

4·3을 둘러싼 제주상황을 기록한 미군 자료에서 몇 가지 사례를 보자. 4·3의 도화

선이라 할 수 있는 1947년 '3·1 발포사건'과 이에 항거해서 일어난 '3·10 총파업' 사태를 조사한 미군 보고서는 경찰 발포에 대한 도민의 분노가 광범위하게 일어났고, 이런 도민 감정을 남로당 조직에서 증폭시키고 있다고 그 원인을 두 가지로 분석했다. 그러고도 후속조치는 민심 수습보다는 좌익 척결에 무게를 두고 강공정책을 추진했다. 응원경찰의 대거 파견, 제주에 미군 CIC 설치, 미군 보고서에 스스로 '극우주의자(an extreme rightist)'라고 표현한 유해진 도지사의 임명 파견, '붉은 섬(red island)' 규정 등이 바로 그것이다.

제주도의 유혈상황을 몰고 온 초토작전에 대해서도 미군 보고서는 우호적으로 기록했다. 1948년 10월 미군고문단이 '즉각적 수정조치'를 요구한 직후 '제주도경비사령부'가 신설됐고, '해안선에서 5km 이외 지역의 통행금지'를 골자로 한 초토화작전 구상이 공포됐다. 미군 보고서는 9연대가 "'대량학살계획(program of mass slaughter)'을 채택했다"고 기록했다. 이어 초토작전을 전개한 9연대의 작전을 '성공적인 작전(successful actions)'으로 평가했다.

이 뿐만이 아니다. 미군은 제주도에서 악명을 떨쳤던 서북청년회 단원의 활용계획과 관련해 "제주도의 서청이 경찰과 경비대를 지원하게 된 것은 몇몇 미군 장교들의 추천에 의한 것이었다."고 자신들의 보고서에서 밝히고 있다.

미군 자료를 검색하다 보면 우롱당하는 느낌이 들 때도 있었다. 앞에서도 밝혔지만, 강경진압의 빌미로 삼았던 '북한 소련 등의 선박 출현설'을 1949년 4월에 이르러서야 "이런 보고를 증명할 아무런 증거도 없다"는 식으로 부정하는가 하면 1949년 5월에는 "'반도(rebels)' 중 다수는 명백히 결백하다."는 기록을 남기기도 했다.

따라서 4·3취재반은 4·3 진실규명 과정에서 미군 보고서를 최대한 활용하면서도 미군 작성자의 의도까지 간파하는데 심혈을 기울였다. 그 속에서 진실을 찾기 위해 노력했다는 뜻이다.

| 미군 비밀문서 "80%이상 진압군에 희생"

1991년 3월 『제민일보』 4·3취재반은 비밀 해제된 미군 보고서를 검색하다가 뜻밖의 문건을 발견했다. 그 무렵 밤을 새우며 미군 보고서와 씨름하던 김종민 기자는 주한미군사령부 정보참모부가 1949년 4월 1일자로 작성한 '제주도'란 제목의 4·3 관련 비밀문서를 찾아냈다. 보고서 분량도 적지 않은데다, 제주도 상황을 종합 분석한 최초의 미군 보고서라는 점에서 눈길을 끌었다.

보고서 항목도 지리, 민중, 역사, 초기 군 작전, 현재의 작전, 게릴라 부대의 위치, 토벌대 병력수와 배치 상황, 경찰과 민보단 등 다양하게 세분되어 있었다. 내용을 검토해보니, 그때까지 보았던 여타의 미군 정보보고서에 비해서 세밀한데다 그런대로 객관적이라는 느낌이 왔다. 그럼에도 9연대의 초토작전을 '성공적인 작전'으로 평가하는 등 우익적 관점에서 기록된 것은 변함이 없었다. 이 보고서의 주요 내용을 추려보면 다음과 같다.

『제민일보』 1992년 4월 3일자에 실린 필자의 칼럼. 미국의 책임에 대한 10개항의 질문을 던졌다

1) 제주도는 미군정 하의 1947년 3월 1일 경찰이 제주읍에서 삼일절 행사에 참가한 좌익의 무리들을 공격, 몇 명의 사람들을 죽이기 전까지는 상대적으로 평온한 편이었다. 경찰에 대한 즉각적인 반발이 공격적인 섬 주민들에 의해 일어났고 이는 긴 기간의 유혈사태의 촉발이 되었다.

2) 9연대는 모든 저항을 진압하기 위해서 중산간마을 주민들이 게릴라에게 도움과 편의를 제공하고 있다는 가정 아래 마을 주민에 대한 집단 학살계획을 채택했다. 1948년 12월까지의 9연대 점령기간 동안에 주민 학살의 대부분이 자행되었다.

3) 2연대는 게릴라를 도와준 혐의를 받고 있는 해안마을 주민들에 대한 보복 수단에 한정하였으나, 주민들은 종종 재판 없이 대규모로 한꺼번에 처형당하였다.

4) 현재 통합부대장인 유재홍 대령은 사면전술을 채택했다. 현재의 정책은 작전 중에 잡혔거나 자발적으로 항복했거나 불문하고 산에서 내려온 모든 사람들을 구금하는 것이다. 여자, 어린이, 노인은 대부분 피난민으로 분류되고 있는 반면, 전투 가능

『제민일보』 1991년 4월 2일자 1면 톱기사로 보도된
미군 4·3종합보고서 발굴 내용.

연령의 남자들은 피난민 지위가 부여되기 전에 철저히 심사되고 교육된다.

5) 현재 무장 게릴라들은 약 250명 정도 남아 있는 것으로 추정된다. 현재 게릴라
들의 가장 시급한 문제는 탄약 부족이다. 일부에서는 게릴라들이 본토나 북한으
로부터 병참 지원을 받고 있다는 소문이 있으나 이러한 보고를 증명할 아무런 증
거도 없다.

6) 현재 토벌대는 한국군 2,622명, 경찰 1,700명, 민보단 5만 명으로 구성되어
있다.

7) 지난 한 해 동안 주민 14,000~15,000명이 사망하였으며, 이 가운데 최소한
80%가 진압군(보안군)에게 살해되었다. 주택 중 3분의 1이 파괴되었고, 주민
4분의 1이 자신들의 마을이 파괴당한 채 해안으로 이주하였다.

4·3취재반은 미군 종합보고서의 내용이 매우 중요하다고 판단, 이를 대서특필했다.
"1949년 3월 현재 인명피해 1만 5천 명 / 80%이상 진압군에 희생"이란 제목의 톱기
사(1991년 4월 2일자 1면)에 이어 3일 동안 보고서 전문(全文)을 신문에 게재했다.

4·3에 대한 연구 성과가 높아진 지금은 이런 내용이 일반 상식처럼 되어 있지만, 그 당시만 해도 보고서 내용은 충격적이었다. 바로 그 직전 1년 전까지 해도 "4·3 사망 자는 9,345명에 불과하고, 그 중 공비가 7,895명이었다."는 내용으로『제주경찰사』 (1990년)가 발간되던 시절이었다. 또한 강경 진압작전의 명분으로 소련 혹은 북한 선 박 출현설을 들이대던 미군이 갑자기 '외부로부터 병참 지원이 없었다'고 꼬리를 내린 점도 눈길을 끄는 대목이었다.

이 보고서 내용을 눈여겨보면 초토화까지 감행했던 강경진압작전이 얼마나 무모했 고 실패한 작전이었는가를 알 수 있다. 제주도는 일제 말 일본 경찰 101명이 치안을 담당하던 지역이었다. 9연대와 2연대는 제주도 중산간 지대를 빗질하듯 휩쓰는 초토 작전을 펴면서 많은 주민을 학살했지만 문제를 해결하지 못했고, 1949년 3월에는 군 경 4,322명과 민보단 5만 명을 동원해야하는 상황에까지 이르렀음을 자인한 셈이다.

이 미군 종합보고서는 무엇보다 1947년 3월 1일의 경찰 발포가 4·3을 촉발하였 고, 토벌대에 의한 집단학살이 감행된 사실, 게릴라에 대한 외부의 지원이 없었음을 당시 한국군 작전지휘권을 갖고 있던 미군 지휘부가 인정하고 있다는 점에서 의미가 있다. 나는 이 보고서를 보다가 '특수부대' 부분에서 또 한 번 놀랐다. "게릴라로 위장 한 특수부대가 있었다."는 풍문이 사실로 확인되었기 때문이다.

| "게릴라로 위장한 특수부대 활동"

제주도 주둔부대는 제2연대의 3개 대대와 정원 미달의 1개 특수대대, 제2연대의 전 작전참모 김명 대위가 지휘하는 50명의 특수부대로 구성되어 있다. 민간인 복장을 하고 일제 99식 소총으로 무장한 이 김명 대위의 특수부대는 선발된 게릴라 요원들로 구성되어 있다. 이들은 산악을 배회하다 폭도들과 만나면 사투리로 이야기를 하는 등 정보수집에 아주 가치 있는 조직이다.

이 내용은 주한미군사령부 정보참모부(1949년 4월 1일자)가 작성한 4·3 종합보고 서에 나온다. 여기서 눈길을 끄는 것이 바로 '특수부대'(Special Unit)이다. 이 보고서 내용을 토대로 특수부대에 대해 다음 몇 가지를 요약할 수 있을 것이다.

첫째, 특수부대가 50명으로 구성되었다는 점, 둘째, 그 지휘관이 2연대 작전참모를 지낸 김명 대위라는 점, 셋째, 특수부대원들은 민간인 복장에 일제 99식총으로 무장했다는 점, 넷째, 이 특수부대는 붙잡힌 게릴라 유격요원 중 '전향'한 사람들로 구성되었다는 점, 다섯째, 미군은 이들 특수부대를 정보 수집원으로서 가장 가치 있는 조직으로 평가했다는 점 등이다.

당시 2연대 주력부대의 개인 화기는 미제 M-1소총이었다. 이 특수부대가 제주인의 노동복인 '갈중의'(갈옷)를 입고 낡은 일제 99식총으로 무장한 것은 '폭도'인양 위장하기 위함이다.

4·3취재반은 이 부분에 대해서 심층취재에 나섰다. 그리고 '폭도'로 위장한 특수부대원들의 사진이 실린 제2연대 앨범을 찾아냈다. 2연대가 제주에서 철수하던 1949년 8월 15일 제작된 앨범 '제2연대 제주도주둔기'는 그 머리말에서 제작 동기를 "8개월간의 성사(聖史)를 길이 빛내며 회고하고자 펴냈다"고 밝히고 있다. 사진첩으로 제작된 이 주둔기에는 민간인 복장을 한 일단의 대원들 사진을 싣고 있는데, '폭도(暴徒)로 가장(假裝)코'란 설명까지 달고 있었다. 대원 속에는 여자들도 끼어 있어서 눈길을 끌었다. 결국 게릴라로 위장한 특수부대가 4·3 토벌대로 활동한 사실이 입증된 것이다.

4·3 토벌과정에선 비단 군대만이 아니라 경찰에서도 유사한 위장 작전을 전개했다. 이로 인하여 피해를 입은 주민들도 적지 않았다. 이를 당해본 주민들은 "함정 토벌이었다."면서 몸서리를 쳤다.

대표적으로 회자되는 사건이 제주읍 도평리 주민 피해사건이었다. 1949년 1월 3일 허름한 갈중의를 입고 총을 든 한 무리가 도평마을로 들어섰다. 그들은 길에서 마주친 주민들에게 "동무, 동무"하며 악수를 청했다. 그리고 집안에 들이닥쳐 "왜 너희들은 산에 협조하지 않느냐?"고 다그치면서 주민들을 학교 운동장에 집결시켰다. 그러나 그들은 인근 외도지서 경찰과 특공대원들로서 주민들에게 함정을 판 것이었다. 이를 눈치 챈 주민들이 "우리는 대한민국이다", "빨갱이면 싸우겠다"고 소리쳤지만 소용이 없었다. 게릴라로 가장한 토벌대는 주민 70명을 총살했다.

『제민일보』는 1991년 4월 9일 "게릴라로 위장 / 4·3 당시 특수부대 있었다"는 제목

봉개리가 연대장과 작전참모의 이름을 조합한 '함명리'란 얄궂은 이름으로 바꾸어지기도 하였다.

아래 이런 사실을 보도했다. 이 기사에서 특수부대의 공과에 대한 재조명작업이 필요하다고 강조했다.

여담 하나를 덧붙이겠다. 제주읍 봉개리가 한때 '함명리(咸明里)'란 얄궂은 이름으로 개명된 적이 있다. 이 마을은 1949년 2월 제2연대에 의해 쑥대밭이 되어 버렸다. 2연대는 제주 철수를 앞두고 중산간 원주지 복귀사업을 추진한다면서 시범적으로 봉개리를 재건하는 기공식을 가졌다. 그리고 마을이름을 함병선 연대장의 '함'자와, 작전참모 김명의 '명'을 조합하여 '함명리'로 바꾸어버린 것이다.

병 주고 약 준 격이다. 토벌대 입장에서는 그런 작업이 '업적'이자 '공적'일 수 있다. 그러나 마을 주민들로선 '수모'요, '수치'로 받아들일 수밖에 없다. 4·3을 어떻게 볼 것인가 하는 시각 차이는 여기에서도 엿볼 수 있다. 토벌대 군인들이 철수한 후 마을 이름은 주민들에 의해 곧 '봉개리'로 환원됐다.

결국 밝혀진 4·3 발발원인

| 결정적 도움 된 『제주신보』 발굴

4·3취재를 하면서 언제부터인가 '보이지 않는 힘'이 뒤에서 도와주고 있다는 느낌을 받았다. 도무지 해결될 것 같지 않던 일들이 묘하게 술술 풀리는 경우를 여러 번 체험했다. 그 타이밍도 절묘했다. 실종됐던 『제주신보』 신문철 발굴도 그 중의 하나였다.

1990년 12월 제주4·3연구소는 4·3발발 시기의 제주도에 하나밖에 없던 『제주신보』 신문철을 찾아내 영인본 작업에 착수했다. 새롭게 발굴된 『제주신보』는 1947년 1월부터 1948년 4월까지의 신문이었다. 이 시기는 1947년 3·1 발포사건을 시발로 1948년 4·3봉기로 이어지는 제주 현대사에서 가장 중요한 전환기였다. 가장 궁금했던 시기의 상황을 살필 수 있는 신문철을 발굴한 것이다. 4·3연구소는 현대사를 연구하는 학자로부터 신문 복사본을 입수하였는데, 그 출처는 국회도서관으로 알려졌다.

4·3취재반이 『제주신보』를 찾으려고 제주도내 도서관과 언론기관을 뒤졌지만 1951년판부터 듬성듬성 있을 뿐이었다. 그렇게 애타게 찾던 신문을 찾은 기쁨은 말로 표현할 수 없었다. 발굴된 시기도 절묘했다. 「4·3은 말한다」 연재가 해방정국부터 1946년까지의 연재를 마치고, 곧 1947년에 일어난 일들을 취재할 시점이었기 때문이다.

『제민일보』는 1991년 1월 1일 신년호에 '40년 실종 역사자료 「濟州新報」 철 찾았다'는 제목아래 이 사실을 대서특필했다. 새로 발굴된 『제주신보』 기사를 통해 경찰의 대형비리사건인 '복시환(福市丸) 사건'의 진상, 3·1 발포와 3·10 총파업의 전개 과정, 군정당국의 대응, 잇따른 고문치사사건 등 '격동의 역사'를 추적할 수 있었다. 또한 이 신문 기사를 보면서 기존의 현대사 관련 저술이 얼마나 허무맹랑하게 기술되었는지도 확인할 수 있었다.

가령, 기존자료에는 1947년 3·1절 기념행사를 주관한 제주도 민주주의민족전

『제주신보』기사철 발굴 사실을 보도한 『제민일보』
1991년 1월 1일자 기사.

선(민전) 결성일이 '1946년 2월'이라고 기재돼 있었는데, 『제주신보』기사를 통해
'1947년 2월 23일'임이 밝혀졌다. 민전 결성식에서 당시 박경훈 도지사가 축사를 한
사실도 확인할 수 있었다. 또 기존 관변자료에는 "1946년 5월 정판사사건 이후 좌익
정당이 지하로 스며들었다."고 기술되어 있으나, 이 신문 1947년 1월 1일자 신년호
에 하지 중장 못지않게 남로당 위원장(허헌), 민전 대표(김원봉)의 신년사도 비중 있
게 다뤄진 모습을 보면서 역사적 사실에 대한 재검토가 필요함을 느꼈다.

　『제주신보』가 1947년 1월 특종 보도한 '복시환 사건'은 모리배 의혹사건으로 전국
적으로 화제가 되었다. '해방은 모리·오리배 해방인가?'라는 결기 있는 제목도 눈길을
끌었다. 결국 이 사건으로 경찰 책임자인 신우균 제주감찰청장이 파면되었다. 그런데
사건은 여기에서 그치지 않았다.

　미군정의 실책 가운데 대표적인 것은 일제 통치기구의 관리들을 그대로 채용한 것이
다. 특히 경찰 쪽이 심했다. 미군정경찰 경위급 이상의 간부 82%(1,157명 중 949
명)가 친일경찰 출신이란 통계가 이를 말해주고 있다. 어제의 '일제 순사'가 오늘에는

미군정 경찰복을 입고 활보하는 모습을 보며 민중들은 어떤 생각을 했을까? 일제 경찰 출신들은 '친일파'라고 공격을 받을 때마다 반공이데올로기를 앞세워 상대를 좌익 사상범으로 몰고 가면서 '새로운 애국자'인양 변신을 시도했다.

궁지에 몰린 일제 경찰 출신 신 제주감찰청장도 예외가 아니었다. 복시환 사건이 사회문제로 비화되자 제주출신 소장파 경찰관들이 그의 퇴진을 요구했고, 신 청장은 사면초가였다. 그는 자신의 결백을 주장하면서 중앙무대에서 '사상적으로 문제가 있는 제주경찰'이라고 역공을 폈다. 1947년 2월 23일 난데없는 응원경찰대 100명의 제주 급파는 이와 무관하지 않다. 그 응원경찰대가 3월 1일 발포사건을 일으키면서 제주사회는 걷잡을 수 없는 긴장상황으로 돌입하게 된다.

| "3·1발포가 4·3 도화선"

"기마경찰이 어린이를 치어 부상을 입힌 사건을 좌익진영에서 역이용, 기마경찰대가 어린이를 치어 죽였다고 흑색 선전해 멋모르는 1만여 군중이 경찰서를 습격하려고 해서 부득이 발포하게 됐다."

이 글은 1982년 판『제주도지』와 1990년 판『제주경찰사』 등 공적 기록물에 기술된 '1947년 3·1 발포사건의 진상'이다. 과연 그랬을까? 4·3취재반은 이 사건의 진실을 알기 위해 백방으로 노력했다. 당시 미군정 정보보고서, 중앙지와 지방지를 포함한 신문기사, 관변자료 등을 입수해 분석했다. 또 사건 현장을 직접 본 목격자들을 찾아 나섰다.

행운이랄까, 수소문 끝에 발포 현장인 관덕정 앞 광장과 교통대 주변에 있었던 목격자 5명을 만날 수 있었다. 그들의 증언을 종합하면, 그날 제주북국민학교에서 있었던 3·1절 기념집회를 마친 일부 시위 군중들이 오후 2시 넘어서 관덕정 앞 광장을 S자 형태로 위세를 부리면서 지나간 다음에 '돌발적인 사건'이 있었다는 것이다. 즉, 이 사건은 교통대 앞 커브 길에서 기마경관이 탄 말에 6세가량의 어린이가 차였는데도 그대로 가려고 하자 주변 사람들이 몰려들어 돌을 던지며 항의했고, 이에 당황한 기마경관이 경찰서 쪽으로 말을 몰아가는 순간 총성이 울렸다는 것이다.

그 발포 순간 관덕정 광장에는 100~200명가량의 관람 군중만 있었음도 확인됐다. 앞에 언급된 공적 기록물 내용과는 사뭇 달랐다. 이 경찰 발포로 민간인 6명이 숨지고, 6명이 다쳤다. 또 도립병원 앞에 있던 경찰이 발포해 행인 2명이 중상을 입었다. 그런데 이 두 건의 발포는 모두 일주일 전에 제주에 도착한 응원경찰대가 저지른 것이다.

다각적인 취재를 통해 이날 사망한 6명의 신원을 모두 확인할 수 있었다. 국민학교 5학년 어린이(허두용), 젖먹이를 안고 있던 여인(박재옥), 40대 후반의 농부(송덕수, 양무봉) 등 누가 보더라도 시위군중이라고 볼 수 없는 사람들이, 그것도 등 뒤에 총탄을 맞은 것이다. 현장에 있었던 증언자들은 "공포만 쏘아도 군중들이 흩어질 상황이었는데, 도망가는 군중들을 향해 정조준할 수 있느냐?"고 반문하며 문제를 제기했다.

바로 과잉반응을 보인 응원경찰대의 심리상태가 문제였다. 이 문제는 미군 쪽에서도 인식했음이 드러났다. 미군 정보보고서에는 "1946년 가을(대구 10·1사건) 좌익 폭도들에 의해 동료 경찰이 잔혹하게 당했던 사실을 오랫동안 잊지 못하는 사람들"이라고 표현하고 있었다. 심리가 불안한 이런 경찰관들을 제주에 파견했던 것이다.

분명히 부적절한 발포인데도, 경찰 당국은 '대규모의 시위대가 경찰관서를 습격하려고 했기 때문에 부득이 발포하게 됐다'는 요지의 성명을 발표했다. 불난 집에 기름 끼얹은 격으로 제주사회가 격분했다. 당시 『제주신보』는 경찰 성명이 잘못됐음을 조목조목 따지고 나섰다. "시위대가 현장에 없었던 사실을 이야기할 증인이 필요하다면 몇십 명이라도 증언케 할 수 있다"면서 반박했다.

이에 난처해진 제주도 군정장관 스타우드 소령은 "나중에 알아본 결과 군중들은 대로 만든 플래카드를 가지고 있었을 뿐 곤봉 같은 것은 갖고 있지 않았다."고 꼬리를 내렸다. 박경훈 도지사는 한 발 더 나아가 "발포사건이 일어난 것은 시위행렬이 경찰서 앞을 지난 다음이었던 것과 총탄의 피해자는 시위군중이 아니고 관람군중이었던 것은 사실이다."고 밝혔다. 이런 사실은 어렵게 찾아낸 『독립신보』 기사에서 확인할 수 있었다.

발포 현장 상황이 이런데도 당시 경찰은 잘못을 인정하려 하지 않았다. 어떻게 하든 상황을 모면하는 데만 급급했다. 육지부로부터 다시 응원경찰을 끌어들여 되받아치기에 나선 것이다. 통행금지령을 발동하고, 3·1절 행사 관계자들을 연행했다. 곧이어 고문을 한다는 소문이 나돌았다. 제주사회에 검은 그림자가 짙게 드리워졌다.

결국 1947년 3·1 발포사건은 제주 현대사의 비극을 증폭시킨 전환점이 되고 말았다. 발생 경위도 그렇지만, 그 후 진행된 미군정의 대응방법이 그렇다는 것이다. '4·3'이란 불행한 사태도 여기서 비롯되고 있었다.

| 경찰 강경대응에 총파업 항의

1947년 3월 10일부터 경찰 발포에 항의하는 민관 합동 총파업이 시작됐다. 나는 이 총파업 관련 자료를 취재하면서 그 규모와 참여 폭에 놀라움을 금치 못했다. 제주도청, 법원, 검찰 등 대부분의 관공서를 포함하여 166개 사업장들이 모두 문을 닫았다. 학생들도 동맹휴업에 들어갔다. 상점은 철시되었다. 심지어 제주출신 경찰관 66명이 파업에 동참했다.

당시 조선통신사가 발간한 『조선연감』에는 이 상황을 '조선에서 처음 보는 관공리의 총파업'이라고 표현했다. 그러나 4·3취재반은 '세계사에서도 드문 민관 총파업'이라고 평가했다. 지역민이 이렇게 들고 일어난 동력은 무엇일까? 물론 파업의 배후에서 남로당 제주위원회가 지원한 것이 사실이다. 그러나 좌익이 선동했다고 해서 민관이 너나 할 것 없이 일어날 수 있는가? 그것은 군정경찰이 발포사건에 대한 사과는커녕 오히려 대대적인 연행 등 민심을 자극하자 극도의 공분을 느꼈기 때문이다. 미군 정보보고서에도 "총파업에는 '좌·우익 공히 참가'하고 있다."고 기록할 정도였다. 결국 '3·10 총파업'은 이념을 뛰어넘는 총파업이었다.

이때 미군정청 특별감찰실장 카스티어 대령을 반장으로 한 중앙조사단이 제주에 와 있었다. 조사단은 총파업의 원인을 경찰에 대한 반감과 이런 감정이 남로당 제주도당의 대중선동에 의하여 증폭되고 있다고 분석했다. 그런데도 미군정은 전자의 민심 수습책보다는 후자의 좌익 척결에 무게 중심을 두는 정책을 펴나갔다. "제주도 총파업이 남한 전역의 파업으로 퍼질 시금석이 될 수 있기 때문에 별도로 취급하고 있다."는 미군 CIC 보고서가 미군정의 시각을 잘 말해주고 있다. 그 대역을 맡은 사람이 바로 당시 경찰총수인 조병옥 경무부장이다.

[미군 보고서에 '극우주의자'로 표현되고 있는 신임 제주 도지사 유해진]

3월 14일 응원경찰 421명을 대동하고 제주에 온 조 경무부장은 파업 관련자들을 대대적으로 검거하기 시작했다. 그는 근거도 제시하지 않은 채 "제주도 사건은 북조선의 세력과 통모하고 미군정을 전복하여 사회적 혼란을 유치하려는 책동으로 말미암아 발생된 것"이라고 단정했다. 경무부 2인자인 최경진 차장은 기자들에게 "원래 제주도는 주민의 90%가 좌익색채를 가지고 있다."고 밝힐 정도였다. 이 무렵 미군정 보고서도 이와

미군 보고서에 '극우주의자(an extreme rightist)'로 표현된 유해진 도지사. 그는 부임하면서 자신의 호위병으로 서청 단원 7명을 데리고 왔다.

유사한 시각으로 기술하고 있다. 제주도를 '붉은 섬'으로 보기 시작한 것이다.

미군정은 우익강화정책으로 제주도의 수뇌부를 전면 교체하는 인사를 단행했다. 제주도 군정장관에는 강성파인 베로스 중령을 임명했다. 또한 경찰처사에 대한 항의 표시로 사표를 제출한 초대 지사 박경훈의 사표를 수리하고, 그 후임에 철저한 극우파인 한독당 농림부장 유해진을 전격 임명했다. 이밖에도 '자다가도 공산주의자라면 벌떡 일어나는' 극단적인 반공주의자인 서북청년회 단원들을 제주에 파견하기 시작했다.

목민관으로 부임해야 할 신임 도지사 유해진은 역설적이게도 자신의 호위병으로 서청 단원 7명을 데리고 들어왔다. 그 서청 단원들이 지사 관사 주변을 경비했다는 것이다. 나는 제주출신 경찰 간부로부터 그 이야기를 들으면서 전율을 금치 못하였다. 그리고 유해진을 '극우주의자(an extreme rightist)'라고 표현한 미군 보고서를 찾아 읽으면서 그런 사람을 제주도지사에 임명한 미군정의 속셈을 엿볼 수 있었다.

유 지사는 부임한 뒤 관공리의 숙청 작업부터 손을 대었다. 총파업을 주도한 관리들을 찾아내 파직했다. 이런 숙청 작업은 도청만이 아니라 전 행정기관으로 파급되었다. 교육계에도 숙청 바람이 무섭게 불었다. 그러다보니 공직사회나 교단에 날로 빈자리가 생겨났다. 이런 공백을 서청 단원 등 육지출신이 채웠다.

1948년 초에 이르러 미군 특별감찰반이 "도지사의 독단으로 인사문제를 좌지우지하고, 독재적인 방법으로 정치 이념을 통제함으로써 좌익세력의 숫자와 동조자를 증가시켰다."고 후회하는 듯한 보고서를 남기지만, 이는 미군정이 자초한 것이나 다름없다. 민심 동향은 안중에 없고, 오로지 좌익 척결에만 비중을 둔 정책이 어떤 폐단을 가져왔는지는 그 뒤에 전개된 역사가 잘 말해주고 있다.

| 4·3 직전까지 2,500명 검속

1947년 3·10 총파업을 물리력으로 제압한 미군정은 총파업의 원인과 배경은 철저히 무시한 채 파업 관련자 검거와 탄압에 매진했다. 미군정은 제주도 문제를 오로지 이데올로기적 시각으로만 접근했다. 한 달 만에 검속된 사람이 500명으로 늘어났고, 계속적인 검거선풍으로 4·3 직전까지 2,500명이 수감됐다. 제주출신 관료들은 행정기관의 주요 요직에서 쫓겨났다.

특히 경찰 쪽이 심했다. 파업에 동참했던 제주출신 경찰관 66명은 전원 파면되었다. 대신에 육지부 철도경찰 출신들이 대거 제주지역 경찰로 배속되었다. 이 무렵 제주지역 경찰 수는 500명으로 급증했다. 이는 불과 2년 전인 일제 말기의 경찰 수 101명보다 무려 다섯 배나 늘어난 것이다. 여기에 서청 단원들이 가세하기 시작했다.

전통적으로 본토 사람들에게 배타적인 제주인들과, 섬 주민을 경시하는 육지 출신 경찰·서청 단원들은 물과 기름 같은 존재가 되고 말았다. 1947년 3·1 발포사건과 3·10 총파업에 이어 우도 경찰파견소 피습사건(3월 14일), 중문 발포사건(3월 17일), 종달리 6·6사건(6월 6일), 북촌 발포사건(8월 15일) 등 민중과 경찰이 충돌하는 사건이 잦아졌다. 백색 테러도 잇따랐다.

1947년 하반기부터는 중산간마을 곳곳에 이색적인 '마을 보초'가 생겨났다. 마을 주민들은 이들을 '빗개'라고 불렀다. 마을 보초는 '오름' 꼭대기에 마을 안에서나 밭에서 볼 수 있도록 장대를 세웠다가 경찰이나 서청 단원들이 마을 쪽으로 오는 모습이 보이면 그 장대를 쓰러트렸다. 그것은 곧 주민들에게 '피신하라'는 신호였다.

1947년 12월 제주 미군 CIC는 의미심장한 보고를 한다. 그것은 "제주도의 여론

고문치사 희생자 양은하의 어머니 윤희춘 할머니(왼쪽 사진·당시 97세)를 취재하고 있는 필자(1994년 KBS-1TV 화면).

은 만일 경찰이 빠른 시일 내에 정의를 회복하지 못한다면 모든 조직들이 제주경찰감찰청을 공격하리라."는 첩보였다. 극우파인 유해진 도지사를 암살해야 한다는 삐라도 나돌았다. 제주도민의 반미의식도 점차 수위가 높아갔다.

제주사회의 긴장감이 높아가자 미군정청은 넬슨 중령을 제주에 내려 보내 1947년 11월부터 1948년 2월까지 유해진 도지사와 제주도 군정청, 경찰 등을 대상으로 특별감찰을 실시했다. 이 감찰 결과 '10×12피트의 유치장 한 방에 35명이 수감됐다'는 사실도 밝혀졌다. 1피트가 30.48센티미터이므로 이를 평수로 환산하면 3.3평이 된다. 어린이 공부방만한 3.3평에 35명을 가두었다는 뜻이다.

"유치장 안이 비좁아 앉지도 못하고 서서 생활했다."는 수감자의 증언이 미군 감찰 보고서에서도 입증된 것이다. 정치적 반대파의 탄압에만 몰두해온 유해진 도지사의 행적도 적나라하게 드러났다. 넬슨 중령은 감찰 보고서를 통해 유해진 지사의 교체, 제주경찰에 대한 조사, 과밀 유치장 조사 등을 건의하지만 즉각 시정되지 않았다.

이런 상황에서 1948년 3월 경찰에 연행됐던 학생과 청년 등 3명이 고문치사로 숨지는 사건이 잇따라 발생해 제주사회가 요동쳤다. 조천지서에서 조천중학원 2학년 학생 김용철이 거꾸로 매달린 채 곤봉으로 매질을 당하다 숨졌다. 모슬포지서에서는 양은하 청년이 머리채가 천장에 매달린 채 고문을 당하다 절명했고, 금릉리 청년 박행구는 서청 경찰대에게 뭇매를 맞고 숨졌다.

4·3취재반은 이 3건의 고문치사 사건을 심층 취재했다. 특히 김용철 학생의 시신을 검시한 장시영 의사(전 제주도정자문위원장)의 증언을 통해 경찰이 검시한 의사를 회유 협박하면서 '지병에 의한 사망'으로 조작하려 했다는 사실도 밝혀냈다. 그러나 소신껏 사인을 규명한 검시 의사는 그 일로 신변의 위험을 느껴 부산으로 출향했고, 끝내는 해군 군의관으로 지원하게 된다.

그런데 보수 진영은 이런 역사적인 사실마저 인정하려 하지 않았다. 한 보수 논객은 자신의 4·3 자료집에 '대공전문가 K씨의 글'이라면서 "고문치사를 당했다는 김용철은 현재 조천리에 멀쩡히 살아 있다."고 주장했다. 그 내용을 재확인했더니 조천에는 '김용철'이란 이름을 가진 사람이 두 명 있었다. 대공전문가는 그런 사실도 모른 채 마치 고문치사 사건이 없는 것처럼 소리만 높인 것이다.

| 4·3 전사 연재만 134회

제주4·3 발발과 남로당 조직과는 밀접한 관계가 있다. 남로당 제주도위원회가 4·3 봉기를 주도한 것은 역사적 사실이기 때문이다. 지금은 4·3과 남로당 관계를 연구한 박사학위 논문(양정심, 「제주4·3항쟁 연구」, 성균관대학교, 2005년) 등 객관적인 학술자료가 있지만, 4·3취재반 출범 초기에는 '남로당은 악'으로 대변되는 관변자료들이 주로 터 잡고 있었다.

남로당의 실상을 이해하는 데는 김남식 선생의 도움이 컸다. 그는 『남로당 연구』 등을 저술한 당대의 최고 전문가였다. 1989년 12월 취재반과 처음 만난 그는 남로당은 미군정 시절에 합법 정당이었고, 다만 미군정포고령 2호 위반죄(무허가 집회 참석, 폭동 모의 등)로 제재 받는 일이 많았다고 밝혔다. 그는 1948년 4월 무렵 남로당 중앙당은 단독선거·단독정부 반대를 위해 김구·김규식까지 참석하는 평양대회(4월 20일)에 온 정성을 쏟고 있었지, 당을 난처하게 만들 무장투쟁 지령을 내릴 턱이 없었다면서 4·3봉기는 제주도당의 돌출적인 현상이라고 단언했다.

항일운동가들이 주도한 남로당 제주도당은 해방공간에서 가장 강력한 정치집단이었다. 그러나 제주도에서 당 이름을 전면에 내세워 활동하는 일은 거의 없었다. 대신 인민위원회 혹은 민전 등의 조직을 통해서 대중 활동을 했다는 것이다. 이렇게 베일에 가려졌던 남로당 제주도당 조직이 1948년 1월에 최대의 위기를 맞게 되었다. 경찰에 붙잡힌 조직부 연락책의 전향으로 조직 내부가 드러난 것이다. 경찰은 1월 22~26일 사이에 남로당 당원 등이란 이유로 221명을 검거했다. 곧이어 전국적으로 전개된 '2·7 구국투쟁' 때도 제주도에서 290명이 체포됐다.

그러나 연행자들은 얼마 지나지 않아 거의 풀려 나왔다. 김영배 제주경찰감찰청장이 "경찰은 남로당에 가입한 자를 탄압하는 게 아니고 그들의 비합법적 행동에 철퇴를 내리는 것"이라고 밝혔듯이 남로당이 공식적으로는 합법정당이므로 남로당 당원이란 이유만으론 제재를 가할 수 없었기 때문이었다. 여기에는 5·10선거를 앞둔 미군정이 내린 특사령도 한몫을 하였다.

그러나 조직이 노출된 남로당 제주도당은 심각한 위기에 빠졌다. '앉아서 죽느냐, 일어서서 싸우느냐'는 양자택일의 기로에 서게 된 것이다. 이때 당면한 5·10 단독선거 반대투쟁은 대중선동의 좋은 명분이 되었다. 잇따라 발생한 3건의 고문치사 사건도 자극제가 되었다. 결국 남로당 제주도당은 조직을 수호하는 한편 군정당국에 등 돌린 민심을 이용, '탄압에 저항하고 통일국가 건립을 가로막는 5·10 단독선거를 반대한다'는 슬로건을 내걸어 무장봉기를 준비하게 된다.

『제민일보』「4·3은 말한다」134회(1992년 11월 3일자)의 제목은 바로 '제주남로당의 선택'이었다. 여기에서 남로당 실체와 관변자료의 오류를 지적하면서 색다른 시도를 했다. 그것은 경찰 자료에서 '폭도의 괴수'라 일컬은 남로당 제주도위원장 조몽구의 생애에 대한 조명이었다.

조몽구 때문에 그의 아버지, 아내뿐만 아니라 조미연(9살)·남철(7살)·미근(4살)·남후(2세) 등 네 자녀가 1948년 12월 표선백사장에서 경찰에 의해 총살됐다. '폭도의 괴수' 가족이란 그 이유 하나가 총살의 명분이었다.

그런데 정작 그 '괴수'라는 조몽구는 1951년 9월 부산에서 검거되어 재판정에 서게 되었다. 대한민국 법정이 내린 그의 죗값은 징역 10년이었다. 7년간 옥살이를 한 뒤

감형 처분을 받은 그는 출옥한 후 육지지방을 헤매다 드디어 고향인 표선면 성읍리로 돌아왔다. 귀향한 후 7년을 더 살다가 1973년 병사했다. 4·3취재반은 이 말도 안 되는 모순을 역사에 물은 것이다.

그의 장례도 화제를 몰고 왔다. 조선시대 현청(縣廳)이 있을 정도로 오랜 설촌 역사를 가진 성읍리는 기존의 마을 공동묘지가 다 채워지자 새로운 묘지를 장만했다. 원래 공동묘지는 죽은 순서대로 차례로 묻게 되어 있다. 그런데 하필이면 조몽구의 시신을 새로 단장한 공동묘지에 처음 안장하게 된 것이다. 마을에선 발칵 뒤집어졌다. 특히 무장유격대 쪽으로부터 피해를 입은 유족들이 반대하고 나섰다. 그때까지 침묵을 지켜왔던 마을 어른들이 나서서 "그 분은 그대로 모셔야 한다."고 결론을 내려 새 공동묘지 제1호로 안장되었다는 일화도 있다.

4·3의 전사(前史)는 이렇게 134회로 마쳤다. 그것이 나중에 『4·3은 말한다』 제1권 책으로 출간되는데, 그 분량이 608쪽에 이르렀다. 134회 연재기사에는 "4·3 전사 부분이 다소 장황한 감이 없지 않았지만, 4·3의 진상을 바로 알기 위해서는 그 배경이 되는 4·3 발발 이전의 제주도의 정치적·경제적·사회적 상황과 미·소를 둘러싼 한반도 정세 등을 파악하는 것이 긴요하다고 판단했기 때문"이라는 글을 별도로 실었다. 지금도 그 판단이 옳았다고 생각한다. 그런 기회가 다시 주어진다고 해도 그렇게 했을 것이다.

| 4·3 트라우마 일본이 더 심해

4·3 취재가 본격화되면서 일본에 거주하는 재일동포에 대한 조사가 필요해졌다. 재일 제주인의 삶에 대한 조사를 해온 문경수 교수(일본 리츠메이칸대학교)는 "4·3을 전후하는 시기 대략 5천~1만 명의 제주인이 일본에 밀항해 온 것으로 짐작된다."고 밝힌 바 있다. 일제식민시대에 일본에 장기간 거주했던 경험이 있던 제주인들은 4·3 전후로 탄압이 심해지자 이를 피해 현해탄을 건넌 것이다. 개중에는 유격대에 직접 참여했던 활동가들도 있었다.

4·3취재반은 1990년부터 나와 김종민 기자가 번갈아가며 일본 취잿길에 나섰다. 제일 먼저 만나고 싶었던 사람은 일본에서 『제주도 인민들의 4·3 무장투쟁사』(1963

년)와 『제주도 피의 역사』(1978년)를 집필한 김봉현이었다. 해방직후 오현중학원 역사교사와 제주민전 문화부장으로 활동했던 그는 4·3 발발 직전에 일본으로 떠났다. 그는 김민주(조천중 학생으로 입산했다가 잡혀 옥고를 치른 후 일본으로 밀항)와 공저로 무장투쟁사를 발간했는데, 그 책이 1980년대 '대학가의 4·3 교본'이 되다시피 큰 반향을 일으켰다.

『제주도 인민들의 4·3 무장투쟁사』는 4·3의 전체 흐름을 다룬 첫 역사 저술이라는 점에서 의미가 있었지만, 좌익적 시각에 편향되어 있을뿐더러 과장된 면이 많았다. 가령 1948년 4월 3일 유해진 지사 등 41명의 '반동분자'(우익인사) 집을 기습 파괴했다면서 그 명단까지 모두 나열하고 있으나, 취재반의 확인 결과 그 가운데 실제 피습을 받은 인사는 5명에 불과했다. 그 뿐만 아니라 여러 곳에서 부풀려진 내용들이 있었다. 그래서 그를 만나 집필 경위를 묻고 싶었다.

1990년 11월 오사카 이쿠노쿠(生野區)의 한 다방에서 만난 그는 70대 초췌한 모습의 노인이었다. 그는 4·3사태를 피해 일본에 온 사람들로부터 고향의 참상을 듣고 비분을 느꼈다. 그래서 증언 채록을 시작했고, 결국 피의 역사를 기록했다는 것이다. 과장된 내용이 많다는 필자의 지적에 그는 "체험자들의 증언에 의존했고, 그 내용을 재확인하거나 검증할 방법이 없었기 때문에 부분적으로 과장된 점도 있었을 것"이라고 실토했다.

4·3취재반은 일본 취잿길에서 뜻하지 않은 난관에 부닥쳤다. 일본에서는 한국보다 더 자유스런 분위기 속에서 4·3에 대한 구체적인 증언을 들을 수 있을 것이라고 기대했는데, 웬일인지 재일 제주인들은 입을 꼭 다물었다. 이야기를 해달라는 계속되는 요청에 "내가 4·3 이야기를 하게 되면 고향에 있는 가족이나 친지들이 다시 고통을 받을 것이 아니냐?"고 되물었다.

재일동포들의 이런 답변은 사전에 예상치 못했던 것이었다. 그런 모습을 보면서, 사건이 난지 무려 40여 년의 세월이 흘렀지만, 그 분들의 생각과 사고는 4·3 당시의 처참한 현장에서 시계추가 멈추어 있음을 느꼈다. 한국에선 이미 4·3 논의가 본격적으로 시작되고 있음에도, 재일동포들은 자신의 증언이 4·3 때처럼 친척들에게 피해를 입히지 않을까 걱정하고 있었다. 4·3으로 인한 심리적 트라우마(trauma)가 한국보다 일본에서 더 심하게 나타난 것은 충격이 아닐 수 없었다.

여기에는 민단과 조총련으로 대표되는 재일동포 단체의 역할도 한몫을 하였다. 한 국정부를 지지하는 민단은 공산폭동론에 입각해서 4·3의 거론자체를 금기시해 왔다. 북한을 지지하는 조총련도 1950년대 후반부터 4·3을 묵살하는 자세로 일관했다. 북 한에서는 남로당계 숙청작업과 1955년 남로당 당수 출신 박헌영을 미국의 첩자라는 죄목으로 처형한 이후에 4·3을 포함한 남로당 관련 활동을 묵살, 또는 폄훼하는 작업 이 추진되었다는 것이다.

나는 1990년을 시작으로 10여 차례 일본을 방문, 재일 제주인들을 대상으로 4·3 취재를 해왔다. 1994년부터는 여러 차례 강연도 했다. 첫 강연에서 재일동포들을 향 해 이렇게 말했다.

"4·3을 고기로 비유한다면, 한국에서는 냉동실에 보관했던 고기를 현재 냉장실로 옮겨 해동하고 있습니다. 곧 진실규명이라는 요리가 나올 것입니다. 그런데 일본에 와 보니 4·3은 여전히 냉동상태입니다. 그 처절했던 역사가 50년 가까이 냉동되다보 니 여러분의 가슴에 화석으로 남아 있는 것 같습니다."

| '평화의 섬' 용어 처음 보도

1991년 4월 제주국제공항 주변 도로와 중문 신라호텔 주변에는 색다른 깃발이 나 부끼고 있었다. 붉은 바탕에 낫과 망치가 그려진 깃발, '철의 장막'의 상징인 소련 국 기였다. 저 '붉은 깃발' 때문에 4·3 때 제주인들은 얼마나 많은 수모와 뼈저린 아픔을 당했던가. 그런 사연을 안고 있는 그 '적국'인 소련 대통령 미하일 고르바초프(약칭 '고 르비')가 4월 19일 제주에 왔다.

해방 직후 국제적인 냉전의 소용돌이에 휘말려 혹독한 희생을 치렀던 제주도민들은 이 역사의 변화에 당혹감을 감추지 못했다. 나는 제주4·3의 진실을 취재하는 과정에 서 언제부터인가 제2차 세계대전 이후 세계를 재편하는 과정에서 미국과 소련이란 강 대국의 고래 싸움에 새우처럼 등터진 것이 제주인이었다는 인식을 갖게 되었다.

4·3이 일어나기까지의 경찰의 3·1 발포와 탄압, 서청의 횡포 등 민심을 자극한 상황이 있었는데도 미군정은 제주 문제를 오로지 이데올로기적 시각으로만 접근했다. 군정 당국에 반대하는 모든 움직임을 소련과 북한 등의 사주와 선동에 의한 것으로 간주해 대량 검거와 탄압에 나선 것이다. 제주도 유혈 사태도 이런 바탕에서 비롯되었다. 따라서 동서 냉전의 최대 피해지역이 바로 제주도라는 생각을 하게 된 것이다.

노태우 대통령과 정상회담을 하기 위해 제주에 온 고르비는 소련 대통령임에도 불구하고, 그 무렵 세계 민주진영으로부터 호의적인 지지를 얻고 있었다. 그것은 소련을 변모시킨 '페레스트로이카(개혁)' 철학과 정책 때문이었다. 그의 이런 정책은 소련의 개혁과 개방뿐만 아니라, 동유럽의 민주화 개혁 등 세계 질서에도 큰 변화의 바람을 일으켰다. 이런 업적으로 그는 1990년 노벨평화상을 수상했다.

소련 대통령의 제주 방문은 한반도 전체에서 처음 있는 일이었다. 소련의 동맹국인 북한에도 소련 국가원수가 직접 방문한 일은 없었다. 아마도 회담장소가 제주도로 정해진 이면에는 소련이 북한을 의식한 행보라는 분석도 있었다. 4월 19일 오후 9시 38분 도착하여 이튿날인 20일 오후 2시 떠난 고르비의 제주 방문은 세계적인 이목을 끌었다. 그것은 세계에서 유일하게 남아있는 냉전지역인 한반도에도 탈냉전이 시작되었음을 의미하기 때문이다.

한·소 두 정상은 "한반도의 냉전 종식을 위해 북한의 개방 등 필요한 노력을 양국이 공동으로 촉진한다."는 공동 입장을 밝히기도 하였다. 그 첫 열매가 1991년 9월 18일에 이루어진 남북한 유엔 동시 가입이었다고 생각한다. 그 후로 중국 장쩌민, 미국 빌 클린턴, 일본 하시모토 류타로·고이즈미 준이치로 등 한반도 주변 열강 정상들의 제주 방문이 이어지면서 제주는 '평화의 섬'으로 거듭나게 되었다.

한·소 정상회담에 즈음하여 몇 가지 색다른 기억이 있다. 하나는 취재 당하는 입장이 되었다는 것이다. 정상회담 취재차 외신 기자들이 제주에 많이 들어왔다. 그 가운데 일부가 4·3의 진실을 알기 위하여 제주시 이도이동에 있었던 '창고신문사'인 제민일보사를 방문한 것이다. 프랑스의 권위지 『르몽드』지 극동특파원인 필립 퐁 기자와 스웨덴신문 기자 등이 기억에 남는다.

다른 하나는 '평화의 섬'이란 용어를 처음 활자화했다는 것이다. 『제민일보』는 이 역사적인 회담을 앞두고 몇 가지 시도를 했다. 모스크바에 나가 있던 한국 유학생을 '통신원'으로 위촉, 회담 다음 날 신문에 "고르비가 제주에 방문하던 날 모스크바에는 비가 내렸다."는 제하의 모스크바 분위기를 보도해 큰 반향을 일으켰다. 4월 18일자에는 국제정치 분야에 밝은 문정인 교수(미 캔터키대학교)의 특별 기고를 실었다. 그 기고문에 '평화의 섬'이란 어휘가 처음 등장하는데, 그 한 알의 씨앗이 14년 뒤에 제주를 '평화의 섬'으로 선포하는 결실을 맺은 것이다.

필자는 한·소 정상회담 이후 한 강연에서 다음과 같은 이야기를 한 적이 있다.

"냉전하면 무엇이 떠오릅니까? 얼음과 같이 딱딱하고 차디찬 느낌이 아닐까요. 그 얼음이 녹으면 무엇이 됩니까? 그것은 고체가 아닌 액체인 물일뿐입니다. 냉전도 고정 불변한 것이 아니라 해빙되면 얼음이 녹듯이 변하는 것입니다."

다랑쉬굴 유해 취재

| 44년 만에 참상 드러낸 유해 11구

1992년 4월 2일 구좌읍 중산간에 있는 '다랑쉬굴'에서 4·3 희생자 유해 11구가 발견된 사실이 세상에 알려지면서 충격을 주었다. 참혹하게 몰살당한 모습 그대로 발견된 이 시신들은 정밀조사 결과 초토화의 광풍이 몰아치던 1948년 12월 18일 당시 9연대에 의해 학살된 희생자들인 것으로 밝혀졌다.

그 해 3월말 제주4·3연구소 고창훈 소장(제주대 교수)으로부터 만나자는 연락이 왔다. 고 교수는 "일주일 전 연구소 조사팀이 현장조사를 벌이던 중에 자연동굴 안에서 4·3 희생자로 보이는 유해 11구를 발견했다."는 뜻밖의 이야기를 들려주었다. 나는 즉각 연구소와 4·3취재반이 합동 조사해 진상을 확인해보자고 제의했다.

나중에 알려진 이야기지만, 다랑쉬굴의 참상 현장은 그로부터 100여 일 전인 1991년 12월 22일 김기삼·김동만·김은희 등 다섯 명으로 구성된 연구소 증언조사팀이 처음 찾아냈다고 한다. 1992년 3월 22일 연구소 차원에서 현장을 재확인하고 대책을 논의하던 끝에 제민일보 4·3취재반과의 공조문제가 거론됐다는 것이다.

3월 29일 다랑쉬굴에 대한 연구소와 취재반의 합동조사가 실시되었다. 연구소 측에서는 고창훈·김기삼·김동만 등 3명이, 4·3취재반 측에서는 취재반 소속 기자 6명 전원(양조훈·서재철·고홍철·고대경·김종민·강홍균)이 참여했다.

한편, 나는 이때 종달리 채정옥 선생을 모셔오도록 했다. 국민학교 교사 출신인 그는 4·3 당시 무장대에게 납치되어서 다랑쉬오름 주변에서 생활했다는 취재기록이 있었기 때문이다. 특히 취재반 김종민 기자가 4년 여 전인 1988년 채정옥 선생의 증언을 채록·정리한 노트에는 다랑쉬오름 주변 굴에서 토벌 당했던 사건의 발생날짜와 희생자들에 대한 당시 상황이 자세히 기록되어 있었다. 만일 채정옥 선생이 증언했던

다랑쉬굴은 사람 허파 모양의 동굴 구조로 다른 쪽으로 이동하려면 천장이 낮아 기어갈 수밖에 없다. 앞쪽부터 김동만, 양조훈, 고대경, 강홍균.

'그 굴'이 연구소가 발견한 '다랑쉬굴'과 동일한 굴로 밝혀진다면, 그는 사건의 진상을 규명하는데 결정적 인물이기에 흥분과 긴장감이 교차했다.

다랑쉬오름 동쪽 해발 170m 지점에 위치한 다랑쉬굴은 잡초들이 무성한 들판에 자리 잡고 있었다. 굴의 입구는 수직형으로 직경이 60㎝ 안팎이어서 한 사람이 겨우 들어갈 정도로 비좁았다. 풀숲에 묻혀 있어 눈여겨보지 않으면 쉽게 찾을 수 없는 굴이었다. 합동조사반은 한 사람씩 조심스럽게 굴속으로 내려갔다. 좁은 입구를 3m가량 내려가자 굴은 금방 넓어졌다. 손전등을 비추자 바로 눈앞에 백골들이 나타났다. 숨이 턱 막혀왔다.

10평 남짓한 천연동굴 바닥에 10구의 시신들이 가지런히 누워 있었다. 어떤 시신은 허리띠를 걸친 채 그대로 살이 썩어서 백골로 남아 있었다. 어떤 시신 발밑에는 여자 고무신이 놓여 있었고, 그 옆에 비녀가 꽂혀 있는 시신도 있었다. 여자 희생자도 여럿임을 짐작할 수 있었다. 이밖에도 시신 주변에서 플라스틱제 둥근 안경, 흰색 단추, 버클, 썩다 남은 옷가지 등이 발견되었다.

시신이 있는 쪽에서 북쪽으로 다시 좁은 통로가 보였다. 폭이 좁고 높이가 1.2m 정도여서 기어갈 수밖에 없었다. 8m 가량 기어가다보니 다시 넓은 방모양의 공간이 나타났다. 일행은 다시 한 번 놀라지 않을 수 없었다. 생활용품이 한 눈에 들어왔다. 부엌인 듯 무쇠솥 2개가 받침돌 위에 가지런히 올려 있었고, 그 주변에 된장 같은 물질이 담긴 항아리를 비롯해 질그릇, 놋그릇, 놋수저, 물허벅, 접시, 가위, 석쇠 등이 보였다. 요강도 있었다. 이곳에서 시신 1구가 더 발견되었다. 그 주변에 대검과 철창이 하나씩 있었지만 총기는 발견되지 않았다.

놀라운 현장이 속속 눈앞에 펼쳐졌기 때문에 우리 일행은 동행한 채정옥 선생의 존재를 잠시 잊고 있었다. 현장을 확인한 채 선생이 무겁게 입을 열었다.

"어떻게 이 굴을 발견했나요? 이 굴이 맞습니다. 그리고 저 시신들은 내가 정리한 시신들이 맞네요."

| "입구에 불피워 질식사시킨 것"

채정옥 선생은 4년 전 취재반에게 알려줬던 내용을 다시 한 번 자세히 증언했다.

"사건이 나던 날은 1948년 12월 18일로 생생히 기억나요. 나도 희생자들과 함께 다랑쉬굴에서 같이 살았지요. 토벌대가 덮쳤을 때 나는 마침 다른 굴에 가 있었기에 참변을 모면했고요.

사건 발생 다음 날 일행 2명과 함께 다랑쉬굴에 와보니 입구에 불을 피웠던 흔적들이 있었고, 굴속에는 그때까지 연기가 가득했어요. 연기에 질식된 희생자들은 고통을 참지 못한 듯 돌 틈이나 바닥에 머리를 박은 채 숨져 있었고 눈, 코, 귀에서 피가 나있는 등 참혹한 모습이었지요."

그는 일행들과 함께 시신들을 나란히 눕혔다고 한다. 희생자들은 구좌면 종달리와 하도리 사람들이었다. 눕힌 순서대로 이름을 적었는데, 그 쪽지를 피신 다니다 잃어버렸다는 것이다. 그는 얼마 지나지 않아 하산하여 당국의 조사를 받은 후 선무공작대에서 일을 했고, 6·25가 터지자 육군으로 출정했다.

채정옥 선생이 "저 시신들은 내가 정리한 시신들이 맞다."면서 그날의 참상을 설명했다.
왼쪽부터 김종민, 채정옥, 김동만, 양조훈, 고흥철.

"유족들에게 알렸어야 했던 것이 아니냐?"는 질문에 그는 "당시 상황이 시신을 수습할 수 있는 분위기도 아니었고, 6·25 참전 등으로 경황이 없었다."고 해명했다. 몇 년이 지난 후 혼자서 굴을 찾아 나섰지만 이번에는 굴 입구를 찾지 못했다는 것이다. 그래서 40여 년 동안 유족들에게 말도 못하고 가슴에 묻어왔다고 했다. 우리는 희생자와 유족에게 미안해하는 그를 달래며 희생자의 신원을 정확히 파악해달라고 부탁했다.

합동조사 결과, 우리는 이 다랑쉬굴이 4·3의 참혹함을 상징적으로 보여주는 매우 중요한 현장임을 인식하게 되었고, 국민들에게 널리 알려야 한다는 데 뜻을 같이 했다. 그러기 위해서는 지역신문인 제민일보의 보도로는 한계가 있다고 보고 중앙지와 방송에까지 알려 함께 보도한다는 방침을 정했다. 이때 굴 이름을 어떻게 부를 것이냐는 내부 논의가 있었다. 지역 주민들은 이 지역을 속칭 '선수머세'라고 불렀다. 그러니 '선수머세굴'이라고 지칭해야 하지만, 인근에 '다랑쉬오름'과 4·3 때 폐촌된 '다랑쉬마을'이 있다기에 '다랑쉬굴'로 부르기로 정리했다.

그래서 이틀 뒤인 4월 1일 동아일보, 한겨레신문, 제주MBC 취재진까지 참여한 2차 합동조사가 실시됐다. 나는 아직도 이 부분에 대해서는 아쉬운 마음이 있다. 언론사를 특정하지 말고 모든 언론에 공개했더라면 어땠을까하는 미련 때문이다. 이때 언론사를 특정함으로써 제외된 언론으로부터의 역풍이 거셌다.

2차 합동조사에는 취재진 이외에 최병모 변호사, 이청규 제주대 박물관장, 전신권 정형외과 전문의 등이 함께 참여했다. 사후 처리를 보다 정확하게 하기 위하여 법률·사학·의학 전문가를 참여시킨 것이다. 이런 과정을 거쳐 4월 2일 신문과 방송 보도로 다랑쉬굴 유해 발굴사실이 전국에 알려졌다. 각 언론사마다 이 충격적인 사실을 비중 있게 다루었다.

『제민일보』는 4월 2일자 3개 면을 할애해 유해 발굴사실을 자세히 보도하는 것을 시발로 연일 다랑쉬굴 참상의 진실을 파헤쳐갔다. 시신을 수습한 채정옥 이외에 직접 토벌현장에 참여했던 민보단 간부 오지봉을 찾아낸 것도 큰 수확이었다. 그의 입을 통해 12월 18일 9연대가 주도한 대대적인 군·경·민 합동 토벌작전이 있었고, 다랑쉬굴을 발견하게 되자 "토벌대가 처음엔 입구에 수류탄을 던졌고 그래도 사람들이 나오지 않자 굴 입구 쪽에 불을 피운 후 구멍을 막아 질식사시켰다."는 결정적인 증언을 얻어냈다.

이런 충격적인 사실이 알려지자 경찰도 즉각 현장조사 등을 통해 진상조사에 나섰다. 경찰은 토벌에 참여했던 사람들을 중심으로 조사하더니 곧 다랑쉬굴이 남로당 아지트로 추정된다는 입장을 보였다. 이런 분위기에 편승한 한 지방지는 톱기사 제목을 "다랑쉬동굴 남로당 유격대 아지트였다"고 단정적으로 달아서 보도했다. 불길한 예감이 들기 시작했다.

| "9살 난 어린이와 여인도 피살"

1948년 12월 3일 구좌면 세화리가 무장대의 습격을 받았다. 이 사건으로 마을은 큰 피해를 입었고, 주민 40여 명이 피살되었다. 토벌대는 그 뒷날인 12월 4일 대대적인 수색작전을 벌였다. 다랑쉬굴이 발견되었을 때 세화리 일부 주민은 그 굴이 그날 토벌된 굴이라고 주장했다. 경찰은 이런 진술을 근거로 세화 피습사건과 다랑쉬굴 은

거자들이 연관이 있는 것처럼 소문을 퍼뜨렸다. 피해를 입은 세화리 쪽의 분위기는 싸늘해졌다.

그러나 다랑쉬굴이 토벌된 날은 '12월 4일'이 아니라 '12월 18일'이었다. 그것도 제주도 동부지역에서 대대적으로 실시된 9연대 초토화작전의 일환이었다. 특히 육지부로 부대 이동을 앞둔 9연대는 '그들과 교체하게 될 부대에게 압도할 만한 업적을 남기기 위하여 마지막 박차를 가하였다'(존 메릴의 표현).

주한미군사령부 정보보고서(1948년 12월 24일자)는 "제9연대 2대대는 12월 18일 제주도에서의 마지막 군사작전에서 민간인과 경찰의 도움을 받아 130명을 사살하고 50명을 체포했다."고 기록하고 있다. 사건현장에 있었던 체험자들의 증언도 이 기록과 일치했다.

제민일보 4·3취재반은 이런 사실을 보도하는 한편 다각적인 취재를 통하여 다랑쉬굴 희생자 11명의 신원을 모두 파악해 발표했다. 그 희생자 속에는 아홉 살 난 어린이와 여자 3명도 포함되어 있었다. 이들 11명 모두는 나중에 4·3특별법에 의한 '4·3희생자'로 결정되었다.

다랑쉬굴 희생자 명단

사망자	나이	성별	출신지
강태용	33	남자	종달리
고두만	20	〃	〃
고순경	20	〃	〃
고순환	26	〃	〃
고태원	25	〃	〃
박봉관	31	〃	〃
함명립	19	〃	〃
김진생	51	여자	하도리
부성만	21	〃	〃
이성란	19	〃	〃
이재수	9	남자	〃

이런 사실이 알려지면서 분위기는 차츰 누그러졌다. 다랑쉬굴 희생자 유족 가운데는 시신을 찾지 못하자 혼만 불러 들여 헛묘(虛墓)를 만들어 벌초해온 사실도 밝혀졌다. 그날 토벌작전에서 다랑쉬굴 주변에 희생자가 더 있었다는 증언도 나왔다. 경찰측은 다랑쉬굴에 대한 토벌 실상과 유해 신원이 모두 밝혀지자 특이사항이 없는 것으

로 판단, 그 사후처리를 행정기관에 이관했다. 북제주군은 이에 따라 4월 25일부터 5월 1일까지 연고자 신고기간을 설정해 유족들의 신고를 받는 절차에 들어갔다.

다랑쉬굴 시신을 수습했던 채정옥 선생이 그 무렵 나에게 전화를 걸어 만나고 싶다고 했다. 종달리 채 선생 집에 갔더니 간밤에 있었던 일을 털어놨다. 집에서 혼자 TV를 보던 중 다랑쉬굴 관련 뉴스가 나오는데, 순간적으로 희생자 아무개의 얼굴이 보였다는 것이다. 그때부터 몸이 뒤틀어지기 시작했다. 겨우 전화를 걸어 제삿집에 가 있던 가족에게 연락했다. 급히 달려온 부인은 "○○아방 얼굴이 보였다."는 채 선생의 말을 듣고 금방 '들렸음'을 알아차렸다.

채 선생 부인은 소주병을 들고 마당으로 나갔다. 그리고 "○○아방 억울함을 잘 알고 있고, 곧 양지 바른 곳에 묻게 될 터니 걱정 말고 소주나 드시고 가시라."고 말하면서 소주를 뿌렸다고 한다. 얼마 없어서 채 선생의 몸이 풀렸다. 그는 나에게 "그 분은 원체 힘이 써서 제대로 힘을 썼더라면 내가 혼났을 건데, 혼령도 세월이 흐르다보면 힘이 떨어지는 것 같다."며 쓸쓸하게 웃었다. 특이한 빙의 현상이었다.

당시 사회 분위기는 40여 년 동안 음습한 동굴에 갇혔던 유해들을 양지 바른 곳에 매장하자는 의견이 대세를 이루었다. 한 법조인은 "그렇게 오랜 세월 시신마저 팽개쳐야할 죄는 있을 수 없거니와 하물며 어린이와 여인들도 포함된 이 죽음을 누가 단죄할 수 있느냐?"고 되물었다. 제주도의회 의장(장정언)과 이 지역 국회의원 당선자(양정규) 같은 지도층 인사들도 "예의를 갖춰 영혼들을 안장시킬 수 있는 진혼의 절차를 밟아야할 것"이라고 공개적으로 의견을 피력했다.

종교계와 시민단체 등이 참여한 '다랑쉬굴 4·3희생자 대책위원회'가 4월 21일 발족되어 범도민적인 장례절차를 촉구했다. 그런데 이상한 소문이 돌기 시작했다. 다랑쉬굴 유해들을 화장해서 바다에 뿌려 흔적을 없앤다는 것이다. 그것이 유족들의 뜻이라는 것이다.

| 바다에 뿌려진 과정 '외압 의혹'

1992년 5월 4일 구좌읍장실에서 구좌읍장과 일부 이장, 유족 대표들이 모여 다랑쉬굴 유해 사후처리를 협의한 결과 화장해서 바다에 뿌리는 것으로 결정됐다고 한다. 그날의 회의록을 보면 행정당국에서는 매장하기를 바랐으나, 유족 대표가 화장하는 쪽을 강력히 희망했기 때문에 그런 결론을 내린 것으로 정리되어 있다. 그동안 떠돌던 풍문이 현실화 된 것이다.

행정당국은 이때부터 "유족들의 뜻에 따라서…"라는 말을 되풀이했다. 그리고 모든 장례절차는 구좌읍장이 추진하는 것으로 결론이 나 있었다. 그 자체가 수상했다. 이런 중대한 장례절차를 어떻게 읍장 책임 아래 진행할 수 있는가. 화장 장례 방안을 강력히 주장한 '유족 대표'는 고 아무개였다. 그는 어이없게도 직계유족도 아니었다. 어느 희생자의 5촌뻘 친척으로, 유족 범위를 확대한 현행 4·3특별법에 의하더라도 법적인 '유족'이 될 수 없는 사람이었다. 그는 울산에 사는 희생자의 아들로부터 위임받았다면서 유족 대표 행세를 했다.

나는 당시 육십 대 중반의 그를 직접 만나 화장을 주장하는 이유를 물어 보았다. 그는 유족 상당수가 육지부에 나가 살고 있기 때문에 무덤을 만들면 고향에 있는 유족들만 벌초하는 번거로움이 있다고 들이댔다. 내가 합장묘를 만들면 그런 문제는 풀 수 있다고 제기하자, 이번에는 세화 습격사건과 연계하며 "무덤을 만들면 세화리 피해유족들이 똥과 오줌을 쌀 것"이라는 터무니없는 이유를 들이댔다. 유해를 화장해서 바다에 뿌리기로 단단히 작심한 사람이었다.

나는 그 길로 이윤식 구좌읍장을 만났다. 읍장은 유해 화장은 유족의 뜻이기 때문에 어쩔 수 없다고 했다. 그러면 유물은 어떻게 할 것이냐고 물었다. 유족의 뜻에 따라 폐기처분하겠다는 것이 읍장의 답변이었다. 나는 "굴에 있는 물건들은 단순히 유족들만의 것이라 할 수 없는 역사적인 유물"이라고 강조하면서 현장에 그대로 보존해야 하는 당위성을 역설했다.

5월 15일 새벽 다랑쉬굴 유해 11구가 바깥세상으로 나왔다. 유해는 빛을 쬐자마자 바로 화장장으로 옮겨졌다. 당초 유해는 다랑쉬굴 현장에서 장례식을 마친 뒤 오전 8시에 현장을 떠날 계획이었으나 어떤 영문인지 1시간 앞당겨졌다. 따라서 장례식에 참석하려던 제주도의회 장정언 의장과 이영길·이재현 도의원, 취재기자들은 헛걸음을 하고 급히 화장장으로 향해야 했다. 동굴 입구는 다시 커다란 돌로 봉쇄되었다. 그나

한줌의 재로 변한 다랑쉬굴 유해를 바다에 뿌리며
오열하는 유족들. 취재기자로는 유일하게 승선한
김종민 기자가 촬영한 사진이다

마 유물은 그대로 굴속에 남겨졌다.

화장장에서 한 유족이 "뼛가루 11분의 1을 주면 따로 매장하겠다."고 나섰지만 거
절당했다. 화장된 유해는 김녕 앞바다로 옮겨져 바다에 뿌려졌다. 마지막 떠나는 현
장을 기록하기 위해 유족들이 탄 배에 승선하려던 김종민 기자는 경찰의 방해로 심한
실랑이를 벌여야 했다. 이를 보던 유족들의 거센 항의 덕분에 겨우 배에 오를 수 있었
다. 그는 한 줌의 재로 변한 뼛가루를 바다에 뿌리며 울부짖는 유족들의 모습을 촬영
한 유일한 취재기자였다.

외압이 없이 어떻게 이런 일이 있을 수 있는가? 의문은 꼬리를 물었다. 이 일의 사
단은 그 이해할 수 없는 '유족 대표'에게 있었다. 뒤늦게나마 그의 가족사를 알아보았
다. 그런데 취재에 나섰다가 충격적인 사실을 알게 되었다. 그의 아버지는 항일투사
였다. 해녀항쟁의 배후 인물로 지목받아 일경에 잡혀 1년간 옥살이도 했다. 그런 독
립투사가 해방 후 일본으로 건너갔다가 북송선을 타고 말았다는 것이다.

군사정권 시절 그 '유족 대표'가 겪어야 했던 마음고생은 쉽게 짐작이 갔다. 그 빈틈에 지독한 레드 콤플렉스가 작동했을 것이다. 공안당국은 다랑쉬굴 희생자들의 무덤이 만들어지는 것에 예민할 수밖에 없었다. 대학생이나 재야인사들의 '순례 성지'가 될 것이 뻔히 예견되는 상황이었기 때문이다. 이에 대한 정확한 진실을 알기 위해서는 보다 심층적인 조사가 필요했다.

나는 이 회고록을 2011년부터 『제민일보』에 연재하면서 보충 취재에 나섰다. 다랑쉬굴 상황을 재조사하면서 그 '유족 대표'를 다시 만나 보기로 한 것이다. 수소문했더니 아뿔싸, 그는 이미 고인이 되어 있었다. 그렇다면 그가 생전에 유족의 자격을 위임받았다고 했던 울산의 직계 유족을 찾아보기로 했다.

| "4·3모순 보여준 상징적 사건"

울산에 사는 다랑쉬굴 희생자의 아들은 나와의 통화에서 문제의 그 '유족 대표'와는 6촌간이라고 밝혔다. 나는 "그 사람이 선생으로부터 유족의 신분을 위임받아 유해의 화장과 바다에 뿌리는 일에 앞장섰다."면서 위임 사실이 있느냐고 물었다. 직계 유족은 "위임 사실이 없다."고 잘라 말했다. 그는 6촌으로부터 사전에 어떤 협의나 연락도 없었다면서 "나는 읍사무소로부터 통지가 왔기에 장례 하루 이틀 전에 제주에 가보니 모든 장례 절차가 확정되어 있었다."고 밝혔다.

그렇다면 '유족의 뜻에 따라서' 모든 장례 절차를 집행했다는 당국의 주장은 어떻게 된 것인가? 특정인의 의도에 휘말렸거나, 아니면 '보이지 않은 손'의 움직임에 동조했다는 두 가지 중 하나일 수밖에 없다. 그 진실은 밝혀져야 한다. 또한 현재 방치되고 있는 다랑쉬굴 현장은 유적지로 보전되어야 할 것이다.

이 시점에서 되돌아보면 유해 발굴 보도가 나간 후 4·3연구소와 4·3취재반 사이에 세밀한 협력체제가 이뤄지지 않았던 것 같다. 이 점은 양쪽 모두 반성해야 할 점이 아닌가 생각한다.

나는 당시의 정황을 확인하기 위해서 얼마 전 이윤식 전 읍장을 다시 만났다. 그는 나로부터 이런저런 이야기를 듣고 "지금으로선 그 일을 읍에서 주관한 것이 (나 자신도) 이해하기 힘들지만, 당시 혼미한 시대 상황의 주어진 여건 속에서 최선을 다했다고 말할 수밖에 없다."고 답변했다.

이 다랑쉬굴 사건은 결과적으로 4·3의 총체적 모순을 보여주는 상징적 사건이 되고 말았다. 피난 입산 – 참혹한 죽음 – 은폐된 시신 – 발굴 후의 논란 – 수장과 봉쇄로 이어지는 일련의 과정이 4·3이 안고 있는 발굴 당시의 모순을 응축하고 있다는 뜻이다.

공안당국은 희생자의 무덤을 만들지 않은 것이 '흔적을 지우는 일'이라고 여겼을지 모른다. 그러나 그 후에 전개된 상황을 보면, 상식적으로 이해할 수 없는 유해 처리가 역설적으로 오히려 이 사건의 생명력을 더욱 부추기는 결과를 빚은 것 같다. 그것은 또 다른 부활인 셈이다.

다랑쉬굴 발굴과정을 사진과 글로 기록한 책 『다랑쉬굴의 슬픈 노래』 표지.

이 무렵 마침 일본 『요미우리신문』(讀賣新聞) 기무라 고조(木村晃三) 편집위원이 4·3 취재차 제주에 와 있었다. 그는 다랑쉬굴 유해 처리 과정을 생생히 지켜보았고, 그 과정이 요미우리신문에 크게 보도되었다. 그 내용은 요미우리신문사에서 발간한 『현대사 재방(現代史 在訪)』이라는 책자에도 실려 이 사건이 일본뿐만 아니라 세계에 알려졌다.

다랑쉬굴을 처음 발견한 김동만은 1993년 〈다랑쉬굴의 슬픈 노래〉란 독립영화를 만들었다. 시신 발견과 진상조사 과정, 그리고 유해 화장과 바다로 가는 과정이 35분의 영상에 생생히 담겨있다. 1999년에는 제주MBC TV가 〈4·3 인권보고서 – 다랑쉬굴의 침묵〉(송창우·김찬석 기자)을 제작, 방영했다.

다랑쉬굴 참상이 세상에 알려진 지 10년째 되는 2002년에는 제주민예총 주관으로 다양한 행사가 펼쳐졌다. 다랑쉬굴 현지에서 해원 상생굿이 진행됐고, 다랑쉬굴의 사진·비디오·유물 등의 전시회도 열렸다. 사진집 『다랑쉬굴의 슬픈 노래』(사진 김기삼, 글 김동만)도 발간되었다.

이들 영상과 사진은 당시의 장례 절차가 얼마나 초라했는지를 여실히 보여주고 있다. 특히 열 한 개의 종이컵에 술이 따라지고, 상 위에 과일 몇 개만 올려진 모습 등은 최근 제주국제공항에서 발굴된 유해의 정중한 장례식 광경과 너무 비교된다. 다랑쉬굴 유해 발굴 당시 반공 색채를 띠었던 4·3유족회와 오늘의 4·3유족회의 역할과 기능이 대비되면서 지난 20년의 변화를 실감하게 된다.

특히 2008년 개관된 제주4·3평화기념관에는 다랑쉬굴 현장을 그대로 재현한 상설특별관을 설치하여 다랑쉬굴의 참상을 명백하게 되살려냈다. 해마다 20만 명 이상의 관람객이 찾는 전시관에는 다음과 같은 글이 적혀 있다.

다랑쉬굴의 유해는 발견 당시부터 4·3참극의 상징이 되었다. 그 희생은 저항도 못하는 주민들을 무참히 살해한 초토화작전의 실상이었고, 캄캄한 굴속에 갇혔다가 40여 년 만에 햇빛을 보았지만 허무하게 화장된 것은 진실을 은폐하고 외면하려고 했던 당시대의 현주소였다.

4·3규명에 앞장선 예술인들

| 송지나의 〈여명의 눈동자〉

1991년 10월부터 이듬해 2월까지 방영한 MBC 드라마 〈여명의 눈동자〉는 방송 사상 최고의 시청률을 기록하면서 선풍적인 화제를 불러 일으켰다. 〈여명의 눈동자〉는 일제시대부터 6·25전쟁 발발까지 격동의 한국 현대사를 재조명한 총 36부작 드라마이다. 그런데 그 가운데 모두 6편에서 제주4·3을 소재로 다뤄 4·3의 실상을 모르던 국민들에게 충격을 주었다.

그에 앞서 1년 전쯤 〈여명의 눈동자〉 시나리오 작가인 송지나가 제민일보 4·3취재반을 찾아왔다. 그녀는 대하드라마 속에 4·3을 담고 싶다고 했다. 그때 나는 다음과 같은 이유를 들어 반대의사를 피력했다. 첫째, 원작(김성종의 대하소설)이 매우 반공적인 색채를 띠고 있다는 점, 둘째, 드라마 주인공들을 외부에서 들어오게 설정함으로써 4·3이 '외부의 사주'에 의한 봉기로 오해될 수 있다는 점, 셋째, 4·3이 삽화처럼 단편적으로 다루어질 수 있다는 점 등을 지적한 것이다.

이에 대해 송 작가는 "원작과는 거의 다른 작품으로, 최근의 현대사 연구 성과를 최대한 녹여내서 4·3을 쓰고 싶다."면서 강한 의지를 드러냈다. 그리고 자신이 세화고등학교를 나와서 제주사람들의 정서도 잘 알고 있다고 소개했다. 서울 태생인 송지나는 그녀의 아버지(대령으로 예편)가 퇴역 후 여행을 다니다가 세화 앞바다가 너무 좋다면서 정착하는 바람에 제주에서 세화중과 세화고를 졸업한 후 이화여대 신문방송학과로 진학했다는 것이다.

그녀의 의지가 확고하다는 것이 느껴지자, 나는 4·3의 기존 자료들이 너무 이념적인 문제로만 부각됐다는 점을 우선 지적했다. 덧붙여서 나는 "그 당시의 제주사람들의 생각과 행동을 눈여겨볼 필요가 있고, 휴머니즘적인 접근이어야 설득력이 있을 것"이

MBC TV 드라마 〈여명의 눈동자〉 중 제주도에서 작별하는 모습의 여옥(채시라)과 대치(최재성).

라면서 우리 취재반의 자료들을 제공했다.

드라마는 극 중의 주인공인 최대치(최재성 분)와 윤여옥(채시라 분)이 제주에 내려와 서청과 경찰의 횡포를 목격하고 봉기에 가담하는 것으로 설정되었다. 또한 장하림(박상원 분)은 진압군의 일원인 미군정 정보장교로 제주에 내려오게 되는데, 격동의 세월을 살아온 이 세 사람의 눈을 통해 4·3을 조명한 작품이 〈여명의 눈동자〉다.

"우리는 아직 독립되지 않아수다! 우리 할아버지를 죽인 일제 경찰이 그대로 물러나지 않았는데….".라는 어느 소녀의 절규, "양민들은 나오지 맙서! 민족을 나누는 5·10 단독선거는 막아사주."라는 청년의 외침 등을 통해 4·3이 왜 일어났는지 그 배경을 설명해 주고 있다. 또한 「김익렬 유고록」 등에서 나타난 미군정의 이중성, 초토화작전을 계획하는 미군 장교와 군경 토벌대의 혹독함을 보여주는 장면도 나왔다.

이 드라마는 '항쟁의 정당성'을 드러내지 못했다는 일부 연구자의 지적도 있었지만, 당시 시대적인 상황에서 공중파 방송을 통하여 안방극장에 4·3의 실체와 토벌대 진압의 부당성을 부각시킴으로써 대중들에게 충격을 주었다는 점은 높이 살만하다. 특히 그 시절에 쉽게 다룰 수 없었던 미군정의 실책을 그대로 드러냄으로써 4·3의 진실을 새로운 각도에서 보여주었다는 평가도 받았다.

나는 이 드라마가 방영된 후 서울 친지로부터 몇 통의 전화를 받았다. "네가 하고 있는 취재가 〈여명의 눈동자〉에 나오는 4·3사건이냐?"는 식이었다. 이 드라마는 4·3이 무엇인지 잘 모르던 수많은 대중들에게 4·3의 실상을 부분적이나마 처음으로 가장 가깝게 보여준 것이 아닌가 하는 생각이 들 정도였다. 나는 지금도 〈여명의

〈여명의 눈동자〉 작가 송지나.

눈동자〉는 4·3 진상규명에 관한 영상의 대중성과 중요성을 함께 느끼게 한 작품이었다고 확신한다.

〈여명의 눈동자〉를 쓴 송지나 작가는 김종학 감독과 함께 SBS 〈모래시계〉(1995년), MBC 〈태왕사신기〉(2007년) 같은 명작도 남겼다. 그녀의 다음과 같은 인터뷰 내용은 4·3 연재의 힘든 여정에 하나의 힘이 되었다.

"〈여명의 눈동자〉 시나리오를 쓰면서 90년 초부터 이것저것 책자를 보았는데 기존 자료들이 너무 이데올로기적으로 편향되어 있어서 참 애를 먹었어요. 그러다가 제민 일보 4·3취재반의 연재물을 보고 힘을 얻었습니다. 그리고 제민일보 취재반과 토론을 하다 보니 복잡하기만 했던 4·3의 길이 보이기 시작하더군요."

강요배의 '4·3 역사화'

다랑쉬굴 유해 발견이 전국적으로 화제가 되던 1992년 4월, 서울과 제주에서 기념비적인 전시회가 열렸다. 강요배 화백의 '제주민중항쟁사 역사그림전시회'였다. 4·3이 웅혼한 대 서사시적인 그림으로 재현된 이 전시회는 서울전(4월 3~11일, 학고재 화랑)에 이어 제주 전시회가 제민일보 주최로 4월 21일부터 세종미술관에서 열렸다.

이 전시회에는 제주도내 전시사상 최대 관람인파로 기록될 정도로 연일 사람들이

2003년 강요배 개인전이 열린 서울 학고재화랑에 나란히 선 현기영(왼쪽), 강요배, 필자.

몰렸다. 4월 27일까지 계획했던 전시 일정도 연장할 수밖에 없었다. 이 전시회에는 4·3 역사를 시대별로 다룬 크고 작은 화면의 펜화, 연필화, 유화 등 연작그림 50점이 선보였는데, 그 장대한 스케일의 역사화는 보는 이들의 가슴을 울렸다. 그림 앞에 선 여고생들이 눈물을 훔치는 모습에서 그 감동이 또 다른 울림으로 다가왔다. 미술에 문외한인 나도 전율을 느낄 정도로 강한 충격을 받은 전시회였다.

강요배는 1952년 제주 삼양에서 태어나 서울대학교와 같은 대학 대학원 회화과를 졸업한 후 한때 고등학교 미술교사로 활동했다. 나는 '강요배'란 이름에도 4·3의 아픔이 배어 있다는 사실을 최근에야 알았다. 2012년에 출판된 유홍준의 『나의 문화유산 답사기 – 돌하르방 어디 감수광』에 나온 이런 글을 보고서야 그럴 수도 있겠다는 생각이 들었다.

4·3사건의 양민학살 당시 지금 제주공항인 정뜨르에 토벌대가 수백 명의 주민들을 호명할 때 '김철수'라고 불러 동명을 가진 세 명이 나오면 누군지 가려내지 않고 모두

처형했다는 것이다. 그때 요배 아버지는 내 아들 이름은 절대로 동명이 나오지 않는 독특한 이름으로 지을 것이라고 마음먹어 요배의 형은 강거배, 요배는 강요배가 된 것이다. 제주인에게 4·3의 상처는 그렇게 깊고 오래 지속되었던 것이다.

이게 사실이라면, 강요배는 태어날 때부터 4·3과의 인연을 맺은 것이나 다름없다. 그가 본격적으로 4·3에 관심을 갖게 된 것은 1988년 한겨레신문 연재소설 현기영의 「바람타는 섬」 삽화를 그리면서 시작되었다. 이 소설은 일제시대 제주해녀항쟁을 다뤘다. 이후 잦아진 현기영 선생과의 술자리는 4·3을 비롯한 제주 역사를 깊이있게 공부하는 계기가 되었다.

그 무렵 그가 직장으로 다니던 출판사가 문을 닫았다. 엎친 데 덮친 격으로 그는 위궤양 수술까지 받았다. 심신이 힘들던 시절이지만 그는 '의미있는 일'을 하자고 마음을 다잡았다. 그래서 본격적인 4·3 공부를 하기 시작했다. 4·3을 그리기로 결심한 그는 1989년 경기도의 한 쇠락한 농가를 빌려 작업실을 만들었다. 그 속에서 피나는 노력 끝에 3년 만에 50점의 4·3 역사화를 만들어낸 것이다. 그는 작업과정에서 4·3 영령들을 만나는 느낌이 있었는데, 영령들은 무언의 압력을 주기도 하고 힘도 되었다고 술회했다.

강요배의 4·3 역사화는 많은 화제를 불렀다. 난해한 역사를 민중의 눈높이에서 일반 대중에게 쉽게 접근시킨 4·3역사화는 미술의 장점을 최대한 살렸다는 찬사에서부터 일반 기념관이나 박물관의 역사기록화와도 차별성이 있다는 평가가 있었다. 사실적인 인물 묘사도 압권이었다.

이런 일화도 있다. 서울대 미대 단짝 동창인 박재동 화백은 강요배의 그림전을 관람하던 중 숨이 턱 막혀왔다고 한다. 피로 물든 표선백사장을 형상화한 그림 '붉은 바다' 앞에 서였다. 박 화백은 그 순간 "내가 무얼 하고 있지?"라는 자각과 충격이 왔다고 한다. 그는 당시 '한겨레 그림판'을 그리던 유명한 시사만화가였다. 박재동은 그 길로 한겨레신문사를 그만 두고, 4·3을 소재로 한 애니메이션 '오돌또기' 제작 작업에 들어간다.

강요배의 역사화는 1992년 대구에서도 전시되었다. 그리고 1998년에는 제주4·3 50주년 기념으로 서울·제주·광주·부산·대구를 돌며 전시회를 가졌다.

한편, 강요배의 역사화는 화집『동백꽃 지다』로 모두 세 차례 출간되었다. 첫 번째와 두 번째는 1992년과 1998년 학고재에서 나왔는데, '제주4·3민중항쟁의 전개과정'(양한권), '4·3은 무엇인가'(양조훈)란 글이 각각 실렸다. 세 번째는 2008년 도서출판 보리에서 출판됐는데, 김종민이 취사 정리한 34명의 증언과 '제주4·3항쟁의 역사적 의미'(서중석)란 글이 실려 4·3에 대한 이해를 도와준다.

4·3 역사그림 작업을 마친 1992년, 마흔 살의 나이에 귀향한 강요배는 현재 한림읍 귀덕1리에 정착해 20년이 넘도록 제주 자연과 문화, 역사 등을 소재로 한 독특하고도 개성 있는 그림으로 대중들과 호흡하고 있다. "4·3을 한시도 잊지 않는다."는 강요배. 그는 아직도 4·3에 대한 기대가 원대하다.

"우리 민족사 전체가 바로 잡히려면 평화통일이 되어야 합니다. 이런 우리 민족의 과제에서 봤을 때 60여 년 전 제주도민들이 분단 반대의 슬로건을 내걸었던 것은 분명히 의미있는 역사이었지요.

언젠가 한반도 분단 문제가 해결될 것이고, 그때가 되면 제주4·3도 분단 거부 운동으로서 반드시 재조명될 것입니다. 결국 그것이 4·3의 완전한 조명이라고 생각합니다."

| "어둠 속에서 빛을 낸 창작활동"

4·3이 금기시되던 암울한 시절, 그 어둠을 뚫고 진실을 밝히려는 문화예술인들이 있었다. 작가들은 소설과 시와 희곡으로, 화가들은 그림으로 4·3의 참모습을 드러내려고 했다. 기억의 투쟁은 연극, 음악, 영상 등 다양한 장르로 번져갔다. 촛불 하나가 어두운 방을 밝히듯이, 그들은 짙은 어둠 속에서 빛을 내기 시작했다. 4·3의 문화적 재현, 즉 '4·3 문화운동'은 이렇게 태동되었다.

4·3 문학의 기폭제는 1978년에 발표된 현기영의 중편소설「순이삼촌」이었다. 이듬해 책으로 출간된 현기영의 이 소설은 당국에 의해 즉시 판금되었지만, 은밀히 유통되면서 더욱 유명해졌다. 전국의 많은 독자들이 4·3의 참극을 처음 접하게 된 것도 바로 이 작품이었다. 현기영은 그 이후 단편소설「도령마루의 까마귀」(1979),「아스팔

트」(1984)와 장편소설 『지상에 숟가락 하나』(실천문학사, 1999) 등을 발표하면서 대표적인 4·3작가로 자리를 굳혔다.

1980년대 초반에는 현길언과 오성찬이 4·3의 비극을 드러내는 소설을 잇달아 발표 했다. 현길언은 단편소설 「귀향」(1982)과 「우리들의 조부님」(1982)에 이어 4·3의 전사(前史)를 다각도로 조명한 장편소설 『한라산』(3권, 문학과지성사, 1995)을 발표 했다. 오성찬은 단편소설 「사포에서」(1982)와 「단추와 허리띠」(1986) 등을 발표했 고, 4·3체험자 증언록인 『한라의 통곡소리』(소나무, 1988)를 출간했다.

1980년대 중반에는 고시홍과 한림화가 4·3소설의 뒤를 이었다. 고시홍은 단편소 설 「도마칼」(1985)과 「계명의 도시」(1989) 등을 발표했고, 1987년 단편소설 「불 턱」을 썼던 한림화는 1991년에 4·3을 정면으로 다룬 첫 장편소설 『한라산의 노을』(3 권, 한길사)을 출간했다.

1987년 6월 항쟁 이후 4·3 문학은 더욱 활성화되었다. 김석희·오경훈·김관후·이석 범·정순희·김창집·함승보 등이 잇달아 4·3소설을 발표했다.

4·3을 소재로 한 시 창작도 1987년 6월 항쟁 전후로 활발해졌다. 1987년에 결성 된 제주청년문학회 동인들이 그 중심에 있었다. 이 문학회 소속 시인들은 1989년에 처음 열린 4·3 추모제 기간에 제주시민회관 앞마당에서 '용강마을, 그 피어린 세월'이 란 이름으로 4·3 시화전을 열었다. 광목에 매직으로 시를 쓰는 형식이었지만, 이 행 사는 처음으로 시도된 공개적인 4·3 시화전으로 기록됐다. 전시작품들은 곧 경찰에게 압수됐다.

1989년에는 두 권의 4·3 시집이 출간됐다. 김명식의 시집 『유채꽃 한 아름 안아 들 고』(소나무)와 김용해의 시집 『민중일기』(동진문화사)가 그 시집이다. 김명식은 반미· 반제 성향의 시를 활발하게 발표했는데, 4·3 자료집 『제주민중항쟁』(3권, 소나무)을 발간했다가 1990년에 국가보안법 위반혐의로 옥고를 치른 뒤에도, 4·3 시집 『한락 산—이 한 목숨 이슬같이』(1992, 신학문사)를 출간했다.

이밖에 1980년대와 1990년대 초반 4·3을 소재로 시를 발표한 시인으로는 강덕환· 고정국·김경홍·김경훈·김광렬·김규중·김석교·김수열·김순남·문무병·문충성·양영길·오 승국·오영호·진순효·허영선 등을 꼽을 수 있다.

앞에 열거한 시인들은 모두 제주 출신이다. 그런데 '돌출적인' 시인이 있었다. 1987년 둥둥 북소리를 울리는 것 같은 충격과 파장을 몰고 온 4·3 장편서사시 「한라산」을 발표한 이산하 시인이 그 주인공인데, 앞에서 살핀바 있다.

한편, 서울에서는 1991년부터 제주사회문제협의회와 민족문학작가회의가 공동주최한 '4·3 민족문학의 밤'이 해마다 개최되었다. 1991년 서울 예술극장에서, 1992년 명동 YWCA회관에서 열린 문학의 밤 행사 등은 4·3 진실찾기 운동의 외연이 넓어지고 있음을 상징적으로 보여주었다.

| 당국 제재 속에서도 투혼 발휘

민주화바람이 불기 시작한 1987년 6월 항쟁 이후 〈제주청년문학회〉, 〈놀이패 한라산〉, 〈우리노래연구회〉를 주축으로 '제주문화운동협의회'(제문협)가 결성되었다. 또한 〈그림패 브름코지〉가 창립되는 등 진보적 성향의 문화단체들이 속속 출범했다. 이들은 4·3을 지하에서 지상으로 드러내는 작업에 앞장섰다. 이들 문화단체와 시민사회단체가 4·3 행사로 처음 시도한 연합작업이 바로 1989년 4월의 '4·3 추모제'였다.

앞에서도 밝혔듯이, 4·3 추모제는 11개 시민사회단체로 결성된 사월제공준위가 주최했는데, 그 중심에 문화단체들이 있었다. 초기의 4·3 문화운동은 이렇게 해마다 열리는 추모제를 중심으로 짜여진 '4월제'에 제문협의 '4·3예술제'가 더해지는 형식으로 전개되었다. 그러다가 1994년 4·3유족회와 사월제공준위가 합동 위령제를 치르기로 합의하면서 새 국면을 맞게 되었다. 바로 그 해에 진보 문화예술인들의 결속체인 한국민족예술인총연합(민예총) 제주도지회가 발족되면서 4·3 문화행사가 '4·3 문화예술제'란 이름으로 연례적으로 열리게 된 것이다.

4·3 연극은 1987년 〈놀이패 한라산〉이 창립된 후 본격화되었다. 처음 공연한 4·3 작품은 1989년 4·3 추모제 때의 마당극 '4월굿 한라산'(연출 김수열)이었다. 당시만 해도 암울하던 시절이라서 단원들은 '구속도 감수한다'는 결의문을 채택했다는 일화도 있다. 아니나 다를까. 마당극 공연 직후 몇몇 단원들이 경찰에 소환되어 조사를 받았으나 구속자는 없었다. 이 마당극은 그 해 서울 신촌 예술극장에서 공연되기도 하였다.

〈놀이패 한라산〉은 그 이후에도 '백조일손'(1990), '헛묘'(1991), '꽃놀림'(1992), '살짜기 옵서예'(1993), '사월'(1994), '목마른 신들'(1995) 등 해마다 4·3 마당극을 공연했다. 대본은 공동 작업을 할 때도 있으나, 주로 김경훈, 장윤식이 썼다. 〈놀이패 한라산〉은 전국민족극 한마당에 출연하여 최우수상을 받았는가 하면 이젠 고인이 된 정공철은 '민족광대상'을 수상하기도 했다.

장일홍이 쓴 4·3 무대극 '붉은 섬'과 '당신의 눈물을 보여주세요'가 1992년에, 강용준의 '폭풍의 바다'는 1994년에 제주와 서울에서 각각 공연됐다. 1995년에는 하상길이 만든 '느영나영 풀멍살게'가 서울과 제주에서 공연되었는데, 제주출신 배우 고두심이 주인공으로 출연, 눈길을 끌었다.

1987년 결성된 〈우리노래연구회〉는 노래공연으로 4·3을 대중화시키는 견인차 역할을 했다. 또한 1993년 〈노래빛 사월〉이 창단되었고, 〈노래빛 사월〉의 핵심 단원인 최상돈은 걸출한 '민중가수'로 발돋움하며, '세월' 등 활발한 4·3노래 창작활동과 노래공연 등으로 현재도 '4·3음악 순례'를 하고 있다. 1987년 이후 전국적으로 4·3 행사 때 자주 불렸던 '잠들지 않는 남도'의 작사 작곡자는 '노래를 찾는 사람들'의 안치환으로 알려졌다.

4·3 미술은 1988년 창립된 〈그림패 ㅂ룸코지〉가 그 중심에 있었다. 제주지역의 진보적 미술운동단체 소속 화가들은 1989년 4월 3일 최초로 세종미술관에서 '4월 미술제'를 개최했다. 이때 비로소 4·3을 형상화한 미술 작품들이 선보이게 된다. 이 작품들은 그 해 서울 그림마당 민으로 옮겨져 '4·3 넋살림전'이라는 이름으로 전시되었는데, 이 전시는 최초로 도외지역에서 이루어진 4·3 미술 전시회로 기록됐다.

이 그림패의 출현으로 4·3 행사장에는 곧잘 걸개그림과 목판화가 선보였다. 특히, 박경훈은 1990년 제주와 서울에서 4·3을 주제로 한 '박경훈 목판화전'을 개최해 강렬한 이미지를 전달했다. 1992년 강요배의 '제주민중항쟁사 역사그림전'은 4·3 미술운동의 새로운 활력소가 되었다. 〈그림패 ㅂ룸코지〉 화가들과, 이후 귀향한 강요배 등은 1994년 탐라미술인협회(탐미협)를 창립하는데, 이 탐미협이 해마다 '4·3 미술제'를 개최하게 된다.

4·3 영상은 1989년 4월 제주MBC의 '현대사의 큰 상처'(연출 김건일 기자)와 6월

제주KBS의 '영원한 아픔 4·3사건'(연출 김기표 PD)이 그 시초가 된다. 그 이후 제주MBC는 해마다 4·3 특집다큐멘터리를 제작해 방영했다. 1990년 '묻힐 수 없는 외침', 1991년 '잃어버린 고향', 1992년 '마지막 증언', 1993년 '이념의 대결은 없다'와 '4·3의 국회 청원', 1994년 '다시 찾은 역사', 1998년 '한의 세월 반세기: 북촌 사람들' 등이 방영됐는데, 모두 김건일 기자가 연출했다.

공중파 방송이외에도 독립영화 형식으로 4·3 다큐멘터리가 만들어졌다. 김동만 감독이 주도한 '제주4·3 다큐멘터리 제작단'은 1993년 '다랑쉬굴의 슬픈 노래'를 시작으로 1995년 '잠들지 않는 함성: 4·3항쟁' 등을 제작했다. '잠들지 않는 함성'은 4·3을 민중항쟁으로 바라보고 제작된 작품인데, 김동만 감독은 이로 인해 국가보안법에 저촉되어 구속까지 됐다. 부산 출신 조성봉 감독이 이끈 '하늬영상'도 1997년에 '레드헌트'를 제작했는데, 이 영화를 상영했다는 이유 등으로 인권단체 대표(서준식)가 구속되기도 했다. 이런 당국의 탄압은 오히려 그 영화를 더욱 유명하게 만들었는데, 이에 대해서는 후술하겠다.

문화예술인들은 이렇게 덮여진 통한의 역사, 눈물마저 죄가 되던 험악한 세월을 딛고 4·3 진실회복운동에 나섰다. 구속까지 각오한 굳은 결의로 피워낸 문화예술인들의 4·3문예활동은 4·3의 지평을 넓히는데 중요한 역할을 했다. 지금은 전국 중·고등학생과 청소년을 대상으로 '전국청소년 4·3문예 공모전'이 열리고, 시 부문 최우수 당선작이 4·3위령제 때 추모시로 낭송되는 세상으로 변했다. 격세지감을 느낄 수밖에 없다.

| 달라진 「제주도지」 기록

1993년 5월 제주도가 펴내는 『제주도지(濟州道誌)』 개정판이 출간됐다. 이 책이 나오자마자 언론의 관심을 끈 것은 달라진 4·3에 관한 기록 때문이었다. 『동아일보』는 "4·3사건 재평가 시도 눈길 / 제주도지, 발발 원인 민중항쟁 측면 제시"란 제목으로, 『한겨레신문』은 "4·3항쟁 객관적 재조명 '제주도지' 발간 눈길 / 관변자료 일변도 탈피 왜곡 바로잡아"란 제목으로 각각 보도했다.

『제주도지』는 1982년에 처음 발간되었다. 그 책자에 실린 4·3에 관한 기록을 보면,

군인들에 의해 주민 3백 여 명이 죽임을 당한 '북촌 주민 학살사건'을 '공비의 소행'으로 둔갑시켜 놓았는가하면, 4·3의 도화선이라 할 수 있는 1947년 3·1 발포사건도 '1만여 군중이 경찰서를 습격하려고 해서 부득이 발포하게 됐다'는 식으로 기술되었다. 4·3 희생자 숫자, 오라리 방화사건 경위 등 한마디로 왜곡 그 자체였다.

그런데 11년 만에 수정·증보한 개정판에는 종전과는 다르게 정리된 4·3 역사가 실린 것이다. 언론들은 "기존 관변자료의 왜곡 일변도를 바로 잡고 이념 틀을 탈피해서 당시 제주와 한반도를 둘러싼 정치적 배경과 제주도의 특수성 등을 총체적으로 재조명함으로써 '4·3 정사(正史)'을 새롭게 썼다."고 평가했다.

개정판에는 논란이 되었던 북촌 주민 학살사건의 가해자를 2연대 군인들이라고 밝혔고, 3·1 발포사건의 진상도 기존 기록과는 다르게 정리되었다. 또한 '해안선에서 5km 이상은 적성지역으로 간주해 진압하라'는 초토작전의 구상이 미군정 간부에 의해 처음 제기되었다는 등 미군의 역할에 대해서도 새롭게 조명했다. 희생자 숫자에 대해서는 2만 명에서 8만 명에 이른다는 주장과 그 출처를 소개한 뒤 "6·25 이후의 예비검속과 수감자 사망자까지 감안하면 3만 명 안팎으로 추정된다."고 밝혔다.

개정판의 집필자는 '제민일보 4·3취재반장 양조훈'이었다. 내 스스로 이와 같은 내용을 쓰는 것이 민망스럽긴 하지만, 여기에 이르기까지 진상규명사와 관련 있는 여러 우여곡절이 있었기 때문에 그 내막을 소개하고자 한다.

처음 선정된 제주도지 개정판 4·3관련 집필자는 당시 보수적인 시각에서 4·3에 관한 책을 썼던 고 아무개 교수였다. 제주도지 편찬위원회 역사분과에서 고 교수를 추천한 것이다. 그러자 편찬위 전체회의에서 이 문제가 논란이 되었다. 4·3에 대한 진상규명 논의가 활발히 이루어지고 있는 시점인데 종전과 같은 시각을 지닌 보수인사가 4·3을 집필한다면 후폭풍이 만만치 않을 것이라는 일부 위원들의 문제 제기가 있었던 것이다. 그러나 역사분과에서는 이미 집필자가 선정되었다며 버텼다.

그러자 일부 위원들은 역사분과가 집필을 담당하는 시기 범위에 대하여 새로운 문제 제기를 했다. 즉, 역사분과에서는 제주도제 실시 시점인 1946년 8월 1일 이전 시기에 대해서만 집필해야 하는데, 왜 4·3 발발시기까지 '월경'하느냐는 것이 반박의 취지였다. 논란 끝에 결국 4·3분야는 정치분과에서 담당하는 것으로 조정되었다. 이런 과정을 거쳐 나에게 집필을 의뢰한 사람은 정치분과 소위원장인 강대원(원희룡 도지사의 장인) 선생이었다.

이와 같은 상황이 벌어진 것은 『제민일보』의 4·3연재 등을 통해 기존 관변단체의 4·3기록이 왜곡투성이라는 게 명백하게 밝혀지면서 학계는 물론 도민사회에서 더 이상 잘못된 기록의 재탕은 안 된다는 공감대가 두루 형성됐기 때문에 가능했던 것이다.

『제주도지』가 나온 직후 '민중항쟁 측면도 제시' 운운의 기사가 나왔기 때문인지 공안정보기관에서 경위 조사에 나섰다. 담당공무원들이 곤욕을 치렀다. 공무원들은 편찬위원회의 결정 사안이라고 대답할 수밖에 없었다. 나도 어느 정도 이런 문제를 예견했기 때문에 『제주도지』 4·3 관련 부문 70쪽을 쓰면서 종전에 없었던 각주를 무려 253개나 달았다. 출처를 밝혀 신뢰도를 높이는 측면도 있었지만, 어떤 문제 제기가 있더라도 이에 대응하겠다는 뜻이 담겨 있었다. 이 문제는 당시 제주도지 편찬 책임을 맡았던 김영돈 교수가 적절히 대처함으로써 일단락되었다.

이러한 여러 가지 뒤얽힌 사정 속에서 『제주도지』 개정판의 4·3 기록이 확정되었다. 『제주도지』 개정판의 4·3 기록은 공공기록 부문에서 4·3에 대한 기록이 변화된 출발점이라고 감히 생각한다. 그 후에 제주도내 시와 군에서 편찬한 시·군지와 마을지 등에서도 이를 토대로 그 내용이 달라지기 시작했기 때문이다.

도의회 4·3특위, 그리고 정치권 활동

| 난산 끝에 위원 7명 선임

1993년 3월 20일 제주도의회 4·3특별위원회가 발족했다. 이는 공공기관에서 처음으로 4·3 공식기구를 출범하여, 4·3을 공론화하고 외연을 넓혔다는 점에서 역사적 의미가 매우 크다. 1988년 출범 이래 민감한 사안마다 공안당국의 뒷조사를 받으며 4·3의 진실을 찾아야했던 4·3취재반으로서는 막강한 원군을 얻은 것이나 다름없었다.

우리나라 지방자치제는 1949년 지방자치법이 제정, 공포되면서 시작됐다. 그러나 1961년 군사정권이 들어서면서 중단됐다. 그 후 지난한 민주화 투쟁 끝에 30년만인 1991년에 지방자치제가 부활했다. 도민의 대의기관으로 출범한 제4대 제주도의회로서는 제주도민의 큰 아픔인 4·3 문제 해결이 당면한 과제가 아닐 수 없었다.

첫 물꼬는 남원읍 출신 도의원 양금석 의원이 텄다. 1991년 12월 11일 도의회가 구성된 후 처음으로 열린 정기회에서 양 의원은 도정질문에서 "내 자신이 4·3 피해자의 한 사람"이라고 말문을 열고 비장한 어조로 4·3의 문제점을 조목조목 지적했다. 그는 제민일보의 기획물 「4·3은 말한다」의 프롤로그를 소개한 뒤 "제주인의 자존심을 걸고 4·3의 역사를 바르게 밝혀져야 한다."면서 4·3에 대한 도지사의 견해를 따져 물었다.

이어 단상에 오른 용담동 출신 김영훈 도의원은 "도민 화합과 갈등 해소의 차원에서 4·3 치유를 위한 도민 화합의 광장을 마련할 용의가 없는가?"고 질문했다. 이 같은 의원들의 질의에 대해 우근민 도지사(당시는 관선)는 "4·3의 상처 치유는 우리 시대에 해결되어야 할 것으로 보며, 도의회에서나 민간단체에서 화합과 양보로 해결될 수 있는 방안들이 제시가 된다면 도가 적극적으로 문제 해결을 위해 지원하겠다."고 밝혔다.

4·3이 공론화되는 데 부정적인 견해를 가진 사람들도 있었으나, 한번 트인 4·3의 물꼬는 막을 수 없었다. 도의회 출범 이후 처음 맞는 4·3 추모일을 앞둔 1992년 4월

2일 오후, 제주도의회는 의원 전체가 참석한 가운데 긴급 간담회를 갖고 '4·3 44주년을 맞는 우리의 입장'이란 성명서를 채택했다. 그 날 아침에는 다랑쉬굴 유해 발굴 소식이 언론에 처음 보도됐다.

도의원들은 성명서를 통해 "4·3이 이름 없는 역사가 되어 버린 것은 그 원인을 찾지 못하는 데서 비롯되었다."고 전제하고 "제주도의회는 4·3사건 진상특별위원회를 구성, 좌·우익적 편견의 시각에서 벗어나 올바른 역사의 목록을 만들어 진상을 규명해 나갈 것"이라고 천명했다. 도의원들은 이날 4·3 진상규명과 치유를 위한 도의회 차원의 특별위원회 구성 방침에 의견을 같이했다.

당시 도의회 장정언 의장은 이런 방침에 따라 4·3 해결방안을 의회 운영위원회에서 다루도록 요청했다. 그래서 4월 13일 김영훈·양금석·윤태현·이영길 등 4명의 의원으로 '4·3관계기구 설치 준비위원회'라는 소위원회가 만들어졌다. 소위원회는 먼저 4·3에 대한 각계각층의 의견 수렴이 필요하다고 보고, 도지사를 비롯하여 4·3 관련단체, 언론사 등을 방문하며 의견을 교환했다. 나도 이때 소위원회 의원들을 만나 4·3취재반 활동 과정에서 느꼈던 소회를 밝히고 4·3의 아픔을 풀기 위해서는 도민의 대표기구인 도의회의 역할이 매우 중요함을 강조했다.

이런 과정을 거쳐 1993년 3월 20일 제주도의회 본회의에서 4·3특별위원회 구성안이 만장일치로 가결됐다. 특별위원회 명칭은 논란 끝에 4·3의 성격이 규명되지 않은 점을 감안하여 꼬리표 없이 '4·3특별위원회'라 부르기로 했다. 위원회 정수는 7명으로 정했다.

하지만 4·3특위 구성은 순탄치 않았다. '보이지 않는 손'의 작용인지 4·3특위 위원으로 활동하게 되면 불이익이 있을 것이란 루머가 나돌았다. 일부 도의원의 집으로 한밤중 정체를 알 수 없는 사람의 괴전화가 걸려왔다. 도의원들은 4·3특위 구성에는 찬동하면서도 막상 특위 위원이 되는 것은 꺼렸다. 소위원회가 구성된 지 1년이 지나서야 특위를 가동할 수 있었던 데는 이런 속사정이 깔려 있었다.

난산을 거듭한 끝에 강완철·고석현·김동규·김영훈·양금석·이영길·이재현 의원이 4·3특위 위원으로 선임됐다. 위원장과 간사에는 4·3특위 구성의 산파역할을 맡았던 김영훈·이영길 의원이 각각 선출됐다. 4·3특위는 출범 첫 사업으로 코앞에 닥친 4·3위령제 합동 개최를 모색했다. 그때까지도 유족회는 4·3위령제를, 사월제공준위는 4·3추모제를 같은 날 각기 다른 장소에서 봉행하고 있었다.

| 1994년 합동위령제 성사 중재

1993년 3월 25일 제주도의회 운영위원장실에서 4·3 합동위령제를 개최하기 위한 협상이 벌어졌다. 도의회 4·3특위가 주선한 이 자리에는 4·3유족회에서 김병언 회장과 박서동 총무, 사월제공준위 측에서는 고창훈·모갑경·양동윤·이용중 공동대표가 참여했다.

제주도내 시민사회단체로 구성된 사월제공준위는 1989년부터 4·3추모제를, 출범 초기부터 무장대에게 희생된 유족들이 지도부를 장악하는 등 반공색채가 강했던 4·3유족회는 1991년부터 별도의 4·3위령제를 봉행했다. 4·3으로 억울하게 희생된 영령들을 위무하고 도민화합을 이룬다는 지향점은 비슷한데도 '한 지붕 아래 두 식구'처럼 4월 3일 당일 각기 다른 장소에서 위령행사를 치렀다. 이런 분열 양상에 도민들의 시선은 고울 수가 없었다.

이날의 회동은 바로 이런 문제를 극복하자는 취지였지만 합동위령제 공동 개최 안에 대해서는 합의를 이끌어내지 못했다. 4·3을 보는 양측의 시각이 너무 달랐다. 사월제공준위는 '민중항쟁론'으로 접근한 반면 당시 유족회 측은 '공산폭동론'을 앞세웠다. 결국 합동위령제 계획은 무산됐다.

그로부터 1년 뒤인 1994년 3월 15일 양측은 다시 제주도의회 4·3특위의 중재로 회동을 하고 극적으로 합동위령제 봉행에 합의했다. 도의회는 합의가 안 되면 예산 지원을 할 수 없도록 하겠다고 배수진을 쳤다. 그 해의 행사 명칭은 '제46주기 제주4·3 희생자 위령제'로, 주최는 양측이 공동 참여하는 '봉행위원회'에서 맡기로 정했다. 사월제공준위는 그동안 사용해왔던 '추모제'란 명칭을 고집하지 않았고, 유족회 역시 무장대 가담혐의가 있는 사망자도 '희생자' 명단에 넣는 것을 용인했다. 다만 '도민의 정서에 맞지 않은 인사는 위령 대상에서 제외'하는 것으로 의견을 모았다.

1994년 4월 3일 제주시 탑동광장에서 역사적인 합동위령제가 처음 봉행됐다. 모

1994년 3월 15일 4·3 합동위령제 봉행에 합의하는 모습. 왼쪽부터 김병언 회장, 김영훈 위원장, 고창훈 대표.

처럼의 화합 분위기 속에서 5천여 명이 참석하는 성황을 이루었다. 예년과는 다른 분위기였다. 위령제는 종교의식-경과보고(김영훈 4·3특위 위원장)-주제사(김병언 유족회 회장)-추모사(고창훈 사월제공준위 대표)-추도사(신구범 지사, 장정언 도의회 의장, 지역구 국회의원 3명) 등으로 장장 2시간 동안 진행됐다. '과유불급'이란 말이 있다. 정도(程度)를 지나치면 도리어 안 한 것만 못하다는 뜻일 게다. 유족들은 이날 파김치가 되었다.

합동위령제의 후폭풍도 만만치 않았다. 행사 당일 '이덕구 위패' 소동이 일어난 것이다. 탑동 행사장에는 제주도 모형의 제단에 읍면별로 4·3희생자 위패가 진설되었다. 위패는 도의회와 4·3 관련단체에서 파악한 8,989위와 그날 현장에서 접수된 희생자까지 합쳐 1만 위에 육박했다. 그런데 그 속에 유격대 제2대 사령관 이덕구의 위패가 포함된 것이다. 유족회와 사월제공준위 양측은 자신들은 모르는 일이라고 발뺌했다. 그렇다면 누가 의도적으로 끼워놓았다는 것인데, 도대체 누가 그랬을까? 그것은 아직도 미스터리다.

두 번째 사건은 유족회 측에서 뒤늦게 합동위령제 봉행에 관하여 색다른 문제 제기를 하고 나선 것이다. 유족회는 4월 15일 공개적으로 "제주도의회 의장이 위령제 당시 '4·3을 굴절된 역사'라고 표현한 것은 4·3이 공산폭동이란 설을 부정하는 것"이라고 주장하며 해명을 요구했다. 장정언 의장은 추도사에서 "굴절된 역사를 바로 잡는 일은 제주도민의 명예를 회복하는 일일 뿐만 아니라 도민 대화합의 기틀을 다지는 일"이라고 밝혔을 뿐이다. 유족회는 또한 김영훈 특위 위원장의 발언 내용, 위령제 행사장에 만장이 등장한 것까지 꼬치꼬치 문제 삼았다.

세 번째는 이런 유족회의 태도에 사월제공준위 내부에서 분열이 일어난 것이다. 강경파들은 "공산폭동을 주장하는 유족회와 어떻게 합동위령제를 계속 치를 수 있느냐?"며 결별을 주장했다. 그러나 온건파들은 "그래도 어렵게 성사시킨 합동위령제를 포기할 경우 도민 여론이 어떻게 되겠느냐?"면서 인내의 필요성을 역설했다. 결국 제주지역총학생회협의회가 그 다음해인 1995년부터 별도의 4·3 추모행사를 갖는 등 공준위 내부는 균열되고 말았다.

한편, 1994년 2월 발족한 한국민족예술인총연합(민예총) 제주도지회는 합동위령제와는 별도로 그 해 4월 '4·3 문화예술제'를 개최했다. 반공 색채가 짙은 유족회에서 4·3 문화행사를 탐탁해 하지 않자 아예 위령제와 별개로 독립적인 4·3 문화운동을 벌여나간 것이다.

▌국회 4·3특위 구성 청원서 제출

1993년 3월 발족한 제주도의회 4·3특위는 4·3의 역사적 진상규명과 도민 명예회복을 위한 3단계 활동계획을 수립했다. 1단계는 기초조사 단계로 자료 수집, 희생자 신고 창구 설치, 각 마을별 4·3희생자 조사 등을, 2단계에서는 기초조사를 바탕으로 전문기관에 용역조사를 의뢰해 4·3의 역사를 정립한 후, 3단계에서는 도민 화합방안을 마련한다는 것이었다.

이를 추진하는데 도의회 역량만으로는 한계가 있다고 보고, 4·3특위는 제주출신 국회의원과 기초의회까지 힘을 합쳐야 한다는 전략을 세웠다. 1993년 6월 29일 제주

출신 변정일·양정규·현경대 국회의원과 도의회 4·3특위 위원, 기초의회 의장단이 참석한 가운데 열린 연석회의는 4·3문제 해법을 찾는 첫 공식 회동이란 데 의미가 있었다. 하지만 회의 결과는 실망스러웠다.

4·3 해법에 있어 궁극적으론 국회와 정부 차원에서 풀어야 한다는 데는 공감하면서도 방법론에는 의견 차이를 보였다. 도의원들은 이 문제를 풀기 위해서 참석자 중심으로 공동기구를 만들자고 제안했으나, 2명의 국회의원은 먼저 도의회 특위 활동을 한 후 나중에 논의하자는 태도였다. 특히 모 국회의원은 시큰둥한 답변으로 참석자들을 실망시켰다.

이런 대화록은 다음 날인 6월 30일자 『제민일보』에 고스란히 실렸다. 곧바로 4·3연구소 등에서는 모 의원을 비판하는 성명을 발표했다. 이에 당황한 해당 의원 측은 본의가 잘못 알려졌다면서 해명하기에 급급했다. 결과론이지만 그것은 일종의 예방주사가 되었다. 그 후로 지역구 국회의원들의 4·3에 임하는 자세가 한결 달라졌기 때문이다.

도의회 4·3특위는 4·3과 비슷한 대만 2·28사건 해결의 지혜를 얻기 위하여 1993년 8월 26일부터 이틀간 대만을 방문했다. 이 방문의 이면에는 함께 동행한 변정일 국회의원의 숨은 역할이 있었다. 그는 도의회 4·3특위를 음으로 양으로 지원했다. 그곳에서 대만 정부와 입법원(국회)이 46년 전(1947년)에 발생한 2·28사건을 해결하기 위해 '2·28사건처리법' 등 3개 법률을 제정한 것을 알게 되었다. 도의회 4·3특위는 대만 현지에서 긴급 간담회를 개최해 대한민국 국회에 4·3관련 특별위원회를 구성하도록 하는 청원서를 제출하기로 의견을 모았다.

제주도의회는 1993년 10월 28일 국회 4·3특별위원회 구성에 관한 청원서를 만장일치로 가결하였다. 청원서는 "4·3이 제주만의 지엽적 문제가 아닌 해방공간에서의 모순 구조에 의해 발생된 만큼 진상규명·명예회복을 위해서는 국회·정부의 해결 노력이 필요하다."고 전제하고 이에 따라 청원서를 제출한다고 밝혔다. 이 청원서는 11월 3일 도의회 4·3특위 위원들이 국회를 방문, 이만섭 국회의장에게 직접 전달했다.

한편, 1993년 10월 28일 제주지역총학생회협의회(제총협, 의장 오영훈)는 17,850명의 서명을 받은 연명서를 붙여서 국회에 4·3 진상규명을 위한 특별위원회 구성 요구 청원서를 제출했다. 제주도내 4개 대학에서 대학생과 도민들을 대상으로

제주도의회 정문에서 열린 '4·3피해신고실' 현판식. 왼쪽부터 김영훈 위원장, 김병언 회장, 장정언 의장, 신구범 지사, 양정규·현경대 국회의원

가두 서명운동을 벌인 결과였다. 이 청원서는 민자당 양정규·현경대 의원, 민주당 유인태·정상용 의원, 무소속 변정일 의원 등 5명의 의원 소개로 제출됐다. 그동안 운동권 차원에서 4·3에 접근하던 대학가에서 4·3문제를 풀기 위해서는 중앙정치권을 움직여야 한다는 인식의 전환이 이뤄진 결과였다.

이때부터 제주4·3문제가 국회 차원에서 거론되기 시작했다. 그런데 상당수 국회의원들은 "도대체 4·3사건이 무엇이냐?"고 물어왔다. 도의원들이 피해상황을 설명하려해도 마땅한 물증자료가 없었다. 피해조사가 시급함을 절실하게 느끼게 된 것이다.

1994년 2월 7일 도의회 '4·3피해신고실'이 개설됐다. 이날 도의회 정문에서는 신구범 도지사, 도의회 장정언 의장과 김영훈 4·3특위 위원장, 양정규·현경대 국회의원, 김병언 유족회장 등이 참석한 가운데 피해신고실 현판식도 열렸다. 4월 1일에는 마을별 피해실태를 조사하는 17명의 조사요원이 위촉되었다.

이런 노력의 결과, 제주도의회는 1995년 5월 14,125명의 희생자 명단이 실린『제주도4·3 피해조사 1차보고서』를 발간했다. 1997년 1월에는 14,500여 명의 명단이 게재된 피해조사보고서 수정·보완판도 편찬했다. 이 보고서를 통해서 열 살 미만의 어린이, 환갑을 넘긴 노인 등 그동안 풍문으로만 나돌던 희생자들의 면면이 드러났다.

| '국회 4·3조사보고서' 발굴

1993년 10월 당시 국회 법사위원장으로 활동하던 제주 출신 현경대 의원이 1960년 민주당 정권 시절의 국회 4·3조사활동보고서를 입수해 발표했다. 현 의원이 국회도서관 서고에서 발견한 이 보고서는 4·3관련 증언청취 내용을 담은 국회조사단의 속기록과 조사활동 보고서, 피해자 가족에 의해서 신고 접수된 희생자 1,917명에 대한 '양민학살 진상규명 신고서' 등이었다.

현 의원은 그 해 6월 제주도의회 4·3특위 등과의 간담회 때 4·3 해법에 대해 소극적 태도를 보였다가 언론과 4·3단체로부터 비난을 받았던 당사자 중 한 사람이었다. 물론 당시에도 본의가 잘못 알려졌다고 해명했지만, 그것만으로는 부족했던지 얼마 지나지 않아 국회 4·3조사보고서 발굴이란 '대어'를 낚은 것이다.

1960년 4·19혁명으로 자유당 정권이 무너지고, 민주화 바람이 전국적으로 불었다. 이런 열기를 타고 '양민학살' 사건 등에 대한 진상규명 운동이 전국 곳곳에서 일어났다. 국회는 그 해 5월 23일 한국전쟁 당시 거창·함양에서 국군에 의해 자행된 이른바 '거창 양민 학살사건' 등에 대한 조사단을 구성하기로 결의했다.

이 같은 사실이 알려지면서 제주도민 사이에서는 "불과 몇 백 명이 죽은 지역도 조사하는데 수만 명이 희생된 제주 지역을 조사하지 않는다는 게 말이 되느냐?"는 비난 여론이 높았다. 이처럼 진상규명 촉구 분위기가 거세지자 제주 출신 국회의원 김두진·고담용·현오봉 의원 등이 나서서 조사대상 지역에 제주를 포함시킬 것을 요구했다. 결국 그 해 6월 6일 하루 동안 경남반이 제주에 들어와 조사하기로 국회의 승인이 났다는 이야기는 앞에서 밝힌 바 있다..

이때부터 제주사회는 매우 긴박하게 움직였다. 국회 조사단이 내도하기까지 남은 시일은 불과 닷새뿐이었다. 지방지인『제주신보』는 급히 사고(社告)를 내고 양민학살 진상규명 신고를 받기 시작했다. 제주도내 시·군 의회에서는 출신 의원 선거구별로 각각 진상 조사하기로 긴급 결의해 활동에 나섰다.

하지만 국회 경남조사반(최천·조일재·박상길 의원)에 곁다리로 낀 데다 6월 6일 오전 11시 55분부터 오후 3시 15분까지 불과 3시간 남짓 벌인 조사활동으로는 엄청난 희생을 치른 4·3의 본질을 꿰뚫을 수가 없었다. 또 아이로니컬하게도 최천 조사단장은 4·3 당시 제주도경찰감찰청장으로 재직했던 4·3 진압 당사자 중 한 사람이었다. 그는 제주 조사 활동에서도 증언자를 마치 죄인 다루듯 강압적으로 대하다가 거센 항의를 받기도 했다. 이 같은 국회 조사단의 한계에도 불구하고 제주도민들은 짧은 기간 안에 1,917명의 희생자 명단을 제출하고 본격적인 진상조사를 위한 특별법 제정을 촉구했다.

그러나 그 이듬해 발생한 5·16 군사쿠데타는 4·3진상규명 활동을 꽁꽁 얼어붙게 만들었다. 그 후 4·3이 다시 지상으로 나오기까지 실로 30년의 세월이 걸렸다. 이 국회 조사보고서는 4·3 진상규명과 중앙정치권의 민주화 수준이 직결되어 있음을 보여주는 표본과 같다. 4·3의 전개과정이 현대사의 질곡과 바로 맞물려 있는 것처럼 그 진상규명 역사 또한 한국현대사의 빛과 어둠을 그대로 투영하고 있다는 뜻이다. 만약에 군사정권이 아닌, 민주정부가 지속되었더라면 그렇게 오랜 고통의 세월, 인고의 시간들을 보내지 않았을 것이란 가정은 쉽게 할 수 있다.

『제민일보』 4·3취재반은 1995년 『4·3은 말한다』 제3권을 출판할 때 1960년의 국회 4·3조사보고서를 부록으로 실었다. 국회조사단 활동 속기록과 희생자별 양민학살 진상규명 신고서 내용 이외에도 4·3취재반이 발췌한 국회조사단 활동 신문자료 등을 게재했다.

양민학살 진상규명 신고서에는 희생자 개개인에 대한 인적사항 이외에도 학살 일시, 장소, 상황 등이 비교적 상세히 기록되어 있었다. 접수 기간이 짧아 전체 희생자의 10%에도 못 미쳤지만, 신고서 양식에 따라 써내려간 사연들은 눈물겨웠다. 아니 처절함 그 자체였다.

『4·3은 말한다』 제3권은 일본어판으로도 출간되었다. 일본어 번역을 맡았던 재일한국인 소설가 김중명은 번역 과정에서 느꼈던 소회를 '역자(譯者)의 변'을 통해서 다음과 같이 밝혔다.

"권말 부록의 양민학살 진상규명 신고서의 번역은 고통스러웠다. 단순한 작업의 반복으로 지루했다는 이유만은 아니다. 전체 희생자의 1할에 못 미치는데도 불구하고, 거기에서 빼앗긴 허다한 목숨들의 무게가, 키보드를 두드리는 손가락을 무겁게 했기 때문이다.

90세를 넘는 노인도 있는가 하면, 16세, 7세의 소녀도 있다. 심지어는, 태어나서 얼마 안 되는 갓난아이까지 포함되어 있다. 이 자료를 앞에 두고서는 할 말을 잃어버린다."

| 정치권의 4·3 진실찾기

5·16쿠데타 이후 군사정권이 계속되면서 4·3 진상규명 활동은 한동안 얼어붙었다. 하지만 1987년 6월 항쟁 이후 4·3문제도 서서히 꿈틀대기 시작했다. 이와 맞물려 정치권에서도 4·3에 관심을 갖기 시작했다. 첫 발언은 제13대 대통령선거전이 한창이던 1987년 11월 30일 제주유세에 나섰던 김대중 후보(평민당)의 입에서 나왔다.

"제주도민은 4·3의 비극을 겪었다. 나는 제주인의 한과 고통과 희망을 함께 하겠다. 나도 용공조작 피해자의 한 사람이다. 내가 집권하면 억울하게 공산당으로 몰린 사건 등에 대해 진상을 밝히고 억울한 사람들의 원한을 풀어 주겠다."

이 발언은 정치권에서 처음으로 4·3을 문제화한 것으로, 이후 대선과 총선은 물론 지방선거 때마다 제주지역에서는 4·3 공약이 단골 이슈가 되었다. 제14대 대선에도 출마한 김대중 후보(민주당)는 1992년 12월 11일 제주 유세 때 국회 4·3특위 구성과 4·3특별법 제정, 특별법을 토대로 정부 차원의 진상규명과 명예회복, 위령사업과 보상 등 4·3 공약을 구체적으로 내걸었다. 김대중 후보의 지속적인 4·3 공약은 그가 1997년 제15대 대선(국민회의 후보)에서 승리함으로써 하나씩 실천의 길을 걷게 된다.

1989년 4월 1일 제주시민회관에서는 '4·3 설문조사 보고대회'란 이색적인 행사가 열렸다. 제주출신 강보성 국회의원(민주당)이 이사장으로 있던 제주도문제연구소가 주최한 행사였다. 그 해 창립된 제주도문제연구소는 첫 사업으로 도민 1,200명을 대상으로 4·3 관련 설문조사를 벌였는데, 응답자의 74%가 4·3사건의 진상조사가 필요하다고 응답했다. 제주도문제연구소는 그 이후 「제주인」이란 월간잡지를 창간, 4·3을 비중있게 다루었다.

1989년 9월 24일 국회 내무위원회의 제주도 국정감사에서도 4·3이 집중 거론되었다. 최기선 의원(민주당)이 4·3 희생자 유족인 이상하(서귀포시 회수동)를 증인으로, 4·3 피해현장을 조사해온 소설가 오성찬을 참고인으로 채택해 줄 것을 제안했다. 그 채택 여부를 둘러싸고 여야 의원끼리 새벽까지 장시간 논란이 벌어졌다. 결국 기립 표결 끝에 증인은 채택되고, 참고인 채택은 부결됐다. 경찰 등에 의해 가족 8명이 희생된 이상하는 담담하게 그 당시의 상황을 증언했다. 여당 의원들은 "상식적으로 그게 가능한 일인가? 믿을 수 없다."는 반응을 보였다. 그렇다. 바로 상식적으로 이해할 수 없는 게 4·3의 참상이다. 그러나 진상규명을 하면 할수록 그 이해할 수 없는 4·3의 실체가 속속 드러났다.

그 해 국회 농수산위원회의 제주도 국정감사에서도 강보성 의원은 4·3 진상규명의 필요성을 촉구했다. 이에 대해 당시 이군보 도지사는 "4·3의 올바른 조명을 위해 공신력 있는 기관에 의뢰, 이를 정립하고 그에 따른 대책을 마련할 것"이라고 밝혔다. 하지만 이처럼 산발적으로 쏟아지던 정치권의 4·3에 대한 관심은 1990년 1월 민정·민주·공화당이 합당을 발표하면서 일시에 조용해졌다.

1993년에 이르러 다시 국회 차원에서 4·3 문제가 거론되었다. 그 해 5월 8일 이영권 의원(민주당)이 4·3 규명을 위해서 진상규명조사특위 구성을 촉구했고, 여당 쪽에서도 김종하 의원(민자당)이 제주4·3 등 과거의 불행한 역사에 대한 객관적이고 공정한 재평가 작업이 이루어져야 한다고 강조했다. 이에 대해 황인성 국무총리는 "국회나 권위있는 단체가 진상조사에 나설 경우 협조를 아끼지 않겠다."고 답변했다.

이 무렵 제주도의회와 제주지역총학생협의회가 국회 4·3특별위원회 구성을 요구하는 청원서를 제출한데 이어 이번에는 국회의원에 의해 이런 안이 정식의안으로 발의됐다. 즉 제주출신 변정일 의원(무소속)은 1994년 2월 2일 여·야 국회의원 75명의 서명을 받아 '제주도4·3사건 진상규명 특별위원회 구성 결의안'을 국회에 제출했는데, 우리 헌정 사상 4·3에 관한 첫 국회 발의로 기록됐다. 변 의원은 그 해 7월 8일 국회 본회의에서 대정부 질의를 통해서 정부차원의 진상규명과 사과 용의를 질의하는 등 그 무렵 가장 활발하게 4·3 진상규명 활동을 벌였다.

그러나 국회의원들의 이런 촉구에도 불구하고 정부는 원론적인 답변만 되풀이했다. 변 의원의 질의에 대해 당시 이영덕 국무총리는 "국회나 사회단체, 또는 학계에서 진상규명을 하는 것이 바람직하며, 정부는 이러한 작업이 이루어질 경우 모든 지원을 아끼지 않겠다."고 대답했다. 그나마 문민정부 들어 종래 군사정부 시절의 4·3 금기시 시책이 완화되었지만, 정부에 대한 4·3 진실규명 촉구는 쇠귀에 경 읽는 격이었다.

한편 1995년 부활된 민선도지사 선거에서도 4·3문제 해결이 주요 공약으로 등장했다. 당선된 신구범 도지사는 중앙정부에 대해 4·3 진상규명과 4·3특별법 제정을 촉구하기에 이른다.

화제의 책『4·3은 말한다』

| 최고점수로 한국기자상 수상

"이번의 한국기자상 응모에서 큰 개가를 올린 부문이 '장기기획 보도부문'이다. 응모
작 중에서 제민일보의 「4·3은 말한다」는 압권을 이룬 작품이라는데 심사위원들의 의
견이 일치했으며 전 응모작 중 최고점수를 받는 기록을 세웠다.

「4·3은 말한다」는 보도기획 의도에서 밝히듯 '왜곡된 4·3역사를 바로잡기 위해'
4·3특별취재반을 구성, 5년간 수집 분류한 5백여 종의 국내외 자료와 국내외에 걸쳐
2천 5백여 명의 증언 취재를 바탕으로 응모 당시 190회(총 500회 연재 계획)에 이른
방대한 기획 시리즈물이라는 점에서 한국 저널리즘의 새로운 가능성을 보여준 작품으
로 보고 싶다."

1993년 8월 17일 서울 프레스센터 국제회의장에서 열린 제25회 한국기자상 시상
식에서 심사위원장 김정기 교수(한국외국어대)가 밝힌 '심사평'이다. 그 자리에는 이
만섭 국회의장, 이회창 감사원장, 이기택 민주당 대표, 이경식·한완상 부총리 등 정·
관계 인사들과 학계·언론계 인사들이 대거 참석했다. 4·3취재반 연재물에 대한 심사
위원장의 과찬이 있었기 때문인지 많은 사람들로부터 축하 인사를 받았다.

애초 한국기자상에 추천하겠다는 주변의 권유가 있었을 때, 망설였다. 4·3의 깊은
상처를 앞에 두고, 그것을 대상으로 한 어떤 일을 했다고 해서 상을 기대하는 것 자체
가 경솔한 행동으로 여겨졌기 때문이다. 그럼에도 출품하기로 결정한 이유는 「4·3은
말한다」가 중앙에 널리 알려져 4·3 논의가 활성화되고, 왜곡된 역사를 바로 잡을 계
기가 될 수 있으리라는 기대감에서였다.

결과론이지만, 「4·3은 말한다」의 한국기자상 수상은 중앙에 많은 반향을 일으켰다.
정치권과 학계, 언론계에서 저마다 제주4·3과 제민일보 연재물에 대한 관심을 보이기

시작했다. 심지어 언론계 내부에서는 "제민일보의 4·3 시리즈를 보면서 중앙 언론이 반성해야 한다."는 자성의 목소리도 나왔다.

이런 분위기에 힘입어 4·3취재반의 활동상을 소개해 달라는 원고 청탁도 잇따라 들어왔다. 나는 한국기자협회가 발행하는 『저널리즘』 1993년 여름호에 "4·3은 여전히 '공산폭동'이어야 하는가", 역사비평사가 펴내는 『역사비평』 1994년 여름호에 "4·3취재 6년-무참히 왜곡된 역사"란 제목으로 4·3 취재기를 실었다. 한편, 한국언론연구원은 1996년 「4·3은 말한다」를 탐사보도의 우수사례로 선정해 원고 청탁을 해왔다. 이에 4·3취재반 김종민 기자가 취재 준비, 취재과정과 방법, 컴퓨터 활용, 취재보도 결과 등 취재반의 활동상을 상세히 기술했다.

한국기자상 수상과 관련해 '이제는 말할 수 있는' 비화도 있다. 수상 결정 직후에 전혀 모르는 한 심사위원이 장문의 편지를 보내왔다. 그 편지는 "마치 제가 큰 상을 받은 것처럼 흐뭇하기 그지없다."는 글로 시작되었다. 제주도와는 아무런 연고가 없는 자신이 4·3의 비극을 처음 안 것은 군 복무 시절 휴가를 다녀온 제주 출신 후배 사병이 잠자리에서 흐느끼는 모습에서였다고 한다. 또 오사카에 취재 갔을 때 술집에서 만난 60대 동포로부터 "내가 왜 빨갱이인가. 왜 내가 부모 형제를 잃고 일본으로 와야만 했는가"라는 피눈물어린 체험을 들으면서 큰 충격을 받았다는 것이다. 그 후로 왜 4·3의 진실이 규명되지 않는지 의아해 하던 차에 한국기자상 심사위원으로 참여했다가 제민일보 시리즈를 보고 흥분했다는 것이다.

"단숨에 상당 부분을 읽어 내려갔습니다. 4·3을 보는 저의 소박한 생각은 한마디로 냉전적 시각도, 이념적 시각도 아닌 지극히 냉정하고 객관적 입장에서의 진실 규명이지요. 바로 제민일보가 처음으로 4·3을 객관적 입장에서 본격 조명했다는 것은 매우 값진 일이라고 생각합니다.

당연히 감정과 보복 차원이 아니라는 점이 돋보이더군요. 많은 관련자의 증언, 사건마다 현장 소개와 취재, 미군정 문서의 발굴 등은 이 시리즈를 더욱 신뢰성 있게 하는데 기여했다고 보여 집니다."

이 편지를 쓴 사람은 한국기자협회 회장을 지낸 당시 한국일보 이성춘 논설위원이었

한국기자상을 수상한 후 기념 촬영한 4·3취재반. 왼쪽부터 시계 방향으로 서재철·고대경·강홍균·고홍철·김종민·양조훈.

다. 그는 조바심어린 마음으로 심사에 참여했는데, 「4·3은 말한다」가 사실상 만장일 치나 다름없는 압도적인 점수로 1위를 차지해서 또 한 번 놀랐다는 덕담도 썼다. 그러면서 그는 심사관계 내막은 비밀을 원칙으로 하고 있기 때문에 이런 내용이 외부로 흘러 나가지 않도록 해줄 것을 당부했다. 나는 이제 20년이란 세월이 흘렀기 때문에 본인의 양해 없이 이 사실을 공개하기로 한 것이다.

| 기자상 수상 후 출판 제의받아

1993년 『제민일보』 4·3취재반의 한국기자상 수상 이후 현대사를 연구하던 중앙 진보학자들이 특별한 시선으로 제주4·3과 우리 연재물을 보기 시작했다. 몇몇 학자들은 「4·3은 말한다」 연재물을 입수할 수 없느냐고 직접 타진해오기도 했다. 출판의 필요성이 제기된 것이다.

4·3에 관심을 보인 중앙 인사들. 왼쪽부터 현기영 소설가, 김중배 한겨레신문 사장, 김찬국 상지대 총장, 강만길 고려대 교수, 필자, 출판을 제의했던 김진홍 교수.

이 무렵 몇몇 출판사에서 「4·3은 말한다」를 책으로 만들자는 제안이 들어왔다. 그 가운데도 김진홍 교수(한국외국어대, 신문학)가 적극적이었다. 도서출판 '전예원' 설립자인 그는 한국기자상 심사위원으로 참여했다가 「4·3은 말한다」에 특별한 관심을 갖게 된 것이다. 동아일보 해직기자 출신인 그는 1982년 서울대학교에서 박사학위를 받은 뒤 대학교수의 길을 걷게 되면서 전예원 대표는 그의 부인이 맡고 있었다.

전예원은 1988년 『4·3민중항쟁 작품집—4·3島 유채꽃』을 출간한 바 있다. 이 책은 이미 발표되었던 현기영·현길언·고시홍·오경훈·오성찬의 4·3 소설과 이산하의 장편시 '한라산'을 한 권의 책으로 묶은 것이다. 이런저런 인연으로 전예원 측과의 출판 협의는 급물살을 타게 되었다. 「4·3은 말한다」는 500회 연재 계획 중 한국기자상 수상 당시 200회에 근접하고 있었다. 결국 그때까지의 연재 내용을 정리해서 1994년 3월 두 권의 책으로 출간하기로 했다.

『한국일보』 1994년 3월 19일자 톱기사로 보도된 「4·3은 말한다」 출간 기사.

그동안 신문에 연재했던 내용을 책으로 엮으면서 일부 가필 보완했다. 특히 신뢰도를 높이기 위해서 신문 연재 때 생략했던 증언자와 인용 자료를 각주(脚註)로 처리했다.

『4·3은 말한다』 제1권(608쪽)에는 '4·3이 왜 일어났는가?'라는 의문에 초점을 맞춘 4·3 전사(前史)가 다루어졌다. 제2권(485쪽)은 4·3봉기, 화평—토벌의 갈림길, 제주도가 남한에서 유일하게 5·10 단독선거 거부지역으로 역사에 남는 과정 등을 엮었다. 책 말미에는 부록으로 김익렬 연대장의 실록 유고 「4·3의 진실」과 미군 비밀문서, 다랑쉬굴 참사 등을 다룬 특집기사를 실었다.

두 권의 책 표지는 강요배 화백의 '4·3역사화'에서 발췌한 그림으로 디자인되었다. 뒷면에는 「4·3은 말한다」 연재에 호평을 했던 재일 사학가 강재언 교수(일본 교토 花園대)를 비롯하여 정윤형(홍익대 교수·작고), 현기영(소설가), 서중석(성균관대 교수), 송지나(극작가), 김정기(한국외국어대 교수) 등 각계인사 6명의 추천 글을 실었다.

출판을 앞둔 4·3취재반은 옥동자의 탄생을 기다리는 마음으로 들떠 있었다. 일말의 염려도 있었다. 그 무렵 사회과학도서가 다소 퇴조의 길을 걷고 있는데다, 제주도라는 지역의 한계성을 극복할 수 있을까 하는 우려가 있었다. 그럼에도 나는 내친김에 중앙언론사를 방문해서 4·3 연재와 출판 경위를 설명해야겠다고 마음먹고 있었다.

출판사에 연락했더니 1994년 3월 20일 아침에 책이 나온다고 했다. 나는 책이 나온다는 그날 첫 비행기로 서울에 올라갔다. 갓 나온 책을 들고 경향·동아·문화·서울·조선·중앙·한겨레·한국일보와 연합뉴스 등 9개 언론사를 방문했다. 교통이 복잡한 서울에서 하루에 이렇게 많은 언론사를 방문할 수 있었던 것은 절친한 후배(양동주, 당시 국세청 공보관실 근무·작고)의 도움이 컸다.

그런데 뜻밖의 상황이 벌어졌다. 책이 나오기 하루 전인 3월 19일자 『한국일보』에 『4·3은 말한다』 출간 사실이 대문짝만하게 보도됐다. 나는 그 사실을 모른 채 언론사를 방문한 것이다. 톱기사로 보도된 이 기사는 "극우·美서 '공산폭동' 왜곡 주장 / '남로당 지령설도 조작' 밝혀 주목 / 진상규명 첫 체계적 접근"이란 제목을 달고 있었다.

나중에 알아보니 한국일보 최진환 기자가 출간 사실을 알고 인쇄소에서 가제본한 책을 가져다가 "제주4·3사건이 극우세력과 미국에 의해 '공산폭동'으로 왜곡됐으며 '남로당 지령설'도 정보기관이 꾸며낸 내용이라는 새로운 주장이 제주사람들에 의해 제기되어 비상한 관심을 끌고 있다."면서 "논의조차 금기시되었던 4·3사건에 대해 명확한 자료와 증언을 토대로 체계적인 접근을 한 것은 이번이 처음"이라고 보도한 것이다. 한편으론 고마우면서도 다른 한편으론 다른 언론사 보도에 영향을 미치지 않을까 노심초사했다.

| KBS, 「4·3은 말한다」 1시간 전국 방송

『4·3은 말한다』 출간에 대한 한국일보의 선제 보도로 다른 중앙 언론사들이 외면하지 않을까 하던 염려는 기우에 불과했다. 다른 중앙언론사들도 저마다 비중 있게 『4·3은 말한다』 출간 사실을 보도했다. "제주민중운동 역사적 조명 / 증언·美비밀문서 토대 진실 파헤쳐"(경향), "더 이상 덮어질 수 없는 진실 '4·3은 말한다' / '공산세력 폭동' 조작과정 소상히 밝혀내"(한겨레), "제주4·3사건 전말 밝힌 보고서"(서울), "3천 명 증언 등 3년 9개월 연재"(문화), "1천 1백여 쪽 방대한 분량의 4·3사건 보고서 발간"(조선), "미군정 치하였던 1948년 4월 3일 제주도에서 일어난 도민봉기의 내막을 파헤친 책"(연합뉴스) 등 각 언론의 제목부터가 예사롭지 않았다.

덩달아 서울 서점가에서도 화제를 모았다. 출판사로부터 출판 5일 만에 재판 인쇄에 돌입하겠다는 연락이 왔다. 당시 제주시 탐라서적의 주간 베스트셀러 집계에서 『4·3은 말한다』가 연속 1위를 차지했다. 전예원 관계자는 사회과학도서가 이렇게 선풍적인 인기를 끄는 것은 매우 드문 일이라며 놀라워했다.

나는 1994년 3월 25일 CBS(기독교방송) '시사자키' 프로(진행 이양원 변호사)에 출연, 15분간 『4·3은 말한다』 출간을 주제로 인터뷰했다. 그 직후였다. KBS PD가 전화를 걸어와 KBS-1 TV '책과의 만남' 프로에 『4·3은 말한다』를 초대하겠다는 것이다. 공영방송에서 화제의 책을 중심으로 1시간동안 전국 방영하는 프로였다. 며칠 사이에 너무 많은 변화가 있었다. 정신을 바짝 차려야 할 시점인데도 오히려 정신이 몽롱해지는 느낌이었다.

KBS '책과의 만남' 촬영반 3명이 급히 제주에 내려와 4·3취재반의 활동 모습을 촬영하기 시작했다. PD는 이 프로가 4월 3일 아침에 방영될 예정이기 때문에 시간이 촉박하다면서 협조를 구했다. '책과의 만남' 프로는 『4·3은 말한다』를 집중 조명하면서 취재반의 활동상과 책 내용, 한국현대사에 남게 될 족적 등을 탐구한다는 것이다. 이 프로는 전영태 교수(중앙대)의 사회로 「순이삼촌」의 작가 현기영, 현대사 연구가 김남식 선생이 출연해 4·3취재반장인 나와 대담하는 형식으로 짜여 있었다.

3월 말, 녹화 스튜디오가 있는 서울 여의도 '서울텔레콤'으로 갔다. 이 회사가 외주를 맡아 KBS에 납품하는 형식인데, 연출은 KBS PD가 맡고 있었다. 스튜디오에 들어서자 분위기가 싸늘했다. 먼저 와 있던 현기영, 김남식 선생이 얼른 눈짓을 하며 나를 옆으로 끌었다. 귓속말로 "뭔가 문제가 생긴 것 같은데, 불방은 막아야 한다."고 했다. 순간적으로 1990년 'KBS 불방 파동'이 머리를 스쳐갔다. 역사 탐험 3부작 중 1부작에 4·3 프로를 만들었다가 불방 되는 바람에 교양국 PD들이 들고 일어났던 사건이다.

조금 있으니 KBS 외주 주간이란 사람이 다가왔다. 그는 "젊은 PD들이 욕심을 부려 아직 정립이 안 된 4·3문제를 정면으로 방송하려고 해서 '높은 분들'의 걱정이 이만

1994년 4월 3일 전국에 방영된 KBS '책과의 만남-4·3은 말한다' 프로. 왼쪽부터 김남식, 필자, 전영태, 현기영.

저만이 아니다. 이 시점에서 백지화할 수도 없음을 잘 안다. 이런 사정을 고려해서 자극적인 말은 삼가 해주길 바란다. 우리도 가능한 한 불방되는 것을 원치 않는다."는 요지의 말을 했다.

그 문제를 길게 따져 논할 분위기가 아니었다. 온에어 표시등에 불이 켜지자 사회자를 포함한 4명의 출연진은 애써 태연한 모습을 보이며 조심스럽게 말문을 열어갔다. 그런데 몇 분 지나지 않아 중단 사인이 들어왔다. 주간은 몇몇 용어를 수정했으면 좋겠다는 의견을 개진했다. '사망' '희생' 등 지금 생각해도 별 문제가 안 되는 용어들인데, 예민하게 반응했다. 몇 차례 NG가 난 뒤 겨우 촬영을 마칠 수가 있었다.

그 무렵 현기영 선생이 소설집 『마지막 테우리』(창작과비평사) 출간을 앞두고 있었다. "테우리가 무어냐?"는 사회자의 질문에 "목동을 뜻하는 카우 보이!"라고 넉살좋게 대답하던 현 선생의 모습이 지금도 눈에 선하다. 심각한 방송 분위기를 바꿔보려는 제스처였던 것 같다. 서울텔레콤 관계자는 외주 주간이 자기 사무실에 온 것은 이번이 처음이라면서 문제의 심각성을 간접적으로 알려주었다.

우여곡절을 겪은 '책과의 만남 – 4·3은 말한다'는 1994년 4월 3일 오전 7시부터 1시간 동안 전국에 방영됐다. 나는 그 시간 일본에 건너가 있어서 TV를 보지 못했다. 『4·3은 말한다』 제1권이 일본어판으로 출간돼 그 기념으로 4월 2~3일 오사카와 도쿄에서 내가 강연을 하기로 되어 있었기 때문이다.

| 일본어판도 출간

『4·3은 말한다』 일본어판 제1권은 1994년 4월 도쿄 '신간사(新幹社)'에서 출간되었다. 출판사 대표는 고이삼이다. 아버지 고향이 제주도 우도인 그는 일본에서 태어나서 한국말을 잘 모른다. 그러나 고향에 대한 애정은 남달랐다. 순수하면서도 집념의 소유자인 그는 1988년 도쿄 거주 제주인을 중심으로 '제주도 4·3사건을 생각하는 모임'을 결성할 때 초대 사무국장을 맡아 4·3 알리기에 앞장섰다.

그런 그가 문경수 교수(일본 立命館대)를 통해 『4·3은 말한다』의 일본어판 출간 의사를 알려왔다. 『4·3은 말한다』 일어판은 끝까지 출간하겠다는 뜻도 밝혔다. 그래서 그와의 인연이 시작되었다. 제1권 일어판은 550쪽에 이르렀다. 일본에서는 이렇게 두꺼운 책은 잘 만들지 않는다. 잘 팔리지 않기 때문이다. 그리고 독자가 제한된 사회과학도서를 편찬하는 것은 경영상 적자를 각오해야 하는 작업이었다. 고이삼은 「탐라연구회보」(제12회)에 실린 '4·3은 말한다 제1권을 출간하며'란 글에서 다음과 같이 썼다.

"내 친구의 전화가 왔다. '너는 출판사 사장, 경영자가 아니냐. 그럼에도 왜 돈 벌 수 없다고 알고 있는 것에 열중하느냐'라고. 비록 손해를 입어도 출간해야 하는 것이 있다고 본서를 간행한 후 다시 다짐하고 있다.

거기에는 자기 자신을 위해서든 고향을 위해서든 우정을 위해서든 여러 요소가 있다. 그러나 그보다 내가 느끼는 것은 아무 것도 없는 상태에서 새로운 것을 만들어 가는 4·3취재반의 정열을 생각하면 말단이라 해도 그 대열에 참가하고 있는 사실이 상쾌한 감동이다. 괴로워도 기분이 좋다."

이런 사람이기에 만나는 순간부터 동지애가 느껴졌다. 그는 경제적 어려움을 감수하면서도『4·3은 말한다』일어판 제6권까지 출판하는 약속을 지켰다. 오히려 4·3취재반이 제7권의 원고를 보내지 못해 미안한 마음을 갖게 되었다. 현재 한글판 5권까지 나온『4·3은 말한다』는 제7권까지 출간하여 마무리할 예정이다.

『4·3은 말한다』일어판은『濟州島 四·三事件』이란 제목으로 발간됐다. 제1권은 '조선해방으로부터 4·3전야까지'란 부제를 달았다. 번역은 당시 '4·3을 생각하는 모임' 대표를 맡고 있던 문경수 교수와 소설가 김중명이 공동으로 참여했다. 두 사람 역시 일본에서 4·3 진실찾기에 매진하고 있었다.

「4·3은 말한다」일어판 제1권. 일어판 표제는 「濟州島 四·三事件」.

『4·3은 말한다』일어판 출판기념 강연회가 '4·3을 생각하는 모임'과 신간사 공동 주최로 1994년 4월 2일 오사카 재일한국YMCA회관에서, 3일에는 도쿄 神田파노세홀에서 각각 열렸다. 필자가 '제주4·3 진상규명의 현주소'란 주제로 강연했다. 오사카 강연장에는 재일동포 이외에도 일본대학 교수와 NHK 기자 등이 참석했다. 도쿄 강연장에는『화산도』작가 김석범과 시인 이철, 임철·이경민 교수 등이 자리를 같이했다. 김석범 선생은 축사에서 "제민일보 기획물「4·3은 말한다」가 이처럼 한국어와 일어로 동시 출간된 것은 4·3 진상규명에 있어서 하나의 역사적 사건이라고 표현할 수 있다."고 평가했다.

『4·3은 말한다』일어판 출판 사실은『아사히신문』(朝日新聞)과『마이니찌신문』(每日新聞) 등 일본 유수 신문에도 보도됐다. 또 재일 사학자인 강재언 교수(일본 花園대)와 이경민 교수(일본 홋카이도대) 등이 일본어 신문에 서평을 실었다. 강 교수는 "「4·3은 말한다」는 공정한 입장에서 객관적인 사실을 추적·조사·기록하는 작업이 매우 인상적이며, 현 시점에서 가장 표본적인 실록이 아닐 수 없다."고 평가했다. 이 교수는 "신문사 취재반의 세밀한 취재노력에 의해 지금까지 침묵을 강요당했던 사람들의 증언이 충실히 뒷받침되었기 때문에 그 내용은 설득력 있게 독자의 가슴에 다가온다."는 글을 썼다.

일본에서의 바쁜 여정을 지내고 제주에 돌아오니 공안당국에서 예민하게 반응하고 있다는 소식이 들려왔다. 그도 그럴 것이 책이 나온 직후 중앙 언론들이 극우세력과 미군이 4·3을 '공산폭동'으로 왜곡시켰고, 정보기관이 '남로당 지령설'을 조작했다는 식으로 보도했으니, 어떤 형식이든 주목하지 않을 수 없었을 것이다. 실제로 중앙 지시에 의해 공안검사가 『4·3은 말한다』를 이 잡듯이 샅샅이 검색했으나, "학술적이다"는 결론을 내렸다는 이야기도 들려왔다. 진실의 힘이 버티게 해준 것 같다.

'대만 2·28사건'과 외신 보도

| 발생원인·금기시 4·3과 흡사

1993년 4월 21일자『제민일보』에는 "4·3과 흡사한 대만 2·28사건 / 46년 만에 보상금 152억 지급 결정"이라는 박스 기사가 실렸다. 로이터통신이 대만의 언론보도를 인용해 타전해온 짤막한 기사를 토대로 김종민 기자가 내용을 보충해 보도한 기사였다. 그러자 예사롭지 않은 반응들이 나타났다. 대만 2·28사건의 실체는 무엇이며, 대만 2·28사건이 제주4·3과 닮은 점은 무엇인가? 어떻게 해서 보상까지 받게 됐는가 하는 의문들이 꼬리를 물었다. 신문사에 문의전화도 잇따랐다.

나는 2·28사건에 대한 관심이 쏟아지자 보충취재를 하여 1993년 4월 24일자에 '제주4·3과 대만4·3'이란 칼럼기사를 통해 2·28사건을 소개했다. 그리고 중국 현대사 전문가를 수소문하던 중에 이 시대의 대표적인 지성으로 꼽히는 리영희 교수(한양대)가 이 분야에 해박하다는 사실을 알고 급히 원고를 청탁했다. 그래서『제민일보』창간 기념일인 6월 2일자에 "대만 2·28사건 진상—제주4·3의 거울"이라는 제하의 리 교수의 특별기고를 싣게 되었다.

그렇다면 대만 2·28사건은 무엇인가? 이 사건은 1947년 2월 27일 시작되었다. 1945년 일본의 식민지 지배를 벗어난 대만은 당시 중국 본토의 국민당 정권의 통치 아래 있었는데, 타이페이시에서 담배를 몰래 팔던 여인을 본토 출신의 전매청 관리와 사복경찰보조원들이 구타하는 사건이 발생한 것이다. 이 장면을 지켜보던 대만인들이 거세게 항의하자 경찰이 발포, 학생 한 명이 사망했다.

그 다음 날인 2월 28일 대만인들이 들고 일어났다. 시위대가 시가지를 휩쓸었고, 일부 관공서 건물이 불탔다. 이에 맞서 정부군이 기관총을 난사하면서 사상자가 또다시 발생했다. 사태는 걷잡을 수 없이 악화됐다. 시위대는 경찰서 무기고를 습격했다. 이에 당황한 장제스(蔣介石)의 국민당 정부는 3월 8일 본토에서 2개 사단의 군대를 파견하고 3월 10일 계엄령을 선포, 무력으로 진압했다. 무고한 사람 수만 명이 학살됐다.

그러면 무엇이 제주4·3과 흡사한가? 첫째는 두 사건 모두 경찰의 무분별한 발포에서 촉발되었고, 누적된 민중들의 불만이 폭발했다는 점이다. 그 배경에는 섬 주민과 본토 출신 사이의 갈등이 깊게 깔려 있었다. 둘째는 이렇게 섬 주민들의 사회·경제적 불만이 표출되면서 시작되었지만 대만에서는 자치권의 요구로, 제주에서는 자주통일정부 지향이란 정치상황으로 변전되어 갔다는 점이다. 셋째는 본토에서 파견된 진압군에 의해 무자비하게 토벌되었고, 수많은 사람들이 재판절차 없이 처형된 점도 닮은 꼴이다. 넷째는 진압당국이 이 사건을 "공산당의 배후조정에 의해 일어난 반란"으로 규정하고 40년 가까이 금기시해 왔다는 점도 같았다.

대만에서도 1987년 계엄령이 해제되기 전까지는 2·28사건에 대해서 말을 꺼내는 것조차 금기였다. 대만은 장제스 총통에 이어 그의 아들 장징궈(蔣經國) 총통이 장기 집권하면서 독재정권체제가 오래 지속되었다. 이 부자정권은 '반공'을 앞세워 38년간이나 계엄령을 선포한 상태에서 정권을 유지했다. 그러나 이런 철권정치도 1988년 1월 장징궈 총통이 사망하면서 막을 내렸다. 대만에 민주화 바람이 불기 시작한 것이다.

이런 현상은 한국의 상황과도 비슷했다. 30년 가까이 지속되었던 군사정권도 1987년 6월 항쟁으로 무너지는 틈새가 보이기 시작했다. 한국사회에도 대만 못지않은 거센 민주화 바람이 불었다. 다만 대만에서는 빠른 걸음으로 2·28사건에 대한 진상조사와 명예회복, 기념사업, 희생자 보상까지 다다른 반면, 한국에선 4·3와 같은 과거사 복원작업이 매우 더디게 진전되었다. 야권의 분열로 정권교체에 실패했기 때문이다. '노태우 정권' 출범이 그걸 의미하고 있었다.

대만은 장징궈의 사망 이후 리덩후이(李登輝)가 정권을 잡았다. 그 역시 보수당인 국민당 소속이었지만, 총통 자리에 오른 첫 대만출신인 점이 달랐다. 그렇지만 리덩후이도 집권 초기에는 조심스런 행보를 했다. 그는 2·28사건에 대한 진상조사 요구가 빗발치자 1988년 2월 "앞을 바라봐야지 뒤를 돌아봐선 안된다. 역사학자의 손에 맡겨야 한다."며 슬쩍 발을 빼려 했다. 마치 한국에서 '4·3을 역사에 맡기자'는 것과 너무 흡사했다. 그러나 한번 터진 물꼬를 쉽게 막을 수 없듯이 진실 규명을 향한 대만인의 욕구를 리덩후이 총통도 막을 수 없었다. 2·28사건에 대한 대만정부 차원의 진상조사는 이런 진통을 거쳐 시작됐다.

| "대만 2·28사건은 4·3의 거울"

2·28사건을 역사에 맡기자고 발을 빼려던 대만 리덩후이 정부는 빗발치는 여론에 밀려 정부 차원에서 이 사건의 진상을 밝히기로 그 방향을 선회했다. 리덩후이 총통은 1990년 11월 정부 산하에 2·28사건 연구와 해결방안을 위한 전담기구 구성을 지시했다. 1991년 1월 정부 행정원(총리실) 산하에 '2·28사건 전담 소위원회'가 구성되었고, 이 기구가 1년여의 진상조사를 거쳐 1992년 2월 「2·28사건 연구보고서」를 발간했다.

40만자에 달하는 이 보고서는 사건의 배경, 경위, 진압과정, 피해상황 등을 기록한 본문 2권에다 당시 관련자의 증언과 역사자료 등을 담은 방대한 분량의 자료집 10권으로 짜여졌다. 이 보고서는 정확한 사망자 숫자를 집계할 수 없지만, 여러 정황으로 볼 때 사망·실종자가 1만 8천~2만 8천명으로 추정된다고 밝혔다. 그 이전에 대만 군당국이 밝힌 이 사건의 피해자는 사망 408명, 부상 2,131명, 실종 72명에 불과했다. 이 또한 제주4·3의 경우와 비슷했다.

대만 정부는 이 사건의 사후처리를 놓고도 주춤거렸다. 이 문제를 당면한 정치문제로 이끌어낸 세력이 바로 야당인 민주진보당(민진당)이었다. 소수의 반체제 인사들을 중심으로 결성된 민진당은 오랜 투쟁 끝에 1986년 합법정당으로 인정받았다. 이 정당은 대만의 독립을 기치로 내세웠고, 합법적인 정치활동의 첫 목표로 2·28사건 진상규명을 내세워 대만 원주민들의 전폭적인 지지를 받았다. 민진당 천수이볜(陳水扁)이 1994년 타이페이 시장 선거에서, 2000년 총통 선거에서 승리할 수 있었던 것도 이런 배경이 깔려 있었다.

민진당은 1994년 2·28사건 수난자 모임(유족회)을 적극 대변하며, 정부의 공식 사과, 책임자 추궁, 희생자에 대한 배상, 국가기념일 설정 등을 요구하는 가두시위를 벌였다. 그리고 입법원(국회)에 '2·28사건 처리 및 배상조례'를 상정했다. 이런 과정을 거쳐 1995년 리덩후이 총통이 공식 사과를 하게 되었고, '2·28사건 처리 및 보상조례'가 입법원을 통과했다. 다만 국민당의 반대로 조례 명칭은 '배상'에서 '보상'으로 바뀌었다. 이 조례는 수난자에게 1인당 최고 대만화폐 6백만원(한화 1억 8천만원)까지 보상하도록 규정했다. 그러나 엄격한 심사로 보상금을 받은 수난자는 2천여 명에 불과했다.

1997년 2월 28일은 2·28사건 50주년을 맞는 날이었다. 타이페이시 한복판에 자리잡은 '2·28화평공원'에서는 기념식에 이어 '2·28기념관' 개관과 그동안 논란이 되었던 기념비 제막이 거행되었다. 이 역사적인 현장을 『제민일보』 4·3취재반 김종민 기자가 취재하고 있었다. 한·중·일 학자들이 참석한 가운데 타이페이시에서 열린 국제심포지엄(주제 '동아시아 냉전과 국가테러리즘') 취재를 겸해 대만으로 간 것이다.

대만 현지에서도 기념비 비문을 둘러싸고 논란이 계속되었다. 주로 장제스의 책임문제와 사건의 성격에 관한 논쟁들이었다. '항쟁'으로 표기해야 한다는 주장도 있었지만, 기념비에는 '2·28기념비'로만 새겨졌다. 대만 현지 신문은 이를 '유비무문(有碑無文)'이라고 표현했다. 2008년에 개관된 제주4·3평화기념관에 '백비(白碑)'를 설치한 것과도 같은 맥락이다.

2000년 민진당 천수이볜이 정권을 잡은 뒤 2월 28일이 국가기념일로 정해졌다. 또한 2·28사건의 책임문제에 대한 진상조사가 다시 진행되어 '유혈 진압의 주책임자는 장제스'로 결론을 내린 보고서도 나왔다. 이에 대해 국회의원인 장제스의 손자가 '조부의 명예를 더럽혔다'면서 고발, 소송도 진행됐다.

나는 2006년 국무총리 소속 제주4·3사건 진상규명위원회의 수석전문위원으로서 4·3중앙위원회 위원들과 대만 '2·28기념관'을 방문한 적이 있다. 그런데 분위기가 싸늘하고 딱딱했다. 그 이유를 알아본즉 타이페이 시장이 민진당 출신에서 국민당 출신으로 바뀌면서 기념관 운영체제도 달라졌다는 것이다. 즉 종전에 재단법인 '2·28사건기념기금회'가 수탁 관리할 때에는 활성화되었는데, 그 이후 타이페이시 문화국 직영체제로 전환돼 공무원들이 기념관 운영을 맡으면서 관료화 되었다는 것이다.

리영희 교수는 대만2·28을 '4·3의 거울'이라고 했다. 피해상황이나 강요된 침묵, 그리고 그 속을 뚫고 나온 진실규명과정이 그렇다는 것이다. 그 역사의 거울에 비춰보면, 대만2·28이나 제주4·3 같은 과거사의 진실규명과 명예회복은 중앙정부의 수장이나 지방정부의 책임자가 어떤 성향의 인물이냐에 따라 크게 달라지고 있음을 알 수 있다.

지금 돌이켜봐도, 대만2·28은 제주4·3과 흡사하다. 사건의 배경과 진압과정도 그렇지만, 그 후 전개된 진상조사, 국가수반의 사과, 기념사업, 재단 설립에 이어 국가기념일 지정까지도 닮았다. 제주4·3이 대만2·28에 비교해서 하나 부족한 점은 바로 희생자에 대한 개별 보상 문제이다.

대만2·28 연구자들도 자기네의 사건과 제주4·3이 유사하다고 보고 있다. 2·28사건 기념기금회는 2014년 허영선 시인이 쓴『제주4·3』을 중국어로 번역(번역 정내위)해 출간했다. 2·28기금회는 책을 출간하면서 "대만의 2·28사건과 한국 제주의 4·3사건은 역사적인 배경과 국제적인 환경에서도 유사성이 매우 많다. 심지어 제주4·3사건이 발생한 시기도 역시 1947년(1947년 3·1 발포부터 시작됐다는 뜻)이다. 2·28사건은 국제적인 관심을 높이기 위해서 다른 나라의 인권 단체들과 함께 인권 역사 교육에 함께 노력해야 한다."고 밝혔다.

특히 한국사 연구에도 정통한 주립희 교수(대만 정치대)는 자신이 가르치는 '한국정치 및 민주화' 강좌에 제주4·3을 포함하고 있다. 그의 수업에 이번에 번역 출간된『제주4·3』을 교재로 활용한다는 것이다.

| 리영희 선생과의 만남

리영희(李泳禧) 선생은 한국 진보진영의 대부로 꼽힌다. 2010년 그가 눈을 감았을 때, 한국 언론은 '우리 시대의 스승', '실천적 지식인의 표상', '큰 언론인'이라는 별칭을 붙여 주었다. 프랑스 유력일간지『르몽드』는 이미 그를 '사상의 은사'라 호칭했다.

그의 평생은 '반지성에 맞선 치열한 싸움의 역정'이었다. 근무하던 언론사와 대학에서 각각 두 번씩 해직되었고, 모두 다섯 차례 구속되었다. 그의 책『전환시대의 논리』(1974),『8억인과의 대화』(1974),『우상과 이성』(1977)은 반공 이데올로기가 가린 베트남 전쟁의 실체와 중국의 현실을 정직하게 드러내며 당대의 대표적 금서로 탄압받았다. 하지만 1970~80년대 대학가의 필독서가 될 정도로 대학생과 지식인들로부터 인기를 끌었다.『새는 좌우의 날개로 난다』(1994)라는 책 제목처럼 그는 반공주의의 허상을 깨뜨리고 오로지 진실과 균형의 날개로 이념적 도그마에 저항했다.

리영희 선생과 4·3취재반과의 첫 인연은 1989년『제주신문』에 연재했던「4·3의 증언」이 월간지『사회와 사상』에 전재되었을 때였다.『사회와 사상』편집위원이었던 그는 지방신문에 연재되는 4·3기획물을 전국에 널리 알리기 위해서 월간지에 그대로 싣도록 적극 추천했다는 것이다. 나는 이 사실을 그때는 몰랐고, 나중에야 알았다.

두 번째의 인연은 1993년 대만 2·28사건에 관한 원고를 청탁하면서였다. 중국 현대사에 박식하고 균형있는 시각으로 글을 써왔다는 이야기를 듣고 리영희 선생에게 원고를 써달라고 부탁드렸던 것이다. 당시 한양대 신문방송학과 교수였던 그는 기꺼이 이 청탁을 수락했다. "대만2·28 대학살 진상－제주도4·3의 거울(鏡)"이란 제목의 이 원고는『제민일보』1993년 6월 2일자 창간기념 특집호에 실렸다. 1만자에 가까운 장문으로 2면을 빼곡히 채웠다.

사건의 배경과 국민당 정부의 학살과 은폐, 진실규명 과정 등이 적나라하게 표현되었다. "대만 원주민이 50년간 섬긴 일본 식민경찰과 군대는 거칠었지만 규율이 엄했다. 그러나 새로 나타난 '동포정권'인 국민당 정권은 철저하게 타락하고 부패했을 뿐만 아니라 규율이라는 것이 전혀 없는 집단이었다. 대만인들의 원한은 안으로 안으로 곪아 들어갔다. 조그마한 계기가 있으면 거대한 불을 뿜을 모든 조건이 갖춰진 상태였다."는 글이 인상적이었다. 이 원고는 김종민 기자의 '대만2·28 50돌 현지취재기'와 함께『4·3은 말한다』제4권에 부록으로 실렸다.

이런 인연으로 리영희 선생과는 자주 연락하는 사이가 되었다. 선생은 특히 한국전쟁 발발직후 통역장교로 복무할 때, 제주4·3 학살에 관여된 제9연대에 근무한 경력이 있다면서 괴로워하기도 했다. 그는『4·3은 말한다』제4권에 실린 추천의 글에서 다음과 같이 썼다.

"나는 1948년 제주도 민간토벌 명령을 거부하고 병란을 일으킨 경비대 제14연대를 우연히 대학생으로서 '여순반란'의 전화 속에서 만났고, 제주도에서의 악명을 지닌 채 개편된 국군보병 제9연대의 일원으로서 6·25 민족상잔의 전쟁터를 가로질러 살아온 사람이다.

〈2001년 8월 16일〉　　　〈2000년 1월 7일〉

리영희 선생이 필자에게 보낸 엽서들. 뇌출혈로 쓰러진 후
힘겹게 쓴 글자 자체가 큰 감동을 주었다.

리영희 선생의 생전 모습.

　　따라서 제주4·3사건은 나의 청년기의 일부를 이룬다. 그러기에 나는 제민일보의
「4·3은 말한다」를 눈물로 읽는다.”

　　리영희 선생은 제주4·3특별법 국회통과를 누구보다 기뻐했다. 2000년 1월 7일 보
내온 엽서에는 “20세기에 저질러진 이 나라의 가장 흉악한 대학살의 원혼을 달래기
위한 작은 노력인 제주4·3 진상규명 및 희생자 명예회복 특별법이 20세기가 저무는
날에 늦게나마 성사된 것을 함께 축하한다.”고 써 있었다.

　　그런데 선생은 2000년 11월 뇌출혈로 쓰러져 오른쪽이 마비되었다. 그런 그가
2001년 8월 다시 엽서를 보내왔다. “우반신 마비로 자유롭지 못하지만 겨우 팔과 손
이 조금 움직여 연말인사에 대한 감사를 전한다.”면서 “4·3 일을 맡게 된 것을 축하하
고, 역사적 사명감을 가지고 큰일을 완주해 달라”는 요지의 글이었다. 얼마나 힘들게
쓴 글인지 그 자체가 감동이었다. 『리영희 평전』의 저자인 김삼웅(전 독립기념관장)은
병중에 쓴 그의 글체를 ‘리영희 떨림체’라고 표현했다. 엽서에 그 떨림체로 써서 보내
온 편지였다.

　　리영희 선생은 2010년 12월 5일 별세했다. 그의 장례는 ‘민주사회장’으로 엄수되
었다. 전국에서 5백여 명의 장례위원이 꾸려졌는데, 나도 말석에 끼어 그가 가는 마

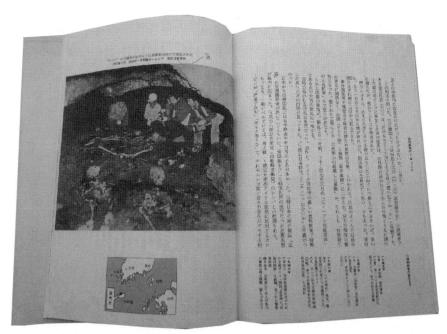

1992년 다랑쉬굴 유골 발굴 이야기부터 시작하고 있는 일본 요미우리신문 4·3 특집기사.

지막 길을 배웅했다. 그는 광주 5·18민주묘역에 안장
됐다.

| 요미우리신문, 4·3 집중보도

1992년 일본의 최대 신문사인 『요미우리신문』(讀賣
新聞)이 제주4·3을 집중 보도했다. 요미우리신문은 일
본에서 『아사히신문』과 쌍벽을 이루는 신문이지만, 발
행부수는 1천만 부를 넘어 세계 최대 규모를 자랑한다.
아사히신문이 진보적인 신문이라면, 요미우리신문은
보수적 성향을 띠고 있다. 그런 신문이 외신으로는 처
음 4·3을 집중 조명한 것이다.

『20세기의 드라마─현대사 재방』 표지.

요미우리신문은 1991년부터 「현대사 재방(再訪)」이란 특집을 보도하기 시작했다.

20세기 100년 동안 세계 도처에서 일어난 〈100대 특이한 사건〉을 테마로 심층 조명하는 기획물이었다. 이미 '케네디 암살', '쿠바 위기', '헝가리 봉기', '베를린 장벽 붕괴', '중국 천안문 사건', '소련연방의 붕괴' 등 세계적인 이슈를 모았던 사건들이 보도되었다. 한반도 사건으로는 '한국전쟁 개전의 날', '4·19혁명' 등이 포함되었는데, 그 반열에 '제주4·3'도 끼게 된 것이다.

1992년 5월 이 기획물을 취재하기 위해 요미우리신문 기무라 고조(木村晃三) 편집 위원이 제주에 왔다. 그는 1975년부터 3년간 서울특파원을 지냈고, 그 이후 모스크바 특파원 등 세계를 누비며 다녔던 50대 후반의 베테랑 언론인이었다. 나는 그가 제민일보사를 찾아 왔을 때, "어떻게 세계적인 사건의 대열 속에 제주4·3을 선정하게 됐는가?"고 물었다.

그의 대답은 이렇다. 첫째는 제주도와 같은 좁은 공간에서 민간인 수만 명이 학살된 것이 세계적으로도 드물다는 것이다. 둘째는 이토록 엄청난 사건이 한국 안에서조차 전모가 밝혀지지 않은 채 묻혀 있다는 사실을 더욱 주목하게 되었다는 것이다. 그는 "제주4·3은 마치 대나무의 마디와 같이 세계 현대사의 중요한 고비라고 생각한다."고 덧붙였다.

그 무렵 제주에서는 때마침 '다랑쉬굴' 유해가 발견되어 그 장례문제로 옥신각신하고 있었다. 그는 그 장례 현장을 취재하기 위해 당초 여정보다 며칠 더 머물렀다. 나는 4·3 특집을 보도한 요미우리신문을 직접 보지 못했다. 다만 그 해 10월 요미우리신문사에서 연재물을 모아 발간한 『20세기의 드라마-현대사 재방』이란 책을 받아보고서야 많은 지면이 할애되었음을 알 수 있었다.

4·3 특집은 「제주도(濟州島)사건」이란 타이틀 아래 보도되었다. "동포 서로 죽여-데모 발포가 서장(序章)이었다"란 소제목을 단 기사는 다랑쉬굴 유골 장례 이야기부터 시작된다. 44년 만에 발견된 11구의 유골, 당초 오전 7시 장례 예정이었는데 앞당겨 치르는 바람에 기자들도 취재 못했다면서 관계자들이 왜 이런 사실이 알려지는 것을 싫어하는지 강한 의문을 제기한다.

기사는 4·3의 발단이 1947년 3월 1일 데모대에 대한 경찰의 발포부터 시작된다고 밝히면서, 그 이전에 흉작과 미군정의 미곡정책 실패, 6만 명에 이르는 귀환인구의 실직난 등 경제적 불만이 누적되었음도 지적했다. 요미우리 기사 중에 눈길을 끄는 대목은 종전 후에도 제주도에는 「개조(改造)」(일본의 진보적 종합잡지) 정기 구독자가 2백 명에 이를 정도로 유식자가 많았다는 내용이다. 박경훈 도지사가 3·1발포 직후 인책 사임한 후 '민주주의민족전선' 의장에 취임한 사실은 당시의 '열기'를 짐작케 한다는 표현도 썼다.

중앙에서 제주도를 '빨갱이섬'으로 인식해서 응원경찰과 우익청년단체의 파견, 남로당 제주도당의 자위대 조직, 1948년 4월 3일 봉기, 단독선거 반대, 본격적인 진압작전으로 비극이 깊어갔다고 기술했다. 요미우리 기사는 "극비의 교섭 결렬—이제 되돌아 갈 수 없다"란 또 다른 소제목이 풍겨주듯 해결의 찬스가 있었는데, 그것이 수포로 돌아간 것을 아쉬워하기도 했다. 또한 김달삼이 해주대회에 참석한 것을 비판, "중대한 시기에 (게릴라) 지도부가 제주를 떠난 것은 '전선 이탈'이라고 부를 수밖에 없다."고 지적했다.

요미우리는 2개의 박스기사를 별도로 취급했는데, 하나는 '8천 명에서 8만 명의 엇갈리는 사망자 숫자', 다른 하나는 '남로당 지령이 있었느냐 없었느냐'는 논쟁과 관련해서 연구자들의 의견을 소개하는 기사였다. 요미우리 기사는 "'폭동'으로 불리던 1980년 광주사건도 재평가되었다."면서 "4·3사건에 대한 재평가는 중앙의 민주화, 정보공개의 수준과 연동되는 문제"라고 예리하게 지적했다.

『한겨레신문』을 제외한 우리나라 중앙언론이 4·3에 대해 침묵하고 있을 때, 일본 유수 신문이 4·3을 집중 조명한 것이다. 그런데 몇 년 후 요미우리신문에 이어 이번에는 아사히신문에서 4·3취재반을 찾아왔다.

| 아사히신문, 톱기사로 보도

1997년 4월 2일 일본의 『아사히신문』(朝日新聞)이 국제면 톱기사로 제민일보 4·3취재반의 활동상을 보도했다. 아사히신문은 당시 발행부수만도 8백만 부가 넘는 일본의 대표적인 일간지 중 하나이다. 이렇게 권위있는 신문이 외국의 작은 신문사 기자들의 활동상을 특집으로 소개한 것은 매우 이례적인 일이 아닐 수 없다. 당시 도쿄대학

4·3취재반의 활동상을 국제면 톱기사로 보도한
아사히신문 1997년 4월 2일자 기사.

교에서 박사과정을 밟고 있던 유학생 강창일(현 국회의원)이 그날 아사히신문을 보고
"너무 반가웠다"면서 기사 전문을 팩스로 보내주었다.

　그 며칠 전 아사히신문 서울특파원 우에무라(植村 隆) 기자가 제민일보사를 찾아왔
다. 그는 4·3취재반의 활동상을 취재하고 싶다는 의사를 밝혔다. 그 이유를 물었더
니, 그는 "4·3사건 자체가 특이한데다, 그 사건을 심층적으로 추적해서 주 2회씩 '대
형연재'하는 취재반의 활동이 매우 인상적이다."고 표현했다. 「4·3은 말한다」 일본어
판은 도쿄 신간사에 의해 1996년까지 모두 3권이 발행되고 있었다. 여기에다 김석범
선생의 장편소설 『화산도』 발행 등으로 일본 지식인 사회에 제주4·3의 실체가 점차
알려지고 있었다. 이런 분위기를 눈여겨본 아사히신문이 4·3취재반의 활동에 관심을
갖게 된 것 같다.

　아사히신문이 보도한 4·3취재반 특집기사의 주 제목은 "49년 전의 도민학살사건 진
상추적 연재 366회"였다. 그 때까지 연재된 횟수를 밝힌 것이다. 그리고 작은 제목으
로 "한국 제주도의 작은 신문이 체험자 5천명을 취재"했고, "목표는 5백회, 정부의 사

죄를 받는 것"이라고 달았다.

이 기사는 "미군정하의 남한 단독선거 실시에 반대, 1948년 4월 3일 제주도민이 무장봉기해 다수의 주민이 학살당했던 4·3사건의 진상규명을 위해 지역신문인 「제민일보」 취재반은 10여 년간 추적을 계속해왔다. 지금까지 약 5천인의 체험자들을 취재했던 주 2회의 대형연재 '4·3은 말한다'는 그 연재횟수가 366회를 넘어섰다. '공산주의자의 폭동'이라고 단정 지어진 채 오랫동안 터부시되어 왔던 이 사건의 진실이 조금씩 밝혀지게 되었다."는 내용으로 시작됐다.

기사는 이어 군사정권 아래에서는 이 사건의 취재가 불가능하였지만 한국 민주화의 흐름 속에서 1988년 제주신문 4·3취재반이 결성되었던 일, 제주신문의 노동쟁으로 4·3취재반을 비롯한 기자 대부분이 해고되었고, 그 기자들이 퇴직금을 모아 제민일보를 창간해 4·3기획물 연재를 계속하게 됐던 일, 광주 청문회가 침묵했던 4·3체험자들의 입을 열게 하는 촉진제가 되었던 일 등을 소개했다. 아사히신문 기사는 "(1997년) 4월 1일자 제민일보는 '사건 당시 제주도에 내려졌던 계엄령은 불법이었다'고 보도했다"는 사실도 밝혔다. 아울러 4·3취재반이 한국기자상을 수상한 사실과 연재물이 한국에서는 4권, 일본에서는 3권이 출판된 사실, 그리고 최종적인 연재의 목표는 500회라고 보도했다.

이 특집기사에는 4·3취재반원인 김애자 기자의 "울면서 증언하는 노인들도 있다. 시간의 흐름에 따라 고령의 체험자들은 하나 둘 이 세상을 떠나고 있다. 취재를 하는 일은 그 노인들의 한을 풀어주는 일이기도 하다"는 인터뷰 기사도 실렸다.

4·3취재반장인 나의 인터뷰 내용 가운데는 세 꼭지가 보도되었다. 첫 번째는 4·3취재반의 결성 과정과 입이 무거웠던 체험자들의 입을 열게 된 계기, 두 번째는 사건의 발발 성격이었는데, "사건은 본토에서 온 경찰과 우익집단과 그들에 대립한 제주도 일부 청년들과의 충돌에서 발단되었고, 그 항쟁 중에 단독선거에 반대하는 슬로건이 내세워졌다."고 보도됐다. 그리고 마지막 세 번째는 앞으로의 계획인데, "대만에서 1947년에 발생했던 2·28사건은 이미 대만정부의 사죄와 진상규명이 실현되었다. 한국정부는 4·3진상을 규명하고 피해자에게 사죄하지 않으면 안 된다"고 말한 사실이 기사화됐다.

나를 비롯한 4·3취재반은 그 무렵 제주4·3의 궁극적 문제 해결은 정부 차원의 진상조사와 국가의 사과라고 그 목표를 뚜렷하게 세우고 있었다. 이 사건의 심층을 들여다보면서, 또한 유족들이 한결같이 청원하는 억울한 누명을 벗기기 위해서도 그 방안이 최선이라는 생각을 하게 된 것이다. 그래서 우리 취재반의 활동도 그 목표를 향한 '하나의 여정'이라는 입장 정리와 다짐을 했던 것이다. 그런 속마음이 아사히신문이란 외신을 통해 드러난 것이다.

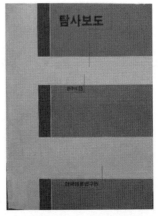

한국언론연구원에서 발간한 『탐사보도』 표지

| 「탐사보도」 우수사례로 선정

외신뿐만 아니라 국내 언론기관에서도 4·3취재반 활동에 관심을 갖게 됐다. 1996년 한국언론연구원이 제민일보의 연재 기획물 「4·3은 말한다」를 탐사보도의 우수사례로 꼽아 원고를 청탁해왔다. 언론연구원은 『탐사보도』라는 책을 발간할 계획임을 아울러 밝혔다. 언론연구원은 언론 연구조사와 언론인에 대한 재교육을 목적으로 설립된 기관이다.

그때까지도 '탐사보도'라는 어휘가 생소했다. 사전적인 의미는 "개인이나 조직, 국가가 숨기고자 하는 중요한 사안을 독자적으로 파헤치는 보도행위", 또는 "언론이 독립적인 시각과 관점을 갖고 객관화된 방법론을 통해 사건의 이면에 숨겨진 배경을 밝히는 과학적인 저널리즘 양식"으로 설명돼 있다.

탐사보도는 미국 등 외국 언론에서 널리 통용되었다. 그 성격을 잘 말해주는 사례로 1969년 베트남전쟁 당시 미군에 의해 저질러진 '밀라이 학살사건' 심층 보도, 1973년 대통령 선거를 앞두고 상대 진영에 도청장치를 설치했던 '워터게이트 사건' 폭로기사, 1976년 미국 군수업체가 일본 정계에 뇌물을 뿌린 '록히드 사건' 특종보도 등을 꼽을 수 있다.

그러나 한국 언론은 이승만 정권과 곧 이어진 장기간의 군사정권에 짓눌려 유감스럽게도 이런 탐사보도의 영역을 확보하지 못했다. 김영삼 문민정부 이후 언론 통제가 완화되면서 뒤늦게나마 이런 분야에 눈길을 돌리게 된 것이다. 한국언론연구원 신우재 원장은『탐사보도』발간사에서 "국내에서는 그 의미마저 제대로 정립되지 못한 탐사보도의 정확한 정의를 내리는 한편 실제 취재보도활동에 도움이 되도록 우리 현실에 맞는 탐사보도의 한국적 모델을 설정하기 위해 이 책을 펴낸다."고 밝힐 정도였다.

그래서 탐사보도의 한국적 모델로 '박종철 고문치사사건' 폭로기사, 「4·3은 말한다」 발굴 탐사보도 등을 꼽은 것이다. 이런 주문에 따라 「4·3은 말한다」 연재에 관한 원고는 4·3취재반 김종민 기자가 썼다. 제주4·3의 개요와 취재 동기, 준비작업, 증언채록, 자료 수집과 검증, 컴퓨터 활용, 취재보도 결과 등이 자세히 기술되었다. 3만 6천자에 이르는 장문의 원고였다.

그 중에서 이런 글이 기억에 남는다.

「4·3은 말한다」 연재가 '심층보도 우수작'이란 과분한 평가를 받았다면 그것은 전적으로 4·3이란 특별한 주제 때문에 심층취재를 하지 않으면 안될 '절실한 필요성' 덕분이다. 자료·증언의 '철저한 검증'이나 비교적 상세히 다룬 '컴퓨터 활용'도 취재반이 시행착오를 거듭한 끝에 채택한 필요성의 산물이다.

취재과정에서 가장 힘쓴 부분은 뭐니뭐니해도 검증이었다. 4·3취재반이 처음 대했던 4·3 관련자료들은 대부분 오류투성이였다. 체험자의 증언도 그대로 믿기에는 허점이 많았다. 4·3취재반에게는 작은 허점도 용납될 수 없었기에 입버릇처럼 검증을 강조할 수밖에 없었다. 이 점은 앞에서 충분히 밝혔으니 여기서는 검증 과정에 일조한 컴퓨터의 활용에 대해 잠시 살펴보겠다.

지금은 컴퓨터 없는 세상은 상상조차 할 수 없지만, 1988년에 도입한 4·3취재반 전용 컴퓨터는 제주도내 언론사 기자의 1호 컴퓨터가 아니었나 생각한다. 4·3취재반도 처음엔 수집한 각종 자료와 채록한 증언을 노트에 적는 작업으로 진행했다. 그러나 날로 쌓여가는 자료 정리를 수기 작업으로 하기에는 한계가 있었다. 그래서 어렵게 컴퓨터를 들인 것이다.

김종민 기자는 매뉴얼을 익히느라 매일 컴퓨터 앞에 앉아 있었다. 얼마 지나지 않아

우리나라 대학생들이 만든 '한국인'이란 데이터베이스 프로그램의 원리를 활용해 '4·3 정리 프로그램'을 만들어냈다. 이 프로그램은 4·3 관련자료들을 날짜, 지명, 인명, 단체, 주제어, 출처와 메모 별로 입력하는 형식이었다.

4·3취재가 어느 정도 축적되다보니 희생자 명단만 해도 1만 5천명에 달했다. 여기에다 4·3 자료, 채록된 증언 등을 입력하다보니 데이터의 양은 수만 개로 늘어났다. 이렇게 많은 데이터를 기억력에 의존해 찾아낸다는 것은 불가능한 일이다. 그러나 컴퓨터는 데이터베이스 검색으로 필요한 자료를 시기별, 장소별, 사건별 등 주문에 따라 배출해냈다. 연재 서술방법을 시기별 편년체로 택했기 때문에 컴퓨터가 자료 제공에 큰 도움을 준 것은 두말 할 것도 없다.

더 나아가 컴퓨터는 자료를 통계화하여 새로운 데이터를 창출해내는가 하면 컴퓨터 통신으로 자료 검색의 영역도 넓혔다. 이 『탐사보도』 발간은 한국 언론계에 탐사보도에 대한 새로운 인식과 컴퓨터 활용의 중요성이 강조되는 계기가 되었다.

'불법 계엄령' 논쟁과 송사

| 초토화 참상 연재 경위

『제민일보』연재물 「4·3은 말한다」는 1996년 10월에 340회를 넘기면서 대규모 유혈사태를 몰고 온 초토화 작전의 실체와 그 참상을 다루게 되었다. 광란의 한복판에 들어선 것이다. 본격적인 초토화 상황을 다루기 전에 초토화 직전의 상황, 즉 '9연대 강경토벌전 채택', '여순사건 이후 공방전', '제주읍에 불어닥친 광풍', '유혈사태의 길목' 등을 보도했다.

나는 이 무렵 초토화 상황의 취재 방향을 놓고 고심에 빠졌다. 초토화 피해가 컸던 몇몇 마을을 선정해 상징적으로 다뤄야 할지, 전수조사하여 제주도 전체 마을의 피해 상황을 두루 보여줘야 할 지 선택해야 했다. 김종민 기자 등은 초토화 작전 기간에 전도에 걸쳐 워낙 많은 사건이 동시에 벌어졌기 때문에 초토화의 실상을 제대로 파헤치기 위해선 전수조사가 필요하다고 제안했다.

이 취재안은 초토화 작전의 실상을 구체적이고 정확하게 파악할 수 있는 이점이 있는 반면, 연재가 장기화되는 부담이 있었다. 4·3취재반은 당초 6명에서 3명(양조훈, 김종민, 김애자)으로 재편되어 있는데다, 내가 그 해 8월 편집국장으로 자리를 옮겼기 때문에 현장 취재가 어려운 상황이었다. 결국 2명의 기자가 이 일을 감당해야만 했다.

또 다른 이유는 경영주와의 관계였다. 제민일보사는 1990년 사원주와 도민주 22억 5천만 원을 모아 창간되었지만, 지속적인 경영 안정을 이유로 대주주를 영입했다. 그런데 1995년 대주주의 개인 회사가 부도나면서 오히려 신문사마저 위기에 빠졌다. 그 위기를 벗어나기 위해 재일동포인 새경영주를 맞게 되었는데, 그 경영주가 나에게 "4·3연재를 언제까지 할 것이냐?"고 여러 차례 물어왔다. 공안정보기관의 입김이 작동되고 있음이 감지되었다.

연재를 빨리 끝내라는 안팎의 압력에다가 2명의 기자가 전수조사하는 건 무리라는 생각이 들었지만, 결국은 전수조사 안을 채택했다. 압력에 굴하는 듯한 인상을 주기도 싫었지만, 그것보다는 그때까지 밝혀지지 않은 마을마다의 초토화 실상을 이때가 아니면 밝히기 어렵겠다는 판단 때문이었다.

1996년 10월부터 '초토화 작전의 배경'이 10회에 걸쳐 심층적으로 연재됐다. 결론부터 말하면 4·3 전개 과정에서 가장 참혹하고 무자비한 학살극을 벌인 초토화 작전의 책임은 미국과 이승만 정권에 있다는 것이었다. 이를 입증하기 위해서 제주도와 국내 상황만이 아니라 한반도를 둘러싼 미국과 소련의 전략을 깊게 분석했다. '불법 계엄령' 문제도 집중적으로 해부했다. 이런 토대아래 초토화 작전이 제주도 전체 마을에 어떤 참상을 입혔는지 추적했다.

마을 취재는 조천면을 시작으로 시계 방향에 따라 제주도를 한바퀴 돌아 제주읍까지 오는 형식이었다. 첫 마을은 1996년 11월 26일자에 보도된 조천면 교래리였다(「4·3은 말한다」 352회). 1948년 11월 13일 새벽 토벌대의 급습을 받은 이 마을은 1백여 가호가 모두 불탔고, 노약자 대부분이 희생됐다. 김인생의 경우 가족과 친척 등 14명을 한꺼번에 잃었다. 양복천 할머니의 다음과 같은 절규는 큰 파장을 일으켰다.

"'설마 아녀자와 어린아이까지 죽이겠느냐'는 생각을 했지요. 그런데 집에 불을 붙이는 군인들 태도가 심상치 않았어요. 무조건 살려달라고 빌었지요. 그 순간 총알이 내 옆구리를 뚫었습니다. 세 살 난 딸을 업은 채로 픽 쓰러지자 아홉 살 난 아들이 '어머니!'하며 내게 달려들었어요.

그러자 군인들은 아들을 향해 또 한 발을 쏘았습니다. '이 새끼는 아직 안 죽었네!'하며 다시 아들을 쏘던 군인들의 목소리가 지금도 귓가에 쟁쟁합니다. 아들은 가슴을 정통으로 맞아 심장이 다 나왔어요. 그들은 인간이 아니었습니다!"

양 할머니의 옆구리를 관통한 총알은 등 뒤에 업혔던 딸의 왼쪽 다리까지 부숴 놓았다. 양 할머니는 딸이 두 번째 생일날 불구가 되었다면서 "어느 세상에 그런 일이 있을 수 있느냐"고 분통을 터뜨렸다. 이런 비탄의 목소리는 도내 곳곳에서 들을 수 있었다. 마을 취재는 초토화 작전의 실상과 그 허구성, 그리고 참상을 속속들이 드러나게 했다. 법을 지켜야할 공권력이 무수히 불법으로 집행되어 민간인을 학살하는 과정이 적나라하게 파헤쳐진 것이다.

초토화 현장을 취재하면서 김종민 기자 못지않게 김애자 기자의 고생도 이만저만이 아니었다. 당시 임신상태여서 홀몸이 아닌데도 밤늦게까지 마을을 찾아다니면서 피퉁기는 초토화 상황을 취재하고 정리하여 귀중한 체험자들의 증언록을 남겼다.

초토화 작전 마을별 참상 보도는 1999년 8월 28일자 '초토화작전 – 삼양리' 상황(「4·3은 말한다」 456회)을 끝으로 막을 내렸다. 아니, 「4·3은 말한다」 연재 자체가 경영주의 입김으로 중단되는 사태를 맞게 되었다. 그리고 나 또한 신문사를 떠나게 되었다. 자세한 이야기는 후술하겠다.

| 계엄법도 없는데 계엄령 선포

1997년 4월 1일 『제민일보』와 『한겨레신문』은 "4·3계엄령은 불법"이란 기사를 대서특필했다. 두 신문은 "제주4·3 때 제주도민 대량학살의 법적 근거로 알려진 계엄령은 당시 이승만 정권에 의해 불법적으로 선포된 것으로 밝혀졌다."고 보도, 충격파를 던졌다.

1996년 10월부터 초토화작전의 참상을 마을별로 전수 조사하던 4·3취재반에게 '계엄령'은 괴물처럼 다가왔다. 글자를 모르는 할머니조차도 '계엄령'이란 용어만은 빠뜨리지 않았다. 남편이, 혹은 아들이 군경토벌대에게 무고하게 희생당했다고 강조하면서 말미에는 꼭 "그때는 계엄령 시절"이라며 '시국 탓'을 했다. 그들에게 계엄령은 '마구잡이로 사람을 죽여도 되는 제도' 쯤으로 인식되어 있었다. 실제 상황이 그랬기 때문이다.

그런데 4·3계엄령은 그 실체부터가 불분명했다. 자료를 찾아 추적하면 할수록 엇갈리는 부분이 많았다. 계엄 선포 날짜부터가 그랬다. 국방부의 『대비정규전사』, 제주도경찰국의 『제주경찰사』, 제주도의 『제주도지』(1982년판) 등 관변자료에는 '1948년 10월 8일'에 계엄령이 선포된 것으로 기록돼 있었다. 또한 『김녕리 향토지』는 그 해 '10월 1일', 「주한미군사고문단 문서」는 '11월 16일', 「주한미군사령부 정보보고서」

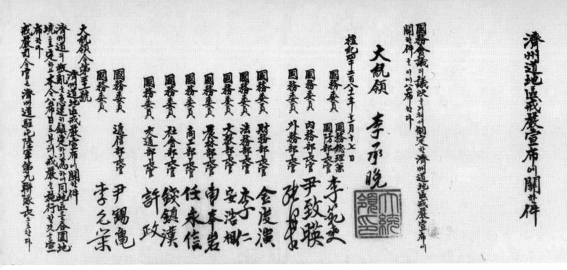

정부문서기록보존소에서 찾아낸 제주도지구 계엄 문건. 이승만 대통령과 국무위원의 자필 서명이 선명하다.

는 '11월 17일', 『조선일보』는 '11월 21일' 등 계엄령 선포 날짜가 각기 다르게 기술 돼 있었다.

이 뿐만이 아니다. 과연 제주도에 계엄령이 선포되었는지조차 의심케 하는 자료도 있었다. 『조선일보』1948년 11월 20일자에는 "제주도에 계엄령이 선포되었다는 말 이 떠돌고 있으나, (11월) 19일 국방부는 이를 근거 없는 뜬소문이라고 부인했다."고 보도했다. 즉, 국방부 보도과가 밝힌 담화는 "이즈음 모든 신문을 비롯하여 항간에 떠 도는 말과 같이 제주도 일대에 계엄령이 선포된 일은 없다. 각처에서 폭동이 일어나므 로 군에서는 작전상 경계를 엄중히 한 것이 민간에 오해된 모양이다."는 것이었다..

더 희한한 내용은 주한미군 기밀문서에서 발견되었다. 1949년 2월 5일자 「주한미 군사령부 정보보고서」에는 "지난 1948년 11월 17일에 선포됐던 제주도 지역에 대 한 비상사태는 한 달 전에 해제됐지만 그 효력에 대한 공식적인 사전 언급은 없었다 (중략). 비상사태(the state of emergency)는 한국인과 미국인 모두에 의해 계엄 령(martial law)으로 불려 왔다. 그러나 이는 잘못된 것이다. 왜냐하면 계엄령은 현 한국정부에 의해 선포된 바가 없기 때문이다."라고 기재돼 있었다.

이렇게 말만 무성하고 실체는 종잡을 수 없는 계엄령 관련 자료들을 분석하다보면 마치 미로에 빠진 듯한 느낌이었다. 그런데 이런 고민을 한방에 날린 문건이 발견됐 다. 제민일보 서울 주재기자인 진행남 기자가 총무처(현 행정자치부) 산하 정부문서기 록보존소에서 '제주도지구 계엄선포 문건' 원본을 찾아낸 것이다.

이승만 대통령과 국무위원 12명의 자필 서명이 선명한 이 문건은 1948년 11월 17일 국무회의의 의결을 거쳐 제주도지구에 계엄을 선포한다는 것이었다. '대통령령 제31호'로 공포된 이 계엄문서에는 "제주도의 반란을 급속히 진정하기 위해 동 지구를 합위지경(계엄지역)으로 정하고, 본령 공포일로부터 계엄을 시행할 것을 선포한다. 계엄사령관은 제주도 주둔 육군 제9연대장으로 한다."고 되어 있었다. 결국 계엄 공포 날짜는 기존의 관변자료 등이 다 틀린 반면, 「주한미군사령부 정보보고서」만 맞는 것으로 확인되었다. 또한 이 계엄은 1948년 12월 31일자로 해제된 사실도 밝혀졌다.

그럼에도 여전히 의문은 가시지 않았다. 국무회의 의결까지 거친 계엄령에 대해 왜 국방부 보도과와 언론이 그 사실을 부인했는지, 당시 한국군 작전통제권을 갖고 있던 미군이 왜 뒤늦게 계엄령이 선포된 바가 없다고 부인했는지 등등이다. 그 와중에 계엄사령관조차 계엄령의 내용을 몰랐다는 증언을 들을 수 있었다. 4·3 당시 서귀포경찰서장을 지낸 김호겸은 "계엄사령관인 송요찬 연대장조차도 계엄령이 뭔지 몰라 우리 경찰을 찾아왔다."고 말했다.

4·3취재반은 이런 계엄 관련 문건들을 분석하다가 계엄령이 불법일 수 있다는 생각이 들었다. 즉 제헌헌법 제64조(계엄선포권)는 "대통령은 법률이 정하는 바에 의하여 계엄을 선포한다"고 되어 있는데, 계엄법(법률 제69호)은 4·3계엄령을 내린 지 1년이 지난 후인 1949년 11월 24일에야 제정 공포되었기 때문이다. 어떻게 해당 법률도 없이 계엄을 선포할 수 있단 말인가?

행여나 자의적인 해석은 아닌지 염려되어 법률 전문가에게 자문을 구했다. 최병모 변호사, 김순태 교수(한국방송대 법학과·작고) 등은 우리 해석이 맞다고 동조해왔다. 4·3계엄령이 불법이라니? 가슴이 뜨거워졌다.

| 법제처의 반론으로 논쟁 비화

'4·3계엄령이 불법'이란 취재 결과에 우리들은 흥분하지 않을 수 없었다. 1948년 11월 중순부터 벌어진 초토화 작전 때 군경토벌대는 팔순 노인에서부터 서너 살 난 어린이에 이르기까지 남녀노소를 가리지 않고 무차별 학살했다. 이 행위는 국제법에서 용납될 수 없는 불법적인 것이다. 하물며 그 법적 토대를 이루는 계엄령 선포마저 불법이었다면 문제는 더 심각했다.

나는 이 사실을 보도하기에 앞서『한겨레신문』에 알리도록 했다.『한겨레신문』은 당시 중앙지 중 유일하게 4·3의 진실 규명을 위한 활발한 보도를 해왔다. 그래서 1997년 4월 1일『한겨레신문』은 허호준 기자,『제민일보』는 진행남·김종민·김애자 기자의 기명 기사로 이 사실을 보도했다. 당시 한겨레는 조간, 제민은 석간이었다. 제민이 몇 시간 늦게 보도되는 불이익을 감수한 대신 이 충격적인 사실을 전국에 알리는 효과가 컸다.

보도가 나가자 곧 반향이 나타났다. 서울에서 갓 출범한 '제주4·3 제50주년 기념사업추진 범국민위원회'를 비롯하여 새정치국민회의, 제주4·3연구소, 제주범도민회와 12개 전국 시민운동단체들이 일제히 성명을 발표, 정부 차원의 진상규명을 촉구했다.

이에 대해 정부의 법률적 입장을 대변하는 법제처가 즉각 반론을 제기했다. 반론의 요지를 정리하면, ① 일제하의 식민지 조선에서는 일제 칙령에 따라 일본의 계엄령이 시행됐다 ② 해방 후 미군정 하의 남한에서는 군정법령(제21호)에 따라 일본의 계엄령이 존속됐다 ③ 대한민국 정부 수립 이후에는 제헌헌법(제100조)에 의해 일본의 계엄령이 계속 효력을 가진다는 것이었다. 즉, 제주4·3 때의 계엄 선포는 비록 당시까지 한국의 계엄법은 없었지만, 그때까지 계속 효력을 갖고 있던 일본의 계엄령에 의해 선포된 것이므로 '법적 근거 없이 선포됐다'는 보도는 잘못이라는 주장이었다.

법제처의 반론을 계기로 계엄령을 둘러싼 문제는 법 해석에 대한 논쟁으로 전환되었다. 4·3취재반은 법제처가 4·3계엄령의 법적 근거로 내세운 '일본 계엄령'에 대해서도 일본 헌법학자의 자문을 받으면서 그 사실관계를 조사했다. 1882년에 제정된 일본 계엄령은 1913년 일제 칙령에 의해 식민지 조선에서도 시행되었다. 그런데 이 계엄령은 '관동대지진'(1923년) 등 일본에서 모두 3차례 발효되었을 뿐, 식민지 조선에서는 단 한 번도 선포된 바가 없다는 사실도 확인됐다.

그런 일본 계엄령이 같은 민족을 학살한 4·3계엄령의 근거라니 도저히 납득하기 어려웠다. 그럼에도 '일본의 계엄령이 과연 해방 후 제주에 계엄이 선포될 때까지 존속했느냐?'는 법률적인 해석 문제이기 때문에 신중을 기할 수밖에 없었다. 김순태 교수(한국방송대·법학), 서중석 교수(성균관대·역사학) 등은 "법제처의 해석이 법률적이나 역사적 사실에 대한 검토 없이 급히 보도 내용에 대응하려다보니 그런 근거를 제시한 것 같다."면서 문제점을 조목조목 반박했다.

『제민일보』가 이와 관련한 문제점을 계속 제기하자, 법제처는 문제의 보고서에 대해서 "정식으로 문서화된 게 아니라 내부적으로 한 번 검토해 본 메모에 불과하다."고 해명했다. 그럼에도 1997년 7월 8일 국회 법사위에서 천정배 의원(국민회의)이 신문 보도를 토대로 '불법 계엄령' 문제를 따져 물었을 때에도 법제처는 4·3 때의 계엄령이 일제 법에 근거했다는 기존 입장을 되풀이했다.

이 문제는 법률학계의 연구대상이 되었다. 언론 보도가 나간 이후 김순태 교수의 「제주4·3 당시 계엄의 불법성」, 김창록 교수(부산대·법학)의 「1948년 헌법 제100조-4·3계엄령을 통해 본 일제법령의 효력」, 이승용 변호사의 「4·3, 그 문제와 해결의 법적 측면」 등의 논문이 발표됐다.

여기서 여담 한 가지만 덧붙이겠다. 『동아일보』가 1997년 4월 29일자에 나의 인터뷰 박스기사로 '4·3계엄령 위헌' 사실을 보도했다. 당시 동아일보의 성향으로 볼 때 제민일보 편집국장의 인터뷰기사를 실은 것은 이례적인 일이었다. 나는 한국기자상 수상 기념으로 한국기자협회가 주선한 베트남 여행을 한 적이 있는데, 그때 동행했던 동아일보 문화부장(김충식)의 입김이 작용해서 그 기사가 나왔다는 것을 나중에야 알았다.

그런데 이승만 대통령의 양자(이인수)가 '불법 계엄령' 보도에 대해 1997년 10월 한겨레신문사를 상대로 '정정보도'를, 1999년 8월 제민일보사를 상대로 '정정보도 및 3억원의 손해배상 청구' 소송을 제기하면서 4·3계엄령 문제는 새롭게 부각되었다.

결론부터 이야기하면 이 소송은 원고가 패소하고, 피고인 『제민일보』가 승소했다. 대법원 확정판결 때까지 2년여가 걸린 이 소송의 진행과정에서 4·3 피해자들이 처음으로 법정에서 계엄령 하의 양민 학살 실태를 증언했고, 결국 사법부가 공권력에 의한 불법학살극을 인정했다는 점에서 역사적 의미가 크다. 이 송사가 4·3 진영의 외연 확장과 결속을 다지는 계기가 됐다는 점도 특기할 만하다.

1999년 10월 6일 제주도내 18개 시민사회단체가 공동기자회견을 갖고 이승만 전 대통령의 양자에게 즉각 소송을 철회하라고 촉구하고 있다.

| 이승만 양자 소송 제기에 '공분'

1999년 10월 7일, 4·3계엄령 다툼에 대한 첫 공판이 비상한 관심 속에 제주지방법원에서 열렸다. 『제민일보』가 1997년 4월 1일자 1면 톱기사로 '4·3계엄령은 불법이었다'는 제목 아래 4·3 때 제주도민 대량 학살의 법적 근거로 알려진 계엄령이 당시 이승만 대통령에 의해 불법적으로 선포됐고, 그 계엄령 하에서 양민 학살이 자행됐음을 보도했었다. 이에 대해 이승만의 양자가 신문사를 상대로 3억 원의 손해배상 소송까지 제기하면서 4·3 진영의 공분을 샀다.

첫 공판이 열리기 하루 전인 10월 6일 4·3도민연대·4·3연구소·제주지역종교인협의회·천주교제주교구정의구현사제단 등 제주지역 18개 시민사회단체가 제주도의회 도민의 방에서 기자회견을 갖고 이인수의 처사를 규탄하는 공동성명을 발표했다. 이 성명은 "집단학살의 최고 책임자였던 이승만 씨의 양자가 망부를 대신해 사죄하기는커녕, 마치 제주 양민 학살의 책임이 없다는 듯 합법 계엄령 운운하고 있다"고 성토하고, "제민일보 4·3취재반을 상대로 명예훼손죄로 고발한데 대해 그 뻔뻔스러움과 몰염치함에 혀를 차지 않을 수 없고, 이 행위가 다시금 유족들과 도민들의 가슴에 못을 박는 결과를 초래했다는 점에서 분노하지 않을 수 없다."고 주장했다.

이 성명은 이어 이인수에게는 후안무치한 소송의 즉각 철회와 제주도민에 대한 사과를, 재판부에게는 본 사건이 갖는 중대성을 감안해 진실을 밝히는 공정한 재판을 해줄 것을 요구했다. 이렇게 많은 제주도 시민사회단체가 공동으로 4·3문제에 대한 입장을 표명한 것은 매우 이례적인 일이었다. 이렇게 결속된 시민사회단체들이 20여 일 후인 10월 말에는 '4·3연대회의 결성'에 동참해 본격적인 4·3특별법 제정운동을 벌이게 된다.

한편 재판을 앞두고 양쪽의 변호사 사이에 한바탕 기 싸움이 벌어졌다. 이인수 측 이진우 변호사는 이 소송을 서울지법에 제기했다. 이 변호사는 민정당 정책위의장과 국회 사무총장 등을 역임한 정치 성향이 강한 거물 법조인이었다. 이에 맞선 소장 그룹의 피고 측 문성윤 변호사는 먼저 재판을 제주지법으로 옮기는 이송신청을 했다. 이 재판은 서울보다는 제주에서 진행하는 것이 여러모로 유리하다고 판단했기 때문이다. 서울지법에서 이를 받아들이는 결정을 하자 원고 측 변호사는 즉각 반발했다. 이 결정에 불복한 원고 측이 항고, 재항고까지 했지만 결국 대법원에서마저 지고 말았다.

재판을 제주지법으로 옮기면서 기선을 잡은 문 변호사는 피고 측 증인으로 관련기사를 썼던 김종민 기자를 내세워 상대방 주장의 빈틈을 파고드는 전략을 썼다. 김 기자가 법정에 선 것은 3차 공판이 열린 2000년 1월 20일이었다. 김 기자는 "4·3때 계엄령이란 이름아래 60세 이상 노인부터 10세 미만의 어린아이까지 무차별 학살당했음에도 이런 중요한 계엄령에 대해 자료마다 그 선포날짜가 제각각이어서 특별히 주목하게 된 계기가 됐다"고 취재 배경부터 설명했다. 이어 취재 과정에서 1948년 11월 17일의 계엄령이 계엄법 제정보다 1년이나 앞서 선포됐고, 미군 보고서에도 '비상사태'를 '계엄령'으로 잘못 사용했다고 기록된 내용 등을 찾아내어 국내외 학자와 전문가의 자문을 받은 결과 '불법 계엄령'이란 결론을 내리게 됐다고 밝혔다.

재판은 회를 거듭할수록 열기를 더해갔다. 재판 때마다 방청석은 만원을 이뤘다. 하이라이트는 2000년 3월 27일 4·3 피해자 5명이 법정 증언석에 섰던 5차 공판 때였다. 사상 처음으로 유족들을 직접 법정에 세우게 된 데에는 이보다 두 달 앞서 내려진 서울고법의 판결이 영향을 미쳤다.

이인수 측은『제민일보』뿐만 아니라 '4·3계엄령 불법' 기사를 함께 보도한『한겨레신문』을 상대로 정정보도 등의 청구소송을 제기했는데, 이에 대해 서울고법은 2000년 1월 20일 "'이승만 전 대통령의 계엄선포는 불법이었다'는 보도는 근거가 없는 만큼 정정보도하라"는 원고 청구를 기각했다. 재판부는 그러나 '이 전 대통령이 미군정과 공모해 의도적으로 양민을 학살했다'는 부분에 대해선 정정보도하라고 원고 일부 승소 판결을 내렸던 것이다.

| 사법부 '4·3 불법학살극' 인정

3월 27일, 제5차 공판이 열린 제주지법 법정은 4·3 유족과 시민사회단체 인사들로 가득 찼다. 방청석 한 켠에는 이인수 쪽을 지지하는 반공인사와 제주경우회 임원들이 자리를 잡아 미묘한 신경전이 벌어졌다.

이날 법정에서 피고 측 증인 5명이 차례로 증인석에 섰다. 김홍석(의귀리), 오국만(가시리), 양복천(교래리), 고남보(소길리), 임완송(와흘리) 등 증인 5명은 모두 토벌대의 초토화 작전으로 피해를 입은 유족들이었다. 이 소송의 쟁점은 계엄령의 불법성과 양민학살의 실체 여부 등 크게 두 가지로 나뉜다. 피고 측 문성윤 변호사는 양민학살의 실체를 입증하기 위해 유족들을 증언석에 세운 것이다. 문 변호사는 이에 앞서 4·3취재반과 함께 증인들의 집을 일일이 찾아가 피해 실상에 대한 증언을 듣는 등 사전 준비에 남다른 열의를 보였다.

증인 5명은 저마다 50여 년 전의 참상을 또렷하게 진술해 법정을 숙연케 만들었다. 그런데 원고 측 반대신문이 벌어지면서 일순 분위기가 바뀌었다. 원고 측 변호사가 갑자기 일이 생겨 불참하는 바람에 소송 제기 당사자인 이인수가 직접 신문에 나섰다. 그가 4·3을 공산폭동으로 규정하고 질문을 시작하자 방청석이 웅성거렸다.

이런 흥분된 분위기는 양복천 할머니에 대한 반대신문 과정에서 폭발하고 말았다. 이인수는 "토벌대가 9살 난 아들을 사살하고 나에게도 총을 쏘는 바람에 옆구리를 관통, 등에 업힌 3살 난 딸의 다리를 박살냈다"는 양 할머니의 증언에 의문을 제기하면서 "폭도들이 한 것이 아니냐?"고 묻는가하면 질문지를 양 할머니 얼굴 쪽으로 들이댔

제주지법이 4·3계엄령 보도와 관련한 소송에서 제민일보에 승소판결을 내리자 4·3관련단체 관계자와 유족들이 환호하고 있다.

다. 그 순간 방청석에서 "글자도 모르는 할머니에게 무슨 짓이냐?"는 고함이 터졌다.

재판장인 김창보 부장판사가 "고함을 지른 사람이 누구냐?"고 소리쳤다. 그때 "접니다."하면서 오른팔을 들어 올리며 벌떡 일어나는 사람이 있었다. 제주4·3행방불명인유족회 공동대표 송승문이었다. 재판정은 순간적으로 고요해졌다. 법정 소란죄로 퇴정을 명할지, 아니면 감치처분을 내릴지 모든 시선이 재판장의 입으로 쏠렸다. 사안이 미묘해서인지 재판장은 몇 마디 말을 주고받더니 "조용히 하세요."란 말로 끝을 냈다. 공판이 끝난 후 이인수는 거칠게 항의하는 유족들에 둘러싸여 곤욕을 치르다 재판정 뒷문으로 피신했다.

이 소송은 제민일보 쪽이 승소했다. 제주지법 민사합의부는 2000년 7월 20일 선고공판을 통해 원고의 청구를 모두 기각했다. 재판부는 판결문을 통해 '양민학살'에 대해서는 명쾌한 결론을 내렸다. 재판부는 "제주도 중산간마을이 초토화되었고, 무장대와 직접 관련이 없는 많은 주민들이 재판절차도 없이 살상당하는 등의 피해를 입은 것은 사실"이라고 밝혔다.

그런데 재판부는 '4·3계엄령 불법성 여부'에 대해서는 다소 유보적인 입장을 취했다. "계엄이 법령에 근거 없이 선포된 위법한 것이라고 볼 여지가 있다"면서도 "계엄 선포 자체가 아무런 법적 근거 없이 이뤄진 불법적인 조치라고 단정하기 어렵다"며 어느 쪽의 손도 들어주지 않은 것이다.

그럼에도 노심초사하던 4·3 진영은 재판부가 정정보도 뿐만 아니라 3억 원의 손해 배상을 청구했던 이인수 측의 무리한 요구에 쐐기를 박고, 4·3 당시 공권력에 의한 양민학살을 인정했다는 점에서 일제히 환영했다. 이날 선고공판장에는 연로한 유족들도 많이 나왔는데, 기각 판결이 나오자 박수를 치며 환호했다. 눈물을 흘리는 유족들도 있었다.

그러나 원고 측은 쉽게 포기하지 않았다. 항고했지만 2심인 광주고법 제주부는 2000년 12월 22일 역시 원고의 항소를 기각했다. 그러자 원고 이인수는 대법원으로 상고했고, 대법원은 2001년 4월 27일 관여 대법관 4명의 일치된 의견으로 원고의 상고를 기각했다.

특히 우리나라의 사법절차상 최종심인 대법원의 판결은 소송사건을 확정시킨다는 점에서 현대사 최대비극인 제주4·3에 대한 제민일보 보도의 진실성을 사법부가 최종적으로 입증했다는 의미가 있다. 대법원의 판결에서도 그동안 금기시되고 터부시됐던 4·3 당시 공권력에 의한 양민학살을 인정했다는 점도 그 의미가 컸다. 필자 등이 나중에 정부 차원의 4·3진상조사보고서를 작성할 때에도 이 대법원의 판결문을 유익하게 활용했다.

한편, 이 소송을 승리로 이끈 문성윤 변호사는 이 사건을 계기로 일약 '4·3 변호사'란 명성을 얻게 됐다. 그는 이후에도 4·3중앙위원회의 헌법소원 및 행정소송과 4·3유족회의 민사소송 등을 맡아 대변하는 역할을 수행했다.

4·3 50주년, 진실규명 급물살

| '4·3범국민위원회' 출범

1998년은 4·3 50주년이 되는 해였다. 더불어 4·3 진상규명 운동이 본격적으로 추진된 지 10주년이 되는 해이기도 하였다. 50주년을 앞두고 그동안 4·3 진실찾기를 해온 각계 진영은 새롭게 대오를 짜기 시작했다. '진실을 향한 굿판을 크게 벌이자'는 목표가 이심전심으로 전해진 것이다. 그 일환으로 추진된 것이 1997년 4월 1일 서울 종로5가 한국기독교회관에서 열린 '제주4·3 제50주년기념사업추진범국민위원회(4·3 범국민위)' 결성식이다.

이 행사를 실질적으로 주도한 제주사회문제협의회는 1989년 제주4·3연구소 출범의 산파역을 했고, 1996년에는 서울 종로성당에서 '제주4·3사건 특별법 제정촉구 시민대토론회'를 개최하는 등 4·3 진실규명을 위한 활동을 꾸준히 해왔다. 제사협은 4·3 50주년 기념사업을 대대적으로 벌여 전국적인 이슈로 부각시키고자 명망가들은 물론 전국단위 시민사회단체 대표들을 총망라한 범국민적인 조직 구성에 나섰다. 이일을 위해 정윤형, 현기영, 김명식, 고희범, 강창일, 허상수 등이 발 벗고 나섰다.

4·3범국민위 결성식에서 발표된 위원 명단은 세상을 놀라게 했다. 종교, 학계, 법조, 문화예술 등 한국 진보진영 지도급 인사와 시민단체 대표들이 빠짐없이 포함되었기 때문이다. 고문단에는 김성수(대한성공회 주교), 박형규(목사), 김관석(목사), 이돈명(전 조선대 총장), 신창균(전국연합 고문), 예춘호(전 국회의원), 변형윤(서울대 명예교수), 이세중(전 대한변호사협회장) 등 각계 원로 8명이 참여했다.

자문위원으로는 리영희(한양대 명예교수), 김진균(서울대 교수), 백낙청(서울대 교수), 신용하(서울대 교수), 고은(시인), 신경림(시인), 김창국(전 서울변호사회장), 한승헌(변호사), 이해동(목사), 문정현(신부), 지선(스님) 등 내로라하는 명망가 28명의 이름이 올랐다.

상임대표에는 김찬국(상지대 총장), 김중배(참여연대 대표), 강만길(고려대 명예교수), 정윤형(홍익대 법경대학장) 등 4명이, 공동대표에는 김동완(목사), 김승훈(신부), 효림(스님), 김상곤(민교협 대표), 구중서(민예총 대표), 최영도(민변 대표), 천영세(전국연합 공동대표), 권영길(민주노총 위원장), 박정기(유가협 대표), 김정기(역사문제연구소장) 등 각계 시민단체 대표 14명이 맡았다.

운영위원으로는 박원순(참여연대 사무처장), 서경석(경실련 사무총장), 최열(환경운동연합 사무총장), 백승헌(민변 사무국장), 서중석(성균관대 교수), 유홍준(영남대 교수), 곽노현(방송대 교수), 임헌영(문학평론가) 등 모두 55명이 참여했다. 그리고 실질적으로 조직을 꾸려가는 상임운영위원장에 김명식, 사무처장에 허상수, 사무처 직원들은 제사협 회원들로 짜여졌다.

이날 결성식에서 고문으로 추대된 이돈명 변호사는 "4·3에 대한 진실이 왜 정반대로 왜곡되었는지, 또 왜 이를 바로 잡아 보려고 하지 않았는지 반성해야 한다."고 전제하고 "하늘을 우러르고 땅을 굽어봐도 부끄러움이 없도록 올바르게 역사를 이끌어가는 것만이 세계 평화에도 이바지하는 길"이라며 정부의 각성을 촉구했다. 이날 행사에는 원로급과 젊은 세대에 이르기까지 3백여 명이 참석해 장내를 가득 메웠다.

이 자리에서 ① 정부의 양민학살사실 인정과 4·3 관련자료 공개 ② 국회 4·3특위 구성 ③ 4·3특별법 제정과 명예회복 조치 등을 촉구하는 결의문이 채택됐다. 또한 4·3 당시 가장 참혹한 희생을 치른 조천읍 북촌리 학살사건에 대한 주민 홍순식의 생생한 증언도 들었다.

4·3범국민위는 4·3 50주년을 앞두고 다양한 활동을 펼쳤다. 4·3의 실상을 전국에 널리 알리기 위해 「4·3 역사신문」을 10호까지 발행했는가하면 대학로 마로니에공원 등에서 거리 전시회를 열었고, 전국에서 참석자들을 모집해 '4·3 역사순례'를 마련했다. 4·3의 해법에 대한 각 정당의 입장을 밝히는 여야 4당 정책토론회도 개최했다.

4·3 50주년이 되는 1998년에는 4·3 명예회복을 위한 도외 제주인 선언, 4·3 명예회복의 해 선포, 4·3 추모 및 기념주간 설정, 학술심포지엄, 희생자 진혼굿, 역사사진전 등 다양한 행사를 열었다. 또한 그 해 4월 4일에는 서울 탑골공원에서 '4·3 50

주년 기념식 및 진실규명과 명예회복 촉구대회' 등을 개최했다.

4·3범국민위는 대열을 정비하고 1999년에 본격적으로 4·3특별법 제정운동을 벌였다. 결국 범국민위의 출범은 '4·3의 전국화'라는 외연을 넓히는 결정적인 계기가 되었다. 이때 참여한 인사들은 4·3특별법의 제정 운동뿐만 아니라, 4·3위원회 구성 과정에서도 핵심적인 동력이 된다.

1998년 4월 도민과 유족들의 정성으로 쌓은 제주시 신산공원의 '4·3 해원 방사탑'

| 4·3 50주년 제주 행사

4·3 진실찾기 운동은 4·3 발발 50주년인 1998년에 이르러 최고조에 달했다. 각계 진영이 50주년을 앞두고 나름대로 준비를 해온데다 50년 만의 평화적 정권교체로 '국민의 정부'가 출범한 해여서 진상규명은 급물살을 타게 되었다. 이미 서울에서 4·3범국민위가 출범해 활발한 활동에 들어간 데 이어 제주, 일본 등지에서도 50주년 준비위원회가 발족되어 각종 기념행사를 개최했다. 노벨평화상 수상자가 참여하는 국제학술행사가 제주에서 열린 것도, 여당인 국민회의 안에 '4·3특별위원회'가 구성되어 역사적인 공청회를 개최한 것도 바로 이 때였다.

1998년 2월 3일 제주시 가톨릭회관에서 '제50주년제주4·3학술문화사업추진위원회(50주년추진위)' 창립대회가 각계인사 150명이 참석한 가운데 열렸다. '4·3 발발 50주년을 맞아 4·3 역사의 올바른 복원과 진정한 민족의 역사로 자리매김할 수 있도록 한다.'는 취지아래 결성된 50주년추진위는 상임대표에 강창일, 김영훈, 김평담, 문무병, 임문철 등 5명, 공동대표에 강요배, 고충석, 김병택, 김윤수, 변시지 등 50명을 선임했다. 또 조직위원장에 양동윤, 사업단장에 김창후, 사무처장에 김상철, 조직국장에 오영훈이 각각 위촉됐다.

이에 앞서 범도민적인 위령제 주관을 목적으로 1997년 '제주4·3사건희생자위령사업범도민추진위원회(위원장 조승옥)'가 발족됐다. 하지만 이 단체는 제주도가 꾸린 조직인데 반해, 50주년추진위는 순수 민간단체라는 성격이 강했다. 따라서 의욕적인 사업을 구상하다 보니 경비 조달이 과제였다. 그래서 50주년추진위는 사업비 모금을 위한 '만-만 운동'을 벌였다. 도민 1만 명이 각각 1만원씩 기부하여 돌멩이 하나씩 쌓자는 운동이었다. 그리고 2천 원짜리 전화카드를 만들어 1만원에 팔았다. 그런 과정을 거쳐 7천만 원의 기금이 모아졌다.

50주년추진위는 4·3 50주년이라는 상징성에 걸맞게 4·3예술제도 범도민 문화축전으로 준비했다. 행사는 크게 학술, 문화예술, 해원, 영상, 도민참여 이벤트 등 5개 사업으로 이루어졌다. 이 가운데 색다른 사업을 소개하면 다음과 같다.

첫째는 해원 상생굿을 대대적으로 개최했다. 4월 1일 오후 6시부터 시작된 상생굿판은 다음 날 새벽 6시까지 장장 12시간동안 제주시 한라체육관에서 벌어졌다. 50년 만에 체육관이란 공개적인 장소에서 열린 4·3 영령 위무 굿은 중요무형문화재 제71호 기능보유자인 김윤수 심방이 주관했고, 민중가수 정태춘·박은옥 부부와 장사익, 영화 '서편제'의 주인공인 배우 김명곤 등도 참석해 영령의 한을 풀어주는 노래를 열창해 분위기를 돋우었다.

둘째는 4·3 때 폐촌된 마을을 학술적으로 조명한 보고서 『잃어버린 마을을 찾아서』를 발간했다. 토벌대들이 불태워 버린 뒤 아직까지 복원되지 않은 마을을 각 읍면 단위별로 골라 그 지역민의 증언과 자료를 토대로 4·3유적지 기행문을 펴낸 것이다. 이 작업은 제주대 조성윤·유철인 교수가 총괄했고, 강덕환·강태권·김경훈·이영권 등이 참여했다.

셋째는 제주시 신산공원에 '4·3 해원 방사탑'을 쌓았다. 화가 박경훈이 주도한 이 방사탑 제작은 8톤 트럭 3대분의 제주산 현무암을 높이 7m, 밑둘레 15m 규모로 쌓았다. 1998년 4월 18일 세워진 빗돌에는 "우리는 4·3 50주년을 맞아 부정을 막고 원혼을 위무하며, 통일의 그날을 앞당기기 위해 4·3 해원 방사탑을 세운다."고 적혀 있다. 이곳에서 매년 4월 1일 '4·3 해원 방사탑제'가 열리고 있다.

이밖에도 소설가 현기영과 현길언 등 4·3 작가들을 불러 그동안의 '4·3 글쓰기' 작업에서 느낀 체험담을 나누는 문학의 밤 행사, 제주 지역 미술인들의 4·3 미술제, 4·3 체험자들을 대상으로 촬영된 다큐멘터리 상영 등이 있었다. 또한 1992년 제주민중항쟁사 전시로 화제를 모았던 강요배 화백의 '동백꽃 지다-4·3 역사화전'도 다시 열렸다.

한편, 한국민족예술인총연합은 그 해 12월 '98민족예술상' 개인부문에 화가 강요배를, 단체부문에 제50주년4·3학술문화추진위원회를 선정해 시상했다. 강요배 화백은 4·3역사화전을 갖는 등 제주의 자연과 4·3의 역사적 의미를 형성화한 점, 50주년추진위는 비극의 역사에 대해 학술사업, 문화사업 등을 통해 대중적 관심과 호응을 유도하고 진상규명과 명예회복의 시급함을 촉구하는데 큰 역할을 했다는 평가를 받았다.

| 4·3 50주년 일본 행사

제주4·3 50주년을 맞아 희생자를 위령하고 역사적 의미를 조명하는 각종 행사가 일본 도쿄와 오사카에서도 열렸다. 1988년 도쿄에서 결성된 '제주도4·3사건을생각하는 모임' 회원이 중심이 되어 1997년 '제주도4·3사건50주년기념사업실행위원회'(공동대표 김석범, 이철, 현광수, 김민주, 김병도, 김일, 안수영, 한태숙, 이수오, 양석일, 문경수)가 조직됐다. 또 오사카에서도 '제주도4·3사건50주년기념사업오사카실행위원회'(실행위원 강실, 김병종, 홍가우, 김성원, 장정봉, 오광현, 문경수, 부총사, 정아영, 양석일, 김민주, 고이삼, 김중명)가 꾸려졌다. 이 두 단체가 일본에서 4·3 50주년을 기념해 다양한 행사를 개최했다.

도쿄의 첫 행사는 1998년 3월 14일 도쿄 팡세홀에서 5백 명의 청중이 운집한 가운데 브루스 커밍스 교수 초청강연회와 제민일보 4·3취재반의 『4·3은 말한다』제4권 일본어판(일본어 제명『濟州島四·三事件』) 출판기념회로 꾸려졌다. 저서 『한국전쟁의 기원』으로 유명한 커밍스 교수(시카고대·역사학)는 한국현대사를 새로운 시각으로 조명해 주목을 받았다. 그는 1998년 2월 25일 김대중 대통령 취임식에 특별 초대받아 참석할 정도로 김 대통령과의 인연도 깊었다.

커밍스 교수의 강연 주제는 '제주도4·3사건과 미군정'이었다. 그는 강연에서 "4·3 때 서북청년단의 테러와 토벌대의 학살극은 이승만 정권에게도 책임이 있지만 잔혹행위를 묵인하고 지지한 미국에게도 큰 책임이 있다."고 말했다. '4·3 학살에 대한 미국

브루스 커밍스 초청 강연회 등이 열린 도쿄 행사와 4·3희생자 위령제 등이 개최된 오사카 행사의 팸플릿.

책임론'이 미국 학자에 의해 처음으로 거론된 것이다.

이 행사에 참석했던 4·3취재반 김종민 기자는 커밍스 교수와 특별 인터뷰를 했다. 인터뷰 기사는 『제민일보』 1998년 3월 19일자에 크게 보도됐다. 커밍스 교수는 하버드대학교에서 4·3연구 석사논문을 쓴 존 메릴 박사가 미군정의 실책을 인정하면서도 대규모 학살극이 대한민국 정부 수립 이후에 벌어졌기 때문에 미국의 직접적인 책임을 부인했다는 말을 김 기자로부터 전해 듣고 다음과 같이 답변하였다.

"한국정부가 수립됐지만 한·미간 비밀협약에 따라 미군은 1949년 6월까지 한국의 군대와 경찰을 지휘·통제했고, 따라서 49년 6월말까지 제주섬에서 발생한 모든 학살극과 잔혹행위에 대해 미국은 윤리적 책임뿐만 아니라 실제적이고 법률적 책임이 있다."

그는 인터뷰에서 이런 이야기도 하였다.

"미군은 토벌대를 훈련시키고 죄수를 심문했다. 그리고 게릴라 수색에 미군 정찰기를 동원했다. 미군은 학살극을 억제하기는커녕 칭찬하고 지지함으로써 '소극적 관여'

를 한 것이다. 미군은 자신들이 직접 잔혹행위에 나서는 것은 기피했지만 사태를 진압하는데 있어서 한국인끼리의 잔혹행위는 아무렇지도 않다는 식의 태도를 보였다. 그런 점에선 인종주의적인 측면도 있다."

도쿄에서는 4월 4일에 청중 5백 명이 참석한 가운데 4·3희생자 추모행사가 별도로 열렸다. 조동현이 주도한 이날 행사는 '이야기하라 한라'라는 제목아래 일본 고참 여배우 싱야 에이코(新屋英子)의 '어떤 할머니의 신세타령' 공연과 김성길(서울대 교수, 바리톤), 전월선(재일동포, 소프라노)의 추모 노래가 있었다.

한편, 오사카에서는 3월 15일 재일한국기독교회관에서 '제주도 4·3을 말한다'라는 주제의 강연회가 열렸다. 문경수 교수(立命館대·한국정치사) 사회로 열린 이날 행사에서 이종원 교수(立敎대·국제정치학)의 4·3의 정치적 의미에 대한 강연과 강실(관서제주도민협회 부회장)의 4·3 체험담이 발표됐다.

오사카에서는 또 3월 21일 중요무형문화재 김윤수 심방이 주재한 4·3영혼진혼굿이 재일 제주인이 가장 많이 사는 이쿠노(生野) 구민센터에서 열렸다. 50년 만에 일본에서 처음 열린 4·3진혼굿에 대거 참석한 유족들은 온통 눈물바다를 이뤘다. 이때 재일동포 음악가 김성구·조박·김군희 등이 출연한 추모 콘서트와 4·3 사진 전시회도 열렸다.

주최 측이 나와 김종민 기자를 초청해 이 일본 행사에는 나도 참석할 예정이었다. 나는 도쿄에서 열린 『4·3은 말한다』 일본어판 출판기념회에서 4·3취재반을 대표해서 인사말을, 오사카 행사에서는 4·3 진상규명에 관한 강연을 하기로 계획되어 있었다. 그러나 신문사는 나의 출장을 허락하지 않았다. 4·3 활동에 대해 탐탁지 않게 반응하던 새경영주의 입김이 작용한 것이었다. 밖에서는 날이 갈수록 4·3 외연이 넓어지고 있는데 반해, 신문사 안에서는 4·3기획물 연재 자체도 중단될 위기 속에 그 공간이 점점 좁아지고 있었다.

| 4·3 50주년 서울 행사

제주4·3의 진실규명과 명예회복으로 이 민족의 양심과 역사를 바로 세워야 합니다.

사건발생 반세기나 된 제주4·3의 진실규명을 토대로 희생자의 억울함을 풀고 짓밟힌 인권과 왜곡된 역사를 바로 세우는 일은 비단 제주도민만이 아니라 우리나라 전체를 위한 일입니다.

이는 1998년 4월 4일 오후 2시 서울 한복판인 종로2가 탑골공원에서 열린 '제주4·3 제50주년 기념식 및 명예회복 촉구대회'에서 선언된 내용이다. 1919년 3월 1일 일본 제국주의를 향해 독립선언문을 선포함으로써 3·1운동의 발상지로 상징되는 유서 깊은 곳에서 제주4·3의 명예회복이 선언됐다. 이 행사는 1년 전에 출범한 제주4·3 제50주년기념사업추진범국민위원회(상임대표 강만길·김중배·김찬국·정윤형)가 주최했다.

서울에서 열린 4·3 관련행사 중 처음으로 야외에서 치러진 이날 행사는 화창한 날씨 속에 김원룡 목사, 김성수 주교, 이해동 목사, 김몽은 신부, 신창균 전국연합 고문, 이창복 전국연합 상임의장 등 사회 원로, 탤런트 고두심을 비롯한 재경 제주인사, 제주에서 올라간 김영훈·박희수 도의원, 서울 시민 등 1천여 명이 참석, 성황을 이루었다. 행사장 주변에는 '역사바로세우기 4·3부터 시작해야 합니다', '4·3 진상규명 위한 특별법을 제정하라'는 플래카드 등이 나부꼈다.

이날 행사는 범국민위 정윤형 상임대표의 개회사와 고희범 사무처장의 경과보고, 김성수 주교와 김몽은 신부, 이창복 전국연합 상임의장의 격려사, 김영훈 4·3학술문화사업추진위 상임대표의 연대사에 이어 범국민선언문 낭독, 미국정부 및 상·하원에 보내는 메시지 채택 등 모두 2시간 동안 진행됐다.

진관 스님이 낭독한 범국민선언문은 ① 김대중 정부의 4·3 진실규명과 명예회복 공약 성실 이행 ② 국회 4·3특위의 즉각 구성과 광범한 조사활동 착수 ③ 명예회복·피해배상·기념사업 등의 조치를 담은 제주4·3특별법 제정 등을 골자로 하고 있다. 또한 권영길 전 민주노총 위원장이 낭독한 미국정부 등에 보내는 메시지는 ① 미군정하에서 발생한 제주4·3사건과 대규모 양민학살 사태에 대해 총체적으로 과오를 인정하고 사죄할 것 ② 미군정과 주한미군이 발한 작전명령 등 자료 일체를 공개할 것 ③ 미군 작전 통제 하에서 전개된 초토화 작전과 그로 인한 양민학살·인권유린에 대한 책임 인정 등을 촉구하는 내용을 담고 있다.

4·3 발발 50년만에 서울 한복판에서 처음 열린 4·3 진실규명 촉구 거리행진.

　기념식이 끝난 후 참석자들은 풍물패의 선도를 받으면서 탑골공원에서 대학로 마로
니에공원까지 3㎞에 이르는 거리행진을 벌였다. '50년을 넘길 수 없다! 4·3 진실 규
명하라!'라고 쓴 대형 플래카드를 앞세우고 거리행진이 시작되자 일부 서울시민들이
행진 대열에 합세하기도 했다. 행진 도중 참가자들은 "특별법 제정!" 등의 구호를 외
쳤고, 4·3 진상규명을 촉구하는 유인물을 연도의 시민들에게 나눠주기도 했다. 이날
행사는 마로니에공원에 도착한 참가자들의 만세삼창을 끝으로 막이 내렸다.

　행사가 성공적으로 끝나자 그 준비에 노심초사했던 주최 측 일부 관계자들은 안도
의 눈물을 흘렸다. 사실상 여기까지 오는 데는 범국민위 관계자들의 노고가 많았다.
명망가들과 시민사회단체 대표들을 망라한 조직 구성에서부터 시작해 1998년에 들어
서서는 4·3 알리기 운동에 매진했다. 제주4·3 명예회복을 위한 도외 제주인 선언문을
채택해 중앙일간지 등에 광고를 싣는가하면 3월 1일에는 제주4·3 명예회복의 해 선포
식을 가졌다. 이어 3월 28일부터 4월 5일까지 제주4·3 제50주년 추모 및 기념주간
을 설정하여 학술심포지엄, 역사화 전시회, 4·3희생자 진혼굿, 역사사진전, 4·3문화
학교 운영 등 다양한 행사를 펼쳤다.

이런 노력의 결과, 그동안 4·3을 '변방의 역사'로 치부해 침묵을 지켜오던 중앙 언론들이 4·3을 재조명하는 기사들을 내보냈다. 행사 소개는 물론 각종 기획기사들을 통한 피해사례 소개, 진실규명을 촉구하는 칼럼, 정치권의 움직임 등 다양한 보도가 줄을 이었다. 이런 중앙 언론의 변화는 서울이란 중앙무대에서 4·3 진상규명에 대한 논의를 공론화하는 데 도움이 되었다.

자신감을 갖게 된 4·3범국민위는 50주년 행사를 마친 후에 4·3특별법 제정운동을 본격 추진하기로 방향을 잡았다. 이를 위해 정책기획특별위원회를 구성, 4·3특별법 초안 작성에 들어갔다. 그리고 1999년에는 단체 이름을 '제주4·3진상규명명예회복추진범국민위원회'로 바꾸고 정치권에 대한 실질적인 대응에 나섰다.

| 잇따른 4·3 학술행사

1998년 3월 21일 사단법인 제주학회(회장 고부자 단국대 교수)가 주최한 '4·3 50주년 기념 학술대회'가 제주시 삼성화재빌딩 강당에서 열렸다. 이 학술대회가 눈길을 끈 것은 4·3관련 단체가 아닌 학술단체에서 4·3 문제를 본격적으로 다뤘기 때문이다. 출범 20주년을 맞은 제주학회는 해마다 제주의 중요한 이슈를 중심으로 발표회를 열어왔지만 4·3문제를 다룬 것은 이때가 처음이었다. 4·3 50주년을 맞아 그만큼 4·3문제가 전 방위로 확산되고 있었다.

이 학술대회는 "4·3 반세기의 역사적 재조명"이란 큰 주제 아래 5개의 주제가 발표됐다. 주제는 '4·3을 둘러싼 국제 정치학'(고성준 제주대 교수), '4·3 50주년과 아시아의 평화네트워크'(강창일 배재대 교수), '4·3문제의 공론화 과정과 지방자치'(김영훈 도의원), '4·3은 왜 묻혀 있었는가?'(양조훈 제민일보 편집국장), '문화적 관점에서 본 4·3 50주년'(현길언 한양대 교수) 등 다양했다.

이날 종합토론에서 참석자들은 한목소리로 "4·3은 개인적 차원에서가 아니라 냉전과 분단이라는 당시대의 역사적 구조 속에서 바라봐야 한다."고 강조했다. 또한 "용서와 화합을 위해서도 반드시 진상이 밝혀져야 하며, 특히 양민학살 부분에 대해서는 정부의 사과와 함께 치유책이 뒤따라야 한다."고 주장했다.

1990년 4월 1일 4·3연구소 주최로 제주가톨릭회관에서 열린 제1회 4·3 학술세미나.

지정토론자로는 강근형(제주대 교수)·김기협(역사학자)·김현돈(제주대 교수)·오성찬(소설가)·조성윤(제주대 교수) 등이 나섰다. 특히 현길언 교수와 김현돈 교수의 토론이 뜨거웠다. 현 교수는 "4·3사태는 그 시·공간적 배경과 사건의 인적, 정치사회적 요소, 그리고 발발 양태와 진정 상황 등 다양한 측면에서 주변적 속성을 갖고 있다."며 '주변성 논리'를 폈다. 이에 김 교수가 "4·3은 미국의 동북아 지배 전략과 내부의 민족모순, 한국사회에서 제주도가 처한 특수한 상황이 중첩돼 생긴 것으로, 4·3의 주변성 논리는 4·3문제를 희석시킬 수 있다."고 반박한 것이다.

한편, 4·3 진실찾기 운동의 자료 축적과 학술적 논의의 중심에는 1989년에 개소한 제주4·3연구소가 있었다. 4·3의 역사적 진실을 밝히고 이에 대한 정당한 평가를 통해 우리 역사 발전에 올곧게 기여한다는 목적 아래 출범한 연구소는 1990년부터 연례적으로 학술세미나를 열었다. 이런 활발한 학술활동은 4·3에 얽힌 다양한 문제를 심층 분석하는 논의의 토대가 됐다.

제주4·3특별법 제정 이전의 10년 동안 학술 세미나를 통해 다뤄진 주제들은 4·3이 왜 일어났는가를 규명하는 배경과 원인에 대한 분석, 동시대 다른 지역과의 비교분석, 4·3항쟁의 의미와 성격, 진압 작전과 주민 학살, 미군정의 토벌 정책 등이다. 또한 4·3 연구·조사가 어떻게 이뤄졌고, 동 시대를 살았던 삶의 궤적을 추적하는 발표도 있었다.

1990년대 제주4·3연구소 학술세미나

연 도	주 제	발표자
1990년	4·3항쟁 민족사적 의의와 현재사적 과제	고창훈
	점령 공간에서의 전남지역 인민위원회	안종철
1991년	일제 제주도의 민족 해방 운동	박찬식
	해방정국의 정치상황과 4·3제주민중항쟁	정해구
	8·15이후 제주지역의 정치 경제적 상황	고창훈
	한림지역 현장조사 사례	양성자
1992년	일제하 제주지역의 혁명적 농민조합운동	염인호
	태평양전쟁과 제주도	강창일
	미군정의 성격과 4·3항쟁	심지연
	4·3제주항쟁의 원인에 대한 일고찰	김창후
1994년	제주4·3항쟁의 의미와 성격	박명림
	제주항쟁의 정치 문화적 해석	고창훈
	제주4·3항쟁 진압 작전과 주민 학살	김동만
1995년	4·3연구 어떻게 되고 있나	박찬식
	4·3피해, 이어온 50년 삶	김복남
	명예회복을 위한 마을과 나의 노력	홍순식
	4·3조사의 진척 상황과 과제	강덕환
1999년	미군정 4·3기록영화 제주도메이데이 실체	김동만
	메이데이를 통해본 미군정 4·3토벌정책	양조훈

이 학술 세미나의 주제들을 살피다보면, 한 가지 달라진 점이 눈에 띈다. 즉, 1994년까지 당당히 표현되던 '항쟁'이란 용어가 사라지고, 1995년부터는 아무 꼬리표 없이 '4·3'으로 표기되고 있음을 알 수 있다. 4·3문제에 접근하면 할수록 "어떻게 하면 4·3을 공적 영역으로 끌어올릴 수 있을까"하는 담론에 부닥친다. 4·3진상규명 운동세력이 4·3을 제도권 내에서 공론화하고, 국가가 직접 나서서 4·3문제를 해결하는 것을 주된 목표로 삼으면서 이런 변화가 이뤄졌다고 본다.

| 4·3 50주년 국제학술대회

제주4·3 50주년 기념 국제학술대회가 1998년 8월 21일부터 24일까지 나흘간 제주그랜드호텔에서 열렸다. '21세기 동아시아 평화와 인권'이란 주제의 이 행사는 동아시아평화와인권 한국위원회(대표 강만길)를 비롯해 일본, 대만, 오키나와 등 3개 국, 4개 인권단체가 주최하고 제주4·3연구소(소장 강창일)가 주관한 행사였다.

결론부터 말하면, 이 학술대회는 전무후무한 4·3 국제행사였다. 국내외 현대사 전문학자, 인권운동가, 정치인, 법조인, 예술인 등 500명이 참가했는데, 외국인만 180여 명에 이르렀다. 외국인들은 자비로 참가하는 열의를 보였다. 행사장은 연일 만석을 이뤘고 토론의 열기도 뜨거웠다. 거기에다 노벨평화상 수상자인 동티모르 독립운동가 호세 라모스 오르타 박사, '김대중 납치사건 진상규명위원회' 일본 대표 덴히데오(田英夫) 참의원 등이 연사로 참여했으니 단연 화제가 될 수밖에 없었다.

한·중·일 인권단체가 모여 학술대회를 가진 것은 1997년 2월 대만 타이페이시에서 열린 국제심포지엄이 그 시초이다. '동아시아 냉전과 국가테러리즘'이란 주제의 이 심포지엄은 대만 2·28사건 50주년을 기념해 열렸다. 거기서 제2회 대회는 1998년 4·3 50주년을 맞는 제주도에서 열기로 자연스럽게 결정됐다.

이 행사의 주최를 맡은 동아시아평화와인권 한국위원회는 행사 1년 전부터 조직을 정비하고 대회 준비에 매진했다. 대표는 강만길, 상임위원장에 김명식, 위원으로 강남규·강정구·강창일·김봉우·김성례·김은실·김정기·문무병·박원순·박호성·백승헌·서중석·양명수·유철인·임종인·임헌영·정근식·조영건·진관·현기영 등이 위촉됐다. 실무 책임은 사무국장 강창일, 사무차장 강남규 체제로 구성됐다. 특히 오르타 박사, 히데오 참의원 등 외국 거물인사를 섭외하는 데는 국제적인 인권운동가 서승 교수(일본 리츠메이칸대)의 역할이 컸다.

이 학술대회의 핵심 논지는 '냉전'과 '국가테러리즘'이었다. 오키나와 양민학살을 필두로 제주4·3, 대만의 2·28사건과 50년대 백색테러, 광주 5·18항쟁, 동티모르 양민학살에 이르기까지 민중탄압 역사를 고찰하고, 평화와 인권의 소중함을 느끼는 동아시아인들이 연대하자는 취지였다.

노벨평화상 수상자 오르타 박사와 히데오 일본 참의원 등 주요 참석자의 기념촬영.

　21일 열린 개회식에서는 강만길 교수(고려대)의 개회사에 이어, 우근민 도지사·강신정 도의회 의장·현기영 4·3연구소 초대 소장의 환영사, 김중배(참여연대 대표)·김진배(국민회의 4·3특위 위원장)·김영훈(제주도의회 부의장)·강문규(새마을운동중앙협의회장)·박석무(학술진흥재단 이사장)·김진균(서울대 교수) 등 각계 인사의 축사가 이어졌다. 또 축하 메시지도 발표됐는데, 도이 다카코(土井多賀子·일본 사회민주당 위원장)·오사 마사히테(大田昌秀·오키나와 지사)·고재유(광주광역시장)·강원용(목사·크리스찬아카데미 원장)·김몽은(신부·한국종교인평화회의 회장) 등의 메시지가 눈길을 끌었다.

　그런데 이렇게 화려하게 막이 오른 국제학술대회가 뜻하지 않은 난관에 부닥쳤다. 일본인들과 함께 행사에 참가하려던 『화산도』의 작가 김석범 선생의 입국이 거부된 것이다. 앞에서 밝힌 바 있지만, 김석범 선생은 남도 북도 아닌 '한반도가 남북으로 분단되기 이전의 이름인 동시에 미래에 있을 통일 조국의 이름'이라는 '조선'을 고집해왔다. 도쿄 주재 한국대사관이 한국 국적이 아니면 입국할 수 없다고 막은 것이다.

　이 소식이 대회장에 알려지면서 한국을 비롯한 일본, 대만 참석자들이 분노했다. 참가자들은 "4·3을 논하는 학술대회에 김석범 선생이 빠진다는 것은 있을 수 없는 일"이라면서 긴급 호소문을 채택했다. 제목이 '호소문'이지 실상은 '항의문'이었다. 일부 외국 참가자들은 인권을 소중히 해온 김대중 정부에서 있을 수 없는 일이라면서 직접 청와대 쪽으로 항의의 뜻을 전달했다. 결국 김석범 선생은 대회 마지막 날 회의장에 올 수 있었다.

그는 뒤늦게나마 자신이 학술대회에 참가할 수 있었던 것은 그나마 민주정부가 출범했기 때문이라고 참관 소감을 말했다. 그는 또

선물을 교환하고 있는 오르타 박사와 필자. 그는 후에 동티모르 대통령이 됐다.

일본에는 자기처럼 남쪽도 북쪽이 아닌 오로지 '통일된 조국'을 기억하고 염원하는 사람들이 있는데, 그들에게 통일을 전제로 한 '준통일 국적'을 인정하는 방안을 연구하자고 제안했다. 그들이 남과 북을 자유롭게 왕래하게 되면 완충지대가 생기고 통일로 가는 다리 구실도 할 수 있을 것이라는 꿈도 피력했다. 예상치 않았던 국적 문제가 학술대회의 화두로 떠올랐다.

이 국제학술대회에서 스포트라이트를 받은 사람은 역시 노벨평화상 수상자인 호세라모스 오르타 박사였다. 그의 조국 동티모르는 포르투갈에 5백년 가량 예속돼 있다가 1975년에 독립했다. 그런데 곧이어 인도네시아의 침공을 받아 점령됐다. 그리고 수많은 사람들이 학살됐다. 오르타는 인도네시아의 대학살에도 비폭력 노선을 고수하면서 UN 등 국제사회에 호소했다.

오르타는 1996년 국민에 대한 억압에 평화적으로 대항한 노력과 굽히지 않은 의지를 인정받아 카를로스 벨로 주교와 함께 노벨평화상을 받았다. 그 같은 노력에 의해 동티모르는 2002년 독립을 이뤘다. 그는 외교, 내무, 국방장관과 국무총리를 거쳐 2007년 동티모르 대통령으로 취임했다.

국제학술대회 참석차 제주에 왔을 때 그의 나이는 마흔 여덟이었다. 그의 특별강연 제목은 '동티모르의 민족자결을 위한 투쟁과 아시아태평양지역의 인권'이었다. 그의 연설 중 이런 내용이 인상적이었다.

국제학술대회에서 '제주4·3 양민학살사건' 발제를 하고 있는 필자(왼쪽 세 번째).

"한국의 대표적인 인권침해 사례인 제주4·3사건을 해결할 수 있는 기회가 왔습니다. 1998년 한국에는 새로운 김대중 민주정권이 들어섰고, 제주4·3 인권침해가 새로운 민주정부 아래 낱낱이 밝혀지기를 희망합니다. 물론 진실을 밝히는 데는 용기가 필요합니다. 더구나 한국은 아직도 남북으로 분단되어 있는 상황이고 수구세력이 강력한 영향을 미치고 있다는 점을 알고 있습니다. 그러나 어떠한 어려움이 있더라도 진실 앞에 마주 서려는 용기가 없다면 진정한 문명사회로 전진할 수 없습니다."

나는 오르타 박사에게 『4·3은 말한다』 다섯 권을 전달했다. 그랬더니 그는 동티모르 독립운동에 관한 비디오를 나에게 선물했다.

학술대회에서 오르타 못지않게 주목받은 사람이 덴 히데오 일본 참의원이었다. 그는 김대중 납치사건 진상규명위원회 대표였다. '김대중 납치사건'이란 1973년 박정희 정권시절 야당 지도자 김대중이 일본 도쿄 한 호텔에서 한국 중앙정보부 요원들에 의해 납치돼 수장될 뻔 했다가 미국 정보기관의 개입으로 생환한 사건이다. 그런 수난을 당한 사람이 한국 대통령이 되었으니 자연히 덴 히데오에게 시선이 모아졌다.

그런데 그의 학술대회 참석은 '대타'였다. 원래는 사민당 당수 출신 도이 다카코 의원이 참석할 예정이었다. 그녀는 1993년 일본 여성 최초로 중의원 의장을, 1996년 역시 최초의 여성 당수가 된 정치계의 거물이다. 그런데 갑자기 다른 일정이 겹쳐 못 오게 되자 덴 히데오 의원을 대신 보낸 것이다. 그러나 대회 관계자의 회고에 의하면, 덴 히데오 의원이 대회에 참석하면서 청와대와 정치권에서 민감한 반응을 보였다고 한다. 김석범 선생의 입국이 허가된 것도 그의 영향력 때문으로 분석했다.

국제학술대회는 제1부 동아시아 냉전과 민중, 제2부 냉전체제 폭력과 동아시아 여성, 제3부 냉전체제하 양민학살의 진상, 제4부 동아시아 평화인권운동의 연대와 전망 등으로 진행됐다.

제주4·3에 관해서는 모두 4건의 발표가 있었다. 즉 '미국의 한반도 전략과 조선의 분단―4·3항쟁을 중심으로'(강정구 동국대 교수), '국가폭력과 여성체험―제주4·3을 중심으로'(김성례 서강대 교수), '4·3을 통해 바라본 여성인권 피해사례'(오금숙 제주 4·3연구소 연구원), '제주4·3 양민학살사건'(양조훈 제민일보 전 편집국장) 등이다. 나는 이 발표를 통해 "4·3 때 국가권력에 의해 전쟁 상황을 뛰어넘는 학살극이 자행됐다."면서 미군정과 미군고문단, 이승만정권의 책임을 물었다.

대회 마지막 날인 8월 24일 참석자들은 각국 인권단체 별로 호소문을 발표했다. 동아시아 평화와 인권 한국위원회가 발표한 호소문에는 '한국 국회는 조속히 4·3특별법을 제정하고, 정부는 진상조사 결과를 토대로 사과하라', '미국은 4·3에 대한 모든 자료를 공개함과 동시에 양민학살에 대해 사죄·배상하며, 유엔 인권위원회는 4·3 양민학살에 대해 진상 조사하라.'는 내용 등이 담겨있다.

대회 기간 중 극단 한라산의 '사월굿 한라산'과 꽃다지 노래패 공연, 동티모르·제주 4·3·오키나와·대만 등의 관련 비디오가 상영됐다. 또한 4·3 유적지 순례와 강요배 화백의 4·3 역사그림전 관람도 이어졌다.

4·3 국제학술대회는 성공리에 막을 내렸다. 4·3의 국제화에 큰 걸음을 내디딘 것이다. 참가자들은 제3회 대회를 1999년 11월 일본 오키나와에서, 제4회 대회를 2000년 5월 5·18항쟁 20주년에 광주에서 개최하기로 결정했다. 이 국제학술대회 보고서는 1999년 『동아시아의 평화와 인권』이란 제명으로 역사비평사에서 발간됐다.

1998년 대한성공회 서울대성당에서 열린 4·3 종교인대회.

| 종교계 4·3 진실찾기

4·3 진실찾기 운동이 각 분야로 번져가는 가운데 종교계도 예외가 아니었다. 각 종파가 산발적으로 벌이던 진실찾기 운동이 4·3 발발 50주년을 맞는 1998년에 이르러 종파를 초월한 연합운동으로 발전했다. 그 대표적 행사가 그 해 11월 30일 대한성공회 서울대성당에서 열린 '제주4·3 진실규명과 화해를 위한 종교인대회'였다.

이 행사는 천주교정의구현전국사제단, 실천불교전국승가회, 원불교사회개혁교무단, 전국목회자정의평화실천협의회, 한국종교인평화회의, 대한성공회서울교구정의평화사제단, 한국민중신학회 등 7개 종교단체가 공동 주최했다. 각 종파의 진보적 단체들이 연합해 처음으로 4·3 진실규명을 촉구하는 전국 규모 종교인대회를 개최한 것이다.

이 행사에는 천주교 문규현·함세웅·임문철 신부, 개신교 김상근·김동완 목사, 불교 진월 스님, 원불교 박광수 교무, 성공회 박경조 신부, 천도교 주선원 교화관장 등 각 종파 종교인들이 참석했다. 또 고인호 서울제주도민회장과 김영훈 제주도의회 부의장, 박창욱 4·3유족회장, 강창일 4·3연구소장, 양동윤 사월제 공동대표와 재경제주도민 등 300여 명이 참석해 성황을 이뤘다.

이 행사 역시 제주4·3범국민위원회에서 발의했고, 종교계 쪽에 발이 넓은 범국민위 김명식 운영위원장의 숨은 역할이 컸다. 이 행사의 공식적인 집행위원장은 권진관 교수(성공회대)였다.

낮 12시 30분부터 시작된 행사는 제1부 심포지엄, 제2부 화해와 해원, 상생의 예식, 제3부 제주4·3 종교인 선언문 채택 등 모두 6시간 동안 진행됐다. 심포지엄에서는 김경재 교수(한신대)의 '제주4·3의 해원을 위한 종교인들의 과제', 김진 박사(한신대)의 '뜻으로 보는 4·3항쟁', 문창우 신부(제주중문성당)의 '4·3의 역사와 신학적 모색', 김성례 교수(서강대)의 '고통스런 이야기, 구원의 역사: 제주4·3의 민중경험' 등의 주제발표가 있었다.

제2부에서는 각 종파 별로 4·3 영령들의 한을 위무하는 종교의식이 진행됐다. 이날 행사는 "4·3의 진실규명과 제주도민의 명예회복을 위해 대통령이 직접 나서야 한다."는 내용의 '제주4·3 종교인 선언문' 채택을 끝으로 막을 내렸다.

1999년 3월 29일에는 제주도에서 종교인 연합집회가 열렸다. 제주종교인협의회(공동대표 임문철 신부·정한진 목사·관효 스님·김덕연 교무)와 제주4·3유족회(회장 박창욱) 공동 주최로 제주시 서문천주교회에서 열린 이 행사의 이름은 '4·3치유와 화해를 위한 종교인대회'였다. 이 행사에는 제주도의회 강신정 의장·오만식 4·3특위위원장, 이영길 정무부지사, 조승옥 4·3위령사업범도민위원장, 양금석 4·3도민연대 공동대표와 종교인, 4·3 유족 등 300여 명이 참석했다. 이 행사에서도 각 종파별로 4·3 희생자의 넋을 달래는 추모의식이 진행됐다.

참가자들은 ① 김대중 대통령이 4·3특별법 제정에 즉각 나설 것 ② 정부는 불법 계엄령에 의한 살인과 폭력을 시인하고 보상할 것 ③ 미국정부는 미군정 하에서 이뤄진 양민학살에 대해 진실을 밝히고 보상할 것 등을 촉구하는 결의문을 채택했다. 결의문은 이어서 "그동안 4·3의 진실을 규명하고 억울함을 달래며 유족들의 아픔을 치유해야 하는 종교의 사명을 소홀히 해온 것을 솔직하게 고백한다."고 반성하고 "4·3의 해결이야말로 우리 시대의 역사적 과제이며 종교인들이 나서야 할 사명이라고 믿는다."고 밝혔다.

이 무렵 기독교인인 나에게 개신교 각 교단으로부터 4·3강연을 해달라는 주문이 잇따라 들어왔다. 1998년 4월 3일 서남지구기독교교회협의회(회장 김한병 목사)가 모슬포교회에서 연 4·3 50주년 기념 강연이 그 시초이다. 6월 22일에는 충남 온양 그랜드파크호텔에서 열린 민족선교연구소(이사장 한도전 목사) 주최 세미나에서 강연했다.

나의 강연을 들은 한도전 목사는 "현대사의 사각지대에 가려서 외면돼온 제주4·3을 제외하고서 민족화해와 통일의 문제로 넘어갈 수 없다는 신앙적 고백이 생겼다."면서 9월 21일 제주에 내려와 '제주4·3 해결의 과제'란 주제 아래 각 교파를 초월한 제주지역 목회자 학술세미나를 개최했다. 이때에는 필자 외에도 서중석 교수(성균관대)와 김종민 기자가 강사로 참여했다.

나는 1999년 4월 7일 중앙감리교회에서 감리회제주지방회(감리사 안승철 목사)와 기장제주노회(노회장 이준 목사)가 공동 주최한 4·3 추도기도회에서, 4월 21일 성안교회에서 예장제주노회(노회장 이은택 목사)가 주최한 4·3치유 행사에서도 강연했다. 그런데 보수교단인 예장 측에선 고문승 교수(제주전문대)도 함께 강사로 초청해서 교인들은 4·3에 대한 시각이 전혀 다른 두 사람의 강연을 들었다.

| 「제주4·3연구」 발간

1999년 4·3문제를 다양하게 학문적으로 접근해서 해부한 종합 연구서적이 편찬됐다. 4·3범국민위원회가 간행한 『제주4·3연구』(역사비평사·486쪽)였다. 이 책은 역사문제연구소·역사학연구소·한국역사연구회·제주4·3연구소 등 4개 학술단체가 공동으로 참여해 엮어냈다. 한국 역사학계가 처음으로 공들여 만들어낸 '4·3 진실찾기' 성과물이나 다름없다.

본격적인 4·3 진실찾기는 1980년대 후반부터 지역언론과 4·3연구소 중심으로 시작됐다. 뜻있는 문인과 학자들에 의해 금기의 벽을 뚫려는 시도도 있었다. 그로부터 10여년 만인 1999년에 종합 학술서적이 발간된 것이다. 이 책은 역사학자, 정치학자, 법학자, 인류학자, 의학자, 문학평론가, 신문기자 등 다양한 분야의 필진 11명의 글로 엮어졌다. 집필자의 면면을 보면 제주 출신보다 육지부 출신(8명)이 더 많은 것도 하나의 특징이었다. 역사문제연구소 김정기 소장이 서문에서 밝힌 "육지 학자들이

1999년 대한성공회 서울대성당에서 열린 『제주4·3연구』 출판 기념회.

뒤늦게나마 사죄하는 마음에서 글을 모았다."는 표현이 눈길을 끈다.

김인덕(국가보훈처 연구원-1920년대 후반 재일 제주인의 민족해방운동)·양정심(역사학연구소 연구원-주도세력을 통해서 본 제주4·3항쟁의 배경)·서중석(성균관대 교수-제주4·3의 역사적 의미)의 글은 4·3에 대한 역사학적인 접근의 논문들이다. 4·3의 발발 배경을 살피고, 양민학살에 대한 이승만 정권과 미군정의 책임을 심층적으로 분석했다. 미군정의 오류에 대해서는 정해구(세종연구소 연구위원-제주4·3항쟁과 미군정 정책)의 글에서도 신랄하게 비판됐다.

김순태(한국방송통신대 교수-제주4·3 당시 계엄의 불법성)의 글은 언론 보도로 논란이 됐던 4·3 계엄령의 불법성을 학문적으로 해부했다는 점에서 주목받았다. 의학사를 전공한 황상익(서울대 교수-의학사적 측면에서 본 4·3)의 글은 초토화작전이 전개된 기간을 '집단광기의 시대'라고 표현해서 눈길을 끌었다.

문화인류학적 접근을 시도한 김성례(서강대 교수-근대성과 폭력: 제주4·3의 담론 정치)의 글에서는 무고한 죽음을 영혼의 울음으로 재현하는 제주의 굿에 대한 분석이 이루어졌다. 임대식(역사문제연구소 연구원-제주4·3항쟁과 우익 청년단)은 제주도민들의 뇌리에 악몽으로 남아 있는 서북청년회의 활동을 해부했다. 문학평론가 김재용(원광대 교수-폭력과 권력, 그리고 민중)의 글은 4·3문학의 쌍봉인 현기영과 김석범의 문학세계를 분석했다.

고려대에서 4·3 연구 석사학위를 받았던 박명림(고려대 아세아문제연구소 북한연구실장-제주4·3과 한국현대사)의 글은 4·3이 한국현대사에서 차지하는 위상을 점검했다. 10여 년 전부터 4·3 현장을 발로 누비며 4·3 실록을 엮어온 김종민(제민일보 4·3 취재반-4·3 이후 50년)의 글은 '4·3 진실찾기 50년'의 보고서이자 취재현장에서 체득했던 제주공동체의 변화상을 심도있게 분석했다.

이 책은 이렇게 학계와 언론계의 다각적인 연구 성과를 집약했다는 점에서 4·3 논의의 폭을 넓혔고 학문적 수준을 한 단계 높였다는 평가를 받았다. 이 책은 덩달아 문화관광부가 선정하는 1999년 역사부문 우수학술도서로 뽑혔다. 한때 4·3을 소재로 시나 소설 등 문학작품을 써도 탄압받던 시절이 있었다. 그런데 민주정부가 들어서면서 4·3 연구서적이 정부의 우수학술도서로 선정되는 세상으로 바뀐 것이다. 금석지감을 금할 수가 없었다.

그러나 이 책 역시 4·3에 이름을 붙여주지는 못했다. 일부 연구자들이 '4·3항쟁'이란 표현을 썼지만, 책 제목은 여전히 꼬리표가 없는 「제주4·3연구」였다. 이를 의식해서 4·3범국민위원회 김중배 공동대표는 간행사에서 '4·3의 정명(正名)'을 찾자고 주장했다. "4·3의 깃발이 역사의 정명으로 나부끼고, 원혼의 어림수가 해체되어 실수(實數)로 확정되는 그날까지 우리의 정진은 계속되어야 한다."고 호소한 것이다. 과연 제주4·3의 바른 이름은 무엇인가?

나는 1999년 제주학회에서 발간하는 학회지 『제주도연구』(제16집)에 '제주4·3의 바른 이름을 찾아서'란 제목으로 『제주4·3연구』에 대한 서평을 썼다. 그 서평 끝부분에 이런 글을 남겼다.

과연 우리 역사는 제주4·3에 어떤 이름을 붙일 것인가. 나는 단언하건대 세월이 흐를수록 4·3에 씌워진 붉은 색의 꺼풀들은 하나씩 벗겨질 것이라고 확신한다. 이데올로기문제로 너무 과대 포장되었기 때문이다. 그렇게 되면 남게 되는 게 제주도민의 생존권과 직결되는, 항쟁과 대학살의 문제이다. 이 문제를 어떻게 슬기롭게 용해할 것인가가 앞으로의 과제이다.

| 수난 이겨낸 4·3다큐

문민정부 말기인 1997년, 4·3을 소재로 다큐멘터리를 만들었거나 상영했다는 이유로 감독 등이 구속되면서 파장이 일어났다. 독립다큐멘터리 '잠들지 않는 함성 4·3 항쟁' 감독인 김동만과 '레드헌트'를 상영한 인권운동사랑방 서준식 대표가 국가보안법 위반 혐의로 구속된 것이다.

'잠들지 않는 함성'은 제주 출신 김동만 감독이 1995년에 제작한 작품(56분 분량)이다. 4·3의 원인과 성격, 피해의 참혹성을 민중항쟁적인 시각으로 그려냈다. 특히 작품 뒷부분에 16분 동안이나 학살당한 1만 5000명의 희생자 명단을 자막으로 내보냈다. 당시로는 충격적인 표현이었다. 이 다큐는 전국 대학에 유포되었는데, 사직당국에서 뒤늦게 문제 삼은 것이다.

'빨갱이 사냥'이란 뜻의 '레드헌트'(Red-Hunt)는 1997년 부산 출신 조성봉 감독이 만든 다큐(67분)이다. 조 감독은 왜곡된 한국현대사의 근원을 찾다가 4·3과 맞닿게 됐다는 것이다. 이 작품은 체험자의 인터뷰를 통해 대량학살의 문제를 본격적으로 드러냈고, 이승만 정부와 미국의 책임을 물었다. 이 다큐는 그 해 10월 서울인권영화제에서 상영되었는데, 사전에 심의를 거치지 않았다는 이유로 인권영화제를 주최한 인권운동가가 구속된 것이다.

난데없는 공안정국에 시민사회가 반발했다. 탄압을 받은 두 작품은 오히려 전국적인 화제를 불러 일으켰고, 4·3을 외국에까지 알리는 계기가 되었다. 즉 '잠들지 않는 함성'은 일본어, 중국어 자막이 들어간 비디오로 출시되어 일본과 대만 등지에서 상영됐다. 또 '레드헌트'는 베를린 영화제, 암스테르담 영화제 등에 초청됐고, 영어로 번역돼 독일뿐만 아니라 미국, 스위스 등지에서 상영됐다. 이들 작품은 2년여의 법정 투쟁 끝에 "이적 표현물이 아니다."는 무죄 판결을 받았다.

김동만 감독이 주도한 '제주4·3 다큐멘터리 제작단'은 이에 앞서 다랑쉬굴의 유해 발굴 과정을 다룬 '다랑쉬굴의 슬픈 노래'(1993년)를 제작한 바 있고, 그 이후로 '제주도 메이데이의 실체'(1998년), '무명천 할머니'(1999년), '유언'(1999년), '일본으로 간 4·3위령제'(2001년) 등 4·3다큐를 활발히 출시했다. 또 조성봉 감독의 '하늬영상'

에서는 1999년 증언자 12명의 목소리를 통해 학살자의 정체를 추적해가는 90분짜리 '레드헌트 2'를 만들어 영상을 통한 4·3 진실찾기에 한몫했다.

한편, 4·3다큐 제작은 공중파 방송에서 먼저 시작했다. 앞에서 밝혔지만, 1989년 4월 제주MBC의 '4·3기획-현대사의 큰 상처' 방영이 그 시초이다. 제주MBC는 그 이후 '묻힐 수 없는 외침'(1990년), '잃어버린 고향'(1991년), '마지막 증언'(1992년), '이념의 대결은 없다'(1993년), '4·3의 국회청원'(1993년), '다시 찾은 역사'(1994년), '한의 세월 반세기-북촌사람들'(1998년) 등을 제작·방영했다. 이 모든 작품은 김건일 기자가 연출했다. 1999년에 만들어진 '4·3 인권보고서-다랑쉬굴의 침묵'은 송창우·김찬석 기자가 제작했다.

초기의 다큐는 4·3의 숨겨진 아픔을 조심스럽게 드러냈다. 그러면서도 기존의 '공산폭동론'과는 다른 기억이 있음을 알리는데 심혈을 기울였다. 공중파의 한계를 극복하면서 점차 그 영역을 넓혀간 것이다. 그리고 점차 4·3의 성격과 대량학살의 책임이 어디에 있는가? 라는 진실 찾기에 그 초점을 맞추어 나갔다.

제주MBC는 아울러 1999년 5월부터 편성국(오석훈 PD)에서 만든 '4·3 증언-나는 말한다'라는 프로를 매주 방영했다. 마을별로 순례하며 현장 취재 내용과 체험자의 증언을 방송했다. 그러다보니 4·3취재반의 「4·3은 말한다」 내용과 겹치는 부분도 많았다. 이 프로는 2001년 11월까지 모두 105회나 방송됐다.

1999년에는 중앙 MBC가 4·3을 집중 조명했다. MBC가 덮여진 의혹의 현대사를 파헤치는 '이제는 말할 수 있다'는 프로를 기획했는데, 그 시리즈의 첫 작품으로 제주 4·3을 선정한 것이다. 이 때 이채훈 책임 PD가 4·3취재반을 찾아와 장시간 의견을 나눴다. 그 해 9월 12일 비록 50분의 제한된 시간이지만 중앙 공중파 방송으로는 처음으로 4·3에 대해서 본격적으로 방송했다. 그 반향은 컸다. 4·3에 대해 알지 못했던 전국의 시청자들에게 큰 충격을 준 프로였다.

이에 반해 KBS는 거의 침묵으로 일관했다. 제주KBS의 첫 4·3 프로는 1989년 6월에 방송된 '영원한 아픔 4·3사건'(김기표 PD)이었다. 이어 중앙 KBS가 제작한 '해방과 분단: 제1편 제주도-4·3전후'가 1990년 2월 방송 예고됐다가 제동이 걸려 불방됐다. 그 이후로 오랜 동면에 들어갔다. 그 다음 방송된 작품이 2000년 3월의 '돌아오지 않는 사람들'(김영훈 기자)이었으니, 무려 11년이란 공백이 생긴 것이다.

  이런 정황으로 볼 때, 중앙 KBS가 1994년 '책과의 만남' 프로에서 『4·3은 말한다』를 화제의 책으로 1시간 동안 전국에 방송한 것은 매우 이례적인 일이 아닐 수 없다. 담당 PD의 결단과 강한 행동이 KBS에서 그런 기회를 만들어낸 것이 아닌가 하는 생각이 든다.

'국민의 정부' 출범과 4·3

| '4·3해결' 공약한 대통령에 기대

"나는 수첩에 제정해야 할 법안들을 메모했다. 그리고 수시로 들여다보았다. 지난 수십 년간 생각해온 것들이었다(중략).

민주화 운동에 대한 정당한 평가와 보상, 제주4·3사건의 진상규명과 희생자 명예회복, 군사정권 하의 의문사 진상규명, 국가인권위원회 설치, 국가보안법의 개폐, 선거법 개정 등 한두 가지가 아니었다."

『김대중 자서전』에 나오는 글이다. 김대중 대통령이 대통령 재직시절의 수첩에 제주 4·3의 진상규명과 희생자 명예회복을 위한 특별법 제정 건 등을 메모해서 수시로 들여다보았다는 이야기이다. 결국 이런 의지가 4·3특별법 제정이란 역사를 이루어낸다.

2008년 2월 '국민의 정부' 출범은 세계의 이목을 끌었다. 대한민국 정부 수립 이후 반세기만에 처음으로 평화적인 정권교체를 이뤘을 뿐 아니라, 한때 사형수였던 인물이 '인권 대통령'이란 닉네임을 달고 취임했기 때문이다. 특히 제주도민과 4·3유족들이 새 정부에 거는 기대는 각별했다. 4·3문제 해결을 일관되게 주장하고 공약해온 정치인이 대통령이 되었기 때문이다.

제13대 대통령선거에 출마한 김대중 후보는 1987년 11월 30일 제주유세 때 4·3 문제 해결을 위한 첫 공약을 했다는 것은 앞에서 밝힌 바 있다. 이 발언은 정치권에서 처음으로 4·3을 이슈화한 것이다. 비록 그 시점이 6월 항쟁이후 민주화바람이 부는 시기였다고 해도 색깔론으로 꽁꽁 묶여 지하에 갇혀 있는 4·3을 대통령 후보가 공개적으로 거론했다는 점에서 정치권에 큰 파장을 일으켰다.

그의 4·3 해결 의지와 공약은 지속적이면서도 일관성을 띠며 발전해왔다. 김대중 후보는 1997년 제15대 대선 때는 더욱 구체적으로 4·3 해결 의지를 밝혔다. 그는

1997년 9월 12일 『제민일보』와의 인터뷰에서 다음과 같이 말했다.

"내년이면 4·3 발생 반세기가 됩니다. 한국 근현대사를 살펴보면 사실 진상규명이 채 이뤄지지 않거나 왜곡된 부분들이 많습니다. 이는 21세기 한민족의 재도약을 위해서도 반드시 해결되어야 합니다. 이런 문제들은 단순히 해당 자치단체만의 문제가 아니라 역사적 문제이고 국가적 차원의 문제입니다.

따라서 우리 당은 제주4·3 문제와 관련, 정부보존문서 공개 등을 통한 진상규명과 명예회복을 위한 특별법 제정을 검토하고 있습니다."

김대중 후보는 그 이후 ① 국회 4·3특위 구성과 98년 정기국회까지 특별법 제정, ② 특별법을 토대로 한 정부 차원의 진상규명, ③ 명예회복, ④ 위령사업과 보상 등 구체적인 '4·3 공약'을 발표했다. 이런 정치인이 대통령이 되었으니 4·3문제가 조속히 해결될 것이라고 기대를 거는 것은 당연한 일이었다. 더군다나 국민의 정부가 출범한 1998년은 4·3 발발 50주년을 맞는 해이어서 그 기대치가 더욱 드높았다.

그러나 기대와는 달리 국민의 정부는 정권 출범 이전부터 불어 닥친 IMF 파동과 여소야대의 정치 환경 탓인지 과거사 해결의 걸음은 더디었다. 정권 초기에는 국회에 계류 중인 4·3특위 구성 처리문제부터 삐걱거렸다.

국회 4·3특위 구성 결의안은 1994년 무소속 변정일 의원이 여·야 국회의원 75명의 서명을 받아 첫 발의됐다. 그러나 이 결의안은 제14대 국회의 임기 만료로 자동 폐기됐다. 이어 1996년 제15대 국회가 개회되자 제주 출신 변정일, 양정규, 현경대 국회의원이 주도하여 다시 발의됐다. 이번에는 국회 재적의원 299명 중 과반수가 넘는 여·야 의원 154명의 서명을 받은 것이었다. 서명 의원들의 소속 정당을 보면, 신한국당 92명, 국민회의 35명, 자민련 19명, 민주당 6명, 무소속 2명 등이었다.

제주 출신 세 국회의원은 당시 모두 신한국당 소속(1997년엔 한나라당)이었다. 특위 구성 결의안을 발의할 때에는 여당이었지만, 1998년 정권이 교체되면서 야당으로 신분이 바뀌었다. 따라서 국민의 정부가 출범할 때에는 여·야가 국회 4·3특위 구성을 공약했거나 발의했기 때문에 이 문제는 저절로 풀릴 것으로 보았다.

그러나 1998년 4월 15일 여야 원내총무들이 4·3특위를 별도로 구성하지 않고 국회 운영위원회 산하에 준비소위원회를 두는 것으로 합의하고 말았다. 이런 안이 다른 지역을 의식한 여당에 의해 제안되었다는 사실이 알려지면서 4·3단체들이 발끈했다. 시간 벌기 전략으로 비쳐졌기 때문이다. 이 바람에 오히려 야당인 한나라당 쪽에서 "국회 4·3특위 구성은 김대중 대통령의 공약임을 잊지 말라"는 성명이 나오는 형국이 되었다.

| 여당특위 첫 4·3공청회 개최

국민의 정부가 출범했지만 김대중 대통령은 예민한 제주4·3 문제를 정부가 곧바로 나서서 해결하는 방식에 대해서는 부담을 느꼈던 것 같다. 김 대통령은 그런 속마음을 1998년 5월 15일 『한겨레신문』 창간 10주년 특별인터뷰에서 드러냈다.

"나도 4·3 문제에 대해 관심이 있다. 해결방법은 피해자 가족 등이 국회에 청원을 내서, 청원이 이미 됐다면 국회 이름으로 결의해서 정부에 건의하는 것이 가장 바람직하다."

결국 국회라는 정치권에서 이 문제를 먼저 제기하면 정부가 이를 받아들여 처리하는 수순의 그림을 그리고 있었던 것이다. 이런 대통령의 생각이 구체적으로 표출된 것이 집권여당의 4·3특위 발족이었다.

새정치국민회의는 1998년 3월 29일 당내에 '4·3사건진상규명특별위원회'를 구성했다. 4·3특위는 위원장에 2선인 김진배(전북 부안) 의원, 부위원장에 추미애(서울 광진을) 의원, 위원에 박찬주(전남 보성·화순)·양성철(전남 곡성·구례)·이성재(전국구) 의원과 제주도 당직자인 김창진·정대권·홍성제·고진부 등 모두 9명으로 편성됐다. 간사는 당 기획조정위원회 위성부 전문위원이 맡았다.

집권여당인 국민회의에는 제주 출신 국회의원이 없었다. 그래서 4·3특위 위원으로는 주로 초선인 율사 출신 국회의원들이 차출되었고, 원외인 제주도지부장과 각 지구당 위원장 등이 배치됐다.

4월 1일 김진배 위원장은 제주4·3의 진상규명과 명예회복을 다짐하고, 특히 제주도가 추진하는 4·3 해결 방안을 적극 지원하겠다고 밝혔다. 신구범 도정은 4·3 50주년을 맞아 ① 진상규명의 원칙 ② 명예회복의 원칙 ③ 공동체적 보상의 원칙 ④ 평화 추구의 원칙 등 4·3 해결을 위한 네 가지 기본원칙을 천명했다.

4·3 문제 해결을 위해 이렇게 차근차근 준비하던 국민회의가 뜻밖의 암초에 부딪쳤다. 그것은 앞에서 밝힌 4월 15일 여야 원내총무회담에서 여당의 제안으로 국회 4·3 특위 대신 운영위에 '4·3 양민희생자 실태조사 준비소위원회'를 두기로 결정했다는 소식이 전해지면서 제주사회에 파장이 일어난 것이다. 제주지역 언론들은 이같은 반발이 다가오는 '6·4 지방선거'에서 큰 변수로 등장할 것이라고 앞질러 보도했다.

이에 당황한 국민회의는 진화에 나섰다. 이 안을 제안한 것으로 알려진 한화갑 총무대행은 직접 나서서 "준비소위는 충분한 사전 준비를 위한 것이고, 이 또한 야당에서 먼저 제안했던 것"이라고 해명했다. 4·3은 그 무렵부터 제주 정치권의 풍향계가 되었다. 4·3을 잘못 건드렸다간 바로 선거에 영향을 미치는 바람개비와 같았다.

이런 파동을 겪은 국민회의 4·3특위는 첫 사업으로 1998년 5월 7일 제주에서 '4·3 공청회'를 개최했다. 이 공청회는 4·3 발발 50년 만에 집권여당 주최로 처음 열렸다는 점에서 큰 관심을 끌었다. 공청회는 "4·3사건 어떻게 풀 것인가"라는 큰 주제아래 제1주제 '4·3 역사 어떻게 볼 것인가', 제2주제 '4·3 문제 어떻게 풀 것인가'로 나누어졌다.

제1주제 발표자는 양조훈(제민일보 편집국장), 토론자는 강창일(제주4·3연구소장), 고문승(자유수호협의회 공동대표), 양영호(4·3위령사업 범도민추진위원), 이영길(전 도의원)로 결정됐다. 또 제2주제 발표자는 김순태(한국방송대 교수·작고), 토론자는 강남규(사월제공준위 공동대표), 고창훈(제주대 교수), 박창욱(제주4·3유족회장), 오균택(전몰군경유족회 대의원)으로 정해졌다. 사회는 추미애 국회의원이 맡았다.

4·3의 성격을 다룰 수밖에 없는 제1주제에서는 뜨거운 논쟁이 벌어졌다. 필자와 고문승 교수(제주전문대)는 4·3를 보는 시각에 큰 차이가 있었다. 1997년에 4·3을 공산폭동으로 보는 반공단체와 보수 성향의 인사들로 '자유수호협의회'(공동대표 강창수·고문승·오균택·장영배·한수섭)가 결성되었는데, 고 교수는 이 단체의 대표 자격으로 공청회 토론자로 나온 것이다.

공청회가 열린 한국방송대 제주지역학습관 강당에는 도민과 유족 등이 행사장을 가

국민회의 4·3특위 주최로 제주에서 열린 1차 공청회.

득 메웠다. 행사장 한쪽에는 소복단장을 한 여인들이 눈에 띄었다. 나중에 알고 보니 반공단체에서 전몰군경미망인들을 동원했다는 것이다. 행사장에는 국민회의 4·3특위 김진배 위원장과 위원뿐만 아니라 한나라당 현경대 의원, 도지사 후보인 우근민(국민회의), 현임종(한나라당) 등도 참석했다. 팽팽한 긴장감 속에 오후 2시부터 시작한 공청회는 저녁 7시까지 장장 5시간 동안 뜨겁게 진행됐다.

| 보수측 제주·서울서 항의소동

이날 공청회에서 '4·3역사 어떻게 볼 것인가'라는 주제로 발표에 나선 나는 "4·3 당시 토벌대는 갓난아기부터 노인들까지 무차별로 학살했다. 그러나 과거 정권들은 공권력의 불법집행으로 빚어진 인명피해의 실상을 감추기 위해 '공산폭동'이라는 이데올로기 문제로만 덧칠하기에 급급했다."고 포문을 열었다.

주제발표를 하고 있는 필자. 왼쪽부터 고문승, 강창일, 추미애, 양조훈, 양영호, 이영길.

　행사장인 한국방송대 제주지역학습관 강당은 빈자리가 없을 정도로 청중이 가득 찼는데, 보수 측 참석자가 더 많은 것 같았다. 내가 발표할 때마다 간헐적으로 항의 고성을 지르던 일부 인사들은 "가족 중 한 사람이라도 없으면 '도피자가족'이라 낙인찍어 그 부모형제를 대살했다."는 대목에 이르자 폭발하고 말았다. 몇몇 참석자가 자리를 박차고 일어나더니 "이런 엉터리 발표를 들을 필요가 있는가, 나가자"고 선동하는 것이 아닌가? 장내가 웅성거렸다.

　그동안 차분하게 사회를 보던 추미애 의원이 여기에 이르자 소리를 높였다. 법관 출신인 추 의원이 재판정에서 하듯이 "장내 정리를 하는 사람은 저 사람을 퇴출시키라"고 소리 지른 것이다. 일순 긴장감이 돌았다. 그러나 사회자의 단호한 조치에 분위기는 차츰 가라앉게 되었다.

　당초 예상대로 다른 토론자들의 발표 요지는 나의 견해와 비슷했으나, 유독 고문승 교수는 다른 입장에서 발표했다. 그는 "4·3은 공산집단이 일으킨 폭동"이라고 규정하고, 그 근거로 4·3 초기 인공기 게양, 민전의 스탈린·김일성 명예의장 추대, 김달삼의

해주대회 참석 등을 들었다. 이에 대해 나는 "해방직후 건준에서 선포한 '인민공화국'과 북한정권인 '조선민주주의인민공화국'과는 구분돼야 하며, 당시 중앙청에도 인공기가 걸렸고 해주대회 때는 남한에서 1,002명이 참석했는데 그렇다면 남한 국민 모두가 북한과 연계된 것이냐?"고 반박했다.

이날 제2주제 '4·3문제 어떻게 풀 것인가'의 발표자인 김순태 교수는 "공권력에 의한 대규모 인권유린이라는 데서 4·3해결의 논의가 출발해야 한다."고 전제하고, "따라서 우선 국가가 사죄하고 진실규명과 명예회복, 배상 순서로 나가야 한다."고 주장했다. 구체적 방법으로 그는 국회 4·3 특위 구성과 특별법 제정이 시급하다고 제시했다.

1998년 9월 28일 국민회의 4·3특위는 서울 국회도서관 강당에서 제2차 '4·3 공청회'를 열었다. "제주4·3사건의 해결방향"이란 주제로 서중석 교수(성균관대)가 발표를 하고, 박원순(변호사·참여연대 사무처장), 심지연(경남대 교수), 양조훈(제민일보 상무이사), 정근식(전남대 교수)이 토론자로 나섰다. 사회는 1차 공청회에 이어 추미애 의원이 맡았다.

서울 공청회에서도 반공단체 회원들의 항의 소동이 있었다. '자유언론수호국민포럼'이라는 반공단체는 행사 시작 전부터 유인물을 뿌리며 심상치 않은 분위기를 예고했다. 그 유인물에는 "4·3사건은 공산주의자들의 폭동으로 새삼스럽게 진상을 규명하자는 데 대하여 대단히 의아하게 생각한다."며 행사 자체를 원천 부정했다.

이날 공청회에는 국민회의 유재건 부총재·김진배 4·3특위 위원장, 한나라당 양정규·현경대 의원, 제주도의회 강신정 의장, 강호남·김영훈 부의장, 오만식 4·3특위 위원장, 고인호 서울제주도민회장, 박창욱 4·3유족회장, 장영배 자유총연맹 제주도지회장, 고문승 자유수호협의회 공동대표 등 200여 명이 참석했다.

서중석 교수는 4·3의 희생이 민간인 학살이라는 비인간적·반문명적 만행의 형태로 자행됐음을 강조하면서, 4·3문제 해결을 위해 국가가 취해야 할 조치로서 국회 4·3특위 구성, 4·3특별법 제정, 정부(미국 포함) 차원의 사죄와 반성 등을 꼽았다. 발표 도중 청중석에서 고성이 나오자 서 교수가 더욱 목소리를 높여 발표문을 낭독하던 모습이 지금도 눈에 선하다. 그럼에도 청중석에서 "너 몇 살이냐, 6·25때 어디서 뭐했느냐"는 원색적인 비난이 쏟아지자 급기야 이를 만류하는 4·3 유족들과 몸싸움이 벌어

국회도서관 강당에서 열린 제2차 4·3공청회. 왼쪽부터 박원순, 심지연, 추미애, 서중석, 양조훈, 정근식.

졌다.

　나는 이날 4·3문제 해결은 '중앙정부의 민주화 수준에 비례한다'는 외신 보도를 인용하면서, "최근에 제주를 방문했던 김대중 대통령의 4·3에 대한 발언을 주목했는데, 원론적 수준에 머물러 제주도민들이 섭섭해 있다."고 전했다. 이에 사회를 맡은 추미애 의원은 "그동안 정치적 혼란과 IMF 경제난 등 여러 장애로 인해 다소 부진한 감이 있다."고 해명하고, 정부와 국민회의의 분발을 다짐했다. 추 의원의 그 후 행적을 보면 그 약속을 지키기 위해 얼마나 애를 썼는지 짐작할 수 있다.

｜추미애 의원 '4·3 입문'

　첨예한 대립 구도를 보인 두 차례의 4·3 공청회에서 슬기로운 진행으로 깊은 인상을 남겼던 추미애 의원은 그 후 4·3의 진실찾기에 열정을 바쳤다. 그녀는 드디어 1999년 12월 제주4·3특별법이 국회를 통과하는데 혁혁한 공을 세웠다. 이러한 4·3 해결 공로로 그녀는 4·3으로 인한 명예제주도민 제1호가 됐다. 그런 추 의원에 대해서

'4·3 입문'이란 제목을 붙인 이유는 숨은 사연이 있기 때문이다.

대구 태생인 그녀는 전북 정읍 출신인 남편(서성환 변호사)과 결혼했다. 한양대 법학과 동기 동창인 두 사람은 7년의 열애 끝에 결혼했지만, 그 과정에서는 가족의 반대가 심했다고 한다. 남편이 고등학교 때 큰 교통사고를 당해 한쪽 다리가 불편한데다 당시로선 영남 집안과 호남 집안의 혼사가 흔치 않았던 시절이었기 때문이다. 어려움을 극복한 두 사람. 남편은 덤으로 사는 삶을 봉사하겠다면서 고향 정읍에서 변호사 사무실을 개업했고, 아내는 법관의 길을 걸었다.

법관 생활 10년 차에 접어든 추 의원이 광주고법 판사로 재직하던 1995년 8월에 운명적인 만남이 있었다. 야당 거물정치인 김대중 부부가 추미애 부부를 만찬에 초대한 것이다. 그때 김대중 대통령의 공식 직함은 '새정치국민회의 창당준비위원장'이었다. 김 위원장의 첫 마디는 "호남 사람인 제가 대구 며느리를 얻었습니다. 고맙습니다."였다고 한다. 김대중 위원장이 시국사범 영장 기각 때문에 '껄끄러운 판사'로 소문난 추미애의 영입에 직접 나선 것이다. 2시간의 대화 끝에 추미애는 법복을 벗고 정치의 길에 들어서기로 결심한다. 그만큼 노련한 정치인의 설득이 주효했다.

1995년 9월 5일 국민회의가 창당하던 날 추미애는 '사상 최초의 야당 여성 부대변인'으로 언론의 시선을 모았다. 1996년 총선에서 지역구(서울 광진을)에서 당선된 그녀는 1997년 대선 때는 부대변인 자격으로 전국을 누볐다. 선거 캠프에서는 DJ(김대중의 별칭)가 가는 곳에는 반드시 수행하도록 했다. 그것도 DJ와 1보 뒤쪽의 자리까지 정해져 있었다. '판사 출신의 대구 여인'을 부각시켜 호남 색깔이 강한 DJ의 이미지를 희석시키려는 캠프의 전략이었던 것 같다.

그래서 그녀는 DJ와 함께 제주까지 오게 되었다. 제주에서 그녀는 제주 지지자로부터 '이상한 소리'를 듣게 됐다. 그들은 대통령이 되면 반드시 4·3의 억울한 누명을 풀어달라고 요구했고, DJ는 "그렇게 하겠다."고 약속하는 것이 아닌가. 추미애는 충격을 받았다. "내 스스로 지성인이라고 자부해 왔는데, 그때까지도 4·3이 뭔지 몰랐다". 이는 그녀가 필자에게 실토한 말이다.

DJ가 대선에서 승리하고, 국민의 정부가 출범한 직후 당내에 4·3특위가 구성되면서 추 의원은 부위원장이란 직책과 함께 공청회를 꾸려가는 책임을 맡게 된다. 생각지

4·3 희생자 위령제에 참석해 제주출신 양정규, 현경대 의원 등과 함께 헌화·분향하고 있는 추미애 의원(가운데).

못한 차출이었지만, 추 의원은 그때부터 본격적으로 4·3 공부에 돌입했다. 몇몇 자료를 입수하여 밤을 새우며 읽었다. 그 중에도 강력한 인상을 받은 책이 바로 4·3취재반이 쓴 『4·3은 말한다』였다고 한다.

"밑줄 그으면서 읽었습니다. 때로는 격정에 겨워 눈물을 흘리기도 했고요. 이런 참혹한 역사를 지성인이라 자처하는 내가 몰랐다는 자책과 부끄러움이 더욱 눈물을 흘리게 했는지 모릅니다. 정치인으로 발을 들여 놓은 이상 한 시대의 야만과 폭력에 대해서 그 해결의 실마리를 풀어보자고 마음에 다짐을 하고 또 했습니다."

그러나 국민회의 4·3특위는 두 차례의 공청회를 개최했을 뿐 별다른 진전이 없었다. 국회 사정이 녹록치 않았다. 그러자 4·3 진실찾기 운동 진영으로부터 "여당 특위가 이렇게 뒷심이 없느냐"는 힐난이 들어왔다.

초조해 하던 추미애 의원 사무실에 1999년 초 한 '백조일손' 유족이 보낸 연좌제 관련 자료가 접수되었다. 자료 제공자는 미국에서 활동하다가 귀국해서 탐라대 교수로 재직하던 이도영 박사였다. 그 자료는 서귀포 도순리 주민들 중 4·3 때 처형됐거나 수형됐던 사람과 그 유가족 동태를 기록한 서귀포경찰서 작성 문건이었다. 한 눈에 유가족 주변을 수시로 관찰해온 연좌제 적용 서류임을 알 수 있었다.

추미애 의원의 4·3 수형자 명부 발굴 소식을 1면 톱기사로 보도한 『제민일보』 1999년 9월 16일자 기사.

추 의원은 경찰 문건에 나오는 도순리 주민들의 상황을 『4·3은 말한다』의 내용과 비교했다. 『4·3은 말한다』는 체험자의 증언 위주로 기록된 것이지만 경찰 문건 내용과 정확히 일치했다고 한다. 4·3 관련 공문서의 존재를 확인한 추 의원은 이에 힌트를 얻고 먼저 정부가 소장하고 있는 4·3 관련 기록을 찾아보기로 했다. 그녀는 곧바로 정부기록보존소(현 국가기록원) 보관창고를 뒤지기 위해 대전으로 향했다. 정부기록보존소 본소가 대전에 있었기 때문이다.

| 4·3 수형인 명부 발굴

추 의원의 정부기록보존소 방문에는 도현옥 보좌관 외에도 4·3취재반 김종민 기자, 도순리 '형살자 명부'를 제공했던 이도영 박사가 동행했다. 추 의원이 4·3 전문가들에게 도움을 요청했던 것이다.

행정자치부(행자부) 산하 정부기록보존소 측은 추 의원 일행을 정중하게 맞았다. 당시 국회 행정자치위원회 소속인 추 의원은 행자부 업무를 예리하게 파고드는 깐깐한 일솜씨에다 국민의 정부에서 '잘 나가는 국회의원'으로 명성을 얻고 있었다. 초선인데도 대통령직 인수위원, 국민회의 총재특별보좌역 등 그녀의 직함이 이를 잘 말해주고 있었다.

정부기록보존소는 추 의원의 자료 요청에 "제주도민들의 4·3 관련 기록물 열람 요청이 있어서 현재 고학력 실업자를 투입하는 공공근로사업으로 부산지소 지하서고의 기록물들을 전산입력하고 있다."고 밝혔다. 새 정부 출범 이후 제주4·3연구소(소장 강창일)와 유족들의 자료 열람 요청이 계속 이어지고 있었다.

추 의원 일행은 샘플로 남로당 제주도당 핵심간부를 지낸 조몽구(아버지와 처자식 등 온 가족이 몰사 당했으나, 본인은 일반재판에서 징역 10년 선고 받음)의 판결문을 요청했다. 그런데 정부기록보존소가 제출한 것은 판결문 속에 적혀있는 이름과 주요 내용 등을 도려낸 너덜너덜한 판결문이었다. 정부기록보존소 측은 신중을 기하기 위한 것이라고 변명했지만, 그만큼 눈치를 보고 있었던 것이다.

추 의원은 정부기록보존소의 소극적인 자세를 질책했다. 추 의원은 "김대중 대통령이 4·3 진상규명과 명예회복을 수차례 약속했다."면서 정부 기록물의 공개도 공약사항이기 때문에 정부기록보존소가 분발해야 한다고 촉구했다. 추 의원 측은 이어 4·3 관련 재판기록 일체와 연좌제 적용자료, 심문조서, 군·경의 작전·정보 기록 등을 요청했다. 그로부터 6개월 후 정부기록보존소는 군법회의 수형인 명부와 일반재판 기록을 찾아내어 추 의원에게 제출한 것이다.

1999년 9월 15일 추미애 의원은 정부가 소장하고 있던 4·3 당시 1,650명의 군법회의 수형인 명부와 1,321명의 일반재판기록을 발굴해 공개했다. 4·3 관련 정부문서 공개는 4·3 발발 50년 만에 처음 있는 일이어서 중앙언론도 크게 보도하는 등 전국적인 화제가 됐다.

세상에 처음 나온 4·3 관련 재판기록 중 특히 군법회의 수형인 명부가 이목을 끌었다. 제주4·3 당시 민간인을 대상으로 한 군법회의는 1948년 12월과 1949년 6~7월 두 차례 실시되었다. 1차 871명과 2차 1,659명 등 모두 2,530명이 저촉되었다. 추 의원이 공개할 때에는 2차분 중심으로 그 일부인 1,650명의 수형인 명부가 발표됐다. 그러나 4·3 당시 군법회의는 법률이 정한 절차를 제대로 진행하지 않은 '탁상 재판'이었다. 2003년 정부 4·3위원회는 4·3 군법회의가 불법적인 재판이었다는 결론을 내렸다.

이 군법회의 수형인 명부가 화제를 모은 것은 그 대상자들이 대부분 행방불명되었기 때문이다. 군법회의 대상자들은 그 당시 제주도에 형무소가 없었기 때문에 전국 각지 형무소에 분산 수감되었다. 그런데 1950년 6·25전쟁이 발발하자 각 형무소별로 '불순분자 처리방침'에 따라 상당수가 총살되었다. 물론 서울 등지의 형무소에서는 옥문이 열리면서 재소자들이 사방으로 흩어지기도 했다. 과거 정부는 그렇게 처리해 놓고도 유족들에게 아무런 통보도 하지 않았다.

따라서 그 유족들은 반세기가 넘도록 부모 형제가 어디서 희생되었는지 내용도 모르고, 시신도 찾지 못한 채 한 맺힌 세월을 보내야 했다. 군법회의는 형량도 턱없이 무거웠다. 사흘 만에 345명을 사형 선고했다는 기록도 있다. 만약 그게 사실이라면 한국 사법사상 최대의 사형 선고 기록이지만, 국내외 언론에 단 한 줄도 보도된 바 없다. 그 해당자들이 60년 만인 2008년 제주국제공항 활주로 옆에서 시신으로 뒤엉킨 채 발굴되었던 것이다.

결국 이 군법회의 수형인 명부 발굴은 4·3 행방불명 희생자의 역사를 새로 기록하는 계기가 되었다. 오랜 세월 숨죽이며 살아온 그 유족들은 2000년 3월 '제주4·3행방불명인유족회'를 결성하고, 4·3 진실찾기의 가장 강력한 유족모임으로 탄생했다. 이후 그들의 끈질긴 노력은 군법회의 수형인들의 정부 4·3 희생자 인정, 국제공항에서의 유해 발굴, 4·3평화공원 안의 발굴유해 봉안실과 행방불명 희생자 개인 표석 설치 등의 결실로 이어졌다.

| 국회·국감에서 4·3 이슈화

4·3의 진상규명을 촉구하는 국회 국정감사(국감)의 시초는 1989년 9월 국회 내무위원회의 제주도 국감 때였다. 당시 민주당 소속 최기선 의원은 4·3 유족을 증인으로 내세워 4·3의 참혹상을 드러냈고, 정부와 제주도를 상대로 진상조사를 촉구한 바 있다. 그 후로 국감 때가 되면 간헐적으로 4·3 문제가 다루어졌다. 그때까지 수감 대상은 주로 제주도였다.

그런데 1999년 국감 때는 그 대상이 경찰로 바뀌었다. 그 해 9월 29일 제주도와 제주지방경찰청을 대상으로 한 국회 행정자치위원회의 국감에서 여당인 국민회의 소속 추미애 의원이 경찰을 집중 공략한 것이다. 그것도 '형살자 명부'라는 물증을 들이대면서 연좌제 적용의 근거인지를 추궁했다.

중문면 도순리 주민 52명에 대한 총살 집행 기록을 담고 있는 이 경찰 문서에는 사망자의 본적, 나이, 성별, 남로당과의 관계, 총살 일시, 총살 장소뿐만 아니라 유가족의 사상과 동태까지 상세히 실려 있었다. 문서 하단에는 작성한 경찰관의 이름도 적혀 있어서 한 눈에 경찰이 취급해온 연좌제 관리 자료임을 알 수 있었다.

'연좌제'란 자기 행위가 아닌 가족이나 친족의 행위 때문에 처벌을 받는 것을 가리킨다. 이 제도는 조선시대에 성행했다. 그러나 1894년 갑오개혁 때 조선왕조는 "범인 이외에 연좌시키는 법은 일절 시행 말라."고 선포함으로써 구시대 악법을 털어냈다. 그러나 제주4·3의 광풍 속에서 이 악습이 되살아났다. 집안의 청년이 사라지면 연좌제를 적용해 그 부모형제를 학살한 것이다.

비극은 그것으로 그치지 않았다. 토벌대에게 가족이 희생되었다는 이유만으로 그 후로도 유족들은 공직 진출이나 승진, 사관학교 입학, 해외 출입 제한 등 온갖 불이익을 당했다. 유족들은 차디찬 연좌제의 사슬에 묶여 있었다. 한마디로 멍에가 대물림된 것이다.

추미애 의원이 공개한 경찰 문건은 5·16 직후인 1960년대에 작성된 것이다. 연좌제를 위한 문건이었다. 그런데 연좌제가 공식적으로 폐지 선포된 것은 아이로니컬하게도 1980년 전두환이 이끄는 '국보위'에서였다. 정권을 찬탈한 국보위 세력은 민심을 얻기 위해 연좌제 폐지를 발표했다. 그렇다고 연좌제 폐해가 금방 사라진 것은 아니었다.

추 의원은 국감에서 "과거 사관학교 진학이나 공무원 임용, 외국여행까지 제한했던 연좌제를 적용할 당시 어떤 자료에 근거했는지를 밝히라."고 따져 물었다. 추 의원은 또한 "도의회에서 4·3 피해 보고서를 발간할 때 경찰이 '4·3 전담반'을 구성해 피해신고를 한 사람을 대상으로 일일이 확인 작업을 한 것으로 알고 있는데, 지금도 활동하고 있는가?"고 추궁했다.

이에 경찰 측은 "1981년 3월 24일 내무부의 연좌제 폐지 지침으로 연좌제의 적용은 사라지게 되었고, 제주경찰청은 이 지침에 의거해 4·3사건 관련 자료를 폐기 처분했다."고 밝혔다. 또한 "4·3 전담반은 운영한 사실이 없고, 다만 제주도의회에서 피해자 신고를 받은 건에 대해서 신고 내용이 사실인지 여부를 일부 확인하다 그만 둔 적이 있다."고 꼬리를 내렸다.

1999년 들어 수형인 명부 발굴, 형살자 명부 공개 등 4·3 진실찾기의 굵직한 걸음을 해온 추 의원의 행보는 그 해 12월의 4·3특별법 국회통과 때 절정에 이른다. 그런데 그 이전에 기억해야 할 행적이 있다. 4·3에 대한 추 의원의 집념과 진정성을 가늠케 하는 실화라 할 수 있다.

추 의원은 1999년 10월 29일 제208회 정기국회 대정부 질문에서 발표 제한시간 20분 모두를 제주4·3에 관한 질의로 채웠다. 대정부 질문의 제목은 '인권유린의 20세기를 정리해야 합니다.'였다. 국회 본회의장에서 이처럼 오랫동안 제주4·3을 거론한 일은 그 전에도 없었고, 아마 앞으로도 없을 것이다.

추 의원의 국회 본회의장 발언은 북촌사건, 토산리사건, 동광리사건 등 4·3의 피해 현장을 일일이 열거하면서 시작됐다. 그리고 무자비한 초토화 작전, 불법 계엄령, 역사교과서 왜곡, 제주도민의 가슴앓이 '레드 콤플렉스' 문제 등을 조목조목 지적한 후 국무총리에게 정부 차원의 진상 조사와 대통령의 공개 사과 등을 건의할 용의가 있느냐고 질의한 것이다.

그에 앞서 국민회의 원내총무실에서는 추 의원의 질의요지를 보고 기겁을 했다고 한다. 2000년 5월 총선을 코앞에 두고 열리는 제15대 마지막 정기국회여서 본회의 질의를 위한 국회의원들의 신청이 쇄도하고 있었다. 그만큼 경쟁률이 높았다. 그것도 대부분 총선을 의식, 지역구 관련 질의를 하기 위함이었다. 박상천 원내총무가 4·3 문제만 질의하겠다는 추 의원에게 재고를 요청했다. 그러나 그녀는 뜻을 굽히지 않았다. 다음해 총선 때 추 의원의 선거구에선 여지없이 '빨갱이 국회의원'이란 삐라가 나돌았다.

해직과 4·3연재 중단

┃ 김수환 추기경의 추천사

제민일보 4·3취재반의 『4·3은 말한다』 제5권(492쪽 분량)이 1998년 3월에 출간됐다. 이 책에는 신문에 연재됐던 마을별 '초토화작전의 실상'이 실렸다. 초토화 피해에 대한 연재는 시계방향에 따라 제주도를 한 바퀴 도는 형식을 취하고 있었다. 이 책에는 구좌면·성산면·표선면·남원면·서귀면·중문면·안덕면·대정면 상황이 소개됐다.

'핏빛으로 물든 성산포 앞바다', '18세부터 40세까지 학살당한 토산리', '대낮에 나타난 비행기의 총탄세례', '군경으로 변신한 서청의 학살극', '자수공작에 걸린 피해사례', '흑심 못 채우자 아버지를 살해', '우는 아기 입 틀어막아 질식사' 등 제목만 봐도 얼른 연상되는 참상과 절절한 사연들이 실렸다.

이 책의 부록으로 '왜 4·3계엄령은 불법인가'를 실었다. 불법 계엄령에 대한 언론 보도와 법제처의 반론을 둘러싼 논쟁의 쟁점, 계엄령에 대한 역사적·법률적 검토, 4·3 당시의 계엄령 실상 등을 김종민 기자가 정리하고 분석한 글이다. 또 그동안의 진상규명 운동사를 정리하여 '4·3 진실찾기 50년'이란 제목의 부록도 실었다.

이 책을 출간하는 과정에서 뜻밖의 기쁜 소식을 들었다. 한국 가톨릭의 큰 별이자, 우리 사회의 양심으로 존경받던 김수환 추기경이 책 출간에 대한 '추천의 글'을 써주기로 했다는 것이다. 그동안의 연재과정에서 쌓였던 심적 어려움이나 피로감을 한방에 날려 보내는 낭보였다.

『4·3은 말한다』를 출간할 때마다 3명 정도의 현대사 전문학자나 문인들로부터 추천의 글을 받았다. 4·3 발발 50주년을 앞두고 펴내는 제5권에는 누구의 글을 실을까 고심하던 중이었는데, 뜻밖의 제안이 들어왔다. 이 책을 만드는 출판사 '전예원' 편집인인 김진홍 교수(한국외국어대·작고)가 천주교 서울대교구장인 김 추기경의 글을 받자는 것이었다. 나는 그의 제안에 긴가민가하면서도 그렇게만 됐으면 얼마나 좋겠냐는 뜻을 전했다.

그런데 그걸 성사시킨 것이다. 가톨릭 신자인 김 교수는 김 추기경에게 추천의 글을 부탁하면서 특별히 4·3이 50주년을 맞는 해임을 강조했다고 한다. 김 추기경은 그걸 의식해서인지 추천의 글 제목을 '제주4·3 50주년 기념 「4·3은 말한다」 5권 출간에 부쳐'로 달았다. 추천의 글은 "올해는 제주4·3사건이 발발한 지 50주년을 맞는 해입니다. 50년마다 한 번씩 돌아오는 해를 '희년(禧年)'이라고 합니다. 희년이 되면 누구나 인간답게 살 수 있도록 고통과 불행에서 벗어나 행복한 삶을 되찾게 해줍니다."로 시작됐다.

김 추기경은 이어서 "해방공간의 소용돌이 속에서 수만 명의 제주도민이 국가권력에 의해 희생된 불행한 역사가 있었다는 사실은 우리에게 충격으로 다가온다."면서 다음과 같은 의문을 제기하고, 정부 차원의 진상규명을 촉구했다.

"왜 제주섬은 초토화되었고, 그 많은 사람들이 억울하게 숨져 갔는가? 어찌하여 정부에서는 오랜 기간 이런 중대한 역사적인 사실을 은폐해 왔는가? 의문은 지금도 끊임없이 제기되고 있습니다. 왜곡된 역사를 바로잡고 민족의 단결과 진정한 화합의 계기로 삼기 위해서 그 진상은 규명되어야 합니다.

4·3사건은 재평가·재해석되어야 합니다(중략). 새롭게 탄생한 '국민의 정부'는 보관 자료를 명명백백하게 공개하고 정부 차원에서 4·3의 진상을 밝혀야 합니다. 억울한 누명을 쓴 채 숨겨간 영혼들이 있다면, 그 한을 풀어주는 것은 산 자의 도리입니다."

김 추기경은 제민일보 4·3취재반에 대한 격려도 잊지 않았다.

"제주의 지방지 「제민일보」 기자들이 10년 동안 이 사건의 진실을 추적해 왔다는 것은 진상규명에 있어서 한 가닥 빛이 되고 있습니다. 그 노력의 결정체가 몇 권의 책으로 엮어져 나왔습니다. 역사의 진실에 충성을 다하는 사람들이 있는 한, 참된 역사로 복원될 날이 멀지 않으리라 생각합니다."

나는 그 직후 김 추기경에게 장문의 편지를 보내 고마움을 전했다. 특히 '4·3'이라는 예민한 주제를 다루고 있는 책을 추천해줬고, 취재반에게도 커다란 용기를 준 데 대해 감사의 뜻을 표현했다.

김수환 추기경은 2009년 2월 16일 선종했다. 향년 87세로 생을 마친 것이다. 한국 현대사의 정신적 지주였던 그의 생애와 업적을 추모하는 물결이 전국적으로 일었다. 필자도 빈소가 마련된 명동성당을 찾아가 유리관에 안치된 김 추기경의 명복을 비는 한편 다시 한 번 고마운 뜻을 마음속으로 전했다.

| 김대중 대통령 '4·3작업' 호평

제민일보에 연재됐던 『4·3은 말한다』가 책으로 출간될 때마다 김수환 추기경 이외에도 한국의 내로라하는 현대사 관련 학자들과 문인 등이 보내온 추천의 글을 실었다. 그만큼 이 기획연재는 제주도내 뿐만 아니라 국내외 학계와 전문가 등으로부터 주목을 받고 있었다.

『4·3은 말한다』 제1권(1994년·608쪽)은 '해방의 환희와 좌절', '3·1절 발포와 4·3의 길목'으로 엮어졌다. 4·3의 발발 배경과 원인을 다룬 셈이다. 이 책에는 강재언(일본 교토 花園대 교수), 정윤형(홍익대 교수), 현기영(소설가)의 추천 글이 실렸다. 강 교수는 '가장 표준적인 실록', 정 교수는 '4·3항쟁의 진실을 체계적으로 밝혀낸 중요한 업적', 현 선생은 '탐구정신으로 일관되어 있고, 우리의 잠든 역사의식을 일깨우는 책'으로 각각 평가했다.

제2권(1994년·485쪽)은 '4·3 봉기와 거부된 단선'을 다뤘다. 이 책 부록으로 김익렬 장군 실록 유고 「4·3의 진실」을 함께 실었다. 서중석(성균관대 교수), 송지나('여명의 눈동자' 극작가), 김정기(외국어대 교수·한국기자상 심사위원장)의 추천 글이 실렸다. 서 교수는 '4·3항쟁의 참된 복원일 뿐 아니라 한반도 민중의 살아있는 역사'로, 송 작가는 '복잡하기만 하던 4·3의 길이 보이게 한 책'으로, 김 교수는 '한국 저널리즘의 새로운 가능성을 보여준 작품'으로 호평했다.

제3권(1995년·446쪽)은 '유혈사태 전초전'을 다뤘다. 강만길(고려대 교수), 김진균(서울대 교수), 김석범(재일 소설가)의 추천 글이 실렸다. 강 교수는 '방대한 자료와 치밀한 취재로 은폐된 당대의 역사를 정면으로 파헤친 책', 김 교수는 '4·3의 실상

대 한 민 국 대 통 령

濟民日報 창간 8주년 기념 축하메시지

濟民日報의 뜻깊은 창간 8주년을 진심으로 축하합니다.

창간이후 많은 어려움속에서도 정의의 실현이라는 참언론의 사명을 다해온 貴紙의 노력을 높이 평가하며, 그동안 임직원들이 기울인 노고에 대해 큰 격려를 보냅니다.

<u>특히 濟民日報가 제주 4.3사건의 진상을 규명하는 데 앞장서온 것은 항상 진실의 편에 서려는 정론지로서의 역할을 다하기 위한 것이라고 믿습니다.</u>

우리나라 최초로 일본어판 신문을 발행하는 등 세계화를 앞서 실현해가는 濟民日報가 제주는 물론, 국가의 장래를 개척해가는 데도 크게 기여하기를 기대합니다.

언론의 바른 역할과 참된 자유가 민주사회 건설의 소중한 밑거름이라는 믿음을 여러분과 함께 나누고자 하며, 濟民日報 애독자 여러분에게도 따뜻한 인사를 보냅니다.

1998년 6월 2일

대통령 김 대 중

1998년 김대중 대통령의 제민일보 창간 8주년 축하메시지.
4·3 부분을 언급한 내용(밑줄 친 부분)이 눈에 띈다.

을 객관적으로 연구하게 하는 귀중한 사료'로 표현했고, 『화산도』작가인 김 선생은 '역사의 암흑에 맞서서 진실을 밝혀내려는 겨레와 조국에 대한 사랑으로 점철된 작업의 결실'이라고 평가했다.

제4권(1997년·517쪽)부터는 '초토화작전'을 다뤘다. 이 책에도 리영희(한양대 교수), 최장집(고려대 교수), 김중배(전 동아일보·한겨레신문 편집국장)의 추천 글이 실렸다. 리 교수는 '「4·3은 말한다」를 눈물로 읽는다'고 표현했다. 최 교수는 '역사적 진실을 밝히고 그것의 의미를 드러내는 획기적 작업'으로, 김 국장은 '언론의 언론다운 참구실이 무엇인가를 본보이는 피땀 어린 기록'으로 평가했다.

제5권(1998년·492쪽)은 앞에서 밝혔지만 '초토화작전의 실상'을 다뤘다. 이 책의 추천사는 김수환 추기경의 글을 길게 실었다.

한편, 현직 대통령이 4·3취재반의 활동을 높이 평가한 일도 있었다. 김대중 대통령이 1998년 6월 2일 「제민일보」 창간 8주년을 맞아 "창간 이후 많은 어려움 속에서도 정의의 실현이라는 참언론의 사명을 다해온 귀지의 노력을 높이 평가한다."고 전제한 뒤 "특히 제민일보가 제주4·3사건의 진상을 규명하는데 앞장서 온 것은 항상 진실의 편에 서려는 정론지로서의 역할을 다하기 위한 것이라고 믿는다."는 내용의 축하 메시지를 보내왔다. 지방지 창간기념호에 대통령의 메시지를 싣는 것은 드문 일이다. 더군다나 구체적으로 4·3의 진상규명 작업을 적시했다는 점에서 매우 이례적인 메시지였다.

4·3취재반의 활동도 어느덧 10년을 넘고 있었다. 돌이켜보면 정신없이 달려온 세월이었다. 채록한 증언자만 6,000명을 넘어섰고, 입수한 관련 자료만도 2,000종에 이르렀다. 이 무렵부터 중앙 언론계에서도 4·3취재반의 활동에 주목하기 시작했다. 『한겨레신문』과 『한국일보』 등에서는 사설을 통해 제주4·3의 진실규명 과정을 언급하면서, 『제민일보』 4·3취재반의 활동을 소개했다. 1997년 일본 『아사히신문』이 4·3취재반의 활동상을 국제면 톱기사로 다룬 것에 비하면 때늦은 감은 있지만 중앙 언론계도 변화의 바람이 불고 있는 것이 분명했다.

언론 전문지 「미디어 오늘」은 1998년 4월 8일자에 "언론, '4·3' 망각의 50년…중앙언론 진상규명 여전히 '팔짱'"이라는 제목의 박스 기사를 실었다. 내용인즉 제주4·3 50주년을 맞아 『중앙일보』, 『한겨레신문』, 『한국일보』에선 4·3을 기획기사로 다루었지만, 다른 중앙지들은 관련 기사가 뜸했다는 지적이다. 그에 비해서 『제민일보』와 제주MBC·제주KBS 등 제주지역 언론들은 진상규명에 많은 힘을 쏟고 있다는 비교 기사였다.

나는 오히려 이 대목에서 금석지감이 들었다. 종전에는 중앙지 중 겨우 『한겨레신문』만 4·3 기사를 다뤄왔을 뿐이었다. 그런데 50주년을 맞았다고 해서 보수 성향의 『중앙일보』가 특집기사를 실었고, 특히 『한국일보』(4월 1일자)는 2개 면 전체를 4·3 기획기사로 채웠기 때문이다.

그런데 '호사다마'라 했던가? 그렇게 잘 나가던 『4·3은 말한다』 연재가 중단되는 비운을 맞게 됐다.

| 해직과 4·3연재 중단

나는 1999년 8월 23일 제민일보를 떠났다. 당시 지면에는 '의원면'으로 발표됐으나 실상은 '해직'이었다. 그리고 『4·3은 말한다』 연재도 중단됐다. 재일동포인 새 경영주가 사장(김지훈), 상무이사(양조훈), 편집국장(조맹수) 등 간부 세 사람을 한꺼번에 그만 두도록 했다. 표면적 이유는 경영주의 뜻에 안 맞는 기사를 썼다는 것이다. 세 사람 모두 억울한 측면이 있었다.

나에게는 기사 관리를 잘못했다는 것에다 자신의 4·3 연재 중단 요구를 차일피일 미뤄왔다는 괘씸죄가 추가됐다. 나는 이런 해직 이유를 납득할 수 없었다. 내가 비록 편집국장 출신이라 해도 편집국을 떠나서 경영 분야를 담당하는 상무이사로 자리를 옮겼기 때문에 상무가 편집권 침해에 해당하는 기사 간섭을 하는 것은 부당하다고 생각해왔다.

새 경영주가 「4·3은 말한다」 연재에 부정적인 표현을 한 것은 1996년부터였다. 나에게 던진 첫 질문은 "4·3연재를 언제까지 할 것이냐?"는 것이었다. 나는 조금만 기다려달라고 답변할 수밖에 없었다. 그 이면에 공안정보기관의 입김이 작동되고 있음이 감지됐다. 당시 경영주에겐 남과 북으로 갈린 가족사가 있었다.

공안기관은 이를 약점 삼아 집요하게 파고들었다. 1998년 정권이 바뀌어 진보정권이 들어섰는데도 반공을 앞세우는 정보기관 하부조직은 변함이 없었다. 현직 대통령이 제민일보의 4·3 진실규명활동을 호평했는데도 말이다. 지금도 그 점은 이해가 잘 안 된다.

경영주의 해직 요구에 가슴 속에서 울컥 분노가 치밀었지만 나는 순순히 사표를 냈다. 그 경영주는 1995년 대주주의 개인 부도로 제민일보가 위기에 빠졌을 때, 우리의 간청에 의해 새로운 경영자가 됐다. 그 후로 적자를 메우기 위한 많은 액수의 투자가 이뤄졌다. 나는 이런 사실을 누구보다 잘 알고 있는데다 어느덧 신분 보장을 요구할 수 없는 임원의 위치에 있었다. 4·3 연재도 경영주가 처음 중단했으면 좋겠다는 뜻을 밝힌 이후에도 3년간을 더 버텨왔던 셈이다.

이런 인사 조치에 편집국 내부의 일부 동요가 있었으나 오히려 내가 만류하는 입장이 됐다. 나는 마음을 다잡기 위해 모든 것을 훌훌 털고 여행을 떠났다. 교편을 잡고 있던 아내가 때마침 방학 중이어서 동행했다. 여행지로는 그때까지 내가 한 번도 가보지 못했던 경주를 택했다. 그 여행지에서 이승만 전 대통령의 양자 이인수가 제민일보사를 상대로 손해배상 청구를 했다는 뜻밖의 소식을 들었다.

나중에 들은 이야기로는, 당시 4·3연재를 대표 집필하고 있던 4·3취재반 김종민 기자가 경영주의 부당한 인사 조치와 연재 중단에 항의하기 위해 공개질의서를 작성했다는 것이다. 기자협회와 언론노조 기관지, 그리고 일부 중앙지에 게재될 공개질의서에는 그동안 경영주에게 4·3연재가 못마땅하다는 의사를 피력하면서 연재 중단을 압박한 사람들과 조직이 모두 실명으로 거론돼 있는데, 그 이름만 대면 누구나 알만한 유력자들과 조직이어서 질의서가 공개될 경우 제주사회에 큰 파문이 예상됐다.

　그런데 그 질의서를 신문사 밖에서 출력해서 발표하려는 바로 그날, 회사 측으로부터 긴급 연락을 받았다. 이승만의 양자가 "'4·3계엄령은 불법이었다'고 보도한 제민일보의 기사가 잘못됐다"면서 신문사를 상대로 정정보도 및 3억원의 손해배상 청구소송을 제기했으니 빨리 대책을 세우라는 것이었다. 전혀 예기치 않았던 뜻밖의 상황이 벌어진 것이다.

　그렇지 않아도 경영주가 4·3 연재를 못마땅하게 여겨온 마당에, 4·3계엄령 보도로 파생된 3억원 손해배상 청구소송에서 만에 하나 신문사가 지는 날에는 어떻게 될 것인가? 4·3취재반에게 날아올 불똥은? 상상하고 싶지 않은 상황이 예견됐다. 공개질의서 발표는 중단될 수밖에 없었다. 그 대신에 '불법 계엄령'을 둘러싼 본격적인 싸움을 준비해야 했다. 그때부터 4·3취재반 기자 출신들은 너 나 할 것 없이 이 재판의 승리를 위해 뛰기 시작했다. 해직된 나도 회사 밖에서 승소를 위한 일에 힘을 보탤 수밖에 없었다. 앞에서 밝혔지만 물론 승소한 싸움이었지만 살얼음 딛는 나날이었다.

　「4·3은 말한다」 연재는 『제민일보』 1999년 8월 28일자 '초토화작전-삼양리'를 끝으로 막을 내렸다. 1990년 6월 제민일보 창간 이래 10년 동안 456회가 연재된 것이다. 초토화 이후의 1949년부터 4·3이 종료되는 1954년까지 약술한다고 해도 족히 100회 가량은 더 연재해야할 시점에서 막을 내린 것이다. 아쉬웠다. 그래도 『4·3은 말한다』는 한국 언론 사상 매우 드문 장기 기획 연재물로 기록됐다.

　신문에 연재됐던 『4·3은 말한다』는 '전예원'에서 한글판 제5권의 책으로 출간했다. 그런데 그 후 도쿄 '신간사'에서의 일본어판(「濟州島 四·三事件」)은 제6권까지 출간됐다. 제5권 출간 이후 신문에 연재됐던 내용이 책으로 엮으면 한 권의 분량이 됐기 때문에 신간사 측의 독촉에 따라 일본에서 먼저 제6권을 출간한 것이다. 그럼에도 한글

『4·3은 말한다』는 한글판 5권, 일본어판(「濟州島 四·三事件」) 6권의 책으로 출간됐다.

판이 제5권까지만 나온 것은 아직 신문에 연재하지 못했던 제7권 해당 분까지 기술해 제6·7권을 한꺼번에 발간할 계획이었기 때문이다.

신문사를 나온 나는 얼마 지나지 않아 4·3특별법 제정 운동을 목적으로 결성된 NGO의 공동대표가 됐다. 그 해 10월 말 제주도내 24개 유족 및 시민사회단체가 참여한 가운데 출범한 '제주4·3특별법 쟁취를 위한 연대회의' 상임공동대표를 맡아 4·3특별법 제정 운동의 한복판에 뛰어든 것이다.

나는 언제부터인가 4·3과의 만남을 '운명'으로 생각한다. 예기치 않게 4·3취재반장을 맡은 것이나, 4·3영령들을 만났던 일, 그리고 신문사를 나온 일까지 나의 의지와는 관계없이 이뤄진 일이지만 돌이켜보면 '4·3의 길'을 가도록 유도된 것 같다. 만약 내가 그때까지 천직으로 여겨왔던 신문사에서 쫓겨 나오지 않았더라면 어떻게 되었을까? 아마도 본격적인 4·3특별법 제정운동 참여나 그 후 서울에서 진상조사보고서를 작성하는 일 등은 없지 않았을까 하는 생각이 들 때가 있다.

2부

가열된 4·3특별법 쟁취운동

닻 올린 특별법 쟁취운동

| 1997년 대선 때 정치쟁점 부각

1999년 12월 16일 제주4·3특별법이 극적으로 국회를 통과했다. 그리고 2000년 1월 11일 청와대에서 이 법에 대한 김대중 대통령의 서명식이 있었다. 4·3특별법이 국회를 통과한 시기는 20세기 100년의 마침표를 찍기 바로 보름 전이고, 이 법이 공포된 시점은 21세기 새로운 100년을 시작하는 벽두여서 역사적 의미가 더 컸다.

나는 4·3특별법이 국회를 통과하던 날 "기적 같다"는 말로 밖에는 그 감격을 달리 표현할 수가 없었다. 4·3범국민위원회 법률특별위원장을 맡아 특별법 제정에 헌신했던 김순태 교수(한국방송대·작고)가 그 당시를 회고하는 특집(「4·3반세기」 제10호)에서 "'4·3특별법의 제정은 비록 그 내용이 미흡하지만 기적 같은 일이라 여겨진다'는 양조훈 선생의 표현이 가슴에 와 닿는다."라고 쓴 글을 본 적이 있다.

지금 돌이켜 생각해도, 그 과정은 기적 같은 일이라고 느껴진다. 그런데 그 '기적'은 어느 날 돌연히 일어난 일이 결코 아니었다. 4·3의 진실규명과 명예회복을 위해서 부단히 노력했던 사람들의 헌신과 땀, 눈물의 결정체라고 감히 말할 수 있다. 그럼에도 그 마지막 통과 과정이 너무나 긴박했고 극적이어서 '보이지 않는 손'의 도움이 있었던 것 같은 느낌이 든다.

제주4·3특별법 제정 운동에는 크게 두 가지 축이 있었다. 하나는 1997년부터 시작된 서울에서의 4·3범국민위원회의 활동이요, 다른 하나는 1999년 3월 제주에서 출범한 4·3도민연대의 활동인데, 제주에서는 그 해 10월 도민연대를 포함한 24개 시민단체가 참여한 4·3연대회의가 발족되면서 연합활동으로 승화됐다. 여기에다 반공단체로 출범한 4·3유족회의 변신과 특별법 제정운동 합류, 지방의회의 적극적인 관심과 참여, 김대중 민주정부의 출범, 한나라당 제주출신 국회의원들의 발 빠른 특별법 제정 행보 등이 가세됐다. 한마디로 연합 작전이 상승효과를 올리며 주효한 것이다.

4·3특별법을 제정해야 한다는 주장은 1990년대 들어 산발적으로 나오기 시작했다. 4·3단체의 성명서나 4·3희생자 위령제 때도 간간이 거론됐다. 그러나 그때까지는 특별법을 어떻게 만든다는 구체적인 계획은 보이지 않았다. 아마도 4·3특별법이 법조문의 틀을 갖추고 공개적으로 논의된 것은 1996년 11월 30일 서울 종로성당에서 열린 '제주4·3특별법 제정 촉구 시민 대토론회'였던 것 같다.

제주사회문제협의회(명예회장 정윤형, 회장 김승만) 주최로 열린 이날의 토론회에서 발제자인 허상수(한국사회과학연구소 연구위원)는 가칭 '제주4·3사건 등 희생자 명예회복 및 피해배상에 관한 특별조치법' 제정안을 제시했다. 이 제정안은 국회의장 소속 하에 진상조사위원회를 두고, 국회의원으로 조사특위를 구성하는 한편 명예회복 및 피해배상을 심의 의결하기 위한 위원회는 별도로 국무총리 소속 하에 두는 안이었다.

이 토론회에는 쟁쟁한 사람들이 토론자 등으로 참여했다. 사회는 당시 학술단체협의회 공동대표를 맡고 있던 안병욱 교수(가톨릭대)가, 토론자로는 박원순 변호사(참여연대 사무처장), 서중석 교수(성균관대), 황상익 교수(서울의대), 강창일 교수(배재대), 김순태 교수(방송대) 등이 나서서 특별법 제정의 필요성에 한목소리를 냈다.

한편 1997년 4월 서울에서 출범한 제주4·3범국민위원회는 4·3의 정치적·제도적 해법을 찾기 위해 그 해 9월 20일 국회 의원회관에서 '제주4·3문제, 해법은 무엇인가?'란 주제를 내걸고 여야 4당 초청 정책토론회를 개최했다. 바로 12월에 있을 대통령선거를 앞두고 4·3을 정치적으로 쟁점화하고 대선 공약으로 다짐을 받겠다는 전략이었다.

서중석 교수 사회로 진행된 이날 토론회에서 김정기 교수(서원대)는 '한국현대사의 미결과제: 제주4·3 해법 찾기의 원칙과 과제'란 발제를 통해 ① 국회 4·3특위 구성 ② 진상규명활동에 대한 정부의 지원 ③ 4·3의 진상조사와 해결을 위한 특별법 제정 등을 역설했다.

이에 대해 신한국당 변정일 의원(국회 법사위원장), 국민회의 김원길 정책위 의장, 민주당 이규정 사무총장 등이 나서서 4·3문제 해법에 대한 각 당의 입장을 밝혔다. 자민련 대표는 불참했다. 토론회에 참석한 3당 대표들은 4·3에 대한 정부 차원의 진상

1997년 9월 20일 4·3범국민위 주최로 국회 의원회관에서 열린 여야 4당 초청 4·3 정책토론회.

조사나 위령사업 등에 대해서는 거의 같은 목소리를 냈다. 그럼에도 4·3특별법 제정보다는 국회 내 특위를 구성하는 쪽에 비중을 두는 입장을 보였다. 이 때문에 토론자로 나선 강정구 교수(동국대), 조용환 변호사, 김명식 시인(4·3범국민위 운영위원장) 등이 정치인들과 열띤 논쟁을 벌이기도 했다.

| 범국민위, 법률특위 가동

국회에서 열린 여야 4당 정당 초청 4·3 정책토론회는 그 자체로 4·3에 대한 정치권의 달라진 시각을 보여주는 것이었다. 바로 1년 전 4·3 진상규명 촉구를 위해 시민사회단체 관계자들이 국회를 방문했다가 정문에서 쫓겨난 것과 비교하면 분위기는 확실히 달라져 있었다.

정당 초청 정책토론회에서 사회를 맡은 서중석 교수는 "만일 각 당의 다짐이 대선 겨냥용으로 그친다면 역사의 심판을 면치 못할 것"이라고 경고했다. 서 교수는 이어 "대선 후에도 반드시 성사될 수 있도록 노력해 달라"고 호소했다. 그만큼 대선을 앞둔 각 당의 선심성 약속을 믿기 어렵다는 염려가 있었다. 그런데 그 해 12월 대선에서 4·3문제 해결을 가장 강력하게 공약했던 김대중 후보가 당선된 것이다.

국민의 정부가 출범 직후 취한 가시적인 조치는 새정치국민회의 내에 4·3사건진상규명특별위원회를 설치한 일과, 그 특위 주최로 제주와 서울에서 두 번의 공청회를 개최한 일이다. 1998년 5월 제주에서 열린 1차 공청회에서 '제주4·3문제 어떻게 풀 것인가'를 주제로 발표한 김순태 교수는 특별법 제정을 통한 구체적 진실규명과 4·3피해자에 대한 명예회복과 적절한 배상을 강조했다.

이러한 특별법 제정에 대한 목소리는 그 해 9월 국회에서 열린 제2차 공청회에서도 반복됐다. '제주4·3사건의 해결 방향'이란 주제발표를 한 서중석 교수는 발표 내용의 상당 부분을 특별법 제정의 필요성에 할애했고, 법안 속에 담겨야 할 내용을 구체적으로 발표했다. 어느덧 4·3특별법 제정의 물살은 거스를 수 없는 흐름이 되어가고 있었다.

그런데 어찌된 영문인지 국민회의 4·3특위 활동은 공청회 이후 별 진전이 없었다. 게다가 1996년 한나라당 국회의원들의 주동으로 국회 4·3특위 구성 결의안이 국회에 발의돼 있었으나 국민의 정부 출범 이후에도 심의 한번 없이 서랍에서 잠자는 형국이었다.

1998년 11월 27일 제주4·3사월제공동준비위원회(공동대표 강남규·고상호·양동윤)는 "제주4·3특별법 제정 및 국회 4·3특위 구성을 촉구한다"는 성명서를 발표했다. 같은 날 4·3범국민위원회는 "김대중 대통령의 공약사항인 4·3특별법 제정 촉구와 진상규명 및 명예회복을 조속히 이행하라"는 청원서를 청와대에 제출했다. 11월 30일 7개 종단과 4·3범국민위가 공동 주최한 '제주4·3 진상규명과 명예회복을 위한 전국 종교인대회'에서는 대통령이 4·3문제 해결을 위해 직접 나서 줄 것을 강력히 촉구하는 성명서가 채택됐다.

12월 2일 서울 올림픽파크호텔에서 열린 제1회 전국시민단체대회에서도 제주4·3 특별법 제정 문제가 화두로 부각됐다. 이 대회는 김대중 정부 출범 이후 처음으로 전국에서 내로라하는 60여 개 NGO단체가 모인 행사였다. 이 대회에서 제주시민단체협의회(상임공동대표 김태성·임문철)가 발의한 "정부와 국회는 4·3 진상규명과 제주 도민의 명예회복을 위해 4·3특별법을 즉각 제정하라"는 성명서를 공식 채택했다. 이

4·3범국민위원회 참여 일꾼들. 왼쪽부터 고은수·김명식·허상수·양한권·정윤형·한동완·한재훈·강동조·양인성·박찬식. 앉은 이는 고병수·고현정.

대회에서 이지훈(제주범도민회 집행위원장)이 4·3특별법의 제정 당위성을 설명했다.

이때 발표된 성명 내용 가운데 "현 정부가 제주도민들의 상처를 계속 방치하고 넘어 간다면, 역대 정부와 마찬가지로 냉혹한 평가로부터 자유롭지 못할 것임을 엄중 경고 한다."는 대목이 눈길을 끈다. 당시 제주시민단체협의회에는 제주범도민회, 제주환경 운동연합, 제주경실련, 제주YMCA, 제주YWCA, 제주여민회, 제주흥사단 등 7개 단체가 참여하고 있었다.

한편, 4·3특별법 제정운동에 불을 지핀 4·3범국민위원회는 이 무렵 조직 개편에 들 어갔다. 그동안 운영위원장을 맡아 열정적인 활동을 해오던 김명식 시인이 홀연히 강 원도 화천으로 떠나는 바람에 그 후임에 고희범(한겨레신문 광고국장)이, 사무처장에 는 양한권(중등 교사)이 각각 맡았다. 또 4·3특별법 제정의 산파 역할을 하기 위해 산 하에 법률특별위원회를 신설했다. 그래서 그동안 정책기획특위 위원장을 맡았던 김순 태 교수가 법률특위 위원장으로 자리를 옮겼고, 정책기획특위 위원장은 강창일 교수 (현 국회의원)가 맡았다.

신설된 법률특위에서는 자체적으로 4·3특별법 초안을 만들고, 정치·사회적인 여건에 대한 고려와 관련 법률과의 충돌문제 등을 검토하며 다듬는 작업을 계속 추진했다. 이 작업을 위해 서울대 법대 출신들이 팀워크를 이뤘는데, 김 교수 이외에 사법시험 1차 시험을 통과한 부상일(전 한나라당 제주도당 위원장)과 사법시험 준비생 강건(현 수원지법 판사) 등이 참여했다.

| '4·3도민연대' 출범

1999년 3월 8일 '제주4·3진상규명과명예회복을위한도민연대'(4·3도민연대)가 제주관광민속관에서 결성대회를 갖고 정식 출범했다. 도민연대의 출범은 4·3문제 해결이라는 단일 목적을 위해 구성된 상설 조직이라는 점, 진상규명과 명예회복을 4·3문제 해결의 목표로 삼았다는 점에서 그 의미가 크다.

4·3운동 진영에서는 4·3발발 50주년을 맞아 다양한 행사를 치렀지만 손에 잡히는 성과물이 없자 초조해지기 시작했다. 4·3문제 해결의 필수조건이라 할 수 있는 국회 4·3특위 구성과 4·3특별법 제정이 지지부진했기 때문이다. 국민의 정부가 출범했다고 하나 국민회의 4·3특위가 두 차례 공청회를 개최했을 뿐 별다른 진전이 없었다. 국회에 계류 중인 4·3특위 구성 결의안도 방치되고 있었다. 민주정부가 출범한 이 시기마저 놓쳐서는 안된다는 자각, 반백년 맺혀온 제주도민의 한을 새천년으로 넘길 수 없다는 절박감이 4·3진영의 팔을 걷어붙이게 한 것이다.

4·3도민연대는 이날 결성선언문에서 "새 정부가 들어선 지 1년이 지났으나 4·3문제 해결의 성과는 보이지 않고 있다."면서 "도민들의 강력한 의지가 결집되지 않은 한 문제 해결은 불가능할 것이기 때문에 도민연대를 결성하게 됐다."고 밝혔다. 도민연대는 특히 김대중 대통령에게 보내는 촉구문을 통해 "그간 정부를 향한 강력한 대응은 자제해 왔으나 더 이상 참고 기다릴 수 없다."고 전제하고 "늦어도 오는 4월 3일까지 아무런 조치가 없을 때는 위령제 행사에 참석한 유족과 도민의 원성이 폭발할 것"이라며 구체적인 해결 방안 마련을 촉구했다.

4·3도민연대는 그간 한시적인 위령사업과 행사를 추진해온 '사월제공동준비위원회'

1999년 2월 1일 도민연대준비위원회 발족 직후 심각한 표정으로 회의하고 있는 모습. 도민연대는 그 해 3월 8일 4·3운동 상설조직으로 출범했다.

와 '제50주년 4·3학술문화사업추진위원회'를 발전적으로 해소·통합하는 형식으로 결성됐다. 2월 1일 도민연대준비위원회가 발족됐고, 본격 출범하기까지에는 여러 진통도 있었다. 그러나 4·3문제 해결을 위해서는 중앙정부에 제주도민사회의 결집된 의지를 보여야 한다는 절박감이 그 어려움을 이겨냈다.

상임대표로는 김영훈 도의회 부의장, 양금석 전 도의원, 임문철 신부 등 3명이, 공동대표로는 강창일·고성화·김평담·양보윤·오만식·윤춘광·이은주·허태준 등 8명이 선임됐다. 또 실무 책임을 맡을 운영위원장에 양동윤, 사무국장에 오영훈이 뽑혔다. 도민연대 결성식에 이어 신산공원 내 방사탑 앞에서 4·3 진상규명과 명예회복을 위한 기원제가 거행됐다. 도민연대는 이 행사를 계기로 해마다 4월 1일 '4·3해원 방사탑제'를 지낸다. 결국 이날의 행사가 방사탑제의 시원이 된 셈이다.

이렇게 출범한 4·3도민연대는 3월 22일 제주4·3사건민간인희생자유족회(회장 박창욱)와 제주4·3진상규명명예회복추진범국민위원회(공동대표 강만길·김중배·김찬국·정윤형)와 공동으로 김대중 대통령에게 드리는 청원서를 발표했다. 3개 단체는 "집권 여당인 국민회의와 국회에 기대하는 것은 문제 해결의 시의성과 시급성에 비춰볼 때

더 이상 바람직하지 않다."면서 "대선 때 4·3 진실규명과 명예회복을 공약한 김대중 대통령이 직접 나서라"고 요구했다. 이들 단체는 "국회 4·3특위가 구성되고 특별법이 제정되어야만 제주도민에 대한 공약을 지키고, 민주주의와 인권을 위해 싸워온 세계적인 지도자로서의 이미지를 더욱 확고하게 될 것"이라며 대통령의 의지 표명을 거듭 촉구했다.

한편, 필자도 이에 발맞춰『제민일보』3월 29일자에 '대통령이 나서야 할 때'라는 제목으로 칼럼을 썼다. 3개 단체가 청원서를 제출하게 된 것은 "한마디로 국민회의와 국회를 더 이상 믿지 못하겠다는 불신이 그 바닥에 깔려 있다."고 지적하고 "대통령의 고뇌에 찬 결단이 요구된다."고 밝힌 것이다.

4·3도민연대는 4월에는 지방의회와 합동으로 4·3문제 해결 촉구를 위한 전국홍보와 국회 방문활동을 벌인다. 이 내용은 나중에 자세히 다루겠다.

8월에는 도민연대 부설 4·3고충상담소(소장 문창우 신부)를 개설했다. 이 상담소에서는 4·3 당시 부상자의 육체적 고통 치유, 행방불명자의 생사 규명, 잘못된 호적 정정, 사망자의 사망 일시 확인 작업 등 희생자와 유족들의 고충 상담과 처리에 비중을 두었다. 또한『4·3연대』란 소식지도 만들었다.

10월 들어서는 거리로 나와 4·3특별법 쟁취를 위한 도민대회를 열었다. 이 행사는 모두 4차례 진행되는데, 후술하겠다.

| 4·3유족회의 변화

제주4·3특별법 제정운동 과정에서 4·3유족회의 변화도 큰 변수가 됐다. 반공유족회로 출발한 4·3유족회가 그간의 입장을 바꾸어 진상규명운동 세력의 일부로 편입했고, 특별법 제정운동에도 동참하게 된 것이다. 그것은 중앙정부와 정치권을 압박하는데 큰 도움이 됐다.

1988년 10월 30일 출범한 유족회의 이름은 '4·3사건민간인희생자반공유족회'였다. 1987년 6월 항쟁 이후 4·3에 대한 금기의 벽이 무너지고 '민중항쟁론'이 대두되자 주로 무장유격대로부터 피해를 입은 희생자 유족들이 자극을 받아 서둘러 반공유족회를 결성한 것이다. 초대 회장은 경찰관 출신인 송원화, 사무국장은 박서동이 맡았는데, 모두 반공유족이었다.

그러나 그들은 곧 딜레마에 빠졌다. 지역별로 유족들의 입회를 권유하는 과정에서 '반공유족회'란 명칭에 대해 많은 불만의 소리를 들어야 했다. 반공유족들보다 '토벌대에 희생당한 유족들'이 비교할 수 없을 만큼 압도적으로 많았기 때문이다. 반공유족회는 위령탑을 건립할 성금을 모았는데, 역시 '진압과정에서 희생된 유족들'을 배제하고는 소기의 성과를 거두기 어려웠다. 그래서 1990년에 궁여지책으로 '반공'을 뺀 '제주도4·3사건민간인희생자유족회'로 개칭했다. 비록 반공유족회에서 민간인희생자유족회로 이름은 바뀌었지만 조직은 여전히 반공유족들이 주도했다. 제2대 김병언 회장도 그 가족이 무장유격대로부터 피해를 입은 유족이었다.

그 유족회가 역점적으로 추진한 사업은 시민사회단체가 벌여오던 '4·3 추모제'에 대응해 '4·3 위령제'를 개최하는 일이었다. 시민사회단체인 '사월제공준위'는 1989년부터 추모행사를 벌여왔는데, 유족회는 1991년부터 별도의 위령제를 거행했다. 양분된 위령행사도 문제지만, 사월제공준위가 "정부 차원의 진상규명이 필요하다"고 주장한 반면, 유족회는 "4·3은 공산폭동이기 때문에 구태여 진상조사가 필요하지 않다"는 입장을 견지해 도민사회의 빈축을 샀다.

이런 상황에서 제주도의회가 중재에 나섰다. 도의회는 공동위령제에 합의하지 않으면 제주도의 행사비 예산지원을 못하도록 하겠다고 압박했다. 이런 우여곡절을 거쳐 1994년부터 합동위령제를 개최하기에 이른다. 하지만 두 단체의 입장 차이는 합동위령제를 치른 후에도 여전했다.

그런데 이러한 유족회의 입장이 1996년에 이르러 변하기 시작했다. 그 해 2월에 회장단이 개편됐는데, 회장 오선범, 사무국장 양영호 등 토벌대에게 피해를 입은 유족들이 핵심 임원을 맡게 된 것이다. 새로 유족회를 이끌게 된 오선범 회장은 1996년 4·3 희생자위령제 때 4·3문제 해결을 위해서는 특별법 제정이 시급하다고 역설하기에 이른다. 그 전해와 비교할 때 180도 달라진 것이다.

오선범은 그 이듬해 서귀포시의회 의원으로 출마하면서 유족회장직을 사임했고, 후임은 박창욱(1997년)이 맡았다. 그 이후에도 이성찬(2001년)-김두연(2005년)-

홍성수(2009년)-정문현(2013년)에 이르기까지 유족회 회장은 토벌대와 무장대 양쪽으로부터 피해를 당한 한 사람을 제외하고 모두 토벌대에 의해 피해를 입은 유족들이 선임됐다.

유족회의 성격 변화는 정관에서도 잘 드러난다. 제2조 유족회 목적이 1990년대 후반까지도 "1945년 8·15광복 이후 4·3사건과 관련하여 희생된 민간인의 원혼을 위로하며 나아가서는 자유민주주주의체제를 수호하고 좌경세력에 대처함은 물론이고 전후세대에 대한 국민정신함양과 회원 상호간의 친목을 도모함으로써 4·3을 치유하는데 그 목적을 둔다."고 되어 있었다. 그 내용이 지금은 다음과 같이 개정돼 있다.

"본회는 1947년 3월 1일을 기점으로 하여 발생한 4·3사건으로 억울하게 희생된 자의 법적·제도적 명예회복을 위한 제반 사업을 통하여 진정한 4·3해결을 이루어내고, 그 기반 위에서 도민화합과 평화인권 신장에 기여함은 물론 회원 상호간의 친목을 도모하는데 그 목적을 둔다."

반공을 앞세워 진상규명 무용론을 주장하던 유족회의 이런 변신은 4·3특별법 제정운동에도 큰 기여를 하게 된다. 종전까지 대립각을 세우던 4·3운동단체와도 협력과 연대의 관계로 바뀌었다. 1999년 3월 도민연대·범국민위원회와 공동으로 김대중 대통령에게 드리는 청원서 채택, 4월 지방의회와의 전국홍보 및 국회 방문활동, 10월 20여개 시민단체와의 연대회의 결성 등 주요한 행사에 유족회가 공동 참여하게 된 것이다.

| 서울 4·3특별법 촉구대회

1999년 4월 3일 서울 대학로 마로니에공원에서 제주4·3진상규명명예회복추진범국민위원회 주최로 '제주4·3 제51주기 추모식 및 명예회복 촉구대회'가 열렸다. 행사장에는 시민·학생 등 3,000여 명이 참석하여 성황을 이뤘다. 서울에서 열린 4·3 관련행사로는 가장 많은 인파가 모였다.

서울에서 이런 대규모 행사는 두 번 열렸다. 한번은 4·3범국민위 주최로 1998년 4

1999년 4월 3일 서울 대학로 마로니에공원에서 3,000여 명의 인파가 모인 가운데 열린 4·3 51주기 추모식 및 명예회복
촉구대회.

월 4일 종로2가 탑골공원에서 열린 '제주4·3 제50주년 기념식 및 명예회복 촉구대회'
였다. 그때만 해도 김대중 정부가 갓 출범한 때여서 설렘과 기대감 속에 행사가 진행
됐다.

　그런데 1999년 행사장의 분위기는 사뭇 달랐다. 기대를 걸었던 김대중 정부가 출
범 1년이 지나도록 4·3문제 해결에 별 진전을 보이지 않자 실망과 분노하는 분위기가
역력했다. 행사 주최 측인 범국민위 쪽에서도 '이대로는 안 되겠다'는 절박감 속에 시
민사회단체와 대학가에 참여를 호소했고, 이에 많은 시민단체와 대학생들이 호응한
것이다. 이날 행사장 무대 전면에는 "김대중 대통령은 4·3해결 공약을 이행해야 합니
다"란 대형 플래카드가 내걸렸다. 또한 한쪽에는 "진상규명·명예회복을 위한 특별법을
제정하라"란 플래카드도 걸렸다.

　이날 오후 3시 30분부터 시작된 행사는 열띤 분위기 속에서 2시간가량 진행됐다.
처음 연단에 오른 4·3범국민위 김중배 상임공동대표는 추모사를 통해 "51년에 이르
기까지 4·3이 역사에 이름 하나 내붙이지 못한 채 해독되지 않는 암호처럼 나부끼고
있는데 대해 이 땅에 살아가는 자로서 마땅히 4·3영령에 참회해야 한다."면서 "4·3의
진상규명과 명예로운 이름을 찾아주는 일이 시급한 역사적 과제"라고 역설했다.

서울 명동성당 앞에서 4·3특별법 제정 등을 촉구하며 농성을 벌이고 있는 범국민회 관계자들과 전국순례 홍보단

　이어 범국민위 고문인 이돈명 변호사는 "정부와 집권당은 하루빨리 법을 만들고 취해야 할 조치를 취해 희생된 수많은 영혼들이 안심하고 눈을 감을 수 있게 해줘야 한다."고 촉구했다. 또 민권공대위 상임의장인 홍근수 목사는 "김대중 대통령은 4·3특별법을 제정, 과거 정권과 차별성을 보여야 한다."고 강조했다.

　이날 대회는 ①국회 4·3특위 구성 ②4·3특별법 제정 ③희생된 양민들의 명예회복과 피해배상 ④김대중 대통령의 4·3공약 이행 등을 촉구하는 결의문을 채택한 뒤, 시가행진으로 이어졌다.

　참석자들은 플래카드와 피켓 등을 앞세우고 마로니에공원에서 종로2가 탑골공원까지 서울 한복판 3km의 거리를 행진하며 특별법 제정을 촉구했다. 1년 전 50주기 행사 때 탑골공원에서 마로니에공원까지 걷던 길을 거꾸로 행진한 것이다. 이날 행사장 주변에는 강요배 화백의 '그림으로 보는 제주4·3'과 박재동 화백의 '억새울음－제주4·3이야기' 작품들이 전시됐고, 4·3해결 촉구 범국민 서명대도 설치됐다.

　행사가 끝난 직후 범국민위 관계자들과 재경 4·3유족들은 명동성당 쪽으로 자리를 옮겨 성당 입구에서 4·3해결을 위한 국회 특위 구성과 특별법 제정을 촉구하는 농성에 돌입했다. 이 농성은 5일간 지속됐다.

한편, 이날 제주시종합경기장 광장에서 열린 '제주4·3사건 희생자 제51주년 범도민 위령제'에서도 김대중 정부에 대한 불만이 터져 나왔다. 4·3유족회 박창욱 회장은 추도사를 통해 "김대중 대통령이 대선 후보 당시 4·3문제를 해결해 주겠다고 했기에 도민들이 높은 지지율을 보였으나, 국민의 정부에서도 하나 진전된 게 없다."고 지적하고 "광주나 거창사건과 달리 제주4·3이 해결의 실마리조차 보이지 않는 것은 도세가 약한 때문이냐"고 항변하기도 했다.

이어 여당인 국민회의 조세형 총재대행의 추도사를 대독하기 위해 유재건 부총재가 연단에 서자 일부 유족들이 야유를 보내기도 했다. 전에 볼 수 없었던 행동이었다. 제주의 위령제 현장에도 "대통령은 선거공약 이행하라", "국회는 4·3특별법 제정하라"는 플래카드가 나부꼈다.

다음 날인 4월 4일 이런 열기를 등에 업고 제주도의회, 4개 시·군 의회, 유족회, 4·3단체가 합동으로 참여하는 '4·3 전국순례 홍보단'이 4박 5일의 일정으로 전국 순례 길에 올랐다.

| 전국순례 홍보단 활동

1999년 4월 4일 제주도의회에서 4·3특별법 제정운동에 의미 있는 족적을 남긴 출정식이 있었다. 제주도의회(의장 강신정)가 주최하고, 도의회 4·3특위(위원장 오만식)가 주관한 '4·3문제 해결 촉구를 위한 대국민 홍보 및 국회 방문단' 출정식이었다.

기대를 걸었던 김대중 정부에 대한 불만이 서울에서는 4월 3일 마로니에공원에서 3000여 명이 모인 '제주4·3 명예회복 촉구대회'로, 제주에서는 지방의회와 4·3관련 단체 등이 공동 참여한 홍보단이 전국을 누비며 4·3문제의 심각성을 국민들에게 알리고 정부와 국회를 압박하자는 전략으로 표출됐다.

이 전국순례 출정에는 도의원 14명 이외에도 제주시의회(의장 강영철) 6명, 서귀포시의회(의장 한건현) 5명, 북제주군의회(의장 윤창호) 4명, 남제주군의회(의장 이종우) 5명 등 지방의회 의원 34명과 4·3희생자유족회(회장 박창욱), 4·3도민연대(공동대표 김영훈·양금석·임문철), 4·3범도민위원회(위원장 조승옥), 백조일손유족회(회장 김정부) 관계자 등 모두 81명이 참가했다. 이른바 운동권 출신인 오만식 도의회 4·3 특위 위원장이 "4·3문제 해결에 지지부진한 중앙 정치권을 압박하기 위해서는 행동으로 보여줘야 한다."면서 이렇게 판을 키운 것이다.

이런 형태의 전국 순례는 제5대 도의회 시절인 1996년에도 있었다. 박희수 도의원이 '제주4·3 알리기와 특별법 제정 촉구를 위한 국토순례단'을 꾸려 그 해 3월 23일부터 4월 2일까지 11일간 전국을 누비며 4·3 홍보전을 펼쳤다. 서울에 입성해서는 여야 중앙당사를 방문, 4·3특별법 제정의 필요성을 알리는 유인물을 전달했다. 이때에 박 의원은 신문 광고를 통해 순례단을 모집했는데, 북촌리 민간인학살사건의 진실규명을 위해 헌신해온 홍순식을 비롯한 4·3 유족과 학생 등 10여 명이 동참했다.

제주도의회는 그 후로 3년 만에 매머드급 4·3 순례 홍보단을 결성한 것이다. 4박 5일의 일정으로 전국 순례에 나선 이들은 방문 첫날에는 광주 5·18희생자 망월동묘역을, 다음 날에는 거창사건 희생자 묘역 등을 참배하고 그곳 관계자들과 간담회를 가졌다. 거창에서는 거창사건 등의 특별법 제정과정을 설명 듣는 과정에서 "우리가 얼마나 많은 상경투쟁을 통해서 특별법 제정을 얻어낸 줄 아느냐"는 쓴소리를 듣기도 했다.

대구·대전·청주·천안·수원을 거쳐 7일 서울에 입성할 때에 홍보단에는 새로운 결의가 필요하다는 분위기가 팽배했다. 전국을 순례하면서 국민들이 4·3의 실상을 너무나 모르고 있다는 사실을 뼈저리게 느낀 것이다. "그동안 제주도에서 우리만의 '4·3'을 외쳤던 것이 아닌가"하는 회한이 스쳐갔다. 그런 가운데도 홍보물을 받아본 사람들로부터 "제주도민의 아픔이 이렇게 큰 줄 몰랐다. 하루 빨리 치유되기를 바란다."는 격려를 받고는 새로운 힘을 얻었다.

서울에 입성한 순례 홍보단은 곧바로 4·3범국민위원회 관계자들과 재경 유족들이 5일째 철야농성을 벌이고 있는 명동성당 현장으로 향했다. 명동성당 벽에는 김대중 대통령의 4·3 공약내용을 열거하고 공약 이행을 촉구하는 현수막이 내걸려 있었다. 또한 강요배 화백의 4·3 그림을 전시하는 한편 정부가 탄압했던 4·3 관련 비디오 '레드헌트'를 상영하는 등 대국민 홍보활동을 벌이고 있었다. 이 자리에서 감격적인 조우를 한 참석자들은 "이젠 정치인에게 호소할 때가 지났다."면서 "도민이 하나 되어 4·3해결을 쟁취하자"고 뜻을 모으고 의지를 다졌다.

4일 전 제주도의회에서 출정식을 가질 때만 해도 일부 참석자들은 사회자가 구호를 소리쳐 외쳐도 손들기를 쑥스러워했다. 어떤 참석자의 손은 겨우 어깨까지 갔다가 멈추어버렸다. 그런데 며칠 새 그들은 '투사'로 변해 있었다. 명동성당 앞 차디찬 시멘트 바닥에 앉아 구호를 외치는 그들의 손은 하늘로 치솟았다.

이런 열기는 그 다음 날 국회를 방문했을 때에도 여실히 드러났다. 제주출신 국회의원 3명이 모두 참석한 자리인데도 "연내에 4·3특별법이 제정되지 않는다면 제주출신 의원들의 정치생명은 끝난 것"이란 경고의 말도 서슴지 않았다.

날이 갈수록 강도를 높여가는 이들의 활동에 정치권도 촉각을 곤두세웠다. 홍보단은 4월 8일 여당인 국민회의와 야당인 한나라당 중앙당사 앞에서 '제주4·3 해결을 위한 국회 특위 구성 및 특별법 제정 촉구대회'를 동시에 가질 예정이었다. 정치권도 발빠르게 움직였다. 촉구대회를 열기 전 각 정당 대표단과 홍보단 대표간의 간담회가 이뤄졌다.

국민회의 대표와의 만남은 8일 오전 서울 여의도 국민회의 중앙당사 총재실에서 열렸다. 국민회의 측에서는 안동선 지도위원회 의장과 김진배 4·3특위 위원장, 추미애 의원 등이 참석했다. 국민회의 측이 간담회를 '총재실'에서 마련한 것은 그만큼 홍보단 대표들을 배려하는 인상을 주기 위한 조치였던 것 같다. 홍보단 측에선 김영훈 도의회 부의장, 강영철 제주시의회 의장, 한건현 서귀포시회 의장, 윤창호 북제주군의회 의장, 이종우 남제주군의회 의장, 박창욱 4·3유족회장, 양금석 4·3도민연대 공동대표와 서울에서 합류한 고희범 4·3범국민위 운영위원장 등이 자리를 같이 했다.

이 자리서 홍보단 대표들은 "4·3 해결에 대한 김대중 대통령의 공약이 10여 차례 있었으나 1년이 넘도록 가시적 조치가 없었다."면서 4·3문제 해결에 대한 구체적인 일정을 밝히라고 강도 높게 요구했다. 이에 대해 안동선 의장은 "4·3문제 해결에 대한 대통령의 의지는 확고하다."고 전제하고 "국회가 정상화되는 즉시 국회 4·3특위를 구성하고 연내에 4·3특별법이 제정되도록 하겠다."고 약속했다.

한편 같은 시각 국회 의원회관에서는 한나라당 대표와 홍보단 대표와의 간담회도 열렸다. 한나라당 측에서는 이부영 원내총무와 제주출신 국회의원인 변정일·양정규·현경대 의원이 참석했다. 홍보단 측에서는 제주도의회 강신정 의장, 오만식 4·3특위 위

1999년 4월 8일 여당인 국민회의 중앙당사 앞에서 전국 순례 홍보단과 재경인사들이 함께 4·3특별법 제정을 촉구하는 구호를 외치고 있다.

원장을 비롯한 도의원들과 조승옥 4·3범도민위 위원장, 김두연 4·3유족회 부회장 등이 자리를 같이 했다.

홍보단 대표들은 "정치권은 지난해 위령제 때도 4·3 해결을 약속했으나 1년이 지나도록 국회에서 한마디 언급조차 없었다."면서 강한 톤으로 성토했다. 더 나아가 박희수 도의원은 국회의원들 면전에서 "연내에 특별법이 제정되지 않는다면 제주출신 의원들의 정치생명은 끝난 것"이라고 윽박질렀다. 이에 대해 이부영 총무는 "이회창 총재로부터 4·3 해결을 직접 지시받았다."면서 "4월 내 총무회담을 열어 특위 구성을 제안할 것이며, 연내에 특별법을 제정하겠다."고 약속함으로써 홍보단의 강경 분위기를 누그러뜨렸다.

양 당으로부터 긍정적인 답변을 받아내긴 했지만, 홍보단 대표들은 그래도 여당인 국민회의 중앙당사 앞에서는 당초 계획대로 4·3특별법 제정 등의 촉구대회를 강행하기로 결정했다. 이날 오후 2시부터 열린 촉구대회에는 제주에서 올라간 홍보단 이외에도 4·3범국민위 회원과 재경 유족 등 200여 명이 참석해 "김대중 대통령은 4·3 해결 공약을 이행하라", "국민회의는 국회 4·3특위 구성과 특별법 제정을 즉각 추진하라" 등의 구호를 외쳤다.

고희범 운영위원장과 오만식 위원장이 각각 국민회의와 한나라당 측과의 면담 결과를 보고하면서 시작된 촉구대회는 4·3도민연대 공동대표인 임문철 신부의 연대사, 박창욱 유족회장의 호소문 낭독, 권형택 민주개혁국민연대 조직위원장의 성명서 낭독, 강종호 재경 유족대표의 4·3특별법 제정 촉구 결의문 낭독 순으로 이어졌다. 이쯤해서 홍보단은 4박 5일의 일정을 통해 기대 이상의 성과를 거두었다는 뿌듯한 마음도 가질 수 있었다.

그런데 돌출적인 상황이 벌어졌다. 제주에서 발행하는 모 일간지가 "도민 혈세로 전국순례…81명으로 대규모 편성 취지 무색"이라는 제목 아래 마치 홍보단이 전국 관광여행에 나선 것인 양 홍보단을 폄훼하는 기사를 실은 것이다. 4·3취재반의 김종민 기자를 파견해 4박 5일간 홍보단과 일정을 함께하며 기사를 송고한『제민일보』와 달리 그 일간지는 수행기자를 보내지도 않았다. 홍보단은 발끈했다. 홍보단은 즉각 참가단체 연명으로 규탄성명을 발표했다. 그리고 그날 저녁 제주에 도착하자마자 해당 신문사에 찾아가 의자를 집어던지는 등 거칠게 항의했다.

이 소동은 신문사 측이 바로 사과하면서 하나의 해프닝으로 막을 내렸다. 당시 홍보단 폄훼기사를 썼던 기자는 "홍보단이 방대한 규모로 구성돼 그 취지가 무색하다는 뜻으로 기사를 쓴 것인데, 제목이 과도하게 자극적으로 붙여지면서 문제가 확산됐다."면서 "종합적으로 볼 때 그 기사가 숲보다는 나무만 본 측면이 있다."고 회고했다.

거리로 나선 4·3운동

| 여야 정치권 움직임

1999년 4월 제주도의회 의원뿐만 아니라 4개 시·군의회 의원, 4·3 유족, 4·3 관련단체 임원 등 각계인사들이 참여한 전국순례 홍보단의 활동이 정치권에 자극을 주고 파장을 일으킨 것은 분명했다. 특히 이듬해 국회의원 총선거를 앞둔 여야 정치권에서는 제주사회의 최대 이슈로 부각된 4·3문제를 비껴갈 수 없는 상황임을 인식하기에 이르렀다.

홍보단의 국회 방문 닷새 후인 4월 13일 국회의장 집무실에서 여야 원내총무회담이 열렸다. 박준규 국회의장이 주재한 이날 총무회담에서 국회 제주4·3사건진상조사특별위원회 구성안 통과에 원칙적인 합의가 이뤄졌다. 국민회의 손세일, 자민련 강창희, 한나라당 이부영 등 3당 원내총무는 제주4·3문제의 해결을 위해 적극 노력하기로 합의한 것이다.

이날 총무회담에서 야당인 한나라당 이 총무가 국회에 계류 중인 4·3특위 구성안을 조속히 처리하자는 제안을 하자 공동여당인 국민회의·자민련 총무도 원칙적인 동의를 했다. 다만 여당 측은 이를 추진하기 위해서는 정부와의 협의가 필요하기 때문에 시간을 달라는 취지의 단서를 달았다.

국회의장이 주재하고 여야 원내총무가 원칙적인 합의를 했다는 소식이 알려지면서 제주지역 언론은 저마다 "국회 4·3특위 구성된다"고 대서특필했다. 4·3연구소·도민연대 등 4·3 관련단체들도 일제히 환영 성명을 발표했다. 그러면서도 "이번 합의가 지금까지의 국민적 비난을 피하기 위한 모양새 갖추기가 되지 않기를 바란다"(연구소), "내년 총선을 의식한 정치인들의 면피용으로 이용할 경우 정치투쟁을 벌일 것"(도민연대)이라는 경고도 잊지 않았다.

우근민 도지사도 4월 23일 국민회의 중앙당사 대회의실에서 열린 지방자치정책협의회에서 국회 4·3특위 구성과 명예회복 및 위령사업 추진을 위한 특별법 제정을 요청했다. 우 지사는 특별법이 제정될 때 실무기획단에 제주도 공무원의 참여와 위령사업 시행에 대한 정부와의 역할 분담을 아울러 건의했다.

4월 26일에는 여야 수석부총무회담에서 국회 4·3특위 구성에 관한 청원심사 소위원회를 구성하기로 합의했다. 국민회의 유용태, 자민련 변웅전, 한나라당 이규택 등 3당 수석부총무는 청원심사 소위를 국민회의 3명, 자민련 1명, 한나라당 3명 등 모두 7명으로 구성하되 소위원장은 국민회의 수석부총무가 맡는다는데 합의했다. 여기서 말하는 '국회 4·3특위 구성안'은 1996년 11월 제주도의회가 제출한 청원서를 뜻한다.

그런데 제주도민과 4·3 유족들에게 잔뜩 기대를 걸게 했던 정치권의 립 서비스는 여기까지였다. 임시국회가 열렸지만 4·3특위 구성안 논의는 한 발짝도 나가지 않았다. 5월 17일 제주도의회와 4개 시·군의회 의장은 공동명의로 "4·3 홍보단이 국회와 여야 정당 등을 방문했을 당시 약속했던 '국회 4·3특위'를 조속히 구성할 것"을 촉구하는 서한을 국회의장과 각 정당 대표들에게 발송했다. 그런데도 별 반응이 없었다.

기다림에 지친 4·3진영은 정치권을 압박하기 위해 7월 2일 다시 국회를 찾았다. 이 방문단은 도의회 4·3특위 의원과 유족회·도민연대를 비롯한 4·3 관련단체 임원 등 10여 명으로 구성됐다. 방문단의 행보에 자극을 받은 여야 원내총무 3명은 그날 오후 다시 회동, 4·3특위 구성문제를 협의했다. 이날 회의에서도 한나라당 이부영 총무가 적극 나선 반면 국민회의 손세일, 자민련 강창희 총무는 "양당의 의견 조율이 안된 상황"이라며 추후에 다시 논의하자는 식이었다. 공동 여당 간의 의견 차이가 있음이 노출된 것이다.

이 무렵 신선한 화제를 모은 일도 있었다. 그 해 5월 23일 서울에서 열린 미스코리아 본선대회에 출전한 미스제주 진 김은희 양(이화여대 재학)이 "만일 대통령을 만나게 된다면 무엇을 물어볼 생각인가?"라는 사회자의 질문에 "대통령의 선거 공약인 제주4·3문제를 어떻게 해결할 것인지에 관해 묻고 싶다"고 당차게 답변한 것이다. 미스코리아 대회 성격상 놀라운 대답이었다. 도의회 4·3특위와 도민연대가 공동으로 김양에게 감사패를 전할 정도로 그녀의 발언은 화제를 모았다.

그런데 정작 김대중 대통령은 그 무렵 과거사 해결과 인권법 제정문제로 괴로운 처지에 있었다. 그의 회고록에 의하면, 수첩에 메모해서 이런 문제를 풀기 위해 장관들을 독려하고, 정당 또는 시민사회단체들을 만나 수없이 토론했지만 진전이 없었다는 것이다. 여소 야대의 정치 환경, 보수성향의 자민련과의 공동정부 운영, 보수단체의 반발, 해당 장관들의 소극성 등이 발목을 잡은 것이다. 그런 가운데 1999년 가을 정기국회가 착착 다가오고 있었다.

| 대통령 제주방문과 4·3공원

4·3해결의 지지부진으로 DJ정부에 대한 불만의 소리가 드높아가는 가운데 1999년 6월 12일 김대중 대통령이 제주를 방문했다. 이번에는 4·3 해결에 대한 대통령의 입장이 어떻게 표출될 것인지 관심이 쏠렸다.

김 대통령도 이같은 분위기를 의식해서인지 4·3 진상규명과 특별법 제정이 자신의 선거공약임을 강조하고 "현재 정치정세가 혼란스럽지만 4·3문제는 분명히 해결하겠다."는 의지를 밝혔다. 김 대통령은 이어 "이같은 점은 여야 3당의 합의로 추진 중에 있지만, 당장은 유가족들의 마음을 위로하는 것이 중요하기 때문에 제주도가 요청한 위령사업비를 지원하겠다."면서 배석한 김기재 행정자치부장관에게 공원 부지 매입비 30억 원을 지원할 것을 지시했다.

이에 앞서 우근민 도지사는 그동안 제주종합경기장 광장 등에서 치러온 4·3 희생자 위령제를 진상규명 이전이라도 한 장소에서 봉행할 수 있도록 공원 부지 매입비 30억 원을 국비에서 지원해줄 것을 건의했던 것이다. 대통령의 지시로 4·3공원 조성사업은 급물살을 타게 됐다. 이와 함께 4·3공원 조성을 둘러싼 부지 선정, 시기 문제 등 새로운 논란이 불거졌다.

제주도는 1999년 4월부터 '제주4·3위령공원' 조성계획을 세우고 4·3범도민추진위원회 측과 협의를 거쳐 후보지 물색에 나섰다. 범도민추진위에는 유족회가 주도적으로 참여하고 있었다. 여러 후보지가 거론되었지만, 양측은 제주시 봉개동 절물자연휴

양림 북쪽 목초지 5만 평에 조성하는 것으로 잠정 결정했다. 해당 부지가 제주시 소유여서 구입방안이 용이하다는 점이 작용했다.

제주도는 1999년부터 2001년까지 3년 동안 1단계 사업으로 국비 30억 원, 지방비 20억 원 등 50억 원을 투입해 부지 매입과 기반시설, 위령탑을 세우고, 2002년 이후 2단계 사업으로 전시관 등을 건립하는 계획을 세웠다. 도는 2000년 위령제 때부터 새 부지에서 봉행한다는 계획 아래 부지 확보 작업과 병행해 4·3공원 조성에 따른 설계 공모에 들어간다는 방침이었다.

그런데 이런 제주도의 방침에 제주도의회와 4·3 관련단체들이 제동을 걸었다. 제주도의회 4·3특위는 6월 21일 회의를 열어 4·3위령공원 조성계획에 대해서 도의회와 사전 협의가 없었다고 질책하고 집행기관의 비공개적인 사업 추진과 부지 선정에 따른 문제점을 추궁했다. 같은 날 4·3도민연대와 연구소도 성명서를 발표하고 "도민의견 수렴 없이 독단적으로 진행하고 있는 제주도의 4·3공원 조성을 전면 수정하라"고 주장했다

이런 반발은 4·3 전문가 집단에서도 신문 기고 등을 통해 표출됐다. 한마디로 철학 부재라는 지적이다. 4·3공원 조성사업은 이미 제주도가 밝힌 4·3의 진상규명, 명예회복, 평화추구의 원칙에 따라 추진해야 하는데 그 순서가 뒤바뀌었다는 것이다.

공원의 성격은 과연 무엇이며, 이름은 무엇으로 할 것인지, 위령탑에는 무엇이라고 기록할 것인지? 이런 기본적인 진상규명 없이 당장의 가시적 성과를 내기 위해 조급하게 일을 진행하다가는 어려운 난관에 부닥치게 된다는 지적도 나왔다. 따라서 4·3공원 조성은 장기적인 마스터플랜을 갖고 거시적인 안목으로 추진돼야 한다는 주장들이 제기됐다.

한편 언론에서도 이 문제를 크게 다뤘다. 본말이 전도됐다는 지적이다. 지금은 4·3특별법 제정에 온 힘을 쏟아 정부 차원의 진상조사를 하도록 하는 것이 선행 과제라는 주장이었다. 그래서 국가가 저지른 일을 국가가 앞장서서 풀어가도록 하는 것이 순서임을 강조했다. 그렇지 않고 진상규명과 명예회복이 이뤄지지 않은 상태에서 '우리끼리' 세우는 위령탑으로는 진정한 위령이 될 수 없으며, 자칫 특별법 제정 요구를 희석시킬 수 있다고 우려했다.

이와 더불어 위령공원의 사업비 규모도 문제가 됐다. 이미 국가사업으로 추진된 광주항쟁 위령 및 기념사업에 835억 원(10만 평), 거창양민학살 위령사업에 143억 원(4만8천 평)이 투입된 것과 비교된 것이다. 그들 사건보다 희생자 수가 훨씬 더 많은 제주4·3 위령사업의 경우 특별법의 뒷받침 없이 서둘다가는 시행착오를 범할 우려가 크다는 점을 지적한 것이다.

이런 저런 문제 제기로 4·3위령공원 조성계획은 한동안 갈피를 잡지 못한 채 맴돌았다. 제주도와 도의회는 그 해 9월에 이르러서야 범도민 공청회를 개최해 이 문제를 원점에서 다루기로 의견을 모았다.

| 4·3해결 도민공청회

1999년 10월 18일 제주도와 도의회 공동주최로 중소기업센터 대강당에서 '제주4·3문제 해결방안 도민공청회'가 열렸다. 이 공청회는 4·3위령공원 조성계획 수립과 추진과정에서 불거진 제주도와 도의회 및 4·3 관련단체 사이의 간극을 메우는 성격을 띠고 있었다.

이문교(제주발전연구원장) 사회로 진행된 이날 공청회에서 제주4·3연구소장 강창일(배재대 교수)이 '4·3의 역사기록과 위령사업 어떻게 추진할 것인가'란 주제발표를 하고, 강만생(한라일보 논설위원), 김완송(자유수호협의회 감사), 박창욱(4·3유족회 회장), 임문철(4·3도민연대 공동대표), 정순희(생활개선중앙회 제주도회장)가 지정토론자로 나섰다.

강창일 소장은 "4·3은 한민족 사상 최대의 양민 학살사건"이라며 "4·3 진상규명 운동은 인권과 평화를 기리는 운동으로 승화시켜 제주도를 진정한 평화의 섬으로 만들어 나가야 한다."고 주장했다. 강 소장은 "4·3 문제 해결을 위한 제주도의 접근 방향은 앞으로 제정될 4·3특별법을 충분히 고려해 진행돼야 한다."고 전제하고, 현재 추진 중인 특별법에는 지속적인 진상규명, 정부의 사과 명시, 양민에 대한 개별보상, 제주도민 전체에 대한 공동체적 보상이 포함돼야 한다고 강조했다.

그는 이어 4·3공원 조성사업과 관련해 "조급하게 서둘러 졸속적으로 추진하기 보다는 특별법 제정을 고려한 장기적 조성계획이 수립돼야 한다."면서 4·3공원의 위치와 의미에 대해서는 접근성, 복합문화공간, 역사 상징성, 확장 가능성 등을 유의할 것을 주문했다.

토론자들은 발제자의 주장에 대체로 동조하는 분위기였다. 다만 보수단체를 대표해 토론자로 나선 김완송은 "4·3은 조선민주주의인민공화국을 지지하는 세력들이 5·10 선거를 파탄시키기 위해 일으킨 무장폭동이며, 진압과정에서 비무장 폭도 및 폭도로 오인받은 사람들이 과잉 진압된 점이 있다."면서 "특별법을 만든다면 이러한 4·3의 성격을 분명히 해야 할 것"이라고 역설했다. 그는 이어 "특별법이 없는 상태에서 제주도가 4·3위령사업 등을 하는 것은 온당치 않다."고 주장했다.

한편 이날 공청회장에는 전직 경찰과 우익단체 회원들이 대거 참석해 예의 '4·3공산 폭동론'을 주장하면서 공청회 내내 '성격 논쟁'을 일으켰다. 주제발표자가 발표할 때에는 여러 차례 삿대질하며 원색적인 비난을 일삼는 바람에 다른 참석자들과 서로 고성이 오가는 등 험악한 분위기를 연출했다.

이날 공청회는 주제가 너무 광범위한 탓인지 갖가지 주장들이 난무했다. 당초 이 공청회는 4·3위령공원 부지 선정과 위령사업 추진방향에 대한 논의를 할 예정이었지만, 당면한 특별법 제정문제가 전면에 나서면서 오히려 4·3의 성격 논쟁으로 비화된 측면이 있다.

그러나 이 공청회를 계기로 그동안 도의회와 관련단체의 문제 제기로 논란이 됐던 4·3위령공원 부지 선정문제가 어느 정도 수습국면을 맞게 됐다. 즉 4·3위령공원 부지로 앞서 거론됐던 제주시 봉개동 소재 5만 평에 대해 더 이상 문제 삼지 않으면서 추인하는 분위기로 전환된 것이다. 처음에 완강한 태도를 보이던 도의회 4·3특위도 10월 19일 제주도로부터 4·3위령공원 조성계획에 대한 보고를 받고 이의를 제기하지 않았다.

이에 따라 우근민 도지사는 10월 25일 기자회견을 통해 4·3위령공원 부지를 제주시 봉개동 시유지 5만 평으로 정하고, 김대중 대통령이 지원 약속한 국비 30억 원을 토대로 내년부터 그 곳에서 위령제를 지낼 수 있도록 부지 매입과 주차장 등의 기반시설을 마련하겠다고 밝혔다. 이날 회견에서는 4·3 부상자에 대한 진료비 지원과 정무

부지사를 단장으로 한 '4·3관련사업 추진지원단' 설치계획도 밝혔다.

이런 방침에 따라 그 해 12월 29일 봉개동 5만 평에 대한 '제주4·3위령공원 조성 및 상징조형물 기본계획 현상공모'가 발표됐다. 공모내용은 토지이용 및 공간 활용계획, 건축물 및 조경계획, 상징조형물 설치 구상 등이었다.

그러나 그 시점은 제주4·3특별법이 국회를 통과(12월 16일)한 직후였다. 이런 중대한 상황 변화가 있음에도 4·3공원 조성사업을 종전 계획대로 밀고 나가는 것은 문제가 있다는 불만의 소리가 터져 나왔다. 또한 해당 부지가 도로 아래쪽에 파인 지형으로 한라산이 보이지 않는 점과 바로 전면에 쓰레기 소각장이 건설될 계획이라는 사실이 알려지면서 부지 부적합성에 대한 문제까지 불거져 나왔다. 4·3공원 조성사업은 이래저래 다시 논란에 휩싸이면서 도마 위에 오르게 됐다.

| 노근리 사건의 파장

1999년 9월 30일 「AP통신」이 노근리 양민학살사건의 진상을 집중 보도, 파장을 일으켰다. 한국전쟁 발발 직후인 1950년 7월 26일부터 29일까지 나흘간 충북 노근리 일대에서 미군이 전투기로 폭탄을 투하하고 지상군이 기관총을 쏘아대 비무장 피난민들을 학살한 사건을 파헤친 것이다. 이와 관련 「AP통신」은 "피난민을 적으로 취급하라"는 미군 공식문서가 확인됐다고 보도해 세계의 이목을 모았다.

미국정부의 첫 반응은 미적지근한 것이었다. 미 국방부는 "보도내용을 뒷받침하는 새로운 정보를 발견하지 못했다"는 묘한 표현으로 빠져 나가려고 했다. 그러나 「AP통신」의 취재는 거의 완벽에 가까울 만큼 치밀했고, 방대했다. 당시 기관총을 난사한 병사들의 증언을 포함해 관련자 100여 명과 인터뷰를 했고, 공격할 수 있다는 명령을 담은 기밀해제 문서까지 입수했던 것이다. 탐사보도의 전형이라 하겠다.

이런 세밀한 보도 때문에 『뉴욕타임스』도 이례적으로 「AP통신」 보도를 1면 주요기사로 다뤘고, 「CNN」 등 미국의 주요 방송도 이를 대대적으로 보도했다. 어물쩍 넘길 수 있는 상황이 아니었다. 보도 다음 날 윌리암 코언 미 국방장관이 빌 클린턴 대통령에게 이 사건을 보고했고, 그 자리서 진상조사 방침이 결정됐다. 미군에 의한 민간인 학살이 있었다는 사실은 미국 국민만이 아니라 한국 국민들에게도 큰 충격을 줬다.

이 노근리 사건이 처음 알려진 것은 1960년 민주당 정권 때였다. 피해자들이 미국 정부의 공식사과와 손해배상 청구의 소청을 제기했다. 그러나 그 이듬해 5·16 군사쿠데타가 일어나면서 제주4·3, 거창사건 등과 마찬가지로 수면 밑으로 가라앉았다.

문민정부 시절인 1994년, 사건 피해자인 정은용이 쓴 실화소설『그대, 우리의 아픔을 아는가』가 출간되면서 노근리 사건은 다시 수면 위로 올라왔다. 정은용과 그 아들 정구도 박사를 주축으로 '노근리미군양민학살사건대책위원회'도 결성됐다. 노근리 사건은 「AP통신」보도 이전에 이미 역사학 논문이 발표되는가하면『한겨레신문』과 시사월간지『말』지 등에 의해 그 진상이 보도됐다. 그러나 크게 시선을 끌지는 못했다.

「AP통신」보도는 미국정부만이 아니라 한국정부도 당황하게 만들었다. 김대중 대통령이 노근리 사건에 대한 진상규명을 지시하면서 정부 산하에 부랴부랴 대책반이 구성됐다. 1999년 10월부터 2001년 1월까지 15개월간 노근리 사건에 대한 한·미 양국의 공동조사가 진행됐다. 그리고 양국의 진상조사결과보고서와 한·미 공동발표문이 발표됐다. 미국은 미군에 의한 민간인살상의 실재는 인정하면서도 '고의적이거나 사전에 계획된 것은 아니'라고 발뺌했다. 클린턴 대통령은 이런 조사결과를 토대로 희생자들에 대한 '깊은 유감'을 표명했지만, 후속조치는 이루어지지 않았다.

한편 이 사건은 제주4·3에도 파장을 일으켰다. 한국 언론들이 미군정 하에서 발생한 제주사건에 대해서도 눈길을 돌린 것이다. 때마침 추미애 국회의원이 4·3 관련 수형인 명부와 형살자 명부를 발굴, 공개한 시점이어서 더욱 화제를 모았다.

CBS(기독교방송) 인기시사프로「시사자키-오늘과 내일」이 1999년 10월 7일 90분 동안 '긴급좌담-4·3 진상규명'을 테마로 4·3문제를 집중 방송했다. CBS 측은 "최근 노근리 양민학살사건의 진상이 미군의 공식문서를 통해 확인되고, 4·3문제도 수형인 명부 발굴 등으로 새 전기를 맞고 있어 4·3의 진상규명과 해법을 모색하기 위해 이 긴급 좌담프로를 마련했다."고 밝혔다. 김칠준 변호사의 사회로 진행된 이 프로그램에 추미애 의원, 현길언 교수(한양대)와 필자가 출연했다. 출연자들은 "제주4·3은 노근리 사건과 비교할 수 없는 엄청난 사건"이라면서 "진상규명을 위해서 정부와 국회, 그리고 미국이 적극적으로 나서야 한다."고 촉구했다.

노근리 사건 피해자와 유족들은 그 후 미국정부의 소극적 태도에 반발해 특별법 제정운동을 벌였다. 이 일을 주도한 정구도 박사는 "법 제정 과정에서 4·3특별법이 길라잡이 역할을 했다."고 회고했다. 노근리사건특별법은 2004년 국회를 통과했다.

국무총리를 위원장으로 하는 정부 위원회가 구성돼 희생자 심사와 위령공원 조성사업 등이 추진됐다. 이 위원회에서 결정한 노근리 사건 희생자는 226명(사망 150, 행불 13, 후유장애 63명). 10세 이하 어린이 68명과 61세 이상 노인 13명도 포함돼 있다. 그러나 실제 희생자 숫자는 400여 명으로 추정했다. 피난민들이어서 인적사항을 파악하기 어렵고, 인우보증 등의 심사조건도 까다로워 누락된 희생자들이 많다는 것이다.

| 거리로 나선 4·3운동

1999년 10월 4·3도민연대가 제주4·3특별법 제정 촉구를 위한 캠페인을 벌이기 위해 거리로 나섰다. 그 해 3월 출범한 4·3도민연대가 한글날인 10월 9일 오후 제주시청 옆 어울림마당에서 개최한 첫 거리행사의 이름은 '4·3특별법 쟁취를 위한 1차 도민대회'였다.

그동안 4·3도민연대는 유족회, 범국민위와 함께 김대중 대통령에게 드리는 청원서를 발표했는가 하면 도의회 등과 연대하여 중앙정부와 정치권을 압박하는 전국순례 홍보단 활동도 벌였다. 부설기관으로 4·3고충상담소를 운영했고, 기회가 있을 때마다 국회 등을 방문해 국회 4·3특위 구성과 특별법 제정 등을 촉구했다.

그때마다 여야 정치권은 곧 해결하겠다고 약속했지만, 번번이 '립 서비스'에 그쳤다. 별 소득이 없이 정기국회 시즌이 다가오면서 도민연대 관계자들은 초조해졌다. 제15대 국회의 마지막이자 20세기를 마무리하는 마지막 정기국회여서 더욱 그랬다.

그 시점에 이르자 국회 4·3특위 구성은 별 효력이 없어 보였다. 막상 국회에 특위를 구성한다고 해도 이듬해 봄 총선 직후 바로 특위가 해체되는 수순을 밟게 되기 때문이다. 따라서 도민연대는 국회 4·3특위 구성안을 접고 오로지 특별법 제정운동에 매진하기로 방침을 정했다. 이런 의지를 결집하고 도민사회의 지지를 얻기 위해 거리 캠페

1999년 10월 9일 제주시청 옆 어울림마당에서 열린 '4·3특별법 쟁취를 위한 1차 도민대회'.

인을 벌인 것이다.

제1차 도민대회에서 김영훈 도민연대 상임대표는 대회사에서 "4·3특별법 제정을 촉구하는 주말집회와 상경투쟁을 벌일 것이며, 전국 시민사회단체들과도 힘을 합쳐 특별법 쟁취투쟁을 벌일 것"이라고 밝혔다. 고희범 4·3범국민위 운영위원장과 오만식 도의회 4·3특위 위원장의 연대사도 발표되었는데, 모두 힘을 합쳐 반드시 특별법 제정을 쟁취하자고 역설했다.

이날 대회에서 주최 측인 4·3도민연대는 제주출신 세 국회의원을 향해 포문을 열었다. 모두 한나라당 소속인 이들 국회의원에게 보내는 공개질의서에서 도민연대는 "4·3에 대한 한나라당의 당론은 무엇인지, 올해 정기국회에서 특별법을 제정하겠다는 약속은 변함이 없는지, 국민회의가 성의를 보이지 않는다면 독자적으로 법안을 제출하겠다고 했는데 그 시기는 언제인지?" 등을 따져 물은 것이다.

그런데 4·3도민연대 관계자들도 예상치 못한 일이 발생했다. 공개질의서 발표 이틀

만인 10월 11일 제주출신 국회의원 3명이 공동발의로 이번 정기국회에 4·3특별법안을 상정하겠다면서 그 시안을 전격적으로 공개한 것이다. 도민연대를 비롯한 4·3단체들은 즉각 환영의 뜻을 밝히면서도 '내년 총선을 앞둔 한나라당 국회의원들의 정치적 책략이 아니냐'는 의구심도 떨치지 못했다.

이런 정치적 파장이 일어나는 가운데 제2차 도민대회가 10월 16일 제주시 중앙로 주택은행 앞에서 열렸다. 이번에는 국민회의가 타깃이 됐다. 먼저 "4·3특별법 제정과 정부차원의 해결을 약속한 대통령의 진심을 믿고 표를 몰아주었다."면서 DJ의 공약 이행을 촉구했다. 이어 "국민회의 제주도지부장과 각 지구당 위원장들은 돌부처처럼 꿈쩍도 않은 채 무소신·무관심·무책임으로 일관하고 있다."면서 "이런 행태에 대해 준엄한 정치적 심판을 내릴 것"이라고 일갈했다. 이런 공격이 주효했는지 국민회의 제주 도지부에서 독자적인 특별법 시안을 만드는 등 가시적인 효과가 나타났다.

제3차 도민대회는 10월 23일 역시 중앙로에서 열렸다. 이날 대회에서 눈길을 끈 사람은 인기가요 '바위섬'의 가수 김원중이었다. 전남대 출신인 그는 1980년 5·18 민주항쟁 당시 고립무원의 궁지에 빠져 상처와 슬픔으로 가득한 광주를 그래도 사랑할 것이라는 뜻을 담아 '바위섬'을 작사·작곡했다고 한다. 그는 상처를 입은 광주와 제주의 연대 필요성을 강조하며 '바위섬'을 불러 참석자들로부터 박수를 받았다.

이런 4·3도민연대의 가열된 노력에도 불구하고, 제주도민사회는 4·3특별법 제정운동에 큰 반응을 보이지 않았다. 오히려 '냉담한 분위기'라는 표현이 더 적합할 것 같다. 이름은 '도민대회'라고 붙였지만 참석자는 수십 명에 불과했다. 진보적 인사와 시민사회단체 활동가가 대부분이었다. 행사장에서는 4·3유족들조차 찾아보기 힘들었다.

그때까지도 '4·3'이란 문제를 안고 거리로 나서는 게 생소했다. 더군다나 4·3특별법이 제정될 것이라고 믿는 사람은 흔치 않았다. 이래저래 변화가 필요한 시점이었다. 24개 시민사회단체들이 참여한 가운데 10월 28일 출범한 '4·3특별법쟁취를위한연대회의'는 이런 과정을 겪은 후 태동한 것이다.

4·3연대회의 출범

| 24개 시민단체 결집

　1999년 10월 28일 '4·3특별법쟁취를위한연대회의'(4·3연대회의)가 닻을 올렸다. 이 연대회의에는 제주도내 시민사회단체들이 대부분 동참했고, 뒤늦게 4·3유족회까지 합류함으로써 총 24개 단체가 참여하는 결집체로 발족했다. 4·3 진실규명운동사에 가장 기념비적인 결집이 아닐 수 없다. 이런 결합이 가능했던 것은 '시급성'과 '절박함'이 강력한 동력이 되었기 때문이다.

　출범하면 곧 4·3매듭을 풀어줄 것 같았던 DJ정부에 대한 기대치가 무너지고, 20세기 마지막 국회에서마저 문제 해결의 단초를 찾지 못한다면 4·3문제는 영구히 미제사건으로 남을 수도 있다는 우려가 퍼져갔다. 거기다 그 해 3월 출범한 4·3도민연대가 나름대로 4·3문제 해결을 위한 다양한 활동과 함께 10월 초부터는 거리로 나와 4·3특별법 제정을 촉구하는 캠페인을 벌였지만 도민사회의 전폭적인 지지를 얻는 데는 한계를 드러냈다.

　이런 상황에 이심전심으로 뭔가 돌파구가 있어야 할 것이 아니냐는 공감대가 형성됐다. 여기에다 시민사회단체를 자극한 사건이 있었다. 바로 이승만 전 대통령의 양자가 제민일보 4·3취재반을 상대로 손해배상 청구소송을 제기한 일이다. 적반하장 격의 소송에 공분을 느낀 18개 시민사회단체가 결집해 10월 6일 이를 성토하는 공동기자회견을 가졌다. 그 단체들이 주축이 되어 20여일 후 4·3연대회의를 결성한 것이다.

　4·3연대회의는 결성 기자회견을 통해 다음과 같은 3가지 사항을 촉구했다.

　　1) 김대중 대통령은 대선공약이자 제주도민과의 약속인 4·3특별법을 이번 정기국회 회기 내에 반드시 제정시켜야 한다.

1999년 10월 28일 4·3연대회의 출범을 알리는 기자회견.

2) 여야는 정쟁을 일삼지 말고, 이번 정기국회 회기 내에 4·3특별법을 반드시 제정하라.

3) 집권정당임을 망각한 국민회의 제주도지부를 비롯한 3개지구당은 제주지역 최대 관심사로 떠오른 4·3문제에 무소신·무관심·무책임으로 일관했다. 이제라도 즉각 4·3특별법 제정에 앞장서라.

　4·3연대회의 발족 직후 관계자들이 나를 찾아와 상임공동대표를 맡아달라는 제안을 했다. 마침 신문사에서 해직당하고 쉬고 있던 참인데다, 10여 년간 4·3취재반장을 맡아 이모저모로 4·3 진실찾기를 해왔기에 이런 작업의 연장선상에서 이 제안을 수락했다.

　4·3연대회의 상임공동대표는 강실(일본 관서도민회 부회장), 김영훈(제주도의회 부의장), 김태성(제주YMCA 총무), 박창욱(4·3유족회장), 송복남(민주노총 제주지역 본부장), 양조훈(전 제민일보 편집국장), 임문철(천주교제주교구 정의구현사제단 대표) 등 7명이 맡았다. 연대회의에 참여한 24개 단체의 대표들은 공동대표를 맡는 체제였는데, 참여 단체와 대표들은 도표와 같다.

4·3연대회의 24개 참여단체와 대표

참여 단체	대표
제주4·3유족회	박창욱
재경4·3유족회	강종호
백조일손유족회	김정부
제주4·3도민연대	김영훈 양금석 임문철
제주4·3연구소	강창일
민주노총제주지역본부	송복남
양용찬열사추모사업회	김택진
제주KBS노조	고세진
제주MBC노조	강병효
제주전교조	이용중
제주농민회	허태준
제주노동상담소	강남규
제주경실련	고충석 허인옥
제주여민회	김경희
제주YMCA	김태성
제주YWCA	오경애
제주작가회의	문충성
주민자치연대	김상근
제주종교인협의회	관효 김덕연 임문철 정한진
제주총학생회협의회	이남훈
제주환경운동연합	오윤근 최병모
제주범도민회	김민호 임문철
천주교정의구현사제단	임문철
제주민예총	김상철

　실무 책임자로 정책기획단 단장은 양동윤(4·3도민연대 운영위원장), 부단장은 이지훈(제주범도민회 집행위원장)이 맡았고, 실무진으로 박경훈(전 탐미협 대표), 박찬식(4·3연구소 연구실장), 오영훈(4·3도민연대 사무국장), 이영운(제주도 제2건국위 사무국장) 등이 참여했다. 사무실은 제주시 삼도2동 아카데미극장 앞에 자리 잡았던 4·3도민연대 사무실을 사용했다.

　이렇게 진용을 갖춘 4·3연대회의는 "20세기의 사건을 21세기로 넘길 수는 없다"는 슬로건 아래 4·3특별법 '쟁취'의 대장정에 올랐다. 4·3연대회의는 특별법 제정을 위해서 제주도민의 결집된 의지를 중앙정치권에 알리는 것이 중요하다고 보고, 다양한 행사를 준비했다. 도민 총궐기대회, 상경투쟁, 제주도내 인사 2000명 선언 등이 바로 그것이다.

| 4·3특별법 촉구 2045명 선언

4·3연대회의가 주최한 첫 행사는 4·3특별법 제정 쟁취를 위한 도민대회였다. 연대회의 발족 이틀만인 10월 30일 제주시 관덕정 앞에서 열린 이 행사는 '4차 도민대회'라는 이름이 붙여졌다. 4·3도민연대에서 주최해온 도민대회를 계승한 것이다. 이 행사에서 "여야 정치권은 정쟁을 즉각 중단하고 4·3특별법 제정에 앞장서라"는 내용의 성명이 발표됐다.

4·3연대회의는 또한 전날 추미애 의원이 국회 본회의 대정부 질문을 통해 '제주4·3이 과거 정부의 잘못에 의한 대규모 인권유린이고 김대중 대통령의 선언적 사과가 있어야 한다.'고 주장한 사실을 소개하면서 "4·3문제는 여야 정치권이 책임 있게 해결해야 할 과제"라고 역설했다.

앞에서 밝힌 바 있지만, 추 의원은 10월 29일 대정부 질문 제한시간 20분 모두를 제주4·3문제만 다루면서 대통령의 사과를 촉구한 것이다. 답변에 나선 김종필 국무총리는 "국민의 정부는 그 진상을 밝히려 노력하고 있고, 특히 김대중 대통령이 지난 6월 제주도 방문 시 특별법 제정의지를 표명한 바 있다."면서 "특별법 제정 이전이라도 추 의원의 요구사항을 전향적으로 검토해 4·3의 아픔을 치유하는 조치를 취하겠다."고 밝혔다.

4·3연대회의는 특별법 제정 분위기를 다지기 위한 다양한 방안을 모색했다. 그런 가운데 두 가지 원칙이 세워졌다. 하나는 제주도민의 의지를 결집하는 일이고, 다른 하나는 그 결집된 의지를 중앙정치권에 알리는 것이었다. 도민 총궐기대회를 비롯해서 상경투쟁과 홍보전, 새천년을 앞두고 반드시 4·3특별법을 제정해야 한다는 염원을 담은 제주도내 인사 2000명 선언을 위한 서명운동 등을 추진했다. 서울에 있는 4·3 범국민위 관계자들과 수시로 연락을 하면서 공동전선을 구축해갔다.

상임공동대표를 맡은 나는 처음엔 관망하는 자세로 임했다. 27년간 언론계 생활을 했지만, 본격적인 NGO활동은 처음이나 다름없었기 때문에 조심스럽게 접근할 수밖에 없었다. 시민사회단체 활동을 직접 체험하면서 느낀 소감은 그 활동가들이 열정적이고 헌신적이라는 점이었다. 그들의 활동을 보면서 곧잘 성서에 나오는 '빛과 소금'이

1999년 12월 초 한겨레신문과 제주지역 일간지에 실린 4·3특별법 제정 염원 광고문. 2,045명의 이름으로 발표됐다.

라는 단어가 떠올랐다.

　회의 분위기도 진지했다. 그런데 여러 번 회의에 참석하다보니, 회의시간이 예상 밖으로 길고, 실제와는 동떨어진 이상론이 압도한다는 느낌이 와 닿았다. 그래서 점차 나의 발언 기회가 잦아졌다. 어떤 때는 격론이 벌어지기도 했다.

　그 하나는, 2000명 인사들로부터 서명을 받을 때 후원금으로 1만원씩 받자는 안에 대해 찬반양론으로 갈린 것이다. 전자는 4·3문제로 주요 인사들의 서명을 받는 일도 쉽지 않은 터인데, 어떻게 돈까지 내라 할 수 있느냐는 것이었고, 후자는 상경 투쟁 등의 활동비가 필요한데 그런 식으로라도 자금을 모아야 한다는 의견이었다. 나는 후자 쪽을 강하게 주장했다.

　결국 후자 안이 통과되자 분야별로 담당자들이 결정됐다. 나는 언론계와 학계, 기독교 등을 맡았다. 발 벗고 나설 수밖에 없었다. 내가 제일 먼저 찾아간 곳은 친정집이나 다름없는 제민일보사였다. 취지를 설명했더니 너 나 할 것 없이 서명하고, 1만원씩의 돈을 내주었다. 제민일보 임직원 서명자만 88명에 이르렀다. 편집국 기자들만 아니라 심지어 공무국, 업무국 직원들까지 참여한 것이다.

여러 활동가들의 노력으로 서명 운동은 의외의 성과를 거두었다. 목표치를 넘어 2,045명이 서명에 참여했다. 단비 같은 활동비는 이렇게 모아졌다. 12월 초에 『한겨레신문』과 제주지역 일간지 등에 "4·3특별법 제정을 염원하는 제주도민 2천인 선언 / 여야는 이번 정기국회 내 제주4·3특별법을 반드시 제정하라!"는 광고문이 2045명의 서명자 이름으로 게재됐다.

그런데 정기국회 막바지에 이르면서 묘한 현상이 벌어졌다. 변정일·양정규·현경대 등 제주출신 국회의원 3명을 축으로 한 한나라당에서 4·3특별법 제정을 위해 법안 시안 발표와 여론수렴 간담회 등을 추진한 반면, 그동안 4·3특별법 제정을 약속해온 국민회의 측이 오히려 특별법 제정은 나중에 하고 우선 국회 4·3특위를 구성하자는 안을 들고 나왔다.

4·3연대회의는 국민회의의 처사에 즉각 반발했다. "4·3특위를 국회에 구성해봐야 제15대 국회가 끝남에 따라 자동 소멸될 터인데, 한두 달 짜리 특위가 무슨 일을 할 수 있느냐?"고 이의를 제기한 것이다. 상경 투쟁의 필요성이 더욱 절실해졌다.

| 한나라당 특별법 전격 발의

1999년 10월 11일 변정일 한나라당 제주도지부장이 도지부 사무실에서 기자회견을 갖고 '4·3사건 진상규명 및 희생자 명예회복에 관한 특별법안'을 전격 발표했다. 변 도지부장이 밝힌 스케줄은 4·3특별법 시안을 4·3단체 등과의 간담회를 거쳐 확정한 후 변정일·양정규·현경대 등 제주출신 세 국회의원의 공동 발의로 11월 초 정기국회에 상정, 연내 통과를 목표로 추진하겠다는 것이었다.

그 무렵 4·3 진영은 특별법 제정에 총력을 기울이고 있었다. 법안 발표 이틀 전인 9일 4·3도민연대가 제주시청 옆 어울림마당에서 주최한 '4·3특별법 쟁취를 위한 1차 도민대회'에서도 제주출신 세 국회의원에게 공개 질의를 통해 4·3특별법 제정에 대한 분명한 입장을 밝히라고 촉구한 바 있다.

변 의원은 이에 대해 "국회 4·3특위 등을 통한 진상규명 결과를 토대로 특별법을 제

정하는 것이 순서지만, 정
부·여당 측의 가시적인 조치
가 없기 때문에 두 의원과
4·3 진상규명과 명예회복을
위한 법적 근거가 필요하다
는데 의견을 모아 법안을 마
련했다."고 밝혔다.

이날 특별법 시안을 발표
한 변정일 의원은 1992년
제14대 국회 진출 이후 4·3

1999년 10월 11일 4·3특별법안을 전격 발표하고 있는 변정일 한나라당 제주도 지부장.

문제 해결을 위해 꾸준한 활동을 해왔다. 1993년 제주지역총학생회협의회(의장 오영훈)가 4·3특위 구성 요구 청원서를 국회에 낼 때 대표 소개의원으로 나섰고, 1994년과 1996년에는 각각 75명, 152명의 국회의원 서명을 받아 국회 4·3특위 구성 결의안을 발의했다. 국회의원으로 재선된 후 1998년부터 한나라당 제주도지부장을 맡게되자 도지부 차원에서 특별법안 만들기 작업을 해온 것이다.

그런 과정을 거쳐 발표된 특별법 시안은 11개조 부칙 1항으로 이뤄졌는데, 국회 차원의 진상규명 조사와는 별도로 국무총리를 위원장으로 하는 특별위원회를 두어 4·3자료 수집 및 분석, 백서 발간, 사과 등의 정부 입장표명 방법, 역사관 건립 등을 심의하도록 했다. 또 특별위원회에서 의결한 사항을 집행하기 위해 제주도지사 소속으로 집행위원회를 두도록 했다. 희생자와 유족 등 4·3관련자에 대한 불이익처우 금지 조항과 함께 특별위와 집행위의 요구가 있을 경우 정부기관 및 단체에서 자료를 제출하는 의무조항도 명시했다.

희생자 및 유족 가운데 생계 곤란자에게는 생활보호법에 의한 지급금 외에 별도로 생활지원금을 지급하도록 의무화하는 규정도 두었다. 특히 4월 3일을 국가추념일로 제정하고 제주도지역에 한해서 공휴일로 지정하는 '4·3추념일 제정'안도 눈길을 끌었다.

다만, 4·3사건의 정의를 "1948년 4월 3일 기점으로 제주도 전역에서 발생한 소요사태 및 그 진압과정을 말한다."고 단순하게 규정해서 논란의 불씨를 남겼다. 이에 대해 변 의원은 특별법의 국회통과를 최우선 목표로 두어 불필요한 이념논쟁을 피하기 위한 조치였다고 밝혔다.

4·3단체들은 정치권에서 특별법 시안이 처음 발표된 데 대해 환영의 뜻을 표명했다. 그러면서도 "내년 총선을 앞두고 지역 국회의원들의 생색내기나 여론 호도용이 되어서는 안 된다."면서 이 법안을 한나라당이 조속히 당론으로 채택할 것과 여당인 국민회의와의 협력도 필수조건이라고 단서를 달았다.

제주 출신 국회의원들은 이 특별법 시안을 놓고 4·3 관련 단체 임원들과 두 차례 간담회를 갖고 의견을 수렴했다. 1차 간담회는 10월 22일 중소기업지원센터에서, 2차 간담회는 11월 2일 제주학생문화원에서 열렸다. 이런 여론 수렴 과정을 통해 당초 11개조이던 특별법 시안이 15개조로 늘어났다.

수정안의 가장 큰 특징은 '재심의 특례' 조항을 신설한 것이다. 4·3 때 형식적이나마 유죄 판결을 선고받은 사람에 대해 형사소송법이나 군사법원법의 규정에도 불구하고 재심을 청구할 수 있도록 한 것이다. 이밖에 호적 정정, 의료지원금 지급 규정 등을 신설하고, 유족의 범위를 희생자의 형제자매로 확대한 것 등을 들 수 있다.

한나라당은 제주 출신 국회의원들이 제안한 4·3특별법안의 국회 상정을 당론으로 정했다. 진보 성향의 이부영 의원이 당시 한나라당 원내총무를 맡고 있어서인지, 별이의 없이 이 방안이 채택됐다고 한다.

변정일 의원은 11월 18일 국회의원 113명의 서명을 받아 4·3특별법안을 국회에 제출했다. 그 이전에 국회 4·3특위 구성 결의안이 국회에 발의된 적이 있었지만, 특별법안이 제출된 것은 그때가 처음이었다. 변 의원은 이날 법안을 제출하면서 "특위 구성, 진상 규명, 특별법 제정이 원순서가 돼야 하지만, 15대 국회 역시 임기가 얼마 남아있지 않고 내년 4월 총선 등 환경적 제약이 따르는 상황이어서 특위보다는 특별법 제정안을 제출하게 됐다."고 밝혔다.

이에 반해 여당인 국민회의 쪽에서는 그때까지도 특별법 대신에 실효성이 거의 없는 국회 4·3특위 구성안만 만지작거리고 있었다. 이를 바라보는 4·3연대회의로서는 분통이 터지는 일이었다.

| 범국민위 특별법 공청회

4·3특별법 제정운동에 가속도가 붙기 시작하던 1999년 11월 1일 국회 의원회관 소강당에서 '제주4·3 피해배상 등에 관한 특별법안 공청회'가 열렸다. 4·3특별법 제정의 기치를 내세워 대규모 촉구대회와 범국민 서명운동을 벌여온 제주4·3범국민위원회가 주최한 공청회였다. 4·3범국민위에서 자체적으로 만든 4·3특별법안을 공개하고, 여야 정당 대표와 법률 전문가를 초청해 토론의 장을 마련한 것이다.

장명봉 교수(국민대)의 사회로 진행된 이날 공청회에서 4·3범국민위 법률특위 위원장인 김순태 교수(방송대)가 주제발표를 하고, 정치권에서 변정일(한나라당)·추미애(국민회의) 의원, 법률전문가로 장완익 변호사, 한인섭 교수(서울대), 홍준형 교수(서울대 행정대학원), 유족 대표로 강종호 재경4·3유족회장이 토론자로 참석, 열띤 토론을 벌였다.

총 18개 조문으로 짜여진 4·3범국민위의 4·3특별법 시안은 진상규명−국가사과−명예회복−피해배상 등 이른바 과거사 청산의 기본원칙을 바탕으로 작성됐다. 즉, 제주4·3의 성격을 '국가공권력에 의한 대규모 인권 침해'란 전제 아래 국가가 그 잘못을 인정해 피해자의 명예를 회복하고 배상하는 원칙을 제시한 것이다. 따라서 이미 발표된 한나라당의 4·3특별법안보다는 훨씬 수위가 높아지는 등 현격한 차이를 드러냈다. 두 안의 주요한 차이점은 다음과 같다.

첫째, 제주4·3의 용어 정의에서부터 달랐다. 한나라당 안이 사건의 정의를 간단히 정리한 반면, 범국민위 안은 가해 집단을 구체적으로 명시했다. 특히 사건의 시점을 한나라당 안은 '1948년 4월 3일'로, 범국민위 안은 '1947년 3월 1일'로 제시했다.

둘째, 피해배상에 관한 사항이다. 한나라당 안은 '생계 곤란자에 대한 생활지원금 등의 지급' 등을 규정한 반면, 범국민위 안은 바로 '피해자에 대한 국가배상' 규정을 상정했다.

셋째, 조직에 관한 내용이다. 한나라당 안은 진상규명과 명예회복 절차를 국무총리를 위원장으로 하는 특별위원회에서 하도록 규정했는데 반해 범국민위 안은 피해배상은 대통령 산하의 위원회에서, 진상규명은 '제주4·3문화재단'이란 민간기구에 맡기는 것으로 조직의 이원화 안을 제시했다.

이렇게 한나라당과 범국민위의 법률 시안이 차이가 있음에도, 하나의 공통점이 있었다. 그것은 진상규명과 명예회복을 동시에 수행할 수 있도록 법안이 구성됐다는 점이다. 이는 "우선 국회 특위를 구성해 진상규명을 한 뒤 이를 토대로 명예회복을 위한 특별법을 만든다."는 국민회의의 방침과는 배치되는 것이었다.

이날 공청회에서는 이런 범국민위 안에 대해 우려의 목소리도 높았다. 특히 정치권에서는 4·3특별법의 입법 자체도 만만치 않은데 배상문제까지 들고 나오면 입법 충돌의 소지가 있다고 염려했다. 전문 학자들도 배상보다는 진상규명이 우선이라는 입장을 드러냈다. 즉, 이 시안을 보면 4·3의 진상이 마치 정리된 것 같은 인상을 주고 있는데, 국가적으로 진상조사를 한 적이 없기 때문에 우선 국가 차원의 진상규명이 필요하다는 지적이 많았다.

이날 공청회는 특별법 제정의 필요성과 당위성을 뛰어넘어 과연 어떤 원칙 아래 어떤 내용을 특별법에 담을 것인가를 공론화하는 계기가 됐다. 특히 사건 시점 등은 그 후 주요쟁점으로 부각됐다. 또한 4·3범국민위 측에서는 20세기를 넘기기 전에 국회 특위 구성보다는 특별법 제정으로 직행해야 한다는 입장을 분명히 드러냈다.

한편 제주4·3연구소는 창립 10주년을 맞아 그 해 11월 21일 제주시내 파라다이스 회관에서 '냉전시대 동아시아 양민학살의 역사'란 주제 아래 국제학술대회를 개최했다. 이 학술대회는 냉전체제의 큰 피해지역인 동아시아지역의 인권학살 사례를 살피는데 주안점을 두었는데, 궁극적으론 4·3범국민위의 법률 시안처럼 제주4·3을 '국가 공권력에 의한 대규모 인권침해'로 규정하고 입증하는데 그 뜻이 있었다.

학술대회 제1부 '양민학살의 역사'에서는 문경수 교수(일본 리츠메이칸대)의 '4·3사건과 재일한국인', 김영범 교수(대구대)의 '양민학살과 집단 기억의 역사' 등이, 제2부 '국내 양민학살의 실상'에서는 박찬식(4·3연구소 연구실장)의 '수형인 명부를 통해 본 제주4·3양민학살의 실상'을 비롯해서 여순·노근리의 양민학살 사례가 발표됐다. 제3부 '각국 양민학살의 실상과 역사보전'에서는 대만 2·28사건과 오키나와 양민학살 실태와 명예회복 사례 등이 각각 소개되면서 분위기를 띄웠다.

| 국민회의 4·3특위안 파동

국민회의가 1999년 11월 17일 소속 국회의원 101명의 발의로 난데없이 '4·3특별위원회 구성 결의안'을 국회에 제출했다. 이 대목에서 '난데없이'란 표현을 쓰는 이유는 이렇다.

첫째는 이미 국회에는 1996년 제주출신 변정일·양정규·현경대 의원 등의 주도 아래 여야 국회의원 151명이 발의한 4·3특위 구성 결의안이 계류되어 있었다. 그런데 국민회의가 이 결의안을 그동안 방치해오다 갑자기 별도의 결의안을 제출한 것이다.

둘째는 이 무렵 4·3연대회의 등 4·3진영이 한 목소리로 국회 4·3특위의 효력이 매우 미미하기 때문에 특별법을 제정해야 한다고 주장하고 있었는데 이를 완전히 묵살한 것이나 다름없었다.

셋째는 국민회의 제주도지부가 하루 전에 발표한 4·3특별법안 시안 공개와 추진 의지와도 배치되는 것이기 때문이었다.

한나라당 제주출신 국회의원들이 먼저 4·3특별법안을 공개한 후 여론의 따가운 화살을 받게 된 국민회의 제주도지부(지부장 김창진)는 심기일전하는 모습을 보여주기 위해 자체적으로 특별법안 작업을 벌였다. 그리고 11월 16일 16조로 이뤄진 4·3특별법안을 공개하고, 연내에 특별법이 국회를 통과할 수 있도록 중앙당에 요청하겠다고 발표했다. 중앙당의 특위 구성 결의안 제출은 바로 이런 제주도지부의 행보에 찬물을 끼얹은 격이다.

국민회의 중앙당의 내부 사정을 알아봤더니 당직자 사이에도 찬반이 갈리는 등 미묘한 분위기였다. 즉 임채정 정책위 의장 등은 특별법 제정으로 가야 한다고 주장한 반면, 박상천 원내총무 등은 국회에 특위가 먼저 구성돼 진상을 규명한 다음 특별법으로 넘어가야 한다는 의견으로 맞섰다. 이 문제는 당론에 부쳐졌으나 당 8역회의에서 후자 안이 채택됐다는 것이다.

여기에는 총선 전략이 깔려 있었다. 이듬해 봄 총선을 앞두고 이념 논쟁의 선거 구도로 가면 국민회의 쪽에 불리하다는 게 원내총무실의 분석이었다. 결국 이념논쟁의 휘발성이 있는 4·3문제는 일단 국회 특위 구성으로 시간을 벌고, 총선 후 특별법 제정

여부를 판단한다는 전략이었다.

4·3진영으로서는 절체절명의 위기였다. 그토록 4·3문제 해결에 앞장서겠다고 공언한 DJ정부마저 그 해결의 단초가 될 특별법 제정문제를 놓고 주판알을 튕긴다면 자칫 4·3해결 보따리는 풀어보지도 못한 채 영구 미제가 될 개연성도 있다는 생각까지 들었다.

4·3연대회의는 11월 18일 '실효성 없는 4·3특위 구성안을 즉각 철회하라'는 성명을 발표했다. 당시 상임공동대표로 활동하던 내가 이 성명을 직접 썼다. 성명은 "먼저 특위를 구성해 진상을 규명한 뒤 특별법을 제정하자는 수순의 4·3특위 구성안은 일응 논리에 맞는 것 같지만, 그 숨겨진 의도가 얼마나 정치적 제스처이고 허구임이 지나간 국회 4·3특위 구성의 역사가 극명하게 보여주고 있다."는 표현으로 시작됐다. 그리고 제14대 국회와 제15대 국회에서 4·3특위 구성안을 어떻게 다뤘는지 조목조목 따졌다.

설령 이번 국회에서 4·3특위를 결성했다고 가정하자. 생명력이 있는가? 국회의원들은 정기국회가 끝나자마자 총선을 향해 줄달음칠 것인데, 마음은 콩밭에 가 있는 어느 국회의원이 그 짧은 기간에 4·3진상을 규명한단 말인가? 결국 16대 국회에서 다시 4·3특위를 하자고 떠넘길 것은 뻔한 일이 아닌가?

성명은 따라서 다음 3가지를 촉구했다.

첫째 국민회의는 4·3특위 구성 결의안을 철회하고 4·3특별법을 제정할 것, 둘째 김대중 대통령은 대선 공약이자 제주도민과의 약속인 4·3특별법 제정을 위한 특단의 조치를 취할 것, 셋째 이런 요구가 받아들여지지 않는다면 반드시 정치적 책임을 물을 것이요, 가능한 모든 방법을 동원해 강력히 투쟁해 갈 것임을 밝혔다.

이런 공분의 화살은 곧이어 그동안 4·3특별법 제정 운동에 소극적인 제주도정에도 날아갔다. 당시 국회 차원에서 검토되던 제주 관련 특별법은 개발특별법과 4·3특별법 등 두 가지였다. 제주도정은 개발특별법 통과에 온 힘을 쏟았다. 이른바 관변단체들이 개발특별법에 관한 성명을 발표하고, 신문에 광고를 게재하는 등 난리였다. 이에 비해 4·3특별법 제정 운동은 제주도 내의 진보인사들과 전국의 양심가 등 민간 차원에서 외롭게 투쟁하는 형국이었다.

4·3연대회의 상임공동대표였던 임문철 신부가 1999년 11월 17일자 『제민일보』에 투고한 칼럼 제목은 '개발특별법과 4·3특별법'이었다. 임 신부는 두 가지 특별법에 임하는 제주도정의 자세를 신랄하게 지적한 뒤 "개발특별법 제정에 나서는 필사의 자세와 마찬가지로 (4·3특별법에 대해서도) 중앙정부와 국회를 설득하고 도민의 의사결집에 나서야 한다."고 촉구한 것이다.

이런 분위기를 의식해서인지 11월 22일부터 시작된 제주도의회 행정사무감사에서도 김영훈·김우남 도의원 등이 나서서 4·3특별법에 대한 제주도의 대처가 소극적이라면서 그 대책을 촉구하기도 했다.

특별법 제정 촉구 상경 투쟁

| 국민회의 중앙당 항의방문

　국민회의가 난데없이 국회 4·3특위 구성 결의안을 제출하자 분노의 소리가 드높았다. 누가 보더라도 그것은 4·3특별법 제정을 뒤로 내팽개치는 것이나 다름없었기 때문이다. 그에 앞서 4·3특별법 제정을 장담하고 법안 시안까지 발표했던 국민회의 제주도지부도 당황하기는 매한가지였다.

　그날로 국민회의 제주도지부 김창진 위원장과 제주도의회 강신정 의장, 4·3특위 위원들이 급히 상경했다. 국민회의 중앙당사에서 이만섭 총재권한대행과 박상천 원내총무 등을 만나 4·3특위는 실효성이 없다고 지적하고 한나라당과 같이 4·3특별법을 제정해야 한다고 주장했다.

　그런데 박상천 원내총무의 태도는 완강했다. 그는 "한나라당이 특별법안을 제출하는 것은 야당이니까 할 수 있는 일"이라면서 "여당은 정부를 대표하는데 조사도 없이 건성건성 법안을 만들 수 없다."고 못 박았다. 그는 이어 "국회 4·3특위의 활동 결과에 따라 4·3특별법 제정 여부를 결정해야 한다."며 특별법 선(先) 제정에 분명한 반대 입장을 드러냈다.

　박상천 원내총무는 이 생각을 바로 실천에 옮겼다. 4·3진영의 반대에도 불구하고 11월 26일 자신이 위원장을 맡고 있는 국회 운영위원회에 4·3특위 구성 결의안을 상정, 그대로 밀고 나갔다. 이날 운영위에 변정일 의원이 참석해서 4·3특위 무용론을 설명하며 강력한 비판을 했는데도 박 원내총무는 "특위 활동이 앞으로 특별법 제정과 연결될 것"이라고 받아치면서 결의안을 통과시킨 것이다.

　4·3연대회의 관계자들은 시시각각 변하는 국회 상황을 점검하면서 강력한 대응만이 이 난국을 헤쳐갈 수 있다는 판단 아래 상경투쟁의 의지를 다졌다. 때마침 11월 26

1999년 11월 26일 국민회의 중앙당사 앞에서 시위를 벌이고 있는 상경투쟁단과 재경인사들.

일부터 서울에서 전국NGO대회가 예정돼 있어 이에 맞춰 상경 날짜를 정했다. 4·3연대회의 회장단은 상경 하루 전인 25일 도의회에서 '제1차 상경 투쟁 기자회견'을 갖고 항의집회와 여야 정당 대표 방문, 전국시민사회단체와 연대해 4·3특별법 제정의 투쟁 목표가 관철될 때까지 끝까지 싸우겠다고 밝혔다.

상경투쟁단은 30여 명으로 구성됐다. 이들이 서울에 도착하자 4·3범국민위원회 관계자들과 재경 유족들이 합류했다. 맨 먼저 국민회의 중앙당사를 항의 방문했다. 추운 날씨 속에서도 참석자들은 '15대 정기국회 내에 4·3특별법을 반드시 제정하라!'는 플래카드를 앞세우고 항의 시위를 벌였다. 이어 대표단이 당사로 들어가고 나머지 참석자들은 계속 당사 앞에서 가두시위를 벌였다.

4·3연대회의 강실·김영훈·박창욱·양조훈·임문철 공동대표와 4·3도민연대 양금석 공동대표, 4·3범국민위 고희범 운영위원장 등으로 구성된 대표단은 임채정 정책위 의장 등을 만났다. 대표단은 "그토록 4·3문제 해결에 앞장서겠다고 공약했던 DJ정부와 여당이 오히려 한나라당보다 못하니 이게 말이 되느냐?"고 강력히 항의했다.

4·3특별법 제정에 호의적이었던 임 의장은 난감한 표정을 지으면서도 청와대와의 조율을 거쳐 특별법 제정을 반드시 추진하겠다고 밝혔다. 그러나 대표단은 박상천 원

임채정 의장과의 면담 결과를 설명하고 있는 필자. 왼쪽부터 박창욱·강실·양조훈·양금석·양신하·이순자·고희범.

내총무의 처신을 보면서 그 말을 곧이곧대로 믿기가 어려웠다. 임 의장을 향해 재삼재사 다짐하라고 다그칠 수밖에 없었다.

참석자들은 이어 한나라당으로 옮겨 양정규 부총재, 이부영 원내총무, 변정일 제주도지부장 등을 만났다. 그들은 한결같이 이번 정기국회 회기 내에 4·3특별법을 제정하겠다고 다짐을 했다. 그 무렵에 와서는 변정일 의원 못지않게 양정규 의원도 특별법 제정에 열의를 보였다.

상경투쟁단은 곧이어 전국NGO대회가 열리는 올림픽 파크텔로 자리를 옮겼다. 이 대회에서 임문철 신부는 '4·3특별법 제정에 대해서'라는 주제발표를 하고, 나는 '제주 4·3양민학살의 진상'에 관한 발제를 할 예정이었다. 그리고 4·3특별법 제정을 촉구하는 전국시민단체의 성명서를 채택하는 등 연대운동을 전개할 계획이었다.

그런데 이 대회장에서 뜻밖에도 행사에 참석했던 청와대 김성재 민정수석과 4·3상경투쟁단 대표들과의 긴급 면담이 이뤄졌다. 전국NGO대회 관계자들이 주선한 것이다. 이 면담은 4·3특별법 제정의 분수령이 되었으며, 4·3진영으로서는 행운의 만남이었다.

1999년 11월 26일 올림픽 파크텔 로비에서 전격적으로 가진 김성재 청와대 민정수석과 4·3상경투쟁단 대표들과의 면담.

┃DJ "4·3특별법 우선 추진" 특명

청와대 김성재 민정수석과 4·3상경투쟁단 대표들과의 면담은 1999년 11월 26일 저녁 전국NGO대회가 열리고 있는 올림픽 파크텔 로비 한 모퉁이에서 이뤄졌다. 대표단은 4·3특별법 제정이 김대중 대통령의 대선 공약사항임을 재삼 강조하고, 국회 4·3특위 구성을 추진하고 있는 국민회의의 행보를 도저히 이해할 수 없다고 비난했다. 대표단은 제주도민들의 분노가 폭발 직전이라면서 이런 사실을 대통령에게 정확히 전해줄 것을 요구했다.

이에 대해 김성재 수석은 "대통령께서 제주4·3사건으로 인한 제주도민들의 억울함을 누구보다 잘 알고 있고, 그 문제를 풀려는 의지도 분명하다."고 밝히고 "오늘 제기된 문제와 특별법 제정의 당위성을 대통령께 보고하겠다."고 약속했다. 특별법 제정 운동에 최대의 위기를 맞은 4·3진영으로서는 한 가닥 빛을 보는 것 같은 만남이었다.

다음 날인 27일 국회 쪽 분위기를 알아보니 국민회의는 여전히 4·3특위 구성 결의안 통과를 위한 수순을 밟고 있었다. 이 국회 4·3특위 결의안은 국회의원 11명으로 조사위원회를 구성하되 그 활동시한은 2000년 5월 29일까지로 되어 있었다. 총선을 코앞에 둔 상황에서 그 조사위원회가 제대로 작동될 수 없음은 삼척동자도 알 만한 일이었다. 그럼에도 박상천 원내총무가 주도한 이 결의안은 12월 1일 실제로 국회 본회의에 상정됐다.

이런 긴박한 상황에서 4·3상경투쟁단 대표 일부가 11월 27일 서울 광진구에 있는 추미애 의원 사무실을 찾아갔다. 그동안 4·3문제 해결에 열정적인 활동을 보인 추 의원을 만나 이 난국을 타개할 대책을 진솔하게 협의했다. 추 의원도 당내 사정이 미묘함을 설명하고 그런 가운데도 특별법 제정을 위한 돌파구를 마련해 보자고 제안했다.

추 의원은 "일단 특별법을 제정하는 것이 무엇보다 중요하다."면서 일부 조항에 집착하다가는 정기국회를 넘길 수 있기 때문에 서로 양보할 수 있는 방안을 모색하자면서 이야기를 풀어갔다. 피해배상 조항은 공동체적 보상방향으로 가닥을 잡고, 정부기금을 출연하는 4·3재단 조항도 일단 밀고 가되 상황에 따라서는 포기할 수도 있어야 한다는 식이었다. 이에 대해 우리 쪽에서 "이런 수준이라면 법 제정을 안 하느니만 못하다."는 볼멘소리도 나왔지만, 추 의원은 "법이 만들어지면 개정은 훨씬 쉽다."면서 우리를 설득했다.

나는 4·3의 정의 조항에서 기점을 '1947년 3월 1일'로 해야 한다는 점을 강조했고, 추 의원은 이를 수용했다. 어느 정도 이야기가 맞춰지자 추 의원은 "각서를 쓰자"고 제안했다. "웬 각서냐?"는 물음에 추 의원은 "오늘 나눈 이야기를 정리해서 나는 당 지도부를 설득할 테니 여러분은 4·3단체 대표들을 설득해 달라"는 내용이었다. 순간 당황했지만, 상황이 상황인 만치 지푸라기라도 잡는 심정으로 추 의원과 우리 측 몇 사람이 서명했다. 그러나 곧바로 대통령의 특별지시로 국민회의가 특별법 제정으로 급선회했기 때문에 그 각서는 공개되지 않았다.

11월 28일 청와대의 특명이 국민회의 임채정 정책위원회 의장에게 내려졌다. 그것은 "제주4·3특별법 제정을 무엇보다 우선해서 추진하라"는 대통령의 지시가 전달된 것이다. 이때의 상황을 최근 김성재 당시 민정수석(문화관광부장관 역임)과 통화하여 자세히 들어봤다.

"4·3특별법 제정안은 원래 국민의 정부 청와대가 작성한 7대 개혁 입법 중의 하나였습니다. 그런데 총선을 앞둔 국민회의 당내 사정으로 인해 뒷전으로 밀리는 분위기였죠. 전국NGO대회에서 만난 제주도 대표들의 이야기를 김대중 대통령께 그대로 보고했습니다.

대통령께서는 인권국가의 기초를 다지기 위해서도 4·3특별법 제정이 필요하다면서 적극 추진하라고 지시했습니다. 정기국회가 막바지에 이르고 있었기 때문에 우선순위에서 밀려서는 안 된다는 점도 강조했고요. 이런 내용을 임채정 정책위 의장에게 전달하면서 대통령의 특별 관심사라고 재삼 강조했습니다."

그동안 4·3특별법 제정안을 선호하면서도 당내 분위기에 밀려 엉거주춤한 상태에 있던 임채정 의장으로서는 백만 대군을 얻은 것이나 다름없었다. 곧바로 국민회의 내 율사 출신 국회의원들이 동원되어 4·3특별법안 작성을 위한 밤샘작업이 진행됐다. 국민회의 제주도지부가 만든 법안을 기초로 손질하는 작업을 벌인 것이다. 이 일을 추미애 의원이 주도했다.

드디어 나흘만인 12월 1일 추미애·임채정·이상수·박상천 의원 등 103명을 발의자로 한 국민회의 4·3특별법안이 국회에 제출됐다. 반전에 반전을 거듭한 것이다. 훗날 추미애·김성재·임채정 등이 제주명예도민으로 추대된 것은 바로 이런 공적이 있었기 때문이다.

| 4·3특별법 심의 진통

1999년 12월 1일 극적으로 국회에 제출된 국민회의의 '제주4·3사건 진상규명 및 희생자 명예회복에 관한 특별법안'은 13개 조항으로 짜여졌다. 눈길을 끄는 대목은 '4·3사건에 대한 정의' 규정이다. "1947년 3월 1부터 1954년 9월 21일까지 제주도에서 빚어진 무력충돌 및 진압과정에서 주민들이 희생당한 사건"으로 정리되어 있었다. 4·3연대회의 등의 주장을 대폭 수용한 것이다.

4·3특별법안은 또 국무총리 소속하에 '제주4·3사건 진상규명 및 희생자 명예회복위원회'를 두고 이 위원회의 의결사항을 실행하기 위해 제주도지사 소속하에 실무위원회

를 두도록 했다. 이밖에 4·3희생자와 유족에 대한 불이익 처우금지와 4·3백서 편찬, 위령사업 지원, 제주4·3평화인권재단 설립, 의료지원금 및 생활지원금 지급 등을 규정했다.

이는 11월 18일 국회에 제출된 한나라당의 4·3특별법안(15개 조항)과 유사한 점이 많았다. 다만, 몇 가지 사항이 달랐는데, 그 차이점은 다음과 같다.

첫째, 4·3사건 정의 규정에 나오는 '기점'이다. 국민회의 안은 '1947년 3월 1일'로, 한나라당 안은 '1948년 4월 3일'로 정리했다.

둘째, 국민회의 안에는 한나라당 안에 없었던 4·3평화인권재단 설립과 정부의 지원 근거가 포함됐다.

셋째, 한나라당 안에 포함됐던 4월 3일을 국가추념일로 제정하는 조항과 부당한 유죄 판결 선고 받은 자에 대한 재심 규정이 국민회의 안에는 누락됐다.

4·3연대회의는 이 두 가지 특별법안을 비교 분석해 연대회의의 입장을 공개적으로 발표했다. 즉 4·3의 기점에 대해서는 경찰 발포가 있었던 1947년 3월 1일로 정한 국민회의 안을 지지한다고 밝혔다. 또 국민회의 안에 포함된 4·3평화인권재단 설립 등의 규정과 한나라당 안에 포함된 국가추념일 제정, 재심 규정 등도 반드시 반영돼야 한다고 주장했다.

국회 행정자치위원회는 이 두 가지 법안을 병합 심의한다는 방침을 정하고 법안 조문을 조정하기 위해 법안심사소위원회에 회부했다. 법안심사소위는 국민회의 이상수(소위원장)·유선호·홍문종 의원, 한나라당 이해봉·김광원·정문화 의원, 자민련 김학원 의원 등 7명으로 구성돼 있었다. 이 법안소위가 12월 6일 열린다는 소식이 전해졌다.

여야 양당이 4·3특별법 제정을 당론으로 정했기 때문에 청신호가 켜진 것은 사실이지만, 워낙 시일이 촉박했기 때문에 안심할 수만은 없는 상황이었다. 만에 하나 법조문 다툼으로 법안심사소위에서 시간을 끌다가는 아차 하는 순간 정기국회 회기를 넘길 개연성은 얼마든지 있었다.

4·3특별법 제정에 최대 고비가 될 행자위 법안심사소위 개최를 앞두고 4·3연대회의는 제2차 상경대표단을 파견하기로 했다. 2차 상경대표단은 박창욱·양조훈·임문철 상임공동대표와 정책기획단 양동윤 단장, 이지훈 부단장 등으로 구성했다. 서울에서

4·3범국민위원회 고희범 운영위원장 등이 합류했다.

상경대표단은 6일 아침부터 국회에 들어가 이상수 소위원장 등 소위 위원들을 일일이 찾아다니며 4·3특별법 제정의 중요성과 반드시 반영해야할 조문 등을 설명했다. 이렇게 의원들을 만나는 과정에서 양정규 의원의 도움이 컸다. 당시 국회 안에서 양 의원의 위상은 대단했다. 5선 의원으로 한나라당 부총재인 그를 두고 일부 의원들은 '두목'으로 불렀다. 그는 여야를 넘나들면서 폭넓은 인간관계를 맺고 있었다. 양 의원은 법안심사소위가 열리는 동안 상경대표단이 국회 행자위 위원장실에 머물 수 있도록 주선했다. 심사소위는 위원장실 바로 옆 소회의실에서 열렸다.

여담이지만, 국회 회기 중에 NGO대표들이 상임위원장실에서 차를 마시며 대기한다는 것은 매우 이례적인 일이다. 국회를 다녀본 공무원들은 얼른 이 말을 이해할 것이다. 상임위가 열릴 때에는 앉을 자리도 없어서 국회 복도에서 서성대는 게 보통이기 때문이다.

4·3특별법안을 다룬 행자위 심사소위는 비공개로 진행됐다. 4·3특별법안 발의를 주도한 한나라당 변정일 의원과 국민회의 추미애 의원이 참고인 자격으로 참석해 각각 제출한 법안의 요지를 설명한 뒤 축조심의를 벌였다.

상경대표단은 초조한 마음으로 기다릴 수밖에 없었다. 얼마쯤 지났을까, 추미애 의원이 위원장실 문을 열고 들어왔다. 매우 상기된 모습이었다. 추 의원은 대뜸 "어떻게 된 것이냐?"고 오히려 우리에게 따지듯 물었다. 기점 문제에 발목이 잡혀 한 발짝도 못 나가고 있다는 것이 아닌가.

| 양당안 극적으로 단일화 합의

다른 문제는 얼추 국민회의 안과 한나라당 안 사이에 문안 조정이 되고 있으나, 4·3의 기점 문제에 와서는 도무지 합의가 안 돼 계속 평행선을 달리고 있다는 것이었다. 이 부분은 특별법안 제2조의 '정의'에 해당하는 것으로, 4·3사건의 기점을 국민회의 안에는 '1947년 3월 1일'로, 한나라당 안에는 '1948년 4월 3일'로 제안되어 있었다. 4·3연대회의는 국민회의 안을 지지한다고 밝힌 바 있다.

이 문제로 특별법 제정이라는 중대한 기회를 놓쳐서는 안 될 일이었다. 메모 쪽지를 회의장 안으로 들여보내 한나라당 변정일 의원에게 면담을 요청했다. 변 의원이 우리가 대기하고 있던 행자위원장 방으로 건너왔다. 나는 변 의원에게 "1948년 4월 3일 안을 그대로 고수할 것이냐?"고 따졌다. 변 의원은 "그렇다"고 답변했다. 그 순간 고성이 터졌다.

4·3범국민위원회 고희범 운영위원장이 "당신이 제주도 국회의원이 맞느냐?"고 소리친 것이다. 누가 만류할 겨를도 없이 "그런 법안을 만든 의도가 과연 4·3의 진상을 규명하겠다는 것이냐, 공산폭동으로 몰고 가려는 것 아니냐?"고 속사포처럼 쏘아붙였다. 기자 출신인 고희범은 당시 외부 활동이 비교적 자유로운 한겨레신문 광고국장을 맡고 있어서 4·3특별법 제정운동에 열정을 쏟고 있었다.

나름대로 4·3특별법 제정을 위해 고군분투하던 변 의원은 갑작스런 공격에 당황한 빛이 역력했다. 나는 고조된 분위기를 진정시킬 수밖에 없었다. 나는 변 의원에게 4·3 기점의 중요성을 재삼 강조했다. 변 의원은 이에 대해 "시간을 달라"고 말했다. 결국 그날의 법안심사소위는 결론을 내지 못한 채 다음 날 오전에 속개하기로 하고, 회의를 마쳤다. 그날 밤 변 의원이 나에게 연락을 해왔다. '1947년 3월 1일' 안을 채택하겠다는 것이었다. 뛸 듯이 기뻤다.

여기서 잠시 4·3 기점의 중요성을 간단히 설명하겠다. 그 무렵 4·3 연구자들은 4·3의 발단을 1947년 3월 1일 경찰 발포사건으로 보고 있었다. 미군 종합보고서에도 그렇게 기록되어 있다. 경찰 발포사건에 항의, 3월 10일부터 총파업에 들어가자 미군정은 응원경찰과 서청을 파견해 물리력으로 제압했다. 따라서 4·3의 원인을 보면 '외부 세력의 탄압에 대한 저항'이라는 성격이 있다. 그런데 이와 같은 사건의 원인과 배경을 도외시하고 사건의 시점을 1948년 4월 3일로 설정했을 때는 특별한 이유도 없이 뜬금없이 발생한 '공산폭동'으로 변질될 우려가 있었다.

변 의원의 답변에 한숨 돌린 상경대표단은 마포에 있는 한 찜질방에서 하룻밤을 보냈다. 경비를 절약하느라 찜질방을 숙소로 정한 것이다. 그렇지만 마음은 홀가분했다. 나는 다음 날 아침 일찍 국회로 변 의원을 찾아갔다. '어제의 소동'에 대해 양해도 구하고, 논란이 됐던 기점 문제를 풀어준 데 대해 고마운 뜻을 표하고 싶었다. 그런데 여기서 한바탕 붙고 말았다.

변 의원은 한나라당 안과 국민회의 안을 조합해서 4·3사건의 정의를 "1947년 3월 1일을 기점으로 하여 1948년 4월 3일 발생한 소요사태 및 1954년 9월 21일까지 제주도에서 발생한 무력충돌과 진압과정을 말한다."로 정리하겠다고 말했다. 국민회의 안에 있었던 '무력충돌과 진압과정에서 주민들이 희생당한 사건'(밑줄 친 부분)이란 용어를 빼 버린 것이다. 아직 진상규명이 안된 상태이기 때문에 '주민 희생' 등이 법률적 용어로 적절치 않다는 지적이었던 것 같다.

그 순간 내 입에서 "당신 제주도 국회의원이 맞느냐?"는 소리가 터져 나왔다. 4·3의 심각성은 '주민 희생'에 있는 것이 아니냐고 따진 것이다. 몇 마디 옥신각신하다가 변 의원이 그마저도 더 이상 고집을 하지 않겠다면서 받아들였다. 변 의원도 어떻게 하든 이번 정기국회에서 4·3특별법을 통과시켜야 한다는 의지는 강했다. 순간순간 그의 결단으로 어려운 고비를 넘겼다. 만약 그의 결단이 없었다면 어떻게 됐을까? 생각하기조차 싫은 상황이 연출됐을 것이다.

이어 추미애 의원을 만났더니, 중요한 기점 정의 문제에 가닥이 잡혔으니 다행이라면서, 오늘 심사소위에서 양당이 각자 주장하는 안이 합의가 안 되면 논란이 되는 조항을 빼서라도 법안 통과가 중요하다고 강조했다. 즉, 4·3재단의 설립(국민회의 안), 추념일 제정 및 재심 규정(한나라당 안) 등이 누락될 수 있음을 암시한 것이다.

그걸 빼서는 안 된다고 거듭 주장하자, 추 의원은 오늘 합의가 안 되면 국회 일정상 이번 정기국회에서 법안 통과가 물 건너갈 수 있다면서 "일단 법만 제정하면 나중에 개정을 통해 그런 내용을 반영할 수 있다."고 다시 설득했다.

결국 국회 행자위 법안심사소위는 12월 7일 양당이 각각 제출한 4·3특별법안을 행자위 자체법안으로 단일화해서 전체회의에 회부하기로 했다. 중요한 관문은 통과했지만, 그 과정에서 앞에서 밝힌 3개 조문은 사라지고 말았다. 헌법을 생각하는 변호사 모임 등 23개 보수단체가 4·3특별법안을 폐기하라고 성명을 발표한 것은 바로 그 다음 날이었다.

| 보수단체 특별법 철회 촉구

4·3특별법안을 다룬 국회 행정자치위원회 법안심사소위 이틀째인 1999년 12월 7일, 아침부터 법안 심의에 중요한 역할을 하던 한나라당 변정일 의원과 국민회의 추미애 의원을 차례로 만나 입장을 정리한 상경대표단은 귀향하기 위해 김포공항으로 향했다. 대대적인 범도민 촉구대회 준비를 위한 4·3연대회의 전체회의 일정이 그날 오후 잡혀 있었기 때문이다.

김포공항에 거의 도착할 무렵 우근민 도지사로부터 나에게 연락이 왔다. "국회에 도착했으니 그동안 고생한 일행들과 식사를 하고 싶다"는 뜻을 전해왔다. 우리의 일정을 말하고 정중히 사양할 수밖에 없었다. 제주도정은 한때 4·3특별법 제정에 소극적이란 비난을 받아 왔다. 그날 비로소 우 지사는 양정규 한나라당 부총재 등과 더불어 법안심사소위에서 4·3특별법안이 단일화되는 과정을 지켜봤다.

상경 투쟁 과정에서 기억나는 사람이 있다. 인천에서 나사렛의원을 운영하는 이순자 원장이다. 현직 의사임에도 상경 투쟁 집회가 있을 때마다 어김없이 나타났다. 애월 하귀 출신인 그녀는 4·3때 아버지와 작은 아버지를 잃었다고 한다. 4·3범국민위가 어려울 때마다 재정적인 후원을 하는가하면, 우리가 상경했을 때에도 조용히 밥값을 내고 사라지곤 했다.

나는 4·3의 기점 등 논란이 됐던 중요한 내용을 끝내 채택해준 변정일 의원이 당시 누구와 상의해서 당초 방침을 번복했을까하는 궁금증이 있었다. 얼마 전 변정일 전 의원을 만나 그 과정을 물어 보았다. 그는 양정규 부총재 등과 상의했고, "특히 양정규 의원이 4·3특별법 통과가 중요하다면서 적극 지원했다."고 밝혔다. 보수단체 등의 반발이 예상되는 가운데 그 결정은 제주출신 국회의원들의 중요한 결단이 아닐 수 없다.

아니나 다를까, 국회 행자위 법안심사소위에서 4·3특별법 단일법안이 마련된 다음날인 8일 보수단체들이 들고 일어났다. 보수단체들은 이날 성명을 발표하고, 4·3특별법안이 철회되거나 폐기되어야 한다고 촉구했다. 이 성명은 "여야 의원들이 공동 발의한 4·3특별법안은 국가권력을 폭력으로 본다는 것을 의미한다."고 전제하고, "군경의 진압행위를 폭력으로 규정하는 것은 공산주의 폭력혁명의 출발점"이라고 주장했다.

성명은 또 "4·3사태 주동자들이 격렬한 남로당 계열의 공산 당원들이었다고 하는 점은 이론을 제기할 수 없을 것"이라면서 "무서운 독소조항을 허다히 내포하고 있는 4·3사건 진상규명 특별법안은 정의와 자유민주주의의 이름으로 즉시 철회되거나 폐기되어야 한다."고 주장한 것이다. 이 성명에는 헌법을 생각하는 변호사모임, 대한민국 건국회, 대한참전단체연합회, 월남참전동우회, 실향민중앙협의회, 자유수호협의회 등 23개 단체가 서명했다.

이에 4·3진영은 발끈했다. 4·3연대회의는 때마침 4·3특별법 제정 촉구 범도민 결의대회를 준비하고 있었는데, 이 행사를 통해 보수단체의 반역사적 폭거를 성토하기로 방침을 정했다.

4·3연대회의는 또한 12월 8일자 『한겨레신문』 광고를 통해 '제주4·3특별법 제정을 촉구하는 전국 시민사회단체 활동가 선언'을 발표했다. 이 선언에는 박원순(참여연대 사무처장)·이석연(경실련 사무총장)·서경석(한국시민사회단체협의회 사무총장)·이남규(한국YMCA 사무총장)·김숙희(한국YWCA 회장)·남인순(한국여성단체연합 사무처장)·단병호(민주노총 위원장) 등 한국사회의 내로라하는 활동가들을 포함해서 184개 단체 694명이 참여했다. 4·3연대회의는 "이번 서명처럼 다양한 단체와 많은 숫자가 참여한 것은 지역 단일사안으로서는 전국 처음"이라고 그 의미를 부여했다.

12월 11일 4·3연대회의가 주최한 '4·3특별법 제정 촉구 범도민 결의대회'가 제주시 신산공원에서 열렸다. 상임공동대표인 임문철 신부는 대회사를 통해 "이제 4·3특별법은 국회 행자위 전체회의, 법사위와 본회의 통과절차를 남겨두고 있다."면서 "앞으로 며칠 동안 유족들은 선조들을 생각하며, 종교인들은 기도를 하며, 언론인들은 현장을 취재하며 모두 깨어 있도록 하자"고 역설했다.

이어 4·3특별법 제정 반대 성명을 발표한 보수단체들을 강도 높게 성토하는 투쟁 결의문이 발표됐다. 박창욱 4·3유족회장이 낭독한 이 투쟁 결의문을 통해 "일부 단체의 4·3특별법 반대 성명은 끝끝내 정의와 진실의 편으로 물꼬를 틀어왔던 도도한 역사의 법칙을 모르는 가엾은 일"이라고 성토하고, "반역사적 세력의 어떠한 방해도 결코 좌시하지 않을 것"이라고 경고했다.

이제 4·3특별법 통과는 마지막 초읽기에 들어갔다. 남은 며칠이 중요했다. 4·3연대

제주시 신산공원에서 열린 '4·3특별법 제정 촉구 범도민 결의대회'에서 김상철 제주민예총 지회장이 제문을 읽고 있다.

회의로서는 국회의 움직임을 면밀히 분석하는 한편, 보수단체의 방해 책동을 경계하는 일에 촉각을 세웠다. 임문철 신부의 표현대로 '기도하는 마음으로' 하루하루를 기다렸다.

특별법 국회 통과와 축하 행사

│ 기적같이 4·3특별법 국회 통과

1999년 12월 13일 국회 행정자치위원회는 산하 법안심사소위가 심의하여 만든 4·3특별법 단일안(행자위 대안)을 일부 조문의 수정 끝에 통과시켰다. 4·3특별법안이 중요한 관문을 또 하나 넘긴 것이다. 이제 4·3특별법안은 국회 법제사법위원회와 본회의의 의결 과정만 남게 됐다.

국회 행자위 심의 과정에서 행자위 수석전문위원(박봉국)은 4·3특별법 발의안에 대해 "지난날 우리 민족이 겪은 아픔의 한 부분을 치유하려는 취지를 가진 것"이라고 평가하고, 이 법안을 심사할 때는 "사건의 진상에 대한 역사의식과 정책의지가 필요하다."는 의견을 피력했다.

이날 행자위 전체회의에서 한 조문이 수정됐는데, 그것은 행자위 대안에 '제주4·3사건 백서 편찬'으로 표현됐던 것을 '제주4·3사건 진상조사보고서 작성'으로 바꾼 것이다. 즉 정부 차원의 위원회에서 4·3사건에 대한 진상을 규명하게 됨에 따라 '백서 편찬'이란 용어보다는 '진상조사보고서 작성'이란 표현이 더 체계적이고 무게가 있다는 의견이 제기돼 이를 수용한 것이다.

이 수정안을 제기한 사람은 국민회의 김충조 의원이었다. 전남 여수 출신인 그는 4·3특별법 제정 이후 여순사건 관련 법 제정에도 이 내용이 영향을 미칠 것이라는 4·3진영의 설득을 받아들여 이를 관철시켰다는 후일담이 있다.

12월 15일 열린 국회 법사위에서도 4·3특별법안은 무난히 통과됐다. 일부 조항에 대한 배열순서 등 가벼운 손질이 있었을 뿐이다. 이제 마지막 관문인 본회의 통과만 남게 되었는데, 당초 18일 개최 예정이던 본회의가 16일로 앞당겨졌다는 소식이 전해졌다. 아울러 불길한 소식도 들려왔다. 보수단체들의 강력한 항의가 한나라당 쪽으로 이어졌고, 보수단체의 입장을 대변해오던 한나라당 김용갑 의원이 4·3특별법안의 본회의 통과 저지를 위해 총대를 멨다는 것이다.

4·3진영은 비상을 걸 수밖에 없었다. 한나라당 소속 제주출신 세 국회의원에게 그 대책을 촉구했다. 그 일에 양정규 의원이 앞장섰다. 당시 한나라당 부총재이던 양 의원은 이부영 원내총무 등과 협의를 거쳐 김용갑 의원을 설득했다. 그러나 김 의원은 자신의 입장도 있기 때문에 본회의에서 반드시 반대토론을 해야 한다며 뜻을 굽히지 않았다. 결국 원내대책회의에서 반대토론은 하되 표결은 하지 않는다는 안으로 정리됐다.

운명의 날인 12월 16일이 다가왔다. 4·3진영의 시선은 온통 제208회 정기국회 본회의로 쏠렸다. 오후 3시께 박준규 국회의장은 13번째 안건으로 4·3특별법안을 상정했다. 먼저 추미애 의원이 단상에 나와 11개 조문과 부칙으로 구성된 4·3특별법안에 대한 제안 설명을 했다.

"사건 이후 반세기가 넘도록 피해자 규모조차 정확히 알 수 없을 정도로 우리는 그동안 이 사건을 덮어두었습니다. 그러나 죄 없이 죽어가고 억울하게 희생당한 양민피해가 있었다면 이제 이를 조사하여 그들의 넋을 위로하고 명예를 회복해 주는 것이 역사를 승계한 후대의 의무일 것입니다(중략).

제주도민은 더 이상 기다리기에도 지쳐있는 상태입니다. 제주도민도 과거의 상처를 치유하고 새로운 21세기를 맞을 수 있도록 하여 주시기 바랍니다. 각 당이 제주도민에게 이 법의 통과를 굳게 약속한 이상 그 신의를 저버리지 않도록 본 의원이 간절히 호소하는 바입니다."

대구 출신인 추미애 의원은 훗날 이런 회고를 했다. 제주4·3문제를 어떻게 풀 것인지 고심하던 자신에게 남편(서성환 변호사)이 절차법을 만드는 게 중요하다는 점을 조언해줬다는 것이다. 전북 정읍 출신인 남편은 그 무렵 동학농민운동의 역사적 재조명에 관심이 많았다고 한다. 그가 제주4·3의 진상을 제대로 규명하기 전에는 어떻게 정의할 수 없는 만큼, 그 진실에 다가갈 수 있도록 절차법을 우선 만들고, 국회에서 이념 대립이나 정쟁의 희생물이 되지 않도록 차라리 정부 내에 진상조사위원회를 구성

하는 것이 분위기를 완화할 수 있는
방안이 될 수 있다고 거들었다는 것이
다. 추미애 의원은 그런 절차법을 국
회 본회의에서 제안한 것이다.

곧이어 예상했던 대로 김용갑 의원
이 반대토론을 위해 본회의 단상에 섰
다. 국회 본회의장에 나가 있던 4·3단
체 관계자들이나 제주도의 4·3연대회
의 사무실에서 TV 실황중계를 지켜
보던 연대회의 임원들 모두 침이 바짝
마르기는 매한가지였다.

1999년 12월 16일 국회 본회의에서 4·3특별법안 통과를 선언하는 박준규 국회의장.

김 의원은 예의 공산폭동론을 앞세웠다. 그는 이어 "4·3의 진압과정에서 억울하게
희생된 제주도민이 있을 수 있지만 4·3사건의 성격을 자의적으로 재규정하는 것은 역
사에 대한 범죄"라고 열을 올렸다. '역사에 대한 범죄'라는 과격한 용어까지 썼던 그는
4·3특별법안을 통과시켜선 안 된다고 강변했다.

그런데, 한나라당 원내대책회의에서 '반대 토론은 하되 표결은 하지 않는다'는 방침
을 정했기 때문인지 김용갑 의원은 발언대에서 내려오더니 곧바로 본회의장 문을 열
고 나가버렸다. 박준규 국회의장이 "또 다른 의견이 있느냐?"고 묻자 약간의 웅성거
림이 있었다. 박 의장은 이에 아랑곳하지 않고 "제주4·3사건 진상규명 및 희생자 명예
회복에 관한 특별법안이 가결됐음을 선포합니다."며 의사봉을 힘차게 두들겼다. 이때
국회 본회의장에 걸린 시계는 오후 3시 23분을 가리키고 있었다.

그 순간 4·3연대회의 사무실에서 초조한 마음으로 TV 실황중계를 지켜보던 연대회
의 임원들과 관계자들은 자리에서 벌떡 일어나 만세를 불렀다. 어떤 이들은 서로 부둥
켜안고 눈시울을 붉히기도 했다. 50년 맺힌 한을 풀 수 있는 새로운 역사의 장이 열리
는 순간이었다.

"제주4·3사건의 진상을 규명하고 이 사건과 관련된 희생자와 그 유족들의 명예를 회
복시켜 줌으로써 인권신장과 민주발전 및 국민화합에 이바지함"(특별법 제1조)을 목

4·3특별법이 국회 본회의를 통과하는 순간 TV 실황중계를 보던 4·3연대회의 관계자들이 만세를 부르며 기쁨을 나누고 있다. 〈KBS-TV 화면〉

적으로 하는 제주4·3특별법은 이렇게 탄생됐다.

나는 4·3특별법안의 국회통과 직후 '기적 같은 일'이라고 표현했다. 특별법 통과 과정에서 도저히 뚫기 힘들 것 같은 장벽에 여러 번 부딪쳤지만 그때마다 신기하게 실마리가 풀렸다. 특별법을 향한 역사의 톱니바퀴가 어느 것 하나라도 이탈했더라면 물 건너갈 수밖에 없는 상황인데, 절묘하게 극복해낸 것이다. 마치 '보이지 않은 손'이 도와주는 느낌을 받을 때가 많았다.

4·3특별법 제정 작업은 뜻있는 제주도민들과 전국의 양심있는 인사들이 뜻을 모아 '쟁취해 낸' 한 편의 드라마와도 같았다. 그 밑바탕에는 4·3범국민위, 4·3도민연대, 4·3연대회의 등으로 상징되는 4·3진영의 치열성과 헌신성이 있었다. 그러나 그것만으로 모든 것을 담아낼 수는 없다. 필자가 '기적 같은 일'이라면서 '신기하게' 느꼈던 것은 다음과 같은 일들이 있었기 때문이다.

첫째는 정치적인 상황이었다. 우선 DJ정부의 탄생을 꼽지 않을 수 없다. 그러나 국회는 여소야대 상황이었다. 만약에 여당인 국민회의가 먼저 4·3특별법을 치고 나갔더라면 야당인 한나라당은 어땠을까? 또한 다수 의석을 갖고 있던 한나라당이 법 제정을 반대했더라면 어떻게 됐을까? 그런데 4·3특별법안은 오히려 그 해 10월 11일 한나라당 제주출신 세 국회의원이 전격 발표하면서 시동이 걸렸다.

둘째는 대통령의 결단이다. DJ는 대통령이 된 이후에도 4·3특별법 제정에 관심을 갖고 있었던 것이 분명하다. 그럼에도 여당의 총선 전략에 의해 특별법 제정은 뒷전으로 밀렸다. 이런 절체절명의 위기에서 DJ는 4·3진영 대표단과 극적 면담을 가진 청와대 민정수석으로부터 보고를 받고 결단을 내려 특명을 내린 것이다. DJ가 "정기국회가 막바지에 이르고 있기 때문에 우선순위에서 밀려서는 안 된다."고 강조했다는 대목에서 그 의지가 엿보였다.

셋째는 법안 제정의 속도다. 한나라당이 4·3특별법안을 국회에 발의한 것은 11월 18일이다. 그리고 국민회의가 대통령의 특명으로 입장을 선회해서 특별법안을 발의한 것이 12월 1일. 이 법안이 국회 본회의를 통과한 것이 12월 16일이니 한나라당이 처음 발의한 때를 기준삼아도 29일 만에 거둔 성과였다. 쟁점이 되는 법안이 이렇게 빨리 제정되기는 매우 드문 일이다. 법안 심의과정에서 혼선과 긴박했던 상황들이 있었지만, 법을 꼭 제정해야 한다는 한나라당 변정일 의원, 국민회의 추미애 의원 등의 의지와 열의가 이런 문제들을 극복하게 했다.

넷째는 보수단체의 뒤늦은 반발이다. 4·3특별법안에 대해 23개 보수단체들이 첫 반응을 보인 것은 12월 8일이다. 그들은 성명을 발표하고, 4·3특별법안을 즉각 폐기하라고 소리쳤다. 그러나 그 시점은 국회 행정자치위원회 법안심사소위에서 여야 합의로 특별법 대안을 만든 이후였다. 결국 보수단체들은 뒷북을 친 격이다. 역설적인 이야기이지만, 이렇게 된 데에는 여당 원내총무 등이 4·3특별법이 아닌 국회 4·3특위로 밀고 갔던 것이 그들을 방심케 했던 것이 아닌가 하는 생각이 들 때가 있다.

4·3특별법안이 국회를 통과하자 각계의 환영 성명이 잇따랐다. 4·3연대회의와 4·3범국민위가 공동으로 환영 성명을 발표했고, 한나라당 제주도지부, 국민회의 제주도지부, 제주도의회 4·3특별위원회, 4·3희생자유족회 등이 잇따라 성명을 발표했다. 지역 언론들도 "50년 맺힌 한 푸는 새 역사의 장 열다", "특별법 제정은 도민의 위대한 승리" 등의 제목을 달고 대서특필했다.

| 연대회의, '올해의 제주인' 선정

4·3특별법이 전격적으로 국회 본회의를 통과하자 제주 도민 사회는 기쁨과 기대감으로 출렁거렸다. 이념 문제로 알게 모르게 제주 도민들을 옥죄여왔던 4·3을 국가 차원에서 진상규명할 수 있는 토대를 마련했기 때문이다. 4·3특별법 제정 운동이 시민사회단체 중심으로 한창 진행될 때에도 도민 대다수는 '과연 이뤄낼 수 있을까?'하는 시선으로 한 발 물러서 있었다. 4·3연대회의에서 벌인 특별법 제정 염원 서명 운동에 2,045명이 참여하자 그것을 '소중한 성과'로 여겼을 정도였다.

그러나 특별법이 국회를 통과하자 분위기는 고조됐다. 범도민적인 환영 행사를 개최하자는 이야기가 자연스럽게 나왔다. 그래서 4·3특별법 제정을 기념하기 위한 '제주 도민 한마당' 행사가 각급 기관장과 단체장, 도민 등 1천여 명이 참석한 가운데 1999년 12월 27일 제주시 신산공원에서 열렸다. 보름 전 보수단체들의 특별법 반대 책동에 맞서 비장한 마음으로 결의대회를 했던 곳이다.

이 행사는 제주도의회 주최, 4·3연대회의 주관, 제주도와 4·3위령사업 범도민추진위원회가 후원하는 형식으로 진행됐다. '억울한 영혼들에게 안식을, 도민들에게 희망의 새 천년'이란 주제로 열린 이날 행사는 칠머리당굿 기능보유자 김윤수 심방의 '초감제 굿'으로 막이 올랐다. 이어 연합풍물패의 '길트기', 제주춤 아카데미의 '북춤', 민요패 소리왓의 민요 공연, 민예총 음악분과의 노래 공연이 이어졌다. 또한 박재동 화백의 인물스케치 특별행사와 4·3특별법 쟁취 거리행사에 참여했던 '바위섬'의 가수 김원중 초청공연도 펼쳐져 축제 분위기를 돋우었다.

4·3연대회의 상임공동대표 임문철 신부는 개회사에서 "이제 4·3의 갈등은 구시대의 유물이 됐다."면서 "제주도를 생명이 무엇보다 중시되는 평화의 섬으로 가꾸어가자"고 말했다. 제주도의회 강신정 의장은 대회사에서 "4·3특별법 제정은 온 도민의 위대한 승리"라며 "이제 아픈 과거를 딛고 일어나 21세기를 자랑스런 번영의 길로 이끌자"고 역설했다. 이어 우근민 도지사, 변정일·양정규 의원, 김창진 국민회의 도지부장, 조명철 4·3위령사업 범도민추진위원장의 축사와 박창욱 4·3유족회장의 감사의 말이 이어졌다.

제주시 신산공원에서 열린 '4·3특별법 제정 기념 제주도민 한마당' 행사에서 명예제주도민증을 받고 인사하고 있는 추미애 의원.

이날 참석자들의 인기를 한 몸에 받은 사람은 국민회의 추미애 의원이었다. 추 의원은 4·3특별법 제정에 대한 공로로 제주도로부터 명예제주도민증을, 제주도의회로부터 감사패를 받았다. 또한 4·3연대회의는 헌신적으로 활동한 양동윤 기획단장에게 공로패를, 「4·3은 말한다」 연재로 특별법 제정의 초석을 깔아준 제민일보 4·3취재반 김종민 기자에게 감사패를 수여했다. 이때 4·3특별법 제정의 숨은 공로자인 강성구 씨가 성금 2백만 원을 쾌척해 두 사람에게 부상으로 전달됐다.

한편 나는 4·3특별법의 국회 통과 다음 날인 12월 17일, 4·3진실규명을 위해 4·3실록을 엮어내는 등 역사 바로세우기에 대한 업적으로 제주도문화상을 받았다. 제주도문화상 수상은 제주도의회 4·3특별위원회의 추천으로 이뤄진 것인데, 4·3과 관련된 문화상 수상으로는 처음이었다. 상금으로 3백만 원을 받았는데, 제민일보 4·3취재반에 1백만 원, 4·3연대회의와 4·3연구소에 각각 50만 원씩 기탁했고, 나머지 1백만 원은 축하객 회식비로 썼다.

또 하나 기억에 남는 것은, 제민일보가 1999년 '올해의 제주인'으로 4·3연대회의를 선정한 일이다. 1990년 창간된 제민일보는 첫 해엔 소설가 현기영 선생을 선정하는

등 해마다 도민사회의 발전에 큰 기여를 한 개
인이나 단체를 뽑아 '올해의 제주인' 상을 시상
해왔는데, 1999년 수상자로 4·3특별법 제정의
공을 세운 4·3연대회의를 뽑은 것이다. '올해의
제주인' 선정위원회는 "4·3연대회의의 헌신적
노력으로 제주도민들이 50여 년간의 멍에에서
벗어나 희망의 새 천년을 맞이할 수 있는 역사
적 계기가 됐다."고 선정 이유를 밝혔다.

제민일보 선정 '올해의 제주인'

도민들의 50여년 멍에 벗는 계기 마련
'제주4·3 연대회의'

4·3연대회의는 1999년 '올해의 제주인'으로 선정됐다.
앞줄 왼쪽부터 오승국·강덕환·송복남·임문철·박창욱·
양조훈·박경훈·오영훈·김상철·양동윤.

| 청와대 특별법 서명식

21세기의 벽두라 할 수 있는 2000년 1월 11일 청와대에서는 특별한 법안 서명식
이 거행됐다. 김대중 대통령이 노심초사하며 기다렸던 '제주4·3사건 진상규명 및 희
생자 명예회복에 관한 특별법', '의문사 진상규명에 관한 특별법', '민주화운동 관련자
명예회복 및 보상에 관한 법률' 등 이른바 3대 개혁 입법 법안이 국회로부터 정부에 이
송돼오자, 김 대통령이 법안 관련 단체의 대표와 관계 인사들을 초대해서 처음으로 공
개 서명식을 가진 것이다.

의문사 특별법은 군부정권 시절 중앙정보부에 끌려간 뒤 주검으로 돌아온 최종길 서
울대 교수를 비롯한 숱한 민주 인사, 시민, 학생들의 죽음에 대해서 그 진실을 밝히
기 위해 제정된 법률이다. 의문의 주검은 말이 없고 당국에서는 제대로 수사하지 않았
다. 죽어서도 나라가 방치했으니, 권력은 그들을 두 번 죽인 셈이다. 의문사 유가족들
이 국회 앞에서 422일간의 기나긴 천막농성을 벌여 쟁취해낸 특별법이다.

김대중 대통령이 4·3특별법 제정 서명을 하고 있다. 왼쪽부터 박창욱·양금석·강창일·임문철·양조훈·양동윤·이휘호 여사·
김두연·고희범·김기재 장관.

민주화 특별법은 민주화운동을 하다가 희생된 사람과 그 유족에 대해 명예 회복과
적절한 보상을 하기 위해 만든 법이다. 전태일 분신사건, 인혁당 사건, 민청학련 사
건, 3선개헌 반대 투쟁, 부마항쟁 등 우리 현대사에 굴곡진 역사를 재조명하고, 그 관
련자들의 명예를 회복하기 위해 특별법이 제정된 것이다.

그러다보니 청와대 서명식장에는 이돈명·김창국 변호사, 이해동 목사, 송기인 신
부, 전태일의 어머니인 이소선 여사, 박종철의 아버지인 박정기 씨 등 내로라하는 민
주진영 인사와 사건 당사자 유족들이 자리를 같이했다. 또한 법무·행자·문광·노동·보
건복지부 장관과 법제처장, 대통령 비서실장 등 정부 측 인사들도 대거 참석해 그 무
게를 높였다. 김대중 대통령은 심혈을 기울였던 법률들이 제정돼 공개적인 서명식을
갖게 된 것에 보람을 느꼈던지 상기된 표정으로 참석자들과 일일이 악수를 나누었다.

각각의 법률이 서명될 때에는 해당 법안의 관계자들을 뒤에 서도록 해서 대통령이
서명했다. 4·3특별법을 서명할 때에는 박창욱 4·3유족회장, 양금석 4·3도민연대 공
동대표, 강창일 4·3연구소장, 임문철 4·3연대회의 공동대표, 양조훈 4·3연대회의 공

동대표, 양동윤 4·3연대회의 기획단장, 김두연 4·3유족회 부회장, 고희범 4·3범국민
위 운영위원장 등 초대된 제주 인사들이 차례로 섰다.

김 대통령은 서명에 이어 소회를 밝혔다. "그동안 '진실'은 있는데 '법'이 없어서 얼
마나 탄식하고 울었는가? 이제 모두가 간절히 소망하던 법을 만들었으니 앞으로 잘 운
영해서 제정된 법의 목적에 걸맞는 성과를 거둬 나가자"고 역설했다. 김 대통령은 특
히 "제주4·3특별법은 인권이 그 어느 가치보다 우선되는 사회, 도도히 흐르는 민주화
의 도정에 금자탑이 될 것"이라고 선언, 우리를 감동시켰다.

2010년 발간된 『김대중 자서전』에는 당시의 서명식을 회고하는 이런 글이 나온다.
"서명에 사용한 펜을 관련 단체에 전달했다. 큰 희생에 비해 너무 작은 징표였다. 하
지만 그 속에는 이런 민족의 비극들을 제대로 밝혀 역사에 새기자는 뜻도 들어 있었
다". 그 만년필은 박창욱 유족회장이 받았다. 박 회장은 제주4·3평화기념관 개관 때
만년필을 기증해 현재 서명서와 함께 기념관에 전시되고 있다.

『김대중 자서전』에는 또 4·3특별법의 제정 의미와 그 후에 진행된 상황들을 다음과
같이 기록하고 있다.

제주4·3특별법의 제정은 획기적인 것이었다. 제주4·3사건은 한국전쟁을 전후해서
제주 지역에서 발생한 양민 학살 사건이었다. 나는 피해자와 그 유족들이 수십 년 동
안 '폭도', '빨갱이' 등으로 매도되어 살아온 것에 국가가 명예를 회복시켜 주고 사죄해
야 한다고 생각했다.

4·3사건은 현대사의 치부이자 살아 있는 우리들의 수치이기도 했다. 이 법에 따라
정부는 진상 규명 작업에 착수했다. 그리고 2003년 정부 차원의 '진상보고서'를 채택
했다. 사건의 실체 규명을 놓고 논란이 있었지만 위원회는 사실을 담아냈다. 이로써
제주도는 이념의 질곡에서 벗어날 수 있었다. 지난 50년간 쌓인 제주도민의 한이 조
금은 풀렸을 것이다.

| 법 제정 위해 뛴 사람들

4·3특별법의 국회 통과는 역대 정권에서 은폐되고 금기시되던 제주4·3의 진실 규명과 억울한 누명을 쓴 희생자에 대한 명예회복 작업을 국가 차원에서 실시할 수 있는 토대가 됐다. 그리고 무엇보다 21세기를 앞둔 제주도민들에게 의미 있는 선물이 되었다. 어쩌면 불가능하게만 여겼던 4·3특별법이 제정되기까지에는 많은 사람들의 노력이 있었다. 다음은 4·3특별법안이 국회를 통과한 다음 날『제민일보』(1999년 12월 17일자)에 실린 김종민 기자의 '법 제정 위해 뛴 사람들' 기사다.

지난 12월 초 법안심사소위가 열리는 국회는 각각 법 제정을 위해 로비를 펼치려는 공무원과 관계자들로 인해 시장터를 방불케 했다. 그 한구석에는 4·3특별법 제정을 위해 제주도에서 올라간 4·3연대회의와 4·3범국민위 관계자들도 있었다. 이 무렵 국회의원들을 만나기란 하늘의 별따기였다. 여러 경로로 줄을 대보지만 겨우 보좌관을 만나 호소문 하나 전달하는 게 고작이었다. 그러나 권력도, 돈도 없는 4·3연대회의는 4·3특별법안이 제출된 지 불과 한달 만에 통과되는 기적을 당당히 이뤄냈다.

박창욱(4·3유족회장)·강실(일본관서도민회 부회장)·김영훈(제주도의회 부의장)·양조훈(전 제민일보 편집국장 겸 4·3취재반장)·임문철(서문성당 주임신부)·송복남(민주노총 제주지역본부장)·김태성(제주YMCA 총무) 씨가 4·3연대회의 상임공동대표로 노력했다. 특히 양동윤(4·3연대회의 기획단장)·이지훈(제주범도민회 집행위원장)·오영훈(4·3도민연대 사무국장) 씨가 수고를 아끼지 않았다.

4·3범국민위원회(상임대표 김중배 전 한겨레신문 사장, 김찬국 전 상지대 총장, 강만길 고려대 명예교수, 고재식 한신대 총장)는 서울 쪽에서 4·3특별법 제정을 위해 큰 힘을 기울였다. 특히 4·3범국민위에서는 제주출신인 고희범 씨(한겨레신문 광고국장)의 역할이 컸다. 제주출신 정윤형 교수는 작고하기 전까지 4·3범국민위 상임대표로 활동했다.

시민단체 뿐만 아니라 정치권에서도 많은 노력을 했다. 국민회의 추미애 의원은 지난 9월 15일 처음으로 4·3정부기록을 발굴, 공개함으로써 전국적으로 여론을 환기시켰고 이어 국정감사와 국회 대정부 질문을 통해 4·3진상규명을 촉구함으로써 꺼져가

4·3특별법이 국회를 통과하던 날, 제주시 신산공원내 4·3해원방사탑을 찾아가 특별법 제정을 알리는 묵념을 하고 있는 4·3연대회의 임원들.

는 불씨를 살려냈다. 한나라당 변정일·양정규·현경대 의원은 특별법 제정에 제주출신 의원으로서 제 몫을 다했다는 게 주변의 평가이다.

4·3특별법 제정운동에는 종교인들도 팔을 걷고 나섰다. 제주종교인협의회(공동대표 관효 스님·김덕연 교무·임문철 신부·정한진 목사)는 4·3치유와 화해를 위한 종교인대회를 열고 4·3특별법 제정을 정부에 촉구했다.

제주도의회 역시 도민대표기관의 몫을 톡톡히 했다. 4대 도의회(의장 장정언) 시절부터 4·3특별위원회(위원장 김영훈)를 구성해 4·3희생자 조사 활동을 벌이는 등 많은 역할을 했다. 이같은 활동은 현재 6대 도의회(의장 강신정) 4·3특위(위원장 오만식)까지 끊임없이 이어져왔다.

4·3연구소(소장 강창일)는 1989년 창립한 이래 꾸준히 조사·연구 활동을 벌였고 교육 강좌를 통해 4·3논의를 대중화하는데 큰 역할을 함으로써 4·3특별법이 제정되는데 밑거름이 됐다.

한편 몇 해 전부터 서울에서 제주로 이주해 살고 있는 강성구 씨는 과거 민주화운동을 통해 쌓은 인맥을 바탕으로 국민회의 의원들을 설득, 4·3특별법 제정 과정에 숨은 공을 세웠다. 무엇보다도 제주도내 여론주도층으로부터 받은 2천인 서명을 통해 알 수 있듯이 4·3특별법 제정은 100만 내외 도민의 염원이 모여 이뤄낸 온 도민의 승리였다.

물론 이 글에서 실명이 거명되지는 않았지만, 4·3특별법이 제정되기까지 '한 알의 밀알'이 되어 밑거름이 된 사람들이 많았다. 그럼에도 이 기사를 전재하는 이유는 그 나름대로 4·3특별법 운동사의 큰 골격을 잘 잡았다고 생각하기 때문이다.

이 기사에 등장하는 인물 중 '강성구'는 다소 낯설 것이다. 충북 제천 태생인 그는 1993년부터 애월읍에서 목장을 경영하고 있었다. 연세대 경영학과 출신으로 군부정권 시절 학생·노동운동으로 세 차례 옥고를 치른 특수한 경력의 소유자다. 그는 이런 활동으로 다져진 민주화운동 진영의 인맥이 넓다. 강성구 씨의 회고다.

"제주에 살다보니 4·3은 반드시 풀어야할 과제임을 절감했고요. 국민회의 김근태·추미애 의원과 전문위원들, 청와대 임삼진 비서관, 민주진영의 김상근 목사 등을 두루 만나 때로는 눈물로 호소하기도 했지요. 특별법 제정을 위해서는 시간이 너무 촉박했기 때문에 그럴 수밖에 없었지요."

| 특별법 서울 보고대회

2000년 1월 15일 서울 종로4가에 있는 종로성당에서 '제주4·3특별법 제정 경과 보고대회'가 열렸다. 이 보고대회는 4·3특별법 제정을 범국민운동 성격으로 그 영역을 넓혀서 추진해왔던 제주4·3범국민위원회가 특별법 제정을 축하하고 그 진행과정을 설명하기 위해 마련한 자리였다. 이 대회장에는 제주에서 올라간 4·3관련단체 대표들과 청와대 인사, 국회의원, 학계·종교계·민주화운동 관련 인사, 재경 제주도민 등 300여 명이 참석해 성황을 이뤘다.

대회장은 한마디로 축제분위기였다. 참석자들은 어려운 관문을 통과해서 탄생한 4·3특별법 제정을 서로 축하하면서, 앞으로 특별법을 근거로 전개될 새로운 활동에 대해 의견을 나누는 등 진지한 모습도 보였다.

김중배 4·3범국민위 상임공동대표(전 한겨레신문 사장)는 대회사를 통해 "4·3특별법이 제정된 지금 새로운 출발점에 섰다."고 전제하고 "인간의 승리, 역사의 승리를 의미하는 4·3특별법으로 반세기 넘도록 어둠에 암장돼온 분단으로 인한 비극의 진상을 복원해내야 한다."고 역설했다. 이어 몇 사람의 축사가 이어졌다. 민족화해협력범국민협의회 대표인 김상근 목사, 박종철 아버지인 박정기 씨, 역사문제연구소장을 역임한 역사학자 이이화 씨, 서울대 김진균 교수 등은 4·3특별법 제정의 의미를 평가하고 앞으로의 활동이 기대된다는 내용의 축사를 했다.

제2부에서는 4·3범국민위 고희범 운영위원장의 사회로 4·3특별법 제정 과정의 긴박했던 상황들에 대한 경과보고가 있었다. 사회자는 활동상황을 일일이 설명하는 도중에 그에 해당되는 관련인사들을 일으켜 세워 증언을 하도록 했다. 그러다보니 20명에 가까운 사람들이 인사를 겸해 특별법 제정에 관여했던 소회를 밝혔다. 참석자들은 여러 사람의 이야기를 들으면서 4·3특별법 제정이 '피와 땀의 결정체'임을 재삼 실감하는 모습이었다.

이날 행사장에는 고재식 한신대 총장, 김성수 성공회 대주교, 이해동 목사, 권영길 민주노동당 대표, 최병모 변호사, 그리고 청와대 민정수석에서 정책기획수석으로 자리를 옮긴 김성재 수석, 추미애 의원도 자리를 같이했다. 또한 학계 인사로 서중석·안병욱·김정기·장명봉·박후성·권진관·김성례·고부자·김은실 교수와 문화예술계 인사로 현기영 소설가, 4·3다큐멘터리 '레드헌트'의 조성봉 감독, 갈옷 디자이너 은희, 애니메이션 '오돌또기' 제작자 박재동 화백이 참석했다.

제주에서 상경한 김영보 정무부지사, 도의회 김영훈 부의장과 오만식 4·3특위 위원장, 4·3유족회 박창욱 회장과 김두연 부회장, 4·3연구소 강창일 소장, 4·3연대회의 양조훈 상임공동대표, 4·3도민연대 양금석 상임대표와 이은주 공동대표, 양동윤 운영위원장 등이, 재경 4·3유족회 강종호 회장과 이순자 부회장도 자리를 같이했다. 4·3의 진실규명을 가교로 해서 우리나라 민주진영 인사와 제주4·3 관련 인사들이 회동한 자리였다.

추미애 의원은 이날 특별법 조항 중 일부 누락된 것에 대한 일부 비판의 목소리가 있음을 의식해서인지 "시공을 초월해 그지없이 소중한 인권의 결정체로서 각고의 노력으로 이뤄진 4·3특별법이 제정된 만큼 이해에 몰두해 시시비비로 법의 의미를 퇴색시키지 말고 모두가 처음 출발할 때의 초심으로 돌아가자"고 호소했다. 또한 청와대 김성재 정책기획수석은 4·3특별법 제정과정에서 청와대에서 노력했던 상황을 설명하면서 "대통령께서 개혁 입법차원에서 4·3특별법 제정을 특별 지시했다."고 밝혔다.

이날 대회는 양금석 대표의 선창에 맞춰 '4·3진상규명 만세' '인권평화 만세' '민족통일 만세'란 의미심장한 만세 삼창을 끝으로 막이 내렸다. 장장 2시간여 동안 진행된 보고대회였다.

한편, 4·3범국민위는 재경 4·3유족회와 공동 주최로 그 해 4월 1일 서울 경동교회 내 여해문화공간에서 4·3 토론회를 개최했다. 그 주제는 '제주4·3위원회의 과제와 활동방향'이었다. 4·3특별법에 의해 곧 구성될 4·3위원회의 구성과 역할에 대해 사전 점검하기 위해서였다.

주제발표를 한 4·3연구소 강창일 소장(배재대 교수)은 "4·3위원회의 구성과 활동은 '개혁입법'이며 '명예회복을 내포한 진상규명'이라는 특별법의 입법 취지에 부합돼야 한다."면서 "따라서 4·3위원회와 진상조사보고서 작성 기획단은 4·3의 진상규명과 명예회복에 앞장섰던 민간위원들이 중심이 되어 활동하도록 해야 한다."고 주장했다. 토론자로 나선 김동춘(성공회대 교수)·박래군(인권사랑방 사무국장)·양조훈(전 제민일보 편집국장)·이영일(여수지역사회연구소장)·정근식(전남대 교수) 등도 같은 논지의 발표를 했다. 그러나 4·3위원회 구성문제는 그 범위를 규정한 시행령 제정에서부터 요동치기 시작했다.

| 특별법 일본 보고대회

제주4·3특별법 제정은 재일 제주인 사회에도 화제가 됐다. 제주출신 재일동포 가운데는 4·3과 얽혀 직·간접적으로 피해를 입은 사람들이 적지 않았다. 그들 대부분은 그동안 침묵을 지켜왔지만, 4·3의 진실에 대한 한국정부 차원의 조사가 진행되고, 희생자에 대한 명예회복 작업이 진행된다는 것은 여간 반가운 소식이 아닐 수 없다. 4·3특별법 제정과 앞으로의 진행 상황에 대한 보고 형식의 행사가 일본 오사카와 도쿄에서 각각 열렸다.

오사카 행사는 2000년 4월 9일 '오사카의 제주도4·3사건을 생각하는 모임'(공동대표 강실·김은규·문경수·문여택) 주최로 재일한국기독교회관에서 열렸다. 주최 측은 김영훈

済州島四・三事件
52周年記念講演会

도쿄에서 4·3특별법 제정과정을 강연한 후 기념촬영. 왼쪽부터 양조훈, 김석범·양석일 소설가, 임철 교수, 김시종 시인, 윤학준 교수.

제주도의회 부의장과 양동윤 4·3도민연대 운영위원장을 초청해서 '4·3특별법의 제정과 의의'에 대한 설명을 듣고 궁금한 사항에 대해서 질의 응답하는 형식으로 진행했다.

4·3유족과 학자 등 130여 명이 참석한 가운데 진행된 이날 행사에서 김영훈 부의장은 "4·3특별법은 4·3의 해결을 바라는 제주도민의 결집된 의지로 국회를 통과한 뒤 곧 시행되는 절차를 거치고 있지만 이 법이 제정됐다 해서 모든 것이 해결되는 것은 아니라 지금부터 시작이다."고 전제하고 "앞으로 4·3의 진상규명과 유가족의 명예회복을 위해서는 재일 제주인들이 고국사랑 향토사랑의 마음으로 유족회를 구성해서 적극 활동해야 한다."고 역설했다.

한편 도쿄 행사는 4월 15일 '도쿄의 제주도4·3사건을 생각하는 모임'(대표 문경수) 주최로 재일동포와 일본 측 학계·언론계 인사 등 150여 명이 참석한 가운데 한국 YMCA 강당에서 열렸다. 이 장소는 1988년 제주4·3 40주년을 맞아 일본에서 처음으로 추도 기념강연회가 열렸던 유서 깊은 곳이다. 이날 행사에서 내가 '4·3진상규명의 동향과 과제'란 주제 강연을 했다.

나는 "4·3특별법 제정은 민간인들의 지속적인 노력으로 지하에 가둬뒀던 4·3문제를 지상으로 꺼내서 공식적으로 논의하는 토대를 마련했다는 의미가 있다."고 밝히고 "최근에 한국에서 돌출된 문제를 보더라도 진상규명 작업은 쉬운 일이 아니며 재일동포 사회의 적극적인 참여와 연대가 필요하다."고 역설했다. 이미 한국에서는 시행령 제정을 둘러싸고 정부와 4·3 진영 사이에 첨예한 대립구도가 형성되고 있었다.

이같은 분위기를 의식한 도쿄와 오사카의 4·3사건을 생각하는 모임과 재일본 4·3사건 유족회 준비위원회 등 3개 단체는 이날 공동 명의로 성명을 발표했다. 성명은 "4·3특별법은 비단 제주인과 한국인뿐만 아니라 인권과 평화를 사랑하는 모든 세계인으로부터 공명을 얻게 될 것"이라고 평가하고, "따라서 입법 취지에 맞는 후속작업이 반드시 진행돼야 한다."고 주장했다.

이 성명은 소설가 김석범·양석일·김중명과 시인 김시종, 문경수 교수 등이 행사장에서 공동 기자회견을 갖고 발표했다. 발표장에는 한국 기자만이 아니라 일본 언론인, 미국인 학자, 문학평론가 등 외국인도 10여 명이 참석, 눈길을 끌었다.

한편 이날 행사에서 김시종 시인은 4·3 당시 자신을 포함해 일본으로 피신한 재일동포들의 체험을 '4·3사건과 재일조선인'이란 제목으로 강연해 화제를 모았다. 직접 봉기세력에 가담했다가 일본으로 피신했던 그는 50여 년 만에 처음으로 4·3에 대한 말문을 연 것이다. 김 시인은 내가 이날 강연할 때 "붉게 덧칠해진 것을 한 꺼풀 한 꺼풀 벗기다보니, 거기에는 '빨갱이'가 아니라 '사람'이 있었다."고 표현하자 박수를 쳤던 분이다.

1990년대 초반까지 남북한 어느 쪽에서도 환영받지 못한 그는 '경계(境界)의 시인'으로 유명하다. 1998년 김대중 대통령의 일본 방문 때 한국국적이 아닌 조선적(朝鮮籍. 해방 후 남한이나 북한의 국적을 취득하지 않고 일본에 귀화하지도 않은 사람들에게 일본이 편의상 부여한 명칭)으로 행사에 초대됐던 유일한 인물로 그는 당시 언론의 스포트라이트를 받았다. 그는 이 행사를 계기로 그 해 50년 만에 고향 제주 땅을 밟았고, 2004년엔 한국 국적을 취득했다.

일본에서 6권의 일본어 시집을 낸 김 시인은 일본 시단으로부터 인정받고 있는 몇 안 되는 한국인이다. 김 시인은 2007년에는 일본 공영방송 NHK에서 2시간짜리 다큐 '진혼의 여정'을 통해 집중 조명받기도 했다. 그는 장편소설 『화산도』 등 활발한

4·3 작품 활동을 해온 김석범 선생과는 대조를 이뤘다.

그래서 이날을 계기로 4·3에 대해 말문을 연 김시종 시인과 김석범 선생이 대화를 나눈 내용이 일본에서 책으로 엮여 나왔다. 이 책은 2007년 제주대학교 출판부에 의해 『왜 계속 써왔는가 왜 침묵해 왔는가』라는 제목을 달고 한글판으로도 발간됐다.

3부

4·3, 이념누명을 벗다

시행령 파동과 위원회 구성 논란

| 관주도 개악에 4·3진영 발끈

우리는 이번 정기국회에서 제정된 4·3특별법은 4·3 진상규명을 향한 도정에서 첫 단추만 꿰맨 것이지 어떠한 낙관도 금물이라는 점을 강조하고자 한다. 향후 진행될 여러 후속조치, 즉 시행령과 조례 등 관련 하위법령의 제정 및 법안에 명시된 진상규명 특별위원회의 구성 등이 도민의 염원과 민족적 양심에 부응하여 '시급히' 그리고 '공정하게' 진행될 수 있도록 꾸준히 감시하고 촉구할 과제가 주어져 있다고 우리는 판단한다. 이러한 점에서 우리는 특별법이 제정된 오늘을 4·3 진상규명을 위한 제2단계 투쟁의 시발점으로 삼고자 한다.

위의 내용은 4·3특별법이 국회 본회의를 통과하던 1999년 12월 16일 '4·3특별법 쟁취를 위한 연대회의' 등이 발표한 공동성명에 나오는 글이다. 4·3연대회의는 '특별법 제정은 제주도민의 위대한 승리'라고 평가하면서도 앞으로 있을 후속조치를 주시하고 긴장의 끈을 놓지 않았다. 그런데 이런 우려가 현실로 나타났다. 시행령 제정을 위한 초안 작성에서부터 진상규명 기구 구성에 이르기까지 하나하나가 험난한 산을 넘듯이 요동쳤다. 맨 먼저 닥친 문제가 '시행령 파동'이었다.

특별법 조문은 추상적이고 선언적인 내용이 주를 이룬다. 그 특별법 운용의 실질적인 내용은 시행령에서 구체적으로 담아낸다. 따라서 4·3특별법이 4·3의 진상을 어떤 방법으로 규명하고 희생자들의 명예를 어떤 형식으로 풀어갈 것인지, 그리고 위원회의 위상과 힘을 어떻게 설정할 것인지 등 주요한 방향이 시행령에서 판가름 난다.

4·3특별법 부칙에는 '이 법은 공포 후 3개월이 경과한 날부터 시행한다.'는 규정이 있다. 4·3특별법은 2000년 1월 12일 공포되었기 때문에 그 해 4월 13일부터 시행하게 됐다. 이렇게 특별법이 시행되기 위해서는 시행령 제정이 필요했다. 4·3특별법

시행령안 작성 작업은 행정자치부가 주도했다. 행자부 자치행정국 산하 특수정책담당이 실무 작업을 맡았다. 실무 팀은 시행령 초안을 만들고 3월 4일 입법예고했다. 3월 23일까지 20일간 이에 따른 의견을 받았다.

이에 따라 4·3범국민위, 4·3도민연대, 4·3유족회 등 4·3관련단체와 제주시민사회단체협의회가 각각 의견서를 제출했다. 내용인즉 진상규명을 담당할 위원회나 진상조사보고서작성기획단의 구성이 너무 관 위주로 치우쳤다고 지적하고 "공무원 수를 줄이고 민간 전문가들의 참여 폭을 넓혀 달라"고 요구한 것이다.

그런데 4월 초 행자부가 법제처에 제출한 시행령 최종안은 이런 4·3진영의 의견이 깡그리 무시된 채 오히려 '개악'된 것으로 밝혀졌다. 즉 4·3위원회 위원 20명 구성안이 초안에는 장관급 공무원 8명으로 되어 있었으나, 최종안에는 한 명이 더 늘어 9명으로 수정됐고, 여기에다 종전에 없었던 '군사(軍史)전문가'가 당연직으로 추가된 것이다. 덩달아 진상조사보고서작성기획단의 구성도 15명 중 간부 공무원 8명과 군사 전문가가 포함되는 체제로 수정된 것이다.

이 뿐만이 아니다. 실질적으로 진상조사와 보고서 작성을 맡을 전문위원은 '비상임 2명'으로 격하시켰다. 한마디로 진상조사와 보고서 작성도 공무원 중심으로 추진하겠다는 의도가 다분히 내포돼 있었던 것이다. 누가 보더라도 국방부의 입김이 강하게 작용됐음이 감지됐다. 여기에다 4·3진영을 분노하게 만든 것은 행자부의 의결안에 "시행령안 입법예고 결과, 특기사항이 없다"고 명시한 점이다. 4·3진영이 제기한 의견을 완전히 묵살해버린 것이다.

이에 4·3유족회·4·3행방불명인유족회·재경4·3유족회·4·3범국민위·4·3도민연대·4·3연구소 등 6개 4·3관련단체가 4월 5일 공동성명을 발표하고 "진상규명의 입법 취지에 맞도록 시행령을 만들어야 한다는 제주도내 4·3관련단체, 학계, 시민단체의 의견을 무시하고 잘못된 보고서를 작성한 책임자를 문책하라"고 주장했다. 또한 "정부의 시행령안이 도민의 의견에 반하는 내용으로 개악되도록 방치한 제주도 당국에도 책임을 묻지 않을 수 없다."고 성토했다.

4월 6일에는 제주시민사회단체협의회가 잇따라 항의 성명을 발표했다. 또한 제16대 총선에 출마한 제주지역 여야 후보자 10명 전원의 공동 이름으로 "시행령안에 제

2000년 4월 7일 제주도의회에서 33개 단체 합동으로 열린 4·3특별법 시행령안 개악에 따른 긴급 기자회견.

주도민의 의견을 즉각 반영할 것을 촉구한다"는 내용의 성명이 발표됐다. 이날 4·3관련단체와 시민사회단체가 합동으로 긴급 대책회의를 열었고, 다음 날인 4월 7일에는 제주도내 33개 단체 대표의 긴급 기자회견이 개최되는 등 긴박하게 돌아갔다. 기존의 4·3연대회의에 참여했던 24개 유족 및 시민사회단체 이외에도 도내 4개 대학 총학생회 등이 가세하면서 참여 단체수가 늘어난 것이다.

| 33개 단체 합동 항의농성

이들 단체 대표들은 합동 기자회견을 통해 제주도민의 의견을 묵살한 행정자치부의 무책임한 처사를 성토하고 다음 네 가지 요구사항을 발표했다.

첫째 왜곡된 보고서 작성자 문책, 둘째 시행령 상의 4·3위원회 20명 중 국방부장관·국무조정실장·법제처장·군사전문가는 조문에서 삭제, 셋째 진상조사보고서작성기획단 15명 중 국방부장관·국무조정실장·법제처장이 정하는 자와 군사전문가는 조문에서 삭제, 넷째 진상조사작업을 수행할 민간 상임 전문위원 약간 명을 두는 규정 신설 등이었다.

이들 단체는 "이 같은 최소한의 요구가 받아들여지지 않을 경우 4·3특별법에 근거한 각종 위원회 및 기획단 참여를 전면 거부하고 전도민적 투쟁을 전개할 것임을 경고한다."고 밝혔다. 이들 단체들이 이렇게 강공으로 나간 것은 중앙정부를 믿지 못하겠다는 불신이 커졌기 때문이다. 그리고 초장부터 밀리기 시작하면 4·3특별법의 입법 취지가 상당히 훼손되고 사사건건 발목이 잡힐 우려가 높다고 판단한 것이다.

이들 단체들은 행자부의 태도 변화의 배후에는 국방부가 있다고 봤다. 당초 입법예고 당시 시안에 없던 국무조정실장을 끼워 넣어 공무원 숫자를 늘리고 심지어 군사전문가까지 조문에 명시하면서도 제주도내 단체들의 의견을 완전히 묵살한 것은 국방부의 강력한 입김이 작용한 것으로 본 것이다.

공권력 집행의 정당성 여부를 떠나 과거의 과오에 대해 사과 한마디 없이 특별법 진상규명 기구 구성에 집착하는 국방부의 의도는 무엇인가? 제주도내 단체들은 그것은 한마디로 기존의 틀을 바꾸지 않고 과거의 이념논쟁으로 끌고 가려는 속셈이 있는 것이라고 분석했다.

정부는 4월 13일 4·3특별법 시행 예정일을 앞두고 시행령을 확정 발표할 계획이었다. 이런 일정에 따라 4월 10일 관계부처 차관회의를 열어 시행령안을 의결할 예정이었다. 그러나 제주도내 4·3유족과 시민사회단체의 완강한 반발에 부닥쳐 이를 연기할 수밖에 없었다.

특히 4월 13일 제16대 국회의원 총선거를 코앞에 둔 여야 국회의원 후보들이 강력하게 반발하면서 이 문제가 정치권으로 확산됐다. 민주당이나 한나라당이나 할 것 없이 제주에서 총선에 출마한 후보들은 잇따라 제주도청 기자실에 찾아가 시행령안의 변질을 성토하기에 바빴다.

33개 시민사회단체 대표들은 4월 11일 회합을 갖고 4·3특별법 시행령 개악안에 조직적으로 대응하기 위해 별도 대책기구를 구성하기로 합의했다. 시행령은 법 제정 취지에 맞게 관료 중심의 현행 개악안을 철폐하고 진상규명을 제대로 할 수 있는 민간전문가 중심의 실무기구 구성이 관건이라고 보고 이를 관철하는데 초점을 맞춰나갔다. 이에 대한 강력한 의사 표시로 무기한 농성에 돌입했다.

항의 농성은 4월 17일부터 제주4·3연구소에서 시작됐다. 농성 참여자들은 "50여

4·3연구소에서 4·3특별법 시행령안 개악에 항의하는 농성이 시작된 가운데 박창욱 유족회장이 경과를 설명하는 모습.

년의 한을 털어내기 위해 지난해 말 어렵게 제정된 4·3특별법에 따른 최종 시행령안을 검토한 결과 올바른 진상규명을 바라는 도민의 바람을 외면한 내용으로 확정될 가능성이 높아졌다.”면서 “시행령안의 개악을 막기 위해 농성에 들어간다.”고 밝혔다.

제주도민들의 강력 항의에 여권 수뇌부가 전향적 검토를 하고 있다는 소식이 전해졌다. 제16대 총선에서 제주도에서는 현경대(한나라당)·장정언(민주당)·고진부(민주당)가 각각 당선됐다. 4월 18일 청와대에서 열린 민주당 당선자 초청 만찬에 다녀온 장정언 당선자는 다음 날 “여권 수뇌부로부터 4·3특별법 시행령에 제주도민들의 의사를 적극 반영, 군사전문가를 삭제하도록 하겠다는 확약을 받았다.”고 밝혔다. 즉 민주당 이재정 정책위 의장, 김옥두 사무총장, 한화갑 지도위원 등이 전향적인 검토의사를 밝혔다는 것이다.

그러나 4월 20일 최재욱 국무조정실장 주재로 열린 차관회의에서 4·3특별법 시행령안은 수정되지 않은 채 조건부로 의결됐다. 즉 논란이 되는 조문은 4월 25일 열리는 국무회의 때까지 정부 각 부처의 의견을 수렴해 시행령을 확정한다는 내용의 어정쩡

한 조건부였다. 이에 제주도내 단체들이 발끈했다. 제주도내 단체들은 차관회의에서 도민들의 의견이 수렴될 것으로 예상하고 농성을 풀 예정이었다. 그러나 차관회의 결과를 듣고 이를 성토하는 장외 집회를 개최하는 등 농성 강도를 더욱 높여가기로 했다.

| 다각적 항의에 행자부 입장 선회

2000년 4월 22일 제주시청 어울림마당에서 4·3특별법 시행령 개악 저지를 위한 범도민 궐기대회가 열렸다. 제주도내 33개 4·3관련단체 및 시민사회단체로 구성된 공동대책회의가 주최한 이 대회에는 4·3유족과 시민사회단체 관계자 등 500여 명이 참석했다.

이날 대회는 대통령에게 드리는 호소문, 도민에게 드리는 글 낭독과 결의문 채택 순으로 진행됐다. 대통령에게 드리는 호소문을 통해 "김대중 대통령이 지난 1월 11일 청와대에서 있었던 4·3특별법 서명식에서 '4·3특별법은 인권이 그 어느 가치보다 우선되는 사회, 도도히 흐르는 민주화의 도정에 금자탑이 될 것이며, 법 제정의 본래 취지가 잘 반영될 수 있도록 노력하자'고 특별히 당부했던 그 순간을 잊을 수 없다."고 상기시켰다. 그리고 "4·3 희생자 문제는 미군정시대, 제1공화국 탄생의 혼란기에 빚어진 사건인데, 그 역사적인 과거문제를 현재 진행형인양 지금의 국방부가 떠맡으려는 저의를 이해할 수 없다."고 전제하고 "이 문제를 풀어줄 분은 대통령이라는 절박한 생각에서 호소문을 올리게 됐다."고 밝혔다.

또한 제주도내 시민사회단체들은 결의문을 통해서 "4·3진상규명과 명예회복에 핵심적 역할을 수행하는 위원회와 기획단에 군사전문가를 참여토록 하려는 것은 4·3특별법 정신을 훼손하고 역사적 대업을 그르치려는 세력의 음해와 방해로 규정한다."고 못 박고 "올바른 시행령 제정을 위해 끝까지 투쟁할 것"이라고 밝혔다. 이런 제주사회의 동향에 청와대와 여권도 긴밀하게 움직였다.

그러나 행자부의 결정적인 입장 선회는 4월 24일 민주당 추미애 의원과 장정언·고진부 국회의원 당선자의 행자부 항의 방문이 기폭제가 됐다. 추 의원은 4·3특별법 입법을 발의한 당사자로, 두 당선자는 제주지역 출신 여당 국회의원 당선자의 신분으로

2000년 4월 22일 제주시청 어울림마당에서 열린 4·3특별법 시행령 개악 저지를 위한 궐기대회.

행자부 장관을 찾아간 것이다. 당시 상황을 장정언 의원으로부터 들어본다.

"국무회의에 시행령을 상정한다는 바로 전날 세 사람이 절박한 심정으로 수정안을 들고 행자부 장관실로 찾아갔습니다. 사전에 방문 예고를 했는데도 최인기 장관은 부재중이었고, 차관보와 국장급 간부 몇 명이 대기하고 있었습니다. 왠지 분통이 터졌습니다. 제가 큰소리로 언성을 높이는 상황이 되더군요.

오히려 추 의원이 '이 분은 제주도의회 의장까지 지낸 분인데, 오죽하면 언성을 높이겠느냐'면서 다독거리기도 했지요. 저는 국회가 개원되면 가만있지 않겠다고 분명한 입장을 밝혔습니다. 그리고 김포공항에 거의 다다를 무렵 최인기 장관으로부터 전화가 걸려왔습니다. 수정 의견을 그대로 반영하겠다고 하더군요."

이 같은 최 장관의 약속으로 그동안 논란이 됐던 내용들이 거의 수정됐다.

첫째 위원회에 장관급 1명을 추가하는 방안이 취소됐고, '군사전문가'는 '관련전문가'로 수정됐다.

둘째 기획단 15명 중 간부 공무원은 5명으로 대폭 축소됐다.

셋째 위원회의 사무처리를 위한 간사(지원단장)를 거창사건심의위원회 간사와 겸직하도록 한 규정을 삭제, 4·3위원회 간사를 별도로 두도록 했다.

넷째 당초 시행령에 조사 인력을 '2인 이내의 비상임 전문위원'을 두도록 했던 것을 '약간인의 전문위원을 계약직 공무원'으로 두는 것으로 수정하되, 시행세칙 등을 통해 전문위원 5명과 보좌 조사인력 20명을 채용하는 것으로 정리됐다.

위원회와 기획단, 조사인력 등 핵심적인 인적 구성이 관 주도 성격에서 상당 부분 민간인 쪽으로 이동됐다고 볼 수 있다. 특히 '비상임 전문위원 2명'으로 설정함으로써 진상조사와 보고서 작성도 공무원들이 주도하겠다는 것이냐는 우려를 불러일으켰던 조사인력이 상근 전문위원 5명과 조사요원 20명 채용으로 바뀐 것은 획기적인 조치가 아닐 수 없었다. 이런 수정안이 반영되면서 당초 4월 25일 국무회의에 상정하려던 4·3특별법 시행령 심의는 다시 연기됐다.

이런 우여곡절을 겪은 4·3특별법 시행령은 5월 2일 최종 확정됐다. 이날 김대중 대통령 주재로 청와대에서 열린 국무회의에서 의결된 시행령은 16개 조항과 부칙으로 이뤄졌다. 정부는 5월 10일 4·3특별법 시행령을 대통령령 제16803호로 제정 공포함으로써 제주4·3특별법이 실질적인 시행에 들어가게 됐다. 시행령안 파동으로 당초 시행 예상일보다 한 달 가량 늦어진 것이다.

4·3특별법 제정 이후 시행령 파동이 제1막이었다면 이제 제2막이 기다리고 있었다. 그것은 위원회와 기획단, 조사 인력 등 인적 구성의 문제였다. 여기에서도 여러 차례 회오리가 몰아쳤다.

| 4·3위원회 구성 논란

제주4·3특별법에 의한 최고 의결기구는 '제주4·3사건진상규명및희생자명예회복위원회'(4·3위원회)이다. 그 산하 조직으로 진상조사와 조사보고서 작성을 위한 '제주4·3사건진상조사보고서작성기획단'(4·3기획단), 위원회의 의결사항을 실행하기 위하여 제주도지사 소속 아래 '제주4·3사건진상규명및희생자명예회복실무위원회'(4·3실무위원회)를 두도록 했다. 또 사무기구로 행정자치부 산하에 '제주4·3사건처리지원단' (4·3지원단), 제주도 산하에 '제주4·3사건지원사업소'(4·3사업소)를 각각 설치, 운영하도록 했다.

이들 기구 중 2000년 3월 3일 행자부 소속으로 4·3지원단이 맨 처음 발족했다. 처음엔 행자부에서 파견한 행정고시 출신 박동훈 서기관(현 국가기록원장)과 제주도에서 파견한 2명 등 3명의 공무원이 준비 작업을 시작했다. 그 해 6월 김한욱 제주도 기획관리실장이 초대 단장으로 부임했다. 4·3지원단 정원은 몇 차례 조정이 있었는데 많을 때는 21명이나 되었다. 지원단 발족 초기 애를 먹었던 것이 바로 위원회와 기획단 인선문제였다.

4·3위원회의 구성은 특별법 시행령 상 20명 이내의 위원으로 하되, 위원장은 국무총리, 당연직 위원은 법무·국방·행정자치·보건복지·기획예산처 장관과 법제처장, 제주도지사가 맡도록 했다. 나머지 위원 12명은 민간인으로 구성하게 됐다. 특별법과 시행령이 제도적 장치를 만든 것이라면, 진상조사 등의 성패는 어떤 능력과 성향의 사람들로 위원회를 구성하느냐, 즉 인선문제에 달렸다고 해도 지나침이 없다.

바로 이런 문제 때문에 4·3진영과 보수진영은 눈에 보이지 않은 각축전을 벌였다. 그 틈새에 끼인 것이 4·3지원단이었다. 지원단은 이처럼 첨예하게 입장을 달리하는 진영뿐만 아니라 행자부-국무총리실로 이어지는 '상전'을 모셔야 하는 처지여서 이래저래 곤혹스런 입장이었다. 우여곡절 끝에 '민간위원 위촉은 공정성과 객관성을 확보한다'는 원칙 아래 학계와 4·3관련단체, 군·경측에서 각각 3명씩, 법조계·언론계·시민사회단체에서 각각 1명씩 구성하기로 했다.

이때부터 각 진영은 자기들의 입장을 대변할 인물을 포함시키기 위해서 신경전을 벌였다. 그들은 상대 진영에서 어떤 성향의 인물을 추천하는지 정보파악에 심혈을 기울였다. 그러던 차에 그 해 7월에 이르러 4·3진영에 뜻밖의 정보가 입수됐다. 총리실에서 행자부에 ①이진우 변호사를 4·3위원으로 위촉할 것 ②위원회 숫자를 20명에서 19명으로 줄여 민간인 비중을 줄일 것을 지시했다는 충격적인 소식이었다.

이진우 변호사는 누구인가? 나중에 자세히 살펴보겠지만, 그 해 2월 『월간조선』에 '국군을 배신한 대한민국 국회'란 제하의 기고문을 통해 4·3특별법 제정 자체를 통렬하게 비난했던 장본인이 아닌가. 민간인 1명을 줄여 19명으로 위원회를 구성하라고 지시했다면 벌써 가부 표결까지 의식한 발상이 아니냐는 게 4·3진영의 시각이었다.

DJ정부가 출범했지만 성격은 JP와의 공동정부였다. 당시 국무총리는 보수정당인 자민련 출신의 이한동 총리였다. 이진우 변호사는 바로 그 자민련의 국회의원 공천 심사위원장을 맡았었다. 이런 뜻밖의 구상은 그런 인연을 발판으로 보수진영에서 한 것 같은 인상이 짙었다.

당시 4·3진영에서는 위원회 인선문제 등에 4·3범국민위 고희범 운영위원장이 발 벗고 뛰고 있었다. 그가 이 소식을 듣고 청와대 김성재 수석-윤석규 행정관 라인과 국회 추미애 의원 등과 긴밀히 협의하면서 대책을 모색했다. 그는 총리실 안이 강행됐을 때는 4·3유족과 단체들이 전면 보이콧하는 상황에 이를 수밖에 없다고 선언했다. 결국 청와대가 나서서 총리실을 설득, 이 방안은 철회됐다.

난고 끝에 4·3위원회 민간인 위원 선임은 그 해 8월에 이르러 가닥이 잡혔다. 학계 강만길(상지대 총장)·서중석(성균관대 교수)·신용하(서울대 사회과학대학장), 4·3단체 김정기(서원대 총장)·박창욱(4·3유족회 회장)·임문철(신부·4·3도민연대 공동대표), 군·경 김점곤(예비역 소장)·이황우(동국대 행정대학원장·경찰학회장)·한광덕(예비역 소장·전 국방대학원장) 위원이 각각 추천됐고, 언론계 김삼웅(대한매일 주필), 법조계 박재승(변호사), 시민사회단체 이돈명(변호사·참여연대 고문) 위원도 추천됐다.

2000년 8월 28일 4·3위원회 민간인 위원 위촉식과 1차 회의가 중앙종합청사 국무총리 대회의실에서 열렸다. 상견례를 겸한 첫 회의를 마친 위원들은 곧바로 종로구 통의동 코오롱빌딩으로 옮겨 제주에서 올라간 각계 대표들과 함께 4·3위원회 현판식을 가졌다. 4·3위원회가 발족하기까지 수차례의 험난한 고비가 있었지만, 위원들은 다른 어떤 과거사 정리위원회보다 각 분야에서 내로라하는 중추적인 인사들로 구성되었다는 평가를 받았다.

| 4·3기획단 구성도 진통

제주4·3위원회 위원 구성이 논란 끝에 가까스로 매듭이 되었다. 그런데 곧이어 '제

2000년 8월 28일 열린 4·3위원회 현판식. 조성태 국방부장관, 최인기 행자부장관도 참석했다.

주4·3사건진상조사보고서작성기획단' 구성 역시 심한 몸살을 앓았다. 그 해 9월에 출범할 예정이던 4·3기획단이 4개월이나 늦은 2001년 1월에야 겨우 발족할 수 있었으니 가히 그 산통이 얼마나 심했는지 짐작할 수 있을 것이다.

4·3기획단은 정부 차원의 4·3사건 진상조사와 진상조사보고서 작성이란 막중한 임무를 띠었다. 기획단은 단장을 비롯한 단원 15명으로 구성하도록 돼 있었다. 시행령 제정 과정에서 단원 15명 가운데 8명을 간부 공무원으로 임명한다는 초안이 나와 4·3진영의 강한 반발을 샀다. 결국 기획단은 법무부·국방부·행정자치부·법제처 국장급 공직자와 제주도 부지사 등 공무원 5명과 유족 대표, 관련 전문가를 포함한 민간인 10명으로 구성하는 것으로 조정됐다. 단장은 4·3위원회 위원장(국무총리)이 단원 중에서 임명하도록 규정됐다.

1차 관문은 민간인 단원 선정 문제였다. 논란 끝에 추천 비율은 학계 3명, 4·3 관련 단체·법조계·군경 측 추천인사 각각 2명, 유족 1명으로 정해졌다. 여기에서도 4·3진영과 보수진영은 정보전을 펼치면서 막후에서 힘겨루기를 했다. 각각의 단체에서 2배

2001년 1월 17일 이한동 국무총리로부터 위촉장을 받은 기획단 민간인 위원들. 왼쪽부터 김순태·고창후·오문균·강창일·이한동 총리·박원순·강종호·이상근·이경우.

수의 후보를 추천하도록 돼 있었기 때문에 가능하면 자기 쪽에 유리한 사람을 위촉할 수 있게 노력한 것이다.

이런 과정을 거쳐 민간인 단원으로 강종호(재경4·3유족회장)·강창일(제주4·3연구소장)·고창후(변호사)·김순태(방송대 교수)·도진순(창원대 교수)·박원순(변호사·참여연대 사무처장)·오문균(경찰대 공안문제연구소 연구원)·유재갑(경기대 통일안보복지전문대학원장·대령예편)·이경우(변호사)·이상근(국사편찬위원회 근현대사실장)이 선임됐다.

2차 관문은 기획단장 임명 문제였다. 4·3진영에서는 제주4·3연구소장이면서 배재대 교수인 강창일을 단장 후보로 강하게 밀었다. 그런데 그 해 10월 국사편찬위원회 이상근 근현대사실장이 단장으로 내정됐다는 소식이 전해졌다. 이에 4·3진영이 발끈했다. 개인의 문제라기보다는 국사편찬위원회에 대한 불신의 벽이 높았기 때문이다. 1980년대 말까지도 국사편찬위원회가 펴낸 고등학교 교과서에는 4·3을 "북한공산당의 사주 아래 발생한 제주도 폭동사건"으로 기술돼 있었다. 진실과 다른 이 규정이 4·3의 논의조차 금기시하는 토대가 됐다.

4·3특별법이 제정된 2000년에 이르러 국사 교과서에 북한 지령설이 삭제되긴 했지

만, 국사편찬위원회는 여전히 4·3의 성격을 '폭동'이란 입장에서 벗어나지 못하고 있었다. 이런 기관의 공무원이 4·3의 진실을 새로운 각도에서 파헤쳐야할 기획단의 수장이 된다는 것은 납득할 수 없다는 게 4·3진영의 시각이었다.

2000년 10월 4일 제주도내 4·3 관련단체와 제주시민단체협의회는 공동 성명을 발표하고 "4·3 기획단장 내정을 즉각 취소하라"고 주장했다. 이 성명은 국사편찬위원회가 그동안 4·3의 진실을 어떻게 왜곡·폄훼했는지 사례를 열거하고 "공무원 신분의 사람을 기획단장에 임명하고자 하는 것은 행정자치부가 4·3 기획단을 장악하려는 시도나 다름없다."고 지적했다.

이 문제는 쉽게 해결되지 않았다. 나중에 밝혀진 사실이지만, 기획단장으로 국사편찬위원회 근현대사실장을 내정한 것만 아니라 이미 이한동 국무총리로부터 임명 사인까지 받은 상태였다. 일국의 총리가 서명한 내용을 번복하는 것은 결코 쉬운 일이 아니었다. 이때에도 4·3범국민위원회 고희범 운영위원장이 발 벗고 뛰었다. 이런 상황이 되자 천성 기대해 볼 수 있는 곳은 청와대뿐이었다. 수시로 추미애 의원과 연락하면서 청와대 한광옥 비서실장, 김성재 정책수석 등과 협의했다. 청와대 인사들도 난처하기는 마찬가지였다.

어떤 결론도 내리지 못한 채 두 달이 흘러갔다. 언론은 4·3기획단의 발족이 마냥 늦어지고 있는 사실을 질타했다. 4·3특별법은 위원회 구성 후 2년 이내에 자료 조사를 하고, 그 후 6개월 이내에 진상조사보고서를 작성하도록 시한을 명시하고 있기 때문에 "언제까지 허송세월을 보낼 것이냐"고 지적한 것이다.

2000년 12월 말에 이르러 그동안 기획단장으로 거론됐던 두 사람을 제외한 제3의 인물을 추대하자는 안이 제기됐다. 그래서 박원순 변호사(현 서울시장)가 추천됐다. 처음엔 본인이 고사했지만 주변의 설득으로 이를 수락했다. 진통을 겪은 후에 기획단은 2001년 1월 17일에 발족했다.

진상조사에 착수하다

| 4·3진상조사팀 구성

4·3위원회는 2000년 8월 진상조사 작업을 벌일 전문위원 공개채용을 실시했다. 어렵게 인원수를 확보한 전문위원 5명을 선발하는 절차였다. 응모자격은 박사 학위 소지자는 관련 분야 3년, 석사 학위 소지자는 관련 분야 6년, 학사 소지자의 경우 관련 분야 9년 이상 경력을 가진 자로 공고됐다. 신분은 계약직 공무원이었다.

이 공모에 모두 9명이 응시해 그 해 10월에 5명이 최종 선발됐다. 합격자는 김종민(전 제민일보 4·3취재반 기자), 나종삼(전 국방군사연구소 전사부장), 박찬식(전 제주 4·3연구소 연구실장·문학박사), 양조훈(전 제민일보 편집국장), 장준갑(전 미 미시시피 주립대 강사·철학박사)이었다. 나는 전문위원실 업무를 총괄하는 수석전문위원에 임명됐다. 실질적인 진상조사팀장이라는 막중한 임무를 맡게 된 것이다.

곧이어 전문위원의 업무를 보좌할 조사요원 채용절차에 들어갔다. 이 역시 국회의원 당선자 등이 행자부장관과 담판을 벌여 조사요원 정원 20명을 확보할 수 있었다. 그런데 막상 공채를 하려고 보니 보수가 너무 낮게 책정되어 있었다. 일용직 신분이어서 월수입이 1백만 원에도 못 미쳤다.

그래서 나는 이런 보수로는 우수한 전문 인력을 확보하기가 어렵다고 판단해 차라리 채용 인원을 줄이더라도 보수를 높여달라고 요청했다. 그런데 공직사회에서 보수체계를 바꾸는 것이 그리 쉬운 일이 아니었다. 김한욱 지원단장이 장고하더니 최인기 행자부장관에게 직접 보고한 후 결재를 받아 이 문제를 풀었다.

결국 이런 보수 문제 때문에 조사요원 숫자를 15명으로 줄여 채용했다. 그 해 11월에 이르러 전문위원 5명과 조사요원 15명 등 20명으로 진상조사 진용이 갖추어졌다. 조사요원으로 4·3취재반 출신 김애자 기자와 4·3 조사 경험이 있는 양정심, 장윤식,

김은희, 조정희 등도 참여했다. 김 기자는 얼마 전 남편의 직장관계로 신문사를 사직하고 서울에 살고 있었다. 그녀는 조사요원 간사를 맡아 자료 관리와 '4·3자료집' 발간 등 궂은 일을 도맡아 처리했다. 나로서는 김종민, 김애자 기자 등 4·3취재반의 합류로 큰 힘을 얻게 된 것이다.

그런데 그때까지도 전문위원실의 상위 조직인 진상조사보고서작성기획단의 발족이 단장 선임문제를 둘러싼 갈등 때문에 차일피일 미뤄지고 있었다. 앞에서 지적했듯이, 4·3특별법은 진상조사 기한을 제한하고 있었다. 즉, 위원회 구성을 마친 날로부터 2년 이내 자료를 수집·분석한 후 6개월 안에 진상조사보고서를 작성하도록 규정했던 것이다. 따라서 2년 6개월 이내에 진상보고서를 작성해야 하는데, 그 시점은 어디까지나 '위원회 구성' 때부터였다. 위원회는 2000년 8월 28일 출범했으니 기획단 발족 여부와 관계없이 진상보고서 작성 법정기한이 착착 흘러가고 있었다.

이 때문에 전문위원실도 가만히 있을 수가 없었다. 하루라도 빨리 진상조사에 착수할 수 있도록 기초적인 계획 수립에 나섰다. 이미 밝혀진 4·3 관련자료 목록 작성, 국내외 진상조사 대상 기관 선정, 사건 체험자 증언조사 계획, 진상조사 및 진상조사보고서 작성 계획 등에 대한 초안을 작성했다.

4·3기획단 발족 이전인 2000년 12월 28일 이한동 총리 주재로 4·3위원회 제2차 회의가 열렸다. 이때 진상조사의 기본 방향을 보고할 수밖에 없었다. 이 계획이 이듬해 1월에 발족한 4·3기획단에도 보고되었다. 순서로 보면 기획단에서 진상조사 방향을 먼저 논의한 뒤 위원회에 보고되어야 하지만, 기획단 출범이 지연되어 그럴 수밖에 없는 상황이었다.

진상조사의 기본 방향은 크게 두 가지로 정리됐다. 하나는 제주4·3사건의 진상규명을 위해 발발 원인, 진행 과정, 피해 상황 등을 종합적으로 조사·규명하되 특히 특별법 취지에 맞게 주민 희생 등 인권 침해 부분의 규명에 역점을 둔다는 것이고, 다른 하나는 국내외에 걸친 광범한 문헌조사·증언조사, 피해자와 가해자 측 병행조사에 따른 진상규명 결과에 대해 국민적 공감을 얻을 수 있도록 객관성과 공정성 확보에 주력한다는 내용이었다.

처음부터 진상조사 핵심은 '주민 희생' 조사라고 강조했다. 위원회나 곧 발족될 기획단에 군경 측 인사가 참여할 계획이었기 때문에 조사 과정이나 진상보고서 심의 과정에서 격한 논쟁과 대립이 예고되어 있었다. 보수진영에서 4·3을 이념적으로 몰아붙일 것은 불 보듯 훤했다. 따라서 '희생자'에 초점을 맞추는 전략을 쓸 수밖에 없었다. 아니, 특별법 자체가 그렇게 설정하도록 되어 있었다.

이런 기본 방향을 설정할 때부터 전문위원 사이에 간극이 생겼다. 나를 비롯해 김종민·박찬식 등 제주 출신과 나종삼·장준갑 등의 전북 출신 사이에 틈이 생긴 것이다. 특히 육사를 나와 육군 중령으로 예편했고, 국방군사연구소 전사부장을 역임한 나 위원은 4·3을 보는 시각이 우리와는 너무 달랐다. 결국 전문위원실 안에 5명이 같이 근무했기 때문에 고달픈 '한 지붕 두 살림'이 시작된 것이다.

| 국내 자료 조사 활동

4·3위원회 산하 진상조사팀은 국내 자료 조사, 국외 자료 조사, 체험자 증언 조사 등 크게 3가지 방향의 조사 작업에 착수했다.

국내 자료 조사는 먼저 4·3 관련 자료 목록 작성부터 시작했다. 이미 발표됐거나 비록 발표되지 않았지만 검색하면 관련 내용이 있을 것으로 예상되는 자료 목록 1,500종을 작성했다. 그동안 제민일보 4·3취재반, 제주4·3연구소, 제주도의회 4·3특위와 개인 연구자 등의 선행 연구에 의한 축적 자료가 있었기에 가능한 일이었다.

두 번째는 진상조사 대상 기관을 선정하는 일이었다. 국방부·육군본부·해군본부·해병대사령부·기무사령부·정보사령부·군사편찬연구소 등 군 관련 기관과 경찰청·제주경찰청 등 경찰 관련 기관, 정부기록보존소(현 국가기록원), 국사편찬위원회, 국회 등 모두 19개 기관을 선정했다.

4·3특별법에는 "위원회는 필요한 경우 관계 행정기관 또는 단체에 관계자료의 제출을 요구할 수 있고, 이 경우 요구를 받은 관계기관 등은 특별한 사유가 없는 한 이에 응해야 한다."는 매우 초보적인 진상조사 조항이 있었다. 이에 근거해 해당 기관에 협조공문을 발송했는데, 국내 어떤 기관도 4·3 관련자료 제출 요청이나 열람에 대해 표면적으로 거부하지 않았다.

중요한 기관에서는 진상조사팀이 몇 개월에 걸쳐 상주하며 자료 검색을 했다. 그 대표적인 기관은 서울 소재 국방부 군사편찬연구소, 대전 소재 정부기록보존소, 과천 소재 국사편찬위원회 등이다.

군 기관을 대상으로 실시한 조사에서 제주주둔 주요

진상조사팀은 해방 공간에서 명멸되어 갔던 22개 신문을 모두 뒤져 귀중한 4·3 관련 기사들을 발췌할 수 있었다.

지휘관 인적 사항, 경비대의 인사명령, 육군본부의 작전명령, 중앙고등군법회의 명령, 육군 역사일지 등을 입수했다. 그러나 초토작전으로 인명피해가 극심했던 1948년 말과 1949년 초의 전투 일지나 상황 일지 등은 찾아내지 못했다. 아마 그런 기록조차 없이 그냥 쓸어버린 것이 아닌가 하는 의심이 갔다.

그래도 수확이 있었던 곳은 정부기록보존소였다. 그곳에서 제주도지구 계엄선포 문서, 1949~1950년 국무회의록, 이승만 대통령 유시철과 재가문서, 예규철 등을 입수했다. 특히 정부기록보존소의 수많은 문서 더미 속에서 제주도사태를 "가혹하게 탄압하라"는 당시 이승만 대통령의 지시가 담긴 국무회의록을 찾아냈다. 그것은 사막 한복판에서 바늘 하나를 찾아내는 것처럼 어려운 일이었다. 또한 정부기록보존소에서 일반재판 판결문과 군법회의 수형인 명부, 형무소 수감 중 사망 사실이 적힌 수용자 신분장 등 상당수의 행형자료를 찾아냈다.

국사편찬위원회에서는 현대사 관련 국내자료 뿐만 아니라 미국자료도 입수했다. 특히 독립신보·조선중앙일보·한성일보·현대일보·동광신문 등 폐간된 신문 검색을 통해서 귀중한 4·3 관련 기사들도 발췌할 수 있었다. 해방 공간에서 명멸되어 갔던 22개 신문을 모두 뒤져 찾아낸 4·3 관련 기사는 가뜩이나 부족했던 4·3 자료의 빈자리를 많이 채워주었다.

경찰에 대한 자료 조사는 경찰청·제주지방경찰청·제주경찰서·서귀포경찰서 등을 대상으로 실시됐다. 진상조사팀은 경찰청 보안국 등 4개 문서고와 제주경찰청 자료실 등을 대상으로 자료 조사를 했지만 4·3과 관련된 직접적인 자료를 찾지 못했다. 경찰 자료는 사전에 경찰로부터 제출받은 제주작전 전사자 명단 122명과 4·3사건 당시 경 찰지휘관 명단이 전부였다.

경찰 관계자는 경찰이 갖고 있던 4·3 관련자료들이 1960년 4·19 등 정치 격변기에 불태워졌거나 없어졌고, 최종적으론 1981년 3월 내무부의 '연좌제 폐지 지침'에 의해 전부 폐기됐다고 주장했다. 따라서 진상조사팀은 경찰 부서장들로부터 "4·3 관련자료 를 보유하고 있지 않다"는 확인서를 받았다. 나중에 딴 소리 말라는 의미도 포함되어 있었다.

국내 정부기관의 문서 관리는 한마디로 '허술' 그 자체였다. 그것은 미국과 일본의 자료 관리 체계와 크게 대비됐다. 사흘 만에 345명에게 사형선고를 내렸다는 '1949 년 4·3 군법회의', 한국 사법사상 최대의 사건인데도 애초부터 판결문조차 만들어진 흔적이 없었고, 하루에 주민 3백여 명을 집단 처형한 '북촌 민간인 학살사건'에 대한 정부 기록도 한 줄 남겨진 것이 없었다. 그나마 얼마 되지 않던 공문서조차 정치 격변 기에 폐기됐다는 것이었다.

이런 어려움 속에서도 자료 수집은 꾸준히 추진됐다. 수집한 자료들을 진상조사보 고서 작성 때 적절하게 활용하기 위해서는 분야별 분류작업이 필요하다고 판단하여 자료집 발간작업을 추진했다.

| 국외 자료 조사 활동

국외 자료 조사는 미국, 러시아, 일본 등 3개국을 대상으로 실시됐다. 이들 나라에 는 진상조사팀이 직접 출장을 가 조사활동을 폈다. 이때 현지 전문가들을 '해외 전문 위원'으로 위촉하여 공동 조사활동을 벌이기도 했다. 국외 조사에서 비중을 둔 나라는 역시 미국이었다. 4·3이 미군정 시기에 발생했기 때문이다.

미국 자료 조사는 먼저 국내에 들어온 미국 자료 중 4·3 관련 자료를 발췌, 분석한 다음 조사팀을 미국에 파견하는 수순을 밟았다. 미국에 파견할 조사팀은 제주도와 공

1948년 6월 제주를 방문한 로버츠 장군. 맨 오른쪽이 부하에게 암살당한 박진경 연대장.

동으로 전문위원 3명(장준갑·김창후·양정심)으로 구성됐다. 미국에서의 자료 조사는 2001년 3월부터 두 차례에 걸쳐 총 6개월 동안 진행됐다.

자료를 검색한 미국의 주요 문서기관은 미 국립문서기록관리청(NARA), 맥아더기념관, 미 육군군사연구소 등이었다. 미국 자료의 총본산인 NARA는 주미한국대사관의 외교 루트를 통해 협조를 요청한 결과 4·3 조사팀을 위한 전용 테이블을 제공해주었다. 이곳에서 4·3과 직·간접적으로 관련이 있는 미국자료 800여 건을 발췌, 입수했다.

수집 자료 중에는 미 24군단 작전참모부 작전일지, 미 CIC 자료, 무쵸 대사 보고서, 미 군사고문단장 로버츠 준장 공한철, 20연대장 브라운 대령과 군단 작전참모부 슈 중령의 제주 활동 보고서, 제주에서의 미군정 수뇌회의 참석자 사진 등 새로운 자료들이 포함되어 있었다. 그 중에서도 가장 눈길을 끄는 비밀문서는 로버츠 고문단장과 한국군 수뇌부 간에 오고간 공적인 편지였다.

로버츠 장군은 1948년 12월 18일 한국 국방장관 등에게 "(제주도 사령관) 송요찬 연대장이 대단한 지휘력을 발휘했다. 이런 사실을 신문과 방송, 대통령 성명 등에 의

제주농업학교에 수용된 사람들. 이 사진도 미 국립문서기록관리청에서 찾아냈다.

하여 대대적으로 선전해야 할 것"이라고 요구했다. 이에 대해 채병덕 참모총장은 12월 21일 "귀하의 제안에 따라 대통령 성명을 발표하도록 추천할 것이며, 송요찬에게 적절한 훈장을 수여하겠다."고 화답했다.

그 시기가 언제인가. 바로 제주도에서 초토화작전의 감행으로 피비린내 나는 유혈 사태가 벌어지던 때가 아닌가. 이 같은 비밀문서 등을 통해 초토화작전이 미군 수뇌부와 무관하지 않음을 밝혀냈다.

조사 과정에서 4·3과 관련이 있는 28건의 비밀문서로 묶여 있는 목록을 발견했다. 이에 주미한국대사관을 통해 미 육군부 정보보안사령부 등에 비밀해제를 요청했다. 그러나 미국 측은 "해당문서 목록만 있고, 문서는 보유하지 않고 있다."는 회신을 해왔다. 매우 아쉬웠던 대목이다.

어쨌든 여러 경로를 통해 입수한 4·3 관련

『제주4·3사건자료집』 중 다섯권이 미군자료들이다.

2001년 9월 러시아 국방성 중앙문서보관소를 방문한 조사팀. 왼쪽부터 바르타노프 부소장, 김한욱 지원단장, 맨 오른쪽이 박찬식 전문위원.

미국 자료는 복사한 분량만도 1만 페이지가 넘는 방대한 양이었다. 나중에 입수한 자료를 정리해서 『제주4·3사건자료집』 12권을 펴냈는데, 그 중 5권이 미국자료 편이다. 이 자료들은 미군이 4·3의 실상을 얼마나 잘 알고 있었는가를 보여주는 것이다.

러시아 자료 조사는 특히 긴밀한 외교루트의 도움을 받아야만 했다. 이를 위해 김한욱 지원단장이 직접 나섰고, 박찬식 전문위원과 러시아 현대사 전문가인 전현수 교수(경북대)가 조사팀으로 나섰다. 이 조사팀은 러시아 연방기록관리청·대외정책문서보관소·현대사문서보관센터·국방성중앙문서보관소·국립사회정치사문서보관소·국립문서보관소 등 6개 기관에 사전에 공한을 보내 협조를 요청한 뒤 직접 해당 기관을 방문해 자료를 검색하는 절차를 밟았다.

그 결과 「1948년 4월 남조선 정보보고」, 「남조선 선거 관련 정보보고」, 「남조선에서의 빨치산 운동에 대한 조사보고」 등 19건의 관련 자료를 입수했다. 그런데 4·3에 관한 직접적인 자료는 찾지 못했다. 주로 해방 공간의 남한 정세에 관한 자료들이었다.

일본 자료 조사는 나와 김종민 전문위원이 맡아 3차례에 걸쳐 증언조사와 병행해 실시했다. 이 조사를 통해 '4·3사건을 생각하는 모임' 등 재일동포 4·3연구단체에서 발간한 자료와 일본인 연구자들이 발표한 4·3 관련자료 등 일본어로 쓰인 자료 92건을 입수했다.

앞에서 언급했지만, 국외 자료의 효율적인 발굴을 위해 현지 전문가들을 해외 전문위원으로 위촉해 활용했다. 미국 현지 전문가로는 후지야 가와시마 교수(보울링그린주립대)와 박명림 박사(하버드대 연구원), 일본 현지 전문가로는 문경수 교수(리츠메이칸대), 러시아 현지 전문가로는 바르타노프 부소장(국방성 중앙문서보관소)이 참여했다.

한편 해외 과거청산 역사 규명에 대한 사례를 참고하기 위해 외국 진상조사보고서를 입수해 분석했다. 즉 대만 2·28사건 연구보고서, 아르헨티나 국가실종자위원회 조사보고서, 남아프리카공화국 진실과 화해위원회 조사보고서, 스페인 과거사 진상조사보고서 등이 그 대상이었다.

| 9연대 부연대장 등 체험자 증언조사

체험자 증언조사는 대상자 선정이 가장 어려운 일이었다. 수많은 4·3체험자 가운데 사건 현장에 가까이 있었던 사람들을 우선 선정하되 각 출신별 균형비율도 맞춰야 하기 때문이다.

진상조사팀은 우선 그동안 신문이나 방송, 연구소의 증언집, 제주도의회 피해 신고자료 등 기존 자료에 언급됐던 사건 체험자, 새로 기관 추천을 받은 사람, 자체 발굴한 사람 등 증언대상자 리스트를 작성했다. 그래서 모집단으로 2,870명의 명단을 모았고, 그 명단을 중심으로 다시 500여 명을 추려내는 작업을 벌였다. 그 선별 기준은 첫째 특이한 사건의 체험자, 둘째 피해가 심한 마을 출신, 셋째 기관 추천 및 자체 발굴 대상자, 넷째 토벌대와 무장대 경험자 등을 우선 선정했다.

진상조사팀이 증언조사를 하면서 특히 심혈을 기울인 것은 사건 피해자 못지않게 토벌대와 무장대 경험자들에 대한 조사였다. 토벌대나 무장대의 실상을 파악하기 위한 자료가 부족했기 때문에 이를 보완할 방법으로 증언 채록에 기대를 걸었다.

제주 진압작전에 참여했던 군 장교 출신자를 중심으로 실시된 증언조사에서는 두 갈

초토화작전 직전인 1948년 10월 제주를 방문한 채병덕 참모총장 일행. 뒷줄 오른쪽 다섯 번째 송요찬 연대장, 채병덕 참모총장, 김정무 연대 군수참모, 강문봉 본부 작전국장, 이수복 대대장, 백선진 본부 소령, 한사람 건너서 서종철 부연대장. 송요찬 연대장 앞에 탁성록 연대 정보참모가 앉아 있다.

래의 양상이 나타났다. 적극적으로 증언조사에 응하는 사람이 있었는가 하면 이를 거부하는 사람들도 있었다. 그 가운데 중요 관련자로 판단되는 군 장교 출신 12명에게 4·3위원회의 명의로 협조 공문을 발송했다.

처음엔 면담을 거부하다가 여러 차례 요청 끝에 만난 사람이 바로 서종철 장군(대장 예편, 육군참모총장·국방장관 역임)이다. 서 장군은 유혈 광풍이 휘몰아치던 1948년 그 겨울 제주도에서 9연대 부연대장으로 복무했다. 초토화작전의 실체를 알기 위해서는 꼭 만나야 할 사람이었다.

2002년 9월 필자 등은 서 장군과 면담하기 위해 한강변에 자리 잡은 아파트로 찾아갔다. 사전에 초토화작전의 지휘계통, 미군 고문관과의 관계, 군법회의의 실체, 9연대 프락치 사건의 진상, 계엄령에 대한 인지여부 등 수십 개항의 질문지를 만들었다. 그러나 그는 송요찬 연대장 밑에서 부연대장을 맡은 사실은 인정하면서도, 초토화 등 중요한 질문에는 "당시 상황에 대한 기억이 없다."는 답변으로 일관했다. 너무나 실망스러운 면담이었다.

사진 왼쪽부터 증언 당시의 서종철·김정무·유재흥 장군.

　이에 반해 9연대 군수참모 출신의 김정무 장군(준장 예편·육사2기 동창회장 역임)은 대조적으로 당시 상황을 소상하게 진술해 주었다. 김 장군은 "싹 쓸어버린다는 뜻으로 그때에도 '초토작전'이란 말이 있었다."면서 "산에 올라간 무장세력이 중산간마을 등에서 도움을 받으니까 분리시키기 위해 거기에 있는 사람들은 '적이다' 라는 작전개념이었던 같다."고 증언했다.

　김 장군은 송요찬 연대장의 포악성에 대한 여러 일화도 이야기했다. 어느 날 연대장이 갑자기 자신에게 군법회의 재판장을 맡기며 한 사람을 사형 선고하라고 해서 알아봤더니 '쌀 한 말을 폭도에게 줬다'는 게 혐의의 전부였다. 50대 피고인에게 그 사실여부를 물었더니 '집에 찾아온 친척이 양식이 떨어져 굶어죽게 됐으니 양식을 도와 달라 해서 아내가 준 것뿐'이라고 답변하는 것이 아닌가. 그가 바로 초대 제주도지사를 지낸 박경훈이었다. 김 장군은 자기 생각엔 무죄였지만 연대장이 워낙 엄하게 명령한 지라 징역 3년을 선고했다. 그리고 연대장에게 보고했더니 그 순간 철모로 머리를 내리치더라는 것이다.

　김 장군은 그 무렵 연대 작전참모는 연대장에게 연일 발길질을 당했다고 했다. 자신과 동기인 헌병대장은 밤마다 나갔다와서는 '더 이상 못해 먹겠다.'고 고민하다 전근을 가버렸고, 후임 헌병대장은 오히려 사람 죽이는 것을 즐기는 태도를 보였다고 증언했다. 연대 정보참모(탁성록 대위)가 아편주사를 놔달라고 하다가 의사(오창흔)가 거절하자 죽이려 달려들던 것을 자신이 막았다는 이야기도 했다.

완장 찬 사람이 귀순자 대열에서 좌익 가담자들을 찾고 있다.

군 지휘관 중에 유재흥 장군(중장 예편·국방장관 역임)도 진솔하게 증언조사에 응했다. 그는 송요찬-함병선 연대장이 초토화란 강경 진압작전을 벌였음에도 제주도 문제가 해결되지 않자 1949년 3월 당시 대령의 신분으로 제주도지구전투사령관으로 부임했다. 그는 두 달여의 짧은 재임 기간에 해안지대에 주둔했던 진압부대를 산악지대로 이동시켜 본격적인 무장대 소탕전을 벌이는 한편 대대적인 선무작전도 추진했다.

그는 "경비행기로 한라산 주변을 정찰한 결과 중산간 지대는 모두 불탔고, 그런데 한라산 곳곳에 수많은 피난민들이 보여서 '하산하면 과거의 죄를 묻지 않겠다'는 선무삐라를 뿌렸다."고 증언했다. 군 지휘관 출신의 입에선 듣기 힘든 '피난민'이란 표현이 나온 것이다. 그것은 실제 상황이었고, 이후 한라산 기슭을 헤매던 수많은 입산 피난민들이 하산의 길을 택하게 된다.

유재흥 장군은 서북청년단원들의 횡포에 대해서도 많은 증언을 했다.

"서북청년들에게 (정부에서) 돈을 줬나, 아무 것도 안 줬지. 공짜로 해서 먹고 살라고 하니까 그 애들이 뭘 가지고 먹고 살아. 빨갱이 때려 부수고 뺏어갔고, 호화판으로 먹고 놀고, 신문사도 빼앗고, 도민들을 자기 맘대로 한 거지. 소를 공짜로 빼앗고 그걸 육지에 비싸게 팔아 돈벌이도 했지. 그걸 내가 못하게 하니 민심이 많이 가라앉았어.”

유 장군은 진압-선무 병용작전으로 사태를 진압하고 1년 전 무산됐던 ‘5·10 재선거’를 무사히 치른 후 5월 중순 제주를 떠났다. 문제는 선무공작으로 하산한 1,600여 명이 불법 군법회의로 총살되거나 전국 각지의 형무소로 보내졌다는 점이다. 이에 대해 질의하자 유 장군은 제주를 떠난 다음에는 “제주문제에 관여하지 않았다.”고 관련성을 부인했다.

군 장교들을 대상으로 증언조사를 하면서 느낀 것은 정상적인 진압작전을 했거나 학살극에 참여하지 않았던 사람들은 비교적 진술하게 증언한 반면 유혈의 한복판에 있었던 사람들은 ‘모르쇠’로 일관한다는 점이다.

| “무장투쟁 12대 7로 결정”

4·3위원회 진상조사팀은 증언조사를 하면서 제주 진압작전에 참여했던 군 장교 출신자 못지않게 반대진영에 섰던 무장대 경력자 발굴에 신경을 썼다. 토벌대나 무장대의 실상을 파악하기 위해서는 그 관련자들의 증언이 무엇보다 필요했기 때문이다.

무장대 경력자들을 국내에서 찾기는 힘들었다. 한때 ‘반공’을 국시로 내세울 만큼 완고한 반공체제의 정치환경에서 그들이 발붙일 곳은 없었다. 그들을 찾기 위해서는 일본으로 갈 수밖에 없었다. 다행히 진상조사팀은 일본 현지 조사 과정에서 몇몇 무장대 경력자들을 만날 수 있었다.

그 대표적인 인물이 이삼룡(도쿄 거주)이다. 나와 김종민 전문위원으로 구성된 일본 자료 조사팀은 2002년 7월 도쿄 한 호텔에서 일흔아홉 살의 그를 만났다. 제주도청 공무원이었던 그는 4·3 발발 때에는 남로당 제주도당 정치위원의 신분으로 김달삼과 함께 대정면 신평리에 있던 도당 아지트에 있었다고 털어 놓았다.

그가 밝힌 무장봉기 결정 과정은 이렇다. 1947년 3·1 발포사건과 3·10 총파업 이

사진 왼쪽부터 이삼룡·김시종·김민주·박갑동.

후 응원경찰과 서청에 의한 탄압이 계속되자 1948년 2월 말(혹은 3월 초) 조천면 신촌에서 도당 책임자와 면당 책임자 등 19명이 모여 대책회의를 했다는 것이다. 이 자리에서 당시 도당 조직부장인 김달삼이 무장투쟁을 제기했다. 시기상조라는 신중파와 강행하자는 강경파 사이에 열띤 토론이 벌어졌고, 끝내 12대 7로 무장투쟁이 결정되었다는 것이다.

자신도 무장투쟁을 주장했다는 이삼룡은 "우린 당초 악질 경찰과 서청을 공격대상으로 삼았지 경비대나 미군과 맞대응할 생각이 아니었다. 그런데 우리가 공격한 후 미군이 대응할 것이라는 것을 예상하지 못했다."고 털어 놓았다. 장기전을 생각지 못했다는 그는 "우리가 정세 파악을 못하고 신중하지 못한 채 김달삼의 바람에 휩쓸린 것"이라는 말도 덧붙였다.

4·3 발발 당시 남로당 제주읍당 세포였다는 김시종 시인(오사카)도 이와 비슷한 증언을 했다. 그는 "'4·3'을 한 3개월 정도 봤다. 6월이면 조천까지는 해방구가 될 것이라고 확신했다. 본토의 군대가 반란을 일으켜 호응해 올 것이라는 기대도 있었다. 당시 제주성내는 습격하지 않았는데, 이는 조천 등 외곽을 장악해 읍내를 고립시키면 자연스럽게 접수될 것이라고 여겼기 때문"이라고 증언했다. 1901년 '이재수난'을 연상시키는 회고를 한 그는 "낭만적인 생각들이었다."고 털어 놓았다.

1948년 7월 조천중학원 학생 신분으로 입산한 김민주(도쿄)는 "당시 우리끼리는 '입산은 영광'이라는 생각이 있었다."고 회고했다. 임의로 산에 오른 것이 아니라 일종의 심사를 거쳐 '등용'된 것이나 다름없게 생각했다는 것이다. 그도 "장기전을 생각 못했기에 여름옷만을 입고 그대로 산에 올라갔다."고 말했다. 그는 무장대의 규율은 매우 엄격했고, 이성문제가 발생하자 재판을 열어 집행하기도 했다고 전했다. 그는 그러나 "1949년 6월 이후(이덕구 사망 시점) 산에 남아있던 사람들은 이미 질서있는 게릴라라고 하기 어렵고, 이때는 거의 '무질서한 폭도'에 가까웠다고 본다."고 평가했다.

오현중학교를 나와 1948년 5월 입산했다는 이순식(도쿄)은 직접 유격대 활동을 한 인물이다. 그는 입산자 중 무장세력은 '유격대'로, 죽창부대는 '면당 특공대'로 불렸다면서 군경 쪽에서 발표하는 '인민해방군'이란 용어는 쓰지 않았다고 주장했다. 어떤 지역을 습격할 때에 유격대는 군과 경찰을 상대하고, 식량 약탈 등의 보급 투쟁이나 지목 살인 등은 면당 특공대의 역할로 구분했다고 설명하고, 실제 유격대의 숫자는 그리 많지 않았다고 증언했다. 유격대는 제주읍에서 서쪽으로 서귀면까지 담당하는 제1지대와 조천면에서 동쪽으로 남원면까지 담당하는 제2지대로 나누어졌고, 자신이 소속했던 제2지대도 30명을 넘지 않았다고 주장했다.

이런 입산자들의 증언을 듣다 보면 무장대의 핵심 인물이라 할 수 있는 김달삼과 이덕구에 대한 인물 평가도 다소 다름을 느낄 수 있었다. 김달삼은 주로 선동적이고 과격한 인물로 묘사됐다. 그에 반해 이덕구는 과묵하고 인간미가 있었다는 증언이 곳곳에서 나왔다. 김민주는 입산 5개월만인 1948년 12월 은사였던 이덕구를 산에서 만났는데, "이덕구 선생은 내게 '넌 집에서 가만히 공부하지 왜 이런 데 왔느냐'고 꾸중을 했다"고 증언했다.

진상조사팀은 일본에서 이덕구의 외조카 강실(오사카)도 만나 증언채록을 했다. 강실의 어머니(이태순)는 바로 이덕구의 누님이다. 1948년 12월 경찰은 이덕구의 가족과 친인척 20여 명을 별도봉에 끌고 가 학살했다. 이덕구의 가족이란 이유 때문이다. 외아들인 강실(당시 11세) 밑으로 9살 난 여동생과 2살 난 여동생이 있었다. 어머니는 경찰에게 자식들을 가리키며 "저것들을 살려 달라."고 애원했다고 한다. 경찰 지휘자가 자식들을 떼어 놓아도 좋다고 했으나, 어머니는 "저것들은 밥을 빌어먹을 수도 있지만 이 아이까지 살리려고 하면 결국 모든 죽게 된다."면서 두 살 난 막내를 그냥 업고 갔다고 했다. 이 대목에서 강실도, 진상조사팀도 울었다.

그에게서 이덕구의 죽음에 대해서도 이야기를 들었다. 그때까지 1949년 6월 이덕

이덕구 주검을 그린 강요배 화백의 '십자가'. 십자가에 매달린 이덕구를 보는 군상의 표정을 다양하게 묘사했다.

관덕정 광장에서 십자가 형태에 매달린 이덕구의 주검. 왼쪽 가슴에 숟가락 하나가 꽂혀 있다. 관람객 대부분이 학생모자를 쓴 어린이들과 부녀자인 것이 눈에 띈다.

구는 경찰에 의해 사살됐다는 설과 스스로 자결
했다는 설이 있었다. 그는 후자라고 말했다. 이
덕구의 부하가 봉개에서 경찰에 잡혔다. 체포된
자는 경찰의 설득에 전향했다. 그래서 이덕구의
은거지를 알려준 것인데, 이덕구는 경찰에 포위
되자 자신의 총으로 자살했다는 것이다.

어느 날 밤 경찰이 제주시내에 있는 자신의 집
에 찾아와 "이덕구의 시신을 확인해달라"고 해서
아버지와 함께 경찰에 갔는데, 관자놀이에 총알

증언자료집 7권을 발간했다.

한발이 관통한 것 이외에는 다른 흔적이 없었다. 이덕구의 주검은 관덕정 앞에서 십자
가 형태에 매달려 하루 동안 전시됐다. 장마철이라 곧 냄새가 나자 경찰은 산지천 남수
각에서 시신을 화장했다. 밤늦게 경찰이 자기 아버지에게 "뼈라도 수습하라"고 알려줬
지만, 다음 날 새벽에 비가 많이 와서 다 쓸어 가버리는 바람에 하나도 수습하지 못했
다는 게 그의 증언이다.

강실은 "제주에 있을 때는 '빨갱이', 부산에 있을 때는 '제주도 똥돼지', 일본에서는
'조센징'이란 멸시를 받았다."면서도 열심히 일해서 자수성가했다. 그는 재일본 4·3사
건희생자유족회장 뿐만 아니라, 오사카 지역의 제주출신 재일동포 총본산인 재일본
관서(關西)제주도민회장과 제주도태권도협회장도 지냈다.

한편 진상조사팀은 앞에서도 밝혔지만, 한때 4·3에 대한 남로당 중앙당 지령설의
근원이 되었던 박갑동(남로당 지하총책 출신)을 도쿄에서 직접 만나 "그 글은 내가 쓴
것이 아니고 신문에 연재할 때 외부(정보부)에서 다 고쳐서 그렇게 된 것"이라는 증언
을 녹취했다. 그는 1973년부터 『중앙일보』에 연재된 회고록을 통해 제주4·3에 대해
"남로당 중앙의 지령이 있었다."는 글을 발표, 논란이 됐었다.

| 미군 고문관 증언조사

제주4·3위원회 진상조사팀은 2001년 10월 미국 현지에서 4·3 당시 제주도에 주둔

했던 미군 고문관 출신 3명을 직접 만났다. 그들의 입을 통해 미군 장교들이 사태 진압에 나선 한국 군·경을 직접 지휘했다는 증언을 들을 수 있었다.

4·3 연구가 진행되면서 미군 장교들이 4·3 진압작전을 직접 지휘하거나 개입했다는 사실은 여러 경로를 통해 확인됐다. 제주도에서 미군정이 시행한 5·10선거가 무산되자 브라운 대령을 최고사령관으로 파견해서 진압작전에 나선 일, 대한민국 정부 수립 이후에도 미군이 진압작전권을 갖게 된 일, 군사고문단장 로버츠 장군이 제주도에서 초토화작전을 벌인 송요찬 연대장을 칭찬한 일 등 그 근거는 많다. 그럼에도 제주진압작전에 참여했던 미군 스스로는 과연 어떤 생각과 입장을 갖고 있는지 궁금했다.

미군 고문관들에 대한 증언조사는 『한겨레신문』 허호준 기자의 추적 조사에서 시작됐다. 2010년에 제주대학교에서 4·3 연구논문으로 박사학위를 받는 그는 2001년 그 무렵에는 '4·3의 전개과정과 미군정의 대응전략'이란 테마로 석사학위 논문을 준비하고 있었다. 미국 관련 논문들을 입수해 분석하던 중 미군 고문관들이 생존해 있다는 단서를 찾아낸 것이다. 어렵게 그들과 이메일 등으로 연락이 닿았고, 미국 현지 취재 계획을 세웠다.

이런 소식을 접한 나는 당시 미 국립문서기록관리청에 파견돼 조사활동을 하고 있던 미국 자료 조사팀(장준갑·김창후·양정심)에게 합동 조사하는 방안을 모색하도록 했다. 허 기자의 취재활동(『한겨레신문』 2001년 12월 8일자 보도)에 4·3위원회 진상조사팀도 합류하게 된 것이다.

합동조사팀은 그 해 10월 20일 버지니아주 한 한국식당에서 9연대 고문관 출신인 해럴드 피쉬그룬드(당시 81세)를 만났다. 그는 제주도에서 초토화작전이 전개됐던 1948년 9월부터 12월 하순까지 9연대 고문관을 지낸 인물이다. 매릴랜드대학 출신인 그는 제주 주둔 기간에 중위에서 대위로 승진했다. 그 후 한국전쟁과 베트남전쟁에 참전했고 대령으로 예편했다.

피쉬그룬드는 제주에서의 자신의 임무는 한국군에 대한 훈련과 보급, 때로는 자문하는 일이라고 증언했다. 그는 "나는 그들의 회의에 참석해 인사와 군수, 작전, 정보 분야에서 미군 방식을 도입하도록 애썼지만, 군수를 빼고는 성공적이었는지 모르겠다."고 꼬리를 내렸다.

왼쪽부터 4·3 때의 9연대 고문관 시절(당시 28세)과 2001년 증언 때(81세)의 피쉬그룬드 모습. 오른 쪽이 11연대 고문관 출신인 웨슬로스키.

그는 "9연대 송요찬 연대장은 한라산 쪽을 향해서 내륙에 있는 사람은 누구든지 적으로 간주하고 군 작전을 한다고 나에게 말했다."고 초토화작전의 개념을 알고 있었음을 비치면서도 사전에 자신과 협의하지는 않았다고 말했다. 그는 그러면서도 "그들은 항상 노획한 무기보다 많은 사람들을 죽였다. 나는 '왜 무기 수보다 많은 사람들이 죽었는가'고 묻기도 했다."고 증언했다.

피쉬그룬드는 "송요찬 연대장은 터프한 사람"이라고 표현했는데 그 뜻이 무엇이냐는 질문에는 "부하들을 당혹스럽게 하는 사람"이라고 답변했다. 그는 "작전 때도 터프했느냐?"는 질문엔 예의 사망자와 무기 숫자가 다름을 다시 거론하며 직답을 피해갔다. 그는 "제주도 사건을 어떻게 생각하느냐?"는 질문에 "나는 이제 주민들에게 미안하다는 생각이 든다."고 말했다.

11연대 고문관을 지낸 찰스 웨슬로스키(당시 80세)를 만난 것은 10월 28일 플로리다주 그의 자택에서였다. 그는 1948년 6월과 9월 사이 중위 계급장을 달고 제주도 주둔 제11연대와 제9연대 고문관으로 복무했다. 미 육사 출신으로 한국전쟁 때는 공수부대 중대장으로 참전했다.

웨슬로스키는 "제주도에 부임했을 때 미 6사단 소속의 브라운 대령이 초기 제주사건 진압 책임자로서 참모인 포티어스 소령 등 7~8명의 장교들과 진압작전을 직접 지휘했다."고 밝혔다. 그는 "당시 경비대가 제주도 전역에서 소탕작전을 벌일 때 나도 함께 나갔다."면서 자신의 지휘 아래 있는 미군 소속 정찰기도 작전에 활용했다고 증언했다.

웨슬로스키는 그 해 7월 11연대와 함께 수원으로 이동한 뒤 군사고문단장인 로버츠 장군이 자신에게 제주도 사태에 대해 물어와 아직까지 문제를 완전히 제거되지 못한 상태라고 답변하자 곧바로 "가능한 한 빨리 내려가라"고 명령해서 9연대 고문관으로 제주에 다시 오게 됐다고 증언했다.

진상조사팀은 10월 25일 에드워드 조셉(당시 79세, 1948년 7월부터 9연대 2대대 고문관으로 제주에서 복무)을 버지니아주 자택에서 만났지만 별다른 증언을 듣지 못했다. 조셉이나 피쉬그룬드는 한국에 있는 서종철 장군(4·3 당시 9연대 부연대장)이 잘 알고 있을 것이라며 구체적인 답변을 피했다.

그러나 서 장군은 앞에서 밝혔듯이, 우리가 만났을 때 '모르쇠'로 일관했다. 그에 반해 9연대 군수참모 출신인 김정무 장군은 성의를 다해 증언했는데, 4·3 당시의 9연대 고문관 피쉬그룬드 사진도 김 장군으로부터 입수했다.

| 조직 내부 갈등으로 번뇌

4·3위원회 진상조사팀을 이끌던 나에게 활동 초기에 예상치 못한 시련이 닥치기 시작했다. 그것은 내부로부터 오는 갈등이었다.

4·3특별법에 의해 출범한 4·3위원회나 진상조사보고서작성기획단에는 정부 인사만이 아니라 군경 측 민간인 위원들이 참여했기 때문에 애초부터 치열한 논쟁과 대립이 예고됐다. 따라서 진상조사 작업이나 보고서 작성, 그리고 심사 과정이 만만치 않은 구조였다. 그런 것은 사전에 어느 정도 예견되었기 때문에 서울에 올라갈 때부터 단단히 마음을 다졌다.

역사 속에 은폐되어 있거나 감추어져 있는 진실을 찾아내는 것, 그리고 앞으로의 역사를 진실되게 하려는 노력, 그런 역사의식을 갖고 차근차근 문제를 헤쳐 나가면 어떠한 난관도 뚫고 갈 수 있으리라 생각했다. 10여 년의 4·3취재반 활동을 통해 다져진 경험이 있었기에 어느 정도 자신감도 있었다.

초기에 4·3위원회의 진상조사 기본방향을 잡을 때도 국방부 측의 반대에 아랑곳하지 않고 특별법 제정 취지에 맞게 주민희생 등 인권침해 규명에 역점을 둔다는 점을 분명히 했다. 청와대, 국무총리실, 행정자치부, 국방부 등 관련 정부부처 간부 공무원들이 진상조사의 방향에 우려를 표시할 때에 자신감을 피력하기도 했다.

그런데 나를 곤혹스럽게 만든 것은 엉뚱한 곳에서 비롯됐다. 바로 우리 진상조사팀과 지원단 사이에 눈에 보이지 않은 갈등과 간극이 생긴 것이다. 진상조사팀은 본래 보고서작성기획단 소속이었다. 그러나 민간인 출신의 기획단장이 상근 체제가 아니기 때문에 예산 지원과 복무 관계는 정통 공무원 조직인 지원단이 관여하도록 되어 있었다.

한국 역사상 과거사에 대한 정부 차원의 진상조사가 처음이다 보니 진상조사에 대한 행정지원이 매끄럽지 못했다. 그러니 전문위원이나 조사요원 사이에 불만에 터져 나왔다.

가령, 이런 것이었다. 대전에 있는 정부기록보존소에 파견한 조사팀으로부터 '리더기'(Reader)를 구해주거나 대여해달라는 주문이 왔다. 각종 기록물들이 마이크로필름 형태로 보관돼 있기 때문에 이를 판독하기 위해서는 리더기가 필요하다는 것이다. 민원실에 구비된 리더기는 다른 민원인들도 사용하고 있어서 30분 이상 활용하기가 어렵다는 애로점을 알려왔다.

미국 국립문서기록관리청에 파견된 조사팀으로부터는 복사기를 마련해달라는 주문이 날아왔다. 4·3과 관련된 미군 자료들이 다량으로 쏟아져 나오고 있는데, 민원실 복사기 사용은 제한되어 있어서 조사팀만이 사용할 수 있는 전용 복사기를 구해달라는 것이었다. 전문위원 5명, 조사요원 15명을 가동한 진상조사팀이었기에 이런 주문이 수시로 수석전문위원인 나에게 들어왔다.

이런 현안을 가지고 지원단에 가면 대개 "관련 예산이 없다", "규정이 없다", "선례가 없다"는 답변을 곧잘 들었다. 국가기관에서 처음인 진상조사였기에 선례가 있을 턱이 없었다.

이런 일도 있었다. 수집된 자료들을 진상조사보고서 작성 때 적절하게 활용하기 위해서는 분야별 분류작업이 필요하고, 이를 위원들에게 보고하기 위해서도 자료집 발간작업이 중요하다고 판단했다. 이런 계획안을 제출하자 지원단은 특별법상 '진상조사보고서 작성'만 있을 뿐 '자료집 발간' 규정이 없다면서 반대했다.

2001년 8월 제주를 방문한 4·3위원회 위원과 기획단 단원들.

　결국 지리한 설득 끝에 이런 문제를 풀고, 『제주4·3사건자료집』도 12권이나 만들어
냈지만, 그 사이 진이 빠질 때가 한 두 번이 아니었다. 매사 문제를 푸는 것이 더디게
진행되자 조사팀원 간에는 "편집국장까지 한 사람이 그런 문제 하나 풀지 못하느냐"는
핀잔의 소리가 나왔고, 지원단에선 "아무리 사회에서 그런 위치에 있었더라도 공무원
신분이 됐으면 공직 룰을 따라야 한다."는 식으로 대응하는 모습이 역력했다. 그 틈새
에 내가 끼고 말았다. 정신적으로 매우 힘든 나날들이었다.

　이런 일화도 있다. 그 무렵 4·3위원회 사무실은 경복궁 옆 코오롱빌딩 5층을 사용
하고 있었다. 같은 층에 민주화보상심의위원회 전문위원실도 있었다. 그런데 민주화
전문위원 사이에서 "4·3위원회 양 수석이 건방지다"는 말이 나돌고 있다는 것이다. 내
용을 알아본 결과, 복도를 지날 때 인사를 해도 모른 체한다는 것이었다. 내가 생각에
지나치게 골몰한 나머지 바닥만 보고 다니다 보니 나온 해프닝이었다.

　이런 번뇌와 갈등도 진상조사 작업이 진행되고, 기획단 회의에서 쟁점사항들이 집
중 논의되면서 점차 사라졌다. 이념 논쟁이 본격적으로 뜨거워지면서 이에 대한 대응
이 급선무였기 때문이다.

| 전문가 초청 특강 듣다

제주4·3위원회는 본격적인 진상조사와 더불어 전문적인 교육이 필요하다고 여겨 각계 전문가 초청 특강을 실시했다. 이 프로그램에 중앙위원이나 기획단 단원이 참석할 때도 있었지만 주로 전문위원과 조사요원 등 실무 진상조사팀을 대상으로 진행했다.

진상조사팀 구성원들은 나름대로 4·3진상조사의 경험이나 노하우를 갖고 있었다. 하지만, 자칫 자만의 늪에 빠져 구성원들의 진상조사의 폭이 좁아질 우려도 있었다. 따라서 이런 특강을 구상한 것은 진상조사의 범위를 높고 멀리 보기 위해서는 외부 수혈에 의한 자기 성찰이 필요하고, 머리를 비울수록 외부로부터 좋은 조언이 들어올 수 있다고 판단했기 때문이다.

그 중에도 기억에 남는 것은 남아프리카공화국의 '진실과 화해위원회(TRC)' 위원인 파즐 란데라 박사 초청 간담회였다. 란데라 박사는 4·3위원회와 비슷한 시기에 출범한 의문사진상규명위원회 초청으로 한국을 방문했는데, 그 소식을 듣고 4·3위원회에서도 초청 간담회 자리를 마련한 것이다.

남아공은 백인과 흑인과의 인종 차별이 유독 심한 나라였다. 과거 백인정권 시절의 인종 분리 정책의 영향으로 흑인에 대한 인권유린과 범죄행위가 많았다. 1994년 흑인 인권운동가인 넬슨 만델라가 대통령으로 취임하면서 이런 인권피해 실태를 조사하기 위한 특별위원회가 설치됐다. 위원장은 노벨평화상 수상으로 유명한 투투 대주교가 맡았다.

란데라 박사 초청 간담회는 2001년 3월 27일 프레스센터에서 열렸다. 의사인 그는 경찰이 쏜 총에 맞고 병원에 오는 사람들을 보면서 인권의식이 생겨 인권운동에 참여했다고 털어놨다. 이 자리에는 4·3진상조사보고서작성기획단 박원순 단장과 몇몇 중앙위원들도 참석했다.

란데라 박사는 "진실규명은 궁극적으로는 화해를 위한 것이며, 대립과 반목을 해결하는 길은 용서뿐"이라고 역설했다. 그는 이어 "국가에 의해 조직적으로 파기된 과거의 진실을 규명하기 위해 진실을 증언하는 사람들을 사면했고 이를 통해 가해자와 피해자의 화해를 꾀할 수 있었다."면서 "비록 진실을 다 밝혀내지 못해 우리 활동에 한

2001년 3월 27일 서울 프레스센터에서 열린 남아공 진실화해위원회 란데라 위원 초청 간담회.

계가 있었지만 이를 통해 일반인들이 과거의 어두웠던 역사와 사실들을 널리 받아들이고 화해하는 방법을 실천하게 됐다."고 증언했다.

남아공의 이런 과거 청산 작업은 흑인 분리 정책에 반대 투쟁을 벌였던 만델라가 대통령으로 당선돼 단결과 화합을 강조함으로써 가능한 일이었다. 만델라 대통령은 보복 대신에 가해자들의 진실 고백과 참회를 유도했다. 이를 위해 특별위원회에 사면권을 부여했다. 이에 따라 가해자가 진상을 공개하고 참회하는 사례가 많았다. 이것은 가해자들이 침묵을 지키거나 오히려 이념논쟁으로 몰고 가면서 자신들의 정당성을 주장하는 우리의 상황과는 대비되는 내용이었다.

그럼에도 남아공의 과거 청산에도 불만이 있었다는 지적이 나온다. 가령 흑인 강경파들은 가해자들의 진정한 사과 표명이 부족하고, 사면권을 남발하고 있다고 주장하는가 하면 일부 백인들은 피해자 측의 자의적인 주장에 누구라도 조사대상이 될 수 있는 마녀사냥식 조사가 이뤄지고 있다고 불만을 터뜨렸다는 것이다. 란데라 박사는 한국을 떠나는 날인 4월 1일 4·3범국민위원회와 재경4·3유족회 공동 주최로 성균관대학교에서 열린 제53주기 4·3추모제에 참석해서 인사하는 열의를 보이기도 했다.

한편 4·3진상조사팀을 대상으로 한 특강은 주로 전문 학자들을 초청해 이뤄졌다. 서중석(성균관대 교수)의 '4·3에 대한 역사적 이해', 안종철(민주화보상위원회 전문위

원)의 '광주5·18 관련사업 추진현황과 제주4·3', 정병준(국사편찬위원회 편사연구사)의
'한국현대사 자료 수집 분석방법', 박명림(미 하버드대학 엔칭연구소 연구위원)의 '4·3과
미군정과의 관계', 김광운(국사편찬위원회 편사연구사)의 '북한의 남한 내 유격전과 4·3
에 대한 인식', 전현수(경북대 교수)의 '러시아자료 수집방안', 정혜경(한국국가기록연구
원 연구기획국장)의 '증언채록의 방법론과 4·3진상조사 증언의 활용' 등이었다.

4·3을 직접 경험했던 군 장성들의 체험담과 특강도 있었다. 김점곤(예비역 육군 소
장·전 경희대 부총장)의 '4·3사건의 기본성격과 현재적인 해결방안', 채명신(예비역 육
군 중장·초대 주월 한국군사령관)의 '내가 겪은 제주4·3사건'이 바로 그것이다. 4·3 당
시 소령으로 육군본부에 근무했던 김 장군은 군 장성 출신으로서는 4·3에 대해 비교
적 유연한 입장을 보였다. 이에 반해 1948년 소위에 임관하자마자 제주에 배속됐던
채 장군은 매우 보수적인 태도를 보였다. 나의 중학 시절, 주월 한국군사령관으로 이
름을 날리며 언론에 비쳐졌던 그의 부드러운 인상과는 사뭇 달랐다.

| 『뉴욕타임스』, 4·3 특집보도

2001년 10월 24일 자료 조사차 미국에 파견된 4·3위원회 전문위원 장준갑 박사로
부터 국제전화가 걸려왔다. 장 박사는 "오늘 『뉴욕타임스』에 제주4·3 진상조사와 양
수석 인터뷰 내용이 1개면 전면에 대문짝처럼 보도됐다."고 알려왔다. 다소 흥분된
어조였다.

그날 「연합뉴스」는 워싱턴 강일중 특파원의 기명 기사로 "NYT, 제주4·3사태 진상규
명 노력 소개"란 제목 아래 이 내용을 타전했다. 「연합뉴스」의 기사는 이렇게 시작됐다.

"미국의 유력 일간지 뉴욕타임스는 최근 한국과 미국에서 반세기 전 제주4·3사태의
진상을 파헤치기 위한 노력이 활발하게 이뤄지고 있다고 24일 소개했다. 뉴욕타임스
는 '지난 1948~1949년 당시 제주도 전체 인구의 10%가 넘는 3만여 명의 목숨을 앗
아간 것으로 추정되는 이 사건의 진실은 지금까지 베일에 가려 있었다'면서 80대 노령
인 4·3사태 생존자 김형채 씨의 증언과 제주4·3위원회 양조훈 수석전문위원의 견해를
비교적 상세히 보도했다."

이 「연합뉴스」 기사는 『동아일보』 등 국내 언론에 인용, 보도됐다. 이처럼 화제를 모은 『뉴욕타임스』의 4·3 관련 보도기사 제목은 '남한 국민들 1948년 학살의 진실 찾아 나서다(South Koreans Seek Truth About '48 Massacre)'였다.

이에 앞서 그 해 8월 28일 뉴욕에 본사를 둔 세계적인 통신사인 AP통신이 '남한정부 1948년 학살을 조사하다(South Korea Reviews 1948 Killings'란 제목으로 한국정부 차원의 4·3진상조사가 진행되고 있음을 보도했다. AP통신은 4·3위원회 발족 1주년을 맞아서 그동안의 진상조사 과정을 소개한 것이다.

이 통신은 "생존자들은 미군이 이승만의 당선까지 한반도 남쪽을 지휘했고, 그 후에도 그의 집권을 후원했기 때문에 워싱턴이 제주 탄압에 부분적으로 책임이 있다고 주장하고 있다"고 보도하기도 했다. 그런데 이 AP통신의 기사는 국내 언론에 주목을 받지 못했다. 제주도내 신문에도 보도되지 않았던 것으로 볼 때 당시는 몰랐던 것으로 보인다. 그러나 AP통신이 뿌린 씨앗이 『뉴욕타임스』에서 열매를 맺어 한국뿐만 아니라 미국사회에도 파장을 일으키게 된 것이다.

『뉴욕타임스』에 보도되기 며칠 전에 이 신문 동북아시아 지국장인 하워드 프렌치(Howard W. French) 기자가 서울에 있는 4·3위원회 사무실로 찾아왔다. 그는 주로 일본 도쿄에 거주하면서 한국과 중국에 관한 기사도 쓰고 있었다. 그는 제주4·3에 대해 심층적으로 취재하고 싶다면서 필자와 장시간 이야기를 나눴다. 그리고 제주에 내려가 현장 조사도 벌였다.

『뉴욕타임스』에 '김형채(Kim Hyoung choe)'로 소개된 사건 체험자는 실상은 조천읍 선흘리 출신의 김형조이다. 타임스는 그가 4·3 당시 한라산 기슭 동굴로 숨어들어 은신해야 했던 정황과 마을 주민 1백 여 명이 손이 뒤로 묶인 채 학살된 모습을 목격했던 기막힌 사연을 그의 증언을 토대로 전달했다.

타임스는 군경이 해안선에서 3마일을 벗어난 중산간지대를 적지라고 간주하고 무자비한 집단처형과 방화 등을 자행했고, 그 과정에서 여성과 어린이들도 희생되었다고 덧붙였다. 이 신문은 수십 년 동안 남한에서는 이 사건이 북한 공산당과의 연계된 것처럼 교과서에도 기술되어 있었으나 점차적으로 지역 언론, 대학생, 일부 국회의원에 의해 진실규명이 이뤄졌다고 보도했다.

The New York Times

October 24, 2001

South Koreans Seek Truth About '48 Massacre

By HOWARD W. FRENCH

MOUNT HALLA, South Korea, Oct. 18— A half-century later, Kim Hyoung Choe has no trouble finding his way back to the spot where he hid in the brush on this fragrant, nutmeg-forested mountain and watched helplessly while soldiers mowed down much of his family.

Mr. Kim had been urged to hide in a cave with other relatives as the attackers closed in, but his instincts told him it was not safe, and he managed to conceal himself in the brush and then crawl away. When he returned to the scene a day later, he said, he saw the bodies of at least 100 villagers, their hands tied behind their backs, being doused with gasoline by government forces.

A series of massacres on Mount Halla, which rises over Jeju Island, between October 1948 and February of the next year are estimated to have killed 30,000 people, and rank among the worst atrocities this country has ever seen.

The story of what happened in Jeju is an all too familiar cold war tale of excessive ideological zeal. With the split between North and South Korea taking root, elections were organized in the southern part of the country, where there was a strong American military presence, in May 1948.

The elections were meant to highlight the growing contrasts between the two halves of the country, but in Jeju, where resentment of heavy-handed administration by people sent from the mainland ran deep, the elections were boycotted in two districts, the only ones in the southern part of the country to abstain.

American commanders in Korea were furious, and after a series of incidents their South Korean counterparts embarked on a campaign to cleanse the island of supposed Communist agitators.

Although he concedes that no documentary evidence exists that the Americans knew what happened, Yang Jo Hoon, a prime ministerial appointee who heads a committee established to collect testimony about the killings, believes with many others here that the Americans must have known of, and perhaps even ordered, the crackdown. A team of South Korean researchers is in the United States now seeking proof of an American role.

Mr. Yang, a Jeju native, says that when he was an agitated teenager, his parents often told him cryptically that "you are very lucky to be growing up now instead of in our era."

He became a journalist, then a prefectural government official in Jeju and spent five years researching the massacres. Local residents say he is as responsible as anyone else for causing the details of the Jeju tragedy to come out into the open.

These days, Mr. Yang, 41, says he has one wish. "The facts of Jeju are still not taught in schools, even today," he said. "My goal is to make the whole nation recognize this history."

「뉴욕타임스」 홈페이지에 실린 제주4·3 관련 특집기사 중 주요내용을 발췌한 것이다.

타임스는 필자를 '4·3 학살을 조사 연구해온 저널리스트'라고 소개하고, 어떤 과정을 거쳐 4·3연구를 하게 됐는지 그 경위를 보도했다. 타임스는 또 "오늘날에도 학교에서 이 제주도 사건에 대해 제대로 가르치지 않고 있다. 나의 목표는 나라 전체가 이 역사를 인식하도록 만드는 것이다."는 필자의 소망도 언급했다.

타임스의 기사 중 눈길이 끄는 대목은 초토화의 배후를 암시한 내용이다. 즉, 타임스는 1948년 5월 10일 남한에서 실시된 선거가 제주도에서 유일하게 보이콧하자 "남한에 있던 미군 사령관들이 분개해 했고, 그 이후 미군정에 참여했던 남한의 지도자들은 공산주의자 선동가로 여겨지는 섬 주민들을 대상으로 '청소하는 작전(a campaign to cleanse)'을 벌여야 한다고 주장했다"고 보도했다. 그러면 '청소하는 작전'이란 무엇인가. 중산간지대를 빗질하듯 쓸어버린 초토화작전을 말함이다.

이 기사에서 지적했듯, 제주도에서의 5·10선거 반대 투쟁은 미군정으로서는 충격적인 일이었다. 미군정의 정책을 정면으로 반대했기 때문이다. 타임스는 제주도에서의 유혈사태 시발은 바로 여기에 있었다고 지적한 것이다.

강성 유족회의 등장

| 행불인 유족회 발족

"50여 년 전 이 땅에서 사라진 사람들 / 피붙이 갓난애와 젊은 아내, 거동도 어려운 늙은 부모를 뒤로하고 / 산으로, 지서로, 군부대로 / 쫓겨가고, 끌려가고 / 삶의 터전을 뒤로하고 사라져야 했던 삶들 / 죽었는지 살았는지, 행방을 몰라 제사 한번 올리지 못한 불효의 세월 / 목포로 대구로 대전에서 서대문으로 형무소마다 행방을 찾았으나 / 끝내 생사조차 확인 못한 기다림의 세월 / 사회의 냉대와 무관심 속에도 / 지역사회의 주역으로 삶을 개척해온 기막힌 인생들이 이제 당당히 나섰습니다."

2000년 3월 13일 발족한 '제주4·3행방불명인유족회'(4·3행불유족회)가 창립 준비를 하면서 제주도민들에게 밝힌 내용이다. 그날 제주시 신산공원 옆 제주관광민속관(현 제주영상센터) 공연장에 모인 행방불명인 유족 400여 명은 행불유족회 창립대회를 갖고 "4·3 당시 정당한 재판절차 없이 생명을 빼앗긴 이들에 대한 법적 명예회복과 4·3 진상규명을 위해 치열한 활동을 할 것"을 선언했다.

이날 창립대회에서 임원진으로 공동대표 김문일·박영수·송승문·이중흥·한대범과 감사 강성열·김영훈이 선임됐다. 행불유족회는 4·3 당시 집단학살 암매장지로 예상되는 제주비행장(정뜨르)을 비롯한 학살터에 대한 자료조사와 시신 발굴 작업을 벌이겠다고 밝혀 관심을 끌었다.

4·3 당시 희생자 중에는 '시신 없는 희생자들'이 많았다. 그들은 군법회의 등을 거쳐 육지형무소로 끌려갔다가 6·25가 터지면서 대부분 집단 처형됐다. 군 당국의 선무공작에 따라 "살려 준다"는 말을 믿고 하산했다가 목숨을 잃은 청년들도 많았다. 또한 제주도내에서 예비검속이란 미명 아래 어디론가 사라져 버렸다. 그런 행불 희생자 수가 5천여 명에 이를 것으로 추산됐다.

그런 희생자들의 죽음도 억울한 일이지만, 그 가족들의 고초 또한 이루 말할 수 없었다. 연좌제란 올가미에 걸려 제대로 취업도 할 수 없었다. 극심한 피해의식 때문에 한때는 유족 스스로가 아버지, 형 등 행방불명된 가족의 이야기를 꺼내는 것조차 꺼려왔다. 아니, 그 어머니가 자식들의 장래를 위해 이야기를 못하도록 막기까지 했다.

부모형제의 사망일조차 몰라서 생일날에 제사를 치르고 숨죽이며 보내온 회한의 세월들, 벌초 때가 되면 가족의 무덤이 없음을 한탄하며 가슴앓이 해온 유족들, 그 유족들 중에는 시신은 없지만 고인의 옷가지 등을 묻은 '헛묘'를 만들어 고인을 기리는 사람도 있었다. 4·3유족이라 할지라도 가족의 시신을 찾아 매장한 유족과 그렇지 못한 유족의 한은 달랐다. 스스로가 '기막힌 인생들'이라고 밝힌 그들이 행불유족회 결성을 계기로 당당히 나선 것이다. 한이 깊었던 만큼 그들의 결속력도 강했다.

이렇게 4·3행불유족회가 발족하기까지는 '수형인 명부' 발굴이 결정적 역할을 했다. 1999년 9월 추미애 국회의원이 정부기록보존소로부터 입수하여 공개한 4·3 당시 수형인 명부는 군법회의 1,650명, 일반재판 1,321명 등 모두 2,971명에 이르렀다. 그 수형인 명부를 통해 가족의 이름을 확인한 행불인 유족들이 알음알음 모이기 시작했다. 4·3 군법회의 등이 판결문도 없는 '탁상재판'이란 사실 등이 알려지면서 그들은 더욱 힘을 냈다. 행불유족회 결성 과정에서 4·3관련단체의 도움도 컸다. 4·3도민연대는 여러 형태의 지원을 아끼지 않았고, 4·3연구소는 수형인 명부 등을 통해 행불 유족들을 찾는 데 일조했다.

4·3행불유족회가 결성 후 처음 거행한 행사는 '행방불명인 진혼제'였다. 2000년 4월 5일 제1회 행방불명인 진혼제는 유족 등 500여 명이 참석한 가운데 제주시 동부 두 주정공장 옛터에서 봉행됐다. 주정공장 창고는 4·3 당시 하산했던 사람들이 심문받기 위해 감금되기도 했고, 육지부 형무소로 이송되기 앞서 수감됐던 유서 깊은 곳이다. 행불유족회 송승문 공동대표가 유복자란 기구한 운명을 안고 태어난 곳도 바로 이 주장공장 창고(현재의 현대아파트 자리)이었다.

행불 유족들은 그 해 5월 15일부터 3박4일 일정으로 진행된 '4·3유적지 전국 순례'에도 참여했다. 제주4·3도민연대가 처음 주최한 이 행사는 4·3 행불 희생자들이 머물렀던 육지 형무소와 학살터를 돌아보고 5·18기념공원 등 민주 성지를 참배하는 순례였다. 특히 대구형무소 재소자들이 희생된 곳으로 추정되는 경북 경산시 코발트 광산 터와 달성군 가창면 가창댐, 대전형무소 재소자들의 학살터인 대전시 동구 낭월동 속 칭 '골령골'에서는 50여 년 만에 처음 치러지는 '눈물의 위령제'도 있었다.

행불유족회는 그 해 7월 8일에 골령골을 다시 찾아 '대전형무소 산내학살 희생자 위 령제'를 개최했다. 이 위령제에는 대전 출신 김원웅 국회의원과 대전시민단체 대표들 도 참석해 학살 진상규명의 연대 가능성을 높였다. 이런 행사 등을 통해 전의를 다진 행불유족회는 보수진영의 4·3 폄훼시도에 맞서 맨 앞에 나서서 온몸으로 대응하게 된 것이다.

| 4·3 폄훼에 유족들 적극 대응

4·3행불유족회 발족은 4·3 진상규명운동에 큰 힘이 됐다. 행불유족회는 창립대회 에서 밝혔듯이, 4·3 진상규명을 최우선 과제로 제시했다. 기존의 4·3민간인유족회가 유족 복지문제에 비중을 두었던 것과는 다른 양상이었다.

앞에서 밝힌 바 있지만, 4·3민간인유족회는 1988년 태동할 때 '반공'을 기치로 내 세웠다. 유족회가 1991년 첫 위령제를 주최할 때 당시 유족회장(경찰 출신)은 추도사 에서 "4·3은 엄연한 공산폭동인데 민중봉기라 왜곡하는 현실을 보다 못해 분연히 일 어나 힘을 모았다"고 밝힐 정도였다. 그 당시 유족회의 시각은 '이미 공산폭동으로 규 정되어 있는데 웬 진상규명이냐?'는 식이었다. 무장유격대로부터 피해를 입은 반공 유 족들이 유족회를 주도했기 때문이다.

그러다 1996년에 이르러 토벌대에 의해 피해를 입은 유족들이 회장단을 장악하면 서 변하기 시작했다. 1999년에는 민간인유족회가 4·3특별법 제정운동에 참여함으로 써 진상규명운동 세력의 일부로 편입하게 됐다. 그러나 그때까지도 이념 논쟁 등 보수 진영의 책동에 대응하는 일에는 소극적이었다.

그런데 4·3행불유족회가 발족하자 양상이 달라졌다. 행불유족들은 보수진영의 4·3 폄훼 시도에 적극적으로 나서 맞서기 시작했다. 민간인유족회도 이에 자극을 받아 적 극성을 띠기 시작한 것이다.

그 첫 움직임은 1999년 10월부터 시작된 '4·3계엄령 송사'였다. 이 송사는 이승만 전 대통령의 양자가 제민일보를 상대로 3억원의 손해배상 청구를 한 소송인데, 재판 은 이른바 '수형인 명부' 발굴사실이 알려진 직후에 열렸다. 공판이 열릴 때면 행불유 족들이 제주지방법원 재판정으로 몰려들었다. 그때는 행불유족회가 본격적으로 출범 하기 전이었는데 날이 갈수록 그 숫자가 늘었다.

행불유족회는 발족 직후부터 4·3단체들과 연대해서 보수진영의 헌법소원 심판 청구 사건과 4·3시행령 제정을 둘러싼 파동에도 적극 나섰다. 2000년 4월 보수 인사와 예 비역 장성 출신 등 15명이 4·3특별법이 위헌이라면서 위헌심판을 청구한데 이어 5월 에는 성우회 소속 장성 출신 333명이 역시 헌소를 제기하자 "학살 책임자들과 극우세 력의 최후의 몸부림"이라며 즉각 헌소를 취소할 것을 요구했다. 또 행정자치부가 법제 처에 제출한 4·3시행령 최종안이 관 주도로 개악됐다는 사실이 알려진 후에는 유족들 이 4·3관련단체와 합동으로 항의 농성을 벌이기도 했다.

한나라당 사무총장의 발언 파문도 그 중의 하나였다. 그 해 9월 25일 한나라당 김 기배 사무총장의 '제주 반란' 발언 파문이 일어나자 4·3진영이 총공세에 나섰다. 한나 라당 총재단회의에 앞서 박희태 부총재가 남북 국방장관 회담이 제주에서 열리는 것 에 빗대어 "북한 사람들은 서울보다 제주도를 좋아하는 것 같다"는 말을 하자 김 사무 총장이 "제주도는 반란이 일어난 곳이 아니냐"고 받아쳤다는 것이다. 총재가 입장하기 전이어서 여담처럼 한 말이지만 이 발언이 언론에 보도되면서 일파만파의 파장을 일 으켰다.

9월 27일 4·3관련 7개 단체 대표들이 한나라당 중앙당사를 항의 방문했다. 단체 대표로는 민간인유족회 이상하 부회장, 행불유족회 송승문 공동대표, 백조일손유족회 이도영 이사, 재경유족회 허상수 상임위원장, 도민연대 고성화 공동대표, 연구소 김 창후 부소장, 범국민위 고희범 운영위원장 등이었다. 이들을 한나라당 최병렬·양정규 부총재, 현경대·원희룡 의원 등이 맞이했다.

발언 당사자인 김 사무총장은 "그 발언은 4·3을 의식해서 한 것이 아니었다. 그러나 제주도민과 4·3 희생자 유족들에게 큰 죄를 지었기 때문에 죄인의 심정으로 사과한 다."면서 고개를 푹 숙였다. 그러나 항의 방문단은 당사자의 사과로 끝날 일이 아니라 한나라당의 입장을 분명히 밝히라고 강하게 촉구했다. 특히 행불유족회 송승문 공동대표는 "나도 한나라당 당원이지만 탈당하겠다. 김 총장도 사퇴하라"고 몰아세웠다.

그런데 그 자리서 뜻밖의 일이 벌어졌다. 김 사무총장이 들어서면서 항의 방문단에 악수를 청하자 현경대 의원 보좌관인 양창윤이 큰 소리로 "뭐 잘했다고 악수를 하는 거야! 당직자가 똑바로 해야지"라고 일갈한 것이다. 양창윤 씨는 그날의 일을 회고하며 "지역구 의원들이 앞장서서 4·3특별법도 만들고, 뭔가 4·3문제를 풀려고 노력하던 차에 당직자가 신중하지 못하게 찬물을 끼얹은 격의 발언을 해서 격분했다."면서 "경종을 울리기 위한 의도적인 발언이었다."고 말했다.

이 발언 파문은 한나라당이 공식 사과를 표명하면서 일단락됐다. 어쩌면 해프닝성 발언으로 그칠 수도 있는 사안이었지만 적극 대응한 것은 그만큼 4·3진영이 강화됐음을 의미한다. 4·3진영은 4·3특별법 쟁취활동을 통해 자신감을 얻었다. 여기에 행불유족회까지 가세하면서 전력이 배가된 것이다. 이 항의 소동은 이제 보수 정당에서도 4·3을 두고 '반란'이란 용어를 함부로 쓸 수 없도록 쐐기를 박는 효과를 가져왔다.

| 『제주경찰사』 파문에도 앞장

2000년 11월 24일 제주경찰청 앞에서 4·3유족들과 4·3관련단체 관계자 등 300여 명이 모여 경찰을 규탄하는 초유의 일이 벌어졌다. '제주경찰사 4·3역사 왜곡 규탄 도민대회'란 긴 이름이 붙은 항의 집회였다.

그날 찍힌 한 장의 사진은 많은 것을 이야기해 주고 있다. 경찰을 규탄하는 인파와 플래카드 맨 앞에 선 사람이 오른손을 번쩍 들고 소리 높여 구호를 외치는 모습이다. 그는 바로 4·3행불유족회 이중홍 공동대표였다.

이 대표는 얼마 전까지만 해도 아버지가 어떻게 피해를 입었는지 모르고 살았다. 그는 4·3 당시 제주읍 연동에서 농사를 짓던 아버지가 갑자기 주정공장으로 끌려간 후 소식이 끊겼다는 막연한 이야기만 있을 뿐 실체적 진실이 무엇인지 모른 채 50여 년의 세월동안 가슴앓이 해왔다. 그런데 1999년 발굴된 수형인 명부를 통해 부친이 불법적인 군법회의에 의해 무기형을 언도받고 마포형무소에 복역했던 사실, 6·25 이후

제주경찰청 코앞에서 벌어진 '제주경찰사 왜곡 규탄 도민대회'에서 행불유족회 이중흥 대표가 선봉에 서서 구호를 외치고 있다.

행방불명된 사실을 알게 됐다. 그 후 행불유족회 결성에 앞장섰던 그는 경찰의 역사 왜곡에 분노를 느끼고 50여 년의 한을 토해내듯 이날 선봉에 나선 것이다.

4·3에 관한 관변자료는 문자 그대로 왜곡 투성이었다. 없는 사실을 만들어내기도 하고, 가해자를 완전히 뒤집어 기록하는 사례도 많았다. 그러나 4·3의 진실이 하나 둘 밝혀지면서 이런 왜곡된 관변자료도 더 이상 버틸 수 없어서 달라지기 시작했다. 그 대표적인 사례가 바로 『제주경찰사』이다.

"경찰관 순직 120명, 민간인 피살 1,330명, 공비 사살 7,895명. 공비는 사살자 이외에도 7,061명이 생포되었으며 2,004명을 귀순시켰다."

"2월 15일 세칭 〈북촌사건〉이 발생했다. 이 마을을 습격한 공비들은 어린이와 노인을 제외한 대부분의 마을 남자들을 무참히 학살하거나 납치해 갔다. 토벌대가 공격해 가자 공비들은 일부는 산으로 도망가고 일부는 마을로 숨어들어 약탈과 방화를 자행했다. 장시간 소탕전이 벌어지고 북촌리는 황폐한 마을이 되어 버렸다."

1990년 제주도경찰국이 발간한 『제주경찰
사』에 나오는 글이다. 이 내용대로라면 4·3
사망자 숫자는 '9,345명'에 불과하다. 또
'폭도' 혹은 '빨갱이'로 지칭된 공비의 숫자는
'16,960명'(사살자, 생포자, 귀순자 포함)에
이른다. 4백 명 가까운 주민이 군인에 의해
학살된 북촌 사건은 '공비에 의해 저질러진
것'처럼 가해자를 완전히 뒤바꾸어 놓았다.
이 뿐만이 아니다. '오라리 방화사건'을 비롯
하여 왜곡사례가 수두룩했다. 1990년대만
도 해도 이런 말도 안 되는 글이 공공기관 발
간물에 버젓이 실리곤 했다.

『제주경찰사』의 4·3 왜곡사례를 보도한 『제민일보』
1991년 1월 5일자 기사.

나는 『제민일보』 1991년 1월 5일자에 "엉뚱한 '4·3희생자' 집계"란 제목으로 『제주
경찰사』의 왜곡사례를 지적하는 기사를 썼다. 다른 4·3 희생자 통계 자료를 열거하면
서 경찰사의 '사망자 9,345명'은 축소 의혹이 있다고 문제를 제기했다. 북촌 사건, 오
라리 방화사건의 왜곡 사례도 지적했다.

그러나 경찰 당국은 마이동풍이었다. 이런 중대한 왜곡사례가 지적됐음에도 누구
하나 거들어 주는 사람도 없었다. 지금 같으면 당연히 4·3유족회 등이 나설 일이지
만, 그 때는 반공 색채를 띤 유족회여서 오히려 경찰 쪽을 두둔하는 입장이었다.

경찰은 되레 4·3취재반의 활동을 압박해왔다. 「4·3은 말한다」가 연재될 때마다 경
찰관들이 증언자의 집을 찾아다니며 그 증언 내용이 사실인지 아닌지를 확인하는 작
업을 벌였다. 증언자들은 불쾌해 하면서도 심한 심적 압박을 받았다. 그래서 더 이상
의 증언을 꺼리기도 했다.

취재반으로서는 『제주경찰사』를 수정하는 작업보다는 「4·3은 말한다」 연재를 지키
는 것이 더 화급하게 되었다. 그래도 그냥 물러설 수 없어서 '공비의 소행'으로 가해자
를 뒤바꾼 북촌리 민간인 학살사건을 희생자 제사 날짜에 맞추어 심층 보도했다. 『제
민일보』 1991년 2월 4일자 톱기사의 제목은 "40년 한 서린 '무남촌(無男村) 제삿날'

/ 한날 한 마을서 주민 4백 명 학살"이었다. 그 사건의 가해자는 '2연대 3대대 군인들'임을 분명히 밝혔다.

그 후로 10년의 세월이 흘렀다. 2000년 10월 『제주경찰사』 개정판이 나왔다. 그런데 경찰 당국은 10년 전에 문제가 제기됐던 4·3 관련 왜곡내용을 전혀 수정하지 않은 채 그대로 실었다. 그 10년 사이에 4·3 연구는 대단한 진전이 있었다. 4·3유족회도 그 대오가 정비되어 반공색채가 사라졌고, '행방불명인 유족회'까지 발족된 상태였다. 상설조직인 4·3도민연대 등 관련단체도 강화되어 있었다. 그 결과로 '4·3특별법'이 제정됐고, 4·3위원회가 발족되어 정부 차원에서 진상규명 작업도 나선 터였다.

경찰은 이런 변화를 간과한 것이다. 『제주경찰사』 개정판의 4·3 관련 왜곡 사실이 알려지면서 4·3진영이 벌떼처럼 일어났다. 유족회와 4·3 관련단체들은 '4·3역사 왜곡 제주경찰사 발간에 따른 도민대책위원회'를 결성하여 경찰사 전량 회수 폐기와 관련자 문책을 요구하고 나선 것이다.

나는 격세지감을 느낄 수밖에 없었다. 『제주경찰사』가 처음 발행되던 10년 전, 『제민일보』 톱기사로 4·3 왜곡 문제를 제기했지만 그때는 누구 한명 거들어주는 사람이 없었지 않았던가. 그러나 10년 만에 똑같은 일이 반복되자 이번에는 4·3진영이 벌떼처럼 일어났으니 말이다. 만약에 그동안 4·3의 진실을 파헤치지 않았다면 어떻게 됐었을까 하는 상념에 잠시 잠기기도 했다.

'4·3역사 왜곡 제주경찰사 발간 도민 대책위원회'는 4·3민간인유족회, 행불유족회, 4·3도민연대, 4·3연구소, 민예총 제주도지회 등 5개 단체가 참여했고, 공동대표로 김상철, 김창후, 문창우, 박창욱, 이중흥이 선임됐다. 이 연합단체가 중심이 되어 제주경찰청 코앞에서 제주청장의 사퇴와 『제주경찰사』의 전량 폐기를 요구하며 도민규탄대회를 개최한 것이다.

이어 11월 30일 제주경찰청 회의실에서 경찰 간부와 도민대책위원회 관계자들 사이에 문제를 해결하기 위한 간담회가 열렸다. 이날 회동은 3시간 이상 진행됐으나 결말을 내지 못했다. 대책위 측은 제주경찰사의 전량 폐기, 관계자 문책, 청장의 공개사과 등을 요구했다. 이에 경찰 측은 "과거 선배가 한 일을 객관적인 자료도 없이 어떻게 수정하느냐"면서 정부 차원의 진상조사 결과가 나오면 수정할 용의가 있다고 버텼다.

이날 회합이 성과없이 끝나자 대책위 측은 그 수위를 높여 12월 9일 2차 도민규탄대회를 개최하는 한편 상경 투쟁을 벌이기로 했다. 또한 4·3 중앙위원인 김정기 서원대 총장이 12월 1일자 『한겨레신문』에 '제주경찰의 4·3왜곡'이란 제하의 논단을 발표하면서 전국적 이슈로 부각됐다.

그런데 간담회 하루 만에 제주경찰이 돌연 자세를 바꿨다. 12월 1일 경찰 측은 대책위에 『제주경찰사』를 전량 회수하여 70여 쪽에 이르는 4·3 관련 부분을 삭제하여 재 발간할 용의가 있다고 제시해왔다. 또한 경찰사 발간 관계자들을 주의조치 등으로 문책하겠다는 뜻도 밝혔다.

대책위는 이런 경찰 측의 제안을 긍정적으로 받아들였다. 12월 2일 양측은 다시 회동했다. 이 자리에서 『제주경찰사』의 4·3 관련 부분을 삭제하기로 결정했다. 남국현 지방청장은 마음에 상처를 입은 4·3 유족들에게 죄송하다는 사과의 뜻도 밝혔다. 이렇게 해서 경찰사 파문은 일단락됐다. 이 사건은 그 해 지역 언론에 의해 '제주도 10대 뉴스'로 선정되기도 했다.

그런데 경찰이 이렇게 태도를 바꾼 배후에는 추미애 국회의원이 있었다. 추 의원은 제주도에서 4·3진영이 치열한 항의운동을 벌이고 있다는 소식을 접하고 서울 소재 경찰청 간부들을 국회로 불러들였다. 당시는 DJ정권 시절이고, 추 의원은 잘 나가던 여당의 '실세' 국회의원이었다.

추 의원 쪽에서는 4·3특별법이 어떻게 만들어진 것인지, 과거사 해결에 임하는 대통령의 뜻이 어디에 있는 것인지 등을 따진 것이다. 결국 『제주경찰사』 파문은 제주경찰이 스스로 풀지 못했던 문제를 추 의원의 영향력에 의해 중앙 경찰이 개입해 해결방안을 제시함으로써 종지부를 찍게 된 것이다.

| 유족회 통합으로 조직 강화

2000년 8월 13일 4·3 행방불명인 유족 300여 명이 구좌읍 비자림에 모여 단합 겸 결의대회를 가졌다. 한 맺힌 세월을 보내온 행불 유족들에게는 무더위에도 불구하고 그동안의 마음의 고통을 서로 나누는 뜻 깊은 행사였다.

나는 이날 '제주4·3 양민학살사건의 진상'이란 주제의 특강을 했다. 쟁점이 되고 있는 4·3 발발의 원인과 불법 학살극의 실상, 그리고 공산폭동론의 허구성에 대해 설명했다. 나는 이어 당면 과제로 4·3문제를 풀기 위한 제주도민, 특히 유족들의 단합과 정부의 노력, 미국의 비밀문서 공개 등이 필요하다고 역설했다.

이날 행사에서 크게 세 가지의 결의가 있었다. 첫째는 보수진영의 4·3 폄훼에 강력 대응한다는 것, 둘째는 내부 조직을 강화한다는 것, 셋째는 기존의 민간인유족회와 통합을 모색하자는 것 등이었다.

행불유족들은 보수진영에서 4·3특별법이 위헌이라며 헌법 소원을 제기한 일에도 공분을 느꼈지만, 특히 제주도내 보수단체에서 수형인들을 위령대상에서 제외하라는 내용의 성명을 밝힌 것에 대해 민감한 반응을 보였다. 이에 앞서 대한민국건국회 제주도지부 등 18개 보수단체에서 4·3사건 당시 수형인명부에 게재된 자는 4·3위령제 때 위패를 올려서는 안 된다고 주장하고 나섰다. 자신의 가족을 겨냥한 것이나 다름없는 이런 망언에 격분한 행불유족들은 보수진영의 4·3 폄훼 기도에 적극 대응하기로 다짐을 한 것이다.

행불유족회 조직 강화는 특별위원회 구성으로 가시화됐다. 즉 희생자들이 복역하다가 행방불명된 육지 형무소 별로 경인·대전·영남·호남위원회와 제주도내에서 행불된 희생자 유족을 중심으로 제주특별위원회를 구성하기로 한 것이다. 이런 특별위원회 구성은 유족들 간의 결속을 더욱 다지는 계기가 됐다.

유족회 통합 논의는 2001년에 들어서 본격적으로 다뤄졌다. 민간인유족회나 행불유족회 모두 4·3 진상규명과 희생자 명예회복을 위해서는 유족회가 한 목소리를 내야 한다는 점에 인식을 같이했다. 특히 4·3문제 해결을 위한 도민 화합을 끌어내고 유족회의 활성화를 위해서도 그 필요성에 공감했다.

두 유족회는 '제주도4·3사건희생자유족회 창립위원회'(위원장 박창욱)를 구성하는 데 합의했다. 이 창립위원회가 중심이 되어 논의를 거듭한 끝에 2001년 2월 28일 유족회 통합을 공식 선언하기에 이르렀다. 제주도내에서 가장 강력한 단체의 탄생을 예고한 것이다.

통합 유족회인 제주도4·3사건희생자유족회 창립대회는 3월 3일 제주도체육회관 강당

2001년 3월 3일 제주도체육회관에서 열린 제주도4·3사건희생자유족회 창립대회에서 구호를 외치는 유족들.

에서 열렸다. 통합 유족회 초대 회장에는 이성찬, 상임부회장 김두연, 부회장 양영호·이
상하·이중흥·정문현, 감사 고윤권·한대범, 사무국장 박영수 등이 임원으로 선출됐다.

민간인유족회에 비해 연륜이나 회원 수 등에서 훨씬 열세였던 행불유족회 출신들이
오히려 회장과 사무국장 등 요직을 차지했다. 행불유족회가 출범 1년밖에 안됐지만
그만큼 결속력과 추진력을 보여준 결과라고 볼 수 있다. 통합 유족회는 4·3 희생자 명
예회복을 위한 진상규명에 우선 방점을 찍었다. 그리고 4·3 자료 발굴, 희생자 추모
및 유족 확인, 행방불명된 희생자 행방찾기 운동 등을 전개하겠다고 선언했다.

그 뒤의 활동을 보면, 주정공장 옛터에서의 행불 희생자 진혼제, 전국형무소 옛터와
학살터 순례, 혼백 모셔오는 행사, 해원방사탑 건립사업 등을 추진했다. 또한 보수진
영의 4·3 폄훼 시도가 있을 때에는 4·3 관련단체와 연대하거나 독자적으로 적극적으
로 대응했다.

그 중의 하나가 『월간조선』을 상대로 한 명예훼손 소송이다. 『월간조선』 2001년 10
월호에 '국군지휘부의 자해행위'란 제목아래 국방부가 여순사건을 미화한 영화 〈애기
섬〉 제작에 군 장비를 지원했다는 기사가 떴다. 그런데 이 기사 속에 여순사건을 주로
다루면서 제주4·3을 살짝 언급했는데, 그것은 1980년대 고등학교 『국사』 교과서에

나왔던 "북한의 지령을 받은 공산주의자들이 일으킨 무장폭동"이란 표현이었다.

『월간조선』이 계속 4·3에 대한 이념 공세를 해왔기 때문에 쐐기를 박기 위해 2002년 이성찬 유족회장 등 유족 435명의 이름으로 손해배상 청구소송을 제기했다. 이 소송은 2008년에 이르러 원고 패소 판결이 나왔는데, 재판부는 희생자 개개인을 적시한 구체적 기사가 아닌 점, 정부 차원의 진상조사보고서 발행 이전에 기사화된 점 등을 들었다.

그럼에도 이 소송이 한때 정치 이데올로기적으로만 4·3문제를 다뤄오던 『월간조선』를 견제하는 역할을 한 것은 분명하다. 그 후의 『월간조선』 보도태도를 보면 그렇다. 『월간조선』 측도 피해 당사자인 유족들이 직접 나서는 바람에 당혹스럽게 여겼던 것 같다.

진통 겪은 진상조사보고서 심의

| 목차안 심의부터 격론

제주4·3사건 진상조사보고서는 작성 기한이 정해져 있었다. 4·3특별법에 위원회 구성 후 2년 이내에 자료 조사를 한 뒤 6개월 이내에 보고서를 작성하도록 규정되어 있었다. 따라서 4·3위원회가 2000년 8월에 출범했기 때문에 이를 기준점으로 한다면 늦어도 2003년 3월 이내에 보고서를 완성해야 했다.

보고서 작성의 임무를 맡은 제주4·3사건진상조사보고서작성기획단은 기획단장 선임문제를 둘러싼 갈등 등으로 2001년 1월에야 겨우 출범할 수 있었다. 5개월가량을 까먹은 것이다. 기획단은 2003년 2월 진상조사보고서 초안이 작성될 때까지 모두 12차례 회의를 갖는 등 숨 가쁘게 움직였다.

정부 관계부처 국장급 공무원과 민간인 전문가 등 15명으로 구성된 기획단은 전문위원실에서 작성한 진상조사 대상 선정에서부터 증언조사 계획과 국내외 자료조사 계획 등을 심의했다. 또한 자료 관리 데이터베이스 개발과 자료집, 증언집, 법령집 발간 계획 등도 논의했다. 실질적인 진상조사 등은 상근체제인 진상조사팀에서 했지만, 그 추진상황은 기획단 회의에서 심의, 의결하는 과정을 거친 것이다.

수석전문위원인 나는 2002년 4월 열린 기획단 제7차 회의에서 진상조사보고서 기본 구상안을 보고했다. 진상조사보고서는 사건의 종합적인 규명과 함께 인권침해 실태조사에 역점을 두어 편찬하되 종합진상조사보고서와 주민피해실태조사보고서 등 2권으로 엮을 계획임을 밝혔다. 제1권 종합조사보고서에는 사건의 배경, 전개과정, 주민의 피해 개요 등 사건의 전체 모습을 다루고, 제2권 피해실태조사보고서에는 피해 유형, 마을별 피해 상황, 희생자명단 등을 수록할 복안이었다. 그러나 이 계획은 기획단 회의에서 한 권의 보고서를 만드는 것으로 수정됐다.

2001년 4·3기획단 발족 초기의 회의 모습. 왼쪽부터 박원순·김한욱·박동훈·양조훈·하재평.

기획단 회의는 진상조사보고서 목차 안이 상정된 2002년 8월 제8차 회의 때부터 뜨거워지기 시작했다. 보고서 체제뿐만 아니라 주요 제목의 선정, 용어 사용 문제 등 여러 현안들이 논의되었기 때문이다. 이날 회의에서는 격렬한 논쟁만 하다 아무런 결론도 내지 못했다.

보고서 목차 안은 그 해 10월 열린 제9차 회의에서 잠정적으로 확정됐다. 이때 정리된 목차 안은 제1장 진상조사 개요, 제2장 배경과 기점, 제3장 전개과정, 제4장 피해상황, 제5장 조사결론, 제6장 권고 순으로 편성됐다. '미국과의 관계'를 독립된 장(章)으로 할 것인지 여부를 놓고 토론이 있었으나 이 부분은 독립시키지 않고 각 장에 미국과의 관계를 적절히 기술하는 것으로 의견이 모아졌다.

9차 기획단 회의에서도 논쟁이 거듭됐다. 보다 못한 박원순 기획단장(현 서울시장)이 "지금 현실적으로 보고서 초안은 전문위원들이 쓸 수밖에 없기 때문에 가능하면 빨리 초안을 작성하도록 하고 그 내용을 중심으로 용어라든지 구체적인 기술내용 등을 심의 검토하는 것이 좋겠다."는 중재안을 내놓아 통과시켰다.

박 단장은 전문위원실을 신뢰하고 지지를 보냈다. 여기에 4·3역사를 연구해온 강창일(배재대)·김순태(방송대) 교수와 강종호 재경4·3유족회장 등이 가세했다. 그들은 4·3특별법 제정 정신을 살려 사건의 진실규명과 희생자 실태조사에 역점을 두어야 한다고 강조했다.

이에 반해 국방부가 추천한 하재평(국방부 군사편찬연구소장), 유재갑(경기대 교수), 경찰청 추천 인사인 오문균(경찰대 공안문제연구소 연구원) 등은 남로당 책임문제 등을 내세워 끈질기게 이의를 제기하는 형국이었다.

특히 육군 소장 출신인 하재평 군사편찬연구소장은 국방부 입장을 대변하기로 작심한 듯 매우 적극적으로 문제를 제기했다. 그는 목차 안이 잠정 확정된 다음 날 나에게 전화를 걸어와 "진상조사보고서 작성 잘해야지 잘못하면 언론에 터질 것이다. 「4·3은 말한다」 식으로 기술하면 큰일 난다. 군사편찬연구소 연구진과 토의하는 시간을 갖자. 필요하다면 우리가 입력 작업을 도울 수도 있다."고 제안해왔다. 나는 이 제의를 정중히 거절했지만, 그 뒤 보고서 내용을 둘러싸고 격렬한 논쟁이 벌어졌다.

진상조사보고서 초안 작업이 전문위원들에게 맡겨지자 전문위원별 집필 분야를 정했다. 내가 사건 배경과 조사결론, 김종민이 전개과정과 피해실태, 박찬식이 피해실태와 군법회의, 나종삼이 1950년대 이후 상황을 집필하기로 했고, 장준갑이 미국 관계 자료들을 맡았다.

그런데 막상 집필분야가 정해졌지만 너 나 할 것 없이 곧바로 집필에 몰두하는 전문위원은 없어 보였다. 관련자료만 뒤적거리는 수준이었다. 마음이 '콩밭에 가버린 듯' 정서적으로 안정되지 못했다. 바로 그 해 12월에 치러질 대통령 선거 때문이었다.

| '봉기' '초토화' 용어 설전

2002년 12월 대통령 선거 결과는 4·3진상조사보고서 심의에도 적잖은 영향을 미칠 것으로 예상됐다. 2003년 3월부터 4·3위원회의 보고서 심의가 본격적으로 이뤄지는데, 그때에는 4·3위원회 위원장인 국무총리를 비롯해 당연직 위원인 6명의 장관이 새 얼굴로 바뀌기 때문이다. 어떤 성향의 정부가 출범하느냐에 따라 4·3위원회의 위원 진용이 큰 변화를 일으키게 된다는 뜻이다.

20세기 후반 전 세계적으로 40여 개의 진실규명위원회가 구성되어 활동했다. 군사정권이나 권위주의 정권에서 민주적인 정권으로 이행하는 과정에서 과거사의 반성과 진실규명작업이 벌어진 것이다. 그럼에도 공식적으로 진상보고서를 채택한 위원회는 절반에도 못 미쳤다. 법률상 보고서를 작성하게 되어 있는데도 반대 세력의 저항에 부닥쳐 보고서 채택에 실패하는 사례가 많았기 때문이다.

2002년 대선에서 한나라당 이회창 후보와 새천년민주당 노무현 후보가 경합을 벌였다. 대부분의 여론조사는 이 후보가 앞서는 것으로 나타났다. 그러나 그 해 12월 19일 치러진 대선에서 예상을 뒤엎고 노무현 후보가 당선됐다. 그는 대선 기간에 제주에 와서 "정부 차원의 4·3 진상조사 결과 국가권력이 잘못한 게 드러나면 4·3영령과 도민에게 진심으로 머리 숙여 사죄하겠다."고 공약했다. 4·3진영은 그의 당선을 크게 반겼다.

이에 따라 대선 동향을 살피며 진상조사보고서 초안 작성의 속도를 늦췄던 전문위원들의 발 등에도 불이 떨어졌다. 대선 다음 날부터 전문위원실에서는 철야작업이 벌어졌다. 집필 방향에 대해서는 전문위원 사이에도 다소 논란이 있었으나 대략 다음과 같은 3가지 원칙이 세워졌다.

첫째는 사실에 부합한 자료를 중심으로 내용을 기술한다는 것이다. 4·3 관련 기존 자료나 증언이라 할지라도 왜곡된 내용이 많기 때문에 정밀한 검증과정을 거쳐 그 진실이 확인된 내용에 한하여 인용한다는 것이었다.

둘째는 4·3특별법의 입법 취지를 충실히 반영한다는 것이다. 특별법은 4·3사건의 핵심적인 정의를 "무력충돌과 진압과정에서 주민들이 희생된 사건"으로 규정하고 있는데, '주민 희생'에 키워드를 두어 인권침해 규명에 비중을 두었다는 것이다.

셋째는 4·3의 구조적인 문제 규명에 역점을 두기로 한 점이다. 당시 남한사회의 정치상황과 국제적인 역학관계, 그리고 당시 독특했던 제주도의 정치·경제·사회 등 여러 여건을 총체적으로 살핀다는 것이었다.

이런 과정을 거쳐 전문위원들에 의해 집필된 진상조사보고서 초안이 2003년 2월 7일 보고서작성기획단 제10차 회의에 상정됐다. 회의 분위기는 뜨거웠다. 4·3사건의 성격 문제를 비롯해서 발발 원인의 책임 문제, 남로당 및 미군의 역할 범위, 진압 작전의 실상, 계엄령과 군법회의의 불법성 여부, 집단학살의 책임문제 등에 대해서 열띤 공방이 벌어졌다.

군경 측 단원들은 남로당의 개입 문제에 역점을 둔 반면 유족 측 단원들은 학살의 실상과 그 가해자 책임 문제 규명에 비중을 두는 발언으로 날을 세웠다. 기획단 회의에서 가장 논란이 됐던 용어는 4·3의 성격을 압축하는 '무장봉기'와 학살의 책임 문제가 제기된 '초토화작전'이었다.

군경 측에서는 '무장봉기' 용어 대신에 '반란' 또는 '무장폭동'으로 수정해야 한다고 주장했다. 이를 반대하는 측에서는 '반란'이란 용어를 쓰려면 우리 정부가 존재해야 하는데, 미군정이 우리 정부냐는 반론을 제기했다. '무장봉기'도 "무장을 하고 벌떼처럼 들고 일어났다"는 뜻의 중립적인 용어이기 때문에 그대로 고수하자는 의견이 앞섰다. 국방부가 진상보고서 목차 초안을 제출할 때 '무장봉기'란 용어를 무심코 사용했던 것도 그들에게는 약점이 됐다.

국방부 쪽에서는 '초토화작전'이란 용어에 민감한 반응을 보였다. 군사 작전에서 그런 용어를 쓴 적이 없다고 버티었다. 그러나 필자 등은 제주도에서 실질적 초토화작전이 감행됐고, 김익렬·김정무 장군 등이 '초토작전'이란 표현을 쓰고 있음을 들이댔다. 또한 1967년 국방부에서 편찬한 『한국전쟁사』 제1권에 "군경의 토벌작전으로 초토화되었다"는 글이 나온다고 지적했다.

진상조사보고서 초안은 제11차 회의(2월 13일)를 거쳐 2월 25일 열린 기획단 제12차 회의에서 확정됐다. 이 심의 과정에서 일부 용어들이 순화됐다. 4·3 때 발효된 계엄령의 불법성에 대해서는 단정하지 않되 불법 논란이 있는 점, 집행 과정에 법을 어긴 점을 다루는 것으로 수정됐다. 논란이 많았던 군법회의에 대해서는 "법률이 정한 정상적인 절차를 밟지 않았다"는 표현으로 조정됐다.

이 보고서 초안은 2003년 3월 초에 4·3위원회 전체 위원들에게 배포됐다. 참여정부가 출범하면서 고건 국무총리가 취임했다. 그가 4·3위원회 위원장으로서 보고서 심의의 수장을 맡게 된 것이다.

| 보수측 반대로 1차 통과 무산

4·3기획단의 진상조사보고서안이 확정 절차를 마치자 이를 심의하기 위한 4·3위원회 전체회의가 2003년 3월 21일 고건 국무총리 주재로 세종로 정부종합청사 국무총리실 대회의실에서 열렸다. 이날 회의는 50여 년 동안 어둠 속에 묻혀왔던 4·3의 진상을 정부가 공식 인증하느냐 여부가 달려 있어 초미의 관심을 모았다.

이 회의에 앞서 보고서 채택을 반대하는 보수진영의 움직임도 있었다. 장성 출신들의 모임인 성우회는 3월 18일 고건 국무총리에게 "4·3진상조사보고서가 공산폭도에 의한 무장폭동이었다는 엄연한 역사적 사실이 민중항쟁으로, 군경의 진압작전은 국가폭력으로 규정함으로써 국가의 정통성과 군의 명예를 손상시킬 수 있는 중대한 오착을 내포하고 있다."면서 객관적인 검증이 내려질 때까지 심의를 유보해야 한다는 의견서를 전달했다. 당시 성우회 회장은 제주도지사를 지낸 김영관 제독이 맡고 있었다.

국방부는 물론이거니와 군경이 추천한 민간인 위원인 김점곤·한광덕 장군, 이황우 동국대 교수 등도 반대 입장을 보였다. 특히 국방대학원장을 역임한 소장 출신의 한광덕 장군은 밤을 새워가며 보고서의 내용을 일일이 분석한 뒤 성우회 홈페이지에 비판하는 글을 올리는 등 가장 열심히 반대활동을 벌였다. 그는 4·3위원회 활동 기간에도 일반적 수준을 넘어서는 강성 발언으로 많은 일화를 남겼다.

한광덕 위원은 2002년 3월 15일자 『조선일보』인터뷰 기사에서 "4·3위원회에 회의 자료를 제공해야 하는 진상조사기획단이 4·3사건을 민중항쟁으로 보는 재야 측 주장만을 뒷받침하고 있다."고 밝혀 파장을 일으켰다. 그때는 기획단에서 자료 수집 발굴에만 힘을 쏟고 있을 때였지 수집 자료의 해석이나 사건의 성격을 판단하는 일은 착수조차 않은 상태였다. 이에 따라 박원순 기획단장 명의로 한광덕 위원에게 "발언 근거가 무엇이냐"고 공식 질의했지만 답변은 없었다.

2002년 5월 31일 4·3위원회 위원들이 4·3 당시 2연대 군인들에 의해 민간인 300여 명이 학살된 '북촌리 사건' 피해자들의 증언을 청취한 일이 있다. 사건 현장을 목격한 3명의 주민으로부터 당시 상황을 듣던 한 위원은 난데없이 "학교 운동장에 주민 1천여 명이 있었다고 하는데, 소대나 중대 병력이라면 대항할 수 있지 않느냐?"는 질문

2002년 5월 북촌주민학살사건 현장에서 설명하고 있는 필자(왼쪽). 사건 체험 주민 3명 건너서 한광덕·박재승 위원이 서 있다.

을 던져 주민으로부터 "어떻게 맨손인 주민들이 총을 든 군인들에게 대들 수 있느냐"는 핀잔의 소리를 들었다.

한광덕 위원은 진상조사보고서 심의를 하기 위해 2003년 3월 21일 4·3위원회 전체회의가 열린 날에도 4페이지에 이르는 '진상조사보고서 안 검토 소감'을 발표했다. "진상조사보고서가 아니고 군경의 과잉 진압과 무장폭동의 정당성을 가설로 세우고 이를 증명하기 위하여 쓰여진 피해보고서로 보였다."는 게 그의 소감이다. 그는 이어 진상보고서 의결을 유보할 뿐만 아니라 집필진의 구성과 감독 체제에 중대한 문제가 있기 때문에 감사원의 감사를 제안한다고 주장하기도 했다.

진상보고서를 심의하는 4·3위원회 전체회의에서는 박원순 기획단장으로부터 보고서 초안의 골자에 대한 설명이 있은 후 이런 주장들이 나오면서 열띤 논쟁이 벌어졌다. 회의는 2시간 동안 진행됐지만 결론은 나지 않았다.

이에 고건 총리가 소위원회를 구성해 심도 있게 검토한 후 일주일 후에 전체회의를 열어 재논의하자고 제안했다. 그러자 일부 민간인 위원들이 "오늘 결론 내자"면서 반대의 뜻을 나타냈다. 여기에 장관들도 덩달아 동조하는 이색적인 현상을 연출했다.

특히 제주 출신 강금실 법무장관은 법적 절차 등을 제기하면서 "또다시 회의를 열어 봤자 똑같은 얘기만 나올 것이기 때문에 오늘 당장 보고서를 통과시키자"고 강한 톤으로 주장했다. 여기에 김화중 보건복지부장관이 가세하면서 민간인 위원들 앞에서 총리와 여성 장관들 사이에 입씨름이 벌어지는 상황이 연출된 것이다. 과거 군사정권이나 권위적인 정부에서는 볼 수 없었던 모습이었다.

고건 총리가 "일주일만 기다려 달라는 것"이라고 재삼 설득하면서 소위원회를 구성하는 쪽으로 기울어졌다. 소위원회 회의는 총리가 직접 주재하되 위원으로는 국방장관·법무장관·법제처장 등 정부 측 각료 3명과 김삼웅 전 대한매일 주필, 김점곤 경희대 명예교수, 신용하 전 서울대 교수 등 민간인 위원 3명이 위촉됐다. 여기에 박원순 기획단장, 김한욱 지원단장, 양조훈 수석전문위원 등이 배석하는 구조였다.

보고서 심의를 위한 소위원회 제1차 회의가 사흘 뒤인 3월 24일 국무위원 식당에서 열렸다. 그런데 예기치 않았던 일이 벌어졌다. 총리실에서 나종삼 전문위원도 참석시키라고 통보해온 것이다. 중령 출신인 그는 전문위원실에서 국방부 입장을 대변하는 쪽이었다. 내용을 알아본즉, 국방장관이 그의 참석을 적극 요청했다는 것이다.

| 총리가 읽어가며 축조심의

고건 총리가 주재하는 소위원회에 당초 회의 참석 대상자가 아니었던 나종삼 전문위원이 출석했다는 것은 심각한 상황이 아닐 수 없다. 국방장관이 강력히 요청했고 총리실에서 수용했다는 걸 알고 잠시 긴장했다. 필시 진상조사보고서 집필 업무를 총괄했던 나를 공격하고, 기획단 심의 과정의 문제점을 제기해 보고서 심의를 원천적으로 무력화하겠다는 의도가 엿보였기 때문이다.

진상조사보고서 초안이나 그 심의 과정이 불신을 받는다면, 그 다음 상황은 어떤 파장이 일어날지 예측하기 어려웠다. 나는 문제가 간단치 않다고 생각하고, 회의 직전 박원순 기획단장에게 그 사실을 알렸다. 박 단장은 "알았다"면서 회의장에 들어갔다.

예상했던 대로 회의 서두에 조영길 국방장관이 나서서 나종삼 전문위원이 발언할 기회를 달라고 요청했다. 고건 총리가 이를 받아들였다. 나 위원은 보고서 집필 과정에서 수석전문위원인 내가 전횡을 일삼았고, 제주 출신 전문위원들 중심으로 편향적인 집필을 했다고 주장했다. 이어 자신이 수정의견을 제출했는데도 수석전문위원이 대부분 묵살했다고 토로했다. 회의장엔 일순 긴장감이 감돌았다. 이때 박원순 기획단장이 나섰다. 그는 나 위원을 상대로 일문일답식으로 추궁해갔다.

"진상조사와 보고서 심의를 위해 기획단 회의가 모두 12차례 열렸는데, 나 위원은 모두 참석했는가?"

"모두 참석했다"

"내가 회의를 주재하면서 기획단 단원이나 전문위원의 발언을 한번이라도 제지하거나 못하도록 한 바가 있는가?"

"없다"

"오늘과 같은 주장을 기획단 회의에서 제기한 바 있는가?"

"없다"

"그렇다면 기획단 회의에서는 한 번도 문제를 제기하지 않다가 이렇게 뒤통수치듯이 발언하는 저의가 무엇인가? 그리고 총리실은 기획단장인 나와 사전에 한마디 상의도 없이 내 소속인 전문위원을 임의로 출석시킨 이유는 무엇인가?"

갑자기 불똥이 총리실 쪽으로 향하자 고건 총리가 당황하는 빛을 보였다. 나 위원이 나서서 해명하려 하자 오히려 고 총리가 "그만 됐다"면서 나 위원의 발언을 제지했다. 조영길 국방장관도 더 이상 나서지 않았다. 비장의 카드로 생각해서 들이댄 것인데, 결국 체면을 구긴 것으로 생각했을 것이다. 나 위원의 발언 해프닝은 거기까지였다.

소위원회 회의는 주로 국방부와 한광덕 위원이 제기한 문제점, 수정 의견을 검토하는 방식으로 전개됐다. 일부 용어를 순화하는 작업도 진행됐다. 발발배경과 초토화작전이란 용어, 남로당 중앙당 지시 유무, 집단학살에 대한 이승만 대통령과 미군의 책임 범위 등이 여전히 '뜨거운 감자'였다.

고건 총리는 소위원회 제1차 회의에 이어 다음 날 속개된 제2차 회의도 직접 주재했다. 두 차례 소위원회 회의에서도 결말이 나지 않자 3월 28일 소위원회 제3차 회의를 다시 소집했다. 고 총리는 참여정부 출범 초기여서 국정 업무가 매우 바쁜데도 4·3진상조사보고서 심의에 전력투구하다시피 했다. 다음 날인 3월 29일 4·3위원회 전체회의가 열리는 것으로 위원들에게 통보돼 있기 때문에 더 이상 물러날 곳도 없었다.

소위원회 제3차 회의에서 쟁점 사항이 조금씩 타결되기 시작했다. 총리의 중재에 양쪽이 조금씩 양보했기 때문이다. 고 총리는 "보고서 결론 내용은 매우 중요하다"면서 8쪽에 이르는 결론 부분은 직접 읽으며 축조심의를 시도했다. 고 총리가 의문사항에 대해 세밀한 질문을 하면 내가 답변하는 식이었다.

고 총리가 "4·3 인명 피해를 2만 5,000~3만 명으로 추정한 근거가 무엇이냐"고 질문해서 내가 그동안의 인명 피해에 대한 조사 자료와 인구 변동 통계 등 다양한 자료를 설명했더니 "그러면 되겠다."고 수긍해서 넘어갔다. 결론 부분에 "4·3사건의 발발과 진압과정에서 미국도 자유로울 수 없다"는 표현이 나온다. 고 총리는 이에 대해 '미국'이란 표현이 너무 광범위한 의미이기 때문에 '미군정'으로 수정하면 어떠냐고 제안했다. 내가 미군정 이후 대한민국 출범 후에는 군사고문단이 개입했다고 답변하자 "그러면 '미군정과 주한미군군사고문단도 자유로울 수 없다'는 내용으로 수정하자"고 해서 그렇게 정리됐다.

소위원회 제3차 회의에는 국방장관을 대리해서 유보선 국방차관이 참석했다. 유 차관이 회의 막바지에 이르렀는데도 두 가지 문제에 대해서 끝까지 우겼다. '초토화작전'이란 용어를 '토벌작전'으로 수정하고, 집단 인명피해 1차 책임을 "9연대 송요찬 연대장과 2연대 함병선 연대장에게 물을 수밖에 없다"는 내용을 삭제해달라는 것이었다. 또다시 열띤 토론이 벌어졌다.

| 박원순, 배수진 치고 평가부분 살려

유보선 국방차관이 '초토화작전'이란 용어와 집단학살의 1차 책임이 실명까지 거론된 두 연대장에게 있다고 한 내용을 삭제해야 한다고 끝까지 우긴 데는 그만한 사정이 있었다. 그 무렵 국방부는 4·3진상조사보고서 문제로 장성 출신 모임인 성우회로부터 심한 압박을 받고 있었다. 성우회는 앞서 4·3진상보고서가 "군경의 진압작전을 국가폭력으로 규정함으로써 국가의 정통성과 군의 명예를 손상시킬 수 있는 중대한 잘못을 내포하고 있다"는 입장을 밝히고 다각적인 보고서 통과 저지활동을 벌이고 있었다.

이날 회의에서 유 차관은 "4·3사건 진압과정에서 초
토화작전이란 용어를 사용한 바가 없고, 또 그 책임을
물어 선배들의 실명이 버젓이 나오는데 국방부가 어떻
게 동의할 수 있겠느냐?"면서 자신들의 고충을 설명했
다. 이에 반해 김삼웅 주필 등 민간인 위원들은 그것이
진실이기 때문에 수정해서는 안 된다고 맞섰다.

이때 '행정의 달인'이란 별칭이 있는 고건 총리가 또다
시 중재에 나섰다. 고 총리는 "오늘 합의가 안 되면 내
일 전체회의가 어렵기 때문에 중지를 모으자"고 설득했
다. 그래서 양쪽이 한 발씩 물러서게 됐다. 즉, 초토화
작전과 관련해서 "1948년 11월부터 9연대에 의해 중
산간마을을 초토화시킨 강경진압작전은 가장 비극적인

4·3진상조사보고서 초안. 심사 중이므
로 외부 유출이 없도록 유념해 달라는
'대외주의' 문구가 인쇄되어 있다.

사태를 초래하였다"는 표현으로 수정됐다. 초토화작전을 풀어쓴 것이나 다름없었다.

또한 결론 부분에서 "집단 인명피해 지휘체계를 볼 때, 중산간마을 초토화 등의 강
경작전을 폈던 9연대장과 2연대장에게 1차 책임을 물을 수밖에 없다"는 문장으로 수
정됐다. 즉 9연대장 송요찬과 2연대장 함병선의 이름은 뺐지만 그 내용은 그대로 유
지된 것이다. 사실상 8쪽에 이르는 결론 부분 앞쪽은 물론 본문에 강경진압작전을 편
9연대장과 2연대장의 실명이 무수히 나오기 때문에 조금만 눈여겨보면 그 연대장들이
누구인지 금방 알 수 있다. 단지 한 문장 속에서만 그 이름이 가려졌을 뿐이었다.

'초토화작전'이란 용어도 인용 부호 속에서 살려냈다. 즉 김정무 장군의 "그 때에 초
토화작전이라는 말을 했는데, 싹 쓸어버린다는 말이었다."는 증언을 소개한 것이다.
다른 사람도 아닌 초토화작전 시기 9연대 군수참모였던, 그래서 더욱 설득력이 있는
김정무 장군의 이 귀중한 증언은 보고서(293쪽)에 그대로 실려 있다.

보고서 심의 회의는 중요한 고비를 넘기고 막바지로 가고 있었다. 고건 총리는 결론
부분 마지막 8쪽을 읽던 중 "1948년 제주섬은 전쟁 상황이 아니었는데도 제노사이드
(genocide·집단학살) 범죄의 방지와 처벌에 관한 국제협약 등 국제법이 요구하는,
문명사회의 기본원칙이 무시되었다"는 내용으로 시작되는 평가 부분에 이르러 눈길을

멈췄다. 곧이어 "법을 지켜야 할 국가공권력이 법을 어기면서 민간인들을 살상하기도 했다. 토벌대가 재판 절차 없이 비무장 민간인들을 살상한 점, 특히 어린이와 노인까지도 살해한 점은 중대한 인권유린이며 과오이다"는 표현이 나온다. 진상조사보고서의 핵심이랄 수 있는 중요한 내용이었다.

기획단 회의에서도 이 부분이 논란거리였다. 그래서 당초 보고서 초안보다 다소 완화된 내용으로 수정됐다. 또한 기획단 회의에서 보고서 초안에 실렸던 '학살'이란 용어가 정부 보고서로서는 적절치 않다는 지적에 따라 '살상' 등으로 정리됐지만 제노사이드(genocide)를 해석하면서 '집단학살'이란 용어를 그대로 살려온 터였다.

고건 총리는 "정부 보고서에 평가 부분까지 담아야 할지 재논의를 해보자"고 말문을 열었다. 일순 긴장감이 돌았다. 잠시 침묵이 흘렀다. 그 침묵을 깨고 박원순 기획단장이 말문을 열었다.

"저는 진상보고서를 어떻게 하든 통과시켜야 한다는 총리님의 뜻을 존중해서 많은 것을 인내하며 양보했다고 생각합니다. 국방부 측의 무리한 요구가 있었지만 그 쪽도 어려운 입장이기 때문에 가급적 받아들이려고 노력했습니다.

그런데 보고서 핵심 부분까지 수정한다고 하면 기획단 회의를 재소집해서 논의할 수밖에 없는 상황이라고 생각합니다. 따라서 기획단장인 저로서는 이런 상황에 대해 책임을 지고 사퇴할 수밖에 없습니다."

더 이상은 양보할 수 없다는 의지가 담긴 박원순 단장의 마지막 승부수였다. 이에 민간인 위원들도 박 단장의 말을 거들었다. 회의 분위기는 다시 반전됐고, 논란이 될 뻔했던 평가 부분은 원문이 그대로 살아났다.

그날 소위원회 회의는 장장 3시간에 걸쳐 진행됐다. 이로써 총리가 직접 주재한 3차례의 소위원회는 모두 20여 건의 쟁점사항이나 용어를 수정하는 것으로 결론을 내고 막을 내렸다. 총리실은 다음 날 열리는 4·3위원회 전체회의에 상정할 회의 자료를 준비하느라 밤샘 작업을 벌였다.

그런데 나는 전체회의 당일인 3월 29일 새벽에 받아 본 총리실 시나리오를 받아보고 깜짝 놀랐다. 보고서와 관련해서 4·3특별법 제3조제2항제1호로 의결한다는 것이었다. 그것은 '진상조사보고서 작성에 관한 사항'(제4호)이 아니었다. 바로 그 전 단계인 '관련자료의 수집 및 분석에 관한 사항'이었던 것이다.

| 4·3보고서 조건부 의결

4·3위원회 제7차 전체회의를 준비한 총리실 참모들이 진상조사보고서 의결조항이 아닌 '관련자료의 수집 및 분석에 관한 사항' 의결로 시나리오를 짠 것은 예상 밖의 일이었다. 그 시나리오는 6개월 동안 시한을 정해 새로운 자료나 증언이 나타나면 보완할 수 있도록 하고, 따라서 그날 회의에서는 진상보고서 확정이 아닌 관련자료의 수집·분석으로 의결한다는 것이었다. 이는 4·3특별법 제3조에 '관련자료의 수집·분석에 관한 사항'과 '진상조사보고서에 관한 사항'을 각각 위원회 의결사항으로 나열한 취지에도 부합된다는 설명까지 달고 있었다.

총리실도 국방부 못지않게 성우회 등 보수단체로부터 심한 압박을 받고 있었다. 보수단체들은 청와대 쪽에 이야기해봐야 말발이 안 통하자 비교적 온건 성향의 고건 총리실 쪽으로 보고서 통과 저지를 위한 화력을 쏟고 있었다. 나는 그런 처지를 이해 못할 바는 아니었지만 그래도 총리실의 시나리오는 정도(正道)가 아니라고 생각했다.

그날 오전 10시부터 정부종합청사 총리실 대회의실에서 열리는 이 회의에 초미의 관심이 모아졌다. 취재진이 장사진을 이루었다. 고건 총리는 회의 시작 전에 민간위원들을 집무실에 따로 불러 티타임을 갖자고 제안했다. 고 총리는 그 자리서 "두 가지는 확실하다. 하나는 4·3사건이 남로당 제주도당의 무장봉기로부터 발단됐다는 것이고 다른 하나는 그 과정에서 무고한 양민들이 희생됐다는 사실"이라면서 이들 양민들의 명예회복이 필요하기 때문에 위원들 간에 원만한 합의를 도출해 줄 것을 당부했다.

예정시간보다 20분 늦게 시작된 회의에서는 여전히 주요 쟁점에 대한 논란이 재연됐다. 일부 용어를 놓고 위원들 사이에 고성이 오가기도 했다. 그러다가 신용하 위원 등에 의해 보고서를 채택하되 6개월간 유예기간을 두어 수정의견이 있으면 재논의하자는 조건부 의결안이 제안되자 "된다" "안된다"는 논쟁으로 뜨겁게 이어졌다. 김삼웅·박창욱·서중석·임문철 위원과 강금실 법무장관 등이 반대 입장을 표명했다.

고건 국무총리가 4·3위원회 전체회의에 앞서 민간위원들과 진상조사보고서 채택문제를 논의하고 있다.

논란이 거듭되자 고건 총리가 간곡하게 조건부 의결안을 만장일치로 채택해 줄 것을 요청했다. 어느 정도 분위기가 수그러지자 고 총리는 진상조사보고서 심의에 대한 보도자료 내용을 검토하자고 제안했다. 그 보도자료에 문제의 "'관련자료의 수집·분석에 관한 사항'으로 접수 의결"이라는 문구가 있었다.

이런 내용에 일부 민간위원들의 문제 제기가 있었고, 결정적인 역할은 제주 출신 강금실 법무장관이 해냈다. 지난번 회의에 이어 이날도 4·3특별법에 명시한 기한을 지켜야한다며 6개월 조건부 안에 반대 입장을 보였던 강 장관은 문제의 문구를 발견하곤 "그것은 결정적 오류"라면서 "4·3특별법 제3조제2항제4호 진상조사보고서 작성에 관한 사항으로 의결해야 법 취지에 맞다"고 분명한 선을 그었다.

그런 과정을 거쳐 이날 전체회의에서 논란 끝에 진상조사보고서 안이 의결됐다. 다만 "6개월 이내에 새로운 자료나 증언이 나타나면 위원회의 추가심의를 거쳐 보고서를 수정한다."는 단서를 달았다. 비록 조건부 의결이었지만 제주4·3사건을 '국가 공권력에 의한 인권유린'으로 규정한 정부 보고서가 확정된 것이다. 그것은 정부가 공식적으로 제주4·3에 대한 인식을 '폭동'에서 '인권유린'으로 바꾼 것을 의미한다.

한편 이날 회의에서는 진상조사보고서 의결에 이어 이런 보고서의 결론을 토대로

4·3문제를 해결하기 위한 7개 항의 대정부 건의안을 채택했다. 이 건의안은 4·3기획단에서 작성한 보고서 초안에는 '제6장 권고'에 들어 있었다. 그러나 정부위원회가 정부를 상대로 '권고'하는 것이 이상하다는 의견이 제기돼 보고서에선 **빼내되** 별도의 건의안을 채택하기로 조정된 것이다. 그 7개 항의 건의내용은 다음과 같다.

건의 1 : 정부는 제주4·3사건 진상조사보고서에서 규명된 내용에 따라 제주도민, 그리고 4·3사건 피해자들에게 사과하여야 한다.

건의 2 : 정부는 4·3사건 추모기념일을 지정하여 억울한 넋을 위무하고, 다시는 그런 불행한 사건이 재발하지 않도록 교훈으로 삼아야 한다.

건의 3 : 정부는 진상조사보고서의 내용을 평화와 인권교육 등의 자료로 활용하기 위해 적극 노력하여야 한다.

건의 4 : 정부는 추모공원인 '4·3 평화공원' 조성에 적극적으로 지원하여야 한다.

건의 5 : 정부는 생활이 어려운 4·3사건 관련 유가족들에게 실질적인 생계비를 지원하여야 한다.

건의 6 : 정부는 집단 매장지 및 유적지 발굴사업을 지원해야 하며, 유해 발굴절차는 희생자들과 그 가족들의 존엄성과 독특한 문화적 가치관을 충분히 존중하여 시행하여야 한다.

건의 7 : 정부는 진상규명사업과 기념사업을 지속적으로 지원해 나가야 한다.

7개 항의 건의안 중에도 '정부의 사과'가 맨 앞자리에 있었다. 이것은 '법률적 행위'였다. 즉, 4·3특별법 제3조 4·3위원회의 심의사항 중에는 '제주4·3사건에 관한 정부의 입장표명 등에 관한 건의사항'도 있다. 그 법적인 근거에 의해 기획단에서 건의안을 제출했고, 총리가 위원장인 정부위원회에서 그 건의안을 채택한 것이다. 이런 건의에 따라 정부 차원의 4·3 피해자와 유족에 대한 명예회복과 역사의 교훈으로 삼고자 하는 다양한 사업이 추진된다.

| 보수언론도 보고서 대서특필

2003년 3월 29일, 비록 "6개월 동안 수정의견을 받는다."는 조건부 단서가 달렸지만, 4·3위원회에서 진상조사보고서를 채택하자 중앙언론들이 일제히 이 사실을 크게 보도했다. 중앙지들은 4·3사건 발생 55년 만에 정부 차원의 첫 종합보고서라는 점에서 의의가 있고, 특히 국가공권력에 의한 주민 희생 등 인권침해 여부를 규명하는데 역점을 뒀다는 점에서 평가받고 있다고 그 의미를 부여했다.

3월 31일자 『한겨레신문』은 "해방공간에서 이념갈등이 개입된 유혈사태에 대한 정부 차원의 첫 공식보고서라는 의의를 지닌다.", 『중앙일보』는 "국가공권력에 의한 불법사건으로 규정했다", 『동아일보』는 "단독정부 수립에 반대하는 남로당 제주도당의 무장봉기를 진압하는 과정에서 무고하게 주민들이 희생된 사건으로 규정했다", 『경향신문』은 "4·3 와중에 희생됐다는 이유로 '빨갱이'라고 손가락질 받아온 희생자 유가족들의 반세기 신원을 해주려 했음을 명확히 했다", 『한국일보』는 "희생자 유가족의 신원을 위해 정부가 과오를 인정하는 사과를 하도록 노무현 대통령에게 건의했다"고 각각 보도했다.

진보·보수 성향을 가리지 않고 대부분의 중앙지가 진상조사보고서 채택을 비중 있게 다룬 것이다. 그 중에서 눈길을 끈 보도는 보수언론의 대표 격인 『조선일보』와 동아일보사에서 발행하는 월간지 『신동아』의 대서특필이었다. 두 매체의 관련 보도기사 중 공통적인 표현은 '단독입수'라고 표기를 한 점이다.

물론 진상조사보고서 전체 내용은 그때까지도 '대외보안을 요하는 사항'으로 다뤄졌다. 심의과정의 불가피한 조처였다. 4·3위원회는 진상조사보고서 채택 직후 보도자료를 통해 보고서 주요골자와 대정부 건의안을 설명했고, 보고서 전체내용은 수정·유인 과정을 거쳐야 하기 때문에 1개월 후 공개하겠다고 밝혔다. 그러나 보고서가 정식 채택되면서 적지 않은 기자들이 4·3위원회 위원 등을 통해 보고서 내용을 입수한 상태였다. 그럼에도 두 언론은 특집으로 이 내용을 다룰 의도에서 '본사 단독입수'란 표현을 쓴 것 같다.

3월 31일자 『조선일보』는 중앙일간지 중 가장 많은 지면을 할애해 진상조사보고서

本社 단독입수 '제주 4·3사건 보고서' 잠정결론 全文

"최대 3만명 희생… 47년 3·1절 발포사건이 도화선"

흉년에 관리들 부패

재판없이 집단 사살도

남로당, 파업등 조직적 反활동 벌여
계엄령후 중산간마을 초토화 작전
54년 한라산 개방… 7년만에 막내려

"무장대 도왔다" 사실

4·3사건 진상조사 보고서

4·3사건 성격 규정	
공권력의 잘못	
피해자수	
대정부 건의안	

◇"공개시간 끝났으니 나가주세요"

29일 제주 4·3 사건 진위원회가 열린 정부중앙청사 대회의실에서 국무총리실 소속 경호원들이 회의 공개시간이 지났다며 기자들을 밀어내고 있다. ○尹相門기자 railexam@chosun.com

2003년 3월 31일자 「조선일보」에 실린 진상조사보고서의 조사결론.

관련 보도를 했다. 이례적으로 보고서 조사결론의 전문(全文)까지 실었다. 큰 제목도 "최대 3만 명 희생…47년 3·1절 발포사건이 도화선"이라고 적절하게 달았다. 종전에 '공산폭동론'에 비중을 두어 4·3에 접근하던 태도와는 판이하게 달랐다. 비틀기도 없었다. 또한 박스 기사를 통해 진상조사보고서의 4·3사건 성격 규정, 공권력의 잘못, 피해자 수, 대정부 건의안 등을 일목요연하게 정리했다. 평소의 『조선일보』 보도 성향과 비교해 봤을 때 그때 왜 그런 보도를 했는지 지금도 궁금하다.

5월 1일자로 발행된 월간지 『신동아』(통권 524호)는 한 술 더 떴다. "그간 '남로당 무장봉기'에 가려졌던 군·경 및 우익단체의 양민학살 진상이 밝혀졌다. 진상조사보고서 전문을 단독입수, 피로 얼룩졌던 광기의 역사를 고발한다."는 글로 시작한 특집기사는 보고서의 조사결론 전문뿐만 아니라, '피해상황'의 주요내용을 상세히 보도했다.

진상조사보고서를 찬찬히 들여다보면, 정부 보고서로는 이례적이다 싶을 만치 피해

상황이 세밀히 기록돼 있다. 피해상황은 보고서 총 540쪽(자료편 제외) 중 169쪽의 분량으로 실려 있는데, 주로 체험자들의 증언들로 엮어졌다. 4·3의 실상을 제대로 알리기 위해서는 그런 시도가 필요하다고 생각했다.

그런데 『신동아』가 이 대목을 주목한 것이다. 정부 보고서에 이런 시시콜콜한 피해 내용을 일일이 기록할 수 있느냐고 문제 제기할 수도 있는 사안인데, 오히려 이것을 중요하게 여겨 상당 부분을 발췌, 소개했다. 특히 그 가운데는 토벌대에 의한 피비린내 나는 학살극뿐만 아니라 잔혹한 성적 가해상황도 있었는데, 그걸 그대로 보도한 것이다. 그리고 이런 내용을 보도한 『신동아』의 대표 제목은 "피가 튀고 살이 찢긴 광란의 살육극…2만5000 생죽음 육성증언"이었다.

돌이켜보면, 4·3진상조사보고서는 그 후 극단적인 보수세력으로부터 헌법소원, 행정소송 제기 등 숱한 시련과 도전을 받았다. 그런데도 굳건히 버틸 수 있었던 것은 '피해상황' 기록이 한몫했다고 생각한다. 생각이나 양심이 있는 사람이라면 그 피해 기록을 보면서 4·3문제를 이념논쟁으로만 볼 수 없기 때문이다.

한편 제주지역 방송이나 신문들도 이 사안을 크게 보도했을 뿐만 아니라 저마다 특집기획을 연재했다. 『제민일보』는 '4·3을 일구는 사람들' 기획연재를 통해 진상조사보고서가 확정되기까지 헌신했던 사람들과 진상규명의 역사를 소개했고, 『제주일보』는 '4·3사건 진상보고'란 타이틀로 보고서 내용을 중심으로 주요 사안에 대해 재구성을 했다. 『한라일보』는 '4·3 진상보고서 채택 이후'란 기획연재를 통해 남은 과제를 시리즈로 점검했다.

| 보고서에 대한 대통령 반응

2003년 3월 29일 4·3위원회에서 4·3진상조사보고서를 조건부 의결한 상황을 청와대는 어떻게 받아들였을까? 노무현 대통령은 그 해 4월 3일 일정을 비워놓았다. 이를 두고 역사상 처음으로 대통령이 4·3위령제에 참석하는 것이냐는 관측을 불러일으켰다. 이에 앞서 전국 대학교수 255명, 문화예술인 258명, 천주교 제주교구 정의구현사제단, 제주도내 28개 시민사회단체가 공동 기자회견을 갖고 노무현 대통령의

4·3위령제 참석을 공식 요청했다.

나는 참여정부 말기인 2007년 청와대 과거사정리정책보고서T/F가 추진한 『과거사정리정책보고서』 작성 작업에 감수위원으로 참여한 바 있다. 정권 말기에 보수언론으로부터 집중포화를 받던 노무현 대통령은 "우리가 했던 일을 역사적으로 평가를 받자"면서 백서 발간을 지시했다. 『과거사정리정책보고서』 작성도 그 일환으로 추진됐다. 나는 그때 제주4·3뿐만 아니라 과거사에 관련된 노무현 대통령의 발언록을 모두 볼 수 있었다. 노 대통령은 집권 초기부터 과거사 청산에 특별한 관심을 보였고, 그 맨 앞자리에 제주4·3이 있었다.

노무현 대통령이 제주4·3에 대한 정부 입장 표명의 뜻을 구체적으로 밝힌 것은 진상조사보고서 채택 이전인 2003년 3월 21일 열린 청와대 수석·보좌관 회의에서였다. 참여정부가 출범한 지 한 달도 채 안 된 시점이었다. 대통령의 어록을 보면, 그 이전에 시민사회 대표들과의 면담 때, 개별적으로 만난 원로 역사학자(강만길 상지대 총장 등)에게 제주4·3에 대한 정부 입장을 어느 수준에서 표명하는 것이 좋은지 판단해 달라고 자문을 구했다고 한다.

노 대통령은 이날 회의에서는 청와대 참모들에게 "(그 표명이) 내 개인적으로 하는 것이 아니라 국가와 국민을 대리해서 의사 표시하는 것이기 때문에 역사적 맥락에서 법적 성격 등을 잘 판단할 것"을 지시하고 "4·3위원회의 판단 결과에 따라 공식적인 입장으로 표명할 수 있도록 준비해 줄 것"을 주문했던 것이다.

노 대통령은 대선 공약을 지키기 위해 4·3위원회가 진상조사보고서를 채택하면 그 결과에 따라 그 해 4월 3일 제55주년 4·3희생자 위령제에 참석해 정부의 입장을 표명할 예정이었다. 그러나 그 계획은 진상조사보고서가 6개월의 시한을 둔 조건부로 통과되면서 무산됐다.

노 대통령은 3월 31일 청와대 수석·보좌관 회의에서 위령제 참석문제를 논의했다. 노 대통령은 유인태 정무수석으로부터 4·3위원회가 6개월 이내에 새로운 사실이 발견되면 보고서를 수정한다는 것을 전제로 진상보고서를 채택했다는 보고를 받고 "다른 어떤 사건보다 무거운 사안이고 역사적 평가인 만큼 보고서를 통해 사실을 재확인하고 의미를 재평가할 시간적 여유가 필요하다"면서 "국가차원의 입장 표명은 내년 4·3

노무현 대통령이 4·3위원회 민간인 위원들을 청와대로 초청, 오찬 회동을 가졌다. 왼쪽부터 한광덕, 노 대통령, 강만길·박창욱·김삼웅.

사건 추모식에 하겠다."고 밝혔다. 이런 회의 결과는 송경희 청와대 대변인에 의해 공식 발표됐다.

노 대통령은 그 해 위령제에 참석할 수 없게 되자 4월 2일 4·3위원회 민간인 위원들을 청와대로 초청, 오찬 회동을 갖고 위로의 뜻을 밝혔다. 그 자리에 동석했던 고건 총리가 4·3위원회에서 의견을 조정해서 진상조사보고서를 만장일치로 조건부 의결했다고 보고하자 노 대통령은 "위원들 간 견해와 관점이 달라 결론내기 어려웠을 텐데 만장일치로 합의를 이끌어낸 것도 역사적 성과"라고 평가하면서도 "민주주의 국가에서 만장일치가 꼭 좋은 것만은 아니다"라며 고건 총리를 우회적으로 질책했다.

그 자리서 유족 대표인 박창욱 위원은 "4·3유족들은 대통령님의 위령제 참석을 학수고대하고 있다"고 재차 참석을 요청했고, 김삼웅 위원은 "정부 입장 표명을 내년 4·3위령제 때 하는 계획은 바로 총선과 맞물려 정치적인 논쟁에 휘말릴 우려가 있다"면서 "서양 속담에 선행은 하루라도 빨리 하는 게 좋다는 말이 있다"고 지적했다. 이에 노 대통령은 "미처 총선은 생각하지 못했다"면서 "내년 4월 3일에는 반드시 제주를 방문할 것이며 그 이전에라도 진상보고서가 마무리 되는대로 국가적 입장을 표명할 것"이라고 수정의견을 밝혔다.

그날 노무현 대통령은 과거사 정리의 의지를 확고하게 밝혔다. 그는 우리 현대사에서 4·3과 유사한 비극적인 사건이 많은데, 임기 5년 동안 끝내지 못하더라도 우리가 시작해야 되지 않겠냐하는 생각을 갖고 있다고 언급했다. 대통령은 "기왕에 총리실에 기구가 있으니까 4·3 진상규명이 마무리 되는대로 총리와 4·3지원단에서 다른 과거사 정리를 어떻게 풀 것인지에 대해서 구상의 초안을 만들어 달라"고 주문했다. 그러나 총리실 등에선 이 발언을 간과한 것 같다. 우리 전문위원실에도 이와 관련된 아무런 시달이 없었다.

그런데 노무현 대통령은 그로부터 1년 4개월 뒤인 2004년 8월 17일 열린 국무회의에서 앞서 지시한 내용을 상기시키면서 그 뒤 아무런 보고가 없었다고 지적한 것이다. 그때는 국무총리가 고건에서 이해찬 총리로 바뀐 때였다.

| 총리 위령제 참석 논란

2003년 4·3진상조사보고서가 확정되고, 대통령이 처음으로 4·3위령제에 참석해서 국가차원의 사과를 한다면 그야말로 반세기 이상 맺힌 한을 푸는 역사적 사건이 될 터였다. 그런 꿈같은 이야기가 바짝 현실로 다가왔다. 4·3유족은 물론이거니와 제주 도민사회는 설레는 마음으로 그 진행상황을 지켜봤다. 제주도는 이런 고무된 분위기를 극대화하기 위해 대통령이 참석한 가운데 제주시 봉개동에 마련된 제주4·3평화공원 조성예정 부지에서 기공식을 갖는다는 계획도 세웠다.

그런데 진상조사보고서 조건부 의결과 대통령의 위령제 참석이 1년 연기된다는 소식이 전해지면서 실망의 소리가 터져 나왔다. 노무현 대통령은 이를 의식한 듯, 4월 2일 4·3위원회 민간인 위원들을 청와대로 초대해서 위로의 회동을 갖는 한편 위령제에는 정부를 대표해서 고건 국무총리와 김두관 행정자치부장관이 참석하도록 조치했다.

1989년부터 4·3위령제가 거행됐지만 국무총리와 장관 등 정부 측 고위인사가 참석하는 것은 처음 있는 일이었다. 그러나 대통령 참석에 대한 기대가 컸던 만큼 이런 조치에도 분위기는 싸늘했다. 4·3유족회를 비롯한 시민사회단체 뿐만 아니라 여야 정치인, 도의회 등에서 불만스런 성명이 잇달아 발표됐다.

4·3유족회 등 제주도내 26개 시민사회단체는 "제주4·3 진상조사보고서에서 드러났듯이 4·3사건은 세계적으로 유례를 찾을 수 없는 국가권력에 의한 민간인학살사건"이라면서 "국무총리가 참석하더라도 정부가 공식 입장을 밝혀야 한다."고 주장했다. 제주출신 국회의원 고진부 의원(민주당)과 양정규·현경대 의원(한나라당)도 여야를 떠나 "진상조사 결과 국기기관의 잘못이 밝혀질 경우 대통령 신분으로 직접 사과하겠다던 제주도민과의 약속을 지켜야 한다."고 촉구했다. 제주도의회는 김영훈 의장과 강원철 4·3특위 위원장이 기자회견을 갖고 "정부 차원의 공식 입장 표명과 대통령의 위령제 참석이 유보된 데 대해 실망감을 감출 수 없다."고 밝혔다.

그런데 더 큰 문제는 그 다음 일어났다. 추미애 의원 등이 이런 사태가 빚어진 책임이 고건 총리에게 있다고 직접 공격했기 때문이다. 4·3특별법 제정의 산파역할을 했던 추미애 의원은 4월 1일 발표한 성명을 통해 "제주4·3사건 진상조사보고서의 결론을 왜곡하는 듯한 국무총리의 태도와 이에 따른 청와대의 사과 재검토를 비판한다."고 직격탄을 날렸다. 추 의원은 "총리의 보고서 작성 시한 연장조치는 진상규명 작업이 미흡하다고 판단한 결과라기보다는 보고서 채택과정에서 군경 측 일부 위원의 반발을 의식한 결과라고 본다."며 "이는 4·3특별법의 입법 취지와 법에 정해진 기간을 정면으로 위반하는 것"이라고 주장했다.

또한 4·3특별법 제정운동에 앞장섰던 제주참여환경연대 이지훈 대표도 『한겨레신문』 4월 3일자에 실린 "제주4·3 사과 유보라니"란 제목의 기고를 통해 "4·3특별법은 여야 의원들이 함께 발의해 통과시킨 인권법이다. 감히 총리가 자의적으로 훼손할 수 있는 법이 아니다. 도민들은 이제 실망을 넘어 분노하고 있다"고 신랄하게 비판했다. 이에 앞서 4월 2일 제주참여환경연대·제주환경운동연합·제주여민회 등 3개 단체는 "정부 차원의 공식사과 유보를 사실상 조장하고 제주4·3 진상규명에 찬물을 끼얹은 고건 총리의 위령제 참석을 반대한다."고 공개적으로 밝혔다.

뜻하지 않은 공격을 받은 총리실은 당황한 빛을 보이며 반론에 나섰다. 즉 "6개월 시한부 수정의견은 군경 측 입장을 대변하는 위원들의 수정 제의 등 의견이 분분한 가운데 위원 전원 동의하에 전원일치의 의결로 이뤄진 것이고, 진상조사보고서가 6개월 뒤 최종 확정되면 적절한 시점에 정부의 공식입장이 표명될 것"이라고 해명했다. 또한

2003년 4·3위령제에 참석한 고건 총리가 김두관 행자부장관, 우근민 지사와 함께 참배하고 있다. 주변에 경호원들이 긴장한 모습으로 서 있다.

"총리는 위원장으로서 위원들과 각계각층의 의견을 수렴, 위원회를 원만히 운영하고 자 노력했다."고 덧붙였다.

이런 분위기 때문에 4·3위령제 행사장엔 긴장감이 돌았다. 서울에서 내려온 고건 총리와 김두관 장관 등은 같은 버스에 탑승해 행사장으로 향했다. 일부 시민단체 회원들이 계란을 던질지 모른다는 정보가 입수돼 경호원들은 우산을 준비하기도 했다. 고건 총리 일행이 평화공원 조성 예정지 입구에 도착해 버스에서 내리는 순간 참여환경 연대 등 일부 단체 회원들이 '4·3 해결에 찬물을 끼얹는 고건 국무총리 규탄한다'라고 적힌 플래카드를 펼치고 입장을 저지하는 기습 시위를 벌였다. 경호원들과 실랑이가 벌어지자 일부 시민단체 회원들은 땅바닥에 드러눕기도 했다. 이 바람에 추모행사 시 작이 10여 분 간 지연됐다.

어쨌든 우여곡절 끝에 위령제에 참석한 고건 총리는 정부의 입장 표명시기가 늦어진 데 대해 양해를 구하고, "4·3위원장으로서, 또 총리로서 제주4·3사건을 마무리 짓는 데 앞으로도 최선을 다하겠다는 것을 다짐한다."고 밝혔다. 이날 권영길 민노당 대표, 김원웅 개혁당 대표, 민주당 정동영·추미애 의원, 한나라당 이부영 의원 등 중앙 정치 인들도 대거 참석한 가운데 위령제에 이어 평화공원 조성 기공식도 거행됐다.

진상조사보고서 최종 확정까지

| 수정의견 376건 들어와

　제주4·3위원회는 진상조사보고서를 의결하면서 6개월 이내에 새로운 자료나 증언이 나타나면 추가 심의를 거쳐 보고서를 수정한다는 조건부를 달았기 때문에 수정의견 제출기간을 설정해서 공고했다. 즉 2003년 5월 1일부터 9월 28일까지를 의견 수렴기간으로 정한 것이다.

　이에 앞서 4월 말에 「제주4·3사건진상조사보고서」 5백부를 발간, 관련 기관·단체 등에 배포했다. 이 보고서에는 발간사나 부록 등은 싣지 않았다. 수정의견을 반영한 최종본 제작을 염두에 뒀기 때문이다. 본문만 실었음에도 보고서는 582쪽 분량으로 두툼했다. 결론부터 말하면 4·3진상조사보고서는 모두 3차례 간행됐다. 2003년 2월 말에 초안이 나왔고, 4월말에 조건부 진상보고서가 인쇄됐다. 그리고 수정의견을 반영한 최종본이 그 해 12월에 발간된 것이다.

　4·3위원회는 조건부 진상보고서를 발간, 배포했을 뿐만 아니라 일반인들도 쉽게 접할 수 있도록 보고서 전문을 위원회 홈페이지에 공개했다. 수정의견을 제출할 때에는 반드시 그런 의견을 입증할 수 있는 자료나 증언록을 첨부하도록 못 박았다. 위원회 의결과정에서 수정할 수 있는 조건은 '새로운 자료나 증언이 나타나면…'이란 단서였기 때문이다.

　그 해 9월말까지 모두 20개 기관·단체·개인으로부터 376건의 수정의견이 접수됐다. 예상했던 대로 새로운 자료나 증언에 의한 수정의견은 별로 없었다. 기획단이나 위원회 회의에서 치열하게 논의됐던 성격 규정이나 용어에 대한 논란이 대부분이었다. 따라서 첨부자료도 미약한 편이었다.

　즉 국방부·경찰청·참전단체연합회·제주경우회 등 군경 측은 과잉진압 중심으로 서술한 편향된 보고서라고 문제 삼으면서 '공산폭동론'과 남로당 중앙·북한·소련과의 관련성을 규명하고, 과장된 희생자 숫자를 시정해야 한다고 주장했다. 이에 반해, 유족회와 4·3관련단체들은 군경 및 미군의 책임문제 서술이 미흡했고, '초토화작전', '학살' 등의 용어 부활, 학살책임자 명단 공개 등을 요구했다.

수정의견을 가장 많이 낸 곳은 보수연합단체인 '자유시민연대'였다. 무려 91건의 수정의견을 제출했다. 그런데 이 수정의견은 필자와 같은 사무실에서 근무한 나종삼 전문위원(중령 출신)이 주로 작성한 것으로 밝혀져 논란이 됐다. 그는 그 해 10월 보고서가 최종 확정되자 이에 반발, 사표를 제출한다.

국방부도 54건의 수정의견을 제출했다. 이 역시 '무장봉기'를 '무장폭동'으로, '초토화'를 '폐허화'로 수정하라는 식이었다. 국방부 수정의견 가운데는 내가 보기엔 너무 어이없는 내용도 있었다. 1947년 3월 1일 제주읍 관덕정 앞에서 경찰의 발포로 6명이 사망하고 6명이 중상한 사건과 관련해서 "공포 쏜 것이 건물 벽 맞고 유탄되어 사상됐다"는 내용으로 수정하라는 주문이었다. 나중에 심의할 때 내가 "유탄으로 6명 사망, 6명 중상이란 표현이 국방부의 과학적인 분석인가?"고 따져 물은 적이 있다.

수정의견에 대해서는 1차로 전문위원실에서 분석해 검토 자료를 작성했다. 수정할 부분과 수정할 수 없는 부분으로 구분했다. 그에 합당한 근거를 제시했음은 물론이다. 주로 김종민 전문위원이 검토 자료를 작성했다. 수정의견 376건에 대해 일일이 분석한 내용을 일목요연하게 볼 수 있도록 도표로 만들었다.

검토 자료 작성은 이틀간 꼬박 밤샘작업으로 했다. 그 이유는 첫째, 대부분의 수정의견들이 마감 날 한꺼번에 쏟아져 들어왔기 때문이다. 특히 보수단체의 수정의견이 대부분 마감 날 들어왔다. 두 번째는 예상 밖으로 총리실에서 추가 심사 일정을 서두르는 바람에 이틀 만에 검토 자료를 작성해야만 했다. 수정의견에 대해 구체적인 반론과 검토 의견을 써야했기에 그 분량이 많아 '수정의견 검토보고서'를 두 권으로 나누어 제본했다.

총리실이 서두르게 된 사연은 이렇다. 그 해 3월 4·3진상조사보고서를 심의할 때 총리실의 태도는 보고서 통과를 부담스러워하는 듯한 기색이 역력했다. 6개월 조건부 의결 구상도 그런 분위기를 방증하는 것으로 보였다. 그때 분위기로 봐서는 6개월 후

4·3진상조사보고서는 모두 3차례 간행됐다. 초안과 조건부 진상보고서, 최종 보고서 등이다.

라도 보고서가 최종 확정될 것이란 확신이 서지 않았다.

궁리 끝에 그 해 10월 말에 제주도에서 열리는 제2회 제주평화포럼과 연계하는 방안을 모색했다. 당시에는 평화포럼을 제주발전연구원에서 주관하고 있었다. 나는 발전연구원 고충석 원장에게 제주평화포럼에 참석하는 노무현 대통령이 4·3에 대한 정부 입장을 발표하도록 하는 방안이 어떠냐고 제안했다. 고 원장은 흔쾌히 이를 받아들였다.

당시엔 제주평화포럼 업무는 청와대 외교안보실에서, 4·3관련 업무는 정무수석실에서 담당하고 있었다. 따라서 제주발전연구원 쪽에서 외교안보실로, 4·3진영에선 정무수석실로 이 방안을 건의했다. 그러자 유인태 수석−장준영 비서관−기춘 행정관으로 이어지는 정무 라인에서 적극성을 보였다.

그 해 9월 청와대 정무수석실은 10월 말 열리는 제주평화포럼에 대통령께서 참석해 가능하면 제주4·3에 대한 정부 입장을 발표할 예정이니 그 이전에 진상보고서를 최종 확정했으면 좋겠다는 지침을 총리실에 시달했다. 이러한 지침 때문에 총리실의 걸음이 예상보다 훨씬 빨라진 것이다.

| 수정안 33건 확정

2003년 9월 말, 총리실의 발걸음이 예상보다 훨씬 빨라졌다. 제주4·3사건처리지
원단이 총리실에 보고한 '4·3보고서 확정을 위한 검토소위원회 운영계획'에는 수정의견
에 대한 검토소위를 몇 차례 가진 뒤, 4·3위원회 전체회의를 '10월 20~23일' 사이에
개최하는 것으로 상정했다. 그런데 고건 국무총리가 이 보고서를 보고 "너무 늦다"면서
전체회의를 '10월 15일'에 개최하는 것으로 수정 지시한 것이다. 그뿐만이 아니다. 고
건 총리는 서둘러 검토소위 제1차 회의를 9월 26일 소집했다. 수정의견 마감 이틀 전
이었다. 그 해 3월 진상보고서를 조건부 의결할 때와는 사뭇 다른 분위기였다.

검토소위에는 종전의 멤버 즉, 국방·법무장관, 법제처장 등 정무직 위원과 신용하
(서울대 명예교수)·김삼웅(전 대한매일 주필)·유재갑(경기대 교수) 등 민간인 위원에다
역사학 전공인 서중석(성균관대 교수) 위원이 추가됐다. 원래 국방부 추천 민간인 위
원은 김점곤 경희대 교수(예비역 소장)였으나 진상보고서가 조건부 의결될 때 반발,
사퇴하는 바람에 기획단에서 활동했던 유재갑 교수(예비역 대령)가 그 후임으로 위촉
된 것이다.

종전처럼 박원순 기획단장, 강택상 지원단장과 나도 검토소위 회의에 참석했다. 초
대 김한욱 지원단장이 정부기록보존소장으로 자리를 옮기고, 강택상 단장이 제2대 지
원단장으로 부임한 것이다. 조영택 총리실 기획수석조정관(나중에 국무조정실장, 국
회의원이 됨)도 참석해 많은 도움을 줬다.

고건 총리는 이날 회의에서 "정부 차원의 진상조사보고서를 마무리하는 작업은 역사
적인 일이며, 중차대한 일"이라고 강조하고 "민간인 위원들이 수정의견을 잘 검토해서
유종의 미를 거두어 달라"고 당부했다. 또한 고 총리는 회의 주관위원으로 신용하 위
원을 위촉했다. 이날 회의에서 검토소위 운영방향도 협의됐다.

신용하 주관위원 주재로 검토소위 제2차 회의는 10월 1일, 제3차 회의는 10월 4
일 잇달아 열렸다. 그리고 제4차 회의는 10월 7일 고건 총리의 주재아래 총리 집무실
에서 열렸다. 이때는 정부 측 위원들도 모두 참석했다.

제4차 검토소위에서 수정의견 중 33건을 수정하는 '검토소위 수정안'을 확정하고,

2003년 10월 7일 보고서 검토소위 회의모습. 고건 총리를 중심으로 오른쪽에 신용하·김삼웅·서중석 위원이, 그 옆에 박원순 지원단장과 필자가 앉았다. 맞은편은 정부 위원들.

이를 4·3위원회 전체회의에 상정하기로 결정했다. 수정 내용은 표현 수정이나 삭제가 25건, 사실관계 내용 수정 6건, 새로운 자료에 의한 내용 추가 2건 등이었다. 앞에서 밝혔지만 새로운 자료나 증언에 의한 수정사항은 별로 없었다.

수정내용을 보면, 조병옥 경무부장의 '3·1사건 담화문'은 담화 요점만 기술하고, 담화문 내용과 평가부분을 삭제한다든가, 당시 법령에는 계엄령 선포의 국회 통고 조항이 없기 때문에 이를 의무조항으로 표현한 내용을 수정하고, 1949년 군법회의 때 국방경비법을 민간인에 대해서 적용할 수 없다는 표현을 고치는 수준이었다. 또한 249명에 대한 사형집행이 1949년 10월 2일에 이뤄졌기 때문에 보고서의 '1949년 7월경' 기술 내용을 고치고, 2연대 선발대의 제주도착 날짜와 부대의 철수 날짜가 잘못 기술됐다는 지적에 따라 이를 수정하는 정도였다.

이날 회의에서는 이런 수정의견보다 오히려 보고서 서문(序文)에 담길 내용을 둘러싸고 열띤 공방이 있었다. 신용하 위원이 이 보고서가 역사를 바라보는 관점에 따라 보·혁 간의 끊임없는 소모적 논쟁의 소재가 될 수 있다고 전제하고 "동 보고서는 4·3사건의 성격 규정과 역사적 평가를 위한 것보다는 4·3특별법의 목적인 사건 진상규명과 희생자 및 유족의 명예회복을 이행하기 위한 것"이란 내용을 서문에 밝히자고 제안하면서 논란이 일어난 것이다.

어쨌든 수정의견 심의는 이런 선에서 마무리됐다. 나는 회의가 끝난 후 수정내용을 정리하기 위해 사무실로 돌아왔는데, 고건 총리가 찾는다는 전갈이 왔다. 고 총리가 검토소위 위원들과의 저녁식사 자리에서 나에게 "그동안 수고했다"면서 와인을 따라 줬다. 고 총리는 그 자리에서 지난번 4·3위령제 때 있었던 파동을 상기시키면서 아쉬움을 표시하기도 했다. 일부 시민단체 회원들이 자신의 행사장 입장을 막았던 일이 못내 마음에 걸렸던 것 같다.

4·3진상조사보고서를 최종 확정할 날이 다가왔다. 제8차 4·3위원회 전체회의는 10월 15일 오후 5시 정부중앙청사 국무총리실 대회의실에서 열릴 예정이었다. 그런데 그날 아침 일이 터지고 말았다. 나와 같은 사무실에서 진상조사보고서 작성에 참여했던 나종삼 전문위원의 기고가 『조선일보』에 크게 실렸다. 제목은 "4·3보고서 반쪽짜리 되나"였다.

기고 내용은 제주출신의 전문위원들이 진상을 규명하는 보고서가 아니라 인권침해에 초점을 맞춘 한풀이식의 인권보고서를 썼고, 자신의 수정의견이 묵살됐으며, 심사소위원회의 졸속 처리로 잘못된 부분을 수정할 수 없었다는 내용이었다. 그의 주장대로라면 진상조사보고서가 대단히 문제가 있는 것처럼 비쳐질 수밖에 없었다.

| 다수결로 보고서 최종 의결

4·3진상조사보고서를 최종 확정해야 하는 날, 이런 내용이 보도됐으니 난리가 났다. 그것도 나와 같이 진상조사보고서 작성 작업에 참여했던 전문위원이 기고했으니 매우 난감했다. 이 불똥이 잘못 튀어서 보고서 최종 통과를 막는 상황이 되면 어떻게 될 것인가.

나는 일단 급한 불을 꺼야 한다는 생각에 '나종삼 전문위원의 조선일보 기고문에 대한 반박자료'를 만들어 총리실과 행정자치부 기자실에 뿌렸다. 그리고 오늘 진상조사보고서 수정안이 최종 확정되면 회의 종료 후 그 결과와 함께 브리핑하겠다고 알렸다. 그래선지 기자실에선 별 다른 파장이 없었다. 만약에 '반쪽 보고서'란 나종삼 위원의 주장이 정당하다면 언론이나 정무직 위원들이 가만히 묵과할 수 있는 일은 아니지 않은가.

오후 5시 정부중앙청사 국무총리실 대회의실에서 제8차 4·3위원회 전체회의가 열리기 직전 또 다른 반전이 시작됐다. 상기된 얼굴로 회의장에 들어서던 신용하 위원이 나를 보더니 "오늘 신문에 기고한 전문위원이 누구냐?"고 묻는 것이 아닌가. 수정의견 검토소위원회 주관위원이었던 그는 "소위원회에서 수정의견들을 졸속처리했다"는 기고문 내용에 발끈한 표정이었다.

내가 "군 출신 전문위원"이라고 답하자마자 신용하 위원은 국방장관을 대리해 회의장에 앉아 있었던 유보선 국방차관에게 포문을 열었다. 걸걸한 큰 목소리로 "뭐가 졸속 처리됐느냐?"고 따져 물은 것이다. 유 차관은 검토소위에 두 번이나 참석했다. 갑작스럽게 공격을 받은 유 차관은 "신문 기고문과 나는 무관하다. 왜 그런 질문을 나에게 하느냐?"면서도 난감한 표정을 지었다. 기고문의 파장은 그걸로 끝나버렸다.

고건 총리가 주재한 전체회의에서 박원순 기획단장이 '검토소위 수정안'을 보고했다. 즉 진상조사보고서 수정의견 376건이 접수됐고, 네 차례 검토소위에서 심의한 결과 33건을 수정하기로 했다는 내용이었다.

이 수정안에 대해 군경 측 민간인 위원들이 한 목소리로 "수정내용이 미흡하다"면서 재심의를 요구했다. 이에 맞서 다른 민간인 위원들은 "6개월을 끌었는데, 새로운 자료도 제시하지 않으면서 계속 미룰 수는 없다"면서 의결을 촉구했다. 이번에도 강금실 법무장관이 단호하게 즉각 통과를 주장했다. 그러다보니 위원들 사이에 고성이 오갔다.

이 회의가 비공개로 열렸기 때문에 기자들은 회의장 밖에서 초조하게 기다리고 있었다. 한 신문은 나중에 회의장 분위기를 전하면서 "비공개로 진행된 이날 회의에서 위원들의 고성이 문밖에서도 들릴 정도로 격한 논쟁이 벌어져 진상보고서 채택 여부가 다시 보류되는 게 아닌가 하는 우려 섞인 목소리가 흘러 나왔다"고 보도하기도 했다.

이때 고건 총리가 적극성을 보였다. 고 총리는 보고서 서문에 "4·3특별법의 목적에 따라 사건의 진상규명과 희생자 명예회복에 중점을 둬 작성됐고 사건의 성격이나 역사적 평가는 차후 새로운 사료나 증거가 나타나면 보완할 수 있다"고 밝히겠다면서 설득했다. 고 총리는 그래도 군경 측 위원들이 계속 반발하자 "제주도민의 아픔을 치유

2003년 10월 15일 제주4·3사건 진상조사보고서를 최종 의결하는 고건 총리.

하는 데 더 이상 지체할 수 없다"면서 위원 다수 의견으로 진상보고서 최종안을 통과
시켰다. 그동안의 논란에 종지부를 찍은 것이다.

그날 회의에는 위원 20명 중 17명이 참석했다. 진상조사보고서 최종안에 대한 의
결서에 서명을 받은 결과, 총리 등 12명이 찬성을, 군경 측 민간인 위원 3명이 반대
를, 국방부장관 등 2명이 기권 의사를 표시했다.

진상조사보고서 통과 직후 이에 반발해 한광덕 전 국방대학원장과 이황우 동국대 교
수 등 군경 측 민간인 위원 2명이 사퇴했다. 아울러 조선일보 기고 등으로 파문을 일
으킨 나종삼 전문위원도 사임했다. 이런 반발에도 진상조사보고서 최종 의결에는 아
무런 영향을 미치지 못했다.

이로써 한국 현대사의 최대 비극적인 사건임에도 '공산폭동'이란 이데올로기적인 평
가에 짓눌려 왜곡되고 뒤틀렸던 제주4·3에 대한 정부 차원의 진상규명이 비로소 확정
된 것이다. 그것은 정부가 공식적으로 제주4·3에 대한 인식을 '공산폭동'에서 '국가 공
권력에 의한 인권유린'으로 바꾼 것을 의미한다. 드디어 제주도민과 희생자, 유족들은
이념적 누명을 벗게 된 것이다.

나는 2004년 제주도의회 발간 『의회보 제19호』에 기고한 '4·3진상조사보고서 채택과 대통령 사과의 의의'란 제목의 글에서 4·3진상조사보고서의 특징과 의미를 다음 다섯 가지로 요약한 바 있다.

첫째, 제주4·3 발생 55년 만에 정부 차원에서 조사된 최초의 4·3종합보고서.

둘째, 사건의 배경·전개과정·피해상황 등을 종합적으로 다루면서 인권침해 규명에 역점을 둔 보고서.

셋째, 국가공권력의 인권유린 등 정부 과오를 인정한 보고서.

넷째, 대규모 인명피해를 유발한 초토화의 책임은 당시 이승만 대통령과 미 군사고문단 등에 있다고 규정한 보고서.

다섯째, 한국현대사에서 특별법에 의해 과거 역사를 재조명한 최초의 보고서.

| 이념 보다 '인권' 중심 조명

진상조사보고서의 주요 내용은 이렇다. '4·3사건의 정의'를 "제주4·3사건이라 함은 1947년 3월 1일 경찰의 발포사건을 기점으로 하여 경찰·서청의 탄압에 대한 저항과 단독선거·단독정부 반대를 기치로 1948년 4월 3일 남로당 제주도당 무장대가 무장봉기한 이래 1954년 9월 21일 한라산 금족지역이 전면 개방될 때까지 제주도에서 발생한 무장대와 토벌대간의 무력충돌과 토벌대의 진압과정에서 수많은 주민들이 희생당한 사건을 말한다."로 정리했다.

정부 차원에서 채택한 4·3진상조사보고서에 대한 논란이 일자 보고서 서문에 "4·3 사건 전체에 대한 성격이나 역사적 평가를 내리지 않았다"는 내용을 삽입했지만, 그것은 불가피한 사정에 의한 '전략적 표현'이었다. 나는 앞의 글에서 4·3의 전체 모습과 성격을 함축적으로 보여줬다고 생각한다. 『조선일보』(2003년 3월 31일자)가 그걸 눈치 채고 진상조사보고서의 4·3사건 정의를 인용한 뒤, '4·3사건 성격 규정'을 했다고 보도한 바 있다.

즉 진상조사보고서는 4·3의 성격에 대해서 첫째, 1947년 3월 1일 경찰의 발포 이후의 탄압에 대한 저항과 단독정부 수립 반대와 연계된 1948년 4월 3일 남로당 제주도당의 무장봉기가 있었고, 둘째, 한라산 금족령이 해제되는 1954년까지 무장대와 토벌대간의 무력충돌과 토벌대의 진압과정에서 주민들이 희생당한 사건으로 규정한 것이다. 일부 학자들이 주장하는 '항쟁'이나 '통일정부 지향'이란 성격은 그 속에 조심스럽게 녹여내었다는 것을 말하고 싶다. 다만 '4·3항쟁'이란 용어를 쓰는 순간 정부보고서로서의 통과는 요원해지기 때문에 직접적인 표현을 피해 갔다.

발발원인도 복합적 요인이 작용한 것으로 파악했다. 시점은 경찰의 발포로 6명이 사망한 '1947년 3·1발포사건'이었고, 그 이후 육지출신 도지사에 의한 극우적 행위, 응원경찰과 서청에 의한 검거선풍, 테러, 고문 등이 있었으며, 이런 긴장상황을 남로당 제주도당이 5·10 단독정부선거 반대투쟁에 접목시켜 경찰지서 등을 습격한 것이 4·3 무장봉기의 시발이라고 분석했다. 이 과정에서 남로당 중앙당의 직접적인 지시는 없었다는 것이 조사 결론이다.

특히 대량 인명 피해의 결정적 요인은 토벌대의 초토화 작전에 있음을 분명하게 밝혔고, 그 책임에 대해서 1차적으론 강경진압작전을 주도한 9연대장과 2연대장에게, 최종 책임은 계엄령 선포와 가혹한 방법으로 탄압을 지시한 이승만 전 대통령과 한국군 작전통제권을 갖고 있던 미군정과 미 군사고문단에 있다고 지적했다.

진상조사보고서에서 4·3 희생자 수를 25,000~30,000명으로 추정했고, 특히 위원회에 신고된 희생자(15,100명) 가운데 86%가 토벌대에 의해, 14%가 무장대에 의해 희생됐으며 희생자 중에는 어린이와 노인, 여성 등 노약자가 전체의 33%를 차지하고 있음을 밝혔다. 또한 '4·3 군법회의'를 정상적인 법적 절차를 밟지 않은 불법적인 재판으로 규정했다.

앞에서도 밝혔지만, 진상조사보고서는 사건원인과 전개과정 못지않게 인권침해 실태라 할 수 있는 피해상황에 역점을 두어 기술됐다. 특히 인명피해는 집단 인명희생, 형무소 재소자 희생, 고문 실태, 연좌제 피해 등으로 구분됐고, 집단 인명피해는 △초토화 시기 살상 △도피자가족 살상 △자수자 살상 △함정토벌 △피난 입산자 살상 △보복 살상 △예비검속자 살상 △무장대의 살상행위 등으로 세분했다.

진상조사보고서는 결론적으로 1948년 제주 섬에서 이뤄졌던 일들은 제노사이드(genocide·집단학살) 범죄방지 국제협약을 어겼으며, 국제법이 요구하는 문명사회의 기본원칙이 무시되었다고 지적했다. 법을 지켜야 할 국가공권력이 법을 어기면서 재판 절차 없이 비무장 민간인들을 살상한 점, 특히 어린이와 노인들까지도 살해한 점은 중대한 인권유린이자 역사적 과오임을 밝혔다. 또한 무장대에 의한 민간인 살상행위도 분명한 과오라고 지적했다.

당시 제주도는 세계 냉전체제의 최대 피해 지역이었으며, 바로 이런 이데올로기 문제가 4·3의 진상규명을 50년 동안 억제해온 요인으로 작용했다고 분석했다. 결국 진상조사보고서는 제주4·3을 인권 중심으로 규명했다는 특징이 있다. 즉 과거 이데올로기 문제로만 치우쳤던 4·3 문제를 인간의 존엄성, 인권 가치를 중시하는 입장에서 재조명했다는 뜻이다.

여기서 특기할 것은 용어의 정리인데, 진상조사보고서에서 4·3의 전체적인 용어는 불가피하게 특별법 상의 '제주4·3사건'을 그대로 인용했다. 그러면서도 4월 3일 상황에 대해서는 종전 관변자료에서 사용했던 '폭동'이란 용어를 버리고 '무장봉기'로 정리했다.

4·3진상조사보고서는 법률 절차에 의해 확정된 '법정보고서'란 사실을 강조하고 싶다. 따라서 보고서 확정 이후에는 공적 영역에서 4·3문제를 언급할 때에는 법정보고서의 용어를 준용해야 하는 '권위'를 갖게 됐다는 뜻이다. 보고서 확정 직후에 종전처럼 '폭동'이란 용어를 썼다가 항의를 받고 수정한 교육인적자원부의 '공문 파동'과 국방부의 '6·25전쟁사 파문'이 좋은 사례이다.

| 엇갈린 보고서 평가

2003년 4·3진상조사보고서가 최종 확정되자 그 평가는 엇갈렸다. 당초 예상대로 보수진영은 즉각 반발했다. 군경 추천 민간인 위원들이 이에 반발해서 사퇴한 데 이어 진상조사보고서를 인정할 수 없다는 성명이 잇달았다.

특히 경우회제주도지부와 자유수호협의회 등 제주 도내 12개 반공단체들은 10월 28일 지역 언론에 "내란을 은폐한 4·3진상조사보고서 우리는 절대 인정할 수 없다"는 제목으로 대형 광고를 실었다. 내용인즉, 4·3사건은 한반도 전체를 공산화하기 위해 남로당이 일으킨 내란인데, 진상조사보고서는 이를 간과한 채 군경 토벌대의 과잉 진압부분만 과대 포장했고, 수정안 심의도 엉터리로 진행했다는 것이다.

이런 불만 표출은 시작에 불과했다. 보수단체들은 2만여 명의 서명을 받아 진상조사보고서 취소를 위한 청와대 청원을 하는가 하면 2004년 7월에는 자유시민연대 등 43개 보수단체가 연대해서 진상조사보고서 취소를 위한 헌법소원을 제기했다. 그들은 이때 185,689명의 서명지를 헌법재판소에 제출했다. 이 이야기는 나중에 자세히 다루겠다.

그런데 지금도 이해가 되지 않는 부분은 4·3진영의 반응이다. 2003년 3월 진상조사보고서가 조건부 통과될 때 환영 일색이던 4·3진영이 보고서의 최종 통과 시점에 이르자 환영과 평가 절하로 양분되는 양상을 보였다. 특히 그동안 진상규명운동에 큰 몫을 해왔던 제주4·3연구소 등이 4·3진상조사보고서를 '미완의 보고서'로 규정하고 문제 제기에 본격 나선 것이다.

그런 평가 절하는 한라일보사와 4·3연구소 등이 공동 기획한 '4·3진상보고서 성과와 한계'라는 시리즈에서부터 시작됐다. 진상조사보고서 최종 확정 이전인 2003년 9월 22일부터 『한라일보』에 연재가 시작된 이 기획물은 보고서의 의미와 성과, 원인과 배경, 성격과 명칭, 미국의 역할, 진상보고서의 한계, 교훈과 과제 등을 다뤘다. 이 시리즈를 보게 되면 '성과'는 별로이고, '한계와 문제'만 부각된 보고서로 전락된 느낌을 받게 된다. 이런 흐름은 진상조사보고서 통과 다음 날인 10월 16일 제주도기자협회, 제주4·3연구소, 제주민예총이 공동 주최한 '제주4·3운동의 성과와 과제'란 주제의 심포지엄에서도 나타났다.

그러다보니, 4·3진영이나 지역 언론에서는 진상조사보고서가 통일에 대한 열망과 4·3의 성격을 제대로 조명하지 못했고, 미국의 책임과 역할, 대량학살의 전모를 제대로 드러내지 못했다고 지적했다. 보고서 작성 작업에 관여했던 필자 등이 견디기 힘들었던 것은 "가해자를 은폐했다"거나 "술에 물 탄 듯 물에 술 탄 듯한 보고서가 되고 말았다"는 표현 등이었다.

그나마 기자협회 등의 심포지엄에서 고호성 교수(제주대) 등이 지금은 보고서 채택의 흥분이 가시지 않은 상태에서 '성과 부분'을 강조하고, 조금 더 있다가 '반성하는 부분'이 거론되는 것이 순서가 아닌가 하는 문제 제기와 그래도 정부 보고서로써 성과가 있었는데 너무 폄하하지는 말자는 의견 개진이 있었다는 말을 전해 듣고 위안을 삼기도 했다.

나도 진상조사보고서가 완벽하게 쓰였다고 생각하지 않는다. 그래서 보고서 결론에 "이 보고서는 다각적인 노력에도 불구하고 4·3사건의 전체 모습을 드러냈다고 볼 수 없다"면서 추가 진상조사의 필요성을 강조했다. 그것은 보고서의 한계라기보다는 4·3특별법과 4·3위원회가 갖는 한계이기도 하다. 그 한계와 제약 속에서 최선을 다한 보고서란 평가를 받고 싶었을 뿐이다.

그런데 보고서 폄하와 더불어 정부보고서가 최종 확정되던 10월 15일 제주4·3연구소와 제주민예총, 제주4·3유족회가 공동 명의로 "'미완의 보고서'를 뛰어넘는 '4·3정사'를 새롭게 편찬할 것임을 천명한다."는 성명을 발표했다. 연구자들은 그렇다 쳐도 4·3유족회마저 보고서 확정 당일에 '미완의 보고서'란 표현에 동조하는데 필자는 충격을 받았다. 갑자기 허망감이 엄습해왔다. 그 허탈감은 오래갔다. 이런 폄하 분위기는 그로부터 보름 후 진상조사보고서 결론에 근거해서 대통령 사과 표명이 발표되면서 수그러졌다.

2006년 제주4·3연구소 이사장으로 취임한 고희범은 한 언론과의 인터뷰에서 4·3진상조사보고서가 '미완의 보고서'란 지적이 있는데, 어떻게 생각하느냐는 질문에 이렇게 답변했다.

"국내 역사상 어떤 사건에 대해 정부가 진상을 조사해 보고서를 낸 유래가 없다. 제주4·3진상조사보고서는 그런 의미에서 대단한 의미가 있는 것이다. 그 속에서 표현과 어휘, 용어들이 제주도민의 입장에서 볼 때 흡족하지 못한 내용들이 있는 것은 사실이지만 최선을 다한 성과물이다. 미진한 부분들은 차후 4·3평화재단이 만들어진 후 새로 발굴된 것을 추가하고 보완해야 한다. 보고서를 다시 써야 할 정도는 아니다."

이런 평가를 받기까지는 꽤 오랜 시간이 걸렸다. 지금은 전문 학자들에 의해 4·3위원회 활동이 "국내는 물론 전 세계적으로도 선례를 찾아볼 수 없는 성공적인 진실규명 및 명예회복의 사례"란 평가를 받는 시점에 와 있지만, 아직도 그때의 폄하 분위기를 이해할 수가 없다.

대통령 4·3희생 사과

| 꿈같은 '대통령 사과' 현실로

2003년 10월 15일 4·3진상조사보고서가 최종 확정되자 그 다음 화두는 대통령의 사과로 모아졌다. 노무현 대통령이 이미 대선 과정에서 정부 차원의 진상조사 결과 국가권력의 잘못이 드러나면 사죄하겠다고 공약했고, 대통령 취임 직후에 청와대 참모들에게 정부 차원의 입장 표명 방안을 연구하도록 지시했기 때문에 대통령 사과가 실현될 가능성은 높았다. 이 업무를 맡은 청와대 정무수석실에서 구체적인 작업을 하고 있음도 감지됐다.

제주4·3에 대한 국가원수의 사과라는 꿈같은 목표가 현실로 다가서자 설레지 않을 수 없었다. 그리고 지난날 유족들과 만났던 일들이 주마등같이 스쳐갔다. 1988년 4·3취재반장을 맡은 이래 많은 유족들을 만났다. 취재를 마치고 나오는 우리들에게 그들 유족들의 청원은 한결같이 억울한 누명을 벗겨달라는 것이었다. 그들을 옥죄는, 붉은 색으로 칠해진 이념적 누명을 벗기는 방안은 무엇일까. 우리 취재반은 이심전심으로 정부 차원의 진상조사와 그 결과를 토대로 국가의 사과를 받아내는 것으로 목표를 설정하게 됐다.

1997년 4월 2일 제민일보 4·3취재반의 활동상을 국제면 톱기사로 보도한 일본『아사히신문』(朝日新聞) 기사에서도 필자의 인터뷰를 통해 제주4·3의 궁극적 문제 해결은 정부 차원의 진상조사와 국가의 사과에 있고, 4·3취재반은 그것을 목표로 활동하고 있다고 밝혔다. '재심' 방안도 검토했지만 개개인이 신청해야 하는 사법적 절차 등으로 현실성이 없다고 판단했다.

그러나 현실은 녹록하지 않았다. 제주4·3에 대한 정부 입장 표명이 임박하고 있다는 소식이 알려지면서 보수단체의 반발도 잇따랐다. 자유시민연대·경우회 등 중앙 보수단체들이 "대한민국 정통성을 부인한 보고서에 의한 대통령 사과는 있을 수 없다"고 밝혔다. 또 건국희생자제주도유족회·경우회제주도지부·자유수호협의회 등 제주도내 12개 보수단체는 "내란을 은폐한 4·3보고서 우리는 절대 인정할 수 없다"면서 정부 차원의 입장 표명을 반대했다.

청와대 내부에서도 국방보좌관실 등 안보 파트에서 "과거 정권의 잘못을 왜 우리가 사과해야 하나", "시기상조다", "전례가 없다"면서 반대하고 있다는 소식도 전해졌다. 내가 공직에 발을 디딘 후 곧잘 듣게 됐던 말이 "선례가 없다", "전례가 없다"는 것이었다. 공직사회에서는 일의 추진여부를 결정하는 과정에서 선례가 있는 것과 없는 것과는 큰 차이가 있다. 정부 조직에서 4·3과 같은 과거사 업무를 하는 일이 처음이고, 과거사에 대한 정부 입장 표명 역시 역사상 처음 하게 되는 일이니 마찰이 빚어진 것이다.

'새로운 길'인 만큼 우리나라에선 참고할 만한 자료가 없었다. 따라서 외국 사례를 조사할 수밖에 없었다. 1993년 미국 클린턴 대통령이 하와이 합병 100주년을 맞아 하와이 원주민들에게 피해를 준 사실을 사과한 일, 1995년 대만 리덩후이(李登輝) 총통이 1947년에 발생한 2·28사건 피해자들에게 사과한 일, 1997년 교황 요한 바오로 2세가 400여 년 전의 신교도 학살사건에 대해 사과한 일, 2000년 인도네시아 와히드 대통령이 1991년에 일어난 동티모르 양민 학살사건에 사과한 일 등 외국 사례를 정리해서 청와대에 제출했다.

또한 대통령의 사과 표명은 '법률적 행위'에 해당됨을 강조했다. 즉, 4·3특별법 제3조 4·3위원회의 심의사항 중에는 '제주4·3사건에 관한 정부의 입장표명 등에 관한 건의사항'이 있다. 그 법적인 근거에 의해 4·3위원회가 진상조사보고서의 결론을 토대로 4·3문제를 해결하기 위한 7개항의 대정부 건의안을 채택했으며, 그 가운데 맨 앞자리에 '정부의 사과'가 있었다.

청와대는 앞서 노 대통령이 4·3사건에 대한 정부 입장 표명의 뜻을 밝혔기 때문에 관련된 준비를 해왔다. 정무수석실(수석 유인태)을 중심으로 한 준비 작업은 해외 사례 조사, 현지 여론 조사, 각계 원로 및 전문가의 의견 수렴 등이었다.

10월 12~13일 청와대 정무수석실 기춘 행정관과 정책수석실 박진우 행정관 등 관계관들이 제주를 방문, 여론을 수렴했다. 직접적 당사자인 4·3유족회를 비롯한 4·3

관련단체와 제주도의회, 경우회·재향군인회 등 보수단체의 사무실까지 직접 방문하며 관계자들을 접촉했다. 정부의 입장 표명에 대한 의견을 교환한 것이다.

4·3에 대한 정부 입장 표명을 제주평화포럼(제주신라호텔)에서 할 것인지, 아니면 다른 장소에서 할 것인지에 대한 검토도 진행됐다. 청와대 내 4·3업무를 담당하는 정무수석실과 평화포럼 소관부서인 외교안보실, 그리고 정책수석실 관계관 연석회의에서 4·3 입장 표명을 국제회의인 제주평화포럼에서 하는 것은 적절치 않다는 의견이 개진됐다. 제주도민의 참여 폭도 제한될 수 있고, 포럼 기조연설에 다른 의제와 함께 4·3을 포함시켰을 때 분명한 메시지가 반감될 수 있다는 점이 지적됐다. 그래서 '제주도민과의 대화'라는 별도의 행사 계획이 추진된 것이다.

| 발표문 방향 전문가 자문 받아

청와대 실무팀에 의해 4·3에 대한 정부 입장 표명을 국제행사인 제주평화포럼이 아닌 '제주도민과의 대화'라는 별도의 행사 방침이 결정되면서 장소와 참여 범위 등을 놓고 청와대와 제주도 간의 협의가 진행됐다. 4·3평화공원에서 하는 방안도 검토됐지만 위령제가 아닌 대통령 참석행사를 야외에서 하는 데 문제 제기가 있었다.

대통령이 지방을 방문하여 해당 지역의 국민들과 만나는 통상적인 행사가 아니라 대한민국 해방 전후의 엄청난 역사적 사건에 대해 대통령이 처음으로 공식 입장을 표명하는 행사였기에 신경을 쓸 수밖에 없었다. 청와대 실무팀은 2003년 10월 31일 오전 10시부터 노무현 대통령이 제주신라호텔에서 열리는 제주평화포럼에 참석해 기조연설을 하는 계획이 잡혀있었기 때문에 대통령의 이동 동선을 고려해 오찬 모임을 준비하는 것으로 가닥을 잡았다.

장소 선택, 유족 참석 범위 등 제주도와의 의견 조율은 제주 출신인 청와대 정책수석실 박진우 행정관이 주로 담당했다. 많은 곡절과 논란을 거치며 도민과의 대화는 2003년 10월 31일 낮 12시 라마다프라자제주호텔에서 하는 것으로 결정됐다.

4·3위원회 소속이던 나는 하루 전날 청와대 정무수석실 장준영 비서관, 기춘 행정관과 함께 제주에 내려와 라마다호텔 행사 현장을 둘러봤다. 그런데 연단이 보이지 않

앉다. 그래서 문제를 제기했고, 의전팀에 확인한 결과 "오찬 회동에서는 대통령께서 일반적으로 메인테이블에서 일어나 이야기한다."는 것이었다.

사실 50여 년 동안 기다려온 4·3에 대한 중대한 정부 입장 표명을 오찬 형식의 모임에서 하는 것조차 적절하지 않다고 생각한 터에 연단까지 없다는 말을 듣고 강하게 어필했다. 동행했던 정무팀도 같은 의견을 개진해서 연단이 마련됐다. 나는 더 나아가 대통령이 연단에서 자유발언이 아닌 준비된 발표문을 읽는, 격식을 갖춘 형식이 되어야 한다고 강조했다.

그날 저녁에 청와대 정무팀과 나는 4·3단체 관계자들과 만나 의견을 교환했다. 여러 이야기들이 오간 자리에서 박경훈 화백이 유족을 배려하는 자세가 중요함을 유독 강조했다. 그래서 메인테이블에 여든두 살의 유족인 임복순 할머니(구좌읍 김녕리)를 앉게 하는 방안이 전날 밤에 전격 결정됐다. 다음 날 보니 임 할머니가 메인테이블에 앉았고, 이성찬 유족회장이 양보해서 옆 자리로 옮긴 모습이 보였다.

여기까지는 형식 문제다. 가장 중요한 것은 대통령의 발표문 내용과 수위였다. 청와대 실무팀은 이에 대해 매우 예민한 반응을 보였다. 보수단체의 반발도 있었지만, 대한민국이 생긴 이래 처음으로 과거사에 대한 정부 입장을 발표하는 사안이어서 민감할 수밖에 없었다. 외국 사례도 연구했지만 뾰족한 수가 없었다. 결국 4·3특별법과 4·3진상조사보고서, 4·3위원회의 건의에 근거해서 문제를 풀기로 방침을 정했다.

"저는 이번에 제주를 방문하기 전 4·3사건 진상규명 및 희생자 명예회복에 관한 특별법에 의거하여 각계 인사로 구성된 위원회가 2년여의 조사를 통해 의결한 진상조사 결과를 보고받았습니다. 위원회는 이 사건으로 무고한 희생이 발생된 데 대한 정부의 사과와 희생자 명예회복, 그리고 추모사업의 적극적인 추진을 건의해 왔습니다."

대통령의 발표문이 이렇게 시작된 것도 바로 이런 이유 때문이다. 그러나 발표문은 발표 시점까지 철저히 베일에 가려 있었다. 발표문 초안은 청와대 실무팀과 우리 전문위원실이 사전 협의했고, 그 뒤 4·3위원회 위원인 신용하(서울대)·서중석(성균관대) 교수와 김삼웅 주필(대한매일), 현대사 전문학자인 안병욱(가톨릭대) 교수 등의 자문을 받은 것으로 알려졌다.

그런데 초안이 위의 학자들뿐만 아니라 청와대 관계자 등 여러 사람의 손을 거치는 과정에서 어처구니없는 오타가 발생하기도 했다. 즉 "한반도의 평화, 나아가서 동북아와 세계평화의 길을 열어나가야 하겠습니다."라는 문장 중 '세계평화'가 '세계화'로 바뀐 것이다. 노 대통령도 이 부분이 이상했던지 사과문 발표 때 "세계 (잠시 멈칫 하다) 화"라고 말했다.

노무현 대통령은 10월 31일 제주평화포럼에 참석한 뒤 라마다호텔로 자리를 옮겨 4·3유족 등 제주도민 4백여 명이 지켜보는 가운데 연단에 올랐다. 그에 앞서 대통령 전용차에 동승한 유인태 정무수석은 대통령에게 이 사안이 중요하기 때문에 프리토킹을 해서는 안 된다는 것을 강조했다. 노 대통령은 그 무렵 프리토킹을 좋아해서, 때로는 보수언론의 표적이 되는 구설수에 오르기도 했다.

유 수석은 훗날 필자와 만났을 때 "중문 신라호텔에서 출발할 때, 이동 도중에, 라마다호텔 도착 직전 등 모두 세 차례에 걸쳐 '이 연설문은 꼭 읽으셔야 합니다'고 반복해서 이야기했고, 그때마다 대통령께서는 '알았다'고 답변했다."고 회고했다.

그런데 연단에 오른 노 대통령이 발표문을 보지 않고 예의 자유발언으로 시작하는 것이었다. 순간 긴장했지만 마음을 졸인 시간은 매우 짧았다. "내년쯤 4·3기념식 때 입장 발표를 생각했는데, 한편으로 보면 제주도민들 마음도 급하고 그때는 선거(총선)가 임박하게 된 시점이어서 적절치 않은 듯싶어서 오늘 4·3에 대한 정부의 입장을 공식으로 표명하겠다."고 밝혔기 때문이다.

| "국가권력 잘못 사과"에 환호

"저는 위원회의 건의를 받아들여 국정을 책임지고 있는 대통령으로서 과거 국가권력의 잘못에 대해 유족과 제주도민 여러분에게 진심으로 사과와 위로의 말씀을 드립니다."

노무현 대통령이 제주4·3에 대한 분명한 사과 메시지를 발표했다. 대통령의 입에서 어떤 말이 나올까 궁금해 하던 4·3유족 등 참석자 4백여 명은 그 순간 우레와 같은 박

노무현 대통령이 유족과 제주도민에게 공식 사과한 뒤
머리 숙여 인사하고 있다.

수를 쳤다. 이곳저곳에서 "고맙습니다"란 환호가 터졌다. 수많은 사람들이 눈물을 흘렸다. 필자의 눈에도 눈물이 고였다.

노 대통령은 이어 "무고하게 희생된 영령들을 추모하며 삼가 명복을 빕니다."고 밝혔다. 또 열렬한 박수가 나왔다. "정부는 4·3평화공원 조성, 신속한 명예회복 등 위원회의 건의사항이 조속히 이루어질 수 있도록 적극적으로 지원하겠다."고 약속했다. 또 박수가 터졌다.

노 대통령은 "이제 우리는 4·3사건의 소중한 교훈을 더욱 승화시킴으로써 '평화와 인권'이라는 인류 보편의 가치를 확산시켜야 하겠다."면서 "이제 제주도는 인권의 상징이자 평화의 섬으로 우뚝 설 것"임을 선언했다. 제주도가 세계적인 '평화의 섬'이 될 것임을 예고한 것이다. 박수는 10여 차례 이어졌다.

박수가 계속되자 노 대통령은 "사실 4·3특별법은 국민의 정부 시절에 김대중 대통령이 마음먹고 만든 법이다. 그래서 조금은 미안한 마음이 있다. 제가 오늘 받은 박수는 김대중 대통령과 함께 받는 박수로 생각한다."고 표현하기도 했다.

아직도 많은 사람들이 그날의 감격을 잊지 못한다. 노 대통령의 용단에 의해 발표된 이 한마디의 사과가 반세기 동안 유족과 제주도민들을 짓눌러 왔던 이념적 누명과 불명예를 한꺼번에 씻어 내리는 역할을 했기 때문이다.

20여 년 동안 4·3 진실찾기를 해왔던 필자에게도 그 날은 가장 기쁘고, 보람을 느꼈던 순간이었다. 물론 4·3특별법이 기적적으로 통과하던 날, 4·3진상조사보고서가 우여곡절을 겪어가며 어렵게 통과한 순간도 잊지 못할 감동이었지만 그 가운데도 으뜸은 단연 대통령이 사과하던 그 순간이다.

대통령의 발표 직후 이성찬 4·3유족회장은 "대한민국 정부를 대표해 대통령께서 진심으로 사과해 주신데 대해 매우 감사하다."면서 다시금 박수를 유도했다. 그는 이어 "55년 한이 이제야 풀리는 것 같고, 오늘 이 기쁜 소식을 아버님 영전에 보고 드리겠다."고 밝혀 장내를 숙연케 했다.

과거사에 대한 대통령의 첫 사과는 제주언론뿐만 아니라 중앙언론의 빅뉴스가 됐다. 중앙지들은 사과 내용만이 아니라 대부분 '대통령 사과의 의미'란 해설기사를 실어서 심층 보도했다.

『중앙일보』는 "정부수반의 과거사에 대한 사과 발언은 우리로선 사상 처음인데다, 세계사에서도 드문 역사의 한 페이지에 획을 그었다."고 평가했다. 『경향신문』은 "과거 정부의 공권력에 의한 무고한 양민희생을 현 정부의 최고 책임자가 인정하고, 잘못된 역사에 대해 반성을 표했다는데 의미가 있고, 정부의 연속성이라는 차원에서는 55년간 제주도민들에게 씌워진 멍에를 벗기고 불행한 사건에 역사적인 매듭을 지은 것으로 평가할 수 있다."고 분석했다.

또한 『동아일보』는 "그동안 '좌익세력의 반란 진압을 위한 정당한 공권력 행사'라는 기존의 사건 성격 규정을 정부차원에서 재해석했다는데 의미가 있는데, 반세기 동안 가려있던 무고한 양민의 희생을 공식 인정한 내용이기 때문"이라고 평가했다. 또한 보수단체의 반발을 예로 들며 "그러나 이 사건의 성격 규정을 둘러싼 논란은 쉽게 그치지 않을 것으로 보인다."고 토를 달았다.

『한겨레신문』은 '55년 만에 정부 사과 받은 제주4·3사건'이란 제하의 사설을 통해

"군사정권이 끝나고 정부와 민간, 제주도민들의 노력으로 역사적 진실과 실체를 밝히려는 노력이 열매를 맺었다."면서 "또한 반성하는 역사를 쓸 수 있었다는 점에서 우리 사회가 한 걸음 앞으로 나아간 것으로 평가할 수 있다."고 분석했다.

한편 제주평화포럼에 참석했던 외신 기자들도 제주4·3과 대통령의 사과에 대해 특별한 관심을 나타냈다. 그러나 보수단체들은 이와는 다른 입장이었다. 대통령의 사과에 심한 불만을 드러냈다. 급기야는 헌법재판소에 4·3진상조사보고서와 이에 따른 대통령 사과를 취소해야 한다는 요지의 헌법소원을 제기했다.

산통 겪고 발간된 진상조사보고서

| 4·3보고서 도민보고회 해프닝

2003년 10월 31일 노무현 대통령의 제주4·3에 대한 사과 표명으로 제주사회는 들뜬 분위기였다. 제주도와 도의회, 4·3유족회, 4·3관련단체들이 한 목소리로 환영 성명을 발표했다. 민주당과 한나라당 등 여야 가리지 않고 환영 입장을 밝혔고, 한 발더 나아가 후속조치의 조속한 이행을 촉구했다.

이런 분위기에 고무된 우근민 도지사는 대통령 사과 표명 직후 4·3진상조사보고서 내용을 도민들에게 알리는 행사 개최를 지시했다. 그래서 '제주4·3사건 진상조사보고서 도민보고회' 행사계획이 마련됐다.

11월 3일 지역 언론에 일제히 발표된 이 행사 계획을 보면, 11월 7일 4·3실무위원회(위원장 도지사) 주최로 제주도문예회관에서 도민 1천여 명을 초청해, 4·3사건에 대한 우리 정부의 첫 종합보고서인 4·3보고서의 주요 골자를 설명한다는 것이었다. 오전 10시부터 시작되는 제1부는 풍물굿과 진혼굿 등 예술공연이 40분 동안 진행되며, 이어 4·3위원회 양조훈 수석전문위원이 100분간 보고서 내용을 상세히 소개한다고 보도됐다.

이틀 전 김유선 4·3사업소장이 나에게 이런 계획을 알리고, 보고서 주요 골자를 설명해 달라고 해서 "그렇게 하겠다."고 약속했다. 그런데 그런 내용이 언론에 보도된 다음 날, 김 소장이 서울에 있는 나에게 조심스럽게 전화를 걸어와 "보고서 설명을 다른 분이 하면 안 되느냐?"고 타진하는 게 아닌가. 내가 어이가 없어서 "윗분의 뜻이냐?"고 물었더니 긍정도 부정도 안했다.

이렇게 무례하게 발표자를 바꾸라고 지시할 수 있는 사람은 도지사뿐이라는 생각이 들었다. 물론 그런 지시를 하게 된 사연도 있을 것이다. 그래서 나는 더 이상 그 이유를 묻지 않았다. 애꿎게 김 소장만 난처한 입장이 될 터이니 말이다. 그러나 그 순간 한 사람이 뇌리를 스쳐갔다.

그 무렵 공공연히 4·3진상보고서 통과에 불만을 드러낸 제주경우회 모 인사였다. 그는 심지어 전문위원 이름까지 거명하며 인신공격한다는 얘기까지 들렸다. 10월 28일 경우회제주도지부 등 12개 보수단체 명의로 지역 언론에 대형 광고로 발표된 '제주 4·3사건 진상조사보고서 확정에 대한 우리의 입장'이란 성명서에도 "6개월 동안 각계로부터 376건 1,033쪽에 달하는 방대한 분량의 수정의견이 접수되었는데, 보고서 집필자 한두 명이 하루 이틀 만에 검토하여 이들의 주관적인 의견을 달아" 소위원회에 회부했다는 주장이 나오는데, 이런 표현도 그 맥을 같이 하고 있다.

어쨌든 나는 그 건을 더 이상 문제 삼지 않았다. 내가 나서지 않는 대신 보고서 통과에 많은 애를 쓴 박원순 지원단장(현 서울시장)이 먼저 간단한 인사를 하고, 보고서 주요내용은 그동안 검토 소위원회 위원으로 활동했던 김삼웅 위원(독립기념관장 역임)이 발표하는 것이 좋겠다는 의견을 피력해 관철시켰다.

11월 7일 제주도문예회관 대극장에서 열린 도민보고회에는 입추의 여지가 없을 정도로 가득 찼다. '화해의 산을 넘어 평화의 바다로'란 주제로 열린 제1부 문화예술행사는 풍물패 신나락의 풍물굿과 최상돈의 4·3노래, 놀이패 한라산의 진혼굿 등이 이어졌다. 이어서 우근민 지사, 김영훈 도의회 의장, 이성찬 유족회장이 차례로 나와 인사말을 했다.

제2부는 박원순 지원단장의 인사말과 김삼웅 위원의 보고서 주요내용 설명 순으로 진행됐다. 박 단장은 "어둠에 쌓여있던 진실이 밝혀졌다."면서 "4·3진상조사보고서 채택과 대통령의 사과를 보면서 역사 속에 정의의 신이 살아있음을 느꼈다."고 역설했다.

4·3보고서 설명회는 이후 서울과 일본에서도 열렸다. 서울에서는 12월 6일 재경 4·3유족회 주최로 상록보육원 강당에서 열렸다. 일본에서의 보고대회는 1차 보고서 통과 직후인 2003년 4월과 대통령 사과 이후인 2004년 4월 두 차례 열렸는데, 이 행사에는 필자가 참석해 보고서 내용을 직접 설명할 수 있었다.

여기서 잠깐 '언론의 오보'와 그 후속조치에 한마디하고 싶다. 고건 총리 주재로 4·3 보고서 수정안을 확정한 검토소위 회의 직후인 10월 8일, 제주도내 주요 언론들은 대문짝만하게 "'무장폭동' 국방부 의견 수용"이란 오보를 날렸다. 거기다 "책임 소재에 대해 미군과 이승만 전 대통령보다 당시 작전지휘관에게 책임이 있다는 국방부의 주장을 받아들였다."고 보도했다.

비공개로 열린 회의 때문에 파생된 문제지만, 사실과 다르다고 설명해도 10월 15일 보고서 수정안이 최종 확정될 때까지 이를 바로 잡아준 언론은 드물었다. 나도 기자 출신이지만, 오보 인정에 인색한 풍토를 재삼 느꼈다. 그런 속에서 『제주투데이』 양김진웅 기자가 기억에 남는다. 10월 13일자 취재 여록 '4·3과 오보'를 통해서 그 보도가 사실무근임이 밝혀졌다면서 그런데도 침묵하고 있는 언론을 비판했기 때문이다.

| 예기치 못한 보고서 발간 진통

2003년 10월 15일 4·3진상조사보고서 최종 확정, 10월 31일 대통령 사과 표명으로 큰 산을 넘었다는 안도감을 갖고 진상조사보고서 발간작업에 박차를 가했다. 대외적으로는 수정의견을 반영해서 11월 말 발간 예정임을 밝혔다. 그런데 보고서 발간 작업은 뜻하지 않은 일로 진통을 겪게 됐다.

고건 국무총리는 보고서 최종 발간을 앞두고, 위원회의 심의를 거친 본문 이외에 위원장(고건 총리) 명의의 서문과 추가로 실릴 부록 등은 보고서 검토소위원회 민간인 위원들이 논의해서 결정하라고 위임했다. 검토소위 민간인 위원 회의는 주관위원인 신용하 위원을 비롯해서 김삼웅·서중석·유재갑 위원과 박원순 기획단장이 참석하는 구도였다. 여기에 강택상 지원단장과 내가 배석했다.

수석전문위원인 나는 소위원회 회의를 앞두고 위원장 서문 초안 등을 작성해서 보고차 신용하 주관위원 집무실을 방문했다. 찾아간 곳은 서울 효창공원 안에 있는 백범김구기념관이었다. 신 위원은 당시 백범학술원 원장을 맡고 있었다.

내가 마련한 위원장 서문 초안은 이미 4·3보고서가 최종 확정되던 날 언론에 공개됐던 내용을 골간으로 작성했다. 그때 언론에 발표됐던 것은 "4·3특별법의 목적에 따라 사건의 진상규명과 희생자 명예회복에 중점을 둬 작성됐고, 사건의 성격이나 역사적 평가는 앞으로 새로운 자료나 증거가 발굴되면 보완할 수 있을 것"이라는 내용이었다.

앞에서 밝혔지만, 고건 총리가 주재한 2003년 10월 7일 제4차 검토소위에서 신용하 위원이 이 보고서가 역사를 바라보는 관점에 따라 보·혁 간의 끊임없는 소모적 논쟁의 소재가 될 수 있다고 전제하고 "동 보고서는 4·3사건의 성격 규정과 역사적 평가를 위한 것보다는 4·3특별법의 목적인 사건 진상규명과 희생자 및 유족의 명예회복을 이행하기 위한 것"이란 내용을 서문에 밝히자고 제안하면서 격론이 있었다.

그런데 신 위원은 내가 작성한 보고서 초안을 보더니 뜻이 잘못 전달됐다고 질책했다. 그러면서 자신이 구술할 터이니, 나에게 받아 적으라고 했다. 필자는 이 내용이 중요하다고 생각해서 그날 받아 적었던 내용을 그대로 적는다.

본 진상조사보고서는 제주4·3특별법의 목적을 성실히 수행하기 위하여 작성된 보고서이다. 제주4·3특별법은 그 목적으로 '제주4·3사건의 진상을 규명하고 이 사건과 관련된 희생자와 그 유족들의 명예를 회복시켜줌으로써 인권신장과 민주발전 및 국민화합에 이바지한다'고 규정하고 있다. 따라서 이 진상조사보고서는 4·3사건의 역사적 성격, 역사적 평가와는 관계없는, 4·3사건으로 인한 희생자와 그 유족들의 명예회복과 관련된 피해실태보고서이다. 본 보고서에 일부 역사적 평가내용이 있더라도, 그것은 희생자와 유족들의 명예회복을 위한 것으로, 정부의 입장은 아니다.

구술하는 대로 받아 적던 나는 "정부의 입장은 아니다"는 대목에 이르자 머릿속이 하얘졌다. 그러면 그동안 수없이 밝혔던 "정부 차원의 진상조사"란 무엇이란 말인가. 이에 대한 이의를 제기했지만 신 위원의 태도는 완강했다.

11월 5일 진상조사보고서 발간을 논의할 검토소위 제5차 회의가 열렸다. 나는 차마 신 위원이 구술한 내용을 그대로 보고할 수 없어서, 종전의 초안을 보고하는 형식으로 밀고 나갔다. 그러자 신 위원은 화를 내면서 나에게 입에 담지 못할 인격모독적인 발언까지 서슴지 않았다.

그러나 막상 회의가 진행되면서 김삼웅·서중석 위원과 박원순 기획단장이 나의 의견에 동조하는 의견을 개진했다. 때로는 고성이 오갔으나 신용하 위원은 요지부동이었다. 그날 회의에선 아무런 결론을 내리지 못했다. 회의가 끝난 후 박원순 기획단장은 나에게 "어떻게 그리 잘 참느냐"고 위로 겸 핀잔을 할 정도였다. 그러나 나는 '이보다

더한 일도 참아냈는데 보고서 발간을 위해서
이 정도는 참자'고 다짐을 했다.

그런데 이 난관을 헤쳐 갈 묘안이 떠오르지
않았다. 며칠을 그냥 보냈다. 진상조사보고서
를 발간해야 할 터인데, 완전히 발이 묶인 형
국이었다. 내가 끙끙거리는 것을 옆에서 지켜
보던 강택상 지원단장이 고맙게도 자신이 나서
보겠다고 하는 것이 아닌가.

그래서 강 단장이 신 위원을 방문해서 나온
절충안이 "제주4·3특별법의 목적에 따라 사
건의 진상규명과 희생자·유족들의 명예회복에
중점을 두어 작성되었으며, 4·3사건 전체에

우여곡절 끝에 세상에 나온 진상조사보고서.

대한 성격이나 역사적 평가를 내리지 않았습니다. 이는 후세 사가들의 몫이라고 생각
합니다."였다.

11월 15일 열린 검토소위 제6차 회의에서 논란이 있었지만 어렵게 이 절충안이 통
과됐다. 김삼웅 위원은 끝까지 이런 표현에 반대 의사를 표시하기도 했다. 4·3진상조
사보고서는 이런 우여곡절을 겪고 당초 예상보다 보름가량 늦은 12월 중순에 빛을 보
게 됐다.

| 4·3보고서 드디어 세상에 공개

서문 채택문제로 심한 홍역을 치른 『제주4·3사건 진상조사보고서』가 2003년 12
월 드디어 발간됐다. 4·3보고서의 최종본이 세상에 나온 것이다. 새로 발간된 보고서
에는 수정된 보고서 본문과 고건 국무총리의 서문 이외에도 노무현 대통령의 사과문,
미국 등에서 입수한 4·3사건 관련사진, 4·3사건 주요일지, 특별법 관련법령, 찾아보
기, 위원회와 기획단 명단 등을 실었다. 보고서 표지는 제주출신 서예가 현병찬 선생
의 글씨와 강요배 화백의 제주도 그림으로 디자인했다.

보고서에 새로 선보인 4·3 관련사진은 모두 46장이었다. 4·3 당시 사진 37장과 4·3특별법 제정 이후의 활동사진 9장으로 화보를 꾸몄다. 이 사진들은 미국국립문서기록청과 제주주둔 미고문관, 한국군 지휘관, 정부기록보존소 등에서 입수한 것이다.

책이 발간되자마자 언론들이 이들 사진에 주목했다. 『조선일보』 『동아일보』 등 보수언론들도 "제주4·3 미공개사진 첫 공개"란 제목을 달고 몇 장의 사진을 화보 형식으로 보도했다. 언론마다 크게 보도한 사진이 '제주비행장의 미군정 수뇌부' 사진이었다. 1948년 5월 5일 딘 군정장관을 비롯한 미군정 수뇌부가 제주에서 '화평이냐, 토벌이냐'는 4·3의 진로문제를 놓고 격론을 벌이다 조병옥 경무부장과 김익렬 연대장이 육탄전을 벌였던 '5·5 최고수뇌회의' 참석자들, 그들이 그날 제주비행장에 도착한 모습을 담은 생생한 스냅사진이었다.

나는 2001년 미국자료 조사팀으로부터 미국립문서기록청에서 문제의 사진을 찾아냈다는 보고를 받고 흥분했던 기억이 아직도 생생하다. 이 한 장의 사진이 안개처럼 베일에 가렸던 미군정의 토벌정책을 적나라하게 보여준 단서가 됐기 때문이다.

이밖에도 초토화작전 감행 직전인 1948년 10월 채병덕 참모총장 일행이 제주도를 방문한 사진, 1949년 4월 학교 운동장에서 완장을 찬 심문반이 무장대 협력자를 색출하고 있는 사진, 이승만 대통령의 제주 순시 사진 등도 주목을 받았다.

한편으로 '제주4·3사건 일지'도 눈길을 끌었다. 4·3사건 일지는 사건의 기점인 1947년 3월 1일부터 한라산 금족령이 해제된 1954년 9월 21일까지 7년 7개월 동안의 진행된 사항을 일목요연하게 정리했기 때문이다.

모두 615쪽의 4·3진상조사보고서는 4,000권을 발간해 정부기관, 국회, 전국 국·공립 도서관, 대학, 언론기관, 현대사 연구자 등에게 배포했다. 나는 두 분에게는 진상조사보고서를 직접 전달하고 싶었다. 김대중 전 대통령과 추미애 국회의원이었다. 두 사람은 진상보고서 발간을 가능하게 한, 4·3특별법을 제정하는데 혁혁한 공이 있었기 때문이다.

김대중 전 대통령을 만나기 위해 연세대학교 김대중도서관으로 연락했다. 얼마 후 비서로부터 몸이 편찮아서 직접 뵙기가 어렵고 책을 보내줬으면 좋겠다는 연락이 왔다. 직접 만나 감사의 뜻을 표하지 못해 아쉬웠다. 4·3진상조사보고서에 대한 평가와

4·3특별법 제정에 공이 큰 추미애 의원에게 강택상 지원단장과 필자가 직접 방문. 보고서를 전달했다.

소회는 그가 이 세상을 떠난 후인 2010년 편찬된 『김대중 자서전』에 이렇게 기록되어 있었다.

2003년 정부 차원의 진상보고서를 채택했다. 사건의 실체 규명을 놓고 논란이 있었지만 위원회는 사실을 담아냈다. '4·3사건은 남로당 제주도당이 일으킨 무장 봉기가 발단이 됐다. 단, 강경 진압으로 많은 인명 피해를 냈고 다수의 양민이 희생됐다.' 이로써 제주도는 이념의 질곡에서 벗어날 수 있었다. 지난 50년간 쌓인 제주도민의 한이 조금은 풀렸을 것이다.

어디 제주도뿐이겠는가. 우리나라 어느 마을이건 아픈 사연들이 서려 있다. 나라 전체가 무덤이고, 온 산하가 피로 물들었던 근현대사였다. 동학혁명으로, 6·25전쟁으로 얼마나 많은 사람이 죽었는가. 이유 없이 죽었고, 죄의식 없이 죽었다. 우리 근현대사에는 피바람이 멈추지 않았다.

그 원혼들을 그대로 두고, 유족들의 통곡과 원한을 씻어주지 않고 우리가 무엇을 할 수 있단 말인가. 그러한 죽음을 방치해 놓고 어떻게 산 자들이 화해를 한단 말인가. 과거사를 정리하는 일은 남은 자들의 화해를 위해서도 필요했다.

추미애 의원은 강택상 지원단장과 내가 국회의원실을 방문하자 크게 반겼다. 비서가 찍어서 보내준 진상조사보고서 전달 사진을 보면 2003년 12월 22일이란 날짜가 찍혀있다. 추 의원은 이 사진을 자신의 홈페이지에도 실었다.

그 이듬해인 2004년 3월에 4·3진상조사보고서 2,500권을 추가로 발간하게 됐다. 전국에 있는 고등학교에 배포하기 위해서다. 이렇게 된 데에는 예기치 않은 일이 있었기 때문이다. 이른바 "교육인적자원부의 '4·3폭동' 공문 파문"이 바로 그것이다.

| 교육부 '4·3폭동' 공문 파문

2004년 3월 18일 제주지역 언론이 "교육부, 전달 공문서에 '4·3폭동·폭도' 표현으로 말썽"이란 제하의 기사를 크게 보도했다. 제주4·3사건 피해자에 대한 대통령의 사과까지 있었는데, 교육인적자원부가 여전히 수구적 사고에서 벗어나지 못한 채 제주 4·3을 '폭동·폭도'로 매도했다는 것이다.

내용을 알아본즉, 교육부는 3월 10일자로 전국 16개 시·도 교육청에 '적기가(赤旗歌) 확산차단 교육 실시 요청'이란 제목의 공문을 발송했다. 공문의 취지는 영화 〈실미도〉에 삽입된 '적기가'가 초·중학교 학생들 사이에 휴대전화 벨소리나 MP3 파일 등을 통해 널리 유포돼 '대북 경각심 이완'을 초래하고 있으니 더 이상 확산되지 않도록 교육해주기를 바란다는 내용이었다.

그런데 교육부는 적기가의 유래를 설명하면서 " '적기가'는 원산 총파업 시 노동자, 제주4·3폭동 시 폭도, 6·25전쟁 시 인민군 빨치산 등이 불렀던 공산혁명 선동가요"라는 표현을 쓰고 말았다.

"높이 들어라 붉은 깃발을…"이란 가사로 유명한 적기가는 독일 민요와 영국의 노동가요에서 출발했고, 1930년대 일본을 통해 한반도에 들어왔다. 일제 때는 일제에 저항하기 위한 항일투쟁가요로 애창됐고, 해방 후에는 좌파 쪽에서 즐겨 불렀다. 이 적기가는 1948년 남한 정부에 의해 금지곡이 된 반면, 북한에서는 공식적인 혁명가요가 되기도 했다. 4·3을 전후해서도 종종 불렀다는 증언들이 있다.

그럼에도 교육부의 적기가에 대한 설명은 적절치 못했고, 특히 4·3을 언급하며 '폭동·폭도'란 표현을 쓴 것이 논란이 됐다. 종전 같으면 그냥 넘어갈 수도 있는 사안이었지만, 정부 차원의 진상조사보고서가 나오고 대통령의 사과까지 나온 마당이어서 문제가 될 수밖에 없었다.

이 공문을 받아든 제주도교육청 관계자들이 먼저 화들짝했다. 교육부에 공문 내용에 문제가 있다고 제기하는 과정에서 언론이 감지, 크게 보도하게 된 것이다. 문제된 내용에 대한 보도가 나오자 4·3도민연대와 4·3연구소 등 4·3 관련단체가 교육부의 즉각적인 사과와 관계자의 문책을 요구하는 성명을 발표했다.

서울에 있는 4·3위원회에 근무하던 나는 이 소식을 듣고 가만히 있을 수 없었다. '법정보고서'라고 자부하던 4·3진상조사보고서가 확정된 이후 처음으로 정부 기관에 의한 4·3 표현이 문제가 됐기 때문이다. 첫 단추를 잘 꿰야 한다는 생각에 이를 반박하기 위한 여러 자료들을 챙겼다.

문제의 보도가 나온 바로 그날 오후에 강택상 지원단장과 나는 광화문 정부종합청사에 있는 교육부를 항의 방문했다. 교육부 이수일 학교정책실장 등을 만나 단단히 따지려고 했는데, 이 실장이 먼저 꼬리를 내렸다. 이 실장 말인즉, "새로 업무를 맡은 교육연구관이 '적기가' 확산 차단 교육 공문을 만드는 과정에서 기존의 자료를 인용하다보니 본의 아닌 실수를 범했다."면서 문제의 공문을 회수해서 새로 수정된 공문을 시달하겠다고 하는 것이 아닌가. 이 실장은 더 나아가 "교육부 간부와 직원들에게 이같은 사실을 알려 4·3으로 인한 문제가 재발되지 않도록 조치하겠다."고 약속까지 했다.

이같이 교육부 관계관이 적극적 시정을 약속하는 바람에 더 이상 따질 수가 없었다. 다만 전국 고등학교에 4·3진상조사보고서 배포에 대해 협조할 것과 교과서 개정 등의 후속조치에 교육부가 성의를 가져줄 것을 촉구하는 수준에서 면담을 끝냈다.

당시 전국의 고등학교는 2,002개였다. 처음 4·3진상조사보고서를 4,000권 발간했기 때문에 전국 고교에 배포할 수 있는 여력이 없었다. 그런데 이 공문 파동이 계기가 되어 4·3진상조사보고서의 추가 발간 필요성이 제기됐고, 강택상 지원단장이 흔쾌히 이를 받아들였다. 그래서 2,500권을 추가로 만들어 전국 고교에 진상조사보고서를 발송할 수 있었다.

교육부는 2005년 교육과정 부분 개정 때 국정 고등학교 『국사』 교과서에 제주4·3사건에 대한 설명 항목을 신설했다. 즉 "제주도 4·3사건(1948년)-제주도에서 벌어진 단독선거 반대 시위를 진압하는 과정에서 수만 명의 인명 피해가 일어난 사건"이란 내용이었다. 비록 짧은 글이었지만, 과거 교과서에 나오는 "북한 공산당의 사주아래 제주도에서 일어난 폭동…"이란 표현과는 사뭇 다른 내용이었다.

또한 검정 고등학교 『한국근현대사』 교과서에는 더욱 구체적으로 사건의 배경과 피해 상황 등을 언급하는 책들이 나왔다. 4·3의 비극을 다룬 현기영의 소설 「순이삼촌」을 소개한 교과서도 있다. 그러나 4·3관련 교과서 개정문제는 이후 정권이 바뀌면서 더 이상 진전이 없는 상태다. 교과서 개정도 어떤 성향의 정부가 출범하느냐에 따라 연동되는 것 같다. 그러나 그 어떤 정부라 할지라도 4·3에 관한 교과서 수정내용은 '법정보고서'의 지위를 갖고 있는 4·3진상조사보고서가 기준이 돼야 할 것이다.

| 이념갈등 넘은 일본 행사

2003년 4월 10일 일본 도쿄 한복판인 닛뽀리(日暮里) 랑그우드호텔 사니홀에서 제주4·3사건 55주년 기념행사가 성대히 열렸다. 이날 500명을 수용할 수 있는 행사장에 700명의 관중이 몰려 일부 참석자들은 바닥에 앉기도 했다. 나의 특별 강연과 제주민예총 소속 놀이패 한라산의 4·3 마당극 공연이 있는 행사였다.

1988년부터 일본 도쿄 중심으로 활동해온 '제주4·3사건을 생각하는 모임'은 고국에서 4·3특별법이 제정되고, 진상조사보고서가 확정되는 단계에 이르자 특별한 행사를 준비한 것이다. 그것은 바로 진상조사보고서에 대한 설명과 이를 경축하는 마당극 초청공연이었다. 이 일을 위해 그동안 4·3 알리기에 헌신적인 활동을 해온 고이삼·문경수·조동현 등이 발 벗고 나섰다.

여기서 '특별한 행사'라 한 것은 행사 내용만이 아니라 행사 준비과정이 특이해서이다. 4·3 활동가들은 일본에서 이념적 갈등 때문에 좀처럼 자리를 같이 할 수 없는 재일본대한민국민단(민단)과 재일본조선인총연합회(총련) 관계자들을 끌어들이는 작업을 벌였다. 4·3의 진상규명을 매개로 "일본 내에서라도 삼팔선을 없애자"는 선언적 캠페인이 먹혀들어 양쪽에서 120명의 후원자들을 모았다. 모금한 성금만도 5천만 원에 이르렀다. 공동대표에는 4·3 진영의 소설가 김석범·양석일, 문경수 교수 이외에도 민

2003년 4월 10일 일본 도쿄에서 열린 행사에서 4·3진상조사보고서에 대해 강연하고 있는 필자.

단과 총련, 재일본제주도민협회 간부들이 함께 추대됐다.

나의 강연 제목은 '정부 4·3사건진상조사보고서의 의의'였다. 정부 차원의 진상조사를 통해 국가공권력의 잘못으로 무고한 희생이 발생되었음을 밝혔고, 그 조사결과를 토대로 대통령의 사과 등 7개항을 정부에 건의했다고 발표하자 관중석에서 박수가 터졌다.

마당극 '한라의 통곡'(연출 김경훈, 각색 장윤식)은 4백명 가까이가 한꺼번에 희생된 '북촌 주민 학살사건'을 극화한 작품이었다. 비극적인 사건 재현과 함께 당시 주민들의 애환을 구수한 제주어로 쏟아내 관객들을 웃기기도 하고 울리기도 하면서 여러 차례 박수를 받았다. 특히 마지막 장면은 관객들도 함께 하는 위령제로 진한 감동을 줬다.

다음 날인 11일에도 같은 장소에서 관객 500여 명이 참석한 가운데 행사가 진행됐다. 4·3 기념행사가 성황을 이루자 일본 언론에서도 비중있게 보도했다. 김석범 선생은 『오마이뉴스』 기자와의 인터뷰에서 "내가 이 나이까지 살아서 이렇게 좋은 일도 본다. 나는 이런 일이 있어 고맙기도 하고 정말 행복하다고 느낀다."는 소회를 피력했다.

그런데 돌출적인 상황이 일어났다. 총련 소속 조선학교에서 우리 공연팀을 초청한 것이다. 공무원 신분인 필자는 난감했다. 당장 진상조사보고서를 마무리해야 하는 일이 있는데, 사전 신고 없이 조선학교에 갔다가 자칫 이념 논쟁에 휘말릴 개연성이 있었기 때문이다.

그래서 4월 12일 내가 빠진 상태에서 놀이패 한라산 공연팀이 도쿄 조선중고급학교에 들어가 학생 1천 명이 지켜보는 가운데 마당극을 펼쳤다. 조선학교 역사상 대한민국 국적의 공연팀이 들어가 공연한 것은 처음 있는 일이었다고 한다.

아니나 다를까, 공연팀이 귀국하자 검찰이 한라산 김영진 대표를 소환했다. 경위를 조사했으나 자연 발생적으로 생긴, 이념적 의도가 없는

일본 월간지 「세까이」에 실린 '한국에서의 역사와의 화해…'란 원고.

일로 밝혀져 별 문제가 되지 않았다. 돌이켜보면 그것도 노무현 정부 시절이었기 때문에 가볍게 넘어간 것이 아닌가 하는 생각이 들 때가 있다.

나는 이때의 강연이 인연이 되어 일본의 대표적인 월간지 「세까이」(世界)로부터 원고 청탁을 받았다. 그 원고는 4·3에 대한 대통령의 사과 발표 직후인 2003년 12월호에 '한국에서의 역사와의 화해-제주도4·3사건 진상조사보고서와 노무현정권'이란 제목으로 실렸다.

2004년 4월에도 일본에서 4·3 강연과 민속극 공연이 있었다. 4월 24일 도쿄에서, 4월 27일에는 오사카에서도 열렸다. 강사는 국회의원 당선자 신분인 강창일 전 4·3연구소 소장이었다. 그런데 강창일 당선자가 도쿄 행사만 마치고 급히 귀국해야할 상황이 생겼다. 그러자 주최 측은 서울에 있는 나에게 강연 대타로 SOS를 쳤다.

오사카로 급히 날아갈 수밖에 없었다. 대통령 사과 이후여서인지 오사카 행사장에는 1천여 명의 청중이 운집했다. 나의 강연에 이어 노무현 대통령 사과 장면이 영상으로 비쳐지자 참석자들은 눈물을 흘리며 박수를 쳤다. 재일동포들의 가슴에 남았던 4·3의 한이 얼마나 깊었는지 절로 느껴졌다.

4·3수형자 희생자 인정받다

| 심사기준 결정부터 힘겨루기

제주4·3특별법에 정의된 '희생자'의 범위는 "4·3사건으로 인하여 사망하거나 행방불명된 자, 후유장애가 남아 있는 자로서 4·3위원회에서 심의·결정된 자"이다. 하지만 구체적인 희생자 심의·결정 기준은 명시돼 있지 않았다. 따라서 희생자 심사를 어떤 기본원칙으로 할 것인지, 희생자 범위에서 제외될 대상은 어떻게 규정할 것인지, 구체적인 심의·결정 방법은 어떻게 정할 것인가 하는 문제가 제기됐다.

국무총리 소속의 4·3위원회는 2001년 10월 11일 희생자심사소위원회를 출범시켰다. 제주도지사 소속의 실무위원회에서 올라온 희생자별 심사자료를 위원회에 상정하기 전 집중 검토하기 위한 조직이었다. 심사소위원회 위원장에는 박재승 변호사, 위원으로는 김삼웅(대한매일 주필), 박창욱(4·3민간인유족회장), 서중석(성균관대 사학과 교수), 이황우(동국대 경찰학과 교수), 임문철(제주서문성당 주임신부), 한광덕(전 국방대학원장) 위원이 위촉됐다. 학계·언론계·종교계·유족 대표뿐만 아니라 군·경 쪽 인사도 참여한 구조였다.

이 심사소위에 닥친 첫 과제가 바로 심사기준을 정하는 일이었다. 막상 심사기준을 만들려고 하니, 가장 예민한 문제로 대두된 것이 '희생자 제외대상 범위'였다. 그런데 이 대목에서 심사소위 위원들을 곤혹스럽게 한 것이 있었다. 바로 헌법재판소(헌재)가 예시한 '희생자 명예회복 제외기준'이었다.

헌재는 2001년 9월 27일 성우회 등이 제기한 4·3특별법의 위헌심판 청구를 각하 결정하면서, 이례적으로 희생자 명예회복 제외대상자를 예시한 것이다. 즉, 1) 수괴급 무장병력 지휘관 및 중간간부, 2) 남로당 제주도당 핵심간부, 3) 주도적·적극적으로 살인·방화에 가담한 자를 꼽았다.

2001년 12월 21일 제주시 관덕정 광장에서 열린 유족 총궐기대회.

　심사소위 내에서는 이 헌재 기준보다 더 강화된 안을 만들자는 의견과 이에 개의치
말고 희생자 범위를 폭넓게 인정하자는 의견이 맞섰다. 사실, 헌재의 기준안은 단지
의견 표명으로 법적 구속력은 없는 것이었다. 그러나 이를 무시했다가는 보수단체에
서 다시 위헌소송 제기 등 위원회 활동을 방해할 개연성은 얼마든지 예견됐다.

　보수단체에서는 2001년 12월 12일 "무장폭도가 희생자로 둔갑해서는 안된다."는
취지의 성명서를 발표하고, 희생자 심사기준 강화를 촉구했다. 그래서 희생자 심사기
준 논의가 더디게 진행됐다. 덩달아 4·3평화공원 조성 기본계획 심의도 미뤄지자, 이
에 자극을 받은 4·3유족회는 12월 21일 제주시 관덕정 광장에서 '제주4·3문제 해결
촉구를 위한 유족 총궐기대회'를 개최했다.

　이런 종합적인 상황을 고려한 심사기준 초안이 서중석 교수에 의해 제시됐다. 이 안
은 논란 끝에 심사소위를 통과한 뒤, 2002년 3월 14일 이한동 국무총리가 주재한 제
4차 4·3위원회 전체회의에서 의결됐다. 이 심사기준 중 논란이 됐던 '희생자 제외대
상'은 1) 제주4·3사건 발발에 직접적인 책임이 있는 남로당 제주도당의 핵심간부, 2)
군·경의 진압에 주도적·적극적으로 대항한 무장대 수괴급 등으로 정하되, "이 경우 그
러한 행위를 객관적으로 입증할 수 있는 구체적이고 명백한 증거자료가 있어야 한다."

고 명시했다.

이 안이 확정되자 양쪽 모두 반발했다. 유족회를 비롯한 4·3 관련단체들은 명예회복 대상자를 축소하는 기준이 화해와 상생이란 특별법의 취지를 퇴색시켰다며 비판했다. 그런 가운데 4·3유족회는 3월 18일 기자회견을 갖고, 희생자 선정기준에 문제가 많은 것은 사실이지만, 백지화 또는 재심의 요구보다는 "희생자 심사 과정에서 제외되는 사람들이 없도록 하기 위해 철저한 감시활동을 벌여 나가겠다."고 한 발 물러섰다.

보수단체의 불만은 『조선일보』가 적극 대변하고 나섰다. 이 신문은 3월 15일자 1면에 "군경 살해·방화범도 명예회복 포함 논란", 5면에 "헌재 판정기준도 제대로 수용 안 해"란 제목으로 크게 보도했다. 다음 날인 16일자에는 4·3위원회 당연직 정부위원 8명(장관급)에게 '군경 살해범 명예회복'에 대한 의견을 물은 결과 "정부위원들 입장 제각각"이었다고 보도하기도 했다. 18일자에는 사설로 이 문제를 집요하게 다루었다.

4·3희생자 심사는 이런 격랑을 타면서 한 발씩 앞으로 나아가기 시작했다. 드디어 2002년 11월 20일 김석수 국무총리가 주재한 제5차 4·3위원회 전체회의에서 희생자 1,715명이 처음으로 결정됐다. 그리고 2003년에 3,329명, 2004년에 1,246명이 4·3희생자로 각각 결정됐다.

그런데 2004년에 이르러, 희생자 심사가 더디게 진행됐다. 민감한 수형자 심사문제가 본격적으로 다뤄졌기 때문이다. 그동안 유보됐던 수형자에 대한 심사가 재개되자 "유죄판결을 받은 수형자들은 4·3희생자로 결정돼서는 절대 안 된다."는 보수단체의 성명이 잇따랐다.

그때까지 진상조사보고서 작성에 진력했던 나와 김종민 전문위원은 보고서 작성 업무가 종료되자 이 무렵부터 희생자 심사업무에 관여하게 됐다. 그리고 처음 부닥친 난제가 바로 수형자 심사였다.

| 박재승 위원장, 조목조목 반박

2005년 3월 17일, 희생자 3,541명에 대한 심사안건이 상정된 제10차 4·3위원회 전체회의는 회의 전부터 긴장감이 감돌았다. 그동안 "된다" "안된다"로 논란이 많았던 수형자 606명이 상정되면서 처음으로 위원회 심의를 통과하느냐 여부에 초미의 관심이 모아졌기 때문이다.

이해찬 국무총리가 주재한 이날 회의에서 수형자 심의안건이 상정되자, 예상했던 대로 윤광웅 국방장관이 먼저 포문을 열었다. 윤 장관은 "당시 진압작전을 수행했거나 군법회의를 담당했던 사람이 아직도 살아있고, 안보 관련 단체에서 수형자 모두를 희생자로 결정하는데 다른 의견이 있다."고 전하고, "따라서, 수형자 심사는 좀 더 객관적이고, 정확한 자료를 모아 신중히 결정하기 위해 재고해 달라"면서 심의 연기를 주장했다.

이어 국방부 추천 위원인 유재갑 위원이 나서 강도 높게 수형자 심사문제를 비난했다. 이렇게 되자 분위기는 초반부터 싸늘하게 됐다. 이에 맞서 희생자심사소위원회 위원인 임문철·김삼웅·서중석·박창욱 위원 등이 차례로 나서서 군법회의 허구성을 지적하고, 심사소위의 결의대로 원안 통과를 주장했다.

찬반 의견이 팽팽히 맞서는 가운데 김승규 법무장관이 마이크를 잡았다. 김 장관은 "헌법재판소에서 네 가지 기준을 제시했고, 수형인명부에 죄명이 나와 있는 것을 보면, 수형자 모두를 희생자로 보기는 어렵다."고 전제하고, "이 점은 신중히 가려야 될 필요가 있으므로 자료를 찾아보고 최대한 판단해서 여러 전문가들의 의견을 듣는 것이 합당하다."고 주장했다. 김 장관은 "따라서, 수형자 심사는 따로 떼어서 별도로 검토하자"고 제안했다.

뒷좌석에 배석했던 나는 그 순간, "아, 수형자 통과 오늘 어렵겠다."는 생각이 들었다. 아무리 진보 성향의 이해찬 총리라 할지라도, 일국의 법무·국방장관이 반대하고 나서는 판국이니 어떻게 할 수 있단 말인가. 십중팔구 다음 회의로 넘길 수밖에 없는 절체절명의 위기 순간이었다.

그때, 희생자심사소위 위원장인 박재승 변호사가 나섰다. 판사 출신인 그는 비장한 표정으로 재판정에서 판결하듯 논거를 제시하기 시작했다. 특별법이 제정되어서 정부 차원의 진상조사보고서가 나왔고, 그 결과로 대통령이 사과한 사실을 상기시킨 후, "국방부, 법무부에서도 진상보고서를 한번쯤 읽어봤겠지만, 국방부장관과 법무부장관, 또한 다른 분들의 이해를 도와드릴까 해서 어떤 노력을 해서 진상보고서가 됐고,

그동안 심사소위가 어떤 심의를 해왔는지 말씀을 드리겠다."면서 포문을 열었다. 박 위원장은 이어 15분가량 4·3 군법회의의 허구성과 불법성을 10여 가지 사례를 들어가며 조목조목 따졌다.

"저희 소위원회는 이렇게 접근을 했습니다. 소위 4·3군법회의를 받았다는 사람 30명에 대한 조사를 했습니다. 한결같이 군경의 취조를 받았지만 재판을 받아본 적이 없다, 여기서 재판이라는 것은 검찰관의 직접 심문과 거기에 대한 항변, 자기 방어권 행사, 구형, 변론 이런 걸 말하겠죠. 그런 절차를 밟아본 적이 없다는 겁니다. 그래서 저희는 이 사람들의 말이 맞는가를 보기 위해서 군법회의를 열었다는 9연대 혹은 2연대의 지휘부에 있었던 서종철, 전부일, 김정무 씨에 대한 진술 채록을 한 것을 봤습니다. 민간인에 대한 군법회의는 우리는 모른다는 겁니다. 세 분이. 어떻게 그럴 수가 있습니까? 그렇다면 아까 서른 분의 진술하고 부합됩니다. 군법회의가 없었다는 거죠. 그래서 국방부에 그러면 그 당시에 재판장은 누구며 심판관은 누구며 법무사는 누구며 검찰관은 누구냐 대라고 하니까 자료가 없다, 자료가 없는 이유는 모른다, 회신이 그렇게 옵니다. 국방부장관 아셔야 합니다.

그 다음에 또 당시 취조한 경찰, 호송했던 경찰들의 증언들을 봤습니다. 마찬가지입니다. '재판 없었다. 형무소에 간 뒤에 형량 알려줬다. 죄명 알려줬다' 이런 얘깁니다. 저희들이 기록에 관심을 가지고 혹시 다른 기록이 있는지 보자, 정부기록보존소에 조회를 해도 없습니다. 없는 사유 모른다. 국방부 판결문 기록이 있느냐, 4·3 군법회의에 관한 기록이 있느냐, 없다, 이거예요. 없는 사유 모른다. 그런 공문이 와 있습니다.

그 다음에 마산형무소에 소위 수형자 기록이 있습니다. 거기 보면 제주4·3사건에서 군법회의를 받고 거기에 수형됐던 다섯 명에 대한 기록을 봤더니 한결같이 군법회의를 받았다는 근거가 없습니다. 범죄 개요가 없습니다. 수형됐다는 사실만 있습니다. 다른 형무소에 있던 사람들도 마찬가지입니다."

┃ 실세장관 반대 '진실'로 압도

박재승 위원장은 비장한 목소리로 조목조목 따져갔다. 회의장 분위기가 갑자기 고요해졌다. 조금 전까지 기세등등했던 법무·국방장관도 난감한 표정을 지었다. 수형자심사의 변곡점이 된 이날, 박 위원장의 발언은 거침없이 이어져 갔다.

"김춘배 씨는 마포형무소에 수형됐던 사람인데, 6·25때 옥문이 열려 나와서 6~7년간 자기 집에서 지내다가 1962년도에 잔여형 집행문제로 체포가 됩니다. '난 군법회의에서 재판 받은 사실이 없다' 해가지고 잔여형 집행에 이의 신청을 하니까 (1963년) 군법회의에서 심리 결과 재판 받았다는 자료가 없다, 그래서 형집행 취소결정이 됐습니다.

박상우라는 대구형무소에 수감됐던 사람인데, 희한합니다. 군법회의 재판이 이 사람이 대구형무소로 들어왔다는 날짜보다 더 뒤입니다. 그러니까 형무소 들어온 날이 48년 12월 9일인데, 군법회의는 13일 날 됐다는 겁니다. 군법회의 안 받고 어떻게 수형자가 됩니까? 혹시 이게 미결구금 시작되는 날이 아닌가, 그러나 그럴 수가 없습니다. 제주에서 군법회의 열리는데 미리 대구형무소에 넣어놓고 제주에서 군법회의를 한다? 그건 당시 교통사정으로 봐서 말이 안 되는 얘기입니다. 있을 수 없는 얘기지요. 또 경찰기록을 보면 자기들 조사해 가지고 A는 사형, B는 무기로 해서 올렸지 재판을 한 것은 모른다 이렇게 나옵니다.

그런데 유일하게 있는 것은 아까 법무부장관 말씀, '군법회의 명령'이라 하는 것이 있는데, 그거 하나뿐입니다. 4282년도, 즉 49년도 만들어진 군법회의의 명령서라는 것인데 거기에 81년도 것을 기재하면서 82년도 용지에다가 두자 작대기 있는 것을 밑에 하나를 그어 지웠습니다. 그것도 정정인도 없어요. 그걸 81년도 군법회의 명령서 용지로 썼습니다. 그러면 소급했다는 것이 누가 봐도 나타납니다.

또 판결의 내용, 명령서 내용을 보면 피고인 이름은 쭉 있고, '항변'이라는 난이 있는데, 거기에 전부 '무죄' 주장했다는 항변이 나옵니다. '항변 무죄' 이렇게만 써 있습니다. 피고인이 그렇게 항변했다는 거죠. 그리고 형량 나오고 죄명 나오고 형무소 나옵니다. 그런 간단간단한 서면입니다.

48년도 재판이 있었던 날짜가 12월 3일부터 27일까지 12번, 49년도에는 6월 23일부터 7월 7일까지 10번에 걸쳐서 재판을 했다는 거죠. 48년도 재판에서 871명을, 49년도에는 그 짧은 기간에 1,659명의 유죄판결을 내렸습니다. 그 수형인 명부에 의하면. 그러면 한번 재판할 때 백 몇 십 명씩 재판했다는 겁니다. 이 피고인들은 하나같이 무죄 주장했다고 나옵니다. 그러면 검찰관이 직접 심문을 하고 그 많은 범죄사실에 항변 다 듣고 증거 조사하고, 나 억울하다 하면 증거 조사해야 되는 것이 아닙니까? 구형하고 최후 진술하고. 이것은 물리적으로 불가능합니다.

그래서 이런 모든 자료를 갖고 오랜 시간을 걸려서 진상보고서가 작성됐습니다. 진상보고서 461쪽으로 기억합니다만, 거기에 이 4·3 군법회의라는 것은 아무리 자료를 찾아봐도 적법한 절차를 거쳤다고 볼 자료가 없다, 따라서 '수형인'이라는 말 자체도 부적당하다, 그리고 형무소에 수감한 것은 '불법 감금'이라고 못을 박았습니다."

박재승 위원장은 이 대목에 이르자 목소리를 높였다. "이런 판국인데, 그동안 국가가 가지고 있는 자료를 내어 놓으라고 수차례 요구했는데도 없다고 해놓고선 오늘 다시 신중히 하자고 하는데, 언제까지 기다리란 말인가"고 일갈한 것이다.

박 위원장의 발언이 끝날 무렵 팽팽하던 무게추가 이미 기울어졌음을 느낄 수 있었다. 여기에 쐐기를 박듯 김태환 도지사가 나섰다. 김 지사는 그 해 1월 있었던 제주도 세계평화의 섬 선포식에서 대통령이 4·3을 과거사 정리의 모범이라 하신 말씀이 있었다고 상기시켰다. 김 지사는 "제주도는 이제 화해와 상생의 정신으로 나아가고 있고, 제주도 실무위원회에서도 결론 내린 수형자 심의도 이런 정신으로 접근해줬으면 좋겠다."고 발언했다.

회의장은 더 이상 반대론자들이 목소리를 높일 분위기가 아니었다. 이런 과정을 거쳐 이날 수형자 606명이 극적으로 4·3희생자로 결정됐다. 수형자 문제의 물꼬가 터진 것이다. 회의장 밖에서 초조하게 기다리던 김두연 회장, 홍성수 상임부회장 등 4·3유족회 임원들은 이 소식이 알려지자 "마침내 구천을 떠돌던 영령들의 원혼이 풀리게 됐다."면서 서로 얼싸안고 눈시울을 붉혔다.

이날 회의에 배석했던 총리실, 행정자치부 등 중앙 관료들도 놀라움을 표했다. 한

수형자 606명 심의안건이 전격 통과된 후 굳은 표정으로 박수치는 모습. 오른쪽부터 박재승 변호사, 이해찬 총리, 김태환 지사, 김삼웅 위원.

관료는 "국무회의에서 실세장관인 법무장관이나 국방장관 중 한 사람이라도 반대하면 그 안건은 유보되는데, 오늘 박재승 변호사의 역할이 컸다."고 평가했다. 그것은 대한 변호사협회 회장이란 '권위'에다 철저히 준비된 '진실'이 법무·국방장관의 반대를 압도한 것으로 분석하고 싶다.

| 사형수·무기수도 희생자

2005년 3월 제10차 4·3위원회(위원장 이해찬 총리) 전체회의에서 수형자 606명이 4·3희생자로 처음 결정된 데 이어, 2006년 3월에 열린 제11차 4·3위원회(위원장 한덕수 총리) 회의에서도 수형자 1,250명이 희생자로 인정됐다. 여기까지 심사를 통과한 수형자는 징역 20년 이하 해당자였다.

이제 남은 관문은 사형수와 무기수에 대한 인정 여부였다. 희생자심사소위원회에서도 형량이 낮은 수형자부터 심사하다보니, 막바지엔 사형수와 무기수들만 남게 됐다. 심사소위에서 많은 격론이 있었지만, 결국 다수 의견으로 사형수와 무기수도 희생자로 인정하는 안이 채택됐다.

그 이유인즉, 정부 진상조사보고서에서 4·3 군법회의를 불법으로 규정했을 뿐 더러, 4·3특별법의 규정에 따라 '희생자'로 결정하는 것과 형사소송법상의 재심을 통해 무죄 또는 면소를 받는 것과는 별개의 사안으로 보고, 따라서 위원회가 정한 '희생자 제외대상'에 해당하지 않으면 희생자로 결정이 가능하다고 판단했던 것이다. 불과 사흘 만에 345명에게 사형 선고했다고 하나 국내외 언론에 단 한 줄도 보도되지 않은 점, 그 시신들을 암매장한 점 등 군법회의를 둘러싼 수많은 의혹들도 이런 결정을 하는데 한몫했다.

여기에다 유족들에게 희소식이 있었다. 국회 본회의가 2006년 12월 22일 희생자 범위에 사망자·행방불명자·후유장애자 이외에 '수형자'도 추가시키는 4·3특별법 개정법률을 의결한 것이다. 강창일 국회의원 등이 발의한 이 개정법률이 통과됨으로써 결국 입법부도 4·3 군법회의의 불법성을 인정한 것이나 다름없었다.

사형수 318명과 무기수 238명을 4·3 희생자로 인정하자는 심사안건이 상정된 제12차 4·3위원회 전체회의는 2007년 3월 14일 권오규 국무총리권한대행 주재로 열렸다. 그 회의 직전에 한명숙 총리가 사임하는 바람에 재정경제부 장관을 겸한 권오규 부총리가 총리대행 자격으로 의사봉을 잡은 것이다.

권 총리대행은 사형수와 무기수들이 대거 상정되는 안건이 보고되자 부담을 느꼈던지 사전 브리핑을 요구했다. 그래서 이경옥 4·3지원단장과 내가 과천 정부청사에 가서 4·3 군법회의에 대한 전반적인 상황과 사형수와 무기수를 희생자로 인정하게 된 심사소위의 심의경위를 설명했다.

회의는 예상보다 쉽게 풀렸다. 물론 회의 중간 중간에 몇 차례 고성이 오갔지만, 예전 회의에 비해 그 강도가 낮았다. 국방부와 법무부 쪽에서 장관을 대신해서 차관들이 나와서 반대의견을 피력했지만, 역시 한풀 꺾인 기세였다. 심사소위 위원장인 박재승 변호사가 "아직도 이런 논쟁이 있다니 답답하다. 2005년 수형자들을 4·3 희생자로 인정할 때 군법회의가 정상적인 절차를 밟지 않은 것을 법률적으로 충분히 검토했고, 진상조사보고서도 그렇게 나온 것이 아니냐."고 질책성 발언을 하는데도 더 이상 반박을 못했다.

이에 권오규 총리대행은 "이번 희생자 결정은 실체적 사실접근을 위한 노력의 결과"

라고 평가하고, 사형수와 무기수들을 4·3 희생자로 결정하는 안건을 통과시켰다. 마지막까지 논쟁이 되었던 사형수·무기수까지 통과되자 희생자 심사는 큰 고비를 넘긴 셈이다. 2013년까지 심사를 통과한 4·3 희생자는 14,231명, 유족은 59,225명으로 집계됐다. 그럼에도 아직도 신고하지 않은 희생자와 유족들이 있어서, 계속 신고할 수 있는 방안이 모색되고 있다. 현행법에는 희생자 및 유족 신고기간이 일정기간 설정하도록 되어 있어서 그 기간이 지나면 신고할 수 없기 때문이다.

수형자들을 희생자로 결정하기까지 많은 위원들의 노고가 있었지만, 그 중에도 수훈갑을 꼽으라면 심사소위 위원장을 맡아서 어려운 난관을 헤쳐 온 박재승 변호사일 것이다. 박 위원장에겐 여러 일화가 있다. 2005년 대한변호사협회 회장을 그만둔 박 위원장은 미국 스탠포드대학교 방문연구원으로 미국에 가 있었다. 2006년과 2007년 4·3위원회 회의에서 수형자 심사가 있을 때, 우리가 간절히 희망하자 두 차례나 귀국하는 열의를 보여줬다. 그것도 자비 부담으로 귀국한 것이다.

박 위원장은 2003년 선거를 통해 대한변호사협회 회장에 당선됐을 때, 4·3위원회 위원 사임 의사를 표명했다. 물론 희생자심사소위 위원장직까지 내려놓게 됐다. 우리는 이를 만류하기 위해 백방으로 뛰었다. 선거 과정에서 민주사회를위한변호사모임(민변)의 도움을 받았다는 이야기를 듣고, 당시 민변 회장인 최병모 변호사에게 SOS를 쳤다. 제주에서 변호사사무소를 개업했던 최 변호사까지 나서서 "4·3문제 해결이 중요하다."고 설득했던 뒷이야기가 있다.

4·3매듭이 풀리기까지 이런 수많은 굽이가 있었다. 사형수와 무기수까지 희생자로 결정하는 과정에서 4·3특별법의 개정은 새로운 동력이 됐다. 2007년 4·3위원회에서 사형수들을 희생자로 인정함으로써 그들이 암매장됐던 제주국제공항 활주로 옆 유해 발굴도 탄력을 받게 된다. 이념적 누명이 상당부분 풀린 결과였다.

4부

보수진영의 끈질긴 훼방

4·3특별법과 진상보고서 통째 부정 / 국방부 「6·25전쟁사」 파동 / MB정부 '과거사 해체' 시도 / 4·3평화기념관 개관 저지 전말 / 보수단체 소송 줄줄이 패소

4·3특별법과 진상보고서 통째 부정

|『월간조선』기고문 파문

제주4·3이 오늘의 위상을 갖게 되기까지 많은 수난과 시련, 도전과 응전이 있었다. 4·3진영은 2000년 4·3특별법 쟁취를 시작으로 정부 차원의 진상조사, 법정보고서를 통해 '국가 공권력에 의한 인권유린'이란 새로운 규정 획득, 대통령의 사과, 국가기념일 지정, 화해와 상생이란 슬로건 개척 등 수많은 성과를 거두었다.

이에 반해 일부 보수단체들은 이런 변화를 도저히 용납할 수 없다면서 극렬한 반대운동을 벌였다. 수구적 냉전 사고에서 벗어나지 못한 세력은 과거 '공산폭동'으로 규정되어 지하에 갇혀있던 4·3이 새로운 햇살을 받고 재조명되는 데 대해 강한 불만을 갖고 온갖 훼방, 폄훼활동을 전개했다.

그 시발은 4·3특별법의 제정부터였다. 극우 보수단체에겐 4·3의 진상규명과 명예회복이 목적인 4·3특별법 제정자체가 절대 용납할 수 없는 일대 사건이었다. 1999년 12월 23개 보수단체가 4·3특별법의 국회 본회의 통과 직전에 공동 성명을 발표하고, 특별법의 폐기를 주장했지만 타이밍을 놓치는 바람에 허공에 날린 빈주먹과 다름없었다. 4·3특별법 제정 직후 그들은 또 다른 반격을 준비하고 있었다. 그 첫 시도가 여론조성을 위한 『월간조선』의 기고문 발표였다.

조선일보사에서 발행하는 시사 월간지 『월간조선』 2000년 2월호는 기고문의 표지 제목을 "국군을 배신한 국회-공산게릴라들에겐 면죄부를 주고 국군을 학살범으로 정죄(定罪)한 4·3특별법"이라고 매우 선정적으로 달았다. 『월간조선』은 4·3특별법 제정을 신랄하게 비판하는 이진우 변호사의 '제주4·3사건 진상규명 및 희생자 명예회복 특별법의 국회 통과를 개탄한다'와 이현희 교수(성신여대)의 '제주4·3사건의 본질을 다시 말한다'는 기고문 두 편을 동시에 실은 것이다.

『월간조선』에 실린 '국군을 배신한 대한민국 국회'란 제목을 단
이진우 변호사 기고문.

『한겨레21』에 실린 '4·3이 공산폭동이
라니' 제하의 김종민 기자 반론문.

이진우 변호사의 글은 섬뜩함이 느껴질 정도로 과격했다. 즉 "4·3특별법은 공산폭
도들에게 면죄부와 함께 사랑의 꽃다발을 안겨주었고, 반면 이들의 폭동을 진압하기
위해 피와 땀 그리고 생명을 바친 대한민국 국군, 경찰관들에게는 '무차별 양민 대량
학살'이라는 유죄판결을 내렸다"는 게 그의 논지였다.

이현희 교수의 글은 왜곡 그 자체였다. "4·3은 소련 지령 하에 대한민국 건국을 저
지하기 위한 유혈폭동"이라고 당당히 규정하는가 하면 "4·3사건은 우리 민족의 현대
사에서 동족이 벌인 공산당의 광란의 살육으로는 가장 처참한 사건으로서 많은 희생
자를 냈다"는 주장까지 폈다.

그들의 글만을 읽은 독자들은 '도대체 대한민국 국회가 어쩌다가 이런 큰 실책을 했
단 말인가?'라는 우려와 의문을 던질 수밖에 없을 것이다. 더군다나 소련의 지령을 받
은 공산당이 광란의 살육극을 벌여 수많은 희생자를 발생시켰다고 주장하는 판국이니
더 말해서 무엇하랴.

그동안 4·3의 진실을 밝히기 위해 백방으로 노력해온 『제민일보』 4·3취재반으로서
는 이런 얼토당토아니한 궤변을 그대로 묵과할 수 없었다. 하필 4·3취재반과 두 사람
사이에는 악연이 있었다. 즉 이승만 양자가 '불법 4·3계엄령'을 보도한 제민일보를 상
대로 제기한 3억 원의 손해배상 청구 소송에서 원고 측의 대표 변론을 맡은 이가 바로
이진우 변호사였다. 또 고등학교 교과서에 4·3과 관련해 근거 없이 '북한의 사주'라는

표현을 썼다가 10여 년 전에 4·3취재반으로부터 호되게 추궁당한 이가 바로 이현희 교수였다.

4·3취재반 김종민 기자는 『월간조선』 조갑제 편집장에게 전화를 걸어 두 사람의 글이 역사적 사실관계를 무시한 채 억측으로 점철된 궤변이라고 지적하고 반론 게재를 요청했다. 이에 조 편집장은 "4·3을 공산폭동으로 보느냐, 그렇지 않다고 보느냐. 그것부터 밝혀라"고 다그치고는, "4·3이 '공산폭동'이라는 사실에 동의하지 않으면 지면을 줄 수 없다"며 반론 게재 요청을 거절했다.

결국 김종민 기자의 반론은 한겨레신문사에서 발행하는 시사주간지 『한겨레21』 (2000년 2월 24일자)에 "4·3이 공산폭동이라니"란 제목을 달고 실렸다. 김 기자는 먼저 이 변호사의 주장에 대해 "4·3특별법 그 어디에도 '대한민국 국회가 공산 게릴라들에게 면죄부를 주고 국군과 경찰을 양민 대량 학살범으로 정죄한' 내용은 없다. 다만 진상을 규명하고 억울한 희생자의 명예를 회복시킨다는 대의명분이 있을 뿐이다"고 지적했다.

김 기자의 반론은 또한 6쪽에 불과한 이현희 교수의 짧은 글에서 무려 20여 군데의 오류가 발견되었다면서 그 허구성을 조목조목 따졌다. 특히 논란이 됐던 '소련 사주설'의 진위에 대해서는 다음과 같은 글을 썼다.

이현희 씨의 이번 주장은 남로당 중앙당 수준을 넘어, 북한·소련이 사주해 4·3사건이 발생했다는 것이니, 그게 사실이라면 매우 중요한 내용이 아닐 수 없다. 이 씨는 그 근거로 '1946년 당시 소련은 김일성·박헌영 등에게 폭동의 시기와 전략적 지침의 하달은 물론 준비 및 진행자금까지 제공한 사실에 관한 소련의 비밀문건이 최근 한국의 일간신문사 조사취재팀에 의해 발굴된 바 있다'고 밝혔다.

1946년에 있었다는 전반적인 내용의 소련의 지침과 구체적으로 1948년에 발발한 제주4·3사건을 바로 연관 짓는 건 난센스지만, 매우 궁금한 대목이 아닐 수 없어 이 씨에게 전화를 걸어 물어 보았다. 이 씨는 머뭇거리다가 "「중앙일보」 현대사연구팀이 발굴한 자료에서 비슷한 내용을 본 것 같다"는 어처구니없는 답변을 했다. 논쟁을 벼르며 전화했지만 10년 전과 마찬가지로 오류 지적에 대해 하나도 제대로 답변을 못하니 허탈할 지경이었다.

| '4·3특별법 위헌' 헌소 제기

2000년 4월 6일 보수 인사와 예비역 장성 출신 등 15명이 제주4·3특별법이 위헌이라면서 헌법재판소에 헌법소원심판을 청구했다. 이들은 "제주4·3사건은 공산무장반란인데, 4·3특별법은 가해자인 공산무장 유격대를 피해자인 경찰·양민들과 구별하지 않고 똑같이 위령토록 규정, 헌법의 자유주의적 기본질서를 위반하고 평등권 등을 침해했다."고 주장하며 위헌심판을 청구한 것이다.

이들 청구인들 중에 눈길을 끄는 사람들이 있었다. 4·3 당시 서북청년회(서청) 중앙회장을 맡았던 문봉제, 전국학생총연맹(학련) 중앙위원장이었던 이철승, 박진경 연대장의 양자 박익주 씨 등이었다.

4·3 당시의 서청은 제주도민들에게는 '악몽'으로 각인되어 있다. 이승만 정권 시절 교통부장관을 지낸 문봉제 씨는 4·3 진상규명이 사회문제로 부각되던 1989년 한 잡지와의 인터뷰에서 "제주에서의 진압은 미군정 하의 군인과 경찰이 한 것"이라고 발뺌하면서 "제주에서의 서청의 공과는 공반과반(功半過半)"이라고 표현한 바 있다. 그런 장본인이 헌소 청구인으로 나선 것이다.

국회의원 7선 출신인 이철승 씨는 1970년대 DJ·YS와 더불어 40대 기수론을 내세워 야당 대통령 후보 경선을 벌였던 인물이다. 그가 4·3 당시 중앙위원장을 맡았던 학련 역시 제주도에서는 그 잘못이 회자되는 집단이다. 자유민주민족회의 대표 자격으로 헌소 청구인에 참여한 그는 이에 앞서 3월 20일 한나라당 서울 광진을 지구당 개편대회에 참석, "4·3특별법은 4·3폭동을 정당화·합리화시키고 폭동 주동자들을 명예회복시키려 하는 법"이라고 포문을 열었다. 독자들은 '서울 한복판에서 웬 4·3특별법 비난?'이라고 의아해할지 모른다. 그러나 이 발언은 바로 이 지역구에 출마한 민주당 추미애 의원을 겨냥한 것이었다.

박익주 씨는 육군 중장 출신이다. 제11·12대 국회의원(민정당)도 지냈다. 그는 4·3 당시 제주에서 부하에 의해 암살당한 제11연대장 박진경 대령의 양자이다. 그는 양부의 명예를 높이기 위해 준장 추서 운동도 벌였지만 성사시키지는 못했다. 그는 4·3특별법이 제정되자 누구보다 앞장서서 반대운동에 나선 것이다.

이렇게 헌법소원심판 청구인 가운데 서청·학련 관련자까지 참여했다는 소식이 알려지자 제주 사회는 술렁이기 시작했다. 제주시민사회단체협의회(상임대표 임문철·김태성)는 4월 10일 성명을 발표하고 "서청·학련 책임자 등이 위헌소원을 낸 것은 학살 책임자들과 극우세력의 최후의 몸부림이자, 사건의 진상이 공개되면 그 반인륜적 죄악상이 만천하에 공개될 것을 우려하는 위기의식의 발로"라고 직격탄을 날렸다.

이런 논란의 와중에 2000년 5월 10일 예비역 장성 출신 모임인 성우회(회장 정승화)가 헌법소원심판 청구에 가세하면서 4·3특별법의 위헌 논쟁은 더욱 확산되었다. 장성 출신 333명이 서명한 성우회의 헌소 청구서에는 "4·3특별법은 청구인들의 기본권과 행복추구권 등을 침해하고 있다."고 주장했다.

그들은 "4·3사건은 남로당이 1948년 한반도를 적화하기 위해 제헌의원 선출을 저지할 목적으로 일으킨 폭동임에도 특별법은 이를 합법화해 대한민국이 민주공화국이라는 국가의 정체성을 파괴했다."고 지적하고 "국무총리 산하에 위원회를 둬 희생자의 심사결정, 명예회복, 호적 등재까지 자의로 할 수 있게 한 조항은 포괄위임 입법금지 원칙을 위배했다."고 주장했다. 성우회는 특히 "특별법은 폭동세력과 국가공권력을 대등하게 위치시켜 공권력 행사의 적법성을 부인하고 있다."면서 노골적인 불쾌감을 드러냈다.

청구인 측 변호사는 날이 갈수록 늘어나 10여 명에 이르렀다. 대법관 출신인 정기승, 국회의원 출신인 나석호·이진우·이택돈 변호사 등도 합류했다. 그 중에도 4·3특별법 제정을 공박하는 『월간조선』기고문의 파문을 일으켰던 이진우 변호사가 적극적으로 나섰다.

청구인 측 변호사들은 준비서면을 작성하면서 4·3특별법 문제의 출발점은 4·3사태의 기산일을 1948년 4월 3일로 하지 않고 '1947년 3월 1일을 기점'으로 잡은 데 있다고 지적했다. "그것은 목적의식의 소산이며, 그 목적이란 적화통일을 목표로 한 공산주의 폭동에 대하여 조국의 광복을 위한 민족의 3·1 저항운동과 같은 평가를 하기 위한 것"이란 색다른 주장을 펴기도 했다.

이에 맞서 행정자치부 고문 변호사인 배병호 변호사가 반론을 폈다. 정부나 국회, 4·3진영까지 한편이 되어 청구인 측의 부당한 주장에 반박하는 논리를 폈고, 관련 자료를 제공했다. 2000년 12월 8일에는 청와대와 국무총리실·행정자치부·법무부·국방부 등 정부 측과 국회 측 관계관 연석 대책회의도 개최됐다. 결국 헌법재판소는 두 가지 헌법소원 심판 청구를 병합 심리한 끝에 2001년 9월 27일 위헌심판 청구를 각하 결정했다.

| '보고서도 위헌' 18만 명 서명

2003년, 4·3진상조사보고서 확정과 대통령 사과라는 목표를 이루었다. 험난한 고비를 여러 번 넘기며 이룬 꿈같은 일이었기에 보람도 컸고, 성취감을 느낀 것도 사실이었다. 그러나 2004년에 접어들면서 그 못지않은 허망함, 허탈감이 엄습해 왔다. 특히 진상조사보고서가 확정되던 순간, 4·3진영과 일부 언론으로부터 받았던 예상외의 혹평, '정부 보고서가 아니다'란 서문 초안을 놓고 벌인 논쟁의 후유증이 쉽게 가시지 않았다.

연극을 끝낸 배우가 무대 뒤에 멍하니 앉아있는 모습처럼 한동안 일손이 잡히지 않았다. "이제 뭐하지?" 스스로 자문하는 시간이 많았다. 이런 모습이 보기 딱했던지 영어자료 전담 전문위원인 장준갑 박사가 달리기를 해보라고 권유했다. 그는 마라톤 마니아였다.

그게 인연이 되어 달리기를 시작했다. 처음엔 그렇게 무겁던 몸이 연습량에 비례해 서서히 풀리기 시작했다. 주말에는 한강이나 상암경기장 주변에서 달리기 연습을 했다. 그리고 10km, 하프마라톤에 이어 풀코스까지 뛰게 됐다. 나뿐만 아니라 다른 전문위원과 조사요원, 지원단 공무원들도 함께 뛰었다. 42.195km를 달릴 때는 한없는 고통이 뒤따랐다. 그때마다 1988년 4·3취재반 출범 때를 떠올렸다.

"우리가 4·3을 다루면서 100m 단거리선수처럼 질주할 수는 없다. 그러다간 금방 쓰러질 것이다. 이 연재를 제대로 하려면 42.195km를 달리는 마라토너 같은 인내와 끈기가 필요할 것이다."

젊은 기자들이 6월 항쟁의 열기에 힘입어, 4·3의 성격도 '항쟁'에서 출발하자고 했

성 명 서
제주4·3사건진상조사보고서 확정에 대한 우리의 입장

내란을 은폐한 4·3진상조사보고서 우리는 절대 인정 할 수 없다

지난 10월15일 제주4·3사건진상규명 및 희생자명예회복위원회(위원장 국무총리)가 확정한 제주4·3사건진상조사보고서는 심히 왜곡 편향된 보고서로 우리는 절대 인정할 수 없다.

1. 제주4·3사건은 대한민국 건국을 위한 5·10선거를 파탄시킴으로써 한반도 전체를 공산화하기 위해 남로당이 일으킨 내란이다. 이는 4·3사건 연루 수형인 명부에 나타난 죄목이 모두 내란죄, 내란음모죄, 내란방조죄 소요죄, 살인죄, 방화죄, 국가보안법위반죄 등이라는 사실이 말해준다. 또 4·3사건 경찰측 누구에게 물어봐도 4·3의 주체는 남로당 등 공산주의자들이었고, 그 목적은 공산화였다는 점을 증언할 것이다. 이들은 공산폭도들의 살인·방화 약탈은 물론 선전선동과 노획, 구호, 삐라, 인민재판, 인공기 등을 지금도 생생히 기억하고 있다. 그럼에도 불구하고 진상조사보고서는 이와 같은 엄연한 사실을 숨기고 희생자에 대한 인권침해 부분만, 그것도 무장폭도들의 만행은 축소시키고 군경토벌대의 과잉진압 부분만 과대포장하여 기술함으로써 제주4·3사건의 본질을 왜곡했다.

2. 1948년 8월 15일 수립된 대한민국 정부의 정통성을 이어오고 있는 현 정부가 작성한 보고서가 대한민국 건국에 기여한 군경 및 민간인의 희생은 무시하며 4·3부장폭동에 대한 진압의 불가피성에 대한 언급없이 일방적으로 과잉진압과정만 부각시킨 것은 큰 잘못이다. 제주 4·3 사건은 '남로당이 일으킨 공산무장폭동'이지만 진압과정에서 억울한 희생자가 많이 발생한 사건'이라는 기조하에 기술하여야 할에도 많은 희생자를 낸 이 사건의 원인을 제공한 공산주의자들의 폭동을 봉기로 미화시키고, 더욱 어처구니 없는 것은 무장폭도들에게 희생된 군경과 민간이 1,764명에 대한 가해자들이 흔적도 없이 사라져버렸다는 사실이다.

3. 제주 4·3진상조사보고서 수정에 심의도 엉터리였다. 9월 28일까지 6개월동안 각계각부로부터 375건 1,033쪽에 달하는 방대한 분량의 수정의견이 접수되었는데, 보고서 집필진 한 두 명이 하루 이틀만에 검토한뒤 이들의 주관적인 의견을 담아 10월 4일 검토 소위원회에 회부, 단 3시간만에 단어의 오류 등 경미 지엽적인 33건에 대해 수정, 본회의에 올렸으며 10월 15일 본회의에서도 검토할 시간을 달라는 위원 3명의 요청을 묵살 당해 즉석에서 사회성명을 내고 퇴장한 상태에서 일사천리로 통과시킨 것은 형식적인 절차이며 대부분의 수정의견이 묵살당한채 확정한 이번 진상조사보고서를 우리는 절대 인정할 수 없다.

4. 따라서 정부는 제주 4·3사건의 성격을 남로당(공산당)의 무장폭동이며 진압과정에서 선량한 주민이 많이 희생된 사건임을 공식 선언하고 그 다음에 진압과정에서 희생된 선량한 사람들에 대한 사과가 있어야 한다는 것을 분명히 밝혀둔다.

2003년 10월 28일

대한민국건국희생자제주도지부회
대한민국 재향경우회제주도지부
대 한 민 국 건 국 회 제주도지부
대한민국전몰군경유족회제주도지부
호국봉사회(제주도전몰군경유자녀회)
6·25참전전우기념사업회제주도지부장

대한민국무공수훈자회제주도지부장
대한민국참전경찰제주도유공자회
충 의 회 제 주 도 지 부
통일안보중앙협의회제주도지부
제 주 지 구 이북5도민연합회
자 유 수 호 협 의 회

2003년 10월 "4·3진상조사보고서 절대 인정할 수 없다"는 제주도내 보수단체의 광고문.

을 때 내가 했던 말이다. 그리고 선입견을 갖지 말고, 과연 무슨 일이 벌어졌는지, 왜 그런 일이 일어났는지 하나하나 헤쳐가자고 설득했다. 그래서 꼬리표가 없는 '4·3'으로 출발했던 것이다. 마라톤을 하면서 이런 생각에 미치면 고통이 오더라도 걷거나 포기할 수 없었다. 나는 2005년 동아국제마라톤대회에서 4시간 14분대의 기록을 세웠다. 몸이 날렵한 김종민 전문위원은 3시간 40분대를 주파했다. 이런 과정을 거치며 몸과 마음을 추슬렀다.

이 무렵 보수단체들은 4·3진상조사보고서와 대통령 사과를 폄하하고 부정하려는 움직임을 본격화했다. 잘못 기록됐던 4·3역사가 바로 정립되고 무고한 희생자들의 명예가 회복되는 상황이 전개되자, 이에 불만을 품은 보수단체의 반발과 도전이 시작된 것이다. 이것은 앞으로의 방향성을 놓고 잠시 갈등하던 나에게 몸과 마음을 새롭게 가다듬는 계기가 됐다.

진상조사보고서 확정과 대통령의 사과 표명 직후에 보수단체에서는 이른바 '제주4·3사건 왜곡을 바로잡기 위한 대책위원회'란 단체를 결성했다. 4·3에 대한 기존의 정부문서들이 왜곡됐다는 민원이 그치지 않아 특별법이 제정되고 정부 차원의 진상규명이 추진된 것인데, 이번에는 역으로 4·3진상조사보고서가 왜곡되었다면서 보수단체들이 '역사바로잡기 운동'을 벌이는 형국이 된 것이다. 그 중심에 이선교 목사가 있었다.

2004년 3월 그들은 1차적으로 2만여 명의 서명을 받아, 4·3진상조사보고서의 왜곡과 불법성을 재조사하라는 진정서를 청와대에 제출했다. 이 진정이 받아들여지지 않자 그 해 7월 20일 4·3진상조사보고서와 이에 따른 대통령 사과를 취소해야 한다는 요지의 헌법소원을 제기했다. 그들은 전국적으로 4·3진상조사보고서 반대 서명운동을 벌여 확보한 185,689명의 서명지를 헌법재판소에 함께 제출했다. 그들의 집요함을 여실히 보여준 것이다.

이 헌법소원은 유기남(자유시민연대 공동의장)·오형인(건국유족회 제주유족회장)·이선교(백운교회 목사) 등 대표 6명과 43개 보수단체의 이름으로 제출됐다. 위헌심판을 제기한 이들은 4·3

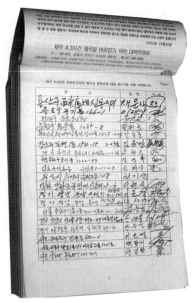

2004년 3월 청와대에 제출된, "4·3진상조사보고서의 왜곡과 불법성을 재조사하라"는 내용의 보수단체 진정서.

특별법에 근본적 오류가 있고, 진상조사보고서가 대한민국의 정통성을 훼손시키고 있으며, 이로 인하여 자신들의 행복 추구권, 양심의 자유, 재산권 등에 침해를 입고 있다고 주장했다.

그런데 이 헌법소원 청구내용 중에는 적절치 못한 표현들이 그대로 나와 제주 도민 사회의 공분을 샀다. 즉, "4·3 당시 공산무장 유격대의 병력이 평균 19,900명에 이르며, 20,000명에 육박하는 빨치산들에게 7년이라고 하는 긴 기간 동안 양식을 공급해주어서 무력투쟁을 할 수 있게 해준 사람들은 제주도민 이외에는 아무도 없다."고 주장해 제주도민 전체를 빨치산 협력자로 매도했다.

| 헌법재판 잇달아 패소

보수단체들은 더 나아가 "현 정부가 확정한 4·3진상조사보고서와 대통령의 사과 절대 인정할 수 없다", "대통령과 정부는 4·3사건을 무장봉기로 규정한 역사왜곡을 즉각 취소, 전면 수정하라"는 성명을 발표했다. 특히, 이런 헌법소원에 일부 제주도민들이 참여하고 있다는 소식이 알려지면서 "아무리 극우적 사고를 한다 해도 제주사람이면서 이 헌법소원에 참여한 것은 너무했다. 정말 제주사람 맞느냐"는 비난이 일었다. 제주4·3유족회 등 4·3 관련단체들은 7월 21일 성명을 통해 "제주도민은 너희들의 이름을 잊지 않을 것이다. 그리고 결코 너희들을 용서치 않을 것이다"고 직격탄을 날렸다.

그 다음 날인 7월 22일 헌법소원에 참여한 대한민국재향경우회 제주도지부(회장 김영중)와 대한민국건국희생자 제주도유족회(회장 오형인) 관계자들이 제주도청 기자실에서 기자회견을 갖고 헌법재판소에 제출한 내용들 중에 부적절한 표현이 있다며 해명하고 나섰다. 그들은 제주도민들을 4·3 당시 빨갱이를 도와준 부역자로 규정한 것 등 몇 가지 부분은 잘못된 것이라고 해명하고, "이로 인해 도민들에게 심려를 끼쳐 드린데 대해 대단히 죄송하게 생각한다."고 사과 입장을 밝혔다.

그들은 이선교 목사가 제주에 내려와 헌법소원에 동참해 달라고 해서 참여한 것이지만 "헌소 내용을 보지도 않은 채 서명하고, 청구인과 전문위원으로 참여하게 된 것은 분명한 오류였다."고 꼬리를 내렸다 그러면서도 4·3진상조사보고서가 좌편향되고, 왜곡된 부분이 많기 때문에 진상조사보고서와 대통령 사과에 대한 헌법소원은 그대로 제기하겠다고 밝혔다.

이들만이 아니라 전문위원으로 이름을 올린 일부 제주출신 보수논객들도 자신이 동의한 바 없다고 부인하고 나섰다. 이에 대해 이선교 목사는 한 언론과의 인터뷰에서 "제주도 4·3사건에 대해 헌법소원을 하는 것인데, 제주도 사람들이 다 빠지면 누가 할 것이냐, 서울에는 4·3을 연구한 사람이 별로 없다. 그래서 내가 일방적으로 넣었다."고 궁색한 변명을 했다.

이 목사는 문제된 내용들에 대해서는 "내가 작성한 것은 아니다. 이진우 변호사가 혼자서 쓴 것이다. 이 변호사는 현재 유럽에 가 있어서 연락이 안 되고 있는데, 연락이 닿으면 일부 내용을 수정하도록 하겠다."고 밝혔다. 이 목사 역시 헌법소원 자체를 포기할 생각은 결코 없다고 강조했다.

이진우 변호사는 4·3특별법이 제정된 직후인 2000년 2월 『월간조선』에 "국군을 배신한 국회 – 공산게릴라들에겐 면죄부를 주고 국군을 학살범으로 정죄한 4·3특별법"

이란 매우 선정적인 기고문을 통해 4·3특별법의 국회통과를 개탄한 바 있다. 한때 민정당 정책위의장을 지낸 그는 1999년 이승만 전 대통령의 양자가 "4·3계엄령은 불법"이라고 보도한 『제민일보』를 상대로 3억 원의 손해배상 청구소송을 할 때 원고 측 변호인으로 참여했다가 패소의 쓴 맛을 봤다.

그는 또 2000년 4월 보수 인사와 예비역 장성들이 4·3특별법을 위헌이라면서 헌법소원을 제기할 때에도 변호인단으로 참여했다가 역시 패소했다. 이번엔 4·3진상조사보고서와 대통령의 사과가 위헌이라면서 4·3과 관련한 세 번째 사법적 도전을 한 것이다.

이에 맞서 4·3위원회는 행정자치부 고문 변호사였던 배병호·정연순 변호사와 4·3계엄령 불법 손해배상 소송에서 승소한 바 있는 제주출신 문성윤 변호사를 소송 대리인으로 위촉, 대응에 나섰다. 물론 4·3위원회 전문위원실에서 청구인 측의 부당한 주장에 반박하는 관련자료를 제공했다.

2004년 8월 17일 헌법재판소는 이 헌법소원을 각하 결정했다. 헌법재판소 지정재판부(재판장 김경일)는 관여재판관 전원일치로 "청구인들이 제기한 헌법소원 청구는 헌법소원의 대상이 될 수 없는 행위에 대한 위헌확인을 구하고 있으므로 부적법하다."면서 각하 결정을 내린 것이다.

재판부는 4·3진상조사보고서에 대해 "4·3특별법의 입법목적 수행에 필요한 근거자료 마련 차원에서 작성된 것으로 사건의 성격, 발생원인과 경과, 피해상황 등 진상조사 결과가 기재된 것"이고, 대통령의 사과에 대해서는 "대통령이 국가 내지 정부를 대표하여 유족 등에게 제주4·3사건에 대한 공식 입장을 밝히면서 사건으로 인한 희생에 관한 의견과 감상을 표명한 것"이라면서 이는 헌법소원의 대상이 될 수 없다고 밝혔다.

여기서 주목되는 것은 헌법재판소가 4·3진상조사보고서에 '사건의 성격' 등 진상조사 결과를 기재했다고 밝힌 점이다. 앞에서 밝혔지만, 진상조사보고서 서문 작성을 둘러싸고 격한 논쟁이 벌어진 이후 "사건 전체에 대한 성격이나 역사적 평가를 내리지 않았다"는 애매한 내용이 기술됐지만, 사법부는 사건의 성격을 기재했다면서 그와 다른 견해를 표명한 것이다.

국방부 「6·25전쟁사」 파동

| 4·3보고서 철저히 묵살

2004년 7월, 보수단체가 낸 헌법소원 못지않게 국방부가 발행한 『6·25전쟁사』 파문도 논란거리였다. 국방부 군사편찬연구소가 편찬한 이 책에 제주 4·3을 '무장폭동'으로 기술하는가하면 오류와 왜곡사례도 수두룩해서 큰 파장이 일어난 것이다.

국방부는 6·25전쟁에 관한 정부 공식 역사서로 1967년부터 13년간에 걸쳐 『한국전쟁사』(전 11권)를 발간한 바 있다. 국방부는 『한국전쟁사』 발간이 오래 전에 있었고, 미국과 구소련, 중국 등에서 새로 발굴한 문헌자료와 학계의 연구 성과, 참전용사 4,000명의 증언자료 등을 반영해서 모두 18권의 『6·25전쟁사』를 새로운 각도로 쓴다는 원대한 계획

2004년 국방부가 '전쟁의 배경과 원인'이란 제목으로 발간한 『6·25전쟁사』 제1권.

을 세웠다. 그 첫 권으로 '전쟁의 배경과 원인'을 발간한 것이다.

그런데 이 책에 제주4·3을 '무장폭동'으로 표기했다는 문제 제기가 4·3관련단체로부터 나왔다. 4·3위원회 전문위원실에서 얼른 이 책을 입수해서 분석했다. 총 28페이지에 걸쳐 언급한 제주4·3 관련 부분에서 30여 군데의 문제가 발견됐다. 정부 위원회가 발간한 『제주4·3사건 진상조사보고서』를 철저히 묵살하고, 기존의 폭동론과 토벌의 정당성을 그대로 답습했기 때문이다.

이 책은 4·3의 직접 발발 원인이 된 1947년 3·1 경찰 발포사건부터 왜곡했다. 아울러 3·1사건 이후 발생된 2,500명의 검속, 3건의 고문치사 등에 대해서는 단 한 번

의 언급도 없이 남로당 활동만 부각시켰다. 초토화작전에 대해서도 "포로가 된 인민유 격대도 처형하지 않았고, 양민으로 인정된 자는 전원 귀향 조치했다."고 왜곡했다.

또한 민간인 희생사실을 철저히 외면하면서, 오히려 군인들에게 민간인 80여 명이 희생된 의귀리사건에 대해서는 "주민들의 적극적인 협조로 30여 명을 사살했다."고 기술했다. 더욱 어이가 없었던 것은 이미 폐기처분된 2000년판 『제주경찰사』에서 여 덟 군데나 인용한 점이다. 경찰사는 발간 직후 4·3 관련 부분에 많은 오류와 왜곡으로 물의를 빚자 2000년 11월 제주경찰청 스스로 공식 폐기했던 문건이다.

이런 내용상의 왜곡 못지않게, 국방부가 정부의 진상조사보고서나 대통령의 사과라 는 정치적 행위를 애써 외면하거나 묵살하는 의도를 보였다는 점이 더욱 심각한 문제 였다. 이것은 자칫 국군 통수권자에 대한 항명으로 비쳐질 수 있는 사안일 뿐 아니라, 4·3 치유의 향방에도 악영향을 미칠 중대한 문제가 아닐 수 없었다.

이와 같은 문제가 불거지자, 7월 9일 제주4·3연구소장 출신인 강창일 국회의원(열 린우리당)이 우리 전문위원실에서 분석한 자료를 토대로 조영길 국방장관을 상대로 10개 항의 서면 질의를 했다.

"국방장관은 4·3위원회 위원으로 참여해놓고도 정부 진상보고서를 단 한 줄도 인용 하지 않고 철저히 묵살한 저의는? 진상보고서를 인정하지 않는가?", "민간인 희생 부 분에 대해서 철저히 외면하고 있는데, 장관은 진압작전의 민간인 희생을 인정할 수 없 다는 것인가?", "장관은 국가권력에 의한 민간인 희생에 대한 대통령의 사과가 잘못됐 다고 판단하는가?" 등을 따졌다.

7월 12일 임종인 의원(열린우리당)도 대정부 질문에서 국방장관에게 제주4·3을 '폭 동'으로 표현한 문제 등을 따져 물었다. 이에 대해 조영길 장관은 "6·25전쟁사에서 폭 동이란 표현은 딱 두 번 썼다. 이는 사건의 전개과정을 표현한 것으로, 제주4·3사건 전체의 성격을 정의한 목적에서 썼다고 생각하지 않는다."고 답변했다. 조 장관은 또 "폭동이란 수식어를 썼다고 해서 4·3사건 성격을 왜곡하거나 변조했다고 생각하지 않 는다."고 덧붙여 『6·25전쟁사』를 옹호했다.

이에 4·3진영이 발끈했다. 7월 13일 제주4·3희생자유족회(회장 이성찬)·4·3연구 소(소장 이규배)·민예총 제주도지회(지회장 김수열)가 긴급 대책회의를 가졌다. 이들

단체 대표들은 다음 날인 7월 14일 제주도의회에서 기자회견을 열고 "제주4·3사건에 대한 대통령의 사과문과 국방부에서 발간한 『6·25전쟁사』 내용이 판이하게 다른데 참여정부의 입장은 과연 무엇인지 밝히라"고 노무현 대통령에게 공개 질의했다. 아울러, 국방장관의 사과와 『6·25전쟁사』의 회수 폐기, 관련자 문책 등을 요구했다.

7월 15일에는 제주도의회와 4·3도민연대(공동대표 고상호·고창후·김평담·윤춘광·양동윤)가 나섰다. 도의회는 이날 4·3특별위원회(위원장 강원철)가 제안한 건의문을 도의원 전원의 서명으로 채택했다. 도의원들은 이 건의문을 통해 "『6·25전쟁사』의 은폐와 왜곡 사태는 그동안 도민들이 조심스럽게 쌓아 올린 진실의 탑을 송두리째 허물고 우롱하는 것"이라고 지적하고, 정부에 대해 재발 방지 대책과 문제의 책 전량 폐기를 주장했다.

4·3도민연대도 이날 기자회견을 갖고 "노무현 대통령은 이번 사태에 대해 진상을 즉각 조사하고, 국방장관과 군사편찬연구소 관계자를 엄중히 처벌하라"고 요구했다. 또한 국회에 대해서는 4·3특별법을 제정한 입법기관으로서 특별법의 권위를 지켜줄 것을 촉구했다. 이와 함께 도민연대는 청와대와 국회를 항의 방문하겠다고 밝혔다.

| 쌍방 대립하자 청와대가 '수정' 중재

2004년 7월, 『6·25전쟁사』 파문이 일어났을 때 4·3유족회·4·3연구소·4·3도민연대 등 4·3 관련단체와 제주도의회 등은 한결같이 국방부가 정부 보고서인 4·3진상조사보고서를 철저히 외면한 사실을 지적하고, 한목소리로 이를 규탄했다. 4·3 관련단체들은 4·3진상조사보고서를 "국가의 공식적인 보고서", 혹은 "제주4·3사건에 관해서는 재론의 여지가 없는 정사(正史)"로 규정하고 이를 외면한 국방부를 질책하고 나선 것이다.

이들 단체들은 4·3진상조사보고서의 조사 결론을 토대로 대통령이 사과했음을 강조하면서 어떻게 국방부가 이를 묵살할 수 있느냐고 따졌다. 일부 4·3 관련단체가 2003년 10월 4·3진상조사보고서가 최종 확정됐을 때, 이를 '미완의 보고서'로 규정하면서, "미완의 보고서를 뛰어넘는 '4·3정사'를 새롭게 편찬하겠다."고 밝혔을 때와는 사뭇 다른 태도였다.

이렇게 4·3 관련단체와 제주도의회까지 합세해서 『6·25전쟁사』의 시정을 요구했지만 국방부 측은 계속 버티기 작전으로 들어갔다. 7월 19일 국방부 군사편찬연구소는 4·3연구소에 보낸 회신 공문에서 "『6·25전쟁사』는 전쟁사 기술방식으로 작성했고, 4·3위원회에서 논의된 내용을 전체적으로 고려, 최종 발간했다"는 궁색한 변명을 했다.

조영길 국방장관은 7월 22일 강창일 의원의 서면 질의에 대한 답변서를 통해 4·3진상조사보고서의 사료적 가치와 군경 진압과정의 민간인 희생이 있었음을 인정하면서도, 4·3 관련부분의 전면 수정이나 사과, 관계자 문책 등을 거부했다. 조 장관은 '무장폭동'이란 표현에 대해서도 "군사적인 용어를 사용한 것"이라며, 사소한 오류에 대해서는 '정오표(正誤表)'로 교정하겠다"고 밝혔다.

이에 강창일 의원뿐만 아니라 4·3 관련단체들이 발끈했다. 4·3유족회·연구소·도민연대와 제주민예총, 백조일손유족회(회장 조정배)까지 가세한 5개 단체는 7월 26일 『6·25전쟁사』의 4·3 왜곡을 바로잡는데 노무현 대통령이 직접 나서라고 촉구했다. 또한 이 책의 전량 폐기뿐만 아니라 국방장관과 군사편찬연구소 관련자의 문책을 강도 높게 요구했다.

이제 공은 청와대로 넘겨진 상황이었다. 이에 앞서 7월 20일 4·3도민연대 고성화 상임고문, 김평담·양동윤 공동대표, 김용범 운영위원이 청와대를 방문, 시민사회수석실 황인성 비서관 등과 만나 『6·25전쟁사』 왜곡에 대한 도민사회의 분노를 전하면서, 이를 시정하기 위한 진정서를 반드시 노무현 대통령에게 전달해 줄 것을 요구했다.

이렇게 되자 청와대도 더 이상 보고만 있을 수 없게 되었다. 7월 26일 오후 청와대 국방보좌관실에서 윤광웅 국방보좌관(예비역 해군 중장) 주재로 『6·25전쟁사』 관련 대책회의가 열렸다. 청와대 측에선 윤 보좌관과 김종대 국방보좌 행정관, 기춘 시민사회 행정관이, 국방부 군사편찬연구소에선 안병한 소장(예비역 육군 소장), 최종대 연구부장(현역 육군 대령), 양영조 박사가, 4·3위원회에선 배윤호 지원과장(당시 지원단장 공석 중)과 수석전문위원인 내가 참석했다.

먼저 안 소장이 국방부 입장을 설명했다. 요약하면, 선배 군인들이 기록한 내용을 중심으로 『6·25전쟁사』의 4·3 관련부분을 기술했다는 것이다. 이어 필자가 4·3위원회의 입장을 설명했다.

"국방부 기존 기록이 문제가 있었기에 4·3특별법이 제정되고, 정부 차원의 진상조사가 진행된 것이 아닙니까. 많은 논란 있었지만 결국 국방부 쪽에서도 참여한 가운데 '무장폭동' 용어를 삭제하지 않았습니까. 국무총리가 주재한 회의에서 보고서가 확정되고, 이에 따라 대통령이 사과까지 한 마당인데 국방부가 이제 와서 과거의 논리로 회귀하겠다면 누가 신뢰하겠습니까?"

내가 되묻는 식으로 말을 이어나가자 안 소장이 바로 항변하려는 듯 말문을 열었다. 그때 회의를 주재하던 윤 국방보좌관이 안 소장의 말을 가로막았다.

"안 장군, 이제 국방부도 달라져야 합니다. 국방부도 아픈 역사를 풀어주는 차원에서 합리적인 수정방안이 모색돼야 할 겁니다. 그래야 국민으로부터 사랑 받는 강한 군대의 모습이 될 것으로 기대합니다. 아울러 제주도민들도 국방부의 입장을 십분 고려하여, 슬기롭게 이 문제를 풀어주실 것을 바랍니다."

그러자 잠시 침묵이 흘렀다. 이날 회의는 그 후 2시간 동안 진행됐다. 청와대의 수정 의지가 분명하게 드러남으로써 국방부 쪽에서도 더 이상 이의를 달지 않았다. 이날 회의에서 다음과 같은 3가지 원칙이 합의됐다.

1) 『6·25전쟁사』 중 사실과 다른 4·3내용을 협의 수정하되, 수정안을 4·3위원회에서 만든다.
2) 수정작업은 8월중 마무리한다.
3) 협의가 완료될 때까지 『6·25전쟁사』 배포를 중단한다.

| 장관 교체 후 수정작업 급물살

『6·25전쟁사』 파동을 둘러싸고 정치권과 4·3진영에서 국방장관의 문책을 요구하던 상황에서 2004년 7월 28일 공교롭게도 국방장관이 전격 교체됐다. 청와대는 남북 함정간의 무선교신 보고 누락사건이 불거지면서 조영길 국방장관이 사의를 표명하자 이를 수리하고, 후임 장관에 윤광웅 청와대 국방보좌관을 임명한 것이다.

예비역 해군 중장 출신을 국방장관에 발탁한 것부터 이례적이었다. 여기에는 참여정부의 국방 개혁 의지가 담겨 있었다. 윤 장관이 취임 일성으로 "국방의 문민화는 시대적 명제"라고 강조한 것도 이와 맥을 같이하고 있었다. 바로 그 신임 국방장관이 이틀 전 청와대에서 열린 『6·25전쟁사』 파동 대책회의에서 국방부 쪽에 수정 의지를 강하게 피력했던 주인공이다.

우리는 속으로 쾌재를 불렀다. 4·3위원회에서 만들기로 한 『6·25전쟁사』 수정안은 김종민 전문위원이 주로 작성했다. 8월 2일 4·3위원회의 수정안을 군사편찬연구소(군편)에 보냈고, 군편은 8월 9일 수정안에 대한 검토의견을 보내왔다. 여전히 주요 부분에선 버티기 자세가 역력했다.

8월 11일, 군편 회의실에서 양쪽 실무자 회의가 열렸다. 군편에선 최종대 연구부장, 정석균 자문위원, 양영조 박사, 박동찬 연구원이, 4·3위원회에선 나와 김종민 전문위원이 참석했다. 이에 앞서 가진 군편 안병한 소장과의 티타임에서 내가 "군편 검토의견을 보고 실망했다. 오늘 회의의 실효성이 있을지 의문"이라고 불만을 토로하자, 오히려 안 소장이 "좋은 결과가 있을 것"이라고 말하는 것이 아닌가.

막상 회의가 시작되자, 군편 관계자들이 전향적 자세로 임하고 있음이 감지됐다. 그럼에도 주요 부분에선 의견을 달리했다. 가장 부딪친 용어가 '무장폭동'이냐, '무장봉기'냐 였다. 아울러 무고한 민간인 희생에 대한 군 작전의 과오를 인정하는 부분에서 머뭇거렸다. 이런 문제는 2차 회의에서 매듭짓기로 했다. 수정작업을 '8월중'하기로 약속했기 때문에 더 이상 물러설 수 없다고 배수진을 쳤다.

2차 회의는 8월 23일 4·3위원회 사무실에서 열렸다. 결국, 이날 회의에서 논란 끝에 35건을 수정하기로 합의했다. 오류부분 18건, 왜곡·편향부분 13건, 추가내용 4건 등이다. 가장 논란이 됐던 '무장폭동'은 삭제하고, 4·3특별법에 명시된 '4·3사건' 또는 '소요사태'란 용어로 대체하기로 했다.

추가한 내용 중 중요한 것은, 사건 배경의 하나인 '2,500명 검속, 3건의 고문치사 발생', 초토화작전의 실체인 '해안선 5km 이외의 통행금지와 총살 포고문'과 '9연대의 강경작전으로 표선면 토산리 등 여러 곳에서 다수의 주민이 희생되었다' 등이었다. 특히, 결론 부분에 종합적인 평가라 할 수 있는 다음과 같은 내용을 삽입하기로 합의했다.

『6·25전쟁사』 제1집

제주4·3사건 관련 최종 합의 사항

국방부 군사편찬연구소			제주4·3사건처리지원단		
직 책	성 명	서 명	직 책	성 명	서 명
조사연구부장	최종대	*(서명)*	수석전문위원	양조훈	*(서명)*

2004. 9. 15

※ 국방부 군사편찬연구소와 제주4·3사건처리지원단은 『6·25전쟁사』 제1집 중 4·3사건 관련 내용을 다음과 같이 수정하기로 최종 합의하였음을 확인함.

『6·25전쟁사』 4·3 왜곡부분 35건을 수정하기로 합의한 후 군사편찬연구소 최종대 대령과 필자가 서명한 합의서.

제주 4 · 3사건 수정문

『6·25전쟁사』 제1집 중 제주4·3 사건 수정문은 '제주4·3특별법'과 『제주4·3사건 진상조사보고서』의 내용과 취지를 고려하여 제주도민의 피해상황을 추가하고 일부 내용을 수정·보완한 것입니다.

국방부가 배포한 『6·25전쟁사』 중 제주4·3사건 수정문 표지.

제주4·3사건은 광복 이후 정부 수립 과정의 혼란기에 발생하여 제주도민들이 수많은 인적·물적 피해를 입은 불행한 사건이었다. 당시 미군정과 새로 출범한 정부는 체제가 제대로 갖추어지지 않았고 토벌작전을 담당한 군·경도 훈련과 경험이 부족하여 도민의 피해를 크게 하는 한 원인이 되었다.

이를 고려하여 정부는 사건 발생 50여 년 만에 인권신장과 국민화합에 기여하기 위해 4·3특별법을 제정하여 4·3사건의 진상을 규명하고 명예회복 조치를 추진하였다.

이날 회의에서는 35건 수정 합의 이외에도, 조만간 '4·3사건 수정문'을 별지로 만들어 『6·25전쟁사』 배포처 모두에게 발송할 것, 『6·25전쟁사』 재발행시 본문에 수정문을 반영할 것, 향후 군편에서 4·3사건을 서술할 때 4·3진상조사보고서를 최대한 참고하여 반영할 것 등을 약속 받았다.

9월 15일, 이 수정안은 상부에 보고한 뒤 '군편 연구부장 최종대-4·3지원단 수석전문위원 양조훈'의 서명으로 매듭지어졌다. 11월 16일, 배포처마다 발송된 '제주4·3사건 수정문'의 맨 앞장에는 이런 글이 실렸다.

『6·25전쟁사』 제1집 중 제주4·3사건 수정문은 '제주4·3특별법'과 『제주4·3사건 진상조사보고서』의 내용과 취지를 고려하여 제주도민의 피해상황을 추가하고 일부 내용을 수정·보완한 것입니다.

이 수정문이 나오자 4·3진영은 크게 환영했다. 4·3유족회·4·3연구소·4·3도민연대·

민예총제주도지회 등 4개 단체는 11월 17일 "국방부의 4·3사건에 대한 인식의 전환을 환영한다."는 내용의 성명을 발표했다.

그러나 국방부 쪽은 후폭풍에 시달렸다. '별들의 모임'이라는 성우회를 비롯하여 퇴역 장성들로부터 심한 질책을 받은 것이다. 이런 후폭풍의 영향인지 얼마 후 현역 대령이던 최종대 군편 연구부장이 군복을 벗었다. 그는 준장 진급이 예견되던 엘리트 군인이었다. 경위야 어찌됐던, 얼마 후 강원도에 있는 국영기업체 임원으로 떠난다는 그의 전화를 받고 필자의 심정이 착잡했다.

MB정부 '과거사 해체' 시도

| 4·3위원회 폐지 논란

2008년 이명박 정부가 출범했다. 김대중-노무현 대통령으로 이어지던 민주정부 10년을 마감하고 이명박 대통령의 보수정권이 닻을 올린 것이다. 겨우 제자리를 찾던 4·3 진실 찾기와 명예회복 운동도 이때부터 시련을 맞게 됐다. 보수진영의 조직적인 반격이 시작됐기 때문이다.

보수진영은 자기들 세상을 만난 양 의기양양하게 김대중·노무현 정권에서 이루어낸 과거사위원회의 성과물들을 한꺼번에 뒤엎을 기세였다. 다른 과거사위원회의 성과물에 대해서도 공격했지만 가장 화력을 집중시킨 것이 이념적 쟁점이 많았던 바로 4·3이었다. 그들의 공격 목표는 제주4·3위원회의 폐지, 4·3진상조사보고서의 폐기, 4·3 희생자 결정의 무효화, 4·3평화기념관의 개관 중지로 모아졌다.

그 시발은 엉뚱하게도 새해 벽두 대통령직인수위원회에서부터 터져 나왔다. 그 해 1월 4일 대통령직인수위는 행정자치부로부터 업무보고를 받고 "정부 산하 위원회를 대폭 정리하는 방향으로 가닥을 잡았다."고 밝혔다. 인수위는 우선 과거사 관련 위원회 14개와 국정 과제 관련 위원회 12개 등 26개 위원회를 폐지할 방침이라고 밝혔다. 그 폐지 대상 위원회 속에 4·3위원회가 포함되면서 제주사회가 벌집 쑤신 듯 들끓기 시작했다.

한창 화해와 상생의 길을 걷던 제주지역에서는 즉각 반발하고 나섰다. 첫 포문은 제주도내 14개 시민사회단체로 구성된 '제주4·3민중항쟁 60주년 정신계승을 위한 공동행동 준비위원회'가 열었다. 이 단체는 1월 5일 성명을 발표하고 "금년은 4·3 60주년을 맞는 해여서 각계각층에서 이에 대한 준비가 한창인데도 이명박 정부는 출범하기도 전에 4·3 문제를 하찮은 것으로 여기는 행보를 하고 있다."고 비난했다.

이어 1월 6일에는 4·3유족회와 4·3도민연대 등 4·3 관련단체들이 나서서 "이명박 대통령 당선자는 지난 대선 기간 동안 제주도민과 약속했던 4·3 관련 공약을 잊었느냐"고 반문하고 대통령직인수위가 밝힌 4·3위원회 폐지 방침이 확실한 것인지 그 진위를 밝히라고 촉구했다.

이런 단체들의 반발에 한나라당 제주도당이 무마 작업에 나섰다. 제주도당은 1월 7일 밝힌 성명을 통해 "4·3위원회는 4·3특별법에 따라 설치된 위원회이기 때문에 위원회를 없애려면 4·3특별법을 폐지하거나 개정해야 한다."면서 "4·3위원회가 개별법에 따라 설치된 조직인데다 활동의 독립성이 보장된 기구라 정리 결정이 쉽지 않다."고 밝힌 것이다. 그러니 "자의적인 판단으로 여론을 호도하지 말라"고 피력했다.

그게 맞는 말이다. 4·3위원회를 폐지하려면 4·3특별법을 폐기하거나 개정해야 한다. 한나라당 제주도당의 염원과 달리 중앙당은 그 길을 준비하고 있었다. 한나라당 중앙당은 1월 21일 한나라당 국회의원 130명 전원이 발의한 45개 법률 제·개정안을 국회에 제출했다. 그 속에는 4·3특별법 개정법률안도 포함되어 있었다. 개정 골자는 4·3위원회를 폐지하고, 남은 업무는 진실화해위원회(진화위)에 통합시켜 수행하도록 한다는 것이었다.

그러나 속내를 들여다보면, 이명박 정부의 과거사에 대한 부정적인 인식이 그대로 깔려 있었다. 과거사위원회 가운데는 법으로 존치 기한이 명시된 곳과 그렇지 않은 곳이 있다. 한나라당은 존치 기한이 명시된 5개 위원회를 우선 폐지하고, 존치 기한이 명시되지 않은 4·3위원회 같은 9개 위원회는 진화위로 통합했다가 나중에 폐지하는 것으로 가닥을 잡은 것이다. 진화위도 2010년 10월이면 문을 닫는 청산절차를 밟게 되어 있었다.

이런 사실이 알려지면서 4·3 관련단체 만이 아니라 제주도청년연합회 같은 일반시민단체, 제주도와 도의회, 야권 정치권 등이 나서서 아직 출범도 하지 않은 이명박 정부에 대한 총공세에 나섰다. 1월 30일에는 4·3유족회 회원 3백여 명이 4·3위원회 폐지 법안 철회 촉구 궐기대회를 가졌다. 김두연 회장 등이 두건을 쓰고 상여를 메어 시가지를 행진하는 특별한 시위도 벌였다. 상경 투쟁도 이어졌다.

총선을 코앞에 둔 한나라당 제주도당은 난감하지 않을 수 없었다. 제주도당 임원진

2008년 1월 30일 한나라당의 4·3위원회 폐지 추진에 격앙된 4·3유족들이 초상집을 연상시키는 상여를 메고 가두시위를 했다. 한 가운데 손을 치켜든 이가 김두연 유족회장.

은 2월 4일 중앙당사를 방문, 격앙된 제주 현지 분위기를 전하고 4·3위원회 폐지 방침 재검토를 요구했다. 이런 노력의 결과인지 여야의 협상 과정에서 4·3특별법 개정 등은 나중에 다루는 것으로 정리됐다.

하지만 그 해 4월 열린 총선에서 제주지역에선 민주당이 3석을 모두 휩쓸었다. 언론은 제주에서 한나라당이 완패한 이유에 대해 4·3 60주년을 맞는 시점에서 여권이 무리하게 시도한 4·3위원회 폐지 등이 지역정서를 자극했다고 분석했다.

그러다가 그 해 11월부터 한나라당 일부 의원에 의해 4·3위원회 폐지를 목표로 한 4·3특별법 개정작업이 또다시 착수되자 이에 맞서 제주사회에서는 '한나라당 제주4·3특별법 개정안 반대 범도민대책위원회'가 발족되었다. 이 대책위에는 모두 49개 단체가 참여했는데, 일부 보수 성향의 단체도 동참했다. 제주 도내에서 이렇게 많은 단체가 한 목소리를 낸 것은 매우 드문 일로, 4·3운동사에 새로운 기록을 세운 이례적인 단체 참여 수였다.

그만큼 제주도민사회에서는 4·3에 관한한 과거로의 회귀를 원치 않는 분위기가 어느덧 터 잡고 있음을 확실히 보여준 사건이었다. 결국 한나라당은 이런 반발에 부딪쳐

끝내 4·3위원회를 폐지하는 법률 개정을 추진하지 못했다. 다만 2009년에 와서 행정안전부 산하 기구인 4·3지원단을 폐지하고. 남은 업무는 과거사지원단에서 대신 처리하는 것으로 실무기구를 축소 조정했을 뿐이다.

| MB, 보수측 반대로 위령제 불참

2008년은 4·3 발발 60주년을 맞는 해였다. 따라서 그 해 2월 취임한 이명박 대통령의 4·3희생자 위령제 참석 여부가 초미의 관심을 끌었다. 특히 대통령직인수위원회의 초기 활동 때 4·3위원회의 폐지안을 들고 나오면서 한바탕 소동이 벌어진 후라서, 민심을 달래기 위해서도 대통령의 위령제 참석이 필요하다는 여론이 돌았다.

그 스타트는 4·3희생자유족회에서 끊었다. 4·3유족회는 3월 7일 기자회견을 갖고 이명박 대통령의 위령제 참석을 공식 청원했다. 김태환 도지사도 3월 18일 청와대를 직접 방문해 대통령의 위령제 참석을 건의했다. 이어서 여야 정치권, 4·3 관련단체들이 한 목소리로 대통령의 참석을 공개적으로 요청했다.

대통령의 초청에 가장 공을 들인 사람은 누가 뭐래도 제주지역에서 총선에 출마한 한나라당 후보들이었다. 그 해 4월 9일 벌어질 총선을 코앞에 둔 이들 후보들은 이반된 민심을 돌리기 위해서도 대통령의 4·3위령제 참석이 매우 중요하다고 판단했다. 그래서 여러 경로를 통해 그 절박성을 호소했던 것이다.

3월 25일로 기억된다. 필자가 서울 종로구에 있는 4·3위원회 사무실에서 퇴근할 시각, 청와대 관계자로부터 전화가 걸려왔다. 내일 아침 8시까지 청와대로 들어올 수 없겠느냐는 내용이었다. 무슨 일이냐고 물었더니 "4·3위령제 참석문제를 협의하고자 한다."는 것이었다. 즉각적으로 이명박 대통령이 위령제 참석여부를 검토하고 있구나 하는 생각이 스쳤다.

다음 날 아침 일찍 청와대로 들어갔다. 김두우 정무2비서관, 추부길 홍보기획비서관과 연설문 담당 행정관 등 6명이 나를 기다리고 있었다. 중앙일보 논설위원 출신인 김두우 비서관의 설명은 이랬다.

"어제 대통령께 4·3위령제 참석 건을 보고했습니다. 대통령께서 새 정부 들어서 과거사에 대해 처음으로 입장 표명을 하게 되기 때문에 연설문을 먼저 보고 참석여부를 결정하자고 말씀하셨습니다. 오늘 오후에 그 결과를 보고하기로 되어 있습니다. 그래서 4·3전문가인 양 수석과 연설문 방향을 협의하고자 부른 것입니다."

그 말을 듣고 난 다음 나는 준비된 초안이 무엇이냐고 물었다. 연설문 담당 행정관은 4·3의 성격을 남로당 폭동으로 보는 견해와 민중항쟁으로 보는 시각이 있다고 전제하고, 이제는 이를 극복해서 미래로 나아가야 한다는 게 주요 골자라고 설명했다.

나는 그런 접근은 오히려 분열을 초래할 수 있다고 지적했다. 차라리 이명박 대통령이 20여 일 전 삼일절 기념사에서 밝힌 내용, 즉 "대립과 갈등을 극복하기 위해서는 새로운 사고, 새로운 방향이 절실하며, 낡은 이념 논쟁을 뛰어넘어 실용의 정신으로 미래로 나아가자"는 방향으로 연설문이 마련됐으면 좋겠다는 의견을 개진했다. 김두우 비서관이 얼른 나의 의견에 동조했다.

다음 날 청와대로부터 긍정적인 사인이 왔다. 곧 제주도는 난리가 났다. 위령제 참석예정자의 비표를 발행하기 위한 신원 확인 작업에 돌입한 것이다. 6천~7천명의 참석 대상자 신원을 파악하느라 도청 의전파트와 4·3유족회 등에는 비상이 걸렸다. 그런 준비 과정을 거쳤음에도 그 해 이명박 대통령의 4·3위령제 참석은 결국 불발되고 말았다.

새 정부가 출범하게 되자 여러 경로의 실세들이 등장했다. 그 중에도 막강한 세력은 이 대통령의 친형인 이상득 의원 진영과 이 대통령과의 대학 동기인 천신일 회장이 이끄는 고려대학교 교우회로, 세칭 양대 산맥으로 불렸다. 그런데 운명의 장난처럼, 제주 지역구 후보의 건의를 받은 이상득 의원은 대통령의 위령제 참석을, 그러나 막판에 보수단체들의 집중적인 건의를 받은 교우회 쪽은 위령제 불참을 권유한 것으로 알려졌다.

4월 3일 4·3위령제가 봉행되던 날, 이명박 대통령을 대신해서 한승수 국무총리와 원세훈 행정안전부 장관이 제주에 내려왔다. 한 총리는 제주 분위기가 심상치 않다는 정보를 사전에 보고받고 있는 터라, 매우 신중히 행동했다. 한 총리는 추도사에서 "4·3은 건국의 혼란기에 있었던 비극이며, 유가족과 도민 여러분에게 깊은 위로의 말씀을 드린다."고 고개를 숙였다. 이어 "정부는 4·3의 진실을 역사의 교훈으로 삼아 나가는데 정성을 다하고 기념사업과 유족 복지사업 등을 적극 지원하겠다."고 약속했다.

한나라당은 강재섭 대표가 직접 내려와 민심을 수습하려고 노력했다. 그러나 이런 노력에도 불구하고 한나라당은 일주일 뒤 벌어진 총선에서 제주 지역구 국회의원 3석 모두를 통합민주당에 넘겨주는 참패를 당했다.

이명박 대통령은 대통령 후보시절인 2007년 3월 2일 4·3평화공원을 참배한 뒤 "4·3에 대한 평가는 제대로 됐으며, 평가대로 인정해야 한다."는 말을 남겼다. 그러나 대통령이 된 후 5년 동안 한번도 4·3 위령행사에 참석하지 않아 유족들의 마음에 서운함도 남겼다.

4·3평화기념관 개관 저지 전말

| 보수단체 "기념관은 날조" 반대

4·3 발발 60주년인 2008년 3월에 개관한 제주4·3평화기념관은 4·3의 의미와 아픈 상흔을 고스란히 담고 있는 역사기념관이다. 이제는 해마다 20만 명 이상이 관람하는 다크투어의 명소이자 한국현대사의 대표적인 기념관으로 꼽힌다. 그러나 이 평화기념관의 문을 열기까지에는 남다른 진통이 있었다.

제주시 봉개동에 자리 잡은 제주4·3평화공원 조성 사업은 2000년부터 3단계로 추진됐다. 그 가운데 핵심 시설인 4·3평화기념관 건립은 제2단계 사업에 포함되어 2004년부터 본격적으로 착수됐다. 평화기념관은 지상 3층, 지하 2층 규모의 건물(연면적 11,455㎡)로 설계되었고, 전시 시설까지 포함해서 모두 380억 원이 투입되는 대규모 사업이었다.

평화기념관 기본 설계는 2002년 4·3평화공원 기본 설계 현상 공모에서 당선된 공간종합건축사무소의 작품에서 제안됐다. 그러나 이 당선작도 건물 외형에 비중을 두었을 뿐, 4·3의 진정성과 역사성을 담는 내용물에 한계가 있고 미흡하다는 지적이 일었다. 이를 보완하기 위해 2004년 10월 4·3평화공원 조성사업 자문위원회(위원장 김정기 전 서원대학교 총장)가 결성됐다.

이 자문위원회 이외에 그 해 11월 다시 실무 전문가들로 평화기념관 전시기획팀이 구성됐다. 전시기획팀에는 박경훈(팀장, 제주전통문화연구소장)을 비롯해 강병기(한양대 교수), 김동만(한라대 교수), 박찬식(제주4·3연구소 연구실장), 성완경(인하대 교수) 등 5명이 참여했다.

이 전시기획팀에서 1년 넘게 작업을 해 '제주4·3기념관 전시계획서'가 작성됐다. 기존의 당선작 내용을 대폭 손질한 것이다. 건축 계획과 전시 배치 계획, 전시 동선 등이 크게 변형됐다. 다랑쉬굴 전시실, 백비 시설, 해원의 팽나무 계획 구상도 여기서 나왔다. 특히 턱없이 모자란 4·3 사료 등을 보완하기 위해 그림, 영상매체, 컴퓨터 그래픽 등 멀티미디어 시스템을 적극 활용하는 아트워크 제작안도 도입됐다.

전시기획팀은 2007년 5월 평화기념관 전시연출자문단으로 재편됐다. 기존의 전시기획팀 5명과 민병찬(국립제주박물관 학예연구실장), 양조훈(제주4·3위원회 수석전문위원), 이동철(제주대 교수), 최선주(국립중앙박물관 학예연구관) 등 4명이 더해져 9명으로 확대된 것이다. 자문단장에는 강병기 교수가 선임되었으나, 기념관 전시물 준비 도중 애석하게 타계하는 바람에 성완경 교수가 바통을 이어받았다. 이 자문단은 2008년 3월 기념관 개관 이전까지 모두 12차례 회의를 갖고 전시 사료, 전시 콘텐츠, 전시 연출 등 전반에 대한 검토 작업을 벌였다.

상설전시실은 제1관 도입 부분(역사의 동굴), 제2관 4·3의 전사(前史·흔들리는 섬), 제3관 4·3 봉기(바람타는 섬), 제4관 학살(불타는 섬), 제5관 후유증과 진상규명 역사(흐르는 섬), 제6관 새로운 시작으로 연출됐고, 다랑쉬굴 참상이 재연된 특별 전시관 등이 별도로 준비됐다. 전시관 설명 패널 문안은 4·3진상조사보고서를 토대로 작성한다는 원칙이 정해져 나와 김종민 전문위원이 주로 작성했고, 4·3중앙위원인 서중석 교수(성균관대)가 감수를 했다.

아트워크 작품 중에는 박재동 화백의 애니메이션 '3·1절 기념대회 발포상황', 강요배 화백의 회화 '제주도민의 5·10', 김창경 화백의 미디어 아트 '한라산의 평화', 오석훈 화백의 저부조 '제주 저항의 역사', 이가경 화백의 애니메이션 '불타는 섬', 고길천 화백의 조소 '죽음의 섬' 등이 인상적이었다.

전시내용을 연출하는 과정에서는 수정이 거듭됐다. 전시의 눈높이를 중학생 수준에 맞춘다는 원칙이 정해지면서 내용을 보다 쉽게 풀어쓰는 작업이 계속됐고, 시각적 효과를 살리는데 비중을 두었다. 작업은 새벽까지 이어져 밤을 새는 날도 잦았다. 그만큼 역사적인 작업이란 소명의식과 열정들이 있었다.

그런데 뜻하지 않은 먹구름이 다가오고 있었다. 이명박 정부 출범을 계기로 보수단체들이 들고 일어난 것이다. 2008년 2월 재향군인회, 뉴라이트 전국연합 등 94개 보수단체로 결성된 '대한민국 국가정체성회복국민협의회'가 청와대와 국무총리실

제주4·3평화기념관 조감도.

에 4·3진상조사보고서 수정과 4·3평화기념관 개관 연기를 골자로 한 진정서를 제출했다. 그 진정서에는 "4·3평화기념관은 날조·왜곡된 4·3진상조사보고서를 근거로 군경은 악으로, 폭도들은 봉기자로 미화하는 등 대한민국 정통성을 부정하는 내용들을 전시하고 있다."는 주장도 있었다.

그 선봉에 재향군인회 박세직 회장이 나섰다. 육군 소장 출신인 그는 총무처장관·체육부장관·서울올림픽조직위원장·안기부장·서울시장과 국회의원을 두루 거친 거물이었다. 그 무렵에는 보수정권을 재탈환하는데 기여한 공로로 기세가 등등했다. 청와대와 총리실 등에 바로 전화를 거는 몇 안 되는 인물이었다.

이명박 정부가 출범한 지 열흘도 안 된 3월 5일, 한승수 국무총리가 원세훈 행정안전부장관과 박성일 4·3지원단장을 호출했다. 놀랍게도 재향군인회 등에서 제기한 4·3평화기념관 개관 연기 주장 등에 관해 협의하기 위해서였다.

| 총리까지 나서서 대책회의

나는 박성일 단장으로부터 이 이야기를 듣고 쉽게 짐작이 갔다. 이 주장에 앞장서고 있는 재향군인회 박세직 회장이 "대한민국 정통성을 부정하는 내용들이 전시 준비 중인데 4·3중앙위원회 위원장인 국무총리가 가만히 있을 수 있는가"라고 따졌을 것이다.

엄밀히 말하면, 4·3평화기념관 건립 사업도 4·3중앙위원회 소관이다. 4·3위원회는 2004년 3월 9일 제9차 전체회의에서 기념관 건립 사업 등을 의결했고, 그 집행을 4·3실무위원회(위원장 제주도지사)에 위임한 상태였다.

나는 그날 박성일 지원단장과 함께 정부 중앙청사 총리 집무실로 향하면서 두 가지 점을 강조했다. 만일 기념관 전시물 문제가 제기되면 그것은 제주도지사에게 위임한 사실을 밝혀야 한다는 점이다. 다른 하나는 가능하면 그 과정을 잘 아는 수석전문위원인 나를 배석시켜달라는 것이었다.

그러나 나의 입장은 허용되지 않았다. 한 총리와 원 장관, 박 단장 등 3자 회동이 30분간 진행됐다. 한참 후 총리 집무실 문을 열고 나오는 박 단장의 얼굴은 백짓장처럼 하얘져 있었다. 나의 예상이 적중했다. 박세직 회장의 문제 제기에 대한 대책을 논의했다는 것이었다. 박성일 단장이 기념관 전시물은 제주도지사에게 위임돼 있다고 설명하자 원 장관으로부터 심한 질책을 받은 것이다. 정권이 바뀐 줄 모르느냐는 식으로. 그래도 어쩌겠는가. 박 단장이 특별법 상의 집행기구인 실무위원회에 위임된 사항이라고 계속 버티자 화가 난 원 장관은 그 자리서 바로 김태환 도지사와의 전화 통화를 시도했다.

김 지사는 이에 대해 3월 말 평화기념관 개관 계획은 이미 공표된 사실이고, 전시물에 문제가 있다면 개관 전에 수정하겠다고 답변했다고 한다. 김 지사는 통화 과정에서 박세직 회장 등의 문제 제기가 심각하다는 원 장관의 이야기를 전해 듣고는 그러면 박 회장을 직접 만나 의견을 교환하겠다고 버텼다. 나는 이 이야기를 전해 들으면서 민선 지사가 아니고, 과거처럼 관선지사였다면 어떻게 됐을까하는 생각이 스쳐갔다.

3월 18일, 김태환 지사와 박세직 회장을 축으로 한 양쪽 진영의 조찬 간담회가 서울 광화문에 위치한 코리아나호텔에서 열렸다. 제주도에선 김 지사와 강택상 기획관리실장, 박영부 행정자치국장, 진창섭 4·3사업소장 등이 상경했다. 필자도 김 지사의 요청에 의해 4·3전문가의 자격으로 자리를 같이하게 됐다.

보수진영에서는 박세직 회장과 류기남 자유시민연대 공동의장 등 6명이 참석했다. 그런데 그 일행 속에 뜻밖에도 이선교 목사가 끼어 있었다. 그는 나를 보는 순간 움찔 놀라는 표정이었다. 이 목사는 '제주4·3사건 왜곡을 바로잡기 위한 대책위원회'를 만들어 진상조사보고서와 대통령 사과를 취소하라는 취지의 헌법소원을 내는가하면 이명박 대통령직인수위원회에 진정서를 보내 4·3희생자들을 '폭도'로 매도하는 등 맹렬하게 4·3 명예회복 반대운동을 펴온 인물이다.

조찬 간담회는 긴장된 분위기 속에 진행됐다. 보수진영 측 참석자들은 "군경에 의한 진압과정에서 발생한 불행했던 사태들을 침소봉대하고, 남로당 폭도들의 만행은 축소·은폐한 4·3진상조사보고서를 중심으로 4·3평화기념관 전시물이 만들어지고 있는 것은 대한민국 정통성을 부정하는 것이나 다름없다."고 목소리를 높였다. 그들 중에는 이승만 대통령이 학살자로 묘사되고 있다면서 "초대 대통령이 어떻게 악마인가?"고 따져 묻기도 했다. 그들은 평화기념관 개관을 연기해서 전시물을 전면 수정해야 한다고 주장했다.

한창 논의가 진행됐지만 결론이 쉽게 나지 않았다. 나는 어떤 논리를 편다고 해도 그들이 수긍할 것 같지 않다는 느낌을 받았다. 그래서 박세직 회장에게 단도직입적으로 물었다.

"박 회장님, 평화기념관 전시물이 잘못됐다는데 직접 보셨습니까?"

"아니, 내가 직접 본 것은 아니고, 부하직원들이 다녀와서 문제가 많다는 보고를 받았습니다."

"그러면 이렇게 추상적으로 이야기할 것이 아니라 박 회장님이 직접 제주에 가셔서 기념관 전시물을 보고 문제 여부를 논의하는 것이 옳지 않겠습니까?"

나는 어떻게 하든 3월 28일로 정해진 기념관 개관 날짜를 늦춰서는 안 된다는 생각을 하면서 이런 제안을 했다. 김태환 지사도 그렇게 하는 것이 좋겠다면서 그 이전이라도 자체적으로 전시내용을 점검해서 수정 사항이 있으면 수정하겠다고 거들었다. 3월 20일 4·3위원회 소위원회의 평화기념관 점검 회의도 그런 일환으로 이뤄졌다. 박

「제주 4·3 평화기념관」개관은 연기되어야 한다 !!

– 날조·왜곡된「제주 4·3사건 진상조사 보고서」를 먼저 시정하라 –

'제주 4·3평화기념관'은「제주 4·3사건진상조사 보고서」에 서술된 날조·왜곡된 내용을 근거로 전시물을 제작하면서 군·경에 의한 진압과정에서 발생한 불행했던 사태들을 침소봉대(針小棒大)하고 남로당 폭도들의 만행은 축소·은폐함으로써 군·경은 악(惡)으로, 폭도들은 봉기자로 미화하는 등 대한민국 정통성을 부정하는 내용들을 전시하고 있다.

■「제주 4·3사건」은 남로당이 주도한 좌익폭동 이었다.

4·3사건의 진실은 5·10선거를 방해하여 대한민국 탄생을 저지할 목적으로 남로당 제주도당 군사부장 김달삼이 인민유격대를 조직하여 4월 3일 새벽 2시, 12개 경찰지서를 기습 공격 하면서 경찰, 선거관리 요원 및 우익 청년단원들과 그들의 가족을 무참히 학살하면서 시작된 무장폭동이었다.

■「4·3 평화기념관」에는 좌익폭도를 희생자로 둔갑시키고 있다.

9년여 진압과 저항이 진행되는 과정에서 발생한 제주도민들의 억울한 희생은 마땅히 신원되고 위로되어야 한다. 그러나 4·3 사건위령제단에 봉안되어 있는 13,447위 중에는 다수의 폭도들이 포함되어 있다. 이들은 마땅히 가려내야 하고 대신 군·경 희생자들이 함께 봉안되도록 해야 한다.

■ 어떻게 군·경이 학살자이고 초대 대통령이 악마인가.

지난 정부는 국민 혈세 993억원을 투입하여 남로당 제주도당 인민유격대 훈련장 12만평에 '제주 4·3 평화공원'을 조성하였다. 이곳에 부설된 '제주 4·3평화기념관'에는 무장폭도들을 진압했던 군·경과 이승만 대통령을 학살자로 묘사하고 있다.

■「제주 4·3평화공원」은 대한민국 탄생의 고통의 상징물 이어야 한다.

해방 정국의 이념대결이 초래한 비극인 제주 4·3사건은 객관적인 재조명을 통해 진실을 규명하고 그 진실을 '제주 4·3평화기념관'에 전시함으로써 모든 국민에게 상생과 화합을 위한 산 교육장이 되도록 재구성해야 한다.

대한민국 국가정체성회복국민협의회 중앙위원 일동 (☎ 02-416-6455~6)

구홍일, 권정달, 김상철, 김재창, 김진홍, 김진현, 김춘규, 김현욱, 류기남, 류태영, 박성현, 박세직, 박희도, 복거일, 안병태, 안응모, 양창식, 엄신형, 이강욱, 이동복, 이선교, 이성림, 이종구, 전광훈, 정정택, 황일면

2008년 3월 28일「동아일보」,「조선일보」등에 실린 보수단체의 평화기념관 개관 반대 광고.

세직 회장도 이런 제안에 토를 달지 못했다.

개관 예정일인 3월 28일이 다가오면서 개관 준비는 초읽기에 들어갔다. 그 시점에서는 그날에 개관할 수 있느냐 마느냐가 초미의 관심이었다. 제주도는 어떻게 하든 그날 기념관 문을 여는 데 초점을 맞췄다. 이에 반해 보수단체에서는 중앙지와 지방지 등에 "제주4·3평화기념관 개관은 연기되어야 한다."는 광고를 내는 등 저지 운동에 총력전을 폈다. 그 광고 문안에는 '날조·왜곡된「제주4·3사건 진상조사보고서」를 먼저 시정하라', '초대 대통령이 악마인가'는 등 격한 표현이 많았다.

| 재향군인회 임원단과의 설전

2008년 3월 28일 보수단체들의 반대 속에 제주4·3평화기념관이 개관됐다. 당초 전시연출자문단에서는 개관에 맞춰 외신기자를 초청한 대대적인 홍보전과 기념관 오픈 기념 국제심포지엄까지 구상했다. 그러나 개관식 계획이 뒤죽박죽되면서 이런 계획은 물거품이 되고 말았다. 결국 4·3평화기념관 개막식은 제주 지역 인사들만 참석하는 지역 행사가 되고 말았다. 기념관 전시물 설명도 공무원인 진창섭 4·3사업소장이 맡아 안내했다. 나도 개관식에 참석하지 못했다.

4·3평화기념관 개관식에서 공무원인 진창섭 4·3사업소장(오른쪽 첫 번째)이 설명하고 있다.

기념관 개막을 눈앞에 두고 아트워크 작품 일부에 문제가 있다고 지적돼 전시되지 못하면서 논란이 일기도 했다. 그중에도 가장 논쟁이 됐던 것은 김대중 화백의 '오라리사건의 진실'이다. 이 작품은 오라리 방화와 이를 무장대의 소행으로 조작 기록한 미군 쪽 영상자료를 테마로 시사만화 형식의 카툰과 포스터로 그려진 가로 10m에 달하는 대형작품이었다.

그런데 이 작품이 이런 조작사건을 백악관과 직접 연결된 것처럼 표현한 부분과 격한 포스터 표현 등이 과도하게 그려졌다는 지적이 나왔다. 3월 20일 4·3중앙위원회 소위원회(위원장 박재승 변호사)의 평화기념관 전시물 최종 점검 과정에서도 이 문제가 제기됐다. 소위원회는 3월 25일 "백악관과 중앙청이 전화선으로 연결되어 오라리 조작사건 배후에 미국정부가 있는 것처럼 묘사되고 있다."고 지적하고 "추측, 추상적 표현, 자극적인 그림을 자제하고 진상조사보고서에 근거해 충실한 내용으로 수정할 것"을 제주도에 통보했다.

이에 대해 김대중 화백은 "미정부의 대응–미군정의 대응–평화협상–오라리사건–

제주도 메이데이로 이루어지는 작품의 한 축은 사실로서 드러나지 않았으나 당연히 추론 가능한 부분을 보여준 것"이라면서 수정을 거부했다. 이로 인해 해당 그림은 가려졌고, 그 위에 오라리사건에 대한 패널이 임시로 설치됐다.

이 문제를 둘러싸고 예술적 표현의 자유 침해라는 입장과 공공 영역에서 역사적으로 규명 안 된 사실을 추론으로만 표현하는 것이 더 큰 문제를 촉발할 수 있다는 입장이 맞서 있다. 이에 대해서는 필자도 한 짐을 지고 있다. 4·3중앙위원회 소위원회의 현장 확인 과정 때 한 위원이 나에게 "이 문제는 자칫 외교적 파장을 불러올 수 있는데 대응할 자신이 있느냐"고 묻기에 "자신이 없다."고 답변한 적이 있기 때문이다.

사실 내가 4·3취재반장으로 활동할 때 오라리 조작사건의 진실 규명은 가장 역점을 두고 추적했던 사안이다. 따라서 오라리사건의 실체는 누구 못지않게 잘 알고 있다고 생각해왔다. 이 사건의 배후에 미군정과 미국정부에 대한 의심이 있는 것도 사실이지만, 그렇다고 직설적으로 연결됐다는 식의 표현에는 쉽게 동의할 수 없는 입장이다.

지금도 아쉬운 것은 한번이라도 작가와 사전에 협의하는 시간이 있었더라면 하는 점이다. 명색이 전시연출자문단의 일원으로 참여했지만, 개막식을 앞둔 막판까지도 볼수 없었던 것이 바로 김대중 화백의 작품 '오라리사건의 진실'이었다. 물론 이 작품은 그에 합당한 새로운 사료가 나오거나, 역사적 재해석이 정당하다고 자리매김될 때 재평가 될 수 있을 것이다.

한편, 4·3평화기념관이 개관된 지 보름쯤 지난 4월 중순께 재향군인회 박세직 회장 일행이 기념관을 방문했다. 방문단은 재향군인회 중앙회 임원과 각 시도 지회장 등 30여 명에 이르렀다. 나는 지난 3월 18일 서울 회동 때 평화기념관 개관을 반대하는 박 회장에게 "기념관 전시물을 직접 보고 문제가 있는지 그 여부를 논의하자"고 제안했고, 제주에 가게 되면 내가 안내하겠다고 약속한 바 있기 때문에 그 자리에 동석할수밖에 없었다.

방문단은 전시관 초입부터 전시물에 불만을 드러냈다. 인민위원회 활동 등을 미화하고 군경의 진압과정을 매우 부정적으로 표현했다는 이야기들이 들렸다. 나는 제4관 '불타는 섬' 입구에 설치된 초토화되는 제주도 지형이 있는 곳에서 제주에서 감행됐던 초토화작전의 실상을 소상히 설명했다. 그리고 나는 "중산간마을을 쓸어버린 이런 초토화작전이 정당한 진압작전인지, 그리고 오늘의 재향군인회가 왜 과거의 잘못된 군사행위까지 변호하고자 하는지 알고 싶다."고 질문을 던졌다.

그러자 여기저기서 웅성거림이 있었다. 몇몇 예비역 장성이 베트남 전쟁을 예로 들면서 피아간의 구분이 어려울 때에는 불가피하게 민간인 희생도 뒤따를 수밖에 없다는 점을 강조했다. 나는 더 이상 정상적인 대화가 어렵다고 보고 빠른 걸음으로 나아가자 박세직 회장이 뒤따라오며 내 손을 잡았다.

그러면서 "양 위원, 사람이 한 대 맞으면 화가 나서 두 대 때릴 수 있는 것이 아닌가"고 말하는 것이 아닌가. 그래서 나는 "두 대가 아니라 백배, 이백배의 엄청난 피해가 발생했기 때문에 제주도민들이 억울하다고 하는 것이 아니냐"고 반박했다. 평화기념관 개관을 둘러싸고 그처럼 아옹다옹 말다툼하던 박세직 회장은 그 이듬해인 2009년 이 세상을 떠나고 말았다.

보수단체 소송 줄줄이 패소

| 이명박 정부도 4·3보고서 인정

이명박 정부 출범 이후 4·3에 대한 여러 형태의 요동이 일어나자 국회 차원에서 4·3에 대한 새 정부의 공식 입장이 무엇인가에 대한 질의를 하게 되었다. 특히 제주출신 국회의원들이 발끈한 것은 2008년 9월 국방부가 제주4·3을 "대규모 좌익세력의 반란"으로 규정하고, 이런 내용으로 고등학교 교과서를 수정할 것을 요구했다는 사실이 알려지면서였다.

국방부는 그 해 6월 교육과학기술부에 제출한 '고교 교과서 한국근·현대사 개선요구' 문건에서 "전두환 정부는 민주와 민족을 내세운 일부 친북적 좌파의 활동을 차단하는 여러 조치를 취하지 않을 수 없었다."로, "자유민주주의체제를 확립시킨 이승만 대통령으로", "민족의 근대화에 기여한 박정희 대통령"으로 각각 수정할 것을 요구했다는 것이다.

또한 제주4·3에 대해서는 "남로당이 1948년 전국적인 파업과 폭동을 지시했고 건국 저지행위가 가장 격렬히 일어난 것이 제주도에서 4월 3일 발생한 대규모 좌익세력의 반란"이라며 "진압 과정에서 주동세력의 선동에 속은 양민들도 다수 희생된 사건"으로 수정할 것을 요구했다는 사실이 뒤늦게 알려진 것이다.

김우남 국회의원은 9월 18일 국회 운영위원회에서 대통령실을 상대로 "국방부가 참여한 가운데 2003년 10월 확정된 「4·3진상조사보고서」를 부정하고 수정할 만한 새로운 근거도 없이 정권교체를 틈타 좌파라는 색깔 씌우기에 나서 스스로 국민갈등과 사회불안을 조성하고 있다."고 성토하고 "이명박 정부의 4·3에 대한 공식 입장이 무엇인지 정확히 밝히라"고 추궁했다. 이어서 강창일·김우남·김재윤 등 제주출신 3명의 국회의원 명의로 공동 성명을 발표하고, 역시 이명박 정부의 공식 입장을 밝힐 것을 촉구했다.

이에 대해 청와대는 9월 26일 서면 답변서를 통해 이렇게 밝혔다.

대통령실에서는 '제주4·3특별법 제2조'와 「제주4·3사건 진상조사보고서」에서 규정한 제주4·3사건의 성격 규정을 존중하여 4·3사건의 진실을 역사의 교훈으로 삼을 것입니다,

그러면서 청와대 대통령실은 서면 답변서에 4·3특별법 제2조와 진상조사보고서에 나와 있는 4·3의 정의 규정을 상세히 덧붙였다. 즉 다음과 같은 특별법과 진상조사보고서의 정의 규정을 인용한 것이다.

'제주4·3사건'이라 함은 1947년 3월1일을 기점으로 하여 1948년 발생한 소요사태 및 1954년까지 제주도에서 발생한 무력충돌과 진압과정에서 주민들이 희생당한 사건을 말한다. 〈특별법〉

제주4·3사건은 1947년 3월1일 경찰의 발포사건을 기점으로 하여, 경찰 서청의 탄압에 대한 저항과 단선 단정 반대를 기치로 1948년 4월3일 남로당 제주도당 무장대가 무장봉기한 이래 1954년 9월 21일 한라산 금족지역이 전면 개방될 때까지 제주도에서 발생한 무장대와 토벌대 간의 무력충돌과 토벌대의 진압과정에서 수많은 주민들이 희생당한 사건을 말한다. 〈진상조사보고서〉

이명박 정부도 출범 초기에는 보수진영의 강력한 요청에 의해 대대적인 수정을 시도했지만, 4·3의 진실규명이나 명예회복 조치 등이 4·3특별법의 법률적 절차에 의해 이뤄진 행위임이 확인되면서 한 발짝도 앞으로 나아가지 못한 것이다. 더군다나 제주지역의 반발도 만만치 않아 결국 이명박 정부 출범 반년 만에 꼬리를 내린 셈이다.

대통령실은 또한 "국방부의 교과서 개정의견은 교육과학기술부에서 의견수렴을 거쳐 합리적으로 판단할 것으로 본다."고 답변했다. 국방부의 교과서 수정 요구가 언론을 통해 알려진 후 정치권은 물론 역사학계와 시민사회단체에서 불 뿜은 논쟁은 종지부를 찍게 됐다. 교과부에서 국방부의 제안을 묵살했기 때문이다.

그런데 그 불똥은 부메랑이 되어 4·3진영에서 보수진영으로 옮겨갔다. 믿었던 이명박 정부마저 4·3특별법과 진상보고서를 인정하는 입장을 발표하자 실망과 불만을 가

진 일부 보수진영은 2009년에 들어서면서 또다시 법적 투쟁을 전개하였다. 즉 2009년 한 해 동안 2건의 헌법소원, 2건의 국가소송, 2건의 행정소송 등 모두 6건의 소송을 한꺼번에 제기한 것이다.

| 한 해에 헌법소원 등 6건 제기

첫 출발은 2009년 3월 6일 국가정체성회복국민협의회 외 146명이 4·3위원회 위원장인 국무총리를 상대로 청구한 헌법소원 심판이었다. 그들은 4·3특별법 제2조와 4·3희생자 결정이 위헌이라고 주장했다. 특히 수형자 등에 대한 희생자 결정으로 자신들의 인격적 침해를 받았고 자유민주적 기본질서에 위배된다고 주장했다.

보수세력의 4·3에 대한 헌법소원은 이번이 네 번째였다. 첫 번째와 두 번째는 2000년 4·3특별법이 제정·공포된 직후 예비역 장성 모임인 성우회와 이철승을 비롯한 몇몇 보수인사들이 4·3특별법에 대한 위헌 청구를 냈다. 세 번째는 2004년 '자유시민연대' 등 43개 보수단체에서 4·3진상조사보고서와 대통령 사과도 위헌이라고 헌법소원을 제기했다. 그러나 이 모두 헌재에 의해 각하 처리됐다. 그런데도 그들의 4·3역사 뒤틀기 작업은 그치지 않았다.

3월 9일에는 이선교 외 11명이 같은 이유로 헌법소원심판을 청구했다. 다섯 번째 헌법소원 청구인 셈인데, 이번에는 4·3희생자 1,540명에 대한 결정이 위헌이라는 주장이었다. 같은 날 이승만 전 대통령의 양자인 이인수 외 11명이 서울행정법원에 4·3희생자 18명 결정 무효확인 청구 행정소송을 제기했다.

이어서 4월 15일에는 이철승 외 199명이 서울행정법원에 4·3희생자 20명 결정 무효 확인 행정소송을 제기했다. 5월 1일에는 이철승 외 49명이 서울중앙지법에 4·3진상조사보고서 배포 금지 가처분 신청을, 5월 11일에는 진상조사보고서와 희생자 결정으로 자신들의 입은 손해를 원고마다 각각 1백만 원씩 지급하라는 배상 청구소송도 제기했다.

| 제주사회 강력 대응

보수진영의 융단폭격 같은 소송 제기에 제주사회가 발칵 뒤집어졌다. 특히 희생자 실명이 구체적으로 적시되고 있는 점, 이런 소송이 4·3폄훼에 지속적으로 앞장서온 이선교 목사와 이승만 전 대통령의 양자가 주도하고 있는 점, 심지어 그들이 진상조사 보고서와 희생자 결정으로 손해를 입었다면서 손해배상까지 청구하는 상황에 이르자 "해도 너무한다."는 공분을 불러 일으켰다.

물론 유족회를 비롯한 4·3관련단체들이 잇달아 항의 성명을 발표했다. 더욱 주목되는 것은 그동안 4·3문제에 나서지 않던 제주도연합청년회(회장 강영식)가 더 이상 참을 수 없다는 듯 전면에 나선 것이다. 제주지역 43개 읍·면·동 청년회 모임인 연합청년회는 3월 19일 기자회견을 갖고 "한국 현대사 최대의 비극인 제주4·3사건과 관련해 극우 보수세력들이 국가가 인정한 희생자 1만3천여 명을 '폭도'로 매도한 것도 모자라 헌법소원과 함께 행정소송까지 제기한 데 대해 분노를 표한다."면서 소송 철회와 사과를 요구했다.

김태환 제주도지사도 이에 앞서 3월 16일 기자회견을 갖고 4·3문제를 둘러싼 헌법소원과 행정소송에 대해 "우려와 유감을 표시한다."고 밝혔다. 김 지사는 "제주도의 화해·상생정신은 대립·갈등을 극복하고 낡은 이념논쟁을 뛰어넘어 실용의 정신으로 미래를 향하는 정부의 정책과도 부합하다."고 강조하고 "헌법소원 제기에 따른 갈등 재연을 우려, 헌법재판소가 심의에 들어가면 다각적인 방안을 강구하겠다."고 밝혔다.

한편 제주도의회는 3월 31일 임시회 본회의를 열어 보수세력들의 '4·3흔들기'에 맞서 2006년 폐지했던 '4·3특별위원회'를 다시 부활시켰다. 이날 본회의에서 '4·3관련 헌법소원 및 행정소송에 대한 결의문'을 만장일치로 채택해 "4·3으로 인한 역사의 부채를 후손들에게 대물림시키지 않기 위해 보수세력들의 헌법소원 및 행정소송에 적극 대응할 것"을 천명했다.

이렇게 고조된 제주사회 분위기는 4월 3일에 이르러 활화산처럼 폭발했다. 이날 오후 1시부터 제주시청 정문 앞에서 열린 '특별법 사수와 수구집단 망동분쇄 범도민대회'에는 3천여 명에 이르는 유족과 도민, 각계인사들이 참석해 분통을 터뜨렸다.

"유족들은 분노한다. 4·3왜곡 수구망동 중단하라"

"적반하장도 유분수지 헌법소원 웬 말이냐"

"4·3모독 수구집단 백만 도민 응징한다"

이날 부르짖은 구호들도 격렬했다. 이날 참석자들은 범도민대회가 끝난 후 제주시청 정문에서 관덕정까지 '4·3특별법 사수' '진상조사보고서 사수' 등을 외치며 거리행진을 벌이기도 했다.

| 6건 모두 보수진영 패소

결과적으로 이 6건의 소송은 보수진영이 모두 패소했다. 헌법재판소는 2010년 11월 25일 4·3관련 헌법소원 2건을 병합해 심리한 결과 각하 결정을 내렸다. 헌재는 이날 결정에서 "청구인들의 경우 4·3희생자 결정에 있어 명예가 훼손된 바 없고 기본권 침해의 자기 관련성이 없어 부적법하다고 판단된다."고 밝혔다.

나머지 소송도 2012년 3월 15일 대법원 판결을 끝으로 만 3년 여 동안 지루하게 진행된 끝에 각하 또는 기각 판결로 종결되었다. 헌법소원 심판, 행정소송, 국가소송을 제기한 사람들이 청구인, 원고, 채권자의 자격이 없을 뿐만 아니라, 국회에서 여야 합의로 제정된 4·3특별법, 그리고 4·3특별법이 정한 절차에 따라 작성된 진상조사보고서와 희생자 심사에 아무런 하자가 없기에 각하 또는 기각 판결을 받은 것은 너무나 당연한 결과였다.

이 소송이 진행되는 동안 4·3위원회 김종민 전문위원이 피고 측, 즉 4·3위원회와 대한민국의 '소송수행자'로 지정받아 마음고생을 많이 했다. 그러나 모두 승리함으로써 보람도 찾았을 것이다.

결과적으로 4·3의 진실규명과 명예회복 조치는 입법부의 4·3특별법 제정, 행정부의 진상조사와 국가원수 사과, 후속사업 추진에 이어 사법부까지 법적 심의를 통해 그 정당성을 인정함으로써 임의로 역사를 되돌릴 수 없는 위치에 자리를 잡게 되었다.

2009년 제기된 4·3 관련 소송

구분	청구인	청구내용	결과
헌법소원	국가정체성회복국민협의회 외 146명	−희생자 결정 위헌 −4·3특별법 위헌	헌재 각하 (2010.11.25)
	이선교 외 11명	−희생자 1,540명 결정 위헌	헌재 각하 (2010.11.25)
행정소송	이인수 외 11명	−희생자 18명 결정 무효 확인	대법원 기각 (2012.3.15)
	이철승 외 199명	−희생자 20명 결정 무효 확인	대법원 기각 (2010.11.11)
국가소송	이철승 외 49명	−4·3진상조사보고서 출판 및 배포 금지	서울지법 기각 (2009.10.29)
	이철승 외 49명	−진상보고서 및 희생자 결정 손해배상 청구 (원고 각 1백만원씩)	서울지법 기각 (2011.1.13)

| 아사히신문, "보수정권 출범으로 불안"

4·3 발발 60주년을 맞는 2008년, 이명박 정부 출범이후 보수단체들의 집요한 이념 공세로 4·3진영이 시련을 겪었다. 이와 덩달아 국내 중앙언론들의 관심도 예년에 비해 떨어졌다. 이에 반해 일본 신문과 방송 등 외신들이 오히려 적극적인 취재에 나서 대조를 보였다. 한 일본 신문은 한국 보수정권 출범으로 4·3유족들과 관련단체들이 불안하게 느끼고 있다는 보도도 했다.

3월 20일 일본 3대 일간지 중 하나인 『마이니치신문』(每日新聞)이 제주4·3사건 60주년 특집기사를 내보냈다. 마이니치는 과거 군사정권에서 금기시되던 이 사건이 "한국의 민주화와 함께 멈출 수 없는 분류가 되었다"면서 그 후 벌어진 진상규명 과정을 소개했다. 또한 금년 4·3사건 60주년을 맞아 일본 코리아타운에서 다채로운 행사가 준비되고 있다고 밝혔다.

한편 이 신문은 일본에 사는 제주출신 할머니, 할아버지들이 고향으로부터 초청을

받아 위령제 참석에 들떠 있다고 소개
했다. 그러면서 "김대중 대통령 이후
약 10년간의 진보 정권하에서 진상규
명이나 희생자의 명예회복이 진행되었
지만, 보수정권 부활로 되돌리려는 움
직임도 강해지고 있어서 앞으로 과거
청산을 둘러싼 큰 쟁점이 될 가능성이
있다"고 진단하기도 했다.

'재일동포 고향방문'이란 4·3 60주년
기념사업추진위원회(상임공동대표 고희
범·김두연·임문철·현기영, 집행위원장
양동윤)가 역점으로 추진한 사업이다,

2008년 4월 5일자 국제면에 '한국 주민학살 제주4·3사건
60년'을 특집 보도한 일본 『아사히신문』 기사.

기구한 사연으로 60년 동안 고향땅을 밟아보지 못한 재일동포들, 한국에서 침묵할 때
진실규명에 헌신한 연구자들을 '4·3으로 떠난 땅, 4·3으로 되밟다'는 슬로건 아래 초청
한 행사였다.

4월 2일 2박 3일의 일정으로 제주국제공항에 도착한 재일동포 방문단(단장 조동현)
은 84명에 이르렀다. 방문단에는 소설가 김석범, 문경수 교수, 신간사 고이삼 대표
등 연구자들도 포함되어 있었다. 또한 여중생의 몸으로 입산활동을 하다가 붙잡혀 고
초를 겪고 일본으로 건너갔던 김동일은 일흔 여섯 살의 할머니 몸으로 60년 만에 고
향 땅을 밟아 스포트라이트를 받았다.

이 재일동포 방문단과 함께 일본인 60명도 제주를 찾았다. 일본 NHK 촬영팀, 교
토통신 기자 등 언론인과 작가, 인권운동가, 출판사 편집자 등이 동행한 것이다. 이런
유별난 방문이 일본 언론의 관심을 끄는 효과를 가져왔다.

하루 발행부수 800만부를 자랑하는 일본 유력일간지 『아사히신문』(朝日新聞)은 4월
5일자 국제면 전면을 이례적으로 제주4·3 특집기사로 채웠다. '봉인(封印) 풀린 민족
의 비극'이란 제목에 '재일동포가 말하는 진실'이란 부제를 단 『아사히신문』 기사는 제
주4·3을 '제주도에서 일어난 군경에 의한 주민학살사건'이라고 규정했다.

이 신문은 "미군정하에서 벌어진 이 비극적인 사건은 차마 말로는 할 수 없는 것이 었지만 진실이 서서히 밝혀져 왔다"고 전하면서 군경의 탄압을 피해 일본으로 건너갔다가 60년 만에 고향을 찾은 재일동포 방문단의 활동을 상세히 소개했다. 이 신문은 "강요된 침묵이 한국에서 수십 년 간 이어져 온 사이, 재일동포들은 계속 말해 왔고, 이에 대한 보답으로 재일동포의 초청이 이뤄졌다"고 보도했다.

『아사히신문』은 보수 신정권의 대응을 유족들이 불안하게 여기고 있다는 점도 지적했다. 최근 한국에서 일고 있는 우익세력들에 의한 갈등도 소개하면서 "(그들에 의해) 4·3평화기념관 전시내용도 편향되었다는 소리가 나오기 시작했다"고 전했다. 그러면서 "10년만의 보수정권 출범으로 4·3유족과 관련단체에서는 정부의 진상규명 의지가 후퇴할 게 아닌지 불안하게 느끼고 있다"고 결론을 맺었다.

한편 일본 최대 공영방송인 NHK는 '4·3의 진실'이란 제목으로 1시간 30분짜리 특집 방송을 내보냈다. 오오노 기자 등 3명이 제주 현지 취재를 통해 만든 이 프로는 조천중학원 여중생이었던 김동일의 일생과, 처음으로 고향의 초청을 받아 4·3희생자 위령제에 참석한 재일동포 방문단의 족적에 앵글이 맞춰졌다.

5부

역사화 작업과
화해의 길

'세계평화의 섬' 선포

| '화해와 상생' 모색

정부 차원의 진상조사 결과에 따라 국가원수의 사과까지 받게 되자, 제주도민사회나 4·3진영은 4·3문제를 풀기 위한 새로운 해법을 모색하기 시작했다. 그것은 보복이나 새로운 갈등이 아닌, 화해와 상생의 정신으로 이 비극의 역사를 평화와 인권의 역사로 승화하자는 운동이었다.

그러기 위해서는 4·3문제 해법에 대한 구조적인 분석이 필요했다. 정부 차원의 진상조사 이전까지 4·3 피해에 대해 제주도민끼리 갈등하는 사례가 적지 않았다. 도민들이 가해자 쪽에 서기도 했고, 피해자도 되었기 때문이다. 그런데 정부의 4·3진상보고서가 발표되면서 인식이 달라지기 시작했다. 대량 학살의 지휘 체계가 더 높은 곳에 있음을 깨닫게 된 것이다.

예를 들어 4·3 때 초토화를 당한 안덕면 동광리 주민을 만나서 그 당시의 상황을 들어보면 이런 이야기를 한다.

"늦가을 추수하느라 바빴던 어느 날, 스리쿼터를 탄 군인들이 갑자기 마을을 들어오면서 총을 팡팡 쏘고 집집마다 불을 질렀다. 어른 아이 할 것 없이 총에 맞아 죽는 모습을 보고 우린 놀래서 마을 밖으로 달아났다. 멀리 대나무 숲에 숨어서 마을 쪽을 바라보니 닥치는 대로 학살행위를 하던 군인들이 소대장인가 하는 지휘자가 호각을 불자 스리쿼터를 타고 사라졌다. 조금 있으니 옆 마을에서도 불길이 올랐다. 그쪽에 가서도 방화와 학살행위를 한 것이다."

체험자들은 그 때까지도 자기 마을을 방화하고 주민들을 죽인 소대장이나 군인을 원망대상으로 삼아왔다. 그런데 정부의 조사 결과 초토화작전도 소대장이나 심지어 연대장 수준에서 이뤄진 것이 아니고, 더 높은 상부의 지시에 의해 제주도 전역에서 감

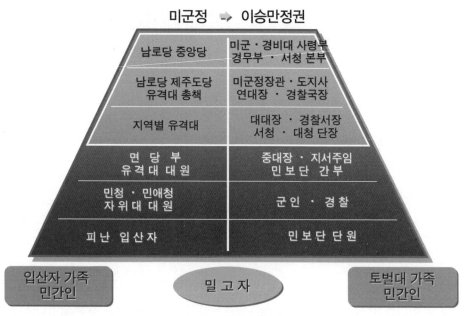

미군정 ➡ 이승만정권

남로당 중앙당	미군·경비대 사령부 경무부 · 서청 본부
남로당 제주도당 유격대 총책	미군정장관·도지사 연대장 · 경찰국장
지역별 유격대	대대장 · 경찰서장 서청 · 대청 단장
면 당 부 유 격 대 대 원	중대장 · 지서주임 민 보 단 간 부
민청 · 민애청 자 위 대 대 원	군 인 · 경 찰
피 난 입 산 자	민 보 단 단 원

입산자 가족
민간인   밀 고 자   토벌대 가족
민간인

필자가 그려 본 '4·3규명 구조적 분석틀'. 제주도민들은 역사의 소용돌이에 휘말린 냉전과 분단의 피해자였다는 분석을 토대로 하고 있다.

행된 사실을 알게 됐다. 어쩌면 소대장이나 군인들은 상부의 지시에 의해 동원된 하나의 '하수인'에 불과하다는 사실을 깨닫게 된 것이다.

마찬가지로 토벌대 대열에 섰거나 또는 입산해서 무장대 대열에 섰던 도민도 역사의 소용돌이 속에 휘말린 '희생자'일 수 있다는 인식을 점차 하게 됐다. 비로소 동서 냉전 상황을 보는 눈이 서서히 열리기 시작했고, 자신들은 '고래싸움에 등터진 새우'같은 존재였음을 자각하게 된 것이다.

그래서 가해 유형에 대한 높은 단계의 역사적 규명과 책임은 묻되 제주도민 대부분은 "동서 냉전의 피해자요, 정부 수립 과정의 역사적인 소용돌이 속의 희생자"란 인식이 번지기 시작했다. 이때부터 '화해와 상생'이란 슬로건이 나오기 시작한 것이다. 또한 이런 인식아래 4·3희생자도 폭넓게 인정해야 한다는 분위기가 퍼져갔다.

4·3유족 입장에서도 한결같은 소망은 이념적 누명을 벗는 일이었다. 어릴 때 '빨갱이'란 소리에 주눅 들었던 유족들은 가족의 희생이란 슬픔 이외에도 사회적 편견과 연좌제의 억압 속에 반세기란 기나긴 세월을 고통 속에 보냈다. 그 시점에서 유족들은

보상보다도 진상규명과 명예회복에 비중을 두었다. 그들 역시 역사의 책임은 규명하되, 가해자 처벌을 요구하지 않았다. 국가권력으로부터 피해를 입은 희생자나 유족들이 개별적 배·보상이 아닌 '낮은 단계의 공

1991년 제주에서 열린 한-소 정상회담. 그 뒤로 '평화의 섬' 논의가 시작됐다.

동체 보상'에도 수긍하는 분위기였다. 이런 배경 아래서 '세계평화의 섬' 지정방안이 추진된 것이다.

| '세계평화의 섬' 지정

1991년 4월 제주국제공항 주변 도로에는 색다른 깃발이 휘날렸다. 붉은 바탕에 낫과 망치가 그려진 깃발, '철의 장막'의 상징인 소련 국기였다. 그 '적국'의 대통령 미하일 고르바초프가 역사상 처음 열린 한-소 정상회담에 참석하기 위해 제주를 방문했다.

해방 직후 국제적인 냉전의 소용돌이에 휘말려 혹독한 희생을 치렀던 제주도민들은 이 역사의 변화에 당혹감을 감추지 못했다. 세계 공산주의 종주국인 소련 대통령이 냉전의 대표적 희생지인 제주도를 방문했기 때문이다. 그 어느 지역보다 레드 콤플렉스에 시달렸던 제주도민들에게 '평화의 섬'이란 낯선 어휘가 다가서기 시작한 것은 바로 이때부터였다.

그러면 제주를 '평화의 섬'으로 지정하자고 처음 거론한 것은 언제인가. 고르바초프가 제주를 방문하기 전날인 1991년 4월 18일자 『제민일보』에 실린 미 캔터키대학교 문정인 교수의 특별 기고에서였다. 제주출신으로 국제정치 분야에 정통한 그는 이 역사적 회담을 계기로 제주는 어떻게 국제적 위상을 정립해 가야할 것인가에 물음을 던지고, 그 해답으로 '평화의 섬' 선포를 제시했던 것이다.

그 이후 중국 장쩌민, 미국 빌 클린턴, 일본 하시모토 류타로·고이즈미 준이치로 등

청와대에서 열린 제주 세계평화의 섬 지정 서명식. 노무현 대통령과 김태환 도지사가 돌하르방을 보면서 웃고 있다.

한반도 주변 열강 정상들의 제주 방문이 이어지고, 북한 동포에게 감귤보내기 운동이 활발히 전개되면서 '평화의 섬' 논의는 가속도가 붙게 됐다. 2001년부터 창설된 제주 평화포럼도 일조를 했다.

여기에 제주도민들을 옥죄었던 4·3문제가 특별법 제정에 이어 2003년 정부 차원의 진상보고서 확정, 그리고 국가원수의 사과로 이어져 해결 기미가 보이면서 '평화의 섬' 논의는 더욱 구체화됐다. 제주도는 2004년에 각계 인사 22명으로 '제주평화의 섬 추진위원회'를 구성해서 평화의 섬 지정 운동을 본격적으로 밀고 갔다. 필자도 '4·3전문가'의 몫으로 추진위원회에 참여했다.

이런 과정을 거쳐 제주도는 2005년 1월 27일 정부로부터 '세계평화의 섬'으로 공식 지정받게 됐다. 이날 발표된 평화의 섬 선언문의 전문(前文)은 "삼무(三無)정신의 전통을 창조적으로 계승하고, 제주4·3의 비극을 화해와 상생으로 승화시키며, 평화정착을 위한 정상외교의 정신을 이어받아 세계평화에 기여할 수 있도록 제주도를 세계평화의 섬으로 지정한다."고 되어 있다. 결국 평화의 섬 지정 배경과 목표는 ① 삼무정신의 계승 ② 4·3비극의 화해·상생 승화 ③ 정상외교를 통한 세계평화 기여로 압축될 수 있다.

　이날 청와대에서 열린 세계평화의 섬 지정 서명식에는 노무현 대통령을 비롯한 정부 측 인사와 김태환 도지사 등 제주도민 대표 12명이 참석했다. 그런데 이날 노 대통령이 축하 인사말을 하면서 '특별한 발언'을 하고 말았다.

　노 대통령은 제주도가 평화의 섬으로 지정된 것은 "제주도민들이 간절하게 염원하기 때문이기도 하지만 실질적으로 그만한 조건을 갖췄기 때문"이라고 전제하고, "'삼무의 섬'이라고 해서 평화를 가꿔온 역사를 가지고 있고, '4·3항쟁'이라고 하는 역사적인 큰 아픔을 딛고 과거사 정리의 보편적 기준이라 할 수 있는 진실과 화해의 과정을 거쳐 극복해나가는 모범을 실현하기 때문"이라고 밝힌 것이다.

　현직 대통령이 뜻밖에도 '4·3항쟁'이란 표현을 쓴 것이다. 이 표현은 4·3의 성격을 둘러싸고 진보와 보수 쪽에서 예민하게 대립하던 용어이기도 했다. 나는 그 직후 청와대 비서진에게 원고에 있는 용어냐고 물어봤다. 그 관계자는 원고에는 '4·3'으로 정리되어 있었다면서, 다만 대통령의 뇌리에는 '4·3항쟁'으로 각인되어 있는 것 같다고 덧붙였다. 예전 같으면 극우단체에서 문제 삼을 만했던 일인데, 예상 밖으로 조용히 지나갔다.

| "4·3은 '평화의 섬' 추진할 권리"

　제주도는 세계평화의 섬 선포로 축제 분위기였다. 거리마다 축하 현수막이 나부끼고, 이를 기념해서 공짜 술을 제공하는 음식점도 있었다. 정부는 제주도를 국제자유도시로 육성하고 국제평화센터, 동북아평화연구소 설립 등을 적극 지원하겠다고 밝혔다. 17개 분야별 평화 실천사업 로드맵도 마련됐다. 4·3 관련분야로는 4·3평화공원 조성, 4·3유적지 보존관리, 진상조사보고서 국정교과서 반영, 4·3추모일 지정 등이 포함됐다.

　나는 『한겨레신문』 2005년 1월 31일자에 '제주4·3과 평화의 섬'이란 제목의 특별기고를 통해 이런 분위기를 전달했다. 또한 "4·3의 진실규명 운동이 내세운 슬로건도 진실을 규명하되 보복이나 새로운 갈등이 아닌, 용서와 화해였고 비극의 역사를 딛고

2006년 현직 대통령으로 처음 4·3위령제에 참석,
묵념하고 있는 노무현 대통령.

평화와 인권을 지향했던 것"이라고 밝혔다. 따라서 "제주도는 이제 '평화'란 브랜드를
안고 미래로 나아가기 위한 새로운 출발점에 서 있다"고 들뜬 분위기를 전했다.

제주도민들은 4·3이라는 혹독한 시련을 겪었기에 더욱 평화를 갈망하게 되었고, 끝내
는 '평화의 섬'이란 이름을 얻게 된 것이다. 노 대통령의 발언에서도 언급됐듯이, 실제로
4·3 문제 해결은 제주도를 세계평화의 섬으로 지정하는 원동력이 되었음이 분명하다.

그 무렵 제주에 취재 왔던 미국 CNN 기자의 인터뷰 기사가 눈에 들어왔다. CNN
한국특파원 손지애 기자는 자신은 처음엔 왜 제주도가 세계평화의 섬으로 지정되는지
이해할 수 없었다고 했다. 그러나 곧 4·3의 역사를 알게 되고, 제주도민들이 그 시련
을 극복한 과정을 알게 됐다는 것이다. 그래서 "4·3이라는 역사적 배경 때문이라도 제
주도는 충분히 '평화의 섬'을 추진할 권리가 있다"고 표현한다는 것이다. 그녀는 당시
서울 주재 외신기자로 명성을 날리고 있었다. 후에 청와대 해외홍보비서관과 아리랑
국제방송 사장 등을 지낸다.

한편 노무현 대통령은 세계평화의 섬 선포하던 날, "과거의 잘못을 인정하는데 인색

한 것은 새로운 신뢰 구축에 장애가 된다. 4·3에 대한 정부의 사과와 위로를 계속해 나갈 것"이라고 약속했다. 노 대통령은 2006년 4월 3일 현직 대통령으로는 처음으로 4·3희생자 위령제에 참석, 다시 사과함으로써 그 약속을 지켰다.

노 대통령은 4·3위령제 추도사를 통해 "자랑스런 역사이든 부끄러운 역사이든, 역사는 있는 그대로 밝히고 정리해 나가야 한다. 특히 국가권력에 의해 저질러진 잘못은 반드시 정리하고 넘어가야 한다."고 강조했다. 그 이유로 "국가권력은 어떠한 경우에도 합법적으로 행사되어야 하고, 일탈에 대한 책임은 특별히 무겁게 다뤄져야 한다." 고 밝힌 것이다. 노 대통령다운 명쾌하고 혈기 있는 표현이었다.

노 대통령은 원래 2004년 4·3희생자 위령제에 참석할 계획이었다. 그러나 그 해 3월 12일 탄핵 파동에 휘말리면서 그 시기가 늦어진 것이다.

역사화 작업과 4·3특별법 개정

| 역사화 작업의 시동

세계 여러 나라의 과거사 정리 과정을 비교 검토한 프리실라 헤이너는 '아는 것 (knowledge)'과 '인정하는 것(acknowledgement)'은 뚜렷한 차이가 있다고 표현했다. '인정하는 것'은 국가가 잘못을 저질렀다는 사실을 확인하고, 그것이 옳지 않았음을 시인하는 것으로 이해했다. 인정하지 않는 '아는 것'은 진실이면서도 마치 존재하지 않는 양 취급된다는 것이다.

바로 제주4·3이 그렇다. 대한민국 정부는 반세기동안 이 땅에서 벌어졌던 4·3의 참극을 인정하지 않았다. 인정하지 않을뿐더러 '공산폭동'으로 매도하고 국가권력의 막강한 힘으로 지하에 가둬버렸다. 따라서 4·3의 진실은 분명히 있음에도 불구하고 오랜 세월 '없는 사건'처럼 취급을 받아왔다.

그런데 제주4·3특별법이 제정되고, 그 법적 절차에 의해 정부 차원의 진상조사가 진행됐으며, 한국 역사상 과거사 관련 첫 공식조사보고서란 의미를 지닌 4·3진상조사보고서가 어려운 과정을 거쳐 세상에 나왔다. 이 보고서는 제주4·3을 '국가공권력에 의한 인권유린사건'으로 새롭게 규정했다. 이에 따라 대통령이 '과거 국가권력의 잘못에 대해 사과'함으로써 비로소 제주4·3은 '있는 사건'으로 부활하게 된 것이다. 여기다 제주도가 '세계평화의 섬'으로 선포되는 등 외연이 확장되면서 4·3에 대한 정부의 명예회복 조치도 가속도가 붙게 됐다.

4·3에 대한 명예회복 조치는 4·3위원회가 정부에 건의한 7개항의 이행에 초점이 맞춰졌다. 앞에서 밝혔듯이, 4·3위원회는 2003년 4·3진상조사보고서를 확정하면서 조사 결론을 토대로 4·3문제를 해결하기 위한 7개항의 대정부 건의안을 채택하고, 정부에 전달했다. 7개항의 건의내용은 ① 정부의 사과 ② 4·3추모기념일 제정 ③ 진상조

사보고서의 교육자료 활용 ④ 4·3평화공원 조성 적극 지원 ⑤ 유족에 대한 생계비 지원 ⑥ 집단매장지 및 유적지 발굴 지원 ⑦ 진상규명 및 기념사업 지속 지원이다.

노무현 대통령은 이런 건의를 받아들여 2003년 10월 31일 제주에서 "국정을 책임지고 있는 대통령으로서 과거 국가권력의 잘못에 대해 유족과 제주도민 여러분에게 진심으로 사과와 위로의 말씀을 드린다."고 밝혔다. 국가원수가 반세기 동안 고통의 굴레에서 살아온 4·3유족과 제주도민들에게 국가권력의 과오를 인정하고 공식 사과한 것이다. 대한민국 역사상 잘못된 역사에 대해 정부 차원에서 진상조사를 하고, 그 결과에 따라 국가원수가 사과한 일은 제주4·3이 처음이다.

노 대통령은 2006년 4월 3일에 거행된 '제58주년 4·3희생자 위령제'에도 참석, 추도사를 통해 "무력충돌과 진압과정에서 국가권력이 불법하게 행사되었던 잘못에 대하여 제주도민에게 다시 한 번 사과드린다."고 밝혔다. 이로써 첫 번째 건의사항 '정부의 사과'는 완벽하게 해결됐다.

두 번째 건의사항인 '4·3추모기념일 제정'은 여러 여건상 그 실현 가능성이 매우 희박하게 느껴졌던 사안이다. 정부는 건의 초기에는 다른 지역, 다른 사건과의 형평성 문제 등을 내세워 손사래를 쳤다. 그런데 2014년 드디어 '4·3희생자 추념일'이 국가기념일로 지정된 것이다. 4·3의 희생에 대해 국가권력의 잘못을 반성하는 의미가 내포된 희생자 추념일 제정이 보수정권인 박근혜 정부 아래에서 이뤄졌다는 점이 더욱 역사적 평가를 받을 만하다. 이 이야기는 후술하겠다.

세 번째 건의사항인 '진상조사보고서의 교육자료 활용'은 더디게 진행되고 있다. 물론 4·3에 대한 교과서의 기술내용도 달라지기 시작했다. 2005년 개정된 고등학교 국정교과서 『국사』에 4·3사건에 대한 설명 항목이 추가되었는데, 그 내용은 "제주도에서 벌어진 단독 선거 반대 시위를 진압하는 과정에서 수만 명의 인명피해가 일어난 사건"이라고 표현됐다. 검정교과서에도 4·3에 대한 배경 설명이 추가되고, 정부의 진상규명활동이 소개되기도 했다.

한편 제주도의회는 2013년 미래세대의 교육을 위해서 '4·3평화교육 활성화 조례'를 제정했다. 이 조례에 근거해 2014년에 4·3전문가와 일선 교원들이 참여한 가운데 '4·3평화교육위원회'가 발족되었다. 이 위원회는 '과거의 4·3'만이 아니라 오늘날 평

제주4·3평화공원 조감도

평화기념관 로비

화·인권·화해·상생의 상징으로 거듭나고 있는 '역사화된 4·3'도 가르친다는 방침아래 자료 개발에 들어갔다. 이 이야기도 후술하겠다.

네 번째 건의사항인 '4·3평화공원 조성 지원'은 많은 부분이 진척됐다. 희생자의 넋을 위령하고, 화해와 상생, 평화와 인권의 교육장으로 활용하기 위해 추진된 제주4·3평화공원 조성사업은 2003년 기공식을 시작으로 정부의 지원 아래 단계적으로 추진됐다. 제주시 봉개동 396,743㎡(약 12만평)에 만들어지고 있는 4·3평화공원 조성사업에는 2013년까지 모두 국비 630여억 원이 투입돼 1·2단계 사업이 마무리됐다. 앞으로 3단계 사업에 120억 원이 더 투입될 예정이다.

특히 380억 원이 투입되어 2008년에 개관한 제주4·3평화기념관(연면적 11,455㎡)은 4·3 역사를 한 눈에 볼 수 있도록 꾸며졌다. 역사의 흐름에 따라 마련된 상설전시실(6관)과 다랑쉬굴 참상을 재연한 특별전시실 등이 갖추어져 4·3사료전시관 뿐만 아니라 우리나라 현대사를 관통하는 역사박물관으로서 자리매김 되고 있다. 국제적 아카이브를 지향하며 평화·인권의 교육장으로 발돋음하고 있는 평화기념관에는 해마다 20만 명 이상의 관람객들이 방문하면서 다크투어의 명소로 떠오르고 있다.

다섯 번째 건의사항인 '유족에 대한 생계비 지원'은 현재 미미하게 추진되고 있다. 현재 4·3희생자 중 생존자에게는 월 30만원씩, 80세 이상 고령 유족에게는 월 5만원씩의 생활보조비를 지원하고 있다. 또한 유족 복지사업으로 4·3희생자와 유족들에게 진료비가 지원되고 있는데, 생존 희생자에게는 전액을, 61세 이상 유족들을 대상으로는 외래진료비 가운데 본인 부담금 중 30%를 지원하고 있다. 이 분야는 조속히 개선돼야 할 것 같다.

여섯 번째 건의사항인 '집단매장지 및 유적지 발굴'은 일정한 성과를 거두고 있다. 특히 2007년부터 제주국제공항 경내에서 유해 393구가 무더기로 발굴돼 충격과 함께 전국적 화제를 모았다. 이 과정은 별도로 자세히 살펴보겠다. 한편 역사현장으로 남아있는 4·3관련 주요 유적지에 대한 복원사업도 추진되었다. 그 대표적인 사업이 북촌 학살터, 섯알오름 학살터, 선흘 성터 등에 대한 유적지 복원이었다.

마지막 일곱 번째 건의사항인 '진상규명 및 기념사업 지속 지원'은 제주4·3평화재단이 출범하면서 의미 있는 결실을 맺고 있다. 4·3평화재단의 출범은 4·3운동사에서 기념비적인 성과로 꼽히는 업적인데, 재단 설립은 4·3위원회가 이루어낸 성과의 후속사업을 위하여 그 필요성이 제기됐다. 특히 추가 진상조사와 유족 복지, 기념사업, 4·3평화공원과 기념관의 실질적인 운영주체로서의 그 필요성이 부각됐던 것이다.

이로써 4·3위원회가 2003년 채택한 대정부 7대 정책 건의사항 중 정도의 차이는 있지만, 대부분 완료됐거나 진행 중에 있다고 볼 수 있다.

4·3의 명예회복 조치 중에는 국가가 4·3희생자와 유족을 인정하는 사업도 있다. 대통령의 사과 이후, 희생자 심사 작업도 더욱 탄력을 받았다. 보수단체들의 끈질긴 이의 제기에도 불구하고, 4·3희생자들이 폭넓게 인정되었다. 뜨거운 쟁점으로 떠올랐던 군법회의 수형자들에 대해서도 4·3 당시의 군법회의 불법성을 인정해서 대부분 희생자로 결정했다.

4·3위원회는 접수된 희생 신고자를 심사한 결과, 현재까지 14,231명(사망자 10,245명, 행방불명자 3,578명, 후유장애자 163명, 수형자 245명)을 4·3사건 희생자로 인정하고, 그 가족 59,225명을 유족으로 결정했다. 현재 추가 신고된 자에 대한 심사가 진행되고 있다.

이런 사업들은 결국 국가의 과오를 인정하고 반성함과 동시에 화해와 상생의 정신으로 미래로 나아가기 위한 토대를 마련하기 위한 조치라고 평가할 수 있다. 또한 전 사회적 차원의 기억과 추모는 불행했던 과거사를 되돌아보고, 평화와 인권의 소중함을 일깨워 다시는 이러한 일이 되풀이되지 않도록 하자는 다짐의 뜻도 담겨 있다. 그래서 불행했던 제주4·3이 이제 평화, 인권, 화해, 상생의 상징으로 거듭나고 있는 것이다.

외국인이 2014년 10월 제주4·3평화재단이 발행하는 「4·3과 평화」에 쓴 글 중 이런 구절이 기억에 남는다.

"4·3평화공원과 같은 곳이 존재하는 한 우리는 4·3을 잊을 수도, 잊어서도 안 될 것이다."(The April 3rd Peace Park are in existence, we will never forget, and nor should we.)

| 달라진 4·3의 위상

그러나 일부 유족이나 연구자들 가운데는 이런 평가에 동의하지 않은 사람들도 있다. 한 유족은 나에게 "그러니까 대통령 사과까지 받으니까 달라진 것이 뭐 있느냐"고 불만을 토로한 사람도 있었다.

이 불만 속에는 정부가 국가권력의 잘못으로 인정했으면 응당 피해자에 대해 배·보상해야 할 것이 아니냐는 의미가 포함돼 있다. 또 어떤 이는 역사적인 화해와 용서를 추구하고 있는데도 일부 극우세력들이 오히려 이념문제를 들고 나와서 "폭도공원이다", "폭도들을 희생자에서 제외시키라"는 억지 주장을 펴고 있는데, 이런 행위를 언제까지 용서하느냐고 반문하는 사람도 있다. 물론 어려운 문제들이다. 그리고 언젠가는 극복해야 할 문제이기도 하다.

나도 이런 문제를 놓고 고민할 때가 있다. 그러나 지금까지 해온 것처럼 4·3문제는 긴 호흡으로 풀어가야 하는 인내가 필요하다. 전 세계적으로 보아도 과거청산 문제가 모두에게 만족스럽게 진행된 사례는 없다고 한다. 나름대로 고민이 있고, 부족한 점이 있었다는 것이다. 그럼에도 여러 한계를 안고 있는 제주4·3 진상규명과 명예회복을 "세계적인 모범사례"로 평가하는 학자들도 있지 않은가.

때로는 광주 5·18와 제주4·3을 비교하는 견해도 있다. 5·18은 보상 문제를 해결했기 때문이다. 그런데 5·18 과거청산은 1980년 신군부 정권의 광주 지역에서의 민간인 학살 문제로서 민주주의 문제와 연관된 이슈였다면, 4·3은 정부수립과 분단이 이루어지던 시기, 즉 대한민국의 국가형성 과정에서 발생한 이슈라는 점에서 제약이 있다는 학계의 분석도 있다. 바로 4·3은 정권 차원을 넘어 국가 정통성과 관련된 정치적 성격의 이슈가 강했고, 이 문제가 여전히 부담이 된다는 점이다.

그럼에도 광주 지역의 5·18 연구자들은 제주4·3의 과거사 해결과정을 지켜보며 부러워하는 점도 있다. 즉 자신들이 해내지 못한 정부 차원의 진상조사와 공적 진상조사 보고서, 대통령의 사과까지 받아냈다는 부분에서 4·3이 부럽다는 것이다. 어떤 연구자는 제주4·3평화기념관의 전시 형태를 높이 평가하는 사람도 있다.

1948년 10월에 발생한 여순사건은 제주4·3과 매우 밀접한 관계를 갖고 있다. 제

주4·3을 진압하기 위해 파병 명령을 받은 여수 제14연대가 제주도 출동을 거부하고 총부리를 돌림으로써 일어난 사건이다. 이 사건을 진압하는 과정에서 수천 명의 민간인이 학살됐다. 그런데 이 사건의 진실규명은 아직도 미완의 상태이다.

> 여순사건 60주년 행사는 초라했다. 지난 19일 여수시 신월동 사건 발발 현장에서 지낸 위령제에 '정부'는 없었다. 여수지역 기관장 누구도 얼굴을 비추지 않았다(중략). 단순 비교하기는 무리일지 몰라도 4·3사건 60주년 때는 새로 지은 제주4·3평화기념관에서 국무총리가 참석하여 머리를 숙였다. 그럼에도 제주도 주민들은 대통령이 오지 않은 것에 분노했다. 이에 비춰 여순사건 희생자는 아직도 유택 하나 없다. 기념관은 커녕 위령탑조차 없다. 이제야 위령탑 건립을 위해 모금운동을 펼치고 있다.

『경향신문』 2008년 10월 21일자 사설(제목 '여순사건 60년에 위령탑 하나 없으니')에 나온 글이다. 이런 상황이다 보니 여순사건 유족들은 제주4·3의 해결과정과 성과를 경이롭게 보고 부러워한다.

2013년 5월 10일 여수시청 대회의실에서 '여순사건 특별법 제정을 위한 심포지엄'이 열렸다. 여순사건이 발생한 지 65년 만에 처음 열린 심포지엄이었기 때문인지 유족과 시의원 등이 대회의실을 가득 메우는 등 열기가 뜨거웠다. 이날 심포지엄에서 내가 '제주4·3특별법 제정과정과 4·3위원회 활동성과'를, 박찬식 박사가 '제주4·3평화재단 설립과정과 활동성과'란 주제발표를 했다. 주제발표자가 전부 제주4·3에서 차출된 것이다.

여수지역 연구자나 유족들이 하는 말은 "여순사건도 이제 제주4·3처럼, 특별법도 만들고, 정부 차원의 진상조사도 하고, 대통령 사과도 받고, 평화공원도 만들고, 유해 발굴도 하고, 평화재단도 만들고 싶다"는 것이었다.

과거에 비해 제주4·3의 위상이 달라진 것은 분명하다. 2000년 제주4·3특별법 제정과 2003년 진상조사보고서 확정, 대통령 사과를 축으로 해서 그 이전과 그 이후가 확연히 달라진 것이다. 즉 그 이전의 50년 세월은 제주도민과 유족들이 마음을 졸이며 은폐·왜곡된 사건의 진상규명과 억울함을 호소하던 시기였다면, 2000년 이후의 10여 년은 정부 차원의 진실규명과 명예회복 작업이 본격적으로 추진되면서 이에 대한 두려움과 불만을 가진 극우 보수단체들이 오히려 자신들의 명예가 훼손되었다면서 법적 투쟁을 벌이는 양상으로 바꿔졌기 때문이다.

| 4·3특별법 개정 추진

4·3의 명예회복 작업을 추진하다보니 몇 가지 부닥치는 문제가 생겼다. 가령, 지속적인 추가 진상조사나 기념사업을 하기 위해서는 평화재단 같은 조직이 필요한데, 이에 대한 법적인 뒷받침이 없었다. 4·3희생자 심사과정에서는 군법회의의 수형자 문제가 최대 이슈가 되었는데, 논쟁이 깊어지자 이를 근원적으로 풀기 위해서는 차라리 법제화하자는 안이 제기됐다. 그래서 자연스럽게 제주4·3특별법의 개정 필요성이 대두됐던 것이다.

2004년부터 본격 추진된 4·3특별법 개정작업 또한 녹록하지 않았다. 그 해 6월 개정안 초안이 만들어졌지만, 이 개정안이 국회 본회의를 통과한 것은 2006년 12월 말이었으니 꼬박 2년 6개월이 걸린 지난한 여정이었다.

1999년 12월 국회를 통과한 4·3특별법은 애초부터 4·3문제를 근원적으로 해결하는데 한계가 있었다. 국회 입법 논의과정에서 여·야 합의에 의한 법안 통과에 비중을 두다보니 쟁점이 되는 조문들이 삭제되는 등 많이 걸러져 버렸다. 그래도 덮여진 역사에 대한 정부 차원의 진상조사를 하기 위해서는 내용이 미비하더라도 특별법 제정을 우선해야 하는 절박감으로 감수할 수밖에 없었다.

그러나 2003년 진상조사보고서가 발표되고 대통령의 사과 표명이란 큰 고비를 넘기자 특별법 시행 과정에서 드러난 미비점을 보완하는 법률 개정 작업이 필요하다는 여론이 제기됐다. 이 작업에 선봉장을 맡은 이가 바로 강창일 국회의원이었다.

제주4·3연구소 소장으로 4·3특별법 제정 운동에 앞장섰던 그가 2004년 총선에서 국회의원으로 당선됐다. 그는 국회에 진출하자마자 곧바로 4·3특별법 개정 작업에 돌입했다. 그 해 6월 개정안 초안을 만들고 여론 수렴 작업에 들어간 것이다.

개정안의 주요 골자는 희생자와 유족 범위의 확대, 추가 진상조사와 조사권한 강화, 4·3희생자 추모일 제정, 집단 학살지와 암매장지에 대한 유해 발굴, 생활이 어려운 유족에 생활지원금 지급과 특례 혜택 부여, 수형자 전과기록 삭제, 재심의 규정 신설 등이었다. 또한 특별법 입법과정에서 삭제됐던 평화재단의 설립 지원 규정과 4·3사건에 대한 정의를 진상조사보고서의 내용 수준으로 수정하는 방안들이 제기됐다.

이런 개정안 내용을 토대로 2004년 11월 19일 제주시 건설회관에서 '4·3특별법 개정을 위한 도민 대토론회'(발표자 강창일)가 열렸다. 이 행사는 4·3유족회, 4·3연구소, 4·3도민연대, 제주민예총 등 4·3관련 4개 단체 주최로 개최됐다. 또한 그 해 12월 15일 국회에서 과거사 청산을 위한 국회의원모임 주최로 '과거청산과 제주4·3특별법 개정 공청회'(발표자 장완익)가 열렸다.

2005년에도 '4·3특별법 개정 토론회'가 3차례 열렸다. 6월 29일 4·3도민연대 주최의 토론회(발표자 양동윤)가 제주KAL호텔에서, 7월 29일 4·3유족회 주최의 토론회(발표자 문성윤·홍성수)가 제주시 민속타운에서, 8월 3일 재경4·3유족회 주최의 토론회(발표자 허상수)가 서울 국가인권위원회 강당에서 각각 개최돼 4·3특별법 개정의 필요성과 개정 내용 등에 대한 토론이 벌어졌다.

이런 과정을 거쳐 열린우리당 소속 강창일 의원이 대표 발의한 4·3특별법 개정안이 국회의원 61명의 서명을 받아 2005년 10월 국회에 제출됐다. 이어 11월에는 민주노동당 현애자 의원이 대표 발의한 개정안이 별도로 국회에 제출됐다. 국회의원 10명이 서명한 현 의원 발의 개정안은 희생자와 유족에 대한 배·보상 규정, 수형자에 대한 특별사면 및 복권 실시, 진상조사의 연장, 희생자 유족 신고처의 상설화 등 그 수위가 한층 높은 것이었다.

이렇게 되자 자칭 '제주4·3사건 왜곡을 바로잡기 위한 대책위원회'란 보수단체에서 이 4·3특별법 개정 작업에 딴죽을 걸고 나왔다. 이선교 목사가 주도한 이 단체에서는 2005년 10월 "대한민국 자해행위를 저지해야 합니다."란 제목 아래 4·3특별법 개정안이 국회를 통과해서는 절대 안 된다는 반대의견을 국회의원들에게 배포했다. 이 반대의견서에는 "이 법안이 17대 국회에서 통과되어 매년 4·3을 국가기념일로 지정된다면 17대 국회는 대한민국 국회가 아니라 조선민주주의인민공화국 국회"라는 살벌한 주장도 담고 있었다.

이런 보수단체의 발목 잡기 시도에 대해 제주사회는 공분했다. 그 해 11월에 4·3유족회 등 13개 시민사회단체가 나서서 서명 받은 14,766명의 4·3특별법 개정 촉구 청원서를 국회에 제출했다. 제주도와 도의회도 각각 특별법 개정 건의문 등을 보내는 가하면 국회를 방문, 로비를 펼쳤다.

그러나 2005년 정기국회에선 4·3특별법 개정 논의가 별 소득 없이 지나갔다. 국회 행정자치위원회에 상정됐지만 법안심사소위원회의 심의 절차도 거치지 못한 채 해를 넘기고 말았다.

2006년 들어서도 4·3특별법 개정안 심의는 난항을 거듭했다. 2월과 4월 행자위 법안심사소위에 상정됐지만, 결론을 내지 못했다. 참여정부 시절이었지만 국방부, 법무부, 기획예산처와 경찰청 등 정부기관에서 일부 조항의 개정안은 수용할 수 없다는 반대 입장을 보였다. 강창일 의원이 청와대 연석회의, 당정 협의회 등을 통해 이런 장막을 걷어내기 위해 고군분투했다.

그러다가 그 해 9월 정기국회가 열리면서 서광이 비치기 시작했다. 4·3특별법 개정안을 대표 발의했던 강창일 의원이 바로 행자위 법안심사소위 위원장을 맡게 된 것이다. 날개를 단 것이나 다름없었다.

| 특별법 개정에 공 세운 강창일 의원

2006년 9월 7일, 국회 행정자치위원회 법안심사소위원회가 비상한 관심 속에 열렸다. 1년여 간 통과여부를 둘러싸고 그동안 논란이 계속됐던 4·3특별법 개정안도 상정됐다. 이날 회의에 특별한 관심이 모아진 것은 4·3특별법 개정안을 발의한 강창일 의원이 법안심사소위 위원장 자격으로 의사봉을 잡고 있었기 때문이다.

4·3특별법 개정안은 열린우리당 강창일 의원 이외에도 한나라당 박찬숙 의원, 민노당 현애자 의원이 각각 발의해서 3건의 개정법률안이 국회에 접수되어 있었다. 이것을 '행자위 대안'으로 통일해서 이날 법안심사소위에 상정된 것이다.

그런데 행자위 대안을 만드는 과정에서 배·보상 조항, 4·3사건 정의 재규정, 추가 진상조사단 구성, 국가기념일 지정 등의 주요한 알맹이가 빠져 버렸다. 예산이 수반되는 조항은 정부 측에서, 국가기념일 지정 등은 다른 과거사사건과의 형평성 문제로 반대가 있었고, 추가진상조사는 앞으로 발족될 4·3평화재단에서 하는 것으로 가닥이 잡히면서 수정된 것이다.

그럼에도 이날 상정된 개정안에는 희생자 범위에 계속 논란이 됐던 '수형자'를 포함하는 내용을 비롯해 유족 범위를 '4촌 이내의 혈족'으로 확대하는 내용, 집단학살지 조사와 유해 발굴 조항, 4·3평화재단 기금의 정부 지원 조항, 재심의 규정 신설, 호적 정정 개정 내용 등이 포함되어 있었다.

국회 법안심의 과정에 참여해 본 사람이라면 알겠지만, 가장 주요한 심의절차가 바로 각 상임위 법안심사소위이다. 이 과정을 통과하면 8부 능선을 넘은 것이나 다름없다. 그러나 '수형자'를 희생자 범위에 추가하는 문제는 여전히 국방부·경찰청 등이 반대했고, 평화재단 기금 지원문제는 예산당국이 반대 의견을 표명하고 있어서 녹록하지 않았다.

그런데 이날 법안심사소위의 4·3특별법 심의는 엉뚱한 곳에서 문제가 터졌다. 4·3 특별법 개정안 중 심사 순서에 따라 맨 처음 상정된 것이 유족의 범위 확대 조항이었다. 즉 '형제자매가 없는 경우 제사를 봉행하거나 분묘를 관리하는 사실상의 유족 중 4촌 이내의 혈족'까지 유족 범위를 넓히자는 내용이었다.

그런데 강창일 의원과 같은 정당인 열린우리당 한 국회의원이 나서서 반대하는 것이 아닌가. 다른 법률에도 없는 조항을 만드는 것은 형평성에 문제 있다면서 정부 측 인사를 향해 "다른 법률에 없는 거죠?"라고 물었고, 장인태 행자부 2차관은 "그렇다"고 답변을 하는 것이 아닌가. 그 국회의원은 이에 더욱 힘을 얻고 다른 법률에도 없는 규정을 새로 만들 수는 없다는 주장을 폈다.

뒷자리에 배석했던 필자는 그 순간 "그게 아닌데"하는 생각이 스치면서 손을 들었다. 속이 상했던 강창일 위원장은 나를 보더니 얼른 "전문위원이 이야기해 보라"고 발언 기회를 줬다. 나는 민주화운동보상법과 5·18 관련법에는 유족의 범위를 '민법상의 재산상속인'으로 규정하고 있기 때문에 4촌 이내 방계혈족까지 유족으로 인정하는 사례가 있다고 설명했다.

그 말이 떨어지자마자 강창일 의원의 특유한 순발력이 요동치기 시작했다. "감히 국회에서 거짓 보고를 할 수 있느냐"고 장 차관을 몰아붙인 것이었다. 그리고 이런 상황에서 더 이상 법안 심사를 할 수 없다고 배수진을 치며 버티기 작업에 들어갔다.

그러자 여·야 의원들이 당황하는 빛이 역력했다. 의원 저마다 자기들이 신경을 써야할 법안을 통과시켜야 할 텐데 법안 심사를 못하겠다고 버티니 오히려 강 위

국회에서 발언하고 있는 강창일 의원.

원장을 설득하는 형국이 되고 말았다. 한참을 버티던 강 위원장은 "그러면 4·3특별법은 맨 나중에 심의할 터니 그 사이 똑바로 알고 대답하라"고 으름장을 놓고 심사를 속 개했다.

그런 소동이 있었기 때문인지 그날 4·3특별법 개정안은 별 문제없이 통과됐다. 당초 염려됐던 수형자 규정과 평화재단 지원 근거, 희생자 유해 발굴 조항 등이 그대로 의결된 것이다. 오래 끌던 4·3특별법 개정안이 법안심사소위를 통과하자 4·3유족회와 연구소 등은 환영 성명을 발표했다. 그러나 일부 4·3단체에서는 중요한 추가 진상 조사 조항이 빠졌다면서 반대 입장을 표명했다.

나는 그 해 10월 28일 4·3유족청년회가 주최한 워크숍에서 주제 강연을 통해 4·3 특별법 개정 문제는 "내용을 우선할 것인가 시기를 우선할 것인가 전략적 선택이 필요하다"고 전제하고 "현 시점에서 최선을 다한 개정안"이라고 규정했다. 그리고 민주화 운동보상법과 5·18 관련 법률도 6차례 이상 개정한 사실이 있음을 상기시켰다.

4·3특별법 개정법률은 2006년 12월 22일 국회 본회의를 통과했고, 2007년 1월 24일 법률 제8264호로 공포됐다. 이로써 수형자 심사, 희생자 유해 발굴, 평화재단 설립 등이 탄력을 받게 됐다.

| 『4·3위원회 백서』 편찬작업

시간이 흐를수록 제주4·3위원회의 활동에 대해서 학계로부터 긍정적인 평가가 나오기 시작했다. 그래서 위원회 백서를 만들어야겠다는 욕심이 생겨났다. 구슬이 서 말이라도 꿰어야 보배라 하지 않던가. 파편처럼 흩어진 활동상을 하나하나 모아서 4·3위원회가 어떤 활동을 한 것인지 후세에 남기고 싶었던 것이다.

이 구상은 2007년부터 구체화되었다. 먼저 예산 지원을 받기 위해서는 지원단 행정조직을 설득하는 것이 먼저였다. 4·3특별법 상에 명시된 4·3위원회 역할 중에는 '4·3진상조사보고서 작성'의 규정은 있지만, '백서 편찬'이란 내용은 없었다. 다년간의 경험을 통해서 '선례가 없거나 규정이 없으면 좀처럼 움직이지 않은 것이 행정조직'이란 사실을 체득한 나로서는 이 문제를 먼저 해결해야 한다는 생각을 하게 된 것이다. 다행히 4·3지원단 이우철 단장과 양승진 지원과장이 나의 제안을 받아들였다. 그래서 2008년 예산에 백서 발간비를 반영시켰다.

2008년 초에 '백서 발간위원회'를 발족하게 되는데, 발간위원회는 희생자 심사 소위원회를 그대로 인용해서 위촉하는 절차를 밟았다. 그래서 위원장에 박재승 변호사, 위원에 김삼웅, 박창욱, 배찬복, 서중석, 임문철, 한용원 위원이 맡게 됐다. 실무 작업을 하는 '백서 발간추진단'도 구성됐는데, 단장은 이우철 단장이, 총괄은 내가 맡았다.

백서의 제목에 대해서 여러 의견들이 있었다. 그러다 '화해와 상생'으로 정하게 됐다. 그런데 이 책명을 제안한 위원은 경찰 추천 위원인 배찬복 교수(명지대)였다. 배교수는 위원회 회의에서 비교적 우익적 관점의 주장을 많이 해온 편인데, 오랜 시간 위원회 활동을 하다 보니, 점차 4·3의 아픔을 이해하는 쪽으로 기울어졌다.

4·3위원회 백서는 모두 5장으로 엮어졌다. 1장 위원회 구성과 운영, 2장 진상규명, 3장 희생자 및 유족심사, 4장 위령·유해 발굴·기념사업, 5장 위원회 활동성과와 과제란 내용으로 편제됐다. 나는 4·3위원회 활동성과를 크게 세 가지 측면에서 나눠 다음과 같이 정리했다.

첫째 그동안 사적 기억 속에 밀봉되었거나 억압된 상황으로 인하여 금기시되었던 4·3사건에 대한 기억들을 공식화시켰다는 평가를 받고 있다. 그 핵심에 4·3위원회가 심의 의결한 『제주4·3사건 진상조사보고서』가 있다. 법률이 정한 절차를 거쳐 확정된 이 법정보고서는 제주4·3사건의 진상을 규명했을 뿐만 아니라 이를 토대로 무고한 희생에 대한 국가 차원의 명예회복 조치를 촉구하였다. 그 결과 역사상 처음으로 대통령의 사과라는 성과를 이끌어냈다.

둘째 이 사건으로 희생된 15,100명에 대한 신고를 받고 위원회의 심의를 거쳐 13,564명을 '제주4·3사건 희생자'로 결정하여 명예회복을 시켰다. 희생자 심사는 현재도 계속 진행되고 있다. 4·3희생자와 그 유족들은 반세기동안 불명예와 사회적 편견에 시달려왔다. 정부위원회의 4·3희생자 결정은 바로 이런 족쇄를 풀고, 억울한 죽음에 대한 진상을 밝혀 국가적인 차원에서 희생자와 유족들에 대한 명예를 회복시켰다는 역사적 의미가 있다. 또한 심사 과정에서 4·3사건 당시의 군법회의가 합법적으로 진행되지 않은 사실을 밝혀 수형자들을 희생자로 결정하였다. 이와 관련해 국회는 2006년 12월 16일 여야 합의로 4·3사건 희생자의 범위에 '수형자'를 추가하는 내용의 4·3특별법 개정안을 통과시킴으로써 입법부도 4·3위원회의 결정을 인정하는 결과를 도출해 냈다.

셋째 활발한 위령사업, 유해 발굴사업, 기념사업 등을 추진하였다. 잘못된 역사를 바로 잡는 일은 비단 희생자와 유족만을 위한 것이 아니다. 국가의 과오를 인정하고 반성함과 동시에 피해자와 진정한 화해를 하여 상생의 길로 나아가는 일은 밝은 미래로 나아가기 위한 수순인 것이다. 또한 전 사회적 차원의 기억과 추모는 불행했던 과거사를 되돌아보고, 평화와 인권의 소중함을 일깨워 다시는 이러한 일이 되풀이되지 않도록 하자는 다짐의 뜻도 담겨 있다. 4·3평화공원의 조성, 4·3평화기념관의 개관, 유해 발굴, 유적지 복원, 위령제 봉행 등은 4·3위원회가 이 같은 목적 아래 추진한 사업들이다.

그런데 막상 2008년 하반기에 백서를 발간하려다보니 예상치 못한 난제에 부닥치게 됐다. 4·3위원회 위원장인 한승수 국무총리의 발간사를 받아내는 일이었다. 책을 내려니 위원장의 발간사 결재는 필수요건이었다. 백서 편찬작업은 노무현 정부에서 착수했지만, 그 사이 정권이 바뀌어 보수정권인 MB정부가 들어선 후 책을 펴내게 된 것이다.

하지만 MB정부는 과거사에 대해서 매우 부정적인 시각을 갖고 있었다. 정부 출범 초기에는 4·3위원회를 해체하려는 시도까지 하지 않았던가. 그래서 나는 매우 심혈을 기울여 백서 발간의 의의와 과정을 자세히 기술해서 총리실에 제출했다. 4·3위원회의 역사적 의미와 임무, 책자의 제호를 '화해와 상생'으로 정한 과정, 균형 있는 감수 절차 이행 등을 내세웠다. 여기서 '균형 있는 감수'란 표현을 쓰게 된 것은 진보와 보수진영 양쪽을 대변할 수 있는 서중석 교수(성균관대)와 한용원 교수(한국교원대)를 감수위원으로 위촉해서 감수를 받았기 때문이다.

학계의 추천으로 4·3위원회 위원이 된 서중석 교수는 자타가 인정하는 '현대사 전문학자'이다. 서울대 국사학과를 졸업했고, 서울대 대학원에서 박사학위를 받았는데, '대한민국 현대사 연구 박사학위 1호'이다. 그는 1980년대부터 제주4·3 진실규명에 헌신적 노력을 기울여왔고, 4·3위원회 활동과정에서도 희생자 심사기준을 설계하는 등 어려운 문제를 푸는데 핵심적 역할을 해왔다.

국방부 추천으로 역시 위원이 된 한용원 교수는 특이한 이력을 갖고 있다. 육사를 나왔음에도 그 후 서울대에서 학사, 석사, 고려대에서 정치학박사 학위를 받을 정도로 학구적이다. 그는 1984년에 『창군』이란 책을 펴냈는데, 미군정시기 경비대 창설과 대한민국 정부의 국군 창설과정 등을 매우 객관적으로 서술했다. 내가 4·3취재반장을 맡은 후 이 책을 접하고 "군인 중에도 이런 글을 쓰는 사람이 있구나."하는 경외감을 느꼈고, 신문 연재 과정에서 많이 인용했던 기억이 있다.

그의 경력 중에는 '1980~1981년 보안사 정보처장'이란 특이한 기록도 있다. 그는 5공 정권의 실세였던 권정달의 후임으로 정보처장을 맡았다. 신군부가 정권을 장악한 그 무렵 보안사 정보처장은 '나는 새도 떨어뜨린다'고 할 정도로 막강한 권력을 갖고 있었다. 하지만 그는 정치군인의 권력 찬탈에 부정적이었기에, 결국은 대령으로 군복을 벗고 학자의 길을 걷게 된다. 그는 "결과적으로 국민들에게 고통을 안겨준 전두환 신군부의 '바보같은 행진'에 동참하게 된 것을 반성한다."는 취지의 회고록을 발표하기도 했다.

한용원 위원은 4·3위원회 활동 초기에는 강성 발언으로 다른 위원들과 갈등을 빚기도 했다. 그러나 4·3의 진실을 접하면서 오히려 4·3의 난제들을 풀어주는 데 앞장서는 입장이 되었다. 4·3위원회 백서 감수도 흔쾌히 맡아주었다.

이런 성향의 두 분 위원으로부터 감수를 받았다고 하니, 총리실도 더 이상 문제 삼지 않았다. 한승수 총리는 발간사를 통해 "이 백서를 통해 제주4·3사건의 올바른 진실을 이해하고, 다시는 이 땅에 이러한 불행한 사건이 일어나지 않도록 다짐하는 계기가 되기를 기대한다."고 밝혔다. 이런 과정을 거쳐 2008년 12월 600쪽에 이르는 두툼한 『화해와 상생-제주4·3위원회 백서』가 세상에 나왔다.

2008년에 발간된 제주4·3위원회 백서.

나는 이 백서 발간을 당연한 것이라 여겨 『제민일보』에 회고담을 연재할 때 이 부분은 언급하지 않았다. 그런데 미국 미네소타 주립대에서 세계 과거사 연구로 박사학위를 받은 김헌준 박사가 "무엇보다도 4·3위원회는 정권 교체란 어려움을 맞으면서도 위원회 백서 발간, 전원위원회 개최, 추가 희생자 확정이란 성과를 거둔 것은 특기할 만하다"라고 쓴 글을 보고, "아차!"하는 생각이 들었다. 그래서 그 과정을 이렇게 서술하게 된 것이다.

나의 4·3위원회 근무는 백서 발간으로 끝났다. 2008년 12월 말 임기를 마치고 제주로 돌아온 것이다. 2000년 10월 서울에 처음 올라갈 때에는 3년 정도 근무할 것으로 예상했다. 그런데 예상을 한참 뛰어넘어 8년 3개월 동안 재직하게 된 것이다. 시련과 고통도 있었지만, 많은 것을 체험하고 체득한 서울 생활이었다.

4·3위원회 내에 민간인 출신 조사인력은 한때 20명까지 있었으나, 나까지 빠지는 바람에 달랑 김종민 전문위원 혼자 남게 되었다. 그런데 2009년 들어서면서 보수진영에서 헌법소원 등 6건의 송사를 융단폭격처럼 제기하자 김 전문위원이 도맡아 처리하느라 고생했다. 미안한 생각과 잘 처리해준 대해 고마운 생각이 드는 대목이다.

활주로 터에서 쏟아진 4·3유해

| 4·3희생자 유해 찾아 나서다

4·3희생자 유해 발굴사업은 반세기 넘게 풀지 못한 숙제였다. 4·3 당시 희생자 중에는 '시신 없는 희생자들'이 많다. 그 숫자가 무려 4천~5천명에 이르는 것으로 추정되고 있다. 불법적인 군법회의에 의해 징역형을 선고받고 전국 각지의 형무소에 끌려갔다가 6·25전쟁 발발 직후 군·경에 의해 집단 처형돼 묻힌 장소조차 모르는가하면, 제주도내 곳곳에 암매장된 사례도 있다.

그 중 일부는 유족들의 노력에 의해 유해를 수습하고 안장된 일이 있다. 1956년 6년 만에 132구의 시신을 거두었지만 뒤엉켜진 유골을 일일이 구분할 수 없어서 '백 할아버지의 한 자손'이란 뜻의 '백조일손지지(百祖一孫之地)'란 이름의 묘역(대정읍 상모리 소재)이 만들어진 것이 대표적 사례다.

남원읍 중산간마을 주민들이 매장된 '현의합장묘(顯義合葬墓)'도 마찬가지 경우이다. 4·3사건 당시 시신이 구별되지 않은 채 커다란 3개의 봉분에 나뉘어 매장됐던 현의합장묘의 유해는 2003년 의귀리에서 수망리로 이장됐는데, 이장 당시 39구의 유해가 확인됐다. 그러나 안타까운 사례도 있다. 1992년 발굴된 '다랑쉬굴 유해' 11구는 "양지바른 곳에 안장해야 한다."는 여론에도 불구하고, 발굴 45일 만에 '보이지 않는 손'의 작동에 의해 한 줌의 재로 변해 바다에 뿌려졌다.

나는 그런 경험을 하면서 4·3유해 발굴사업은 국가사업으로 추진하는 게 마땅하다고 생각했다. 2003년 4·3진상조사보고서의 조사결과를 토대로 대정부 7대 건의사항 초안을 쓸 때, '집단매장지 및 유적지 발굴사업 지원'을 6번째 항목에 삽입하면서, 다른 건의사항보다 길게 썼던 기억이 난다. 즉, "정부는 집단매장지 및 유적지 발굴사업을 지원해야 하며, 유해 발굴 절차는 희생자들과 그 가족들의 존엄성과 독특한 문화적 가치관을 충분히 존중해 시행해야 한다."고 표현한 것인데, 그대로 채택됐다.

이런 분위기에 힘입어, 제주도는 2005년 제주4·3연구소에 의뢰해 '제주4·3유적 종합정비 및 유해 발굴 기본계획'을 수립했다. 당면한 문제는 유해 발굴에 따른 국비를 확보하는 일이었다. 그 물꼬를 강창일 국회의원과 이해찬 국무총리가 텄다.

2005년 4·3희생자 위령제에 이 총리가 참석하자 강 의원이 "제주도내 도처에 4·3 유해들이 산재해 있는데, 이를 가만히 보고 있을 수 있느냐"면서 국비 지원을 촉구했다. 이 총리는 긍정적으로 검토하겠다고 밝혔다. 이에 쐐기 박듯 김두연 4·3유족회장이 오찬행사장에서 큰 목소리로 "유해 발굴비 지원을 약속하신 총리님 고맙습니다."고 인사한 뒤 참석자들의 박수를 유도했다.

이런 과정을 거쳐 2006년 정부 예산에 4·3희생자 유해 발굴 예산 10억 원이 처음으로 반영됐다. 2006년 4·3희생자 위령제에 현직 대통령으로는 처음 참석한 노무현 대통령도 "유해와 유적지를 발굴하는 일을 지속적으로 지원해 나갈 것"이라고 밝혀 힘을 보탰다.

이렇게 4·3희생자 유해 발굴계획이 하나하나 추진되던 2006년 5월, 뜻밖의 일이 벌어졌다. 제주시 화북동 하천 정비 공사장에서 4·3사건 당시 희생된 것으로 추정되는 유해 3구가 발견됐다. 제주4·3연구소가 나서서 긴급구제 발굴을 했는데, 비록 발굴된 유해가 3구에 불과하긴 했지만 이는 유해 발굴의 필요성을 더욱 부각시키는 계기가 됐다.

2006년 10월, 제주도는 제주대학교(연구책임자 강현욱)와 제주4·3연구소(책임연구자 유철인→박찬식)와의 위탁협약을 체결해 화북동 일대 5개 지역을 대상으로 유해 발굴사업을 추진했다. 이 사업은 유해 발굴만이 아니라, 유해의 신원 확인, 법의학적 감식, 인류학적 분석 등을 수행하도록 했다.

화북지역 유해 발굴조사를 통해 그동안 땅속에 갇혔던 11구의 유해가 세상 밖으로 드러났다. 별도봉 일본군 진지동굴 안에서는 8구의 유해와 유류품 188점이 발견됐다. DNA 감식을 통해 유해 2구의 신원이 밝혀지기도 했다. 그동안 풍문처럼 떠돌던 암매장 현장이 속속 드러나면서 이제 이목은 제주국제공항으로 쏠렸다.

4·3 진상규명작업이 시작되면서부터 예전 '정뜨르 비행장'으로 불렸던 제주국제공

제주국제공항 활주로 바로 옆 70m 지점에서 4·3유해 발굴 작업이 진행됐다. 왼쪽 위에 남북 활주로가 보인다..

항에 많은 시신들이 암매장됐다는 이야기가 계속 들려왔다. 실제로 그 현장을 목격했다는 증언자들도 있었다. 주로 불법적인 군법회의에 의한 학살과 6·25전쟁 발발 직후 예비검속에 의한 집단 학살 피해자들이었다. 당시 비행장 안에는 커다란 구덩이들이 있어서 수백 명씩 암매장하는데 용이했다는 것이다.

  그러나 공항이 어떤 시설인가. A급 국가보안시설로, 공항 주변에서 사진 한 장이라도 잘못 찍었다간 혼쭐나던 시절도 있었다. 과거 군사정권 시절이라면 언감생심 어찌 그런 곳에 들어가서 유해를 발굴하겠다고 생각이라도 했겠는가. 그런데 세상은 변해 있었다. 그리고 하늘이 도왔다. 저가 소형항공기의 출현으로 그동안 쓰지 않던 남북활주로를 활용하게 되면서 주변 부지에 대한 정비가 필요했다. 4·3희생자 유해들은 바로 그 남북 활주로 주변에 묻힌 것으로 추정됐다. 그 틈새를 비비고 들어가 발굴허가를 받은 것이다.

| 공항 활주로 옆에서 384구 발굴

2007년 8월부터 본격 추진된 제주국제공항 내 4·3희생자 유해 발굴사업은 제주도로부터 위탁받은 제주대학교와 제주4·3연구소 발굴 팀이 공동으로 추진했다. 앞에서도 언급했지만, 국가 최고급 보안시설인 국제공항 안에서 과거 국가권력에 의해 희생된 유해들을 발굴할 수 있었던 것은 세상이 달라졌기 때문이다.

첫째는 권위주의정권이 민주정권으로 바뀐 것을 우선 꼽을 수 있다. 둘째는 국가원수가 2006년 4·3희생자 위령제에 참석해서 유해 발굴을 지속적으로 지원하겠다고 공표한 점이다. 셋째는 2006년 12월 국회가 '4·3 수형자'를 희생자 범위에 포함하는 법 개정을 한 점이다. 넷째는 2007년 3월 국무총리가 주재한 정부위원회에서 제주공항 안에 암매장된 군법회의 사형수들까지 4·3희생자로 결정한 점이다.

이런 변화가 있었기에 평소 까다롭다는 공항당국도 유해 발굴 허가에 유연하게 접근한 것이 아닌가 생각한다. 공항 내 유해 발굴은 1, 2차로 실시됐다. 1차는 남북 활주로 북서쪽 지점에서 2007년 8월부터 그 해 말까지 진행돼 유해 123구를 찾아냈다. 2차는 남북 활주로 북동쪽 지점에서 2008년 9월부터 2009년 6월까지 모두 261구의 유해를 발굴한 것이다.

1차 발굴지점은 6·25전쟁 직후인 1950년 8월 예비검속된 사람들이 암매장된 곳으로 추정되던 곳이다. 연구소 조사팀은 문헌과 목격자들의 증언을 종합해서 암매장지 위치를 추적했다. 공항 경내가 넓었기 때문에 장소를 특정하는 것이 쉬운 일은 아니었다. 그런데 나중에 밝혀진 사실이지만, 옛날 지적도가 길잡이 역할을 했다. 이 구 지적도는 공항 확정 이전의 것으로, 발굴 팀이 4·3중앙위원회 김종민 전문위원으로부터 입수한 것이다. 김 위원은 미국에서 한국 과거사 진상규명에 혼신의 열정을 쏟다가 몇 년 전 타계한 이도영 박사로부터 이 구 지적도를 건네받았다. 이 지적도 위에는 이 박사가 조사한 유해 매몰 예상 지점을 형광펜으로 표시까지 됐었는데, 초기 위치를 찾는 데 단초를 제공했다고 한다.

그러나 유해 발굴까지 많은 시련이 있었다. 첫째는 공항 확장공사를 하면서 과거의 구덩이를 매립했기 때문에 원래의 땅을 찾아내는 작업이 쉽지 않았다. 원래 지형보다

2008년 2차 발굴 때 활주로 옆에서 뒤엉켜진 채 발견된 200여 구의 유해들. 발굴 팀이 압착된 유해들을 하나씩 가려내는 작업을 하고 있다.

3~5m 가량 높게 매립되어 있어서 넓은 면적의 매립토를 걷어내느라 많은 시간을 보내야 했다. 얼마 후 파편처럼 흩어진 뼈 조각들이 나타나기 시작했다. 공항 확장공사에 휘말려 부서진 유해들이었다.

드디어 거대한 암매장 구덩이를 찾아냈다. 그때부터 정밀 발굴한 결과 그 구덩이는 폭 1.5m, 길이 32m에 이르렀다. 그 구덩이를 중심으로 유해 123구와 유류품 659점을 수습했다. 유류품은 카빈 소총 및 M1 소총 탄피, 안경, 금보철, 의안, 단추, 머리빗, 신발 등이었다. 특히 실명이 새겨진 도장 2점이 발굴됐는데, 희생자 명부와 대조한 결과 신원이 확인됐다.

발굴 팀에게 두 번째 시련은 바로 폭우였다. 그 해 가을엔 유독 비가 많이 왔다. 9월 중순 제주를 삼킨 A급 태풍 '나리' 때는 하마터면 연구원들이 큰 변을 당할 뻔 했다. 그날은 일요일이어서 쉬는 날이었는데, 폭우가 쏟아지자 발굴현장의 훼손을 염려한 조미영·고성만·박근태 등 3명의 연구원이 현장으로 달려갔다. 그러나 시간당 100㎜가 쏟아지는 폭우로 고립되고 말았다. 해안도로 범람으로 차도 움직일 수 없었다. 아슬아슬한 순간을 겨우 넘겨 생환할 수 있었던 것이 그나마 다행이었다.

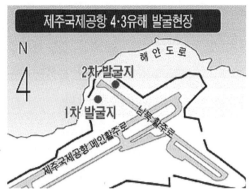

제주국제공항 4·3유해 발굴 현장도

2차 발굴은 남북 활주로 북동쪽 지역에서 2008년 9월부터 시행됐다. 1949년 10월 군법회의 사형수 249명이 처형된 것으로 추정되던 곳이었다. 4·3중앙위원회는 이미 이들이 불법적인 군법회의에 의해 억울하게 처형됐다고 규정하고, 4·3희생자로 결정한 바 있다. 이곳에서 뒤엉켜 처형된 유해 261구와 유류품 1,311점을 찾아낸 것이다.

2차 발굴 때 현장 발굴을 지휘하던 고고학자(박근태 연구원)가 그 무렵 250구의 유해를 안고 나오는 꿈을 꾸었는데, 실제로 발굴된 유해수와 거의 일치해서 4·3영령들이 작용하고 있는가하는 말이 나돌 정도였다. 그리 넓지 않은 구덩이에 200여 구의 시신이 압착된 상태로 여러 층에 겹쳐 있어서 발굴자들의 눈시울을 붉게 만들었다.

남북 활주로와의 거리는 72m. 활주로 옆 70m 이내의 발굴은 금지되어 있어서 하마터면 세상 빛을 보지 못할 뻔했던 유해들이었다. 문명사회에서 이런 유해들이 60년 동안 방치된 사실을 어떻게 이해할 수 있단 말인가. 충격이 아닐 수 없었다.

| DNA검사로 71구 신원 확인

2009년까지 발굴된 총 393구의 유해는 제주대학교 의과대학으로 옮겨져 신원 확인 작업에 들어갔다. 이 유해와 관련성이 있는 유족들을 대상으로 채혈 작업도 진행됐다. 이렇게 모아진 혈액은 서울대학교 의과대학으로 이송돼 유전자 감식을 거쳤다. 이와 함께 보철이나 골절 유무 등을 확인하는 체질인류학적 분석도 진행됐다. 이런 과정을 거치면서 희생자 신원이 하나 둘 밝혀지기 시작했다.

제주국제공항 유해 발굴사업이 마무리되는 시점에 이르자 여러 형태의 위령행사도 열렸다. 2009년 4월 5일 유해 발굴 현장에서 제주민예총 주최로 '해원상생굿'이 벌어졌다. "짓눌린 육신 환생꽃으로 살아나소서"란 주제의 이날 행사는 사물놀이, 추모노래, 추모춤, 상생굿으로 이어졌다.

최종 유해 운구에 앞서 6월 8일과 9일 이틀간 유족과 일반도민들이 참여하는 발굴 유해 조문행사도 열렸다. 4·3희생자유족회 제주위원회(위원장 송승문)가 주관한 이 행사는 60년 동안 묻혔던 공항을 떠나는 영령들의 마지막 가는 길을 추모하기 위한 제례였다. 제주시내를 관통해서 제주대학교에 이르는 운구행사도 엄숙하게 진행됐다. 결국 DNA검사를 통해 71구의 유해 신원이 확인됐다. 60여 년 만에 희생자와 가족들이 재회하는 특별한 만남이 이뤄진 것이다. 이는 한국전쟁 전후 민간인 집단 희생자 유해 발굴을 통해 신원이 확인된 전국 최초의 사례로 기록됐다.

그런데 막상 발굴된 유해의 신원이 확인되면서 일부 유족들을 당황스럽게 만들었다. 제주공항에 묻혔을 것으로 예상됐던 '북부 예비검속 희생자' 5백 명의 모습이 나타나지 않았기 때문이다. 북부 예비검속 희생자란 6·25전쟁 직후 제1구경찰서(제주경찰서)에 수감됐다가 종적이 없어진 사람들을 말한다. 이와는 달리 수장됐을 것으로 추정되던 제2구경찰서(서귀포경찰서)의 예비검속자 일부가 공항 발굴 현장에서 그 모습을 드러냈다. 땅속에 묻혔던 유해가 세상 밖으로 나오면서 학살 암매장의 역사적 실체도 새롭게 드러난 것이다.

그렇다면, 5백 명에 이르는 북부 예비검속 희생자들은 어디로 갔단 말인가. 두 가지 경우의 수를 유추해 볼 수 있다. 하나는 이번 발굴 작업에서 파보지 못한 공항 활주로 밑이나 활주로 근처에 묻혔을 가능성이다. 다른 하나는 제주 앞바다에 수장되었을 개연성이다. 그 어느 경우든 실체적 진실을 찾는 일이 쉽지 않다. 그럼에도 진실 찾기의 끈을 놓아서는 안 될 일이다,

발굴 유해에 대한 사후 봉안 문제도 대두됐다. 우리에게는 1992년 발굴됐던 '다랑쉬굴' 유해들이 안장되지 못하고 화장 후 바다에 뿌려졌던 아픈 체험이 있다. 그래서인지 공항 유해 등이 발굴되면서 이번만은 예의를 다해서 유해를 엄숙히 봉안해야 한다는 여론이 드높았다.

행방불명인 발굴유해 영령 봉안식에서 송승문 위원장 등 유족들이 제사를 지내고 있다.

2009년 3월 내가 제주4·3평화재단 상임이사로 부임했을 때, 4·3평화공원 안에 유해 봉안관을 짓는 것으로 결론이 나서 그 준비 작업이 한창 진행 중이었다. 나는 발굴 유해를 안치할 뿐만 아니라 유해 발굴 상황을 제대로 알리는 전시시설 마련이 중요하다고 역설했다. 그래서 이 분야 전문가, 관계 공무원과 함께 중국 난징대학살기념관을 벤치마킹하기 위해 직접 방문한 적이 있다. 중국 측 주장에 의하면, 1937년 일본군이 자행한 전쟁 범죄에 의해 40일 사이에 중국인 30만 명이 살해됐다고 한다. 이 기념관 속에는 유골 발굴 현장뿐만 아니라 유골 자체를 그대로 전시하고 있었다. 그런데 얼마 지나지 않아 내가 제주특별자치도 환경부지사로 자리를 옮기면서 그 업무에 더 관여하지 못했다.

2011년 3월 26일 제주4·3평화공원 경내에서 4·3유족회 주최로 '제주4·3 행방불명인 발굴유해 영령 봉안식'이 거행됐다. 나는 그때는 부지사 직을 그만둔 때라 민간인 신분으로 참석했는데, 그때 본 전시시설은 뭔가 부족하다는 느낌을 받았다. 신원이 확인된 유해 중 일부를 그 유족이 찾아간 사례도 있지만, 대부분 이 봉안실에 안치됐다.

4·3평화공원 경내에 마련된 봉안실에 안치된 유해 납골단지들.

　양문흠 교수(동국대학교 철학과)도 DNA검사를 통해 60여 년 만에 아버지의 유해를
찾았다. 서울에서 가족들과 함께 내려온 그는 유해 봉안에 앞서 별도의 위령행사를 가
졌다. 그때 아버지에 대한 회고와 험난한 삶을 살아온 여정을 진솔하게 밝혀 주위를 숙
연케 만들었다. 철학을 선택할 수밖에 없었던 그의 삶 자체가 한편의 드라마 같았다.
　신원이 확인되지 않은 유해는 유전자 감식 확인번호를 붙여 안치했다. 그나마 이런
봉안시설을 갖출 수 있었던 것도 다행스러운 일이다. 진실화해위원회는 지난 2007
년부터 2009년까지 전국 13개소에 대한 발굴사업을 벌여 한국전쟁 전후 희생된 유
해 1,617구와 유품 5,600점을 발굴했다. 그 유해들은 현재 충북대학교에 보관되어
있다. 진화위는 유해 안치시설이나 위령탑, 추모관, 추모공원 하나 마련하지 못한 채
2010년 문을 닫고 말았다. 그에 비하면 제주4·3은 얼마나 다행스러운 일인가.

| 행불희생자 3,429명 표석 설치

제주4·3사건 당시 역사의 소용돌이에 휩쓸려 제주의 산과 들에서, 육지형무소에서, 또 깊은 바다에서 졸지에 희생되었으나 시신조차 수습할 수 없었던 행방불명 희생자는 4천여 명에 이르고 있습니다. 이제 영령님들의 희생이 헛되지 않고 평화와 인권의 소중함을 일깨우는 교훈으로 삼기 위해 화해와 상생으로 거듭나는 4·3평화공원에 행방불명 희생자 개인별 표석을 설치하고 위령단을 마련하노니 곱디고운 넋으로 돌아와 영면하소서.

2009년 10월 27일 제막된 제주4·3사건 행방불명자 표석 위령단에 새겨진 글이다. 제주시 봉개동 제주4·3평화공원 위패봉안실 뒤쪽에 자리 잡은 행불 희생자 표석 설치 구역에는 모두 3,429명의 행방불명자 개별 표석이 설치됐다. 이 표석에는 4·3 중앙위원회에서 희생자로 결정한 행방불명자들의 이름이 새겨졌다. 희생자들의 무덤이 아니어서 '비석'이 아닌 '표석'으로 표현됐다.

제주4·3 희생자는 무덤이 있는 경우와 없는 경우로 나눠진다. 같은 죽음이라 할지라도 가족의 시신을 찾아 매장한 유족과 그렇지 못한 유족의 한은 다르다. 부모형제의 사망일조차 모르고, 도대체 그 시신이 어디에 있는지조차 모르는 후자의 행방불명 희생자 유족들의 한은 매우 깊다. 오랜 세월 가슴앓이를 해온 그 유족들 중에는 시신이 없지만 고인의 옷가지 등을 묻은 '헛묘(虛墓)'를 만들어 고인을 기리는 사람도 있다.

이런 행불 희생자 수가 4천~5천명으로 추정됐다. 이들은 제주 도내 비행장이나 야산, 바다 등에 암매장되거나 버려졌다. 6·25전쟁 발발 직후에는 이른바 예비검속 피해자들이 많았다. 또한 전국 각지의 형무소에 수감됐던 수형자들이 전쟁이 터지면서 집단 처형되는 등 피해가 심했다. 4·3문제가 하나 둘 풀리면서 이들 행불 희생자 유족들은 희생자들의 이름이 새겨진 위령공간을 요구해 왔다.

2008년 발족한 제주4·3평화재단이 첫 사업으로 추진한 것이 바로 행방불명 희생자 표석 설치사업이다. 이 사업은 총 사업비 14억 원이 투입되어 그 이듬해 10월 마무리됐다. 이 사업을 추진하는 과정에서 몇 가지 에피소드가 있다. 정부는 2008년 예산에 제주4·3평화재단 사업비 20억 원을 계상했다. 그런데 바로 출범할 것으로 예상되

2009년에 설치된 제주4·3평화공원 내의 행방불명 희생자 표석들. 한복판에 형무소로 끌려가는 모습이 재연된 조형물이 세워졌다.

던 4·3평화재단은 이사장 선출을 둘러싼 심한 산통을 겪으며 그 해 11월에야 겨우 발족했다. 그래서 남아 있는 짧은 기간에 사업비를 써야 할 문제가 대두됐다. 그런 시급성 때문에 바로 행불 희생자 표석 사업이 급부상한 것이다.

두 번째는 4·3지원단에 파견된 행정자치부 공무원이 제동을 걸고 나선 점이다. 그 공무원은 "어떻게 재단 사업비로 희생자 개별 표석을 세울 수 있느냐?"고 따졌다. 그래서 필자가 행불 희생자가 생긴 역사적 배경과 그 유족들의 한을 설명했다. 그래도 수긍하지 않아 서로 언성을 높이며 말다툼까지 벌여 이를 무마시켰다.

세 번째는 표석에 쓴 내용이었다. 평화재단에 파견된 공무원들이 급하게 서둘다보니 개별 표석마다 희생자 이름과 유족, 희생자의 출생일과 어느 지역에서 행불됐다는 단순한 내용만 기재됐다. 이에 따라 절절한 사연이 빠져 버린 무미건조한 내용이라는 비판의 목소리들이 이곳저곳에서 터져 나왔다.

내가 2009년 3월 4·3평화재단 상임이사로 부임하고 보니, 이미 개별 표석 제작은 마친 상태였다. 그래서 궁여지책으로 위령제단 복판에 조형물과 6개 위원회별 대표 표석을 만들어 그 곳에 사연을 담아내는 작업을 추진했다. 조형물은 조각가 고민석의 작품이다. 네 사람이 형무소로 끌려가는 모습을 재연한 청동 조각품으로, 그 중 한 사람은 애타게 뒤돌아보는 모습이 인상적이다. 또 형무소와 죽음의 문을 통과한 이면에

2009년 4·3평화공원 위령탑 주변에서 거행된 희생자 각명비 제막식. 김태환 도지사와 정세균 민주당 대표, 박재승 변호사 등 중앙인사들도 참석했다.

는 서천 꽃밭으로 표현되는, 다른 세상에서 편히 안식하시라는 메시지를 담고 있다. 그 앞에 배열한 '형무소에서 온 엽서' 내용들도 눈길을 끈다.

표석 설치 구역은 행방불명 장소와 성격에 따라 제주, 경인, 영남, 호남, 대전과 예비검속 등 모두 6개 구역으로 구분됐다. 제주 구역에는 1,776명의 표석이, 경인 구역에는 마포·인천·부천·서대문형무소에 수감됐던 494명의 표석이 설치됐다.

영남 구역은 대구·부산·마산·진주·김천형무소에 수감됐던 395명, 호남 구역은 목포 와 전주·광주형무소에 수감됐던 334명, 대전 구역은 대전형무소에 수감됐던 244명 의 표석이 설치됐다. 예비검속 구역에는 제주에서 행방불명된 186명의 표석이 마련 됐다. 그 후에 일부 행불 희생자 표석이 추가된 것으로 알고 있다.

이 6개 구역마다 별도의 대표 표석이 설치됐고, 그 뒷면에 희생 경위와 사연을 새겼 다. 그 과정에서 어떤 위원회에서는 장문의 글을 가지고 와 담아내라 막무가내로 요구 하는 바람에 이를 조정하느라 애를 먹었던 기억이 새롭다. 총칼에 스러진 원혼들, 그 들의 이름이나마 새기는데 꼬박 60여 년의 세월이 걸린 것이다.

한편, 2009년 4월 3일에도 희생자의 넋을 달래는 뜻깊은 행사가 있었다. 제주4·3평화공원에서 위령제에 앞서 희생자 각명비 제막식이 열린 것이다. 위령탑 중심으로 원을 그리며 13,564명의 희생자 이름이 새겨진 각명비가 세워졌는데, 김태환 지사와 정세균 민주당 대표, 박재승 변호사 등 중앙인사들이 대거 참석한 가운데 제막된 것이다.

4·3희생자들은 '왜, 언제, 어디서, 어떻게' 희생됐는지조차 몰라 반백년 유족들의 마음을 아프게 했다. 그 아픈 마음을 조금이라도 달래듯 읍면동 단위로 희생자의 이름과 성별, 연령, 사망일시, 장소 등을 170여 개의 오석에 새겨 세운 것이다. 유족들은 자신들의 가족 이름이 새겨진 각명비를 찾아가 눈시울을 붉혔다.

그 대열에 김태환 지사도 있었다. 김 지사는 구좌읍 각명비를 어루만지며 "나의 친척들의 이름도 새겨졌다. 이제야 비로소 희생자의 넋을 달래기 위해 뭔가 해낸 것 같은 생각이 든다."고 말했다. 그날 그는 위령제 주제사를 통해 "4·3사건의 진실은 이제 거스를 수 없는 역사가 되었다. 그럼에도 일부에서 우리가 이뤄놓은 4·3의 성과와 정신을 부정하려는 움직임이 있어서 유감이다. 이 모든 문제가 화해와 상생의 정신으로 극복할 수 있기를 바란다."고 강한 톤으로 말했다.

4·3평화재단 출범 난항

| 이사장 선출 놓고 갈등

2008년 11월 10일 제주4·3평화재단이 출범했다. 4·3중앙위원이자 역사학자인 서중석 교수(성균관대)는 2007년에 열린 토론회에서 "지금까지 있었던 4·3 과거사 청산보다 앞으로 있을 4·3평화재단의 활동이 여러 가지 면에서 더 중요하다"고 역설했다. 그러나 이렇게 4·3문제 해결의 구심체 역할을 할 평화재단이 출범하기까지 심한 산고가 있었다. 예상치 못한 일들이 일어난 것이다. 평화재단 구성을 둘러싸고 벌어진 파행은 오히려 4·3진영에 큰 상처를 남겼다.

4·3평화재단의 설립 필요성은 1999년 4·3특별법 입법 과정 때부터 거론됐다. 하지만 특별법 통과에 부담이 된다는 이유로 관련 조항이 삭제됐다. 2006년 12월 국회를 통과한 4·3특별법 개정안에 4·3재단 설립과 정부 지원 규정이 명문화되면서 재단 설립은 급물살을 타게 됐다.

2008년 1월 제주4·3평화재단 설립 준비추진위원회(위원장 이상복 행정부지사)가 발족됐다. 이 준비추진위는 4·3유족회와 4·3관련단체, 도의회, 학계, 법조계 대표 등 13명으로 구성됐다. 그런데 뜻밖에 이사장 선출문제를 둘러싸고 유족회와 4·3관련단체 사이에 극명한 입장 차이를 드러냈다. 특별법 제정 운동 과정에서, 그리고 그 이후에도 협력 체제를 이뤄오던 양쪽 사이가 극한 대립 양상을 보인 것이다. 이로 인해 난항이 거듭됐다. 지루한 파행이 계속되자 다툼의 본질은 사라지고, 도민사회에는 "4·3 단체 간에 밥그릇 싸움한다."는 식으로 비쳐졌다. 안타까운 일이었다. 이에 대한 깊은 내막을 이야기하기에는 좀 더 시간이 지나야할 것 같다.

그런데 2008년 정부 예산에는 4·3재단 사업비 20억 원이 편성돼 있었다. 재단 출범에 앞서 기금 목표액이 국비 400억 원을 포함해서 500억 원으로 계획됐다. 그러나

2008년 11월 10일 제주4·3평화재단 출범 현판식. 4·3 관련단체들은 불참했다.

정부는 국가재정 상 기금을 일시에 출연하기 어렵고, 다만 기금을 적립하게 되면 발생하는 이자 수입에 해당하는 20억 원을 사업비로 해마다 지원하겠다고 밝힌 것이다. 재단 출범이 늦어지면서 2008년도 사업비 20억 원을 어떻게 처리할 것인가 하는 문제가 대두됐다.

그래서 궁여지책으로 과도기 체제로 재단을 설립하되, 초대 이사장을 준비추진위원장이 맡는 안이 급부상됐다. 이렇게 해서 민간인을 이사장으로 추대하는 안이 보류되고, 공무원인 이상복 행정부지사를 이사장으로 하는 평화재단이 그 해 11월에 이르러 겨우 닻을 올리게 된 것이다. 그러나 유족회를 제외한 4·3관련단체들은 이를 정상적인 재단 출범으로 볼 수 없다면서 참여를 보이콧했다. 재단 정관에는 이사를 15명까지 둘 수 있도록 돼 있으나, 이사 7명으로 첫걸음을 시작한 것이다. 지역 언론에서는 이를 "반쪽짜리 4·3평화재단"이라고 비판했다.

설상가상으로 과도기 체제의 평화재단이 편성한 2009년 예산안이 여론의 도마 위에 올랐다. 누더기식 예산 편성, 추가 진상조사 외면, 전문성 없는 기념관 운영, 문화예술 예산의 배제, 관 주도의 재단 운영 등에 대한 문제 제기가 있었다. 결국 역사적으로 중요한 기구인 4·3평화재단이 한낱 '제주도 산하의 4·3사업소' 수준으로 격하되는 것이 아니냐는 우려를 불러 일으켰다.

이런 상황 속에서 내가 2009년 3월 평화재단 초대 상임이사로 부임하게 됐다. 2000년부터 2008년 말까지 4·3중앙위원회 수석전문위원으로 근무하다가 8년여의 서울 생활을 정리하고 귀향해 있던 차에 상임이사 제안을 받은 것이다. 막상 평화재단에 부임하고 보니 여러 난제들이 기다리고 있었다.

논란을 빚고 있는 행방불명 희생자 표석의 비문 처리를 비롯해 준공을 눈앞에 둔 각명비의 교체작업, 북촌 너븐숭이 4·3기념관의 잘못된 전시패널 수정작업은 시간적으로 촉박한 일들이었다. 더 큰 문제는 사상 처음으로 평화재단이 주관하게 될 4·3위령제 봉행행사에 4·3관련단체들의 참여 여부였다. 4·3관련단체들은 평화재단이 관 주도로 파행 출범한 것을 문제 삼아 재단이 하는 일에는 불참하고 있었다. 나는 상임이사 부임 직후부터 4·3단체 대표들을 공식, 비공식적으로 만나 설득했다. "이사로 참여하는 문제는 나중에 검토하더라도 희생자들의 넋을 달래는 위령행사에는 참여해 줄 것"을 간곡히 호소했다.

결국 4·3관련단체들은 4·3위령제 봉행 준비에 참여하게 됐다. 위령제 행사를 무사히 마치게 되자 그 여세를 몰아 재단 참여도 공식적으로 요청했다. 드디어 4월 20일 4·3연구소·도민연대·범국민위·민예총 등 4개 관련단체가 평화재단 참여를 공식 선언했다. 이렇게 한숨을 돌리게 되자 재단 본연의 업무 정비에 눈을 돌리게 됐다. 법률이 정한 평화재단의 수행 사업은 평화공원과 기념관 운영, 추가 진상조사, 유족 복지사업, 문화 학술사업, 국제 평화 교류 등인데, 이를 위해서는 조직 정비와 보강이 시급하다고 판단했다. 이런 구상을 하던 차에 평화재단 부임 4개월여 만인 7월 초 뜻밖에도 환경부지사 내정자로 '소환'을 받게 됐다.

| 장정언 이사장 체제로 정상화

내가 뜻밖에도 환경부지사 내정자로 '소환' 받게 됐다고 표현한 데에는 그럴만한 사연이 있다. 나에게 부지사를 맡아달라고 한 김태환 도지사는 당시 강정 해군기지문제로 주민소환 투표란 소용돌이 속에 휘말려 있었다. 이런 주민소환 정국이 결국 나까지 '소환'한 것이 아닌가 하는 생각이 들었기 때문이다.

2006년 역사적인 제주특별자치도 출범의 선봉에 섰던 김 지사는 무엇보다 중앙권한 지방이양이란 제도 개선과 국비 확보 등 중앙정부와의 절충에 비중을 두었다. 행정부지사만이 아니라 정무 역할도 맡는 환경부지사도 행정고시 출신인 정통 중앙관료를 발탁했다. 그런데 어느 날 도민사회와의 소통문제가 발생되고, 급기야 주민소환 상황에 이르자 난마와 같이 얽힌 현안을 풀어줄 제주출신 부지사 임명을 고려한 듯하다.

사실 나는 제주도 해군기지 건설에는 부정적인 생각을 갖고 있었다. 언젠가 김 지사를 서울에서 만나 군사기지를 둘러싼 제주도의 역사적인 수난사와 현재의 국제적 주변 환경을 이야기하면서 신중을 기해달라는 의견을 개진한 적도 있다. 아마도 나를 선택할 때에는 그런 측면까지 고려하지 않았나 여겨진다.

나는 뜻밖의 제안을 받고 당황했다. 현안을 해결할 자신도 없거니와 출범과정에서 삐걱거렸던 4·3평화재단을 겨우 수습하는 단계에서 내가 자리를 옮긴다는 생각을 도저히 할 수 없었다. 그래서 정중히 거절했다. 대신 부지사 후보로 몇 분을 추천했다. 그러나 김 지사는 이 제안을 물리지 않았다. 3일째 되던 날에는 보다 강한 톤으로 이야기를 하는 것이 아닌가.

이때부터 나는 주위의 사람들과 의논했다. 내가 접촉했던 사람들은 대부분 반대의사를 표명했다. 그래서 오히려 내가 그들을 설득하는 입장이 됐다. 그 중의 한 분은 임문철 신부이다. 임 신부는 시민사회단체 대부 격으로 도지사 소환운동에도 '총수' 역할을 하고 있었다. 전화를 걸었더니 다짜고짜로 반대했다. 내가 한창 설명하자 "제주도 출신 중에 부지사를 선정한다면 양 국장이 가는 것도 좋겠다."고 양해하는 것이 아닌가. 한시름이 놓였다. 임 신부는 나의 부지사 취임식과 퇴임식 모두 참석했다. 지금도 고맙게 생각한다.

결국 나는 부지사로 가는 것을 승낙하고 말았다. 예상했던 대로 4·3진영과 일부 언론의 질책이 잇따랐다. 한 지역일간지는 사설까지 싣고 "4·3평화재단 정상화 첩첩산중"이라고 비판했다. 제주도의회 환경부지사 청문회 과정에서 한 도의원이 "4·3평화재단 상임이사 직을 왜 박차고 나왔느냐"고 신랄하게 따져서 "박차고 나오지 않았다"

고 해명하느라 애를 먹기도 했다. 부지사에 부임하자마자 우선 두 가지 점에 역점을 뒀다. 엉킨 해군기지 실타래를 하나씩 푸는 것과 4·3평화재단의 정상화 방안 모색이었다.

역시 해군기지는 어려운 문제였다. 일단 강정 주민들을 만나는 일과 그동안의 과정을 검토하는 일부터 시작했다. 그 과정에서 주민투표 방안도 검토했으나 여의치 않았다. 서울에 몇 번 다녀오면서 중앙정부와 지방정부 간의 온도 차가 크다는 것을 실감했다. 겨우 한 일이라곤 정부지원을 법으로 보장하도록 법 개정을 하는 것, 극단적 충돌을 막기 위해 애를 쓴 정도였다. 지방정부로는 한계가 있는 사업임을 절감했다. 끝내 매끄럽게 마무리 짓지 못해 아쉬움이 남는다.

4·3평화재단 정상화의 요체는 행정부지사가 맡고 있는 이사장직을 민간인으로 교체하는데 있다고 봤다. 먼저 '행정부지사'가 당연직 이사로 된 재단 정관을 '도지사가 추천하는 부지사'로 개정하는 작업을 추진했다. 그래서 환경부지사인 내가 당연직 이사로 들어가서 후임 이사장 물색작업을 벌였다.

각계의 여론 수렴 결과, 제주도의회 의장과 국회의원을 지낸 장정언 의장이 적임자라는 의견이 압도적이었다. 그래서 유족회, 4·3관련단체 대표들과 협의하며 장 의장과 접촉하기 시작했다. 그러나 그는 한사코 고사했다. 유비가 제갈공명을 얻기 위해 세 번 찾아갔다는 데서 유래된 '삼고초려(三顧草廬)'란 말이 있다. 그런데 우리는 장 의장을 재단 이사장으로 모시기 위해 '삼십고초려'를 했다. 정성과 예의를 다했지만 그는 자신이 나설 수 없다고 끝내 답을 주지 않았다. 그래서 재단 이사회에서 먼저 이사장으로 선출하고, 최후 통첩하는 방안까지 동원해 겨우 수락을 받아냈다.

물론 그 후 여러 우여곡절이 있긴 했지만, 4·3평화재단은 일단 정상화의 길로 들어섰다. 4·3관련단체들이 동참했고, 상임이사에 이성찬 전 4·3유족회장이 선임됐다. 또한 공무원과 민간인이 참여하는 민관 협력체제의 사무처 기틀도 마련됐다. 그럼에도 4·3평화재단이 제 기능을 다하기 위해서는 개선해야 될 점이 많았다.

나는 환경부지사에서 물러난 후인 2010년 12월 열린 '4·3평화재단 활성화 방안 토론회'에서 주제발표를 통해 다음 다섯 가지를 제안한 바 있다.

2009년 10월 15일 장정언 이사장 취임식. 도지사와 도의회 의장, 교육감, 4·3 관련단체 등 각계 인사들이 참석했다.

첫째, 추모기념일 제정, 보상 및 생계비 지원, 재단 기금 확보, 평화공원 3단계 사업, 희생자 추가 신고기간 설정 등 당면 과제에 대한 전략을 세워야 한다.

둘째, 재단 사업은 분야별 단기, 중기, 장기 플랜을 세워 당장 추진할 사업, 연차적으로 추진할 사업, 장차 추진할 사업 등으로 구분하는 로드맵이 필요하다.

셋째, 재단은 정부, 여야, 제주도, 도의회, 4·3단체, 국내외 평화단체와의 네트워크를 이뤄 현안이 발생했을 때 4·3의 구심체로서 적극적으로 나서야 한다.

넷째, 전문가의 자문을 받기 위해 '평화공원 운영위원회', '진상조사 및 학술문화위원회'같은 특별위원회 운영을 검토할 필요가 있다.

다섯째, 민관 협력 체제를 실현하기 위해 현재 공무원 중심의 조직체계를 재편해 민간 전문가와 공무원 비율을 50:50으로 구성하는 방안이 바람직하다.

유족회와 경우회의 화해

| "역사에 큰 족적 남긴 화해"

2013년 8월 2일, 제주4·3이 화해와 상생으로 가는 길에 큰 족적을 남긴 날이다. 65년 동안 서로 등을 돌리고 반목해 왔던 4·3유족과 전직 경찰관 단체가 '화해와 상생'이란 이름 아래 손을 맞잡았기 때문이다.

제주4·3희생자유족회와 제주도재향경우회는 이날 제주도의회 도민의 방에서 '화해와 상생을 위한 공동 기자회견'을 갖고 조건 없는 화해를 선언했다. "우리 두 단체는 편향된 시각에서 서로를 불신하고 냉대하며, 오직 자기들의 주장만이 옳다고 등을 돌리고 살아왔다. 과거의 자신들의 상처만을 부둥켜안고, 상대방의 주장을 묵살해 왔음을 인식하면서 공동의 노력을 경주하여, 화해와 상생으로 제주발전에 동참할 것을 선언한다."고 밝혔다. 지난날의 반목을 반성하는 토대 위에서 다음과 같이 다짐했다.

-. 우리는 이념적인 생각을 버리고 조건 없는 화해와 상생으로 도민화합에 앞장서며 지난 세월의 갈등을 치유하기 위해 노력한다.

-. 우리는 지난 세월 반목의 역사를 겸허하게 반성하며 희망찬 제주 건설의 역군으로 함께 제주발전에 동참한다.

-. 우리는 제주4·3의 완전한 해결을 위하여 서로 노력하고, 대화를 통하여 서로 위로하는 모습을 도민에게 보여준다.

이 예기치 않았던 화해 선언은 제주도민사회에 신선한 감동을 안겨줬다. 화해 당사자인 정문현 유족회장과 현창하 경우회장이 손을 맞잡고 포옹하는 모습, 회견장에 참석한 경우회와 유족회 임원 40여 명이 함께 일어나 손에 손을 잡고 만세 부르는 모습은 얼음이 녹는 해빙, 그 자체로 다가왔다. 여야 정치권은 놀라움을 금치 못하면서 즉각 환영 입장을 밝혔다.

2013년 8월 2일 합동 기자회견을 마치고 포옹하고 있는 정문현 유족회장(오른쪽)과 현창하 경우회장.

새누리당 제주도당은 논평을 통해 "가해자와 피해자의 입장에서 원수처럼 지내던 전직 경찰들과 유족들이 마주하고 손을 잡은 것은 4·3문제 해결에 큰 걸음을 내디딘 것"이라고 평가했다.

민주당 제주도당도 논평을 내고 "4·3 진상규명과 명예회복이 국가 차원에서 추진되는 과정에서 일부 세력의 이데올로기 공세와 역사 왜곡 시도에 시달려왔다는 점을 생각하면 두 단체의 화해와 상생은 4·3문제 해결의 진전을 위한 상징적인 역사로 기억될 것"이라고 밝혔다.

여기에 오기까지 많은 시련과 갈등이 있었다. 2000년 4·3특별법이 제정된 후 정부의 진상조사나 대통령 사과, 희생자 결정이 발표될 때마다 제주도내에서 가장 반발한 세력이 바로 제주경우회였다. 경우회는 '4·3진상조사보고서를 절대 인정할 수 없다'는 대문짝만한 신문 광고를 내는가 하면 진상조사보고서, 대통령 사과, 희생자 결정 등이 위헌이라고 주장하며 제기한 헌법소원에도 동참했다. 따라서 경우회와 유족회는 한때 물과 기름, 혹은 견원지간 같은 불편한 사이였다.

그런데 이런 간극을 메우는 계기는 뜻밖의 행사에서 시작됐다. 2013년 3월 26일 제주학생문화원 소극장에서 동아방송 제주방송국 주최로 '제주4·3 화해와 상생의 길은 없는가'라는 주제의 토론회가 열렸다. 주최 측은 유족 측과 반대 입장에 있는 쪽 등 각각 2명씩 4명을 패널로 선정했다. 유족회에서는 송승문 상임부회장과 김관후 사무국장이, 반대 측은 제주경우회 회장을 지낸 김영중 전 제주경찰서장과 4·3위원회 전문위원을 지낸 나종삼 예비역 중령이 나섰다.

그런데 나종삼 위원의 발표가 진행되면서 장내가 갑자기 웅성거리기 시작했다. 남로당 개입 등 이념 문제를 부각했기 때문이다. 이날 행사장에는 4·3 유족들과 경우회 회원들이 많이 참여했는데, 행여 화해의 길이 있을까하는 기대와는 달리 발표자가 오히려 이념갈등을 부추긴 격이다. 이에 열 받은 유족들이 격렬하게 항의했고, 급기야는 유족들과 경우회 회원 사이에 고성과 몸싸움으로 이어졌다. 이런 모습을 지켜보던 현창하 경우회장과 정문현 유족회장이 더 이상 갈등의 길로 가서는 안 된다는 인식 아래 가까운 시일 내에 서로 만날 것을 약속했다.

이런 분위기 속에 5월 6일 4·3유족회 서귀포시지부회 창립 6주년 기념행사에 서귀포재향경우회 임원이 참석한 데 이어, 5월 13일에 4·3유족회 제주시지부회 창립행사장에도 제주동부 및 서부 재향경우회 임원들이 참석하자 4·3유족들은 뜨거운 박수로 환영했다.

이에 고무된 현창하 경우회장이 4·3유족회 임원들을 식사 자리에 초대했다. 몇 년 전부터 화해와 상생의 길을 찾던 정문현 유족회장은 경우회장의 초청을 받고 감동했다고 한다. 곧바로 참석하겠다고 화답했다. 유족회 내부에서 반대 목소리도 있었지만 기대 반, 걱정 반의 심정으로 모임 참석을 추진했다고 한다. 이렇게 양 쪽 진영은 몇 차례 만남을 통해 대화를 나누다보니 갈등의 벽이 하나씩 무너지는 것을 느끼기 시작했다. 그리고 역사의 소용돌이 속에서 다 같은 피해자라는 인식을 공유하게 됐다.

이런 분위기는 유족회장과 경우회장 사이의 신뢰가 쌓아가면서 더욱 굳어갔다. 두 사람은 반대하는 사람들로부터 뭇매를 맞더라도 이 역사적인 화해를 성사시키자고 다짐했다. 두 사람은 우리에겐 시간이 많지 않다, 이것저것 따지지 말고 조건 없는 화해를 하자, 그래서 다음 세대에 갈등 없는 좋은 사회를 이양하자고 굳게 약속했다.

그 해 6월 6일 현충일 추념식에는 4·3유족회 임원들이 군경 전사자의 넋이 안장된 충혼묘지를 참배함으로써 양 진영은 급속도로 가까워졌다. 이런 과정을 거쳐 화해와 상생을 위한 합동 기자회견이 결정된 것이다. 물론 이 결정을 하기까지 양 쪽 모두 내부의 심한 진통이 있었다. "시기 상조다", "조건 없는 화해가 어디에 있느냐", "상대의 반성 기미가 없다" 등등 반대 목소리도 터져 나왔다. 경우회 쪽에서는 현창하 회장을 도와 원로인 이종석(전 제주경찰서장), 현상종(전 제주경찰서장) 서장 등이 나서서 후배 회원들을 설득했다. 유족회 쪽에서는 정문현 회장이 "화해를 하면서 조건을 달아서는 안 된다"고 강력하게 밀고 나갔다.

어려운 고비를 넘겨 화해를 성사시킨 현창하 회장은 "4·3 발발 65년이 지난 지금 당사자들은 돌아가시거나 고령인데 언제까지 대립해야 하는가 생각하게 됐다"며 "4·3은 시대가 낳은 비극의 수난이자 제주도민 모두가 피해자라는 입장에서 서로 아픔을 치유하겠다."는 소감을 피력했다.

다른 주역인 정문현 회장은 "서로 이해하고 도우면서 우리 두 단체가 본보기가 되면 다른 단체들도 화해와 상생 분위기에 동참하리라 생각했다."고 말하고 "스물다섯의 젊은 나이에 억울하게 희생되신 아버님 영전에 이제는 노여움을 푸시고 고이고이 영면하십사고 보고 드렸다"면서 눈시울을 붉혔다.

| 여·야, 진보·보수 합동 참배

역사 화해는 그리 쉬운 일이 아니다. 고정관념이나 편견을 털어내는 것이 결코 간단한 일이 아니기 때문이다. 유족회와 경우회의 역사적인 화해의 결단에도 이런 모습을 색안경 쓰고 보는 사람들이 있었다. 어떤 이는 노골적으로 그 화해가 1년이나 가면 자기 손에 장을 지진다고 극단적인 표현을 한 사람도 있었다. 그러나 양 진영은 보란 듯이 화해의 탑을 하나하나 견실하게 쌓아 올려갔다.

2013년 12월 27일 진행된 '화해와 상생을 통한 도민 대통합 추모행사'는 매우 상징적인 의미를 지녔다. 유족회와 경우회가 뿌린 화해의 씨앗이 발화하여 유족회, 경우회 회원뿐만 아니라 새누리당, 민주당 당직자, 제주4·3연구소, 4·3도민연대, 제주민

오른쪽부터 합동 분향하고 있는 강지용 새누리당 제주도당 위원장, 정문현 유족회장, 현창하 경우회장, 고희범 민주당 제주도당 위원장.

예총 등 4·3 관련단체 회원들까지 합동으로 충혼묘지와 4·3평화공원을 차례로 참배하게 된 것이다.

주최 측은 "4·3사건 당시 작전에 동원되었다가 전사하신 분들이 묻혀있는 충혼묘지와 희생자들의 위패가 모셔진 4·3평화공원을 함께 참배하고 추모하며 진정으로 우리가 화해했다는 것을 내외에 알리고 싶었다."고 밝혔다. 4·3 진압과정에서 전사한 160여 명의 경찰관이 안장된 충혼묘지에 4·3 관련단체에서 합동으로 참배한 일도 처음이요, 1만 3천여 희생자의 위패가 봉안된 4·3평화공원에 경우회 회원들이 참배한 것도 처음 있는 일이었다.

눈이 내리는 속에 정문현 유족회장, 현창하 경우회장, 새누리당 제주도당 강지용 위원장, 민주당 제주도당 고희범 위원장 등 4명이 나란히 손을 잡고 입장해서 분향하는 모습은 도민사회에 잔잔한 감동과 밝은 메시지를 던졌다. 이제 제주도는 4·3으로 시작된 이념 갈등을 극복해서 진보나 보수, 여야가 한데 어울려 4·3이 추구하는 화해와 상생이란 공동 배에 함께 승선한 것이나 다름없었다. 이 역사적인 현장을 50여 명의

화해 1주년을 맞아 합동 참배한 뒤 4·3평화공원 위패봉안실에서 기념촬영한 참석자들.

기자가 카메라 후레시를 터뜨리며 기록했다.

2014년 8월 2일, 두 단체는 화해 상생 1주년을 기념해 합동 참배식을 거행하기도 했다. 이때도 4·3 관련단체, 경우회 임원들과 새누리당, 새정치민주연합 제주도당 당직자들이 함께 참배했다. 이제 제주에서는 서로 견해를 달리하는 여당과 야당, 진보와 보수가 4·3의 화해와 상생 정신 아래에서는 하나로 묶여있음을 다시금 대내외에 천명한 것이다.

이날 1주년 기념 합동 참배식은 태풍 '나크리'가 몰아온 비바람이 몰아치는 궂은 날씨 속에서 진행됐다. 제주의 한 언론은 그래서 "태풍도 막지 못한 4·3 화해와 상생 첫돌"이란 제목을 달았다. 이런 해빙 분위기는 2014년 '4·3희생자 추념일'을 국가기념일로 지정하는데 큰 몫을 하게 된다.

그런데 극우세력들은 이런 화해 분위기에 찬물을 끼얹고 불만을 토해냈다. 특히 제주4·3사건진상규명국민모임 사무총장의 직책을 갖고 있는 보수논객 김동일 씨가 제주지역 일간지에 기고한 글이 파장을 일으켰다. 그의 기고문은 2013년 8월 21일자 신문에 '제주경우회와 4·3유족회의 1억 원짜리 화해'라는 제목으로 보도됐다.

그는 기고문에서 "두 단체의 회견은 제주도 보조금 때문이다. 제주도는 1억 원 넘는 보조금을 지급하기로 했다. 도청 금고에 돈이 썩어나는 모양이다"고 비꼬았다. 이어 "두 단체의 화해는 멀기만 하다. 회견문 쪼가리 하나로 화해 퍼포먼스를 연출했던 것

전국체전 개회식에서 성화봉송 주자로 제주종합경기장에 입장하고 있는 정문현 유족회장과 현창하 경우회장.

은 눈 먼 단체들이 벌이는 코미디다. 이 코미디 연출자는 제주도정이다"고 주장했다. 이에 두 단체가 발끈했다. 제주경우회는 그를 출판물에 의한 명예훼손 혐의로 형사고발했다. 4·3유족회는 5천만원대 손해배상 민사소송을 제기했다.

2014년 2월 11일 제주지법 형사재판에서 명예훼손 혐의를 유죄로 인정해 벌금 500만원을 선고했다. 그 해 6월 제주지법 민사단독은 유족회가 제기한 손해배상 청구소송에서 피고는 원고에게 3천만 원을 지급하라고 선고했다. 이에 피고가 불복해 항소했지만 11월 12일 2심인 제주지법 민사부에서도 1심 판결대로 3천만 원을 지급하라고 선고했다.

이에 대해 정문현 유족회장은 재판 과정에서 "4·3의 정신은 화해와 상생이다. 김 씨는 꾸준히 4·3과 관련해 문제를 제기해왔다. 유족들 입장에선 괘씸할 수밖에 없다. 김 씨가 진심으로 유족회를 찾아와 사과를 했다면 소송까지 가진 않았을 것"이라면서 아쉬움을 토로했다.

한편, 화해의 당사자인 정문현 유족회장과 현창하 경우회장은 2014년 10월 28일 제95회 전국체육대회 개회식이 열린 제주종합경기장에서 다시 한번 화해와 상생의 드라마를 연출했다. 두 사람이 나란히 성화봉송 주자로 그라운드에 입장한 것이다. 캄캄한 어둠 속에서 성화를 들고 두 사람이 나타나자 사회자는 4·3의 아픔을 딛고 유족회와 경우회가 역사적인 화해를 했다고 발표했다. 그러자 박근혜 대통령과 2만5천명의 관중이 박수로 화답했다. 이제 화해와 상생의 물결은 제주를 넘어 전국으로 퍼져간 것이다.

'4·3' 국가기념일 되다

| 국회, 4·3기념일 부대조건 달아

4·3 국가기념일 지정문제가 공식적으로 제기된 것은 2003년 4·3중앙위원회의 『제주4·3사건 진상조사보고서』 확정과 동시에 이뤄졌다. 2년여 동안의 조사와 정부위원회의 심의를 거쳐 확정된 4·3진상조사보고서는 제주4·3사건을 "국가 공권력에 의한 인권유린"으로 새로이 규정하기에 이르렀다. 4·3위원회는 이런 진상조사보고서의 결과를 토대로 4·3문제를 해결하기 위한 7개항의 대정부 건의안을 채택했는데, 건의안 두 번째 항이 '4·3사건 추모기념일 지정' 이었다. 그동안 7개 건의사항 중 대부분이 실현됐거나 진행 중인 반면, 가장 진척이 더딘 것이 바로 기념일 지정문제였다.

건의안이 정부에 전달되자 관계부처에서 각 분야별로 검토 작업이 진행됐는데, 기념일 지정에 대해서는 종합적인 검토가 필요하다면서 유보적인 입장을 보였다. 즉 주무부처인 행정자치부는 "4·3사건 추모기념일을 법정기념일로 지정할 때 유사사건의 기념일 지정 요구가 잇따를 것으로 예상되기 때문에 공청회·학술회 등을 통한 다양한 방법으로 국민여론을 수렴한 후 신중하게 결정돼야 한다."는 입장을 보인 것이다. 그때 행자부는 각종 기념일 등에 관한 규정에 의해 지정된 법정기념일이 42종에 이르고, 새로 신청 중인 기념일도 '민주화의 날', '의병의 날', '월남참전의 날' 등 45건에 이른다고 덧붙였다. 한마디로 "어렵다"는 뜻이었다. 그리고 이 문제는 오랜 시간 논의 대상에서 벗어나 있었다.

이런 부진의 벽을 깨고 제주출신 국회의원들이 국가기념일 지정 규정을 담은 4·3특별법 개정안을 발의하면서 불씨를 살렸다. 민주당 김우남 의원이 2012년 5월에, 같은 당 강창일 의원이 2012년 9월에 이런 내용을 담은 특별법 개정안을 국회에 제출한 것이다.

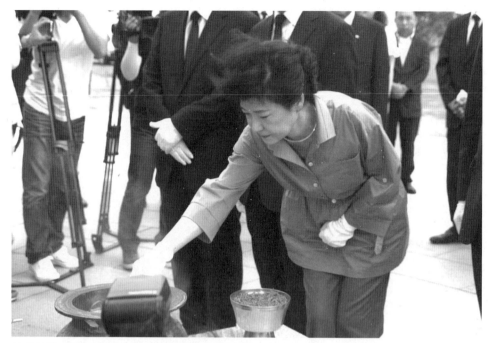
2012년 7월 대선 후보 신분으로 4·3평화공원을 참배한 박근혜 대통령.

　4·3기념일 지정문제는 2012년 12월 치러진 대통령 선거 과정에서도 핫이슈가 되었다. 새누리당 박근혜 후보, 민주당 문재인 후보 등 유력 후보들이 모두 4·3 국가기념일 지정을 공약했기 때문이다. 결국 여야가 4·3기념일 지정 문제를 동반 약속한 것이나 다름없었다.

　특히 그 해 대선에서 승리한 박근혜 대통령은 2012년 7월 31일 새누리당 대선 주자들과 함께 제주4·3평화공원을 참배하고 "제주4·3은 많은 분들이 희생당한 가슴 아픈 역사이며, 다시는 일어나서는 안 되는 현대사의 비극"이라고 표현했다. 박 대통령은 12월 11일 제주도 유세 때도 "4·3사건은 제주도민뿐만 아니라 전 국민의 가슴 아픈 역사"라고 평가하고 "4·3사건에 대해 그동안 정부 차원의 많은 관심과 노력이 있었지만, 아직도 부족한 점이 많으며 4·3 추모기념일 지정을 포함해 제주도민들의 아픔이 모두 해소될 때까지 계속 노력하겠다."고 공약했다.

　이런 긍정적인 분위기에 힘입어 2013년에 들어서면서 국회에서 4·3 국가기념일 지정방안이 본격적으로 논의됐다. 여야는 이 문제를 검토하면서 법률 개정보다는 대통령령인 '각종 기념일 등에 관한 규정'을 개정해 기념일을 지정하는 것이 바람직하다는 전문위원의 의견을 받아 들였다. 다만 이 과정에서 정부 쪽의 긍정적인 답변과 특별법 개정안에 부대의견을 담기로 합의했다.

> 정부는 내년 4월 3일 이전에 각종 기념일 등에 관한 대통령령을 개정해 매년 4월 3
> 일을 제주4·3사건 희생자 추념일로 정한다.

결국 이런 부대의견을 담은 4·3특별법 개정안은 2013년 6월 27일 재석의원 216 명 가운데 기권 4명을 제외한 212명의 압도적인 찬성 속에 국회 본회의를 통과했다. 이 개정안에는 이밖에도 4·3평화재단의 설립 목적에 '희생자 및 그 유족의 생활 안정, 복지'에 관한 규정을 신설해 국가가 재단을 통해 희생자와 유족에 대해 생활지원금을 보조할 수 있는 법적 근거를 마련했고, 평화재단이 '기부금품의 모집 및 사용에 관한 법률'에 따른 각종 제약을 적용받지 않고 기부금품을 접수할 수 있는 조항도 새로 만들었다.

결국 여야 합의로 확정된 국회의 부대조건은 4·3 국가기념일 지정을 위한 8부 능선을 넘은 것이나 다름없었다. 국회는 이런 부대의견을 정부에 전달했고, 안전행정부가 대통령령 개정을 위한 기초 작업에 착수했다. 안행부는 2014년 1월 17일 그동안 논란이 됐던 기념일 명칭을 '4·3희생자 추념일'로 정하고 이를 국가기념일로 지정하는 '각종 기념일 등에 관한 규정' 개정안을 입법예고했다. 그러자 이를 반대하는 일부 보수세력의 저지운동도 치열해졌다.

| 보수진영, 기념일 결사반대

4·3 국가기념일 지정이 국회의 부대의견으로 가시화되자 일부 보수진영에서도 민감하게 반응하기 시작했다. 그들은 '좌익 폭도들'에게 국가가 위령한다는 것이 말이 되느냐는 식으로 접근하기 시작했다.

첫 반대 집회는 2013년 8월 7일 서울 종묘공원에서 4·3 강연회 식으로 열고, 이어 자리를 옮겨 광화문 정부종합청사 앞에서 4·3 국가기념일 반대하는 시위를 벌였다. 이 집회를 '제주4·3진상규명국민모임'(4·3국민모임)이란 생소한 단체가 주최했는데, 이 모임은 그동안 정부 차원의 4·3 진상규명에 반대 목소리를 내온 자유논객연합 회장 김동일(필명 '비바람') 등이 주동한 모임이었다. 이날 강연 연사로는 자칭 '500만 야전군 의장'이란 지만원과 김영중 전 제주경찰서장 등이 나섰다. 제주경우회장까지 지낸 김 서장은 바로 며칠 전 제주경우회와 4·3유족회가 화해 기자회견을 가졌음에도 그 화해의 대열에서 이탈한 인물이다.

2차 반대 집회 역시 4·3국민모임이 주최한 모임으로, 9월 2일 서울프레스센터에서 '제주4·3 추념일 지정 문제 세미나' 형식으로 진행됐다. 발표자는 앞에서 언급한 지만원, 김영중 이외에도 나종삼(전 국방군사연구소 전사부장), 조영환(올인코리아 대표), 홍석표(제주자유수호협의회 회장) 등이 가세했다.

발언 수위도 매우 높아졌다. "지금 제주도 전체가 거의 좌익이다", "4·3특별법과 4·3정부보고서는 제2의 반란이다", "반란은 의병들이 일어나서 진압해야 한다", "4·3 추념일 지정해서는 안 된다" 는 등 섬뜩한 발언들이 쏟아져 나왔다. 현장을 취재했던 한 기자는 그의 '취재수첩' 보도 제목을 "그들에게서 서청의 광기(狂氣)를 본다!"라고 달았다. 4·3유족회 등은 "망언을 규탄한다!" 는 성명을 발표하기도 했다.

그러나 그들의 반대 운동은 거기에서 멈추지 않았다. 4·3국민모임은 이듬해인 2014년 1월 20일 프레스센터에서 '대한민국 애국진영이 제주4·3 추념일을 말한다'라는 주제로 다시 세미나를 개최했다. 역시 지만원, 김영중이 연사로 나섰고, 안병직(시대정신 이사장), 양동안(한국학중앙연구원 명예교수), 현길언(소설가) 교수까지 나서서 4·3추념일 국가기념일 지정의 문제점을 지적했다.

이런 반대 운동에도 불구하고 안전행정부가 2014년 1월 4·3희생자 추념일 지정에 대한 입법예고를 하자, 보수진영은 대대적인 기념일 지정 반대의 의견개진운동을 전개했다. 이 무렵 재향군인회는 '대한민국 건국을 방해한 폭도까지 대한민국 정부가 추념하다니?'란 제목으로 신문 광고를 게재하기도 했다.

2014년 1월말 서울에서 또 다른 보수단체가 4·3추념일 반대운동에 나서기 시작했다. '제주4·3바로잡기대책회의"(4·3대책회의)란 단체였다. 이 모임은 원래 이선교 목사가 주도해 왔는데, 서경석 목사가 가세하면서 재구성하는 형식을 밟고 있었다. 이

단체는 2월 20일 광화문 정부종합청사 앞에서 제주4·3희생자 추념일 지정연기 촉구 집회를 가진데 이어, 3월 17일 프레스센터에서 출범식을 갖고 4·3추념일 지정에 대한 문제점을 들고 나와 성토했다.

이 모임이 3월 20일에는 4·3평화공원 앞에서 '제주4·3추념일은 폭동의 날 추념일'이라며 항의 집회를 가졌다. 1백여 명이 참석한 이날 집회에서 "4·3평화공원에 폭도들의 불량위패가 많다"면서 허수아비와 모형 불량위패에 기름을 붓고 불을 지르는 화형식을 가졌다. 이에 2백여 명의 경찰이 이를 만류하다가 몸싸움이 벌어지기도 했다. 이들은 극단적인 행동까지 하면서 국민들의 시선을 끌고, 4·3추념일 지정을 막으려고 노력했지만 결국 실패했다. 보수진영은 4·3추념일의 국가기념일 지정 무산을 첫째 목표로 삼았고, 또한 4월 3일이란 날짜가 적시된 기념일 지정에 매우 심한 거부 반응을 나타냈다. 그날은 '공산폭동'이 일어난 날인데, 어떻게 국가기념일로 기릴 수 있느냐고 반대 목소리를 높였다.

나는 2013년 8월 20일 제주4·3유족회가 주최한 '4·3국가기념일 지정 토론회'에서 주제발표를 통해 "국가기념일 지정은 제주4·3이 제주도민만이 기억하고 기념해야 할 지역사가 아니라, 국제적인 냉전과 민족 분단, 정부 수립 과정의 과도기에 발생한 불행했던 사건으로, 전 국민이 인식케 하는 공식역사로 자리매김 될 것"이라고 그 의미를 부여했다.

나는 기념일 명칭에 대해 "간결하면서도 역사적·사회적 의미가 함축된 표현이 돼야 한다."고 전제하고, "희생자 넋을 위령하고 유족들의 아픈 마음을 위로하는 한편 다시는 이런 비극이 일어나지 않도록 하는 교훈과 다짐이 돼야 한다."고 강조했다. 그런 뜻에서 이를 관통하는 핵심 키워드로 '4·3', '희생자', '추모기념일' 등 3가지를 제시하고 이를 조합한 '4·3희생자 추모기념일'이란 명칭을 제안했다. 특히, 보수 일각에서 거부반응을 보이고 있는 '4·3'이란 용어에 대해 "4·3은 이미 특별법과 진상보고서 등을 통해 1948년 4월 3일 하루의 상황을 뜻하는 것이 아닌, 사건 전체를 의미하는 공인된 기호이자 호칭이 됐다"고 설명한 뒤, 이미 '6·25전쟁일' 등을 기념일로 지정됐던 사례를 예로 들었다.

안전행정부는 각계의 여론을 조사해서 결국 기념일 명칭을 '4·3희생자 추념일'로 정해 입법예고에 나선 것이었다. 일부 보수성향 사이트에서는 이쯤 되자 정부의 4·3희생자 추념일 지정 추진을 '표를 받고 역사를 파는 행위'라고 주장하며 박근혜 대통령을 자극시켰다. 그럼에도 3월 18일 박 대통령 주재로 열린 국무회의에서 '4·3희생자 추념일'을 국가기념일로 정하는 '각종 기념일 등에 관한 규정' 개정안을 의결, 통과시켰다.

❘ 드디어 '4·3희생자 추념일' 선포

2014년 3월 24일 드디어 '4·3희생자 추념일'이 법정기념일로 공식 선포됐다. 정부는 이와 관련하여 "4·3희생자를 위령하고 유족을 위로하며 화해와 상생을 통한 국민 대통합의 디딤돌이 될 것을 기대한다."고 밝혔다.

여기까지 오는 데 66년이 걸렸다. 특히 과거 국가권력의 진압에 문제가 있음을 인정한 희생자 추념일의 국가기념일 지정이 진보정권이 아니라 보수정권에서 이뤄졌다는 점에서 그 의미는 더욱 크다. 이것은 2000년 4·3특별법 제정, 2003년 정부 차원의 4·3진상조사보고서 확정 및 국가폭력에 대한 대통령 사과 표명, 2008년 4·3평화재단 설립에 이은 4·3 명예회복사의 또 하나의 쾌거가 아닐 수 없다.

이제 제주4·3은 제주도민만이 기억하고 기념해야 할 지역사가 아니다. 국제적인 냉전과 민족 분단, 정부 수립 과정의 과도기에 발생한 불행했던 사건으로 전 국민이 인식하는 공식역사로 변화되는 토대가 된 것이다. 그것은 한마디로 4·3의 위상이 달라짐을 의미한다. 암울했던 지난날을 되돌아볼 때, 4·3이 국가기념일로 당당히 공인됐다는 사실은 기적 같고 꿈같은 일이 아닐 수 없다

특히, 이번과 같이 국가기념일 지정이 현실화되기까지 일부 보수진영의 격렬한 반대가 있음에도 불구하고, 4·3중앙위원회, 여야 정치권, 제주특별자치도 및 도의회, 4·3유족회를 비롯한 관련 단체, 지역언론, 도민사회가 한목소리를 냈다는 점이 매우 의미가 있고, 역사적으로도 특기할 만하다. '화해와 상생' 운동이 거둔 결실이라고 평가하지 않을 수 없다.

여야, 제주도와 도의회, 4·3유족회를 비롯한 관련단체들이 일제히 환영 성명을 발표했다. 기념일 지정 소식은 전국적으로 알려졌고, 누리꾼들도 다양한 반응을 나타냈

2014년 처음으로 국가의례로 봉행된 제66주년 4·3희생자 추념식. 슬로건도 달라졌다.

다. "4·3 국가기념일 지정, 희생자들의 영혼이 조금이나마 위로 받기를", "4·3 국가 기념일 지정, 이제라도 인정해주니 다행이네요", "4·3국가기념일 지정, 아픈 우리의 역사 반복되지 않기를" 등등의 의견을 표현했다.

서중석 성균관대 명예교수는 한 언론과의 인터뷰에서 "4·3 기념일 지정은 4·3 희생 자와 이 사건으로 고통 받은 사람들을 국가 차원에서 추념하거나 위로하고 다시는 이 런 일이 발생하지 않도록 노력하겠다는 정부의 약속이자 다짐이라고 볼 수 있다."고 평가했다.

정문현 4·3유족회장은 "아픔 속에서 살아온 4·3 유족 입장에서 기념일 지정은 실로 감격적인 일이 아닐 수 없다"며 "이를 계기로 갈등과 분열을 넘어 화해와 상생의 4·3 특별법 정신이 전국적으로 퍼져 나갈 수 있도록 최선을 다하겠다."고 다짐했다.

4·3 국가기념일 지정 이후 처음 열린 2014년 제66주년 4·3희생자 추념식은 안전 행정부가 주최하고 4·3평화재단이 주관하는 국가의례로 봉행되었다. 이 추념식에는 박근혜 대통령을 대신해서 정홍원 국무총리가 참석했다. 박 대통령이 참석하지 않은

것은 아쉬운 대목이 아닐 수 없다. 그럼에도 새누리당 황우여 대표와 새정치민주연합 안철수·김한길 대표, 통합진보당 이정희 대표, 정의당 천호선 대표 등 국회에 의석을 갖고 있는 정당 대표가 모두 참석해 국가기념일 지정을 축하했다.

정홍원 총리는 추념사에서 "제주도민 여러분은 과거의 아픈 역사를 정리하는 과정에서 갈등과 대립을 관용과 화합으로 승화시켜 미래를 향한 더 큰 발전의 디딤돌을 놓았다."면서 특히 4·3유족회와 제주경우회가 화해의 자리를 함께한 것은 큰 의미가 있다고 평가했다. 그 추념식장에는 "어둠의 역사를 빛의 역사로", "갈등을 넘어 상생과 화합으로"란 대형 슬로건을 내걸었다. 4·3의 달라진 위상과 추구하는 염원을 잘 담아낸 표현이었다.

| 4·3평화교육위원회 발족

4·3위원회가 채택한 대정부 7대 건의사항 중 가장 어려울 것으로 여겼던 '4·3희생자 추념일' 국가기념일 지정문제가 풀리면서 이제 시선은 4·3교육 쪽으로 돌려졌다. 이제 남은 사항은 '4·3진상조사보고서의 교육자료 활용' 건인데, 미진하다는 지적이 많았기 때문이다.

물론 정부 진상조사보고서 확정 후, 4·3에 대한 교과서의 기술내용은 조금씩 달라지기 시작했다. 2005년 개정된 고등학교 국정교과서 『국사』에 4·3사건에 대한 설명 항목이 추가됐는데, 그 내용은 "제주도에서 벌어진 단독 선거 반대 시위를 진압하는 과정에서 수만 명의 인명피해가 일어난 사건"이라고 표현됐다. 검정교과서에도 4·3에 대한 배경 설명이 추가되고, 정부의 진상규명활동이 소개되는 등 점차 개선되고 있다. 그러나 아직도 전반적으로 미흡하다.

그동안 제주특별자치도교육청의 4·3 교육도 부진했다. 4·3진상조사보고서 발간 직후인 2004년 제주도교육청은 4·3 계기교육을 실시하라는 공문을 일선학교에 내려 보냈다. 그리고 계기교육의 자료로 4·3사건에 대한 자료집을 편찬, 향토교육자료로 활용하도록 했다. 2004년에 『제주4·3사건 교육 자료집-아픔을 딛고 선 제주』를 펴낸데 이어 2008년에는 『제주4·3사건 이해 자료집-4·3의 아픔을 딛고 평화를 이야기하

2014년 7월 11일 4·3평화교육위원회 출범 기념촬영

다』를 발간했다. 그러나 통제가 심하고 열의도 시들해서 더 이상 진전이 없었다.

그런데 2014년 진보 성향이 강한 이석문 교육감이 취임하면서 새로운 국면을 맞게 됐다. 그는 암울하던 1980년대부터 4·3 진실찾기 운동에 뛰어 들었고, 4·3유족으로서 유족회 활동에도 적극성을 보여 왔다. 2013년 교육위원으로 재직하면서 '4·3평화교육 활성화 조례'를 발의해서 제주도의회에서 제정하는 성과도 올렸다. 4·3평화교육 활성화 조례는 교육감으로 하여금 4·3평화교육의 기본방향, 소요재원 확보, 평화교육 내용의 개발연구, 학생의 평화교육 참여 증대, 교직원 연수 기회확대, 4·3평화주간 지정 운영, 4·3평화교육 시행계획을 수립하도록 규정하고 있다.

이런 방침에 따라 2014년 7월 11일 4·3평화교육위원회가 출범했다. 위원회는 각 기관 단체가 추천한 10명의 위원으로 구성됐다. 4·3전문가와 교육계 인사들이 참여하는 구도다. 이 위원회 위원장은 제주도의회 추천으로 위원이 된 내가 맡게 됐다.

위원장을 맡고서 제일 먼저 한 일은 광주5·18 교육현황을 살피는 일이었다. 때마침 내가 5·18기념재단 이사를 맡고 있어서 광주에 갈 일이 잦았다. 생각보다 자료가 많았다. 5·18 초등교과서, 중등교과서가 있는가하면 학생용 자료집, 리플릿, 비디오테이프, CD 등 다양했다. 광주광역시교육청에서 만든 것도 있지만, 5·18기념재단에서 개발한 것이 더 많았다. 그런데 자료가 전반적으로 어두웠다. 그래서 잘 아는 5·18연구자에게 전화했더니 바로 그 점이 자신들도 고민이라고 털어났다. 1980년에 일어난 5·18에 치중하다보니 '과거의 5·18'에 매몰되어 있다는 뜻이었다. 4·3교육의 방향이 어때야 할 지 감이 잡혔다.

나는 지난 10월 제주4·3유족회가 '4·3평화교육과 유족의 역할'이란 주제로 연 토론회에서 주제발표의 첫 마디를 "4·3평화교육은 '과거의 4·3'만이 아니라 '역사화되는 4·3'을 교육해야 합니다."란 말로 시작했다. '역사화(歷史化)되는 4·3'이란 무얼 뜻하는가? 저항과 수난의 역사 4·3 그 자체뿐만 아니라 그 후의 전개된 상황, 즉 이념적 누명과 사회적 편견 속에 은폐·왜곡됐던 세월, 그런 암울한 시대 속에서도 줄기차게 벌였던 진상규명운동, 4·3특별법 제정과 정부의 조사, 대통령 사과, 평화의 섬 선포, 국가기념일 지정, 오늘날 평화·인권·화해·상생의 상징으로 거듭나고 있는 4·3의 새로운 모습까지 포함시키자는 의미이다.

엄청난 비극에 굴하지 않고 정정당당하게 진상을 밝혀 평화의 섬으로 인정받은 일련의 과정은 미래세대들이 지역사회에 대한 자부심과 긍지를 갖게 함은 물론 어떻게 평화와 인권을 지켜야 하는지 알게 해주는 지침서가 될 것이다. 이렇게 접근하면, 4·3도 비극과 절망, 어둠만의 이야기는 아니다.

그래서 4·3평화교육의 방향을 ① 4·3역사에 대한 기본적 이해와 평화, 인권의 소중함 인식 ② 진실규명 과정에서 체득한 화해와 상생정신 함양 ③ '세계평화의 섬' 학생의 자긍심과 실천덕목 확산으로 잡고 있다. 그리고 교재 개발과 교원 연수에 비중을 둘 방침이다. 나는 2014년 10월『월간 제주교육』에 실린 교육칼럼의 제목을 '4·3교육 밝게 하자'로 정했다.

10월 14일 제주도교육청과 제주4·3평화재단(이사장 이문교)이 4·3평화교육 활성화를 위한 업무협약을 체결했다. 양 기관은 앞으로 학생들에게 4·3의 역사와 평화·인권의 가치를 바르게 전달하기 위해 평화교육 로드맵 제시, 평화교육 교재 개발, 영상물 제작, 역사문화 교원 직무연수 등에 서로 협력하기로 합의했다.

세계가 주목하는 4·3규명 역사

| "세계적으로도 성공적인 사례"

"1987년 민주화 이후 4·3위원회 설립까지의 13년간의 진실규명 운동사와 2000년 8월 위원회 설립 이후 현재까지의 10여 년간의 4·3위원회의 활동사를 보면 국내는 물론 전 세계적으로도 선례를 찾아볼 수 없는 성공적인 진실규명 및 명예회복의 사례이다. 제주의 사례가 성공적이었다는 세 가지 근거는 첫째, 포괄적이고 역사적인 진실의 규명, 둘째, 4·3위원회의 지속적이고 영향력있는 활동, 셋째, 4·3평화재단 설립을 통한 영구적인 진실규명과 명예회복의 모델 확보이다."

앞의 글은 김헌준 박사가 2011년 12월 8일 제주4·3평화재단이 주최한 국제평화 심포지엄에서 「해외에서의 4·3 연구동향과 4·3의 세계화 방향」이란 주제 발표를 통해 밝힌 내용이다. 그는 2008년 미국 미네소타 주립대에서 4·3 진실규명사와 4·3위원회의 활동성과를 집중 연구한 논문으로 정치학 박사학위를 받았는데, 1980년 이후 전 세계적으로 확산된 과거사 위원회 전체의 흐름과 제주4·3위원회의 활동을 비교 연구한 논문(「과거사 관련 위원회의 국제적 확산 경향에 관한 비교 연구」)이었다. 이 논문은 2009년 미국정치학회 인권 분야에서 최고 논문상을 받을 정도로 미국 학계에서도 평가를 받았다.

김 박사의 논문은 4·3위원회의 활동상을 세계 다른 과거사 위원회의 활동과 학문적으로 본격 비교 분석했다는 점에서 그 의미가 있다. 그가 4·3위원회의 활동성과를 성공적이라고 본 이유는 다음 네 가지이다.

1) 4·3위원회는 초기 2년 반 동안 진실규명이란 중요한 임무를 성공적으로 수행했다. 2년이라는 짧은 기간에 어떠한 진실이 어떻게 규명되어야 하는지 초기 방향을 적절히 설정하여 효과적으로 추진하였다. 여기에는 제주도 연구자들의 축적된 연구 결

과가 반영됐다. 4·3사건과 민간인 학살에 대한 '포괄적이고 역사적인 진실'을 밝혀냈는데, 이는 진실화해위가 '사건별 개인별 개별적이고 파편화된 진실'을 밝힌 것과 큰 차이가 있다. 4·3보고서는 큰 사회적 파장을 일으켰고 이 후 명예회복과 특별법 개정, 재단의 설립, 추가적인 기념사업 등을 가능케 한 큰 힘이 되었다.

2) 4·3위원회는 전 세계적으로 비교해 보아도 가장 수명이 긴 과거사 관련 위원회이다. 전 세계적으로 보통 6개월에서 2년 정도의 임기를 지닌 과거사 관련 위원회와 비교해 볼 때 4·3위원회는 10여년의 오랜 기간 존속하면서 영향을 미치고 있다. 무엇보다도 4·3위원회는 정권 교체란 어려움을 맞으면서도 위원회 백서 발간, 전원위원회 개최, 추가 희생자 확정이란 성과를 이룬 것은 특기할 만하다.

3) 더불어 이야기되어야 할 것은 4·3 진상규명 운동의 놀라운 지속성과 집중력이다. 대부분의 국제적 인권 침해 사례가 사건 발발 직후 논의되고 오래된 사건들은 으레 묻히기 마련인데 4·3은 민주화 이후 13년, 그리고 사건 발발 이후 50여 년이 지난 후에 진실위원회가 설립되었다. 다른 국가에서도 공권력에 의한 민간인 학살에 대한 유사한 관심이 일어나고 있으며 이런 점에서 제주4·3이 주요한 모델이 될 수 있다.

4) 4·3위원회는 지속 가능한 진실규명과 명예회복의 모델을 보여 주었다는 데 큰 의의가 있다. 2003년 확정된 진상보고서는 7대 정책 건의사항을 포함하고 있는데, 놀라운 사실은 그 건의사항이 대부분 채택되거나 시작되었다는 점이다. 전 세계적으로 보아도 이 정도의 이행율을 보인 것은 매우 보기 드물다. 이행된 권고사항 중 중요한 것은 무엇보다도 '진상규명 및 기념사업 지속 지원'이고, 그 중심에 4·3평화재단이 있다고 볼 수 있다.

이 발표를 들으면서 느끼는 점이 있었다. 우리가 '당연한 일'로 여겼던 대정부 7대 건의안의 이행 성과가 세계 다른 과거사위원회와 비교할 때 매우 높은 수준이라는 점이다.

이러고 보면 제주4·3은 국내의 다른 과거사위원회의 활동과 비교할 때도 그 성과가 높다고 볼 수 있다. 가령 진실·화해를위한과거사정리위원회, 친일반민족행위진상규명위원회, 일제강점하강제동원피해진상규명위원회, 민주화운동기념사업회 등은 기념관 또는 추모시설 건립, 유해 발굴 안치의 규정이 있음에도 진전시키지 못했다. 특히 진실화해위원회는 법적으로 '과거사연구재단 설립'(과거사법 제40조) 근거가 있음에도 재단 설립은 물론 발굴된 유해(1,617구)의 안장시설을 마련 못한 채 2010년 12월로 업무를 종료했기 때문이다.

| 외신이 주목한 4·3

'세계가 주목하는 4·3'이란 제목을 붙이고 보니 몇 개의 외신 보도가 떠올랐다. 1992년 일본의 최대 신문사인 『요미우리신문』은 20세기 100년 동안 세계 도처에서 일어난 〈100대 특이한 사건〉을 테마로 심층 조명하는 기획을 한 바 있다. 요미우리는 「현대사 재방」이란 타이틀이 붙은 이 특집에서 한반도 사건으로는 '한국전쟁 개전의 날', '4·19혁명'과 더불어 '제주4·3'을 선정한 것이다. 그리고 "4·3사건에 대한 재평가는 중앙의 민주화와 정보공개의 수준과 연동되는 문제"라고 보도했는데, 지금도 이보다 더 적절한 표현은 없다고 생각될 정도로 공감하는 평가이다.

1997년에는 일본 요미우리와 쌍벽을 이루는 『아사히신문』이 제민일보 4·3취재반의 활동상을 국제면 톱기사로 보도한 바 있다. 이 신문은 "미군정하의 남한 단독선거 실시에 반대, 1948년 4월 3일 제주도민이 무장봉기해 다수의 주민이 학살당했던 4·3사건을 한국 제주도의 작은 신문 취재반이 10여 년간 추적을 계속해왔다"면서 "오랫동안 터부시되어 왔던 이 사건의 진실이 조금씩 밝혀지게 되었다"고 보도했다. 발행부수 8백만 부를 자랑하는 권위 있는 신문에서 외국의 작은 신문사 활동을 특집으로 소개한 것 자체가 매우 이례적인 일이었다.

2001년 8월 28일 세계적인 통신사인 「AP통신」이 '남한정부 1948년 학살을 조사하다'는 제목으로 한국정부 차원의 4·3진상조사가 진행되고 있음을 보도했다. 그날은 4·3위원회 발족 1주년을 맞는 날인데, 이를 기념해서 특집 보도한 것이다. 「AP통신」은 "생존자들은 미군이 이승만의 당선까지 한반도 남쪽을 지휘했고, 그 후에도 그의 집권을 후원했기 때문에 워싱턴이 제주 탄압에 부분적으로 책임이 있다고 주장하고 있다"고 보도했다.

2001년 10월 24일 세계적 권위지인 『뉴욕타임스』가 1개면 전면을 4·3특집으로 보도했다. 『뉴욕타임스』의 보도 제목도 '남한 국민들 1948년 학살의 진실 찾아 나서다'

인데, 앞서 보도한 「AP통신」의 영향을 받은 것 같았다. 이 신문은 군경이 해안선에서 3마일을 벗어난 중산간지대를 적지라고 간주하고 무자비한 집단처형과 방화 등을 자행했다고 밝히고, "수십 년 동안 남한에서는 이 사건이 북한 공산당과의 연계된 것처럼 교과서에도 기술되어 있었으나 점차적으로 지역 언론, 대학생, 일부 국회의원에 의해 진실규명이 이뤄졌다"고 보도했다. 이 신문은 선흘리 김형조와 필자와의 인터뷰 기사도 실렸는데, 나를 '4·3 학살을 연구해온 저널리스트'로 소개했다.

4·3 60주년을 맞은 2008년 일본 『마이니치신문』과 『아사히신문』이 각각 4·3 특집기사를 실었다. 3월 20일자 마이니치는 "과거 군사정권에서 금기시되던 이 사건이 한국의 민주화와 함께 멈출 수 없는 분류(奔流: 세찬 물줄기)가 되었다"면서 진상규명 과정을 소개했다. 4월 5일자 아사히신문은 이례적으로 국제면 전부를 4·3 특집기사로 채웠다. '봉인 풀린 민족의 비극'이란 제목에 '재일동포가 말하는 진실'이란 부제를 단 특집 기사는 제주4·3을 "제주도에서 일어난 군경에 의한 주민학살사건"이라고 규정했다. 아사히는 그러면서 "10년만의 보수정권 출범으로 4·3유족과 관련단체에서는 정부의 진상규명 의지가 후퇴할 게 아닌지 불안하게 느끼고 있다"고 보도하기도 했다.

한편 참여정부 국정보고서에도 4·3위원회의 활동을 긍정적으로 평가했다. 참여정부 국정홍보처가 2008년 펴낸 『참여정부 국정운영백서 제2권-민주주의』에는 "제주4·3위원회는 과거사 진실규명과 피해자 명예회복이 미래를 향한 기반임을 보여주는 성공적인 사례로 지역사회의 시민운동과 언론, 지방자치단체, 국가의 진실규명 운동이 유기적으로 결합해 민주 절차에 따라 이뤄진 과거청산의 전범(典範)이다."(305쪽)고 기록되어 있다.

그러나 4·3위원회의 진실규명 활동이 이처럼 긍정적인 평가만 있는 것은 아니다. 보수진영뿐만이 아니라 4·3 연구자 사이에도 비판의 목소리가 있는 것도 사실이다. 4·3사건에 대한 성격 규정이나 역사적 평가가 미진하거나 모호하다는 지적이 있다. 이른바 '정명(正名) 논쟁'이다. 4·3의 역사를 '항쟁의 역사'로 복원하는데 모자랐고, 두루뭉술하게 넘어 갔다는 지적도 있다. 아울러서 가해주체를 규명하는데 한계가 있었고, 미군의 역할과 책임에 대한 규명이 미진하다는 비판도 있다.

이에 대해 필자가 한마디 한다면, 그것은 진상조사보고서의 한계라기보다는 4·3특별법의 한계라고 보는 것이 더 정확한 지적이 아닌가 생각한다. 정부의 진상조사보고서를 확정하기까지는, 이른바 '제도권'이란 카테고리 속에서 최선의 결과물을 도출해내야 하는 제약과 한계가 있었다. 국무총리가 위원장이고, 위원 8명이 장관급 정부인사, 또한 국방부, 경찰청 등이 추천한 보수 성향의 민간인 위원들이 엄존한 4·3위원회의 구조에서 "4·3은 항쟁이다!"라는 결론을 내릴 때, 과연 그런 보고서가 통과할 수 있었을까. 제도권에서 정명을 규정하기 위해서는 앞으로도 다소의 시간이 걸릴 것으로 본다. '동학난'이 '동학농민혁명'이란 정명을 획득하기까지 100년의 세월이 걸렸다고 하지 않은가.

이와는 달리, 일부 보수진영에서는 4·3위원회의 역사적 평가나 그 후에 진행된 명예회복 조치에 불만의 목소리가 높다. 사건 발단의 이념적인 문제를 회피했고, 군경토벌대의 진압상황을 과도하게 부정적으로 표현했다고 주장한다. 희생자 심사에도 문제 제기를 한다. 극단적으로 4·3진상보고서를 '가짜보고서'로, 4·3평화공원을 '폭도공원'으로 표현하는 사람도 있다.

역시 역사 화해는 단기간에 실현 가능한 성질의 것이 아님을 보여준다. 머릿속에 깊이 새겨진 고정관념이나 편견을 덜어내는 것이 결코 쉬운 일이 아니기 때문이다. 4·3의 위상이 2000년 4·3특별법 제정 이후 상당히 달라졌음에도 불구하고, 갈등의 여진이 아직도 남아 있는 것도 부인할 수 없다.

| "이념갈등 극복의 대표 사례"

2014년 10월 2일 서울 프레스센터에서 열린 한국사회 갈등 정책토론회에서 제주 4·3이 이념갈등을 극복한 대표적 사례로 발표됐다. 이 심포지엄은 국무총리실 지원 아래 대통령 직속 국민대통합위원회(위원장 한광옥), 재단법인 행복세상(이사장 김성호), 성균관대 갈등해결연구센터, 조선일보가 공동 주최한 행사였다. 한마디로 보수 성향이 강한 주최 측에서 이념갈등 극복사례로 제주4·3을 선택했다는 자체가 의미심장했다.

그 행사 한 달 전쯤 성균관대 갈등해결연구센터장 강영진 교수로부터 전화가 왔다.

내가 환경부지사로 재직할 때, 강정 해군기지 갈등 문제를 어떻게 풀면 좋을지 갈등해결학 박사인 그에게 자문을 요청한 적이 있었다. 강 교수는 뜻밖에도 이념갈등 극복 정책토론회가 있는데 '제주4·3사건: 이념갈등 극복과 화해의 길'이란 주제로 발표해 줄 수 없겠느냐고 제안했다. 즉, 국무총리실 지원 아래 한국사회 갈등 정책토론회가 4개 분야를 주제로 진행되고 있는데, 지난 5월에 노동 분야, 7월에 공공갈등 분야가 열렸고, 10월에는 이념갈등 분야에 대한 토론회가 열린다는 것이다. 그리고 이념갈등 극복 대표적인 사례연구로 제주4·3이 선정됐기에 연락한다는 것이었다.

주최 측이 주문한 발표 요지는, 제주4·3사건의 상흔과 갈등 실상, 억압 속의 진실규명 활동, 그 과정에서 일어난 대립과 해소과정, 60여 년 동안 대립했던 4·3유족회와 제주경우회와의 화해, 올해 국가기념일이 지정되기까지의 과정과 비극의 역사였던 4·3이 오늘날 평화·인권·화해·상생의 상징으로 거듭나게 된 배경을 설명해 달라는 것이었다. 이 토론회에서는 이념, 남북, 역사, 언론, 종교 갈등 등에 대해서도 다뤄지는데, 다른 발표시간은 25분씩, 나에게는 35분의 시간을 할애하겠다는 것이었다.

주최 측의 주문을 보면, 4·3의 진실규명과 명예회복 과정을 꿰뚫고 있다는 인상을 받았다. 더욱이 65년 만에 반목의 시대를 접고 손을 맞잡은 4·3유족회와 제주경우회의 화해를 높이 평가하고 있음을 느낄 수 있었다. 주최 측은 화해 당사자인 정문현 유족회장과 현창하 경우회장이 함께 행사장에 참석하면 더 좋겠다는 의견을 개진했다. 그래서 두 분께 연락했더니 쾌히 승낙했다.

행사 당일, 김두연 4·3실무위 부위원장을 포함해 제주에서 올라간 우리 4명은 본행사 전 이뤄진 오찬행사에서 주빈 대접을 받았다. 이날 오찬장에는 다른 분야 발표자들도 함께 했지만 온통 화제는 이념 갈등을 극복한 4·3이었다. 오찬 주재자인 행복세상 김성호 이사장은 특이한 경력을 갖고 있었다. 노무현 정부 때 법무장관을, 이명박 정부 때 국정원장을 지낸 인물이었다.

이날 오후 2시 '냉전유산 극복, 이념대립을 넘어 성숙한 사회로'란 주제로 열린 정책토론회 시작 전 뜻밖의 상황이 벌어졌다. 자칭 '제주4·3사건 바로잡기 대책회의' 대표인 이선교 목사가 이끄는 일부 보수단체 회원들이 나의 행사장 입장을 몸으로 가로막으면서 주최 측과 실랑이가 벌어진 것이다.

프레스센터에서 열린 이념갈등 극복 정책토론회에서 발표하고 있는 필자.

한광옥 국민대통합위 위원장, 김성호 행복세상 이사장 등이 지켜보는 가운데 보수단체 일부가 계속 소란을 피우자 주최 측은 그들의 퇴장을 요구하기도 했다. 보수단체 회원들은 오히려 "가짜 보고서를 쓴 사람을 먼저 퇴장시켜야 이 행사를 진행할 수 있다"고 계속 버티다 나의 발표 이후 20분간의 반론 시간을 준다는 약속을 받아내고서야 항의를 풀었다.

행사의 원활한 진행을 위해 나의 발표순서는 맨 마지막으로 미뤄졌다. 당초 발표시간보다 2시간이나 늦어진 오후 5시께 '제주4·3사건 이념갈등 극복과 화해의 길'이란 주제로 발표에 나선 나는 "4·3진상조사보고는 법률의 절차에 의해 확정된 법정보고서이기 때문에 법 개정을 통해 재심의 절차를 밟지 않은 한 누구도 임의로 수정할 수 없다"고 못 박았다.

나는 "4·3진실규명운동사와 4·3위원회 활동사는 이미 2008년 미국 미네소타주립대 박사학위논문에서 전 세계적으로 선례를 찾아볼 수 없는 성공사례로 평가한 바 있다"고 소개한 뒤 "이념갈등을 극복한 4·3문제 해결은 진실규명과 명예회복뿐만 아니라 화해와 상생에 있어서도 세계적인 모델이 될 수 있다"고 주장했다. 그 근거로 특별법에 의한 진실규명, 대통령 사과, 세계평화의 섬 선포, 보수정권에서의 4·3추념일 국가기념일 지정, 60여 년 동안 대립해왔던 4·3유족회와 제주경우회의 화해 등을 들었고, "제주에서는 진보와 보수, 여당과 야당이 4·3에 한해서는 화해와 상생의 배에 함께 타게 됐다"고 소개했다.

나는 "그러나 역사 화해는 단기간에 실현 가능한 성질의 것이 아니며 그것은 고정관념이나 편견을 덜어내는 것이 결코 쉬운 일이 아니기 때문"이라고 진단하고 "4·3 역시 갈등의 여진이 남아있다"고 털어놨다. 끝으로 "그럼에도 국민적 공감대를 얻기 위해서 지속적인 대화, 인내, 노력이 필요하며 특히 이념적 갈등을 극복하기 위해서는 냉전 상황을 거시적으로 보는 눈과 이분법보다는 역지사지의 사고가 필요하다"고 역설했다.

이날 행사에 대해 제주지역 언론은 보수단체의 처사를 비판하며 "빈축을 샀고 공분을 불러 일으켰다"고 보도했다. 이날 행사를 훼방한 보수단체 회원들에 대해선 "오래전부터 '4·3 가짜보고서', '4·3 폭도공원' 등 극단적 용어를 쓰며 4·3 흔들기를 해왔다"고 지적했다. 이에 비해 화해 당사자인 4·3유족회 정문현 회장과 제주경우회 현창하 회장이 나란히 참석해 주최 측의 소개로 참석자로부터 박수를 받았다고 소개했다.

이에 반해서 보수계열의 언론은 "본말이 전도된 사회적 갈등 해소를 위한 정책토론회"라고 비판했다. 그들의 주장은 "정통 건국사적 제주4·3의 역사를 민중봉기로 왜곡시키며 변질시킨 장본인을 이념갈등 극복 발표자로 선정한 자체가 잘못됐다"고 주장했다. 그들은 "국민대통합위원회는 우리 사회에 내재된 상처와 갈등을 치유하고, 공존과 상생의 문화를 정착하며, 새로운 대한민국의 가치를 도출하기 위한 정책과 사업에 관하여 대통령의 자문을 위해 만들어진 조직인데, 큰 실수를 하고 있다"는 식으로 비난했다.

그런데 보수단체로부터 그런 비난을 받은 한광옥 국민대통합위원장은 그로부터 한 달 후인 11월 6일 제주4·3평화공원을 찾아 정문현 4·3유족회장과 현창하 제주경우회장과 함께 헌화하고 분향했다. 한 위원장은 위패봉안실과 유해봉안실을 차례로 참배하고 유해 발굴 당시를 재현한 전시물을 보면서 참담한 표정을 짓기도 했다. 그는 "박근혜 대통령이 4월 3일을 국가추념일로 지정했는데, 우리가 아픈 역사를 화해와 용서로 풀어나가는 과정이라고 생각한다."고 의미를 부여했다. 일부 보수단체들의 주장과는 다른 입장을 밝힌 것이다.

그리고, 그에 앞서 10월 28일 화해의 당사자인 정문현 유족회장과 현창하 경우회장이 박근혜 대통령과 2만5천명의 관중의 박수를 받으며 제95회 전국체육대회 개회식이 열린 제주종합경기장 그라운드에 나란히 성화봉송 주자로 입장한 사실은 앞에서 밝힌 바 있다.

이 파장은 여기에 멈추지 않고 계속 퍼지고 있다. 12월 2일 청와대 영빈관에서 박근혜 대통령이 주재한 통일준비위원회에서 4·3희생자유족회와 제주경우회의 화해 노력이 대표적인 남남 갈등의 극복사례로 보고된 것이다.

이날 '통일 준비를 위한 국민 공감대 형성 방안'이란 주제의 보고회에서 전우택 통일준비위원은 전국체전에서 이념을 달리해온 유족회장과 경우회장이 공동 성화 봉송 주자로 나선 것을 소개하며 "이념 갈등으로서의 남남 갈등은 통일 과정과 통일 이후 사회 갈등에 절대적인 영향을 끼치고 따라서 남남 갈등 극복은 통일 준비의 핵심"이라고 강조했다. 그는 이어 "보수와 진보의 상호 신뢰 구축은 남북 갈등에서 뿐만 아니라 남남 갈등에서도 적용되어야 할 개념"이라고 규정하고 "남남 갈등 극복을 위해서는 분단의 아픔을 직접적으로 가지고 있는 사람들에 대한 적극적인 사회적 치유 노력이 필요하다"고 역설했다.

4·3영령과의 만남

┃ 위패봉안실에서 고위 공직자 '빙의'

지금부터 하는 이야기는 소설 같은 이야기다. 그런데 실제 일어난 일들이다.

2007년 3월 중순께, 나는 한 고위 공직자로부터 전화를 받았다. 자신을 청와대 소속 위원회 국장으로 신분을 밝히고 4·3과 관련해서 상의할 일이 있으니 만날 수 없겠느냐는 뜻을 전해왔다. 광화문의 한 커피숍에서 만난 그는 2급 상당의 공무원(이사관)이었다. 그 자리에서 그는 자신이 경험했던 이야기를 털어놓기 시작했다.

노근리사건 지원단장으로 재직하던 2006년, 그는 4·3평화공원을 방문했다고 한다. 노근리에도 평화공원을 만들게 돼서 먼저 조성된 4·3평화공원을 벤치마킹하기 위한 시찰이었다. 4·3평화공원 위패봉안실에 들른 그는 노근리공원 조성을 염두에 두고, 희생자 명단이 새겨진 위패 크기를 일일이 재면서 30분가량 머물렀단다. 그리고 봉안실을 나와 계단을 내려오는 순간, 음습한 기운이 갑자기 자신을 덮치면서 꼼짝 못하는 상태가 돼 버렸다는 것. 일종의 '빙의' 현상이 발생한 것이다,

겨우 서울까지 되돌아왔지만 어쩐 일인지 몸을 제대로 움직일 수가 없었다. 독실한 불교신자인 그는 사찰에 가서 불공을 드렸다. 그래도 몸이 풀리지 않자 고향인 경상북도에 내려가 사찰에서 철야 기도를 드렸다. 철야 기도하는 가운데 4·3영령들을 만나게 됐다는 것이다. 그 억울함을 듣게 됐고, 자신이 4·3공원 위패봉안실에서 천도재를 드리겠다고 영령들에게 약속했다는 것이다.

그는 자신에게 일종의 신기(神氣)가 있는 것 같다고 털어났다. 고등학교 3학년 때 어떤 사찰에 대한 꿈을 꾼 적이 있다. 대학교 3학년 때 고시 공부를 하기 위해 한 절간을 찾았는데, 신기하게도 고등학생 때 꿈에 나타났던 그 사찰이 파노라마처럼 펼쳐지더라는 거다. 그 곳에서 공부를 해서 행정고시를 패스했다. 그러면서 허공을 헤매던 혼백들이 그런 자신에게 기대어 억울함을 풀어달라고 접근한 것으로 풀이했다.

2007년 3월 말, 관음사 주관으로 4·3평화공원 위패봉안실에서 봉행된 4·3영령 천도재.

　　그는 어떻게 하면 좋겠느냐고 내 의견을 물었다. 기독교인인 나는 4·3영령들을 만
났을 때 교회에서 기도로 풀었지만, 천도재는 불교의식이 아닌가. 그래서 아무래도
스님을 만나 처방을 받아야 할 것이 아닌가라고 되물었다. 마침 제주도 관음사에서 해
마다 4·3영혼 천도재를 지내고 있으니 그쪽과 상의하자고 제안했다.

　　그는 나와 함께 제주에 내려와 관음사 중원 주지스님을 만났다. 저간의 사정을 들은
중원 스님은 영령과의 약속이기 때문에 4·3 위패봉안실에서 천도재를 봉행하는 것이
마땅하고, 그 일을 해야 한다는 처방전을 내놓았다. 그리고 그 천도재를 관음사에서
맡겠다고 선선히 나섰다. 그래서 그 해 3월 말에 위패봉안실에서의 천도재 계획이 전
격적으로 결정됐다.

　　그런데 오전 10시에 천도재가 치러지던 행사 당일, 서울에서 아침 첫 비행기를 탔
던 그는 끝내 제주공항에 내리지 못했다. 아침 일찍 공항에 마중 나갔던 나는 그로부
터 "여기 광주공항입니다. 4·3영령들 참으로 대단합니다."는 밑도 끝도 없는 이야기
를 들었다. 휴대전화를 통해 들려온 그의 이야기는 자신이 탄 비행기가 제주공항에 와
서 세 번이나 활주로에 착지했지만 그때마다 강한 옆바람이 불어 결국 광주로 회항해

서 기다리고 있다는 것이다. 그는 그것을 4·3영령들이 조화를 부린 것으로 해석했다.

천도재는 그가 없는 상태에서 봉행됐다. 중원 스님은 "그것은 4·3영령들과의 약속이기 때문에 본인이 없더라도 봉행하는 것이 맞다"는 결론을 내렸다. 그래서 김두연 회장을 비롯한 4·3유족회 임원단과 관음사 신도 등 2백여 명이 참석한 가운데 위패봉안실에서 처음으로 4·3영령들을 위무하는 천도재가 거행됐다.

그날 제주에 오지 못했던 그는 4월 3일 제주에 왔다. 비록 앞의 천도재 행사에는 참석하지 못했지만, 3일 오후에 관음사에서 해마다 치러온 천도재에 참석하기 위해서였다. 그날은 유독 추웠다. 관음사 야외에서 천도재가 진행됐는데, 어느 순간 그의 의자가 심하게 흔들리기 시작했다. 처음엔 추워서 그런가 보다고 생각했으나, 그게 아니었다. 시간이 흐를수록 그 떨림은 더 강해갔다. 스님이 큰 소리로 영혼들을 불러들이는 순서에서였다. 이어 합창단이 영혼들을 위무하는 찬불가를 부르자 그는 긴 숨을 내쉬면서 조용해졌다.

행사를 마치고 자리를 옮길 때, 내가 "아까 왜 그랬나"고 물었다. 그는 "주체할 수 없는 어떤 힘이 와서 나를 흔들었다"고 답변했다. 그러면서 찬불가가 흐르자 마음이 편해졌다고 덧붙였다. 일반 상식으론 도무지 이해하기 어려운 일이었다. 4·3 진실찾기를 하다 보니 이런 경험들을 종종 만나게 됐다. 4·3연구자나 유족들이 영혼과 만나는 빙의 현상을 자주 보게 됐다. 아니, 나에게도 특별한 경험이 있다. 얼마 전까지도 나는 4·3영령과의 첫 만남이 4·3취재반장을 맡아야 될 지를 놓고 갈등할 때였다고 생각했다. 그런데 그게 아니었다. 중학교 3학년 때 이미 체험이 있었다는 것을 최근에야 깨달았다.

| "원혼 한 풀어줘야 해코지 안해"

나는 이 글을 처음 시작할 때 "4·3영령과의 만남은 그렇게 시작된 것 같다"고 한 적이 있다. 1988년 4·3취재반장을 맡아 며칠 동안 뒤척이던 어느 날 가위눌리는 일이 있었던 일을 회고한 이야기였다. 급기야는 누군가 침대를 흔들어댔고, 나는 침대에서 떨어졌다. 꿈이었는데, 실제로 침대에서 떨어진 것이었다. 그래서 새벽에 교회에 가서 앞만 보고 달려갈 테니 도와달라는 절실한 기도를 했고, 내 결심이 서자 가위눌림은 사라졌다는 이야기였다.

나는 가위눌림과 침대를 흔든 것은 4·3영령이 조화를 부린 것으로 생각했다. 불현듯 중학교 3학년 시절의 일이 떠오른 것은 최근의 일이다. 친구 4명과 함께 외도천에 캠핑을 갔다. 물이 많은 속칭 '나라소'를 앞에 두고 잔디밭에 텐트를 쳤다. 뒤에는 소나무 숲이 있었다. 한밤중에 나는 도무지 잠을 잘 수가 없었다. 갑자기 음기가 엄습해오고, 불빛이 내 눈앞으로 씽씽 날아다녔다. 온몸에 전율을 느끼면서 꼼짝할 수 없었다.

나는 아침에 기진맥진한 상태로 "몸살이 심하니 그냥 내려가자"고 친구들에게 말했다. 그래서 2박3일 일정의 캠핑은 하루 만에 끝이 났다. 내려오던 길에 외도에 있는 이모 집에 들러 밥을 얻어먹었다. 외도천 나라소 앞 잔디밭에서 캠핑을 했다고 하니 이모부가 무심결에 "그 곳은 4·3사건 때 사람 많이 죽은 곳인데…"라고 말하는 것이 아닌가. 그런데 나는 그 말의 의미를 그때는 몰랐다.

나는 4·3광풍이 몰아치던 1948년 12월 제주시내 중심지인 오현단 앞 이도동에서 태어났고, 유년시절은 동문로터리 주변인 일도동에서 보냈다. 거기다 가족이나 가까운 친척 중에 4·3 피해자가 없었다. 나는 실상 4·3사건이 뭔지 잘 몰랐다. 최근에야 '4·3영령과의 만남'에 대한 글을 써야겠다며 회상하다 문득 그 때 일이 생각난 것이다.

그래서 4·3위원회에 신고된 희생자들의 피해 실태를 검색해 보았다. 1948년 12월 17일, 도평에 살던 일가족 5명이 외도천 부근에서 총살당했다는 기록이 나오는 것이 아닌가. 62세의 할머니, 30세의 아버지, 27세의 어머니, 4세의 딸, 2살의 아들이 몰살된 것이다. 또 같은 날 애월읍 상가리 주민 6명도 외도천에서 총살당했다는 신고 내용도 있었다.

나는 외도에 사는 나의 이모부 배광경 교장에게 연락했다. 이모부는 1948년 11월 초순께 '항파두리' 쪽에 살던 고성 주민 10여 명이 포승줄에 묶인 채 외도천으로 끌려가 처형됐던 사실을 증언했다. 줄에 묶인 어린이도 직접 봤다고 말했다. 50년 만에 이모부와 함께 그 현장을 다시 찾았다. 그때의 잔디밭은 간 곳 없고 소나무숲과 잡목으로 우거져 있었다. 우리가 텐트 쳤던 곳 뒤편 50m 지점이 바로 그 학살터였다. 애기 무덤 등이 많은 공동묘지였다고 한다.

나는 그때 동행했던 친구들에게 연락했다. 그랬더니 한결같이 "조훈이 너가 몸이 아파 도중에 내려온 것"이라고 말하는 것이 아닌가. 그렇다면 그 원혼들이 나에게만 접근했다는 말인가. 결국 그것이 4·3영령과의 첫 만남이라고 생각하게 된 것이다.

가만히 생각해보니 이런 일도 있었다. 4·3취재를 마치고 집으로 돌아가던 길인데, 그 날은 너무 피곤했다. 그래서 길가에 차를 세우고 잠시 눈을 붙였다. 그런데 꿈속에 여러 사람이 나타나서 나를 둥둥 하늘로 올리는 것이 아닌가. "친구야, 같이 놀자"면서. 나중에 보니 교래리 학살터 주변이었다.

한이 많은 영혼은 갈 곳을 찾지 못하고 허공을 떠돌다가 혼백이 머물기에 적당한 사람을 만나게 되면, 억울함을 호소하며 그에 의지하려는 습성이 있다고 한다. 전기가 전혀 통하지 않는 '부도체'가 있는가하면, 그 반대로 잘 전하는 '양도체'가 있듯이. 4·3 연구자나 유족들이 영혼과 만나는 특별한 체험은 많다. 그렇다고 누구에게나 있는 것은 아니다.

일찍부터 4·3영령에 대한 이야기를 해온 사람은 「순이삼촌」의 작가 현기영 선생이다. 그는 4·3 소설을 계속 쓰는 이유를 "저승에 안착하지 못한 원혼들을 음습한 금기의 영역에서 대명천지의 밝은 태양 아래 불러내어 공개적으로 달래주기 위함"이라고 역설해 왔다. 그는 또한 "원혼들의 한은 풀어줘야 해코지하지 않고 오히려 힘이 되어준다."고 강조해왔다.

1989년부터 3년간 위대한 4·3 연작그림 '동백꽃 지다' 작업을 하던 강요배 화백은 그 작업 과정에서 4·3영령들을 만나는 느낌을 여러 번 받았다고 회고했다. 영령들은 "너 잘하지 않으면 안 된다"고 무언의 압력을 주기도 했는데, 그게 오히려 힘이 되었다고 털어놨다.

4·3특별법 제정운동에 앞장섰던 고희범(전 한겨레신문 사장)은 형체는 없이 사람 모양의 그림자인 4·3영령들을 꿈에서 만났다고 했다. "여기 계시면 어떻게 합니까. 좋은 데로 가셔야지요"라면서 두 손을 내밀자 그 그림자들이 둥둥 하늘로 떠 올라가는 꿈을 꾸었다고 회고했다.

추미애 의원도 비슷한 증언을 했다. 1999년 정부기록보존소 부산지소 캄캄한 창고에서 수형인 명부를 찾아냈을 때, "자료를 손에 쥔 순간 막힌 것이 뻥 뚫린 듯 했고,

마치 4·3 영령이 뭔가 풀리게끔 도와주는 느낌마저 들었다."고 술회했다.

언젠가부터 나도 4·3 일을 하게 되는 사람들에게 "4·3 일을 잘 하면 영령들이 도와줄 것"이란 말을 곧잘 하게 됐다. 행정고시 출신의 '육지' 사람들이 4·3사건처리지원단장으로 여러 명 거쳐 갔다. 그들은 대부분 요직을 받고 떠났다. 영전을 축하하면 그들은 세뇌가 됐는지 "4·3영령들이 도와줘서 고맙다"는 인사를 했다. 대표적인 인물이 안전행정부 차관까지 오른 이경옥 단장이다. 그것은 그냥 인사치레가 아닌, 다양한 체험을 통해 체득한 엄숙한 고백이기도 하다.

6부

남기고 싶은 이야기

4·3의 진실규명, 고비마다 '기적'이었다

4·3의 진실규명, 고비마다 '기적'이었다

1

4·3의 진실 찾기는 긴 터널을 지나는 것과 같았습니다. 그 어둡고 두렵기조차 했던 여정도 이제 대명천지 밝은 빛 아래 놓이게 되었습니다. 그래서 지금의 밝음에 눈이 익숙해진 사람들은 힘들게 지나와야 했던 기나긴 터널의 어둠을 잊기 쉽습니다. 그리고 사람들은 쉽게 말할지 모릅니다. 겨울이 지나면 봄이 오듯 4·3도 냉동이 풀리는 것이 자연의 이치였다고. 혹은 언젠가는 진실이 밝혀지는 것이 역사의 필연이라고. 그러나 현장에서 몸소 겪었던 입장에서는 그 일련의 과정이 기적의 연속처럼 느껴집니다. 이 회고의 글에서 보듯, 4·3이 어둠에서 빛 속으로 걸어 나와 오늘에 이르기까지는 참으로 숱한 난제들이 있었습니다. 그 난제 중의 어느 것 하나도 매듭이 쉽게 풀린 적이 없었습니다. 굽이굽이가 어려운 고비였고, 그때마다 고비들을 넘기 위해서는 여럿이 지혜와 힘, 용기와 희생을 모아야 했습니다.

기적은 불가능이 가능해진 사건을 가리킵니다. 돌이켜보면 4·3 진실규명의 운동사는 불가능해 보였던 일이 가능해진 일련의 '기적'들로 이루어집니다. 이때 '기적'은 결코 수사적 과장이 아닙니다. 4·3특별법이 국회를 통과할 때, 관 위주의 4·3특별법 시행령을 농성하면서까지 막아냈을 때, 국무총리 소속 4·3위원회 전체회의에서 온갖 진통을 극복하고 진상조사보고서가 최종 확정됐을 때, 대한민국 정통성이 무너진다는 일각의 드센 반대를 무릅쓰고 대통령이 4·3에 대해 공식 사과를 했을 때, 나는 눈물을 주체할 수 없었습니다. 왜냐하면 그런 일들이 이루어진 과정들을 온몸으로 겪어 잘 알고 있었기 때문입니다. 그것들은 불가능이 가능으로 바뀐 사건, 즉 기적이었던 것입니다.

그뿐이겠습니까. 법무장관과 국방장관까지 나서서 반대하는 것을 무릅쓰고 군법회의 수형자들을 4·3희생자로 결정하고, 그 여세를 몰아 국회에서 4·3희생자 범위에 '수형자'를 추가하는 4·3특별법을 개정하고, 보안을 최우선으로 하는 제주국제공항 활주로 바로 옆에서 4·3유해들을 무더기로 발굴하고, MB정부에서 시도했던 4·3위원회 폐지와 평화기념관 개관 저지 기도를 막아낸 것 등등. 그 중의 어느 것 하나도 쉽지 않았습니다. 그렇지만 우리는 해냈습니다.

4·3희생자유족회와 경찰 출신 모임인 제주경우회는 이념과 4·3에 대한 견해 차이로 인해 심히 갈등해 왔습니다. 그렇게 대립해온 두 단체가 "제주도민 모두가 피해자"란 인식하에 서로 화해를 하였고, 최대 난제라 여겨졌던 4·3 국가기념일 지정이 그것도 보수정권에서 이뤄졌습니다. '공산폭동'으로 몰렸던 4·3이 이제는 보수 성향의 주최 측에 의해서도 이념갈등 극복의 대표적인 사례로 선정되고 있음을 봅니다. 몇 해 전까지만 해도 그 하나하나가 희망사항으로나 그려 볼 수 있는 일들이었습니다. 그런데 이루어질 것이라고 믿을 수 없었던 그런 일들이 눈앞에서 실현되고 있는 것입니다. 이런 상황의 변화가 '기적'이 아니고 무엇이겠습니까.

내가 4·3 규명 운동에 뛰어든 것은 1988년 4·3취재반장을 맡으면서였습니다. 솔직히 말해, 그때만 해도 나는 4·3이 오늘날같이 대명천지에서 당당히 재평가 받는 날이 오리라는 확신이 없었습니다. 그런데 4·3 취재가 시작되자 수많은 유족이 그 동안 그의 가족과 그들 자신에게 씌워졌던 '빨갱이' 누명을 벗겨 달라고 절박하게 호소해 왔습니다. 그때 마음에 세운 나의 최종 목표는 4·3에 대한 '대한민국 대통령의 사과'였습니다. 1997년 일본의 『아사히신문』이 4·3취재반의 활동을 특집 기사로 내보낼 때, 그들에게 내가 밝힌 최종 목표도 '정부의 진상조사와 사과'였습니다.

그런데 마음속에서 깊이 새기고 다짐했던 그런 최종 목표를 이룰 기회가 나에게 찾아왔습니다. 2003년 국무총리 소속 4·3위원회 수석전문위원으로서 4·3의 진상조사 보고서 작성의 실무 책임과 함께 대정부 건의 사항을 작성하는 일을 맡게 된 것입니다. 그래서 나는 오랜 꿈이었던 '정부의 사과'를 맨 앞에 내세워 건의했고, 그 건의는 마침내 받아들여졌습니다.

그리고 4·3특별법의 '정부의 입장표명 등에 관한'의 규정 중 '등'이라는 글자 하나를 활용하여 다른 건의 내용도 도모하게 됩니다. '대정부 7대 건의안'이 그것입니다. 국내에는 선행 사례가 없었기 때문에 외국의 사례와 전문가들의 도움을 받아 작성한 일곱 가지 건의안은, 정부의 사과 외에 추모기념일 지정, 진상보고서 교육자료 활용, 평화공원 조성, 유족에게 생계비 지원, 집단매장지 발굴 지원, 진상규명 기념사업 지속 지원 등이었습니다. 이 건의안 역시 국무총리가 주재하는 4·3위원회 전체회의에서 약간의 문구 수정을 거친 후 최종 확정되었고, 이 건의에 따라 노무현 대통령이 제주4·3에 대한 사과를 하게 되었던 것입니다.

이 건의안 초안을 작성할 때만 해도 내 속내로는 건의안 전부가 실현되기는 힘들 것이라고 예상했습니다. 그 중에서도 '4·3희생자 추념일'의 국가기념일 지정은 여러 가지 정황으로 미루어 이루어지기가 가장 힘든 일이었습니다. 그런데 2014년 박근혜 대통령이 턱하니 이를 실현시켰습니다. 그것은 나의 예상을 뛰어넘는 결정이었습니다. 실로 놀라운 일이었습니다.

국가기념일 지정은 대통령의 사과 못지않은 중요한 의미를 갖습니다. 국가가 4·3 진압과정에서 자행한 민간인 학살의 잘못을 대한민국 정부가 스스로 인정하고, 더 나아가 온 국민이 4·3학살을 기억하고 추모하며, 다시는 그런 불행이 일어나지 않도록 다짐하는 뜻을 모두 담고 있기 때문입니다. 따라서 그동안 4·3을 붉은색으로 덧칠하던 일부 보수 단체들도 앞으로 언행에 신중을 기할 수밖에 없게 되었습니다. 그들의 행동이 국가기념일, 다시 말해 그것을 기념일로 지정한 국가를 모독하는 행위로 간주될 수 있기 때문입니다.

4·3 진실규명 역사는 국내는 물론이고 이제 세계의 주목을 받고 있습니다. 2008년 미국 미네소타 주립대학교에서 박사학위를 받은 김헌준의 논문이 있습니다. 세계적으로 확산된 과거사 위원회 전체의 흐름과 4·3위원회의 활동을 비교 연구한 김헌준 박사는 논문에서 "전 세계적으로 선례를 찾아볼 수 없는 성공적인 진실규명 및 명예회복의 사례"로 평가하고 있습니다. 김 박사는 그 근거로 포괄적이고 역사적인 진실의 규명, 4·3위원회의 지속적이고 영향력 있는 활동, 4·3평화재단 설립을 통한 영구적 진실규명과 명예회복의 모델 확보 등을 꼽고 있는데, 그 중에는 "권고사항의 이행률이 높다."는 이유도 포함돼 있습니다.

이러한 평가는 이제 제주4·3이 두 가지의 역사를 갖게 되었다는 것을 의미합니다.

그 하나는 4·3이라는 숫자로 표상되는 저항과 수난의 사건 자체의 역사이고, 다른 하나는 국가권력에 의해 반세기 넘게 가려졌던 사건의 진실을 파헤쳐 오늘날 평화와 인권과 화해와 상생의 이정표로 거듭나게 한 4·3진실규명의 운동사가 그것입니다.

2

처음 4·3취재반을 꾸리던 1988년 당시를 돌이켜보면, 그때는 참으로 막막했습니다. 접근 자체가 금기였던 4·3은 그 긴 세월 무거운 침묵의 어둠 속에 숨어 지내야 했습니다. 간혹 '진상을 안다'는 사람들도 있었으나, 그들이 전하는 정보들은 아주 작은 조각, 그나마 불확실하고 심지어 왜곡된 것이기 일쑤였습니다. 사건 자체가 너무나 방대하고 굴곡져 있어 도대체 어디서부터 손을 대야할 지 길이 안 보였습니다. 사건의 총체성이 가려진 상태에서는 그에 대한 해석도 부분적일 수밖에 없었습니다. 그런데 이념이든 지식이든 부분적일수록 편향적이 되고, 따라서 더욱 더 완고해지는 법입니다. 4·3에 대한 관변자료들이 종종 그러합니다. 이 자료들은 공권력의 죄상을 덮기 위해 4·3을 온통 '공산폭동'으로 덧칠하고 있고, 이에 대한 반작용으로 대학가나 재야단체 운동권에서는 4·3을 '민중항쟁'으로 되받아 규정하는 분위기였습니다.

4·3에 대한 대학가의 관심과 관점은 '광주항쟁'의 영향이 컸을 듯합니다. 전두환 정파의 5·18 학살을 통해 미군의 실체를 새롭게 인식하게 되었고, 이를 계기로 '광주보다 훨씬 더 참혹했던' 제주로 시선을 돌리게 되었던 것입니다. 1987년 '6월 민주화 항쟁'에 대한 관심의 들불이 제주로 옮겨 붙으며 4·3은 분단과 반미의 논의에서 가장 뜨거운 주제어(主題語)로 등장하게 됩니다. 그것 역시 커다란 중압감이 되어 나의 어깨를 짓눌렀습니다. 그 즈음에는 미국 측도 이를 심각하게 받아들여 4·3전문가인 존 메릴 박사를 한국에 보냈습니다. 나는 그를 세 차례나 만나 인터뷰했습니다. 그것은 통상적인 인터뷰와 달랐습니다. 인터뷰는 매번 장시간에 걸쳐 이루어졌고, 열띤 질의응답은 논쟁에 가까웠습니다.

막막했습니다. 솔직히 말해, 두렵기도 했습니다. 4·3취재는 한 치의 실수도 용납될 수 없었습니다. 그것은 개인의 신상문제일 뿐만 아니라 신문사의 존폐와도 직결되는 문제였기 때문입니다. 두려움을 떨쳐내는 길은 하나밖에 없었습니다. 즉, 그 두려운 일을 시작하는 것, 그 일의 현장 속으로 뛰어드는 것. 나는 4·3의 광풍에서 살아나온 체험자들을 만나는 것부터 시작했습니다.

유족들의 피해의식은 짐작했던 것보다 훨씬 더 심각했습니다. 그들은 상처가 얼마나 크고 깊은지를 말하지 않았습니다. 그런 침묵이 목소리보다 더 큰 외침으로 제주 4·3의 잔혹사를 전달하고 있었습니다. 좀처럼 열려고 하지 않는 그들의 입에서 어렵게 나온 증언들이 하나씩 쌓여 갔습니다. 그런데 그렇게 채록한 증언 내용을 검토하다 보니, 같은 사건을 놓고도 구술자마다 다르게 증언하는 경우들이 발견되었습니다. 기억이 희미한 탓도 있었지만, 자기를 합리화하거나 혹은 고의로 왜곡시키는 경우도 적지 않음을 깨달았습니다. 그것이 그들만의 탓이겠습니까. 4·3 때 제주는 사람 사는 세상이 아니었습니다. 집단 광기라고 표현할 수밖에 없는 일들이 수도 없이 일어났습니다.

그래서 나는 4·3취재반 회의에서 이렇게 말했습니다.

"4·3 취재를 100m 선수처럼 질주하다간 금방 지쳐 쓰러질 것이다. 더 큰일은 섣부른 판단으로 진실을 그르치는 것이다. 우리에겐 42.195km를 달리는 마라토너 같은 인내와 끈기가 필요하다. 무엇보다도 선입견을 갖지 말자. 도대체 무슨 일이, 왜 일어났는지 그 진실을 찾아 나서자. 그러다보면 4·3의 본 모습이 저절로 드러날 것이 아닌가?"

그와 같은 방향에 따라, 4·3취재반의 취재는 '폭동'이나 '항쟁' 같은 꼬리표 없이 '4·3'이란 실마리를 앞세워 백지상태에서 시작했습니다. 그렇게 10여 년의 장기 연재를 통해 4·3의 모습을 하나씩 드러냈던 것입니다. 하루하루 쌓여가는 자료만큼 나의 자신감도 자라났습니다. 자료들이 말하기 시작한 것입니다. 자료가 쌓일수록, 미군과 극우권력이 사건에 씌웠던 조작의 덧칠도 벗겨지기 시작했습니다.

그때 내가 버팀목으로 삼은 키워드는 '진실'과 '인본'이었습니다.

진실로 다가가기 위해 내가 가장 신경 썼던 일은 검증이었습니다. 4·3의 진면목이 드러나는 것이 두려워 반세기동안 은폐하고 왜곡하기에 급급했던 관변자료들은 오류투성이였습니다. 증언자들 역시 진실만을 말하지는 않았습니다. 그래서 나는 4·3에 관한 어떤 자료나 증언에 대해서도 '돌다리도 두드려 보는' 검증 과정을 반복하였습니다. 취재반 기자들이 채록한 증언이라도 신문에 연재할 때에는 반드시 증언당사자에게 전화를 걸어 다시 확인하는 절차를 밟았습니다. 『4·3은 말한다』(456회)는 매회 그런 과정을 거쳐 10년 동안 연재됐습니다.

이 시점에서 한마디 덧붙인다면, 제주사람들은 누구나 자신이 4·3을 어느 정도는 알고 있다고 생각합니다. 그 중의 하나가 "범도 무서웠고, 곰도 무서웠다"는 인식입니다. 토벌대도 무섭고 무장대도 무서웠다는 양비론이 제주사람들 사이에 드넓게 터 잡고 있습니다. 그들은 자기 주변에서 일어난 단편적인 경험이나 지식 혹은 풍문으로 4·3 전체를 재단하려고 합니다. 어떤 이는 근시안으로 특정 부분만 들여다봅니다. 그러고는 제주사람끼리 서로 헐뜯고 죽였다는 식의 결론을 내립니다.

단언합니다. 그렇게 접근해서는 4·3의 참모습을 볼 수 없습니다. 그렇게 아는 것은 4·3을 제대로 아는 것이 아닙니다. 4·3으로 죽임을 당하거나 몸과 마음의 상처를 입은 제주도민 대부분이 '동서 냉전의 피해자요, 정부 수립 과정에 야기된 역사적인 파행(跛行)의 희생자'라는 인식을 할 때, 비로소 4·3의 모습이 보입니다. 그러므로 4·3을 제대로 파악하기 위해서는 동서 냉전 상황, 한반도의 분단 상황, 미군정이 지배한 해방공간의 모순 구조, 제주도의 저항 역사와 정치·경제·사회 여건 등을 총체적으로 살펴야 합니다. 요컨대, 4·3은 단순히 제주도의 사건이 아니라 냉전과 분단이 연계된 세계사적인 사건이라는 인식이 필요합니다. 그런 인식의 견지에서 투박하게 비유하자면, 4·3의 희생자들은 '고래 싸움에 등터진 새우' 같다 할 것입니다.

내처 '인본'에 대해서도 이야기하려고 합니다. 4·3의 진실 찾기에 나서서, 가장 다루기 어려웠던 것이 이념 문제였습니다. 과거 군사정권은 4·3을 북한 정권 또는 남로당 중앙당의 지령 하에 발생한 공산폭동으로 규정했습니다. 그런데 우리 취재반이 추적한 결과, 그런 지령은 실체가 없었습니다. 조사의 결론은 중앙당의 지령 따위는 없었고 남로당 제주도당의 '독자적'인 봉기였다는 것입니다.

4·3에 이념의 개입이 없었다고는 할 수 없습니다. 그러나 그것에 붉은색이 과도하게 칠해졌고, 그로 인한 폐해는 크고 깊고 끈질긴 것입니다. 체험자들의 입에 재갈을 물려 증언을 가로 막는 것도 그들의 뇌리에 아교처럼 들러붙어 있는 지독한 '레드 콤플렉스'였습니다. 그것은 체험자들의 문제만은 아닙니다. 우리 학계의 오래된 '현대사

연구 기피증'도, 4·3에 대한 국내 언론의 비겁한 침묵도 바로 그 콤플렉스 때문이었습니다. 그들이 나서지 않으니 우리라도 나서서 '4·3 공산폭동론'의 허상을 조목조목 밝혀야 했던 것입니다. 그것은 두렵고 떨리는 일이었습니다. 그러나 그 두려움과 떨림 속에서 우리는 사람의 목숨이, 인간의 존엄성이 그 무엇보다 소중하다는 것을 더욱 절실히 느끼게 되었습니다. 4·3의 진실 찾기에 줄곧 원기를 북돋아준 것도 바로 '인본주의'(휴머니즘)였습니다.

'인본'에 초점을 맞추고 보니, 필연적으로 다음과 같은 의문들이 따라 나왔습니다. 좌우를 막론하고 과연 이념은 절대적인 가치를 가지는가, 그것은 사람을 막 죽여도 되는 그런 우월한 권리를 가진 것인가, 사람의 목숨보다 더 귀한 것인가.

아니었습니다. 그게 아니었습니다. 군사독재시절인 1986년, 한 야당 국회의원이 국회에서 "대한민국의 국시는 반공이 아니라 통일"이라고 주장했다가 국가보안법 위반으로 구속된 적이 있습니다. 물론 나중에 무죄 판결을 받긴 했지만, 인본보다 이념을 앞세워 온 우리네 역사의 갈피마다에는 그런 야만의 추문들이 얼룩처럼 흩뿌려져 있습니다.

'철의 장막'으로 불리던 소련의 대통령 미하일 고르바초프가 제주를 방문하던 1991년 어느 날, 제주공항 주변 도로에 나부끼는 깃발—붉은 바탕에 낫과 망치가 그려진 소련 깃발을 보고 당혹감을 느꼈던 기억이 납니다. 이듬해인 1992년에는 더욱 혼돈스러운 사건이 있었습니다. 대한민국이 '죽(竹)의 장막'이라며 적대하던 중공과 수교하게 되자, 우리와 같은 반공국가인 자유중국(대만)을 내팽개치듯 걷어찬 것입니다. 곧이어 반공과 자유수호란 명분으로 우리가 파병하여 싸웠던 통일 베트남과도 국교를 맺습니다. 옛 소련(러시아)이나 중국과 베트남은 그때나 지금이나 사회주의국가입니다. 그런 그들과 사귀는 데에 대한민국 정부나 국민은 크게 저항을 느끼지 않았습니다. 왜 그랬을까요? 이념보다는 '국익'이 더 중요했던 것입니다. 때로 이념이란 이토록 허망한 것입니다.

그런데도 이념을 절대적 가치로 여기는 사람들이 아직도 있습니다. 그런 사람들은 4·3을 이념 문제로만 접근하여 폄훼에 앞장섭니다. 역사는 한 걸음 한 걸음 진보하고 있는데도 말입니다.

'진실'과 '인본'의 전략은 다소 더디고 답답하게 보였을지 모르지만, 긴 호흡으로 보면 성공가도를 걸어온 것이 분명합니다. 그때로 되돌아가 다시 그 일을 시작한다고 해도 나는 그렇게 했을 것입니다. 2000년 이후 내가 국무총리 소속 4·3위원회 수석전문위원으로 활동할 때도 그 전략은 통했습니다. 국방부와 보수진영 위원들을 상대로 4·3자료를 놓고 논쟁할 때였습니다. 특히 '무장봉기' 등 용어를 하나하나 정리해갈 때 4·3취재반 시절 몸에 밴 검증 훈련이 큰 도움이 되었습니다.

4·3 진상조사보고서를 작성할 때 내가 제시한 3가지 원칙이 있습니다. 첫째, 검증 과정을 거쳐 사실에 부합하는 자료를 중심으로 기술한다. 둘째, 인권침해 규명에 비중을 둔다. 셋째, 4·3사건의 구조적인 문제 규명에 역점을 둔다는 것이었습니다. 그 중에서 두 번째로 제시된 '인권침해 규명'에 대해서는 보수진영의 반발이 특히 컸습니다. 그럴 때면 나는 "무력충돌과 진압과정에서 주민들이 희생된 사건"이라는 4·3특별법의 정의(定義) 규정을 들이대고는 '주민희생'에 키워드를 두어 진실을 규명할 수밖에 없다고 주장했습니다.

4·3은 은폐와 왜곡, 억압의 긴 터널을 벗어나 이제 평화, 인권, 통일의 상징이 되었습니다. 4·3은 제주를 '세계평화의 섬'으로 선포한 원동력이 되기도 했습니다. 그리고 4·3은 화해와 상생이라는 큰 지표가 가리키는 바에 따라 그 여정을 계속하고 있습니다. 이 지표에 대해서는 보수진영이나 심지어 진보진영에서도 못마땅하게 여기는 사람들이 있습니다. 가해자들이 고백하고 용서를 빌지 않는데 무슨 화해냐는 것이지요.

그러나 역사의 화해란 결코 쉬운 일이 아닙니다. 단기간에 실현 가능한 일이 아닙니다. '눈에는 눈, 이에는 이'로 역사 문제를 풀 수는 없습니다. 그런 뜻에서 '진실과 화해위원회'를 통해 보복이 아닌 용서를, 과거가 아닌 미래를 선택했던 남아프리카공화국 넬슨 만델라 대통령의 말을 음미해 볼 필요가 있습니다. 그는 감옥에 갇혀 27년이나 지옥 같은 삶을 살았던 사람입니다. 그런 그가 자신을 억압했던 백인정권 사람들과 화해의 손을 잡았습니다. 그는 말했습니다.

"감옥 문을 나선 뒤에도 내가 계속 그들을 증오한다면, 나는 여전히 감옥에 갇혀 있는 것과 다를 바 없다는 생각이 들었습니다. 자유롭고 싶었기 때문에 나는 증오심을 내려놓았습니다."

3

"언젠가 한반도 분단 문제가 해결될 것이고, 그때가 되면 제주4·3도 분단 거부 운동으로써 반드시 재조명될 것입니다. 결국 그것이 4·3의 완전한 조명이라고 생각합니다."

4·3의 역사를 연작 그림으로 그려서 진한 감동을 불러일으켰던 강요배 화백의 말입니다. 그는 가끔 천상의 소리를 하듯 역발상으로 사람들을 놀라게 하곤 합니다. 그런 강화백이 얼마 전 식사 자리에서 난데없이 "형님은 징징한 4·3의 한복판을 뚫고 왔는데도 외상이 없는 것 같다."고 하였습니다. 트라우마가 없어 보인다는 얘기인데, 나는 웃으며 "내가 믿는 하나님이 도와줬기 때문이다. 그리고 내 두뇌 속에는 괴로움이나 나쁜 일은 따로 보관하는 장치가 있다."고 답변했습니다. 우스개처럼 이야기했지만 그 말은 진심이었습니다.

나는 중학생 때부터 교회에 다녔습니다. 어려운 일이 부닥칠 때 곧잘 새벽기도를 통해 문제를 풀었습니다. 4·3취재반장을 처음 맡아 고뇌할 때도 그랬습니다. 특히 4·3 진상조사보고서의 최종 심의과정에서는 서울에서 매일이다시피 새벽에 교회에 나가 기도했습니다. 살얼음 위를 걷는 것 같은 긴장의 순간들이어서 기도라도 하지 않고는 도저히 배겨낼 수 없는 나날이었습니다. 그런데 절망적인 상황인데도 기도하면 매듭들이 기적처럼 풀렸습니다. 그런 경험을 하다 보니 더욱 교회를 찾을 수밖에 없었습니다.

4·3의 진실 찾기가 모두에게 박수만 받는 일은 아니었습니다. '빨갱이', '좌파'로 매도되는 건 약과였고, '간지사관(奸智史官)', '반쪽보고서', '가짜보고서'의 작성자라는 식의 공격을 당하고 비아냥거림도 들었습니다. 나도 사람인지라 그런 일을 당하면 모멸감이 드는 것은 어쩔 수가 없습니다. 그럴 때면 나는 내 안에서 솟구치는 부정적 감정에게 말해둡니다. "너는 나중에 꺼내 검토할 테니 그 방에 들어가 있어!"라고 말이죠. 그 방이란 내 머릿속 가상의 공간입니다. 강 화백과 그런 대화가 있던 그날, 동석했던 전우택 교수(연세대 의학교육학과)가 내 말을 듣고 그런 현상을 가리키는 의학용어가 있다고 알려주었습니다. '컴파트멘털리제이션(compartmentalization)'. 이는 정신 안에 일종의 구획을 만들어놓고, 한 구획의 정신 상태가 다른 구획의 정신 상태에 영향을 미치지 못하게 하는 현상이랍니다.

여기에 하나 더 덧붙인다면, 4·3 영령의 도움입니다. 그에 관해서는 앞의 '4·3 영령과의 만남'에서 언급하였습니다. 앞에서 열거한 내용들은 상식의 경계를 넘어 이루어지는 정신적, 영적인 현상일 것입니다.

4·3이 오늘의 위상을 획득하기까지는 수많은 사람들의 수고와 눈물, 피나는 투쟁이 있었습니다. 뜻있는 제주 출신들의 결집된 역량, 전국 각지 지성인들의 소신 있는 행동, 멀리 일본 등지에서 타오른 진실규명 열망 등이 결합돼 이런 성과를 거두었다고 생각합니다.

개인적으로는 4·3 진실 찾기 운동을 하면서 좋은 사람들을 만난 행운이 있었습니다. 처음 4·3취재반장을 맡아 고심할 때 힘이 되어준 현기영 선생과 송상일 국장은 내 마음 속의 멘토입니다. 서재철, 고홍철, 고대경, 김종민, 강홍균, 김애자 등 취재 초기 미로 같은 4·3의 길을 찾는데 함께 힘을 보탰던 4·3취재반 기자들과, 외풍을 막아주려 애쓴 양병윤 국장, 항상 든든한 지원군 역할을 해준 김지훈·홍명표 사장과 김덕남, 허영선 등의 이름도 밝혀 둡니다. 특히 김종민과 김애자 기자는 4·3취재반의 활동뿐만 아니라 국무총리 소속 4·3위원회에서도 중추적 역할을 맡아 나의 부족한 점을 메워준 유능하고 성실한 동역자였습니다. 그들 없이 그 많은 고비들을 헤쳐 올 수 있었을까, 생각하면 아찔합니다.

중학교 영어 교사로 재직하던 내 아내 함옥금도 한몫을 했습니다. 옆에서 묵묵히 내 작업을 돕던 아내는 그녀 스스로 4·3 전문가가 되었습니다. 그녀의 석사논문 제목이 「제주4·3의 초토화작전과 대량학살에 관한 연구—미국의 역할과 책임을 중심으로」입니다. 4·3위원회 전문위원으로 활동한 박찬식 박사의 역할도 기억되어야 할 것입니다.

많은 분들이 4·3 진실 찾기 운동에 뛰어들어 수고하고 업적을 남겼습니다. 4·3연구소와 4·3도민연대, 제주민예총, 놀이패 한라산, 그리고 피해당사자인 4·3희생자유족회 등의 단체는 물론이요 많은 연구자와 활동가들이 헌신적인 활동을 펼쳤습니다. 그들의 이름을 일일이 거명하기는 어렵지만, 그럼에도 사안 별로 몇몇 분의 이름은 꼭 기록해 두고 싶습니다.

먼저 4·3의 진실규명을 위해 노력하다가 옥고를 치른 신두방, 이문교, 박경구, 현기영, 이산하, 김명식, 김동만 등의 이름을 우리는 잊지 말아야 할 것입니다. 1970년대 부터는 현기영을 필두로 많은 문화예술인들이 소설과 시, 그림, 연극, 음악, 영상 등의 작품으로 4·3의 참모습을 드러내려 노력했습니다. 4·3에 대한 관심이 막 터져 나오던 시기에 창작분야에서 활약했던 오성찬, 현길언, 고시홍, 한림화, 김명식, 김용해, 김수열, 박경훈, 강요배, 문충성, 양영길, 김석희, 김관후, 김경훈, 장윤식, 장일홍, 강용준, 허영선, 정공철, 윤미란, 최상돈, 김동만, 조성봉 등이 기억에 남습니다. 평론 등 비창작 분야에서도 여러 분이 활약했으나, 일일이 거명치 못하는 점 양해 바랍니다. 이들이 펼쳤던 '기억을 위한 투쟁'의 기록들도 훗날 별도의 자료로 작성되고 남겨져야 합니다.

4·3취재를 시작할 무렵 4·3연구소는 동력자로서 힘을 보태주었고, 증언 채록과 연구로 학술적 논의의 바탕을 마련해 주었습니다. 초기 멤버로 정윤형(이사장), 현기영(소장), 문무병(사무국장)과 김창후, 홍만기, 양성자, 이석문, 강은숙, 김기삼, 강태권, 김은희, 그리고 고창훈·이은주·이규배·고호성·유철인 교수 등이 기억에 남습니다.

4·3특별법 제정 운동 과정에서는 24개 시민단체가 결집한 '4·3특별법쟁취연대회의' 역할이 컸습니다. 공동대표인 박창욱, 강실, 김영훈, 임문철, 송복남, 김태성, 양금석, 강창일, 김상철, 강종호, 강남규, 이용중 등과, 실무 책임자인 양동윤, 이지훈, 박경훈, 박찬식, 오영훈, 이영운, 김두연, 강덕환, 오승국 등이 수고를 아끼지 않았습니다.

한편 1997년 서울에서 출범한 4·3범국민위원회는 전국적인 명망가들을 대거 영입하여 4·3 진실 찾기 운동의 영역을 확장했으며, 특별법 제정과 그 이후에도 중요한 역할을 했습니다. 공동대표인 강만길, 김중배, 김찬국, 정윤형, 고재식 등과 실무 책임자로 김명식, 고희범, 강창일, 김순태, 양한권, 박찬식(서울), 허상수, 김찬수, 부상일, 강건 등의 이름을 기록에 남깁니다. 특히 고희범의 노고가 컸고, 헌신적인 재정 후원을 한 이순자 원장도 기억해야 합니다.

4·3특별법 제정의 산파 역할을 했던 추미애(국회의원), 임채정(국민회의 정책위의장), 당시 청와대 민정수석 김성재와 4·3특별법안을 처음 발의했던 제주출신 국회의원인 변정일·양정규·현경대도 기억해야 할 이름들입니다. 제주도의회 의장을 지낸 장정언은 국회의원 당선자의 신분으로 개악된 4·3특별법 시행령을 바로 잡는데 크게 기여했습니다.

진상조사보고서 채택 과정에서는 기획단장인 박원순(변호사·현 서울시장)의 역할이 컸고, 4·3위원회 소위원장인 박재승(전 대한변호사협회장)을 비롯해서 서중석(성균관대 교수), 김삼웅(전 독립기념관장), 임문철(제주중앙성당 주임신부), 박창욱(전 4·3유족회 장) 등과 당시 법무장관인 강금실의 도움이 있었습니다. 보수 세력의 강한 반발에도 중심을 잡고 보고서가 통과되게끔 애써준 고건 총리도 기억해야 합니다. 나중에 합류한 국방부 추천 한용원(한국교원대 명예교수), 경찰청 추천 배찬복(명지대 교수) 위원과 4·3지원단장 중에는 김한욱, 강택상, 고윤환, 이경옥, 박성일 등이 특히 기억에 남습니다.

일본에서 활약한 인물로는 김석범, 김민주, 문경수, 고이삼, 조동현, 강실, 오광현 등이 있고, 4·3 평가에 대한 입장은 서로 다르지만 일본의 김봉현, 미국의 브루스 커밍스와 존 메릴의 연구도 기억해야 합니다. 양한권과 박명림은 석사학위 논문으로 4·3 연구의 물꼬를 텄고, 이후 양정심, 김헌준, 허호준 등이 4·3 연구로 박사학위를 받습니다. 이밖에 학자로서 사회학적인 접근을 시도한 김영범, 문학평론을 한 김동윤 교수도 기억의 재현에 한몫 했습니다. 4·3특별법 개정 과정에서는 강창일 국회의원의 역할이 컸습니다.

김대중, 노무현, 박근혜 세 분의 대통령 이름도 기록합니다. 그분들의 결단이 있었기에 4·3특별법 제정과 대통령 사과, 4·3 국가기념일 지정 등이 이루어졌다고 생각합니다. 신구범 도지사는 양쪽으로 갈라진 위령제를 하나로 통합하는데 기여했고, 우근민 도지사는 4·3평화공원을 만드는데 초석을 깔았습니다. 나를 부지사로 '차출'했던 김태환 도지사는 수형자 문제뿐만 아니라 위패봉안실 확장과 4·3평화기념관 전시 논란, 재단 이사장 선임 갈등의 극복과정에서 나의 의견을 적극 받아들여 이를 관철시켰습니다. 또 잇따른 4·3 폄훼 소송에서 헌신과 열정으로 승소를 이끌어낸 문성윤 변호사도 있습니다.

마지막으로 증언자 중에는 유고를 남긴 김익렬 장군(당시 9연대장)을 비롯해서 이윤락(9연대 정보참모), 김정무(9연대 군수주임), 서종철(9연대 부연대장), 유재흥(제주도지구 전투사령관)과 무장봉기 결정 과정을 밝힌 이삼룡(남로당 제주도당 정치위원), '폭동 지령'이란 자신의 글이 조작됐다고 증언한 박갑동(남로당 지하총책), 북촌학살사건의 대대장 운전수였던 김병석(경찰), 고문치사사건 희생자를 부검한 장시영(의사), 다랑쉬굴 참사를 증언한 채정옥(초등학교 교원) 등이 기억에 남습니다.

4

해방 70주년, 분단 70년의 해에 펴내는 이 책은 필자가 2011년 1월부터 2013년 2월까지 『제민일보』에 연재했던 「4·3진실 찾기-그 길을 다시 밟다」(188회)를 다듬고 보태어 다시 엮은 것입니다. 연재 이후에 일어난 4·3 국가기념일 지정, 유족회와 경우회의 역사적인 화해, 이념갈등 극복의 대표적인 사례로 4·3이 선정되는 과정 등을 추가했습니다.

나는 4·3취재반장, 4·3특별법쟁취연대회의 공동대표, 4·3위원회 수석전문위원, 4·3평화재단 초대 상임이사, 4·3담당 부지사에 이르기까지 20여 년을 4·3 진실 찾기의 역사 그 복판에 있었습니다. 이 글은 그 고비마다 현장에서 몸으로 부닥치며 치러냈던 내용들을 기록한 것입니다. 특히 은폐·왜곡된 역사의 진실을 파헤치는 과정에서, 또는 보수 세력의 집요한 4·3 폄훼 시도에 대한 응전 과정에서 겪은 비하인드 스토리에 비중을 두었습니다. 그런 한편으로 그 시대에 펼쳐졌던 4·3 진실 찾기 운동사도 함께 살폈습니다. 그럼에도 누락된 부분이 적지 않을 것입니다. 앞으로 보완할 수 있는 기회가 있기를 바랍니다.

나는 4·3 진실 규명 과정을 항공기의 이착륙과 비교해서 설명하고는 합니다. 항공기는 이륙할 때 가장 많은 에너지가 소모되며 힘도 든다고 합니다. 그러나 일단 정상고도에 진입하면 순항합니다. 물론 그럴 때도 기류가 불안정하면 기체가 요동칩니다. 4·3 진실규명사도 그와 비슷한 현상을 보여줍니다. 항공기의 이륙과정에 해당하는 것이, 4·3특별법 제정 때였을 것입니다. 가장 힘든 단계였습니다. 순항 과정을 거쳐 몇 가지 의미 있는 성과도 얻어냈습니다. 그러나 항상 순항한 것은 아닙니다. 보수단체의 반발로 요동칠 때도 많았습니다. 심지어 MB정부 때는 회항하려는 시도마저 있었습니다. 물론 그런 시도는 '4·3진영'의 강력한 반발에 부닥쳐 '없었던 일'이 되었습니다. 이제는 이 항공기를 어떻게 연착륙시킬 것인가를 고민해야 합니다. 왜냐하면 아직도 풀어야 할 4·3 과제가 많기 때문입니다.

몇 년 전, 『기독교타임스』에 '제주도 과거 치유하고 미래 열어가는 양성창·양조훈 형제'라는 제목의 기사가 난 적이 있습니다. 항공 전문가(제주항공관리사무소장 역임)인

나의 형은 '미래를 열어가고', 동생인 나는 '과거를 치유하는' 사람으로 표현됐습니다. 하지만 나는 과거 집착형이 아닙니다. 그 인터뷰에서도 "흔히들 나를 제주도의 과거를 좇는 '과거형'으로 보는 사람들이 많은데, 내가 과거사를 밝히는 이유는 본질적으로 미래를 향해 나아가기 위한 것"이라고 밝혔습니다. 소설가 조정래 선생도 "역사는 끝나버린 과거가 아니라 현재를 비추는 거울이고, 미래를 밝혀주는 등불"이라고 했습니다. 앞으로 풀어야 할 4·3의 과제도 미래 지향적이었으면 좋겠습니다.

이른바 '4·3진영'에 대한 우려의 시각이 있음도 잘 압니다. 그래서 나는, 이제 제주도의 거대조직으로 커진 4·3유족회를 향해서도 자긍심을 갖되 겸손의 무게로 평형을 갖추기를 조언합니다. 나의 이 기록이 4·3운동이 앞으로 겪게 될지도 모를 시행착오들을 줄이는 데 작지만 유익한 참고가 되기를 바랍니다. '처음처럼' 가야 합니다. 이 시점에서 '4·3진영'이 지니고 지켜야 할 지표가 무엇이겠습니까. 4·3특별법 제정운동 당시의 순수하고 치열했던 초심을 되찾는 것이라고 나는 생각합니다.

김종민·김애자가 글의 내용을 꼼꼼하게 검토하고, 문화부 기자에서 국어학자로 변신한 김순자 박사는 문장을 다듬어 주었습니다. 김기삼으로부터는 자료사진을 도움 받았습니다. 책을 만들어준 도서출판 선인 윤관백 사장과 박애리 실장에게도 고마운 뜻을 전합니다.

2015년 3월

양 조 훈